Edith und Karl-Wilhelm Berger

Kanus, Kava und Korallen
Reise-Handbuch Südsee

W0235762

Aktuelle Informationen und Reisetips
für Tahiti, Cook-Inseln, Samoa,
Tonga, Fidschi, Neukaledonien,
Vanuatu und Salomonen

Für Edith

1. Auflage 1995/96
2. aktualisierte Auflage 1997/98

© Vertrieb und Service, Reisebuchverlag, Reisevermittlung,
Im- und Export Iwanowski GmbH
Büchnerstraße 11 · D 41540 Dormagen
Telefon (0 21 33) 2 60 30 · Fax (0 21 33) 26 03 33

Alle Informationen ohne Gewähr und Haftung

Alle Schwarzweiß- und Farbbilder: Edith und Karl-Wilhelm Berger
Karten: Palsa Graphik

Konzeption, redaktionelles Copyright
und chefredaktionelle Betreuung der Gesamtreihe: Michael Iwanowski

Gesamtherstellung: F. X. Stückle, 77955 Ettenheim
Printed in Germany

ISBN 3-923975-59-7

Inhaltsverzeichnis

☞   **Die grünen Seiten:**
         Das kostet Sie die Südsee

Inhaltsverzeichnis

Weiterführende Informationen zu folgenden Themen:

 **Iwanowski's** **Highlights Supertips Warnungen**

HIGHLIGHTS

● **Inselrundfahrt Tahiti**
Neben der Bewunderung für die landschaftlichen Schönheiten der Vulkan-
insel mit ihren steilen Bergen, urigen Tropenwäldern, sprühenden Wasser-
fällen und hoch emporschießenden Wasserfontänen an der Küste vermittelt
Tahiti dem geschichtsinteressierten Besucher an den *Maraes* und Museen
Einblicke in die vorchristliche Vergangenheit Polynesiens und dem kunst-
interessierten Reisenden Einblicke in das Leben des berühmten Malers
Paul Gauguin (S. 224ff).

● **Bora Bora**
Der Name dieser weltberühmt gewordenen ostpolynesischen Insel und ihre
werbewirksamen Bilder erwecken sehnsüchtige Südseeträume. Besonders
reizvoll ist der Anflug auf die bizarre Vulkaninsel mit ihrer sie umschlie-
ßenden jadefarbigen Lagune (S. 278ff).

● **Rangiroa**
Das Atoll Rangiroa im Tuamotu-Archipel heißt übersetzt "weiter Himmel". Ein Kette von kleinen Inseln (Motus) umschließt eine riesige 1.020
km² große aquamarinfarben schimmernde Lagune mit warmem, glasklarem
Wasser (S. 286ff).

● **Trekkingroute "Rarotonga Cross-Island Walk"**
Diese ca. 4-stündige Wanderroute auf der Insel Rarotonga (Cook-Inseln)
vermittelt einen ausgezeichneten Überblick über die Topographie, Flora
und Fauna einer polynesischen Vulkaninsel (S. 317ff).

● **Aitutaki**
Besonders die flachen, palmenbestandenen, kleinen Außeninseln (Motus)
von Aitutaki (Cook-Inseln) mit ihren weißen Stränden in der türkisfarbigen
Lagune sind ein Traum! Sie kommen den Südseesehnsüchten der Reisenden am nächsten (S. 321ff).

● **Südpazifik-Festival in Apia**
Vom 08. bis 23. September 1996 wird das Südpazifik-Festival in Apia
(West-Samoa) stattfinden. Es verspricht garantiert, ein Höhepunkt an Le-
bensfreude, Tanz- und Musikbegeisterung der Südseeinsulaner zu werden
(S. 135).

● **Sopoaga-Wasserfall**
Dieser Wasserfall auf der Insel 'Upolu (West-Samoa) ist sicher einer der
schönsten seiner Art in der gesamten Südsee, in tiefem tropischen Regenwald eingebettet und leicht erreichbar (S. 361).

● **Savai'i**
Savai'i ist die größte Insel Samoas, weniger besiedelt als die Hauptinsel
'Upolu, aber ursprünglicher und besonders interessant wegen der überlie-
ferten Traditionen ihrer Menschen, ihrer Lavafelder und ihrer enormen
Konzentration an 470 erloschenen größeren und kleineren Vulkanen
(S. 366ff).

● **Vava'u-Gruppe**
Diese buchtenreiche Inselgruppe des Königreichs Tonga hat sich zu einem
Eldorado für Yachten aus aller Welt entwickelt, denen neben der landschaftlichen Schönheit der Inselwelt ein idealer Schutz vor den gefürchte-
ten Wirbelstürmen der Südsee geboten wird (S. 409ff).

● **Colo-i-Suva Forest Park**
Dieses mit Mahagoni-Bäumen durchsetzte Urwaldgebiet auf der Insel Viti
Levu (Fidschi) ist durch Wanderwege gut erschlossen. Zahlreiche Wasser-
läufe, kleine Teiche und die üppige Vegetation machen dieses tropische
Refugium so reizvoll (S. 443ff).

● **Lautoka**
Diese fast indische Stadt auf Viti Levu (Fidschi) ist wegen der Vielfalt
ihres religiösen Lebens (Hinduismus, Islam, Sikhismus) interessant. Außerdem bestehen von hier aus die besten Möglichkeiten, die reizvolle Yasawa-Gruppe zu besuchen (S. 447ff).

● **Ile des Pins**
Berühmt wurde Ile des Pins (Neukaledonien) wegen ihrer hochaufragen-
den Pinien (*Araucaria columnaris*). Wunderschön sind ihre Sandstrände
und stillen Buchten (S. 513ff).

● **Tanna**
Der aktive und sehr aggressive Vulkan Yasur und das traditionelle Leben
im Urwalddorf Yakel sind die Hauptmotive, um der Insel Tanna (Vanuatu)
einen Besuch abzustatten (S. 539ff).

● **Bootsfahrt in der Vona Vona Lagoon**
Auf New Georgia (Salomonen), von Munda ausgehend, kann man noch
melanesische Dörfer mit traditioneller Lebensweise und die winzig kleine
Insel Kundu Kundu besuchen, auf der Totenschreine der Häuptlinge und
der getöteten Feinde aus der Zeit des Kannibalismus besichtigt werden
können (S. 575f).

SUPERTIPS

● **Flugverbindungen**
Air New Zealand fliegt von Frankfurt/M. über Nordamerika in die Südsee. Diese Fluggesellschaft ist zweifellos eine der zuverlässigsten, und sie bietet mit den besten Service.

● **Hotels**
- **Fare Nana'o $$**, Faaone, bei Taravao (Tahiti/Französisch-Polynesien), sehr stilvolle, künstlerisch und ideenreich ausgestattete Pension, "si différent", unter französischem Management (S. 241f)
- **Coconuts Beach Resort $$$$$$**, Siumu Village ('Upolu/West-Samoa), künstlerisch ausgestattete Anlage, unter US-amerikanischem Management (S. 364)
- **Sandy Beach Resort Ltd. $$$$$$**, Faleloa (Ha'apai-Gruppe/Tonga), an makellos weißem Strand, in völliger Abgeschiedenheit, sehr gut in die Natur eingepaßt, unter deutschem Management (S. 408)
- **Malabou Beach $$$**, Baie de Néhoué, Poum (Grande Terre/Neukaledonien), schöner Strand, vorgelagerte kleine Insel mit Pavillon (S. 505)

● **Restaurants**
- **Bloody Mary's**, Pahonu, Baie de Pofai (Bora Bora/Französisch-Polynesien), weltbekanntes Restaurant, in dem berühmte Persönlichkeiten eingekehrt sind (S. 282)
- **Seaview Restaurant**, Nuku'alofa ( ) Gerichte und Getränke, deutsches Mana
- **Crows Nest Bistro**, Port Vila (Efa) phantastischem Blick auf die Stadt und disches Management (S. 532)
- **The Terrace and Courtyard Cafe** (Guadalcanal/Salomonen), Blick auf de

● **Sehenswürdigkeiten**
- **Landschaften**
Die Harmonie zwischen bizarren Bergformationen, üppiger Tropenvegetation, weißen Stränden, blauen Lagunen und dem offenen Meer machen den besonderen Reiz der Südseeinseln aus.
Dieses Zusammenspiel trifft besonders für Tahiti (S. 224ff), Moorea (S. 255ff), Huahine (S. 266ff), die Marquesas (S. 291ff), 'Upolu (S. 350ff), Viti Levu (S. 432ff) und Vanua Levu (S. 460ff) zu.
- **Städte**
Jede Stadt hat ihren eigenen Charakter. Besonders angenehm werden empfunden:
in Suva (Fidschi): der kosmopolitische Charakter (S. 433ff),
Nouméa (Neukaledonien): das französisch-mediterrane Flair (S. 483ff),
in Port Vila (Vanuatu): die wunderschöne Lage in der Bucht mit den vorgelagerten Inseln und vorspringenden Halbinseln (S. 529ff).

● **Segelreviere**
Besonders schöne Segelreviere finden Sie
- in der Inselgruppe der Gesellschaftsinseln/Französisch-Polynesien (S. 224ff),
- in der Vava'u-Gruppe/Tonga (S. 409ff),
- in der Yasawa-Gruppe/Fidschi (S. 471ff),
- in der Inselwelt von Vanuatu (S. 528ff und 539ff).

● **Tauchgründe**
Alle Südseeinseln haben phantastische Tauchgründe. Besonders reich mit Tauchschulen sind Tahiti, Fidschi und Neukaledonien bestückt.

WARNUNGEN

● **Kriminalität**
Grundsätzlich ist das Sicherheitsrisiko auf den in diesem Reisehandbuch beschriebenen Südseeinseln bezüglich schwerer Kriminalität sehr gering.
Kleinkriminelle Handlungen: Sie kommen in der Südsee nicht mehr und nicht weniger vor als in den meisten anderen Ländern auch, trotzdem sollten Sie besonders wegen des oft enorm großen sozialen Gefälles zwischen der einheimischen Bevölkerung und Ihnen, als Reisenden aus Übersee, folgendes beachten:
- **Protziges Auftreten** (Tragen von wertvollem Schmuck) vermeiden!
- **Benutzung des Hotelsafes** für Geld, Schecks, Wertsachen und wichtige Dokumente!
- **Beobachtung Ihres Gepäcks** besonders auf Flughäfen und in Bussen sowie bei starken Menschenansammlungen. Ihr Gepäck übt auf Diebe eine magische Anziehungskraft aus.
- **Nur wenig Bargeld** bei Stadtbesichtigungen und Ausflügen mitnehmen!

● **Malaria**
Malariagebiete sind Vanuatu, die Salomonen und wahrscheinlich auch der Norden von Grande Terre (Neukaledonien) (Näheres im Kapitel 6.1.1, A-Z Allgemein, S. 82, unter "Malaria").

● **Versteckte Gefahren des Riffs**
Im Kapitel 4.3.3 (S. 48ff) sind die Tiere aufgeführt, die Ihnen beim Schwimmen, Schnorcheln und Tauchen gefährlich werden können.

1   EINLEITUNG

Südsee-Impression

Auf schmalen Schwingen, dem Albatros gleich,
schwebten wir in der Südsee paradiesisches Reich.
Weiße Wolken segeln über Blau und sanftem Aquamarin
der Lagunen, die uns betäuben den Sinn.
Das Wispern der Palmen am schneeweißen Strand,
die Spuren der Wellen auf silbrigem Sand,
die Vielfalt der Fische und and'res Getier,
Wunder der Schöpfung, sie bestaunen wir
voller Ehrfurcht und stillem Entzücken.
Welchen Naturfreund sollte das nicht beglücken.
Doch diese Idyllen ruhen auf feurigem Grund.
Kein Mensch weiß Monat, Tag oder Stund,
wann aus der Vulkane loderndem Schlund
ergießt sich die Lava in verheerender Rund.
Rauchende Schlote in feurigem Ring
sind Mahnung genug, daß wir nicht unsterblich sind,
zu nutzen die Zeit, die uns geschenkt,
ehe der Tod unseren Atem versenkt...

K.-W. Berger

● Bei dem **Wort "Südsee"** wird bei den meisten Europäern eine Vorstellung von blauem Himmel, wiegenden Palmen am leuchtend weißen Strand, warmem Wasser in aquamarinblauer Lagune, genußvollem Schwimmen, Schnorcheln, Tauchen, Segeln und Entspannung erzeugt. Entdeckergeschichten werden wieder lebendig, und es tauchen Bilder über Abenteuer und paradiesisches Leben aus alten Büchern auf.

● Der **Name "Südsee"** wurde von dem spanischen Eroberer **Vasco Núñez de Balboa** geprägt, als er **1513** nach der Durchquerung Panamas das Gestade eines Meeres, das von seinem Standort aus im Süden lag, erblickte. Er taufte es **"Mar del Sur"** ("Südsee").

● Das **Gebiet "Südsee"** umfaßt aus kulturgeschichtlicher Sicht folgende Inselbereiche:
- **Polynesien** – die ¡Welt der vielen Inseln" – liegt im Dreieck zwischen Hawaii, Neuseeland und der Osterinsel.
- **Melanesien** – die "Inseln der Schwarzen" – umfaßt den Inselbogen von Neuguinea bis Neukaledonien.
- **Mikronesien** – die "Welt der kleinen Inseln" – schließt alle Inseln ein, die im Norden an den melanesischen Inselbogen angrenzen.

Dieses Buch beschränkt sich in seiner Betrachtung auf das Rechteck, das folgende Begrenzungslinien hat: den Äquator im Norden, den Südlichen Wendekreis im Süden, eine senkrechte Linie einschließlich des Tuamotu Archipels im Osten und eine senkrechte Linie einschließlich der Salomonen im Westen.

● Die **Besiedlung der Südsee** ist eines der spannendsten Kapitel der Menschheitsgeschichte:
- **Papua-Stämme** besiedelten von **ca. 25.000 bis 8.000 v. Chr.** den westlichen Pazifik, als der Meeresspiegel während der letzten Eiszeit tiefer als heute lag und nur verhältnismäßig schmale Meeresengen SO-Asien, Neuguinea, Australien und die Inselgruppen der westlichen Südsee voneinander trennten.
- **Austronesische Gruppen**, deren Heimat wahrscheinlich Südchina und Nordvietnam waren, drängten über Indonesien und die Philippinen im **3. Jahrtausend v. Chr.** in die Südsee. Dank ihrer hochseetüchtigen Boote und ihrer erstaunlichen Fähigkeit der Orientierung in den Weiten des Ozeans, die heute noch Rätsel aufgibt, gelang ihnen die Besiedlung von SO-Melanesien bis nach Samoa, Tonga und Tahiti, bis zu den Marquesas, nach Hawaii, der Osterinsel und Neuseeland, um in der Reihenfolge nur die wichtigsten Stationen zu nennen.

Das **11. Jahrhundert n. Chr.** war die Blütezeit der polynesischen Seefahrt. In dieser Zeit stießen die kühnen Seefahrer mit ihren besegelten Doppelkanus sogar bis an den Packeisgürtel der Antarktis vor. Ihre Kunst des Navigierens basierte auf der genauen Beobachtung von Sternen, Wind und Wetter. Sie kannten weder Kompaß, Sextant noch andere Navigationsinstrumente.

● Die **Gesellschaftsordnung** in der Südsee basiert seit alters her auf der **Grundlage des Clans**:
- In **Melanesien** bildeten mehrere Clans ein **Dorf**. Das war die größte **politische Einheit**. In der Regel mußte außerhalb des Clans geheiratet werden (Exogamie).
- In **Polynesien** nahm die Entwicklung einen anderen Verlauf. Es bildete sich eine **Dreiklassen-Gesellschaft** aus, die aus den Adligen, den Freien und den Hörigen bestand. In Tonga, auf den Gesellschaftsinseln (Tahiti) und Hawaii brachten es einige Adlige zu kleinen Fürstentümern, die sich über größere Gebiete erstreckten. Außerdem zeichnete sich eine Spezialisierung der Berufe ab, durch die eine wirtschaftliche Blüte eingeleitet wurde.

● **Religiöse Vorstellungen** entwickelten sich in Melanesien und Polynesien unterschiedlich:
- In **Melanesien** herrschte der **Geisterglaube** vor. Die Totenkulte und die Feste zu Ehren der Verstorbenen charakterisierten das religiöse Leben. Die Maskentänze waren ein Ausdruck dieser Glaubensrichtung.
- In **Polynesien** glaubte man an **Götter** unterschiedlicher Rangordnung. Hauptamtliche Priester waren für die Zeremonien an den Kultstätten zuständig.
Heute sind fast alle Südseeinsulaner Christen, bis auf die Inder auf Fidschi, die meistens Hinduisten oder Mohamedaner sind.

● Das **Eintreffen der Europäer** hat die vielschichtige Kultur der Südseeinsulaner erschüttert, verändert und trotzdem nicht vollständig zum Erliegen gebracht. Auf den Cook-Inseln, in West-Samoa, Tonga und ganz besonders in Vanuatu und auf den Salomonen findet man immer noch vitale Restbestände und wiedererweckte Kulturgüter aus voreuropäischer Zeit.

● Die **Freundlichkeit der Bewohner** ist über alle in diesem Buch beschriebenen Inselbereiche sprichwörtlich. Natürlich spielen zugegebenermaßen bei einem solchen Werturteil die persönlichen Erfahrungen eine große Rolle. In unserer letzten viermonatigen Recherche im Südpazifik sind meine Frau und ich jedoch nach vielen vorherigen Weltreisen wieder zu dem Schluß gekommen, daß die Menschen mit der ehrlichsten Freundlichkeit auf unserer Erde durchweg die Südseeinsulaner sind. Deshalb ist neben der Begeisterung für die Schönheit der hohen Vulkaninseln mit ihren Urwäldern, für die zauberhaften Atolle, die blauen Lagunen, die Flora und die Fauna den Menschen in ihrem beneidenswerten Lebensraum unser Hauptaugenmerk gewidmet worden. Ihre Geschichte, ihre Mentalität, ihre Probleme sollten in erster Linie ausgeleuchtet werden.

● **Ihnen als Reisendem** werden durch dieses Reisehandbuch hoffentlich genügend Hintergrundinformationen und praktische Tips zur Vorbereitung und Durchführung Ihrer Reise vermittelt, die zum Gelingen Ihres Trips in die Südsee notwendig sind.

Ich möchte nicht versäumen, mich recht herzlich bei allen denen zu bedanken, die mit Rat und Tat zum Gelingen dieses Buches beigetragen haben.

Mein ganz besonderer Dank gilt meiner lieben Frau, die alle Abenteuer auf der langen Reise mit mir bestanden hat und mich sehr tatkräftig unterstützt hat.

Danken möchte ich auch Tautara und Kura Purea (Mauke/Cook-Inseln), Mataia Vensel R. Margraff (Apia/West-Samoa), Warren Jobling (Lalomalava/West-Samoa), Waltraud Quick (Nuku'alofa/Tonga), Erich Hermann Gerdes (Nuku'alofa/Tonga), Hans Schmeisser (Neiafu/Tonga), Siggi Stavenow (Faleloa/Tonga), Perrine Mengin (Nouméa/Neukaledonien), Andrea Schäfer (Nouméa/Neukaledonien), Max Aru (Port Vila/Vanuatu), Linda Kazpoi (Port Vila/Vanuatu), Bill Chapman (Port Vila/(Vanuatu), Daniel Ahukela (Honiara/Salomonen), Dr. Hermann Oberli (Honiara/Salomonen), David Kera (Munda/Salomonen), Ron Parkinson (Gizo/Salomonen), Jeane Stoltz (Long Beach/USA), Michael Sönnert (Jüchen), Monika Berg (Berlin) und Ulrike Wilfarth (Hamburg).

Ihnen als Leser möchte ich abschließend gute Reisevorbereitungen und einen guten Reiseverlauf in der Südsee wünschen. Sie werden sicherlich feststellen, daß die Südsee eine Reise wert ist.

Gummersbach, Mai 1995

2 ALLGEMEINER GEOGRAPHISCHER ÜBERBLICK

2.1 LAGE UND GRÖSSE

Der **Pazifische Ozean** oder **Mar Pacifico**, von Magellan (vgl. Kapitel 5.5.2) so genannt, ist der größte Ozean der Erde. Er ist größer als die gesamte Landmasse unseres Globus und bedeckt mehr als ein Drittel der Erdoberfläche. Der Atlantik, der Indische Ozean und das Nordpolarmeer würden in ihm Platz finden. Der **Südpazifik** ist rein geographisch vom Nordpazifik durch den Äquator getrennt und ist nicht identisch mit dem folgenden Begriff Südsee.

Die **Südsee** oder **Mar del Sur**, von Vasco Nunéz Balboa erstmalig so genannt (vgl. Kapitel 5.5.1), umfaßt die Kulturkreise Polynesien, Melanesien und Mikronesien mit ihren ethnischen Unterscheidungsmerkmalen. Das **polynesische Dreieck** mit seinen Eckpunkten Hawaii im Norden, den Osterinseln im Osten und Neuseeland im Süden überschreitet somit die rein geographisch gezogene Linie des Äquators.

Dieses Buch "Südsee" beschränkt sich in seiner Betrachtung auf das **Rechteck**, das folgende Begrenzungslinien hat:
- den **Äquator** im Norden,
- den **Südlichen Wendekreis** oder Wendekreis des Steinbocks (23° 27' südlicher Breite) im Süden,
- eine senkrechte Linie einschließlich der **Salomonen** im Westen und
- eine senkrechte Linie einschließlich des **Tuamotu Archipels** im Osten.

2.2 GEWALTIGE KRÄFTE DER PLATTENTEKTONIK UND DES VULKANISMUS

2.2.1 ALLGEMEINE ERKENNTNISSE LANGJÄHRIGER FORSCHUNG

Die erkaltete Erdkruste besteht aus **sechs großen Platten**, der Eurasischen, Afrikanischen, Indo-Australischen, Pazifischen, Amerikanischen und Antarktischen Platte, und **mehreren kleineren**, mehr oder weniger starren, auf ihrer Unterlage verschiebbaren Tafeln. Diese Erdschollen sind in Bewegung. Entweder driften sie voneinander weg, wobei **gewaltige Zerrungen** entstehen und sich Risse und Tiefseegräben auftun, oder sie reiben sich aneinander oder stoßen frontal aufeinander. Hierbei entstehen **Faltenwürfe**, und es können Inselbögen und Kettengebirge aufgefaltet werden.

Diese gewaltigen Prozesse verlaufen jedoch nicht nur vertikal. Einige Platten geraten auch in Schräglagen. Sie tauchen unter andere Erdschollen. In der Fachsprache nennt man dieses **Subduktion**. Wieder andere Tafeln werden angehoben. Sie können sich auch verhaken oder verbiegen. Das sind die Ursachen von **starken Erdbeben**. Wenn bei diesen dramatischen Vorgängen die Grenze der Elastizität der Erdkruste erreicht ist, dann bricht sie, und die ruckartigen Bewegungen lassen die Erde erbeben und erzittern.

Wenn bei den Plattenkontakten der Erdmantel durchstoßen wird, dann schmelzen die Schollenränder, und glühendes Magma aus dem Erdinneren wird an die Erdoberfläche gepreßt. **Starke Vulkantätigkeit** ist die Folge.

2.2.2 DIE SÜDSEE IM SPANNUNGSFELD DER PLATTENTEKTONIK

Der größte Teil des Pazifiks mit den Marquesas, Tuamotus, Gesellschaftsinseln, Cook-Inseln, Niue, Samoa, Tokelau und Kiribati liegt auf der **Pazifischen Platte**. Tonga, Tuvalu, Fidschi, Neukaledonien, Vanuatu, die Salomonen, der südliche Teil von Neuguinea, Australien und der westliche Teil von Neuseeland liegen auf der **Indo-Australischen Platte**.

Die hohen Inseln **westlich** dieser Trennlinie zwischen beiden Platten sind die **Bergspitzen** eines aus dem Wasser ragenden versunkenen Kontinents, der sich bis Australien erstreckte. Die **östlich** sich dieser Trennlinie befindlichen Eilande sind ausschließlich **Vulkan- und Koralleninseln**.

Die große Pazifische Platte schiebt sich mit einer Geschwindigkeit von durchschnittlich 8 cm pro Jahr in nordwestlicher Richtung **unter die kleinere Indo-Australische Platte**. Sie taucht hierbei bis zu 900 km in das glühende Magma unserer Erde ein und schmilzt. Die Erdbebenzentren liegen meistens in einer Tiefenzone von 100-300 km. Der **Kermadec-Tonga-Graben** mit einer Tiefe bis zu 10.882 m, das **Neue-Hebriden-Becken** mit bis zu 7.600 m und das **Salomon-Becken** mit bis zu 9.142 m ziehen die Pazifische Platte in einem Winkel von 45° (!) in die Tiefe. In dieser Bruchzone und "Dünnstelle" der Erdkruste drückt sich die Schmelzmasse als glühende Lava empor. **Sehr aggressive**

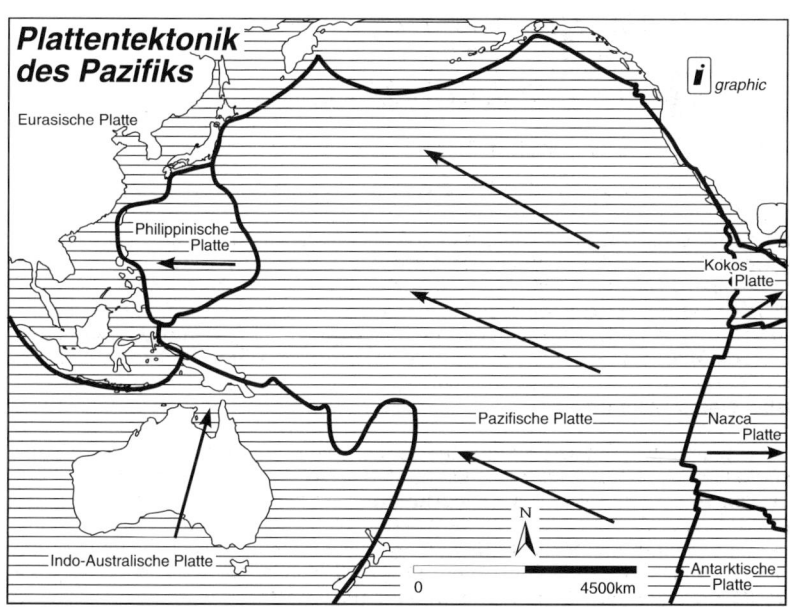

Plattentektonik des Pazifiks

Eurasische Platte

Philippinische Platte

Kokos Platte

Pazifische Platte

Nazca Platte

Indo-Australische Platte

Antarktische Platte

N

0   4500km

21

Vulkantätigkeit an dieser Kontaktzone der beiden o.g. Platten, auf den Salomonen, in Vanuatu, Fidschi und Tonga ist die Folge. Diese Region ist Teil des sog. **"Feuerrings"** rund um den Pazifischen Ozean, an dem 62% aller tätigen Vulkane liegen.

2.3 "HEISSE FLECKEN" IN DER PAZIFISCHEN PLATTE

Wie sind nun die Inselketten in der blauen Südsee entstanden? Die sog. "Heißen Flecken" (Hot Spots) sind Schächte im Erdmantel, aus denen tief aus dem Innern unseres Planeten Magma an die Oberfläche befördert wird. Über diese Quellen schiebt sich die Pazifische Platte in einer Geschwindigkeit von 8 cm pro Jahr. Im Laufe langer Zeiträume entstehen neue Förderpunkte (Vulkane), aus deren Reihung die Richtung und Geschwindigkeit der driftenden Pazifischen Platte abgelesen und errechnet werden können. Die Folge ist, daß auch unter- oder überseeische Vulkane erlöschen, weil sie von ihrem Entstehungsort, ihrem "Heißen Fleck", getrennt werden und weiterdriften.

Das Komplizierte ist jedoch, daß es im Pazifik **zwei gegenläufige Bewegungen** gibt:
● Die **"Heißen Flecken"** der Erde bewegen sich in **südöstlicher Richtung** fort.
● Die **Pazifische Platte** driftet in **nordwestlicher Richtung**, gerade entgegengesetzt.

Daraus folgt, daß jeweils die **Inseln am Südostende** der **Inselketten die geologisch jüngsten** sind. Außerdem sinken die Vulkaninseln im Laufe der Zeit durch ihr Gewicht sehr langsam ab, nur wenige Zentimeter in einem Jahrhundert, und es bleibt letztlich nur ein Kranz von Korallenriffen nach.

Hierzu einige Beispiele:
● Die hohen Vulkaninseln der **Gambier** Inseln mit bis zu 482 m aufragenden Vulkanspitzen sind viele Millionen Jahre jünger als die **Tuamotus**, die alle bereits zu flachen Atollen abgesunken und die von den gleichen "Heißen Flecken" gebildet worden sind. Auch innerhalb der großen Ausdehnung des Tuamotu-Archipels nimmt die Mächtigkeit der Korallenschicht von ca. 600 m im Hao-Atoll im Südosten bis zu ca. 1.000 m im Rangiroa-Atoll im Nordwesten zu.
● Genauso ist **Tahiti** geologisch jünger als **Moorea**.

2.4 WIE ENTSTEHT AUS EINER VULKANINSEL EIN ATOLL?

Eine **Vulkaninsel**, deren "Geburt" im vorigen Kapitel beschrieben wurde, verliert durch drei Vorgänge **an Höhe**:
● Durch ihr **Eigengewicht** sinkt sie im Laufe der Jahrmillionen sehr langsam, nur wenige Zentimeter in einem Jahrhundert, in die Erdkruste ein.
● Die **Erosion** nagt wie an allen Bergen an ihrer einst stolzen Gestalt und Höhe.
● Das **Steigen des Meeresspiegels** vom Übergang kälterer Erdperioden (Eiszeiten) zu wärmeren, durch Abtauen der Gletscher und Polkappen, läßt die Vulkaninsel langsam, aber stetig mehr und mehr im Ozean versinken.

Sobald ein Vulkan seine Tätigkeit eingestellt hat, bilden sich im klaren, warmen Meereswasser zwischen 35° nördlicher und 32° südlicher Breite **lebende Korallenriffe** mit einer Wachstumsgeschwindigkeit von 10-25 mm pro Jahr rund um die Vulkaninseln.

Auf den Kalkablagerungen der abgestorbenen Korallenskelette bauen Millionen dieser nur Millimeter großen Hohltiere ihren Korallenstock immer weiter bis zur Wasseroberfläche bei Ebbe in die Höhe. In den Tuamotus ist diese Korallenschicht bis zu 1.000 m (!) dick. Mit dem weiteren langsamen Absinken der Vulkaninsel halten die winzigen Polypentierchen mit ihrer Bautätigkeit Schritt.

Nach der Lage zum Festland unterscheidet man **drei Rifformen**: Saumriffe, Barrier-Riffe und Atolle.
● **Saumriffe** liegen unmittelbar vor der Küste.
● **Barrier-Riffe** umrahmen weit vor der Küste entfernte Festländer oder Inseln. Dabei verläuft zwischen Riff und Küste ein zuweilen schiffbarer, breiter Kanal. Das wohl bekannteste Riff dieser Art ist das der Nordwestküste Australiens vorgelagerte Große Barrier-Riff, das sich über eine Länge von 2.000 km (!) erstreckt.
● **Atolle** sind ringförmige Riffkränze, die häufig eine Lagune umschließen.

── INFO ──

Informationen über Korallen

*Diese den Seeanemonen ähnlichen Lebewesen haben einen sehr einfachen schlauchartigen Körperbau mit polypenartigen Verästelungen (Tentakeln), in denen sich Nesselzellen befinden, die bei Berührung Kleinstlebewesen durch Gifte lähmen. Die Hauptbestandteile dieser **Hohltiere** sind ihre Außen- und Innenhaut, ein Schlund und ein Darmraum. Sie sitzen am Meeresboden fest. Die Einzeltiere sind durch Ernährungskanäle miteinander verbunden. Die **Korallenstöcke** entstehen durch ungeschlechtliche Vermehrung (Knospung) und die Ausscheidung von Kalk an der Unterseite der Korallen.*

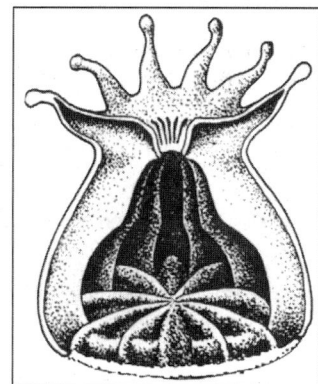

Koralle

Lebensvoraussetzungen für Korallen sind:
● *felsiger Unterbau nicht mehr als 50 m unter der Wasseroberfläche,*
● *Wassertemperatur von mindestens +20° C und höchstens +36° C,*
● *vorbeiziehende Meeresströmung,*
● *sauerstoff- und nährstoffreiches Meereswasser,*
● *klares Wasser mit ausreichendem Salzgehalt (Verhältnis mindestens 25:1.000), Süßwasser von Flußläufen verhindert das Wachstum von Korallen,*
● *Wasser mit genügender Lichtmenge, weil die Korallen mit lichtabhängigen Algen in Symbiose leben.*
Der Artenreichtum und die Farbenvielfalt der Korallen sind sehr groß.

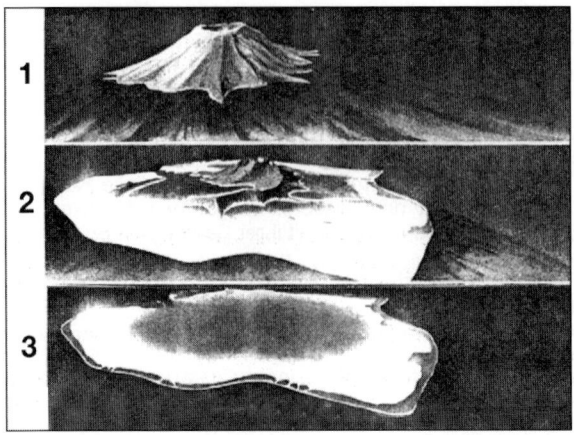

Entstehung eines Atolls

So versinkt der vulkanische Teil der Insel allmählich völlig in der Lagune, und nur das kranzförmige Korallenriff ragt teilweise aus dem Wasser. Aus dem einstigen Saumriff wird ein **Atoll**, das in seinem Umfang die Größe der ursprünglichen Vulkaninsel anzeigt.

Die vorherigen **Abbildungen von Bora Bora** geben ein faszinierendes Beispiel für die Verwandlung von einer Vulkaninsel zu einem Atoll durch **Absenkung** in drei Phasen von der Vergangenheit über die Gegenwart bis in die Zukunft.

- **Abbildung 1** rekonstruiert die Form des ehemaligen, erkalteten Vulkans.
- **Abbildung 2** zeigt die Insel Bora Bora in ihrer gegenwärtigen Form mit dem abgesunkenen und von Erosion abgetragenen Vulkankrater, der Lagune und dem Saumriff.
- **Abbildung 3** vermittelt eine Vorstellung von der zukünftigen Bildung eines Atolls, von dem in der Lagune versunkenen Vulkan und von den langen, niedrigen Inseln auf dem Barriere-Riff.

Die Form der Atolle ist meistens rund oder hufeisenförmig. In den Barriere-Riffen sind häufig Sandbänke und kleine Inseln, sog. *Motus*, eingeschlossen. Es gibt **Atolle bis zu 100 km Durchmesser**, wie beispielsweise das Rangiroa-Atoll, das als das größte unserer Erde gilt. Die Breite der Inseln beträgt selten mehr als 200-400 m. Meistens ist die Lagune des Atolls nicht lückenlos von Land umschlossen. **Durchflußrinnen** und **Passagen** durch das Riff, das ein idealer Wellenbrecher ist, findet man häufig an der dem Wind abgekehrten Seite, der Leeseite.

Die meisten Atolle ragen selten mehr als 4-6 m aus dem Meer heraus. Es sei denn, sie sind zu einer **Korallenplattform** emporgehoben worden, wie beispielsweise die zu der Gruppe der Cook-Inseln gehörenden Eilande Atiu und Mauke. Verzweigte Höhlen und hohe Klippen sind für diesen Inseltyp charakteristisch.

2.5 KLIMA UND REISEZEIT

2.5.1 ALLGEMEINE EIGENSCHAFTEN DES TROPENKLIMAS IM SÜDPAZIFIK

- Es gibt **keine thermisch unterschiedlichen Jahreszeiten**. Die Temperaturdifferenz der einzelnen Inseln zwischen dem wärmsten und kältesten Monat im Mittel beträgt höchstens 5 °C.
- Die **Tagesamplitude**, das ist der Unterschied der mittleren Tag- und Nachttemperatur, ist **größer als die Jahresamplitude**, d.h. die tageszeitlichen Schwankungen der Temperatur sind ausgeprägter als die jahreszeitlichen. Man spricht von einem **Tageszeitklima**.
- Der **Wechsel zwischen Trockenzeit und Regenzeit** würde eher eine Einteilung in Jahreszeiten rechtfertigen.
- Die **unterschiedlichen Höhenlagen**, die sich aus dem Relief der Inseln ergeben, sind mit wetterbestimmend. Die Durchschnittstemperatur verringert sich bei je 1.000 Höhenmetern um ca. 6 °C.
- Ausschlaggebend für die Niederschlagsmenge ist außerdem, ob ein Gebiet im **"Regenschatten" der Berge** liegt oder nicht.
- Die **geringe Variabilität von Taglängen**, d.h. die Tage und die Nächte sind je nach Jahreszeit gleich oder fast gleich lang, ist ein weiteres Charakteristikum der Tropen. In der Südsee geht die Sonne das ganze Jahr um ca. 6.00 Uhr auf und um ca. 18.00 Uhr unter. Die Dämmerung ist im Vergleich zu unseren Breiten nur sehr kurz.
- Der **Südost-Passat** wird durch das ganzjährige Luftdruckgefälle vom Subtropenhoch zur äquatorialen Tiefdruckrinne verursacht. Er tritt, abgelenkt durch die Erdrotation, in Südost-Strömung auf.

Regenzeit

Im allgemeinen herrscht im Südpazifik, zwischen Äquator und dem Südlichen Wendekreis, während der **Sommermonate** auf der südlichen Erdhalbkugel, **Dezember bis März**, warmes bis heißes und teilweise schwüles Wetter vor. Auch wenn es heiß ist, wird die Hitze allerdings meistens durch den Seewind gemildert.

Es besteht die Neigung zu heftigen Regenfällen und **Wirbelstürmen**. Segler sind in dieser Zeit besonders gefährdet.

Die **Regenzeit ist an den Zenitstand der Sonne gekoppelt**. Der Zenitstand, wenn die Sonne senkrecht auf die Erde scheint, wird im o.g. Teil des Südpazifiks im Hochsommer (Dezember) erreicht. Dann erwärmen sich das Meer und die Inseln am stärksten. Die mit Feuchtigkeit angereicherte Luft steigt auf und hinterläßt eine **Tiefdruckrinne**. Wenn die feuchte Luft aufsteigt, wird sie abgekühlt. Kältere Luft kann nicht soviel Wasserdampf speichern wie warme Luft. Die Folge ist, daß immer wieder heftige tropische Regenschauer niedergehen, die im Wechsel mit Aufheiterungen und starker Sonnenbestrahlung stehen. Dies ist die Periode der Regenzeit.

Trockenzeit

Während der **Wintermonate von April bis November** ist es im allgemeinen trockener, heiterer und kühler. Es ist die beste Reisezeit, auch für Segler.

Entsprechend dem Zenitstand der Sonne hat sich die Tiefdruckrinne auf die nördliche Hemisphäre der Erde verlagert. Ende Juni steht die Sonne senkrecht (im Zenit) über dem Nördlichen Wendekreis. Im Südpazifik herrscht zu dieser Zeit im allgemeinen **trockenes Hochdruckwetter**, und der **Südost-Passat** bläst stark und gleichmäßig.

2.5.2 WIE ENTSTEHT EIN ZYKLON?

Die Südsee zwischen dem Äquator und dem Südlichen Wendekreis ist eine **Zone tropischer Zyklone**, gefürchteter orkanartiger Wirbelstürme. Ein Zyklon umkreist ein Tiefdruckgebiet mit sehr geringem Luftdruck, Zyklone genannt.

Durch **starke, großflächige Erwärmung des Meeres** auf ca. + 27° C in den heißesten Monaten Dezember bis Februar steigt sehr warme, feuchtigkeitsgeladene Luft rasch in hohe Luftschichten empor. Sie wird in der Höhe abgekühlt. Je höher die Luft aufsteigt, desto stärker ist die Kondensation. Diese führt zu einer **gigantischen Quellwolkenbildung. Heftige Gewitter** und stark niedergehender Regen erzeugen einen **gefährlichen Kreislauf**. Der Druck im Zentrum dieses zunächst noch senkrechten Kreislaufs sinkt extrem unter 950 Millibar. Der tiefste bisher gemessene Druck betrug **nur 885 Millibar!** Wenn dann durch die stark ablenkende Erd-

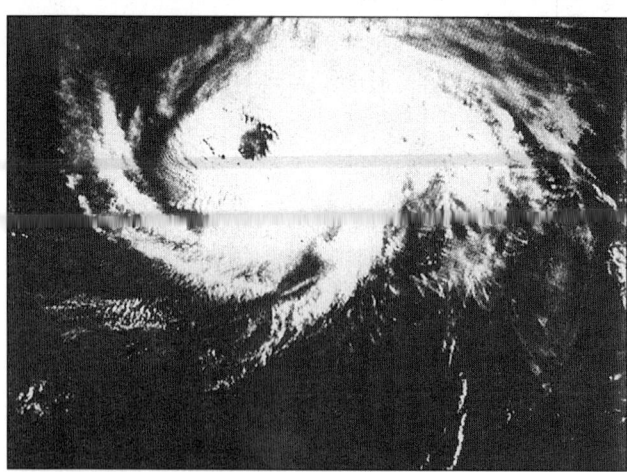

Satellitenfoto eines Zyklons

rotation in Äquatornähe dieser senkrechte Kreislauf in die Waagerechte umkippt und sich in eine horizontale Luftspirale verwandelt, dann erzeugt dieser **gewaltige Dreheffekt** (auf der Südhalbkugel rechtsdrehend im Gegensatz zur Nordhalbkugel), der die geballten Luftmassen um die eigene Achse wie einen Kreisel dreht, eine verheerende Kraft. Die **Drehgeschwindigkeit** kann **bis zu 320 km/h** betragen, während im "Auge des Sturmfelds" Windstille herrscht. Der dazugehörige **Wolkenwirbel** kann **bis zu 800 km** im Durchmesser erreichen. Die **Wandergeschwindigkeit** eines Zyklons beträgt zwischen **20-50 km/h**. Auf seiner Zugstraße hinterläßt er eine **Spur der Verwüstung**.

2.5.3 KLIMATABELLE

Ort	meteoro-logische Maßeinh.	Jan.	Febr.	März	April	Mai	Juni	Juli	Aug.	Sept.	Okt.	Nov.	Dez.	im Jahr
Osterinsel	C*)	23,6	24,1	23,5	21,8	20,4	18,7	18,2	18,0	18,7	19,7	21,0	22,3	20,8
-	mm**)	111	83	113	114	118	129	92	90	76	70	112	127	1235
Papeete	C*)	26,1	26,2	26,3	26,5	25,6	24,8	24,3	24,0	24,4	24,9	25,6	26,0	25,4
(Tahiti)	mm**)	364	272	164	147	121	66	66	50	75	84	175	289	1873
Rarotonga	C*)	25,9	26,2	25,9	25,1	23,6	22,5	21,9	21,7	22,2	23,1	24,0	24,9	23,9
(Cook-Inseln)	mm**)	249	224	267	185	169	106	97	128	106	124	144	229	2028
Pago Pago	C*)	27,3	27,2	27,1	27,1	26,7	26,3	25,9	25,8	26,2	26,4	26,9	26,9	26,7
(Amerikan.-Samo)	mm**)	297	339	332	350	271	230	200	201	146	331	253	377	3327
Suva	C*)	26,8	26,9	26,8	26,1	24,8	23,9	23,1	23,2	23,7	24,4	25,3	26,2	25,1
(Fidschi)	mm**)	314	299	386	343	280	177	148	200	212	218	268	313	3158
Nouméa	C*)	25,7	26,3	25,4	23,8	21,3	21,0	19,8	19,9	20,6	22,1	23,7	25,0	22,9
(Neukaledonien)	mm**)	110	116	152	116	93	95	97	72	49	46	44	76	1066
Port Vila	C*)	26,4	26,8	26,1	25,2	24,0	23,2	22,4	22,7	23,2	23,9	25,0	25,9	24,6
(Vanuatu)	mm**)	272	260	312	239	148	129	103	93	104	103	161	183	2107
Tulagai	C*)	27,7	27,7	27,7	27,7	27,5	27,1	27,1	27,0	27,2	27,4	27,8	28,1	27,7
(Salomonen)	mm**)	381	407	373	256	214	174	195	219	208	221	258	264	3170

Zeichenerklärung: C*) = monatliche Durchschnittstemperatur in Grad Celsius

mm**) = monatliche Regenmenge in mm

3 PFLANZENWELT DER SÜDSEE

Allgemein nimmt der Artenreichtum der Pflanzen der Südsee von Westen nach Osten ab, je weiter man sich vom eurasischen Landblock entfernt. Die meisten Arten stammen aus Malaysia. Sie sind durch schwimmende Samen und Früchte, durch Wind und Vögel sowie letztlich durch den Menschen verbreitet worden.

Die hohen **Vulkaninseln** sind artenreicher als die flachen **Koralleneilande**.

Jede Insel im riesigen Pazifik stellt eine **Mikroeinheit der Evolution** dar, die in Jahrtausenden stattgefunden hat. Etwa **2.000 verschiedene Ökosysteme** existieren in der Südsee vor. Mehr als **80% der Pflanzenarten** sind **endemisch**, d.h. sie kommen sonst nirgends anders vor.

3.1 VEGETATIONSZONEN

3.1.1 IMMERGRÜNER TROPISCHER REGENWALD

Die Südsee verdankt ihren üppigen Pflanzenwuchs der tropischen Regenwälder den gleichmäßig **hohen Durchschnittstemperaturen** von +24 bis +27° C und den **hohen Niederschlagsmengen** von mindestens 1.800 mm im Jahr. In höchstens 2-3 Monaten fallen die Niederschlagsmengen unter die Marke von 100 mm. Kennzeichnend ist auch das **Fehlen jahreszeitlicher Rhythmen**, z.B. die Blütenfülle im Frühjahr sowie die Laubfärbung und der Laubfall im Herbst in mittleren Breiten. Die Vegetations-, Blüte- und Reifezeiten verteilen sich über das ganze Jahr.

Der Gesamteindruck des tropischen Regenwaldes zu allen Jahreszeiten ist eine einheitlich, eher monoton wirkende **grüne Blätterwildnis**. Es gibt Bäume, die gleichzeitig blühen, Früchte tragen, Laub abwerfen und neue Blätter treiben. Abwechslungsreich ist der stufenförmige Wuchs der Urwaldbäume. Lichtungen, durch umgestürzte Bäume entstanden, geben wieder Raum für den zum Licht strebenden Nachwuchs.

Die obere Etage

● **Urwaldriesen** recken sich **bis zu 50 m** in den Tropenhimmel. Zu ihnen gehören Mahagoni-Bäume (*Swietenia mahagoni*), Indische Banyanbäume (*Ficus benghalensis*), Kapok-Bäume (*Ceiba pentandra*) und Kaori-Bäume (*Agathis lanceolata*). Oft sind sie mit **Brettwurzeln** ausgerüstet, die die mächtigen Stämme wie seitliche Stabilisatoren abstützen. Wegen der **gleichmäßig stetigen Wachstums** haben die Bäume des tropischen Regenwaldes keine Jahresringe. Dieser Umstand und ihre Härte sowie Elastizität machen die tropischen Hölzer so begehrt.

● Das Astwerk und die Baumkronen sind dicht mit **Epiphyten** besetzt. Das sind baumbewohnende Pflanzen, aber keine Schmarotzer. Sie fangen das Regenwasser in Blatttrichtern oder Stengelknollen auf. Philodendren, Orchideen, Bromelien, Farne, Moose und Flechten haben sich wegen der ungünstigen Lichtverhältnisse in Bodennähe höher in den Bäumen angesiedelt, denn nur 3% des Tageslichts erreicht den Urwaldboden.

Die mittlere Etage

In diesem Stockwerk zwischen 5-20 m streben außer **jungen Bäumen Baumfarne** (*Cyathea*-Arten) mit ihren gefiederten Blättern, **Palmen**, viele **Lianen** und **Epiphyten** sowie Philodendron-Arten zum Licht und bilden ein dichtes Geflecht.

Die untere Etage

Auf dem Urwaldboden herrscht ein diffuses Dämmerlicht. **Gräser, Bambus**, der auch zu den Gräsern gehört, **Kräuter, Farne, Ingwergewächse, Zwergpalmen** und **Baumfarne** versuchen hier, ihren schwierigen Lebenskampf zu bestehen.

Raubbau an den tropischen Regenwäldern

Es gibt auf unserer Erde keine Pflanzengesellschaft, die mannigfaltiger und verschiedenartiger ist und ein bunteres, reicheres Spektrum an Pflanzenarten hervorgebracht hat wie der tropische Regenwald. Deshalb ist es um so bedauerlicher, daß diese Vielfalt von den Menschen so rücksichtslos vernichtet wird. **Ein einmal niedergebrannter oder gerodeter tropischer Regenurwald ist in seinem Artenreichtum unwiederbringlich für unsere Erde verloren**. Aufforstungen, vielleicht nur mit einer Baumart (Eukalyptus oder Koniferen), sind nur ein sehr trauriger Ersatz dafür.

Es ist nicht nur so, daß das Naturmonument eines tropischen Regenwaldgebietes zerstört wird, auch die von den Menschen angebauten Nutzpflanzen gedeihen nicht besonders gut ohne künstliche Düngung. Die gewaltigen Urwaldriesen, die Dichte der Vegetation und die mannigfaltige Pflanzenwelt täuschen der armen Landbevölkerung eine unerschöpfliche Fruchtbarkeit vor. Das ist jedoch ein Irrtum. In Wirklichkeit ist der tropische Regenwald in seiner Ökologie äußerst sensibel. Nur der gleichmäßige Kreislauf des über das ganze Jahr verteilten Blätterfallens, des Sterbens und Umbrechens der Bäume, des Vermoderns und Wiedererstehens neuen Lebens ist die vermeintliche Fruchtbarkeit des Regenwaldes. Wenn dieser **empfindliche Kreislauf** gestört wird und die Bildung der dünnen Humusschicht nicht mehr gewährleistet ist, wird der nackte, nährstoffarme Boden sehr schnell nach wenigen Jahren durch die heftigen tropischen Regengüsse ausgewaschen und ausgelaugt. Unfruchtbarkeit ist die unausbleibliche Folge. Durch künstliche Düngung könnten noch eine Zeitlang günstige Erträge erwirtschaftet werden. Aber für den Kauf der chemischen Düngemittel fehlt meistens das Geld. Es werden leider viele Regenurwälder durch Brandrodung sinnlos zerstört, nur um für kurze Zeit aus dem Urwaldboden landwirtschaftlichen Nutzen zu ziehen.

Besonders üppige geschlossene tropische Regenwälder gibt es noch in Vanuatu und auf den Salomonen. Aber auch hier beginnt der Raubbau. Leider werden malaysischen, japanischen und australischen Firmen von den einheimischen Ländern aus Geldnot Konzessionen zum Holzfällen gegeben.

3.1.2 IMMERGRÜNER GEBIRGSREGENWALD

Er gedeiht zwischen ungefähr 1.000-2.000 m Höhe. Die ganzjährige Wachstumsperiode ist auch hier nicht unterbrochen. Die Artenvielfalt der Urwaldpflanzen ist aber schon geringer als im tropischen Regenwald der tieferen Region. Die Bäume wachsen langsamer, und sie werden nicht mehr so hoch. Epiphyten gibt es immer noch reichlich. Der immergrüne Gebirgsregenwald ist noch nicht so gefährdet wie der tropische Regenwald am Fuß der Berge.

3.1.3 GRASLÄNDER

Ausgedehnte Grasländer findet man jenseits der Inselberge im Regenschatten der den Passatwinden abgewandten Seite, der Lee-Seite, im Westen der Inseln von **Viti Levu** und **Vanua Levu**, den beiden größten Inseln von Fidschi und im Westen von **La Grande Terre** in Neukaledonien. Diese Savannen wurden von den Menschen teilweise zu Rinderweiden oder Zuckerrohrplantagen umfunktioniert.

3.1.4 MANGROVEN-DICKICHTE

Die Mangroven-Dickichte sind wohl die **eigenartigste Vegetationsform der Tropen**. Sie liegen im Einflußbereich der Gezeiten, und sie werden vom Salzwasser der Meere regelmäßig überspült. Bei Flut ragen nur die Kronen aus dem Wasser heraus. Mangroven können nur dort gedeihen, wo Korallenriffe, geschützte Lagunen oder die Trichter der Flußmündungen die Brandungswellen des Meeres abschwächen. Diese Lebenskünstler schaffen ein neues Biotop, eine Wildnis, die vielen Tieren eine Heimat bietet.

Wie ist es nun möglich, daß die **Pioniere** unter den Bäumen diese lebensfeindlichen Standorte einnehmen können? Ihre **wasserspeichernden Blätter** (Sukkulenten) wirken bei Überkonzentration an Salz als Regulatoren. Die dann an die Zellen abgegebene Blattflüssigkeit hält die Überdosis an schädlichem Salz in erträglichen Grenzen.

Am auffälligsten sind die **Stelzenwurzeln**. In weitem Bogen vom Hauptstamm gekrümmt, sichern sie die Pflanzen vor dem bedrohlichen Wellengang und sorgen somit für genügend Stabilität. Neben dieser **Verankerung** sind die Wurzeln außerdem noch **Atmungsorgane**, die für genügend Sauerstoff in dem außerordentlich sauerstoffarmen Boden sorgen, damit die Pflanzen nicht ersticken.

Besonders interessant und einmalig in dieser für Pflanzen schwer zu besiedelnden Übergangszone zwischen Festland und Meer ist die Art der **Fortpflanzung** der Mangroven. Man spricht von einer "Lebendgeburt" (*Viviparie*). Der Samen hat bereits an der Mutterpflanze gekeimt. Die lebensfähigen "Stecklinge" fallen in den Schlamm und bilden eine neue selbständige Pflanze. Wenn die Samen ungekeimt ins Wasser oder in den Schlamm fielen, würden sie fortgespült, und die Vermehrung wäre gefährdet. Das "Wurzelschlagen" geht so erstaunlich schnell vor sich, daß die Stecklinge schon nach wenigen Stunden festen Halt im schlammigen Boden gefunden haben, bevor die nächste Flut kommt. Fällt der Sämling allerdings während des Hochwassers, dann kann er sich nicht im Schlamm zu Füßen der Mutterpflanze festsetzen. Mit der Strömung wird er an andere Ufer getrieben, wo er sich entwickeln und seine Art vermehren kann.

Die **Mangrovensümpfe sind voller Leben**. Verschiedene Krabbenarten, Schlammspringer, Fische, Wasser- und Watvögel bevölkern diese Wildnis. Die meisten Mangrovengehölze gibt es an den Flachküsten Vanuatus und der Salomonen.

3.2 KLEINES PFLANZENLEXIKON

In der Südsee, wie auch in anderen Tropenländern, sind viele fremdländische Pflanzen eingeführt worden, die die einheimische Flora verfremden. Es kann im Rahmen dieses Reisehandbuches jedoch nur ein sehr kleiner Teil des Pflanzenreichtums der Südsee vorgestellt werden. Nur die auffälligsten einheimischen tropischen Bäume und Sträucher sollen Ihnen einen kleinen Einblick in diese Wunderwelt geben.

Banane (Musa paradisiaca) / Banana

Familie: Bananengewächse · Aussehen: 6 bis 9 m hohe Staude · Blätter: sehr groß, oft vom Wind bis zur Mittelrippe eingerissen · Blüten: Blütenstand mit spiralförmig angeordneten rotvioletten Hochblättern

Die Wildarten werden durch Fledermäuse bestäubt. Bei den Obstbananen entwickelt sich der Fruchtknoten der weiblichen Blüte ohne Befruchtung zu Früchten.

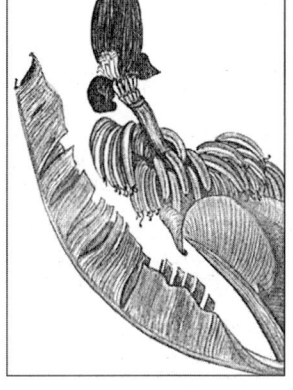

Banane

Betelpalme (Areca catechu) / Betle Palm

Familie: Palmen · Aussehen: bis zu 30 m hohe Palme mit sehr schlankem Stamm und kleiner Wedelkrone · Blätter: steif, 1,5-2 m lang · Blüten: zitronengelbe Blütenstände · Früchte: gelbe beerenartige Früchte mit fetthaltigen Samen

In der Südsee ist das Betelkauen verbreitet. Die Samen der Betelfrucht werden geröstet oder gekocht, in Scheiben geschnitten, mit Kalk und mehreren Gewürzen zusammen in die Blätter des Betelpfeffers gewickelt und dann wie Kaugummi gekaut. Die **leicht berauschende Substanz** der Betelsamen bewirkt eine Verlangsamung der Herztätigkeit und einen Blutstau im Kopf. Die Zähne und der Gaumen färben sich beim Kauen orangerot.

Brotfrucht

Brotfruchtbaum (Artocarpus altilis) / Breadfruit

Familie: Maulbeerbaumgewächse · Aussehen: 15-20 m hoch, immergrün, wenig verzweigte Krone · Blätter: sehr groß, tiefgelappt · Blüten: getrenntgeschlechtlich, männliche Blüten: 20 cm lange Kolben, weibliche: kugelige Blütenstände · Früchte: 20-30 cm große kugelige Sammelfrüchte, bis 2 kg schwer

Der Brotfruchtbaum ist eine **wichtige Nahrungspflanze**. Das stärkehaltige Fruchtfleisch wird gekocht oder gebraten. Es ist sehr leicht verdaulich.

Feuerbaum (Delonix regia) / Flamboyant

Familie: Sterkuliengewächse · Aussehen: bis 10 m hoch, laubabwerfend, elefantenhautähnliche Rinde · Blätter: bis 30 cm lang, handförmig gelappt · Blüten: nach Laubabfall traubenartig, glockenförmig, brennendrot · Früchte: dunkel, an langen Stielen hängend, behaart

Feuerbaum

Das auffälligste Merkmal dieses Baumes sind seine flammendroten Blüten, **ein Farbenrausch** an dem unbelaubten Baum, eines der botanischen Wunder der Tropen!

Frangipani oder Pagodenbaum (Plumeria rubra) / Frangipani

Familie: Hundsgiftgewächse · Aussehen: etwa 10 m hoher, oft knorriger Baum, kurze, dicke Äste · Blätter: 30 cm lang, oben glänzend dunkelgrün, unten filzig behaart, Laubfall in der Trockenzeit · Blüten: rot, rosa, weiß oder gelb, 5 Blütenblätter, stark duftend · Früchte: schmale, bis 25 cm lange Kapseln

Frangipani ist einer der **am schönsten blühenden Tropenbäume**. Er wurde nach dem **Italiener Frangipani** genannt, der angeblich aus den Blüten dieser Pflanze im 12. Jahrhundert n. Chr. ein begehrtes Parfüm herstellte. Die ursprüngliche Heimat ist die Karibik. Der Saft von Stamm und Blüte ist giftig. Er wird aber als Rheumamittel und zur Salbenherstellung gegen Hautkrankheiten benutzt. Während der Trockenzeit ist der blattlose Baum nur mit seinen leuchtenden Blütendolden geschmückt.

Guave

Guave (Psidium guajava) / Guava

Familie: Myrtengewächse · Aussehen: bis 10 m hoher knorriger Baum · Blätter: länglich-ellipsenförmig · Blüten: weiß

Der Baum trägt kugel-, ei- oder birnenförmige eßbare Früchte mit rosa Fruchtfleisch, das von Kernen durchsetzt ist. Er stammt urprünglich aus Mittelamerika und Brasilien. Aus den Vitamin C-reichen Früchten werden mit Vorliebe Saft, Gelee, Marmelade, Likör und Wein hergestellt.

Indischer Banyanbaum (Ficus bengalensis) / Banyan Tree

Familie: Maulbeergewächse · Aussehen: mächtiger, immergrüner Baum mit breiter Krone und vielen Luftwurzeln, die zur Erde wachsen · Blätter: 20-30 cm lang, oval, behaart · Blüten: unauffällig · Früchte: korallenrot, kirschgroß

Dieser Baum wird auch **"Würgfeige"** genannt. Er keimt meistens in den Astgabeln anderer Bäume, ist jedoch kein Schmarotzer, weil er sich selbst ernähren kann. Er entwickelt eigene Luftwurzeln, die zunächst von ihrer hohen Warte aus den Boden zu erreichen trachten. Wenn sie es geschafft haben, verankern sie sich dort.

Jetzt ist die Pflanze völlig selbständig, gedeiht prächtig, nimmt ihrem ehemaligen Wirt mit ihrer weit ausladenden Krone immer mehr Licht und Luft weg, bedrängt und umschließt ihn völlig, bis der undankbare Gast seinen Wirt schließlich mit seinen vielen Armen (Luftwurzeln) so "würgt", daß er abstirbt.

Indischer Mandelbaum (Terminalia catappa) / Indian Almond

Familie: Strandmandelgewächse · Aussehen: Baum mit etagenförmig aufgebauter Krone · Blätter: groß und büschelig am Zweigende angebracht · Blüten: endständig, weißlichgelbe Blütenstände

Die 5 bis 6 cm großen, beiderseits gewölbten Früchte mit fleischiger Schale und korkiger Mittelschicht sind schwimmfähig. Sie haben die weite Verbreitung auch in der Südsee bewirkt.

Indischer Seidenwollbaum (Ceiba pentandra) / Silk Cotton – oder Kapok Tree

Familie: Wollbaumgewächse · Aussehen: hoher laubabwerfender Baum · Blätter: handförmig · Blüten: scharlachrot, 5 Blütenblätter · Früchte: in der Reife aufspringende Kapseln mit wollartigen weißen Fruchthaaren

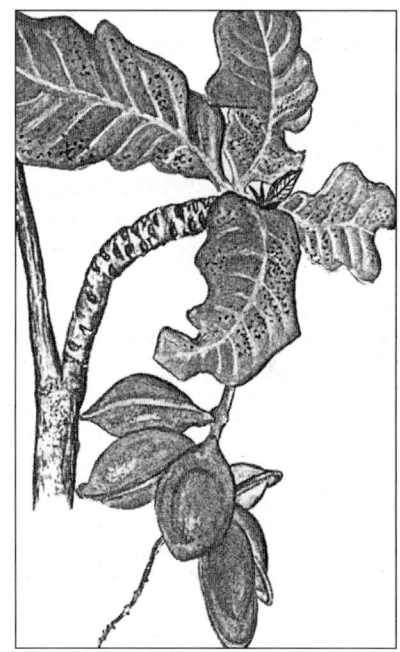

Indischer Mandelbaum

Der Indische Seidenwollbaum ist für die Menschen sehr nützlich. Seine reifen, länglichen Fruchtkapseln enthalten, wenn sie aufplatzen, ein **weißes Gespinst**, das als Polstermaterial für Matratzen Verwendung findet und auch versponnen wird. Neuerdings wird es auch als Füllmaterial für Schwimmwesten benutzt, weil man seine enorme Tragfähigkeit und Stabilität festgestellt hat.

Kasuarine

Kasuarine (Casuarina equisetfolia) / Ironwood

Familie: Kasuarinengewächse · Aussehen: schlanker, bis 25 m hoher Baum, lockere Krone · Blätter: Quirle, die an Schachtelhalmsprosse erinnern · Blüten: weibliche Blüten mit roten Narben, männliche unscheinbar

Die schwimmfähigen Früchte haben für eine weite Verbreitung in der Südsee gesorgt. Das Holz gehört wegen seiner Härte zu den "Eisenhölzern". Die Polynesier benutzten es in alten Zeiten für ihren Kanubau.

Kava (Piper methysticum) / Kava

Aus den verdickten Wurzeln des übermannshohen Strauchs einer Pfefferpflanze wird in Polynesien und Melanesien ein Getränk hergestellt. Anläßlich der Kava-Zeremonie gibt man den getrockneten und pulverisierten Pflanzenteilen Wasser bei und siebt dieses Gemisch durch. Es ist ein nicht für jeden wohlschmeckendes, nichtalkoholisches Genußmittel, das entspannen soll.

Kokospalme (Cocos nucifera) / Coconut Palm

Familie: Palmen · Aussehen: 30 m hoher, nie ganz gerader Stamm · Blätter: 4-6 m lange Palmwedel mit starker Mittelrippe, an denen ca. 90 cm lange ledrige Blätter sitzen · Blüten: rispenartig · Früchte: Kokosnüsse, von einer harten Schale und Faserschicht umschlossen, schwimmfähig, werden über weite Strecken der tropischen Meere transportiert

Die Meeresströmungen haben die Kokospalme weit verbreitet. Sie blüht über das ganze Jahr, und dementsprechend kann man ihre Früchte auch zu allen Zei-

Kokospalme

ten ernten. Die nahrhaften Nüsse werden auch das **"Brot der Armen"** genannt. Diese Palme ist ein Segen für die Völker der Tropen. Alle ihre Bestandteile, vom Stamm über die Rinde, von den Palmwedeln bis zu den Früchten, sind für die Menschen verwendbar.

Lichtnußbaum

Lichtnußbaum (Aleurites moluccana) / Candlenut Tree

Familie: Wolfsmilchgewächse · Aussehen: laubabwerfende Bäume · Blätter: langstielig und am Ende herzförmig · Blüten: männliche und weibliche getrennt, aber am gleichen Blütenstand

Die ölhaltigen Samen der sehr harten Nuß wurden in alten Zeiten auf die Rippe der Palmenblätter gespießt und angezündet. Ein Spieß brannte eine Nacht lang. In Hawaii wurden früher auch aus den Blüten, Nüssen und der Rinde verschiedene Heilmittel hergestellt. 1959 wurde diese Pflanze zum Staatsbaum erklärt.

Mangobaum (Mangifera indica) / Mango

Familie: Sumachgewächse · Aussehen: bis 30 m hoher, dicht belaubter Baum mit ausladender Krone · Blätter: lanzettlich, bis 30 cm lang · Blüten: rispenförmige Blütenstände mit sehr vielen kleinen Einzelblüten

Mango

Die Steinfrüchte sind im Reifezustand grünlich, gelblich oder rötlich gefärbt. Ihre Außenhaut ist sehr druckempfindlich. Ursprünglich stammen sie aus Indien und Burma.

Papaya

Papaya (Carcia papaya) / Pawpaw

Familie: Melonengewächse · Aussehen: 6 bis 8 m hoher Baum, grüner, weichholziger Stamm mit dreieckigen Blattnarben, endständige Blattkrone · Blätter: sehr groß, handförmig geteilt und langstielig · Blüten: gelbweiß in der Blattachse, männliche verzweigt und überhängend, weibliche kurz und gabelig verzweigt

Das weiche Fleisch der großen, melonenartigen Früchte ist weißlich bis rot. Die Innenseite der Fruchthöhlung ist mit dunklen Samen bedeckt.

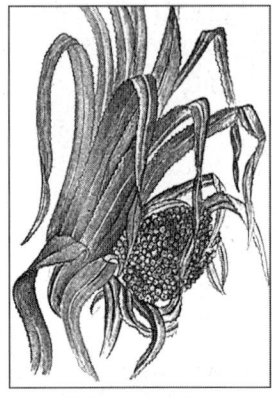

Schraubenpalme (Pandanus) / Pandanus

Familie: Schraubenbaumgewächse · Aussehen: Bäume oder Sträucher mit einfachem oder abstehend verzweigtem Stamm und starken Stelzwurzeln · Blätter: lanzettlich, in schraubenförmiger Anordnung · Blüten: männliche Blüten in schmalen Rispen, weibliche in rundlichen Köpfen

Die reifen Früchte einiger Arten werden gegessen. Außerdem werden sie als Heilmittel gegen Ruhr genommen. Große Bedeutung haben die Blätter als Flechtwerk.

Schraubenpalme

Strandhibiskus (Hibiscus tiliaceus) / Beach Hibiscus

Familie: Malvengewächse · Aussehen: bis 3 m hohes Gebüsch · Blätter: groß und herzförmig · Blüten: gelb, mit dunkelrotem Zentrum

Die innere Rinde, der Bast, wird für die Herstellung von Tauwerk und Matten verwendet. Die jungen Blätter benutzt man, um Verstauchungen und geschwollene Gelenke zu heilen.

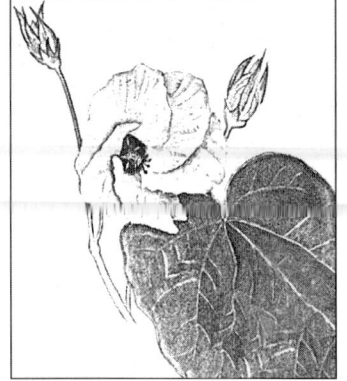

Strandhibiskus

Strandmaulbeere (Morinda citrifolia) / Beach Mulberry

Familie: Maulbeerbaumgewächse · Aussehen: mittelgroßer Baum · Blätter: groß, spitzzulaufend · Blüten: weiß

Die gelbliche Frucht ist eßbar. Sie wird jedoch häufiger zusammen mit den Blättern und der Rinde für medizinische Zwecke genutzt. Die Blätter werden beispielsweise zur Heilung von entzündeten Ohren und Furunkeln verwendet.

Strandmaulbeere

Tahitianische Kastanie (Inocarpus fagifer) / Tahitian Chestnut

Familie: Kastanien · Aussehen: knorriger Baum · Blätter: groß, gegenständig angeordnet · Blüten: weiß

Die Nuß hat die Größe einer Kartoffel und besitzt einen ausgezeichneten Geschmack. Die rohen und gekochten Nüsse sind auf den lokalen Märkten der Südsee erhältlich.

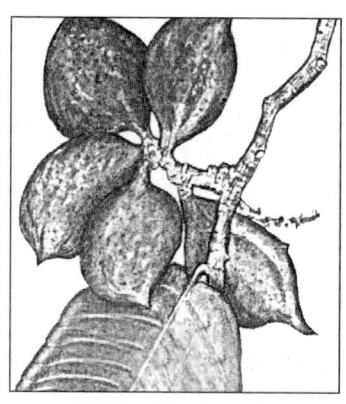

Tahitianische Kastanie

Weihnachtsstern (Euphorbia pulcherrima) / Poinsettia

Familie: Wolfsmilchgewächse · Aussehen: 3-4 m hoher Strauch · Blätter: am Sproßende der Zweige sitzen auffallend blutrot gefärbte Blätter · Blüten: unscheinbar

Weihnachtsstern

Der Weihnachtsstern stammt ursprünglich aus Mittelamerika und Mexiko. Da er in den Wintermonaten blüht und sternförmig angeordnete Hochblätter am Zweigende besitzt, hat er den Namen "Weihnachtsstern" erhalten. Die Spanier nennen ihn *"Flor de pascuas"* (Blume des Passahfestes, Osterblume). Der Strauch gehört zu den **Kurztagespflanzen**, d.h. die Blütezeit ist an die Tage mit der kürzesten Helligkeit gebunden.

3.3 GRUNDNAHRUNGSMITTEL DER SÜDSEE

Maniok oder Kassave oder Tapioka (Manihot esculenta) / Cassava

Familie: Wolfsmilchgewächse · Aussehen: stark verzweigt, 2 bis 5 m hoch, stark verholzte wulstige Zweige mit Blattnarben · Blätter: langstielig und handförmig · Blüten: rispige Blütenstände

Die 30 bis 50 cm langen Wurzelknollen, die ein Gewicht von 2 bis 5 kg erreichen, sind sehr stärkehaltig. Durch Kochen, Dämpfen oder Rösten wird das bittere, giftige Glykosid Linamarin zerstört. Die Wildformen sind vom Amazonasbecken bis nach Süd-Mexiko verbreitet.

Süßkartoffel (Ipomoea Batatas) / Sweet potato

Familie: Windengewächse · Aussehen: eine am Boden kriechende Pflanze, die Wurzelknollen bildet · Blätter: langgestielt, rund bis schmal · Blüten: Blütenstände mit weiß bis rötlichen Einzelblüten

Die Pflanze hat einen sehr hohen Nährwert. Neben der Knolle werden die Blätter als eiweißhaltiges Gemüse gegessen. Die urprüngliche Heimat erstreckt sich von Mexiko bis in die Anden Südamerikas.

Taro (Colocasia esculenta) / Taro

Familie: Aronstabgewächse · Aussehen: fast menschengroße, großblättrige Pflanzen mit knolligem Wurzelstock · Blätter: schildförmig, bis 1 m lange Blattstiele · Blüten: Blütenstände tief zwischen den Blattstielen sitzend

Als Nahrungsmittel dienen die stärkehaltigen Knollen. Taro kann auf trockenem Land, aber auch im Wasser angebaut werden. Die Knollen werden gekocht, und die Blätter ergeben ein schmackhaftes Gemüse.

Yamswurzel (Dioscorea-Arten) / Yam

Familie: Schwarzmundgewächse · Aussehen: Kletterpflanze mit unterirdischen Knollen · Blätter: langgestielt, meist rundlich · Blüten: weißlichgrün, stark duftend

Die Knolle der uralten Kulturpflanze ist heute noch ein sehr wichtiges Grundnahrungsmittel der Menschen in den Tropen.

Zuckerrohr (Saccharum officinarum) / Cugar-cane

Familie: Gräser · Aussehen: schilfähnlich, 5 bis 9 m hoch · Blätter: bis 2 m lang und schmal mit scharfem Rand · Blüten: 1 m lange Rispen

Der Zuckergehalt kann mehr als 15% erreichen. Auf den lokalen Märkten werden das Zuckerrohr zum Kauen oder der süße Saft als Getränk angeboten.

4   TIERWELT DER SÜDSEE

Grundsätzlich nimmt der **Artenreichtum der Landtiere** der Südsee von Westen nach Osten ständig ab, je weiter die Inseln vom asiatischen und australischen Festland und von der zweitgrößten Insel unserer Erde, Neuguinea, entfernt liegen. Genau das gleiche Phänomen wurde bereits im Kapitel 3 dieses Buches bei der Pflanzenwelt der Südsee geschildert. Außerdem sind die Landtiere auf den reinen Koralleninseln noch seltener als auf den Vulkaninseln, weil das Nahrungsangebot dort reichhaltiger ist.

4.1   LANDFAUNA

4.1.1   ARTENARMUT DER SÄUGETIERE

Land-Säugetiere konnten, bevor der Mensch die Inselwelt besiedelte, nicht die enormen Entfernungen vom südostasiatischen Festland und Neuguinea zu der weitverzweigten Inselwelt Ozeaniens überbrücken. Lediglich einige **Fledermausarten**, die einzigen flugfähigen Säugetiere unserer Erde, erreichten ohne fremde Hilfe die abgelegenen Eilande. Auch die **Meeressäuger** (Delphine, Wale) hatten keine Mühe, einsame Gestade anzusteuern. Eine **Beutelratte** aus Australien oder Neuguinea scheint allerdings den Übergang auf die Salomonen, die nicht weit von Neuguinea entfernt liegen, allein geschafft zu haben. Es ist das Opossum *Palanger orientalis*, in Englisch Grey Cuscus genannt.
Von Menschen eingeführte Säugetierarten sind beispielsweise Schweine, die eine zentrale Bedeutung auch schon vor der Ankunft der Europäer hatten, Hunde, Katzen, Mungos, Pferde, Rinder, Schafe, Ziegen. Unbeabsichtigt eingeschleppt wurden Mäuse und Ratten. Letztere richten erheblichen Schaden in der ursprünglichen Tier- und Pflanzenwelt an.

4.1.2   REICHHALTIGE VOGELWELT

Den Vögeln sind keine Grenzen gesetzt. Sie spielen bei der **Verbreitung von Samen** eine große Rolle, die sie im Kot, an den Füßen oder im Brustgefieder von Insel zu Insel transportieren.
● Auf den größeren Inseln sind hauptsächlich folgende **Landvogelarten** vertreten: Papageien, Kakadus und Paradiesvögel, deren Vorfahren aus Australien und Neuguinea stammen, sowie Tauben, Tokos, Reiher und Königsfischer.
● Zur zahlenmäßig starken und artenreichen Vogelwelt der **Seevögel** gehören beispielsweise: Albatrosse, Tölpel, Sturmvögel, Sturmtaucher, Möwen, Seeschwalben und Kormorane sowie zahlreiche Zugvögel.

4.1.3   REPTILIEN ALS ÜBERLEBENSKÜNSTLER

Wie kamen Land-Reptilien auf die Inseln der Südsee?

● Sicher haben einige Krokodile, Leguane, Schlangen-, Eidechsen-, Skink- und Geckoarten, **auf Baumstämmen treibend**, die küstennahen Inseln Australiens, Südostasiens und Neuguineas nach langen Tagen oder Wochen hungernd erreicht.

● Wie wurden jedoch weit im Ozean liegende Inselgruppen von Land-Reptilien besiedelt? Von Leguanen, u.a. dem grünen Kurzkammleguan, den es heute nur auf Fidschi und Tonga gibt und der mit den Meerechsen von Galapagos und den Leguanen Mittelamerikas verwandt ist, wissen wir, daß aus **Ruheeiern**, die sich nur bei günstigem Klima entwickeln, kleine, bereits voll lebensfähige Leguane schlüpfen können.

4.1.4 BUNTES HEER DER INSEKTEN

Insektenforscher sprechen von den **Salomonen** aufgrund ihrer enormen Vielfalt und Häufigkeit an Kerbtieren von einem **Insekten-Paradies**. An den Stränden, in den Mangrovendickichten, küstennahen Regenwäldern und tropischen Nebelwäldern dieser fast unberührten Urwaldinseln finden wir noch heute ein Heer teils unerforschter Insekten, von denen die **oft handgroßen Schmetterlinge** die auffälligsten sind. Wie **fliegende Kleinodien** gaukeln die "**Himmelsfalter**" über die vom Sonnenlicht überfluteten Urwaldlichtungen und entlang der Bach- und Flußläufe, die die grüne Wildnis durchziehen. Die Schönheit der "**Sonnengeschöpfe**" in freier Natur zu bewundern, ist eine große Freude.

Auf den weiter östlich liegenden Südseeinseln nimmt dieses rege Insektenleben kontinuierlich ab. Trotzdem sind die Insekten auch dort immer noch die häufigsten Landtiere.

4.2 KLEINES LEXIKON DER LANDTIERE

Brauntölpel (Sula leucogaster) /
Brown Boddy

Klasse: Vögel · Ordnung: Ruderfüßer · Familie: Tölpel · Länge: 75 cm · Nahrung: Fische · Gelege: 2-3 grünweiße Eier · Merkmale: Kombination von schokoladenfarbigem Gefieder und weißer Brust, Schnabel und Füße sind gelblich

Brauntölpel

Ihrer Unbeholfenheit an Land verdanken die Tölpel ihren Namen. Ihre Flugkünste sind jedoch um so eindrucksvoller. Der Brauntölpel ist in der Südsee häufig zu sehen. In den Kolonien, wo er brütet, geht es laut zu. Atemberaubend sind die **Sturzflüge aus 30-40 m Höhe** kopfüber ins Wasser, mit denen er bis zu 20 m in die Fluten eintaucht. Luftkissen unter der Haut mildern den enormen Aufprall aufs Wasser.

Eilseeschwalbe

Eilseeschwalbe (Sterna bergii) /
Crested Tern

Klasse: Vögel · Ordnung: Wat- und Möwenvögel · Familie: Seeschwalben · Länge: 46 cm · Nahrung: kleine Fische · Gelege: 1-

2 Eier · Merkmale: oberseits hellgrau, Federhaube und Füße schwarz, Stirn und Brust weiß, starker Schnabel in grünlichgelber Färbung, tiefgegabelter Schwanz

Die große Seeschwalbe ist streng an die Küsten und Lagunen gebunden. Gerne rastet sie zusammen mit anderen Seeschwalbenarten auf einsamen Sandbänken, wo sie sofort durch ihre Größe auffällt. Sie ist ein typischer Seevogel Polynesiens, tritt jedoch nie in großer Zahl auf.

Feenseeschwalbe

Feenseeschwalbe (Gygis alba candida) / White Tern

Klasse: Vögel · Ordnung: Wat- und Möwenvögel · Familie: Seeschwalben · Länge: 25 cm · Nahrung: kleine Fische, Krustentiere und Plankton · Gelege: 1 grünliches Ei · Merkmale: völlig weißes Federkleid, schwarz sind die Augen und ihre Umrandung, der Schnabel und die Füße, gegabelter Schwanz

Die völlig weiße Feenseeschwalbe macht auf Besucher einen geisterhaften Eindruck. In dem meist flatternden Flug sehen die Schwingen gegen den Himmel lichtdurchlässig aus. Diese Seeschwalbe legt ihr einziges Ei ohne Nestmaterial auf Baumäste oder Felsen. Während der Brutzeit werden die schönen Vögel oft im Binnenland, aber nie weit von der Küste entfernt, gesehen.

Fruchttaube

Fruchttaube (Phitilnopus porphyraceus) / Crimson-crowned Fruit-dove

Klasse: Vögel · Ordnung: Taubenvögel · Familie: Tauben · Länge: 23 cm · Nahrung: Früchte und Beeren · Gelege: 1 weißes Ei · Merkmale: gleichgeschlechtliches Aussehen, Flügel und Stoß sind außen dunkelgrün, Hals und Brust sind heller graugrün gefärbt, gelbe Unterseite des Stoßes, rote Stirn

Diese Taube ist sehr leicht mit dem Männchen der Many-coloured Fruit-dove (*Phitilnopus perousii marie*) zu verwechseln. Das Unterscheidungsmerkmal ist die gelbe Unterseite des Stoßes bei der Crimson-crowned Fruit-dove im Gegensatz zur rosa Unterseite des Schwanzes bei der Many-coloured Fruit-dove.

Großer Fregattvogel (Fregata minor) / Great Frigatebird

Klasse: Vögel · Ordnung: Ruderfüßer · Familie: Fregattvögel · Länge: 100 cm · Flügelspannweite: 182 cm · Nahrung: Fische und Meerestiere · Gelege: 1 Ei · Merkmale: einheitlich dunkles Gefieder des Männchens, leuchtend roter Kehlsack während der Balz, weiße Kehle und Brust des Weibchens, langer, am Ende hakenförmig gebogener Schnabel, schmale, spitze, weitausladende Flügel, tief gegabelter Stoß mit sechs außerordentlich langen Federn an jeder Seite

Für den blauen Himmel der Südsee gibt es wohl **keinen schöneren Schmuck als die segelnde Silhouette eines Fregattvogels**. Das un-

Großer Fregattvogel

verkennbare Flugbild dieses großen Segelfliegers, seine schlanken Flügel, der Gabelschwanz, der rote aufgeblähte Kehlsack des verliebten Männchens, die eleganten Flugmanöver im lauen Passatwind lassen nicht nur den Puls eines Vogelfreundes höher schlagen. Seinem gewandten, ausdauernden Flug mit akrobatischer Kurventechnik und leistungsfähigem Segeln und Gleiten in absoluter Vollendung zuzuschauen, ist ein Hochgenuß.

In der Nahrungsbeschaffung kann man die schönen Vögel als **Schmarotzer** bezeichnen. Sie verfolgen andere Seevögel, beispielsweise Tölpel, so lange hartnäckig und aufdringlich, bis diese ihre Beute fallen lassen, die von den Fregattvögeln aufgefangen wird. Außerden töten sie kleine Seevogelkücken und erbeuten Schildkrötenjunge. Ihre Brutstätten liegen meistens in der Nähe von Tölpelkolonien.

Grünkopfliest

Grünkopfliest (Halcyon chloris vitiensis) / White-collared Kingfisher

Klasse: Vögel · Ordnung: Rackenvögel · Familie: Eisvögel · Länge: 21 cm · Nahrung: große Insekten, Eidechsen, junge Vögel, Krabben · Gelege: 4-6 weiße Eier · Merkmale: blau-grünes Federkleid auf dem Kopf, am Rücken und an den Außenseiten von Flügeln und am Schwanz, weißer Augenstrich und Ring um den Hals, gelbliches Bauchgefieder

Auffällig wird dieser "fliegende Edelstein" durch seinen Warnruf, einem hohen Crescendo, wenn man ihm versehentlich zu nahe kommt und durch seinen pfeilschnellen Flug. Dieser Eisvogel unterscheidet sich sehr deutlich von seinen Artgenossen in Europa und Nordamerika bezüglich seiner Nahrungsaufnahme. Der Grünkopfliest ist in erster Linie ein **Insektenfresser**, der gern von erhöhter Warte aus im Ansitz auf seine Beute herabstürzt. Gelegentlich taucht er auch ins Flachwasser, um Krustentiere zu fangen.

Hirtenstar (Acridotheres tristis) / Common Mynah

Klasse: Vögel · Ordnung: Sperlingsvögel · Familie: Stare · Länge: 23 cm · Nahrung: Früchte, Getreide · Gelege: 3-4 blaßblaue Eier · Merkmale: braun und schwarz mit weißen Flügelflecken, kurzem Schopf und orangegelbem nackten Augenfleck

Die ursprüngliche Heimat des Hirtenstars ist Indien bis Vietnam und Yünnan. Er wurde um 1890 nach Fidschi eingeführt, um die Insektenplage auf den Zuckerrohrfeldern wirksam zu bekämpfen. Heute hat er sich über die westlichen Inseln der Südsee ausgebreitet und verdrängt leider, sich stark vermehrend, einheimische Vogelarten.

Dieser stets lärmende, aggressive Einwanderer sucht die Nähe der Menschen. Er folgt gerne den Haustieren.

Hirtenstar

Honigfresser

Honigfresser (Foulehaie c. carunculata) Wattled Honeyeater

Klasse: Vögel · Ordnung: Sperlingsvögel · Familie: Honigfresser · Länge: 18-22 cm · Nahrung: Nektar, Insekten, reife Früchte · Gelege: 1-2 Eier · Merkmale: mittelgroßer Singvogel, olivgrünes Gefieder, gebogener Schnabel, gelbe Kehllappen

Dieser Vogel hat eine sehr laute Stimme. Er ist aggressiv und gewillt, mit jedem auch größeren Vogel um sein Revier zu kämpfen.

Indischer Flughund (Pteropus giganteus) / Indian Flying Fox

Klasse: Säugetiere · Ordnung: Fledertiere · Familie: Flughunde · Kopfrumpflänge: 30 cm · Flügelspannweite: 120 cm · Merkmale: bräunliche Färbung, hundeähnlicher Kopf

Tagsüber hängen die rostbraunen Fledertiere kopfüber zu Hunderten **in ihren Schlafbäumen** und fächern sich mit jeweils einem Flügel, wie mit einem Ventilator, Kühlung zu. Steigt die Außentemperatur über ihre Körpertemperatur, die bei 37 °C liegt, dann belecken sie ihre Brust und ihren Bauch, um durch die Verdunstungskälte selbst wieder abzukühlen.
Bei Kälte hüllen sie sich in ihre Flughäute ein. Manchmal gibt es Streit um die Schlafplätze.

Indischer Flughund

Abends, oft schon in der Dämmerung, schwingen sie sich auf, um ihre **Futterplätze** zu erreichen. Sie fressen Früchte, z. B. Mangos, Bananen und Papayas. Da sie keine Insektenjäger sind wie unsere Fledermäuse in Europa, benötigen sie auch nicht deren "Radarsystem". Abends bewegen sie sich mit langsamen Flügelschlägen in Richtung Freßplatz, der oft weit entfernt sein kann. Manchmal schöpfen sie fliegend Wasser aus Seen und Flüssen, ähnlich wie Schwalben, um ihren Durst zu löschen.

Einmal im Jahr stellt sich Nachwuchs ein. Das einzige Junge klammert sich an der Brust des Weibchens fest und ist erst nach einem halben Jahr selbständig.

Noddiseeschwalbe

Noddiseeschwalbe (Anous stolidus) / Common Noddy

Klasse: Vögel · Ordnung: Wat- und Möwenvögel · Familie: Seeschwalben · Länge: 38 cm · Nahrung: kleine Fische · Gelege: 1 Ei · Merkmale: dunkelbraun, grauweiße Stirn und Kopfplatte

Die Noddiseeschwalben folgen den Schwärmen kleiner Fische, die von ihnen gefangen werden, wenn sie, um zu entkommen, aus dem Wasser springen. Sie nisten oft in Kokospalmen, selten am Boden oder auf Felsen.

Purpurhuhn (Porphyrio porphyrio) / Purple Swamphen

Klasse: Vögel · Ordnung: Kranichvögel · Familie: Rallen · Länge: 37 cm · Nahrung: Insekten, Würmer, Samen, Früchte, junge Pflanzensprossen · Gelege: 3-4 Eier · Merkmale: purpurblaues Gefieder, roter Schnabel, Kopfschild und die langen Beine sind rot gefärbt

Die aktivste Zeit hat diese prächtig gefärbte Ralle in den Dämmerungsstunden des Tages. Teilweise führt sie auch einen nächtlichen Lebenswandel. Als Schutzzone bevorzugt sie neben Sumpfgebieten

Purpurhuhn

auch dichte Sekundärvegetation, wie überwucherte Gärten. Ihre größten Feinde sind die Mungos, die wegen der eingeschleppten Ratten und Mäuse ausgesetzt wurden. Charakteristisch für diese Ralle sind ihre hastigen Schritte und ihr ständiges Schwanzwippen.

Riffreiher

Riffreiher (Egretta s. sacra) / Reef Heron

Klasse: Vögel · Ordnung: Stelzvögel · Familie: Reiher · Länge: 60 cm · Nahrung: Fische, Krustentiere, Weichtiere · Gelege: 2-4 Eier · Merkmale: drei Farbvarianten, die rein weiße, die graue und die gesprenkelte Phase, dunkler kräftiger Schnabel bei der grauen Phase und gelber Schnabel bei der weißen und gesprenkelten Phase

Dieser mittelgroße Reiher ist im Südpazifik weit verbreitet. Man findet ihn an der Küste, aber auch an Flüssen und kleinen Bächen im dichten Urwald. Das östlichste Vorkommen liegt bei den Gesellschaftsinseln. Chrakteristisch ist sein langsamer Flug, wobei er seinen Hals S-förmig zurücklegt.

Schleiereule

Schleiereule (Tyto alba lulu) Barn Owl

Klasse: Vögel · Ordnung: Eulen · Familie: Schleiereulen · Länge: 35 cm · Flügelspannweite: 95 cm · Nahrung: Kleinsäuger bis zur Größe von Ratten, kleine Vögel, Insekten · Gelege: normalerweise 4-7 reinweiße Eier · Merkmale: herzförmiges Gesicht, schwarze Augen, langbeinig, sehr helle, goldgelbe, fein gesprenkelte Oberseite, weiße Unterseite, schwarze Augen, X-beinig in Sitzstellung

Die Schleiereule ist auf allen Kontinenten der Erde zuhause, mit Ausnahme der Antarktis. Sie ist der Landvogel mit der größten Ausdehnung überhaupt. Charakteristisch ist ihr geräuschloser, **schwankender Flug**. Sie jagt hauptsächlich in der Dämmerung und in der Nacht, wird aber auch tagsüber gesehen. Ihren Namen verdankt sie den kranzförmig angeordneten Federn, die einen "Schleier" um ihr plattes Gesicht bilden.

Südseeschwalbe (Hirundu tahitica) / Pacific Swallow

Klasse: Vögel · Ordnung: Sperlingsvögel · Familie: Schwalben · Länge: 13 cm · Nahrung: Insekten · Gelege: normalerweise 2 Eier · Merkmale: Kopf mit Ausnahme der Stirn, Rücken und Außenseiten der Flügel metallisch blauschwarz schimmernd, rostbraune Brust und Stirn, gegabelter Schwanz

Meistens nahe der Küste und an Flußmündungen ansässig, fällt der **eifrige Insektenjäger** durch seinen eleganten, schnellen Flug auf.

Südseeschwalbe

Swamp Harrier

Swamp Harrier *) (Cirxus approximans approximans)

Klasse: Vögel · Ordnung: Greifvögel · Familie: Habichtartige · Länge: 55 cm · Nahrung: kleine Vögel, speziell Nestlinge, Kleinsäuger, große Insekten, Eidechsen, Schlangen · Gelege: bis zu 7 weiße Eier · Merkmale: meistens dunkle Grundfärbung, typische Weihen-Silhouette: langer Stoß, lange, breite Schwingen und oft Flügelstellung in V-Form

Diese Weihenart bevorzugt offenes Gelände. Sie ist wegen ihrer Größe und aktiven Jagdmethoden in offenem Gelände leicht zu beobachten. Ihr charakteristischer Flug, oft sehr langsam mit abwechselnd kurzen Flügelschlägen und dann wieder segelnd mit **V-förmiger Flugsilhouette**, wird dicht über dem Erdboden ausgeführt. Wenn Sie unvermutet ein hohes Miauen über sich hören, zum Himmel aufsehen, dann erblicken Sie, kaum mit bloßem Auge erkennbar, in großer Höhe einen Vogel, der mit **akrobatischen Flugspielen** auf sich aufmerksam macht. Es sind die übermütigen Balzflüge dieser Weihe.

) Anmerkung:
englische Bezeichnung der Weihe in Ermangelung eines deutschen Namens

Tonkibülbül (Pycnonotus cafer bengalenis)
Red-vented Bulbul

Klasse: Vögel · Ordnung: Sperlingsvögel · Familie: Haarvögel · Länge: 20 cm · Nahrung: Früchte, Beeren, Insekten · Gelege: normalerweise 2-3 Eier · Merkmale: dunkles Federkleid, aufgestellte Haube bei Erregung, schwarzbrauner Schwanz mit weißer Spitze, roter unterer Bürzel

Die ursprünglichen Heimatländer dieses Singvogels sind Bengalen und Nepal. Indische Einwanderer müssen ihn in Fidschi eingeführt haben. Bemerkenswert ist, daß dieser Vogel beim Erscheinen von Feinden aus der Luft und am Boden verschiedene Warnrufe ausstößt.

Tonkibülbül

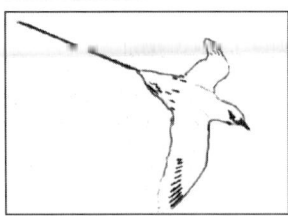

Weißschwanz-Tropikvogel

Weißschwanz-Tropikvogel (Phaeton lepturus dorothea) / White-tailed Tropic Bird

Klasse: Vögel · Ordnung: Ruderfüßer · Familie: Tropikvögel · Länge: 80-100 cm (einschließlich der Schwanzfedern) · Flügelspannweite: 89-96 cm · Nahrung: Fische und Meerestiere · Gelege: 1 Ei · Brutdauer: 41-45 Tage · Merkmale: weißes Gefieder mit schwarzen Streifen, spitzer Schnabel, lange, schmale Flügel, Stoß mit außerordentlich weißen Schwanzfedern

Die Fangmethode des wunderschönen Tropikvogels ist die gleiche wie bei Flußseeschwalben. Er rüttelt über dem Wasser, läßt sich plötzlich fallen und erbeutet bei seinem **Stoßtauchen** Fische, Tintenfische und andere Meerestiere. Sein kräftiger Schnabel leistet ihm dabei gute Dienste.

Zeitweise wurde der elegante Seevogel **wegen seiner langen Schwanzfedern sehr verfolgt**, mit denen Handel getrieben wurde. Die unzugänglichen Brutplätze in versteckten Felsspalten haben jedoch seinen Bestand letztlich nicht gefährdet.

4.3   WUNDERWELT UNTER WASSER

Die Korallenriffe und die eingeschlossenen flachen Lagunen, von der Tropensonne aufgeheizt und von warmen Meeresströmungen durchflutet, bergen eine Wunderwelt unter Wasser, die mit Worten kaum zu beschreiben ist. Man kann sie als Schnorchler nur oberflächlich, das soll keine Abwertung sein, oder noch besser als Taucher tiefgründiger, im wahrsten Sinne des Wortes, erleben. Die **Schönheit der Korallenriffe** mit ihrer Farbenpracht und ihrem Reichtum an Fischen und anderen Meerestieren, die alle das warme Wasser lieben, ist berauschend. Phantastische Tauch- und Schnorchelgründe gibt es beispielsweise in der Vava'u-Gruppe (Tonga) und in Rangiroa im Tuamotu-Archipel (Französisch-Polynesien).

Das Leben im Meer wird von Licht, Temperatur, Salzgehalt und Druck bestimmt. Der **Sauerstoff** im Wasser ist für das Entstehen pflanzlichen und tierischen Lebens Voraussetzung. Da Pflanzen aus dem Licht die Energie für die Bildung organischer Stoffe beziehen, hängen alle Lebewesen von dieser Pflanzenschicht als Basis ab. Im Ozean wurden mit sehr empfindlichen Meßinstrumenten noch Spuren von **Sonnenlicht bis 950 m Tiefe** festgestellt. Bis zu dieser Marke können sich noch Pflanzen durch Photosynthese entwickeln. Dieser Bereich wird auch **"photische Zone"** genannt.

Die **Meeresströmungen** haben einen sehr großen Einfluß auf die Tierbestände im Meer.

4.3.1   LEBENSGEMEINSCHAFT KORALLENRIFF

Die wichtigsten Baumeister dieser Riffe sind die Korallen selbst. Weitere Kalkablagerungen geschehen noch durch absterbende Muscheln, Schnecken und Tintenfische sowie durch Kalkalgen.

Die unterseeischen Korallenriffe sind nach übereinstimmender Ansicht von Forschern und Tauchern die wohl **faszinierendsten Bereiche der Meereslandschaft**. Korallenmeere sind durchsichtig und warm. Als Schnorchler oder Taucher hat man das Gefühl, schwerelos über den unterseeischen Gärten zu schweben. Ihre **Farbenpracht ist unvergleichbar**. Über den verästelten Korallen schwimmen Schwärme von Fischen in wunderschönen unterschiedlichen Farben und mit phantasievollen Mustern auf ihren metallisch glänzenden Schuppenkleidern.

Jeder dieser Tropenfische in dem lichtdurchfluteten Korallenmeer sendet durch seine spezielle Farbe Signale aus. Diese **unterschiedlichen Signalfarben** haben folgenden Sinn:

● Jede Art besetzt eine **ökologische Nische**. Dieser Besitz muß auffällig wegen der großen Bestandsdichte der Korallenfische angezeigt werden. Die Unnachgiebigkeit der Korallenfische im Verteidigen ihres Territoriums gegen Nahrungskonkurrenten ist sehr ausgeprägt.

● Für die **Fortpflanzung** ist das **gegenseitige Erkennen** von Männchen und Weibchen der gleichen Fischart Voraussetzung.

● **Gleichgeschlechtlichen Rivalen** der gleichen Art wird das eigene **eng begrenzte Revier**, durch auffälliges Patrouillieren demonstriert, verwehrt.

● Es gibt auch Signalfarben und -formen, die auf die **Giftigkeit** einer Art hinweisen und Feinde auf die tödliche Gefahr, beispielsweise von Giftstacheln, aufmerksam machen sollen.

Die gesamte Schar der bunten Korallenfische hält sich **stets in der Nähe ihrer zahlreichen Verstecke** auf und wagt sich nicht aufs offene Meer hinaus, wo gerade ihre leuchtenden Farben für Raubfische einen erhöhten Fangreiz ausüben würden.

Fische mit nicht so ausgeprägtem Territorialverhalten, die nur an den Korallenriffen vorbeiziehen, haben eher **Tarnfarben** als grelle Farben ausgebildet. Diese Tarnfarben und -zeichnungen gehen ins blasse Grau, Grün oder Beige mit verschwommenen oder gestreiften Mustern (Zebramuster).

4.3.2 ZERSTÖRERISCHE EINWIRKUNGEN AUF DIE KORALLENRIFFE

● **Der Mensch** ist in der Lage, in kürzester Zeit das paradiesische Leben eines Korallenriffs durch folgende Vorgehensweisen zu zerstören:
- **Wasserverschmutzung,** besonders durch chemische Abwässer, ist der unausbleibliche Tod der Lebensgemeinschaft Korallenriff!
- **Müllablagerungen** haben die gleiche negative Wirkung!
- **Abbruch der Korallenriffe** zur Gewinnung von Gips und Baumaterial zum Hausbau wirkt sich verheerend auf ein Korallenriff aus. Außerdem wird die wellenbrechende Wirkung der den Inseln vorgelagerten Riffe stark beeinträchtigt und erfordert im Endeffekt hohe Kosten für Küstenschutzmaßnahmen.
- **Plünderung der Korallengärten** durch Entnahme besonders schöner Kalkformationen als Andenken ist in der Masse verwerflich.
● **Tierische Zerstörung** erfolgt durch Seesterne, Bohrmuscheln, Opalwürmer, Schwammtiere und Fische (Papageifische), die sich vorwiegend von Korallen ernähren.
● **Starker Wellenschlag,** durch Wirbelstürme ausgelöst, kann ebenfalls ein Korallenriff zerbrechen. Meistens sind jedoch die o.g. Zerstörungsfaktoren vorausgegangen.

4.3.3 VERSTECKTE GEFAHREN IM RIFF

Viele Tiere im Riff haben Praktiken entwickelt, die auf Verteidigung und nicht unbedingt auf Angriff ausgerichtet sind und durch die der Mensch mehr oder weniger zufällig in ernste Gefahr geraten kann.

Steinfisch (Synaceja verrucosa) / Stonefish

Steinfisch

Er besitzt das am stärksten bekannte Fischgift und ist somit das **gefährlichste Geschöpf der Lagune!** Es ist sehr schwierig, ihn zu entdecken, weil er die gleiche Färbung wie der sandige Boden der Lagune oder wie Korallen hat. Er ähnelt einem bewachsenen Stein in verblüffender Weise, liegt meistens halb im Boden versenkt und sehr gut getarnt. Wenn man auf ihn tritt, injiziert er sein Gift, das Herzprobleme verursacht, über 16 dornige Rückenstachel in den menschlichen Körper. Innerhalb weniger Stunden kann der Tod eintreten (in durchschnittlich 25% der Fälle).

Behandlung: Es ist wichtig zu wissen, daß das Toxin, das der Steinfisch produziert, thermolabil ist, d.h. es ist wärmeunverträglich. Wenn man von einem Steinfisch gestochen worden ist, soll man sich ruhig verhalten und zunächst heißes Wasser in die Wunde geben oder eine brennende Zigarette hineinhalten. Dann sollte, wenn dies möglich ist, die Injektion von Hydrochlorat (60 mg zu 6%) erfolgen.

Rotfeuerfisch (Pterois volitaire) / Pterois

Der Rotfeuerfisch ist ein schön anzusehender Fisch, aber todbringend. Er injiziert sein Gift durch seine Rückenstacheln und Flossen.
Behandlung: Auswaschen der Einstichstellen mit heißem Wasser, intravenöse Injektion von 10 cm³ Calcium-Gluconat, intramuskuläre Injektion von 5 cm³ Meprobamat in der Dosierung von 400 mg, 250 cm³ und Serum mit Glucose per Tropf.

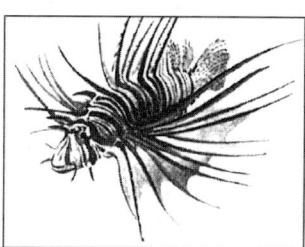

Rotfeuerfisch

Skorpionfisch (Gibbosa) / Scorpion-fish

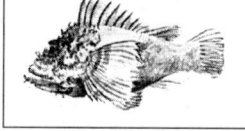

Skorpionfisch

Er hält sich im Sand und zwischen den Steinen auf. Sein Gift gibt er über die Rücken- und Kopfstacheln ab.
Behandlung: Auswaschen der Wunde mit heißem Wasser, intravenöse Injektion von 10 cm³ Calcium-Gluconat, intramuskuläre Injektion von 5 cm³ Meprobamat in Dosen von 400 mg, tropfenweise 250 cm³ Serum mit 5% Glucose in die Wunde.

Kegelschnecke

Kegelschnecken (Conus-Arten)

Es gibt fünf giftige Schnecken dieser Gattung, insbesondere *Conus geographicus* und *Conus textile*, die einen mit einem Giftstachel versehenen Arm besitzen. Beim Stich bleibt der Stachel in der Wunde. Das stark wirkende Nervengift ist chemisch mit dem Pfeilgift "Curare" verwandt. Es ist schon manchem Muscheltaucher zum Verhängnis geworden. Nach dem Stich setzt ein brennendes Gefühl ein, gefolgt von Erbrechen, Magenschmerzen, Anschwellen der Stimmbänder und Herzversagen. Der Tod kann durch Lähmung des Atemsystems eintreten. Wiederbelebungsversuche können hilfreich sein.

Muräne

Muränen (Gymnotorax-Arten) / Morays

Muränen lauern in ihren Höhlen. Sie werden nie einen Menschen beißen, wenn sie nicht provoziert werden. Aber sie schnappen zu, wenn es gilt, ihr Territorium zu verteidigen. Der Biß als solcher ist nicht giftig. Es kann jedoch durch Partikelchen, die sich im Gebiß der Muräne befinden, zu Entzündungen kommen.

Stachelrochen
(Dasyatidae) / Sting rays

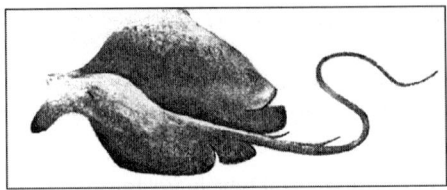

Stachelrochen

Stachelrochen buddeln sich gern im Sand ein und sind deshalb schlecht zu sehen. Wenn man versehentlich auf sie tritt, werden sie höchstwahrscheinlich mit ihrem Schwanz zuschlagen, an dem fünf giftige Sporen sitzen, die große, schmerzhafte, schlecht heilende Wunden hinterlassen.

Behandlung: Auswaschen der Wunde mit kaltem Salzwasser, wenn Teile der Stacheln entfernt werden müssen, Auflegen einer Aderpresse und eine halbe Stunde lang Auswaschen der Wunde mit heißem Wasser, Tetanus-Spritze zur Vorsorge.

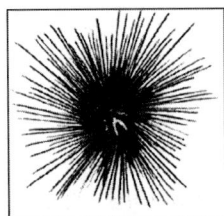

Diademseeigel

Diademseeigel (Diadema setosum) / Sea urchin

Diese Seeigelart ist in der Südsee weit verbreitet. Der Diademseeigel siedelt in großen Kolonien. Er besitzt sehr dunkle, lange, nadelartige Stacheln mit kleinen Dornen. Das Tier ist nicht giftig, aber die Berührung mit seinen spitzen Stacheln kann bei unvorsichtigen Badenden, Tauchern oder Riffwanderern schmerzhafte, eitrige Entzündungen hervorrufen, weil die spröden Stacheln oft in den Wunden abbrechen und schwer zu entfernen sind.

Feuerkorallen (Millepora) / Fire Corals

Feuerkorallen sind giftig. Sie können bei Berührung Überempfindlichkeits-Reaktionen auslösen.

Feuerkorallen

Weiße Korallen
(Madrepora ocilata) / Madrepore

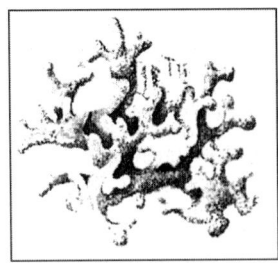

Weiße Korallen

Sehr leicht kann man sich als Taucher, Schnorchler oder Schwimmer an diesen scharfkantigen Korallen verletzen. Die Wunden verursachen Entzündungen.

Behandlung: Schnittwunden unmittelbar mit Alkohol oder Zitronensaft desinfizieren, örtliche Behandlung mit Antibiotika ist zu empfehlen.

4.4 KLEINES LEXIKON DER MEERESTIERE

Blauer Marlin (Makaira ampla) / Blue Marlin

Klasse: Knochenfische · Ordnung: Barschartige · Familie: Fächerfische · Länge: 2,75 m · Gewicht: bis 640 kg · Nahrung: Fische · Merkmale: speerförmiger Schnabel, segelartige Rückenflosse, ständig weit vom Körper abstehende Brustflossen

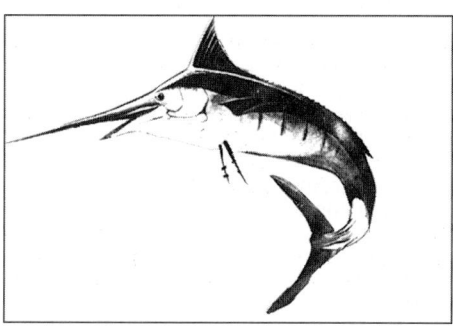

Blauer Marlin

Der Blaue Marlin ist, wie auch seine übrigen Verwandten, ein **sehr schneller Raubfisch**, der sich blitzartig auf von ihm ausgemachte Fischschwärme, beispielsweise Makrelen, stürzen kann. Hierbei werden, durch 40 m weite Sprünge unterstützt, erstaunliche Geschwindigkeiten von 60-80 km/h erreicht. Mit seinem "Speer" schlägt der Marlin wild um sich, anschließend beginnt er, die zerstückelten, verletzten und zappelnden Fische zu verspeisen.

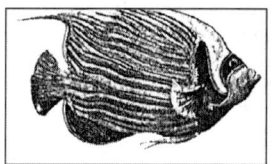

Borstenzähner oder Gaukler

Borstenzähner oder Gaukler (Familie: Chaetodontidae) / Butterfly Fish

Klasse: Knochenfische · Ordnung: Barschartige · Familie: Borstenzähner

Aufgrund ihrer Färbung und ihrer bizarren Muster gelten die Borstenfische als die **schönsten Meeresfische**. Die Namen der Unterfamilien "Engelfische" und "Gaukler", sowie der englische Name "Butterfly Fishes" deuten auf ihre Schönheit hin. Ihre Gestalt und das elegante, leichte Dahingleiten sind ein wunderbarer Anblick. Der Körper ist stark zusammengedrückt.

Drückerfische (Balistidae) / Trigger Fishes

Klasse: Knochenfische · Ordnung: Kugelfischverwandte · Familie: Drückerfische

Drückerfisch

Die **schön gezeichneten Fische** können sich mit Hilfe eines stachelartigen Flossenstrahls in einer Felsspalte festklemmen. Diese Fähigkeit nutzen sie bei ihrer Ruhephase oder, um sich vor Feinden in Sicherheit zu bringen. Diese **Sperre** können nur durch einen Beugemuskel einer der drei Flossenstrahlen, wie beim Abzug (Drücker) eines Gewehrs, wieder gelöst werden, daher der Name "Drückerfische". Diese Sperrvorrichtung macht es für einen Feind unmöglich, die ruhenden oder flüchtenden Drückerfische aus Felsspalten herauszuziehen.

Fliegende Fische (Exocoetidae) / Flying Fish

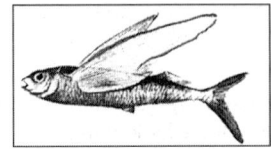

Fliegender Fisch

Klasse: Knochenfische · Ordnung: Dorschfische · Familie: Fliegende Fische

Fliegende Fischen besitzen vergrößerte Flossen, die sich zu "Tragflächen" ausgebildet haben. Trotz der Länge der zurückgelegten Strecken kann man nicht von einem Fliegen der Fische sprechen, weil sie nicht wie ein Vogel mit ihren Schwingen schlagen. Es ist vielmehr ein **Gleitflug**, der bei günstigen Windverhältnissen **bis 90 m** betragen und **10 Sekunden** dauern kann. Die Fische jagen mit großer Geschwindigkeit durchs Wasser. Zuerst noch durch schnelle Wriggschläge der unteren verlängerten Schwanzflossen unterstützt, durchbrechen sie die Wasseroberfläche und schweben über dem Wasser dahin.

Gefleckter Trompetenfisch (Aulostomus maculatus) / Painted Fluitemouth

Gefleckter Trompetenfisch

Klasse: Knochenfische · Ordnung: Stichlingsfische · Familie: Trompetenfische · Gesamtlänge: 60 cm · Merkmale: Röhrenschnauze mit kleiner, schräger Mundöffnung, kleine Flossen, bräunliche Tarnfärbung

In äußerstem Maße ungewöhnlich ist das Verhalten des sehr schlanken Gefleckten Trompetenfisches. Er ist ein Raubfisch, der sich lauernd im Sichtschutz größerer Fische, besonders bei Papageifischen, aufhält, während diese Nahrung aufnehmen. Die von diesen Fischen während des Fressens abfallenden Nahrungsreste locken wiederum Schwärme kleiner Fische an, die sich arglos der Mahlzeit des "großen Bruders" nähern und herabsinkende Nahrungsbröckchen auffangen. Ehe sie sich versehen, werden sie die Beute des Trompetenfisches, der sich in guter Deckung über dem Rücken des großen Fisches aufgehalten und nur auf seine Chance gewartet hat. Mit dieser originellen Fangmethode spart der Trompetenfisch eine Menge Energie.

Gewöhnlicher Plattschwanz

Gewöhnlicher Plattschwanz (Laticauda Laticaudata) / Banded Sea Krait

Klasse: Kriechtiere · Ordnung: Schuppenkriechtiere · Familie: Seeschlangen · Länge: bis 140 cm · Nahrung: überwiegend aalförmige Fische · Merkmale: auffällige Zeichnung, schwarze Querringe wechseln mit etwa gleich breiten hellen ab, die auf dem Rücken bläulich und auf der Bauchseite beige sind, paddelförmige Schwanzspitze wie ein Aal.

Der Plattschwanz ist ein geschickter Schwimmer, der seine Fischnahrung im warmen Wasser der Lagune sucht, jedoch zum Ausruhen, Sonnen und Eierlegen ans Ufer kommt. Er ist **sehr giftig**, ohne aggressiv zu sein. Das Nervengift soll zehnmal giftiger als das der Kobra sein! Es blockiert die Nervenendplatten an den Muskelfasern und führt in kürzester Zeit zu einer vollständigen Erschlaffung der Bewegungsmuskulatur und zum Tod.

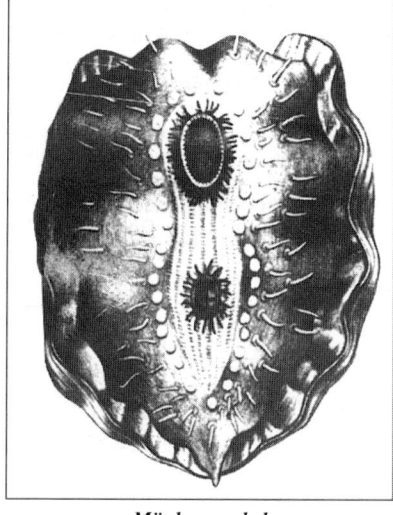

Mördermuschel

Mördermuschel (Tridacna gigas) / Giant Clam

Klasse: Muscheln · Ordnung: Blattkiemer · Familie: Riesen- oder Zackenmuscheln · Länge: 90-120 cm · Gewicht: über 200 kg · Nahrung: Kleinstlebewesen · Merkmale: sehr rauhe, grobschuppige, graue Außenseite, bei jedem Exemplar ein andersfarbiger, leuchtender Mantelsaum an der Öffnung

Ein sehr ungewöhnlicher Bewohner der Korallenriffe der Südsee ist diese Riesenmuschel. Die mehrfach geschwungenen beiden Mantelsäume sind lebhaft gefärbt und greifen genau ineinander, wenn die Klappen zusammengedrückt werden. Der bei den einzelnen Exemplaren in **unterschiedlichen Farben** (blau, türkis, beige) **leuchtende Mantelrand** dieser gewaltigen Muscheln beherbergt **kleine einzellige Algen** (*Zooxanthellen*), die mit der Muschel eine **Symbiose** eingegangen sind. Die Algen beziehen ihre Nährstoffe von der Muschel. Die pflanzlichen Einzeller gruppieren sich um linsenähnliche Gebilde auf dem Muschelrand. Wie alle grünen Pflanzen bauen sie aus Kohlendioxyd und Wasser mit Hilfe des einfallenden Sonnenlichts Zucker auf und scheiden Sauerstoff aus (Photosynthese). Den Sauerstoff führen die Algen der riesigen Muschel zusätzlich zu. Das ist die in die Partnerschaft mit gegenseitigem Nutzen (Symbiose) eingebrachte Leistung der Algen.

Über die Gefährlichkeit der Mördermuschel wurden und werden oft Schauermärchen erzählt. Tatsache ist, daß man unversehens in die Falle der oft gut getarnten Muschel geraten kann, wenn sie zum Selbstschutz, nicht aus Angriffslust, ihre Schalen mit großer Kraft schließt und nicht mehr öffnet. Es hat schon Unfälle mit eingeklemmten Menschenfüßen gegeben.

Neukaledonisches Perlboot (Nautilus macromphalus) / Nautilus

Klasse: Kopffüßer · Familie: Perlboote · Nahrung: Krebse am Meeresboden und abgestorbene Tiere · Merkmale: Das helle, mit braunen Streifen getigerte Gehäuse erreicht eine Größe bis zu 15 cm im Durchmesser. Viele Fangarme sehen aus der Schalenöffnung hervor.

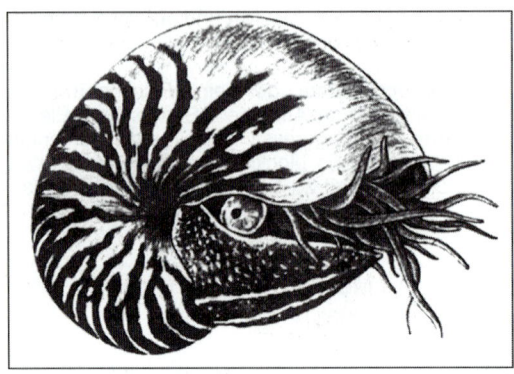

Neukaledonisches Perlboot

Dieses Tier hat seinen Doppelnamen aus folgenden Gründen:
- Die **perlmutt glänzende Innenschicht** seines großen Gehäuses führt zum "**Vornamen Perl-**".
- Das **schwebende Dahingleiten** brachte ihm den "**Nachnamen -boot**" ein.

Das schneckenförmig aufgerollte Gehäuse ist in **Kammern** eingeteilt. Nur die letzte Kammer ist vom Tier bewohnt. Die übrigen **Kammern** sind mit **Gas** gefüllt. Neben einer bestimmten Gasmenge in den Schalenkammern befindet sich dort eine wechselnde Menge an Flüssigkeit, die das Tier mit einem Rohrfortsatz vermehren oder verringern kann. Dadurch kann es, wie in einem Gasballon, den Auftrieb oder das Absinken steuern. Dem Druck der Wassertiefe ist es angepaßt. Das Perlboot lebt in 50 bis 650 m Tiefe.

Die auffallend großen, **gestielten Augen** besitzen weder Linsen noch Glaskörper, jedoch eine gut entwickelte Netzhaut.

Papageifische (Scaridae) / Parrot Fish

Klasse: Knochenfische · Ordnung: Barschartige · Familie: Papageifische

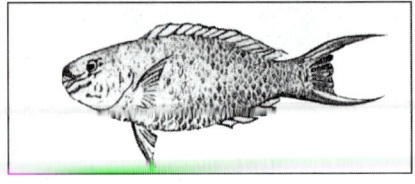

Papageifisch

Das sehr bunte Schuppenkleid gab den Papageifischen ihren Namen. Diese sehr auffälligen Farben können als Bestimmungsmerkmal nicht herangezogen werden. Einige Arten durchlaufen in ihrer Entwicklung bis zu 3 Farbstufen. Darüber hinaus sehen manchmal Männchen und Weibchen noch unterschiedlich aus.

Papageifische ernähren sich von Algen und Korallen, die sie mit ihrem schnabelförmigen Maul "ernten". Einerseits erfüllen sie damit eine **wichtige ökologische Aufgabe**, weil sie den Algenbewuchs in Grenzen halten. Andererseits ist die Vernichtung der Korallen nicht zu begrüßen.

Schwarzspitzen-Riffhai (Carcharhinus melanopterus) / Reef Shark

Klasse: Knorpelfische · Ordnung: Haie · Familie: Blauhaie · Länge: bis 180 cm · Nahrung: Fische · Merkmale: schwarze Spitzen an allen Flossen

Schwarzspitzen-Riffhai

Der Schwarzspitzen-Riffhai ist in der Südsee sehr häufig. Einzeln oder in Gruppen patrouilliert er ständig an den Riffrändern und schwimmt auch durch die Passagen in die Lagunen hinein. Normalerweise belästigt er den Menschen nicht. Er ist jedoch sehr neugierig und dreht sofort wieder bei, wenn ein Taucher oder Schwimmer direkt auf ihn zuschwimmen. Vorsicht ist trotzdem geboten.

Stachelrochen
(Dasyatidae) / Sting Ray

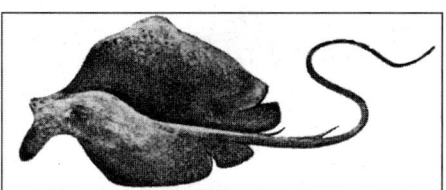

Klasse: Knorpelfische · Ordnung: Rochen · Familie: Stachelrochen

Stachelrochen graben sich gern im Sand ein und sind deshalb schlecht zu sehen. Sie besitzen

Stachelrochen

einen fast rechteckigen Körper und einen langen, dünnen Schwanz. Ihren Namen verdanken sie ihrer charakteristischen Waffe, **scharfen Stacheln** am Schwanzansatz. Außerdem befindet sich auf der Unterseite der gezähnten Stachel ein **giftabsonderndes Gewebe**. Stachelrochen können damit Verletzungen verursachen, die selbst für Menschen tödlich sein können. Der Stachel selbst ist zwar unbeweglich, doch den Schwanz kann das Tier mit großer Kraft und Schnelligkeit schwingen und so den Stachel in das Fleisch seines Opfers treiben.

Suppenschildkröte (Chelonia mydas) / Green Turtle

Klasse: Kriechtiere · Ordnung: Schildkröten · Familie: Meeresschildkröten · Panzerlänge: Männchen 976 cm, Weibchen 842 cm · Gewicht: 240-330 kg · Nahrung: meistens Unterwasserpflanzen, gelegentlich auch Fische, Weich- und Schalentiere · Gelege: 220-500 Eier, 45-46 mm im Durchmesser · Brutzeit: 40-70 Tage · Merkmale: erdbrauner Rückenpanzer mit Olivtönungen, leuchtend brau-

Suppenschildkröte

nes Oberteil des Kopfes mit gelben Schuppenrändern, unterschiedlicher Panzer beider Geschlechter, Panzer des Männchens länger und am hinteren Ende schmaler als beim Weibchen, weiße Grundfarbe des Brustpanzers

Der **Zeitpunkt der Paarung** der Suppenschildkröten ist etwas Besonderes. Wenn die Weibchen die Eiablage an bestimmten Stränden beendet haben, schleppen sie sich erleichtert zum Meer zurück. Dort warten bereits die Männchen, um die nächste Paarung mit ihnen zu vollziehen. Warum ist das so? An den Eiablagestellen tritt eine große Massierung von Weibchen auf. Lange Suchaktionen im riesigen Ozean werden dadurch vermieden.
Dieses für Wirbeltiere ungewöhnliche Verhalten hat zur Folge, daß die Samenfäden der Männchen in den Geschlechtswegen der Weibchen monatelang am Leben bleiben und die Eier sogar noch Jahre lang nach der Paarung befruchten. Wie kann das **Wiederfinden bestimmter Eiablagestrände** dieser und anderer Meeresschildkröten, nachdem sie jahrelang durch die Weltmeere gerudert sind, erklärt werden? Diese Frage ist bisher noch nicht geklärt worden.

Die Weibchen der Suppenschildkröte, an Land während der Eiablage sehr schwerfällig und wehrlos, sind bedauerlicherweise wegen ihres begehrten Fleisches besonderen Nachstellungen der Menschen ausgesetzt. Ihre Gelege werden außerdem von Menschen und Hunden geraubt.

Tigerhai

Tigerhai (Galeocerdo cuvieri) / Tiger Shark

Klasse: Knorpelfische · Ordnung: Haie · Familie: Blauhaie · Länge: 5,50 m, in Ausnahmefällen bis zu 7,40 m · Nahrung: breites Beutespektrum (Meeressäuger, Knochenfische, kleinere Haie, Rochen, Kopffüßer, Krokodile, Schildkröten, Krebse, Schnecken, Aas, Abfall, Meeresvögel) · Merkmale: leicht getigerte seitliche Streifenzeichnung, ähnliche Form wie der Weißhai, jedoch kürzere, rundere Schnauze

Der Tigerhai kommt hauptsächlich in tropischen und subtropischen Gewässern vor und kann auch dem Menschen gefährlich werden. Er hält sich in der Tiefsee und in flachen Küstengewässern auf und dringt sogar in Flußmündungen ein. Als **Allesfresser** ist nichts vor ihm sicher, auch Menschen nicht. In seinem Magen hat man schon Farbkanister, Dachpappenrollen, Schuhe und Nummernschilder von Autos gefunden.

Walhai (Rincodon typus) / Whale Shark

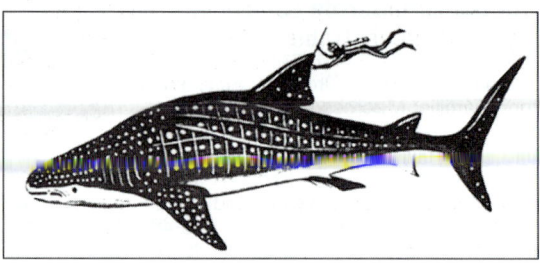
Walhai

Klasse: Knorpelfische · Ordnung: Haie · Familie: Walhaie · Länge: exakt gemessen bisher bis 12 m, möglicherweise bis 18 m · Nahrung: Plankton und alles von kleinen Krebsen bis zu Makrelen und kleinen Thunfischen · Merkmale: wegen seiner Größe sehr auffällig, breiter, flacher Kopf, winzige Zähne, riesige Kiemenspalten, riesige geschwungene Schwanzflosse, helle Farbflecken auf dunklem Grund

Der Walhai ist der **größte Fisch der Weltmeere**. Er kommt in allen Warmwassergebieten der Erde vor. Unter den Haien nimmt er als **planktonfressende Art** eine Sonderstellung ein. Aufgrund seiner Ernährungsweise wird er ungewöhnlich groß. Er saugt beim Schwimmen seine Nahrung ein. Seine Kiemenbögen sind durch knorpelige Querstangen verbunden und bilden eine Art Sieb. Das Atemwasser wird durch diesen Filter gepreßt. Mit seinem "Netz" filtert der riesige Hai seine Planktonnahrung aus dem Meereswasser heraus.
Er ist für den Menschen **völlig ungefährlich**. Taucher können sich ihm gefahrlos nähern, ohne daß der Koloß eine Angriffshaltung einnimmt oder selbst Furcht zeigt. Taucher halten sich gern an seinen Flossen fest und lassen sich von ihm mitschleppen oder benutzen ihn als "Unterwasser-Reittier".

Weißhai

Weißhai (Carcharodon carchainas) / Great White Shark

Klasse: Knorpelfische · Ordnung: Haie · Familie: Makrelenhaie · Länge: 5-6 m, selten 9 oder gar 12 m · Gewicht: bis 3 t · Nahrung: Fische, Seeschildkröten, bis zu 2 m lange Haie, Delphine, Robben, Seevögel, Aas, Abfall, der ins Meer ge-
schüttet wird · Vorkommen: bis 1.200 m Tiefe, aber auch in flachen Küstenge-wässern · Merkmale: auffallend massiger, spindelförmiger Körper, konische Schnauze, sichelförmige Brustflossen, bis zu 7,2 cm lange, dreieckige, rasier-messerscharfe Zähne mit gesägten Rändern, graublauer Rücken, weißliche Un-terseite

Haie allgemein sind wahrscheinlich die am wenigsten verstandenen Geschöpfe des Tierreichs. Meist mit einer Mischung von Furcht und Faszination betrachtet, ist das Bild, das sich der Mensch von ihnen macht, mehr von **Vorurteilen und Mißverständnissen** bestimmt als von Sachkenntnis. Es gibt zwar auch für die Menschen gefährliche Arten, andere sind jedoch völlig harmlos. Man muß sie nur unterscheiden können. Sehr viele Haiarten können wegen ihrer geringen Größe dem Menschen nichts anhaben. **Nur 4 % der Haiarten erreichen Ausmaße von 4-12 m**, und auch davon sind noch einige völlig harmlos.

Der **Weißhai** ist nahezu **perfekt hydrodynamisch gebaut**. Sein straffer Körper und seine Kraft ermöglichen es ihm, lange Zeit mit relativ langsamer Geschwin-digkeit zu kreuzen und sein Tempo erst dann zu erhöhen, wenn er auf Tiere stößt, die auf seinem Speiseplan stehen. Er ist das **perfekte Raubtier** und sicherlich für Menschen der **gefährlichste Hai**, weil ihm auch Badende zum Opfer fallen können. Wenn er eine Länge von dreieinhalb Metern erreicht hat, kann er einen Schwimmer oder Taucher in zwei Stücke zerbeißen, und ein 6 m langes Tier verschluckt er sogar ganz.

Seine Freßgier ist bekannt. Es sind schon kleine Boote von ihm angegriffen worden. Normalerweise jagt er gern Fischschwärme und folgt Schiffen wegen der Abfälle, die über Bord geworfen werden.
Das Wort "gefährlich" muß allerdings mit Bedacht angewandt werden. Es be-deutet eigentlich nur, daß dieses Tier, wie alle Raubtiere, eine Gefahr für uns darstellt. Sie ist jedoch gering im Vergleich zu den Gefahren, die dem Menschen durch Herzinfarkte, Krankheiten, Autounfälle oder Verwicklung in kriegerische Ereignisse drohen.

Es gibt statistische Unterlagen über **Haiangriffe** auf Menschen an den bekann-testen, auch von Haien sehr stark besuchten Meeresküsten. Die **Horrorgeschich-ten** über den "Killer" Weißer Hai entsprechen jedoch nicht der Realität. Nach Aufzeichnungen haben in Australien seit 1901 lediglich 250 Haiangriffe stattge-funden, bei denen 100 Menschen getötet worden sind. Das bedeutet, daß an australischen Küsten, wo es sehr viele Haie gibt, nur durchschnittlich 1 Mensch pro Jahr den Haien zum Opfer gefallen ist. In den USA, einschließlich Karibik und Hawaii, werden jährlich etwa 12 Haiangriffe registriert, wovon 1-2 tödlich ausgehen.

Natürlich ist der Weißhai ein Raubtier, vor dem man sich in acht nehmen sollte und das am meisten an diesen Todesfällen beteiligt ist. Ein blutgieriger Menschenfresser, wie er gern in Filmen dargestellt und auch gut vermarktet wird, ist er jedoch nicht. Weltweit sind Experten der Meinung, daß nur jährlich 100 Haiangriffe auf unserer Erde stattfinden, wovon 25 bis 30 für den Menschen tödlich ausgehen. Das ist sehr gering gegenüber den Gefahren, die das Meer für uns sonst noch birgt.

Das Vorkommen des Weißen Hais beschränkt sich ausschließlich auf mäßig warme **Küstengewässer**, die bis an die tropischen Meere reichen. So trifft man ihn auch in der Südsee an. Man vermutet, daß die Angriffe des Weißen Hais auf Schwimmer oder Taucher auf Verwechslungen mit Meeressäugern (Seehunden) zurückzuführen sind, weil diese ähnliche Umrisse im Wasser abgeben.

5 GESCHICHTLICHER UND VÖLKERKUNDLICHER ÜBERBLICK

5.1 URBESIEDLUNG DER SÜDSEE DURCH DIE MENSCHEN

50.000-30.000 v. Chr., während der **Würm-Eiszeit**, war soviel Wasser in Gletschern, Eis und Schnee gebunden, daß die Wasseroberfläche aller Weltmeere bis zu 120 m (!) niedriger lag als heute. Die Folge war, daß das heutige Neuguinea mit Australien eine fast zusammenhängende Landmasse, den Kontinent "Sahul", bildete. Das Inselreich Ozeanien im Südpazifik ist sehr spät von Menschen besiedelt worden. Melanesien weist die ältesten Funde menschlicher Besiedlung auf.

Man unterscheidet **verschiedene Einwanderungswellen:**

● **Südasiaten**, dunkelhäutig, aus dem Kulturkreis der **Altsteinzeit** (Paläolithikum) erreichten von Indonesien aus Neuguinea. Am Huon-Golf von Papua-Neuguinea sind von den Archäologen menschliche Besiedlungen **vor 43.000 Jahren** nachgewiesen worden.

Am Ende der letzten Eiszeit vor 10.000 Jahren schmolzen die Gletscher, und durch das Steigen des Meereswasserspiegels verschwanden die Landbrücken. Australien wurde von Neuguinea getrennt. Die Ureinwohner Australiens, die Aborigines, verharrten in ihrer alten Kultur der Altsteinzeit, teilweise bis zum heutigen Tag. Spuren menschlichen Daseins sind im Herzen Australiens rund 40.000 Jahre alt.

Vor mehr als **10.000 Jahren** bestanden nachweislich Handelsbeziehungen zwischen Neuguinea und den Inseln des Bismarck-Archipels. Man vermutet, daß sich diese auch bis zu den Salomonen, Vanuatu und Neukaledonien erstreckt haben.

● Die **Papuas**, durch ihre großen gebogenen, konvexen Nasen und ihre nichtaustronesischen Sprachen charakterisiert, von zierlicher Gestalt, ähnlich den Drawiden in Südindien, den Wedda auf Sri Lanka und den Negritos auf den Philippinen, waren die nächste Bevölkerungsgruppe, die auf Neuguinea Fuß faßte.

● Die **Melanesier**, breitnasig, dunkelhäutig, austronesische Sprachen sprechend, auch aus dem südostasiatischen Raum stammend, erreichten **um 4.000 v. Chr.** die Küsten Neuguineas. Sie vermischten sich teilweise mit den Papuas und besiedelten von Neuguinea aus die Inseln Melanesiens bis Neukaledonien und Fidschi. Sie gehörten bereits dem Kulturkreis der **Jungsteinzeit** (Neolithikum) an. In diese Zeitepoche fallen die allmähliche Abkehr von Sammeln und Jagen und die Hinwendung zu ersten Anfängen der Landwirtschaft.

● Die **Polynesier** näherten sich **3.000 bis 2.000 v. Chr.** in mehreren Einwanderungswellen von den Philippinen, Indonesien und Inseln nördlich von Neuguinea über **Mikronesien** dem südlichen Pazifik.

Zwei **Hindernisse für die Besiedlung** zeichnen sich deutlich ab:

- Die **weit gestreuten Inseln** im Pazifik zu besiedeln, so zahlreich sie auch sind, war eine große Herausforderung und erforderte mit den damaligen Hilfsmitteln ausgezeichnetes seemännisches Können.

- Die **fast ständig aus östlichen Richtungen wehenden Winde**, der Nordost- und Südostpassat, erschwerten die Seefahrten mit der Stoßrichtung Osten gegen den Wind sehr stark.

Die **Lapita-Keramik**, so genannt nach dem Fundort in Neukaledonien (1.200 v. Chr.), hatte sich von den Inseln Neubritanniens, die heute zu Papua-Neuguinea gehören, bis Tonga und Samoa ausgebreitet. Ihre Funde weisen auf die direkten

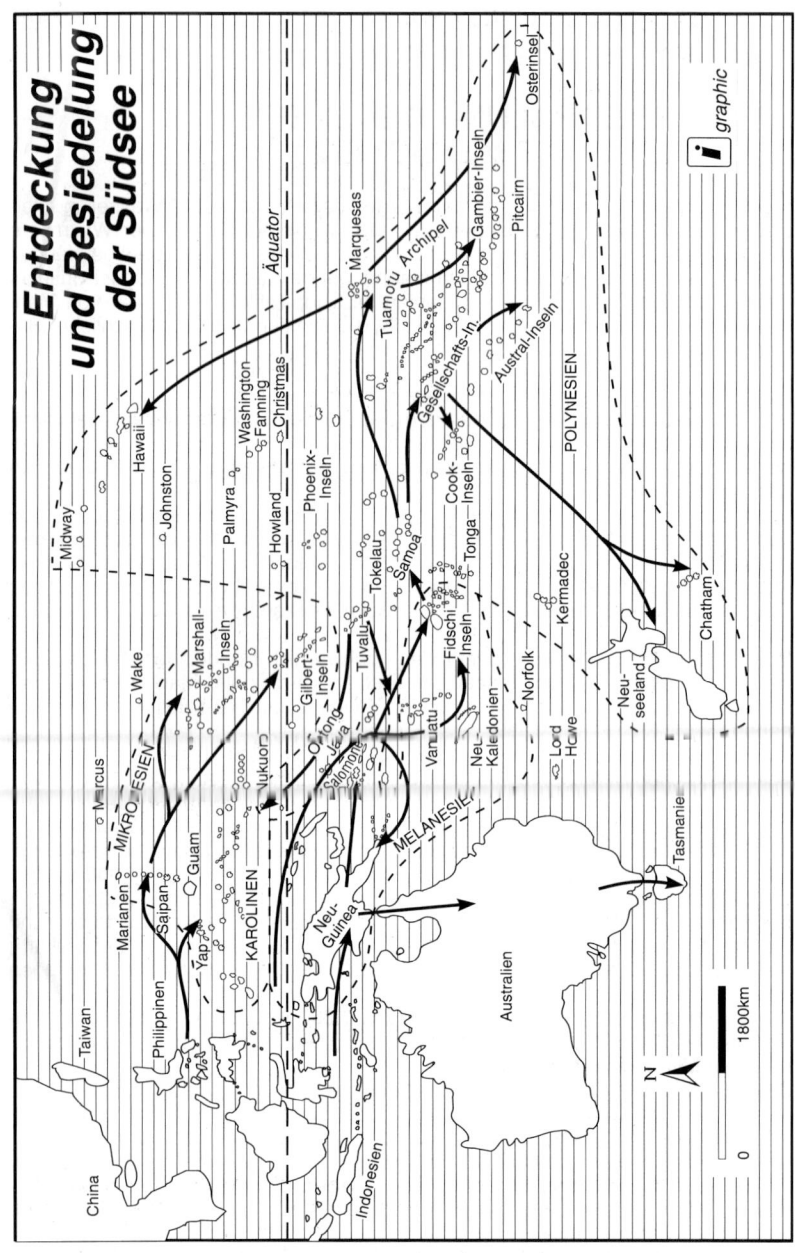

Vorfahren der Polynesier hin. Hiernach erreichten die seetüchtigen Polynesier folgende Inselgruppen der Südsee:

- **Tonga und Samoa** um **1.500 v. Chr.**,
- die **Marquesas** um **200 v. Chr.**,
- **Tahiti** um **100 n. Chr.**,
- **Hawaii** um **500 n. Chr.**,
- **Osterinsel** um **858 n. Chr.**,
- **Neuseeland** und andere polynesische Inseln: **950 n. Chr.**

Um 700 nach Chr. wurde **Raiatea** (Hawaiiki), heute zu Französisch-Polynesien gehörend, das **religiöse und kulturelle Zentrum** der Gesellschafts-Inseln. Von hier aus wurden unter Führung von Häuptlingen die Cook-Inseln und Austral-Inseln, die Tuamotus und Neuseeland gezielt besiedelt.

Während der letzten tausend Jahre fuhren Samoaner zu einzelnen Inseln Mikronesiens und Melanesiens zurück und bildeten so Exklaven dieser Gebiete. **Das Königreich Tonga** wurde der Beherrscher West-Polynesiens.

5.2 BOOTSBAU UND NAVIGATION DER GENIALEN ALTEN POLYNESIER

5.2.1 BAU HOCHSEETÜCHTIGER BOOTE

Mit ihren **hochseetüchtigen, gro-ßen Doppelkanus**, normalerweise um die 20 m und höchstens bis zu 40 m lang, mit Pandanusmatten betakelt und mit bis zu 50 Passagieren besetzt, besiedelten die Polynesier ihr heutiges Wohngebiet, das 50.000.000 km² (!) umfaßt.

Die gewaltige Leistung der kühnsten Seefahrer aller Zeiten begann mit dem Bau hochseetüchtiger Boote. Das Material waren reine Naturprodukte, wie Holz für den Schiffsrumpf, Pandanusblätter für die Segel und

Doppelkanu

Kokosnußfasern als Bindematerial. Die **steinzeitlichen Handwerker** benutzten Beile und Äxte aus Stein für die Holzarbeiten. Werkzeuge aus Metall waren unbekannt. Anstelle von Schiffsbauplänen zählten beim Bootsbau Erfahrung und Augenmaß. Die Boote liefen 7 bis 8 Knoten. Das sind 13 bis 15 km/Std.

5.2.2 PRAKTIKEN DER ORIENTIERUNG AUF HOHER SEE

Fragen über Fragen

Aber was nützen die besten Boote, wenn man sich nicht im weiten Ozean orientieren kann? Wie konnten die Seefahrer die enormen Entfernungen zwischen den einzelnen Inselgruppen überbrücken und sich in den unendlichen Wasserwüsten des Pazifiks zurechtfinden? Immerhin liegen zwischen den Salomonen und den Osterinseln rund 6.000 km (!). Wie konnten sie **navigieren ohne Instrumente**? Sie besaßen weder Kompaß noch Sextanten. Hatten sie Seekarten? Diese Fragen drängen sich auf. Im Gegensatz zu ihren seemännischen Leistungen nehmen sich die der Wikinger, die von Europa als erste nachweislich Amerika erreichten, bescheiden aus. Während bei den Entdeckungsfahrten der Nordmänner gen Westen die großen Inseln, wie Island und Grönland, kaum und die Küste Nordamerikas überhaupt nicht zu verfehlen waren, erscheinen die winzigen Eilande und Atolle der Südsee in dem größten Ozean unseres Globus, der ein Drittel des Erdballs ausmacht, wie die sprichwörtlichen Stecknadeln im Heuhaufen. Zu welchen Sinnesleistungen mußten es diese **genialen Nomaden der Meere** gebracht haben? Die alten Kenntnisse sind nur sehr spärlich und lückenhaft überliefert. Deshalb bleibt vieles noch unaufgeklärt.

Wo liegt der Schlüssel zu den letzten Rätseln? Moderne Technik hat die alten Kenntnisse heutzutage überflüssig gemacht. Mit **GPS** ("Global Positioning System)" kann schnell und zuverlässig die Position von Schiffen im weiten Ozean ermittelt werden.

Überlieferte Kenntnisse

- Die **Beobachtung der Sterne** war die Grundlage der Navigation der Polynesier. Traditionsgemäß waren die Auf- und Untergangspunkte von Sternen überliefert, die in einer Linie mit der Heimatinsel und anderen Inselgruppen lagen. Die erfahrenen Seeleute hatten die Punkte, an denen bestimmte Sterne auf- oder untergingen, in ihren Gehirnen wie in einer "Sternenuhr" gespeichert. Man richtete den geplanten Kurs nach dieser Sterne aus oder segelte in einem bestimmten Winkel zu ihm. Wenn dieser Stern zu hoch stieg und dadurch die Winkelmessung zu ungenau wurde, wählte man einen anderen Stern der gleichen Reihe. Diese **Sternwege** Ozeaniens wurden in Tonga "*Kaveinga*" genannt.
- Die **Sonne** war das Leitgestirn am Tage. Man steuerte nach dem Winkel zur Sonne. Den jeweiligen Stand der Sonne am Vor- und Nachmittag mußte man sich einprägen.
- **Weit sichtbare hohe Berge** der Inseln unterstützten die meist in den Abendstunden erfolgte Abfahrt. Klarer Himmel und gleichbleibende Windrichtung waren Voraussetzungen für diese Art der Navigation.
- **Wind und Dünung** formen unverkennbare unterschiedliche Muster durch Ablenkung und Brechung an Inseln.
- **Wind und Strömung** erschwerten das Navigieren wegen des Abdriftens nach o.g. Methode, wenn man nur stur auf den Leitstern zusteuerte, der über der Zielinsel aufging. Deshalb war es nötig, Kurskorrekturen vorzunehmen. Wie konnte das bewerkstelligt werden? Der Steuermann mußte einen Stern seitlich des Leitsterns auswählen. Aus dem Winkel, den sein Kielwasser mit der Strömung bildete, konnte er den Grad der Abdrift erkennen und den Kurs korrigieren.
- **Bestimmte Fische oder Treibholz** gaben Hinweise auf Strömungen, die verstärkt um Inseln herum auftraten.
- **Vögel**, z.B. Tölpel, die an Land nächtigen und die auf dem Wasser ihre Nahrung suchen, kommen in den Morgenstunden aus der Richtung des Landes und kehren abends dorthin wieder zurück. Ihr Ausschwärmen übersteigt selten einen Radius von 30 Seemeilen, der Hinweis genug ist, daß bald eine Insel oder Festland erreicht sein wird.
- **Stehende Wolkenformationen** sind ein typisches Charkteristikum für gebirgige Inseln, gleich den sog. Wetterfahnen hoher Berge.
- Die **Wassertemperatur** in den verschiedenen Breitengraden spielte ebenfalls eine Rolle bei der Orientierung, besonders wenn Stürme die Boote weit abtrieben.
- **Geheimnisvolle Unterwasserblitze**, die von unterseeischen Vulkanen stammen sollen, wiesen angeblich bei nächtlichen Fahrten mit regenverhangenem Himmel den Polynesiern den Weg. Einige Wissenschaftler meinen, die zuckenden Lichtstreifen im Wasser kämen von fluoreszierenden Organismen.

5.2.3 STAB-DIAGRAMME

Der deutsche **Kapitän Winkler** hat 1898 seltsame Konstruktionen aus den Mittelrippen der Kokospalmenblätter auf den Marshall Inseln entdeckt. Es sind sog. "Stab-Diagramme", die von den Einheimischen "*mattang*" genannt werden. Heute sind sie nicht mehr im Gebrauch.

Die weitere Forschung hat folgendes ergeben: Jeder Häuptling und seine Seefahrtspezialisten besaßen eine Anzahl dieser geheimen Karten. Sie galten für ein bestimmtes Seegebiet und waren aus eigener Erfahrung und überlieferten Angaben angefertigt.

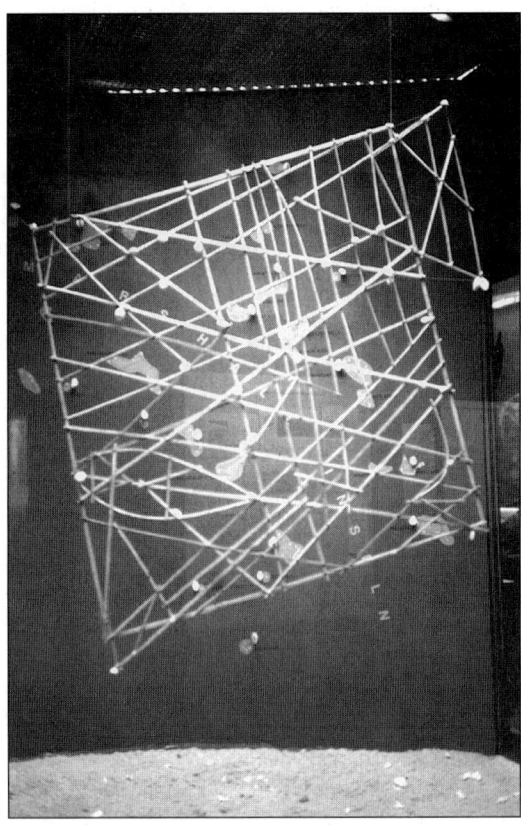

Nur Eingeweihten war die Bedeutung der geraden und gebogenen Stäbe, der Kreuzungspunkte, der aufgebundenen Schneckengehäuse verständlich:
- **Gebogene Stäbe** zeigten die durch Inselgruppen abgelenkten, aus verschiedenen Richtungen auflaufenden Hochseedünungen, deren Aufeinandertreffen und Zurückfluten vom Strand und die daraus entstehenden Kreuzseen und Kappelungen, auf den Karten durch Überschneidungen der Stäbe dokumentiert, an.
- **Kurze Stäbe** deuteten Strömungen an.
- **Lange Stäbe** waren die Verbindungslinien zwischen einzelnen Inseln. An ihnen konnte man ablesen, in welchem Winkel zur Dünung man auf dem Weg zwischen zwei Inseln steuern mußte.

Stab-Diagramm

- **Kauri-Schneckengehäuse** zeigten die Inseln selbst an. Ihre relative Position zueinander war meistens mit großer Genauigkeit angegeben. Sie waren eine Gedächtnisstütze für den Eigentümer, der sich vor Beginn der Reise alle Angaben einprägte. Die Karten waren Anschauungsmaterial. Sie wurden nicht mit auf See genommen. Es gab Übersichtskarten für größere Inselgruppen, Spezial-, Detail- und Lehrkarten. In der gesamten Südsee kannten nur die Bewohner der betreffenden Inseln diese Karten.

5.2.4 TRIBUT AN MENSCHENLEBEN

Obwohl die seefahrenden Polynesier aufgrund ihrer scharfen Beobachtungsgabe mit den Tücken und Gefahren des Meeres sehr vertraut waren, war der Tribut an Menschenleben, die das Seemannsleben kostete, sehr hoch. Man schätzt, daß die Polynesier in 2.000 Jahren 2,5 Millionen Menschen an die See verloren haben. Seebeben, Nebel, Stürme und Zyklone sind Naturgewalten, die auch der heutigen hochtechnisierten Schiffahrt immer noch große Schwierigkeiten bereiten.

5.3 *"MANA"* – EINE MYTHISCHE KRAFT

5.3.1 DER BEGRIFF

Die religiöse Vorstellungskraft der Eingeborenen Melanesiens und Polynesiens ist sehr stark mit dem Begriff *"Mana"*, einem aus dem austronesischen Sprachbereich hergeleiteten Wort, verbunden. *"Mana"* stellt nach den Vorstellungen der Einheimischen eine den Menschen, Tieren oder Pflanzen innewohnende ursprüngliche **außergewöhnliche Kraft** dar, die von den Göttern an Häuptlinge, Priester, besondere Menschen und Menschengruppen sowie Gegenstände übertragen werden kann. Ohne *"Mana"* kann nichts gedeihen. *"Mana"* ist eine Wesensform der Macht, eine **mythische Kraft**, die die Natur durchdringt und sich häufig in Menschen oder Dingen konzentriert.

5.3.2 DREI ARTEN VON *"MANA"*

- **Einzelnen Menschen** kann *"Mana"* in mehr oder weniger großem Umfang übertragen werden. Priester können *"Mana"* durch Magie erwerben; Häuptlingen kann *"Mana"* vererbt werden. Es sind bestimmte Eigenschaften, wie die **Intelligenz**, bestimmte Dinge zu erkennen oder zu erreichen oder die begehrte **Körperkraft**, beispielsweise der Krieger, den Gegner im Kampf zu besiegen. Man kann *"Mana"* jedoch auch wieder verlieren. Erfolg, Sieg oder Niederlage sind die Meßlatte von mehr oder weniger starkem *"Mana"*. Hiernach richten sich die **gesellschaftliche Stellung**, das Ansehen bei den Mitmenschen und die Autorität. Spitzen der Gesellschaft sind Häuptlinge und Priester. Die mit *"Mana"* Gesegneten stehen jedoch dauernd unter **Erfolgszwang**. Mit zunehmendem Alter, bei Mißerfolg, Unentschlossenheit und Unfähigkeit droht ihnen die Aberkennung des hohen Rangs und der Autorität.
- **Leblose Gegenstände**, wie Boote, Häuser und Waffen, können ebenfalls mit *"Mana"* belegt werden.
- **Gruppen von Menschen**, wie Männerbunde und ganze Stämme, können *"Mana"*-Träger werden.

5.3.3 KANNIBALISMUS

Aus der *"Mana"*-Vorstellung ist auch der einstige Kannibalismus in der Südsee zu verstehen. Weil *"**Mana"** **übertragbar** ist und den Besitzer wechseln kann, glaubte man, daß durch Verspeisen der Gegner auch die begehrten Eigenschaften anderer Menschen übertragbar seien. Besonders ausgeprägt waren die Men-

schenfresserei und Kopfjägerei auf den melanesischen Südseeinseln, einschließlich Neuguineas. Gehirn und Herz waren hierbei besonders begehrte Körperteile.
Der Kannibalismus und die Kopfjagd, die heute als lebendige Verhaltensweisen
in der Südsee nicht mehr existieren, sind von uns nur zu verstehen, wenn man
sie nicht aus dem Zusammenhang der damaligen Kultur der betreffenden Le-
bensgemeinschaften reißt. Nur die genaue Kenntnis des entsprechenden Gesell-
schaftsgefüges und der religiösen Vorstellungen öffnen uns den Weg in die
Beweggründe dieser Sitten und Gebräuche, die uns persönlich grausam erscheinen.

5.4 *"TABU"* – MACHTINSTRUMENT DER HÄUPTLINGE UND PRIESTER

"Tapu" ist polynesisch und kann mit "dem stark Gezeichneten" übersetzt werden. Es bezeichnet **magisch-religiöse Verbote und Gebote**. Sie beziehen sich
auf Menschen, Handlungen und Gegenstände. Es können bestimmte Handlungen verboten oder vorgeschrieben werden.

Es gibt **zwei Arten von Tabus**:
● Ein großer Teil der sehr komplizierten Tabu-Vorschriften ist **im *"Mana"* begründet** (vgl. Kapitel 5.3). Beispielsweise dürfen die Speisen eines Häuptlings
niemals von einem Untergebenen gegessen werden. Auch den *"Mana"*-Trägern
(Häuptlingen und Priestern) sind bestimmte Tabus auferlegt. Sie dürfen z.B.
bestimmte Dinge nicht berühren. Tarobeete oder Obstbäume können zum *"Tabu"*
gemacht werden, um sie vor Dieben zu schützen.
● Ein *"Mana"*-**Träger** steht abseits, weil er von übernatürlichen Kräften ergrif-
fen wurde. Er darf kraft seiner Autorität besondere Tabus aussprechen. Beispielsweise dürfen bestimmte Bereiche nicht von jedermann betreten werden.
Eine **Verletzung des *"tabu"*** führt zu einer übernatürlichen Vergeltung. *"Mana"*
und *"tabu"* stehen offensichtlich in enger Beziehung zueinander. Bei Nichtbeach-
tung von Tabus haben die Schuldigen harte **Strafen**, die automatisch durch
Krankheit oder Tod eintreten oder durch den Machthaber persönlich ausgeführt
werden, zu befürchten. Jemand, der versehentlich ein *"tabu"* verletzt, kann zwar
durch bestimmte rituelle Handlungen gereinigt werden. Man glaubt jedoch, daß
schreckliche Folgen ohne Rücksicht auf das Motiv eintreten würden.

Durch die **Tabu-Gewalt** halten die *"Mana"*-Träger ein entscheidendes Instrument
der Macht in ihren Händen. Sie können es zum Wohle der ihnen anvertrauten
Gemeinschaft segensreich, aber auch schamlos zu ihrem eigenen Nutzen einsetzen.

5.5 EUROPÄISCHE ENTDECKUNGEN UND EXPEDITIONEN

Nach den beteiligten **Nationen** und deren vordringlichsten **Beweggründen** kann
man folgende Phasen unterscheiden:
● **Die portugiesischen und spanischen Entdeckungen** im 16. Jahrhundert
n. Chr. standen ganz unter dem Zeichen der Suche nach dem **Südkontinent**
Terra Australis Incognita und dem sagenhaften **Goldland Ophir**.
In dem anmaßenden **Vertrag von Tordesillas von 1494** wurde durch den Papst
festgeschrieben, daß den **Portugiesen die Osthälfte** und den **Spaniern die**

Westhälfte der Erde, getrennt durch den 46. Längengrad, heute westlich von Greenwich, als Entdeckungs- und Missionsgebiet zugesprochen wurde und daß alle übrigen Mächte davon ausgeschlossen wurden.

- **Die holländischen Entdeckungen** und Handelsfahrten zu Beginn des 17. Jahrhunderts konzentrierten sich ebenfalls immer noch auf die Suche nach dem sagenhaften Südkontinent.

Die **Reformation** hatte inzwischen den Einfluß des Papstes auf die Weltpolitik merklich zurückgedrängt. Es galt fortan das Prinzip der **Freiheit der Weltmeere**. Die Niederländer und später auch die Briten kaperten die spanischen Handelsschiffe und verdrängten die Iberier nach und nach aus ihren Stützpunkten und Forts.

- **Die englischen und französischen Entdeckungen** im 17. und 18. Jahrhundert n. Chr beruhten hauptsächlich auf wissenschaftlichen Erschließungen und auf der Suche nach neuen Handelsplätzen.
- **Andere Nationen betrieben mit ihren wissenschaftlichen Expeditionen** lediglich eine Nachlese und Vertiefung früherer Erkenntnisse.

5.5.1 VASCO NÚÑEZ DE BALBOA (1475-1517) – ABENTEURER UND DRAUFGÄNGER

Der **Spanier** Vasco Núñez de Balboa, in Jeres de los Caballeros (Estremadura) geboren, war ein verwegener Bursche, der eine wildbewegte Jugend durchlebt hatte.

1510 kam er nach **Santo Domingo**. Um sich seinen Gläubigern zu entziehen, schloß er sich einer Expedition nach Darien (Land zwischen Panama und Kolumbien) an.

1511 erhielt er durch einen Aufstand die oberste Gewalt über die Kolonie und entledigte sich brutal aller seiner Widersacher. Die Kunde von einem **reichen Goldland** bewog ihn zu einer Expedition Richtung Westen.

1513 durchquerte die wilde Spanier als erster Europäer **Panama** und erreichte nach 30-tägigem mühsamen Marsch durch dichten tropischen Regenwald und uriges Bergland den Pazifik. Staunend blickte er von einem Berg aus auf das südlich vor ihm liegende Meer. Er nahm es für die spanische Krone in Besitz, eine Anmaßung (!) und taufte es **"Mar del Sur"** oder zu deutsch **"Südsee"**.

1514 war **Davila** in seiner Abwesenheit zum Statthalter von Darien ernannt worden. Den Ruhm des "Entdeckers" Vasco Núñez de Balboa konnte der neue Statthalter nicht verwinden. So führten sein Haß und seine Eifersucht gegen Vasco Núñez de Balboa schließlich zu dessen Anklage wegen Rebellion und zur Hinrichtung. So endete der Namensgeber der Südsee nicht ganz zu Unrecht.

Die Entdeckung von Balboa erweckte in den Spaniern die Hoffnung, auf vermuteten Inseln fern im Westen das erträumte Goldland **"El Dorado"** zu finden. Im Laufe des 16. Jahrhunderts wiederholten sich Entdeckungsreisen von der westamerikanischen Küste in die Südsee.

5.5.2 FERNAO DE MAGALHAES (1480-1521) – DIE ERSTE ERDUMSEGLUNG

Das Zeitalter der Entdeckungen, von dem Portugiesen Heinrich dem Seefahrer eingeläutet, erfuhr nach einem Jahrhundert seine Krönung mit der ersten Erdumsegelung.

Fernao de Magalhaes

1480 wurde der **Portugiese** Fernao de Magalhaes in Sabrosa im Norden seines Heimatlandes geboren.

1505-1512 hatte er unter den Vizekönigen d'Almeida und d'Albuquerque in Ostindien gedient und war dabei bis Malakka am Eingang zu den begehrten **"Gewürzinseln" der Molukken** vorgedrungen.

1513 wurde der junge Haudegen in **Marokko** am Knie verwundet. Seitdem lahmte er, und deshalb gab es in Portugal für ihn keine Verwendung mehr.

1515, die schnöde Abweisung durch König Manuel I. von Portugal, den Plan von Fernao de Magalhaes, die Suche einer **Südwestpassage** vom Atlantischen Ozean zum Pazifischen Ozean und zu den "Gewürzinseln" zu verwirklichen, kränkte den ehrgeizigen und energischen Portugiesen so sehr, daß er in **spanische Dienste** übertrat und sich fortan **Fernando de Magallanes** nannte. Es gelang dem unternehmungslustigen Mann, den jungen König Karl I. von Spanien und späteren Kaiser Karl V. von seinem Plan zu begeistern.

Am 20.09.1519 startete der Generalkapitän **Magellan**, wie er auch kurz genannt wurde, vom südspanischen Hafen San Lucar aus mit fünf Karavellen, dem Flaggschiff *Trinidad*, der *San Antonio*, der *Concepción*, der *Victoria* und der *Santiago*, zu seiner abenteuerlichen Fahrt. Eine lange entbehrungsreiche Seereise begann. Stürme und Kälte erschöpften die Mannschaft.

Ab 31.03.1520 überwinterte Magellan in der Bucht von San Julián (Süd-Patagonien). Eine Meuterei wurde niedergeschlagen. Zwei Meuterer ließ er hängen und zwei weitere an der Küste aussetzen. Die *Santiago* ging verloren. Magellan fuhr in die nach ihm benannte **Magellanstraße** ein. Der Generalkapitän tastete sich sehr vorsichtig, ständig lotend, durch die sturmumtoste Meeresenge.

Am 27.11.1520 war schließlich **Kap Pilar** erreicht, und das weite Meer öffnete sich. Die Freude über die endlich gefundene **Südwestpassage**, den Durchlaß zwischen dem südamerikanischen Festland und Feuerland, wurde dadurch getrübt, daß man erkennen mußte, daß die *San Antonio* mit dem Großteil der Vorräte nach Spanien umgekehrt war. Es folgten 110 nicht enden wollende Tage des Hungers über einen Ozean, den Magellan **"Mar pacifico"**, zu deutsch: **"Stiller Ozean"**, nannte. Die Seeleute hatten Glück, daß dieses Weltmeer sich von seiner angenehmsten Seite zeigte. Im überlieferten Tagebuch des Lombarden Pigafetta heißt es: "Wir essen mit Mäusedreck vermischten Zwiebackstaub, Sägespäne, Mäuse und Leder der Rahen, die vier bis fünf Tage im Meerwasser aufgeweicht werden...". Skorbut mit Todesfolgen dezimierte die Mannschaft. Er ließ die Südseeinseln im wahrsten Sinne des Wortes links liegen.

Am 06.03.1521 erreichte Magellan die Inseln **Guam** und **Rota**. Er nannte sie **Ilas de los Ladrones** (Diebesinseln), weil die leidgeprüfte Mannschaft dort von den Eingeborenen bestohlen wurde. Verbittert segelten die Spanier weiter. Heute heißen diese Inseln **Marianen**. Diese Namensgebung geschah, weil 1668 von den Philippinen aus spanische Missionare dort ihre Christianisierung begannen und sie nach der Königin Maria, der Witwe des verstorbenen Königs Philipp IV., nannten.

Am 16.03.1521 landete die halbverhungerte Restmannschaft auf den **Lazarusinseln** (Philippinen). Mit dem König der Insel Cebú schloß der Generalkapitän einen Freundschaftsvertrag. Der Herrscher und seine Gefolgsleute traten zum Christentum über. Die Insulaner hatten Kontakt mit den Völkern der Molukken. Der Ring um die Erdkugel hatte sich für Magellan bis auf 1.000 Meilen fast

geschlossen, denn er war, vor 12 Jahren von Westen kommend, schon kurz vor seinem Ziel, den "Gewürzinseln", gewesen. Alles schien ein gutes Ende zu nehmen. Doch wie das Unglück es wollte, die Bewohner der Nachbarinsel Mactan leisteten Widerstand.
Am 27.04.1521 griff Magellan mit 60 Bewaffneten an und wurde im Kampf von den übermächtigen Eingeborenen **erschlagen**. Sein Nachfolger **J. S. Elcano** war bemüht, die Fahrt über den Indischen Ozean und um das Kap der Guten Hoffnung mit seiner zusammengeschrumpften Crew von nur noch 114 Seeleuten und mit zwei Schiffen fortzusetzen. Die *Concepción* wurde wegen Personalmangels verbrannt. Man erreichte die Insel Ternate in den **Molukken**, überlud die *Trinidad* aus Furcht vor den seeüberlegenen Portugiesen überhastet mit Gewürzen. Das Schiff blieb mit einem Leck im Schlick hängen, wurde repariert und sollte nach Panama zurücksegeln, geriet in einen schweren Sturm, drehte um und wurde doch die Beute der Portugiesen.
Am 06.09.1522 schwankten in San Lucar nur noch 18 völlig erschöpfte Seeleute von den 265 bei der Abfahrt vor 1100 Tagen (!) von der halb verrotteten *Victoria*. Diese Seereise gehört zu den an Leiden, Opfern und Entbehrungen reichste in der Seefahrtsgeschichte.
Mit der Rückkehr nach Spanien wurde der praktische **Beweis der Kugelgestalt der Erde** erbracht.

5.5.3 ALVARO DE MENDANA Y NEYRA (1541-1595) – ENTDECKER DER SALOMONEN

1541 wurde der **Spanier** Alvaro de Mendana y Neyra geboren.
1567-1568 entdeckte er auf seiner **ersten Reise** von Callao in Peru aus die **Salomonen** und **Tuvalu**.
1595 fand er auf seiner **zweiten Reise** die **Marquesas**, und als er durch die Gruppe der Ellice-Inseln segelte, auch die **Santa Cruz-Inseln**, wo er eine kurzlebige Kolonie gründete. Dort starb er.

5.5.4 PEDRO FERNANDÉZ DE QUIRÓS (1565-1615) – KURZBESUCH IN VANUATU

Der gebürtige **Portugiese** Pedro Fernandéz de Quirós, ehemaliger Lotse von Mendana, stand später als Kapitän im Dienste der spanischen Armada. Von Peru kommend, besuchte er einige Inseln der **Tuamotu- und Tokelaugruppe**.
1606 landete er auf der Insel **Espiritu Santo** (Vanuatu). Er war der irrigen Meinung, die "*Terra Australis Incognita*" entdeckt zu haben. Er nannte sie "Austrialisches Lande des Heiligen Geistes" nach dem Hause "Austria" (Habsburg), das damals mit Spanien durch Personalunion verbunden war. Hieraus wurde später vereinfacht "Espiritu Santo" oder noch kürzer "Santo". Der von seiner Entdeckung verblendete Iberier berichtete seinem König Philipp III. brieflich in **maßloser Übertreibung** von dem von ihm entdeckten 5. Erdteil.

Durch die übliche **Überheblichkeit** und das alles seligmachende **christliche Sendungsbewußtsein** gegenüber den in ihren Augen ungläubigen Wilden machten sich Quirós und seine Leute die Einheimischen zu ihren erbitterten Feinden. Nach drei Wochen äußerst arroganten Benehmens verließ die spanische Expedition überstürzt die Insel. Das war die erste sehr beschämende Kontaktaufnahme zwischen der damaligen Großmacht Spanien und dem kleinen Vanuatu.

5.5.5 ABEL JANSZOON TASMAN (1603-1659) – EIN GENAUER KARTOGRAPH

1603 kam der **Holländer** Abel Janszoon Tasman in Lutgegast (Provinz Groningen) zur Welt. Der holländische Generalgouverneur van Diemen, damals ansässig in Batavia (heute Djakarta), ermöglichte dem Seefahrer die Expeditionsfahrt.

Erste Reise

1642 segelte der Holländer, von Westen kommend, in den Pazifik, was bisher nur von Osten her geschehen war. Er hatte die Aufgabe gestellt bekommen, "*Terra Australis Incognita*", den unbekannten Kontinent, zu finden. Er umsegelte Australien und Neuguinea, die nach seiner Meinung eine zusammenhängende Landmasse bildeten. Hierbei entdeckte er den Süd- und Ostrand von **Tasmanien**, das nach ihm benannt ist. Wertvoll wurden seine mit Akribie gefertigten Tagebuch-Aufzeichnungen und Karten.
1643 erreichte er die Südinsel **Neuseelands**, **Tonga**, das bereits von seinem Landsmann Lemaire entdeckt wurde, und als erster Europäer die **Fidschi-Inseln**.

Zweite Reise

1644 stößt er auf Australien, das er zu Ehren seines Vaterlandes "Neu Holland" nannte.
Im Oktober 1659 starb der Seefahrer in Batavia.

5.5.6 JAKOB ROGGEVEEN (1659-1729) – DER ENTDECKER DER OSTERINSEL

Am Ostermontag 1722 entdeckte der **Holländer** eine einsame Insel im Pazifik, der er in Anbetracht des vorangegangenen Ostersonntags den Namen **Osterinsel** gab. Sie wurde wegen ihrer riesigen, rätselhaften Skulpturen weltberühmt. Sie ist die östlichste Insel Polynesiens. Die stark tätowierten Insulaner empfingen Roggeveen und seine Leute feindselig, und es kam zum Entsetzen des Kapitäns zu einem blutigen Kampf, wobei die Holländer ohne Tote davonkamen. Außerdem stieß er auf seiner weiteren Seereise noch auf verschiedene Inseln der **Gesellschafts-Inseln** und auf **Samoa**.

5.5.7 SAMUEL WALLIS (1728-1795) – DER ERSTE EUROPÄER AUF TAHITI

1728 war das Geburtsjahr des **Engländers** Samuel Wallis.
1766-1768 dauerte die Expedition des ebenfalls vom "Südsee-Fieber" gepackten Seemanns. Er kommandierte die "*Dolphin*". Die kleinere "*Swallow*" unter dem Kommando von **Kapitän Carteret** begleitete die größere Fregatte. Vier Monate benötigte Wallis, um die schwierige Passage durch die Magellan-Straße zu meistern. Die "Swallow" verlor Wallis in der wegen schlechten Wetters berüchtigten Meeresstraße aus den Augen. Erst jetzt, fast 250 Jahre nach Magellan und nachdem rund 20 europäische Entdecker die Südsee durchkreuzt hatten, wurde **Tahiti** von einem Europäer durch Zufall entdeckt. Carteret war in Tahiti nicht

dabei. Er entdeckte dafür die **unbewohnte Insel Pitcairn**, auf der 23 Jahr später die Meuterer der *Bounty* Zuflucht suchten.

Die wenigen, weit auseinander liegenden Inselgruppen des Südpazifiks verlieren sich im weiten Ozean, und wegen des Fehlens von exakten Karten "geisterten" die Europäer durch die Südsee, ohne genau zu wissen, wo sie sich eigentlich befanden.

Am 17.06.1767 ankerte das Schiff von Wallis bei **Taiarapu**, im Süden der Insel. Die Insulaner waren so feindlich gesinnt, daß der Kapitän sich gezwungen sah, seine Kanonen abzufeuern.

Am 23.06.1767 hatte Samuel Wallis seinen Ankerplatz in die **Matavai Bucht** verlegt. Zunächst wurde die *"Dolphin"* von Tausenden von Einheimischen in Kanus umringt, die zunächst von der Aussicht auf Tauschgeschäfte fasziniert waren. Doch plötzlich flogen Steine in die Richtung der Fregatte, und Wallis mußte wieder seine Kanonen einsetzen.

Am nächsten Tag sandte der Kommandant bewaffnete Seeleute an Land, um offiziell Besitz von der Insel zu nehmen. Er gab ihr den Namen **"King George III Island"**. Als die Tahitianer ihre Angriffe nicht einstellten, ließ Wallis alle Kanus, derer seine Leute habhaft werden konnten, zerstören. Nun gedemütigt, verhielten sich die Tahitianer kooperativer.

Ebenfalls rein zufällig stieß er auf die nach ihm benannten **Wallis-Inseln** westlich von Samoa.

5.5.8 LOUIS ANTOINE DE BOUGAINVILLE (1729-1811) – ENTDECKUNGEN IN MELANESIEN

Am 11.11.1729 wurde der **Franzose** Louis Antoine de Bougainville in Paris geboren.

Louis Antoine de Bougainville

Am 16.11.1766 verließen die beiden Schiffe **"L'Etoilo"** und **"La Boudouco"** in Nantos den Hafen, um auf die erste französische Erdumsegelung zu gehen, die zwei Jahre dauern sollte. Nach einem Aufenthalt in Brasilien und der Umsegelung von Kap Horn erreichte man die Südsee.

Am 02.04.1768 landete Louis Antoine de Bougainville mit seinen beiden Schiffen in der **Hitiaa Lagune** auf **Tahiti**. Er nahm die Insel für Frankreich in Besitz, was vorher schon Samuel Wallis für England getan hatte. Doch Bougainville wußte nichts von seinem englischen Vorgänger, der bereits auf dem Rückweg nach England war. Der Franzose wurde freundlich empfangen, war ein guter Beobachter und erkannte sehr schnell und einfühlsam die anders gearteten Sitten und Gebräuche der Tahitianer und akzeptierte ihre verschiedenartige Auffassung von Moral und privatem Besitz.

Außerdem machte er wertvolle Entdeckungen in **Melanesien**. Nach ihm benannte man die größte der **Salomonen** und die Meeresstraße, die diese von der **Insel Choiseul** trennt.

Nach ihm ist auch der rosafarbige dornige Kletterstrauch, **Bougainvillea**, benannt, an dessen

Zweigenden sich auf drei violett oder orange bis rot oder weiß gefärbten Hochblättern je eine gelbliche Blüte befindet.

Weil **Jean-Jacques Rousseau** (1716-1778) um die Mitte des 18. Jahrhunderts den **Begriff des "edlen Wilden"** geprägt hatte, der unbescholten und ohne Bedürfnisse ein sorgloses Leben in üppiger Natur führte, war es für Bougainville allzu naheliegend, daß dies für das paradiesische Tahiti mit seinen schönen, gastfreundlichen Menschen zutraf.

1771 wurde sein **Buch "Voyage"** veröffentlicht, in dem der Nachwelt schwärmerisch eine Vision vom neuen Paradies und einer endlosen Quelle sehnsüchtiger Träume hinterlassen wurde.

5.5.9 JAMES COOK (1728-1779) – GLEICHZEITIG EXZELLENTER SEEFAHRER UND WISSENSCHAFTLER

Am 27.10.1728 wurde der **englische Weltumsegler** James Cook in Marton (Yorkshire) geboren. Er stammte aus einfachen Verhältnissen. Sein Vater war ein armer Landarbeiter, der nicht einmal das Schulgeld für seinen begabten

James Cook

Sohn aufbringen konnte. Der **Quäker John Walker** unterwies den Tagelöhnersohn für Gotteslohn in Mathematik und Navigation. Als junger Bursche heuerte James Cook als **Schiffsjunge** im Hafen von Witby an und fuhr jahrelang auf Kohlenfrachtern.

1755 ging er **als Maat zur Königlichen Marine**. Seinen Vorgesetzten fielen seine Fähigkeiten als **Kartograph** auf. Die exakte Kartographie des St. Lawrence River wurde von ihm gefertigt. Als Autodidakt und wegen seines niederen Standes wollte man ihn jedoch nicht zum Offizier aufsteigen lassen.

Eine **Reise nach Tahiti** mit dem schwedischen Botaniker **Daniel Solander** gewährten dem lernbegierigen Engländer wertvolle **Einblicke in die Biologie**.

Schließlich schaffte Cook es, zum **Leiter einer Südsee-Expedition** ausgesucht zu werden, obwohl er noch nicht Seeoffizier war. Das Patent als **Leutnant zur See** wurde ihm noch vor seiner Abfahrt ausgehändigt.

Erste Reise

1768 startete er zu seiner **ersten Reise** (1768-1771), die ihn nach **Tahiti**, Neuseeland und an die Ostküste Australiens führte. Auf Tahiti wurde der **Durchgang der Venus vor der Sonne** beobachtet und eine Reihe von Inselgruppen studiert und kartographisch erfaßt.

Die Inseln rund um Tahiti nannte er Gesellschaftsinseln ("Society Islands"). Er stellte fest, daß **Neuseeland eine Doppelinsel** ist und daß Australien und Neuguinia durch die Torresstraße getrennt sind. Nach erfolgreicher Beendigung dieser ersten britischen Erdumseglung wurde er zum **Mitglied der "Royal Society"** ernannt. Bei seinem Antrittsbesuch hielt er einen beachtenswerten **Vortrag über die Bekämpfung von Skorbut.** Er konnte auch in der Praxis beweisen, daß er bisher keinen Mann durch diese gefürchtete Seemannskrankheit verloren hatte. Die "Hohen Lords" waren mit den Ergebnissen seiner Weltreise sehr zufrieden.

Zweite Reise

Am **13. Juli 1772** wurde die **zweite Fahrt** (1772-1775) von ihm angetreten, die er sich erbeten hatte, um endlich dem **Gerücht vom sagenhaften "Südland"** auf die Spur zu kommen. Dreimal überfuhr er den südlichen Polarkreis bis 71° 10' südlicher Breite. Er beseitigte endgültig die alte Vorstellung von dem Bestehen eines gewaltigen "Südlandes" als Gegengewicht zu der Landmasse im Norden. Außerdem wurde **Neukaledonien** entdeckt und kartographiert.
Der **deutsche Forscher Johann Reinhold Forster** und dessen Sohn Georg begleiteten Cook. Das 1736 erfundene Chronometer wurde eingesetzt, mit dem die Längengrade exakt bestimmt werden konnten. Damit gelang es, von großen Gebieten **zuverlässige Karten** anzufertigen.

Dritte Reise

Am **12.07.1776** begann seine **dritte Reise.** Mit den beiden Schiffen *"Discovery"* (Entdeckung) und *"Resolution"* (Lösung) führte sein Segeltörn um Afrika herum, über Australien, Neuseeland, **Tahiti** und die Südsee an die Nordwestküste Amerikas. Sein **Auftrag** lautete, eine **Zufahrt vom Pazifik ins Nordpolarmeer und zur Baffin Bay oder Hudson Bay** zu finden.
Am **06.03.1778**, von Hawaii kommend, stieß er bis Alaska vor. Sein anschließender Versuch, die Nordwest-Passage zu finden, scheiterte an dem starken Packeis nördlich der Bering-Straße. Er kehrte enttäuscht wieder um.
Am **14.02.1779** wurde Cook auf dem Rückweg **auf Hawaii** infolge eines Verstoßes seiner Mannschaft gegen das Tabugesetz von den anfangs freundlichen **Eingeborenen erschlagen.**

Die **Verdienste** und der enorme Wert der wissenschaftlichen Arbeit von James Cook sind folgende:
● Mit **James Cook** war erstmals ein **neuer Entdecker-Typ** auf den Weltmeeren erschienen.
● Seine **hohe Qualifikation als Seemannn** steht außer Zweifel; die hatten andere Entdecker jedoch auch.
● Er war jedoch **gleichzeitig Wissenschaftler.**
● Als genialer **Kartograph** war er eine Autorität. Er vermachte der Welt einen lang ersehnten Schatz, eine **Karte des gesamten Pazifiks.**
● Ihn begleitete ein **Team von Wissenschaftlern und Künstlern.** Letztere zeichneten und malten die Eingeborenen mit ihren Gebräuchen sowie die Fauna und Flora der Südsee. Diese Illustrationen sind ein unschätzbares Vermächtnis aus den frühen Tagen Polynesiens und Melanesiens.
● Als **Astronom** war James Cook bahnbrechend. Am 03.06.1769 beobachtete er die Kreuzung der Venus mit der Sonne im Pazifik.

5.5.10 THOR HEYERDAHL (* 1914) – MIT DER "KON-TIKI" NACH OST-POLYNESIEN

Am 06.10.1914 in Larvik geboren, hat der **norwegische Anthropologe und Zoologe** Thor Heyerdahl schon mitten im Zeitalter von Radar, Echolot, Eisberg- und Sturmwarnsystemen noch einmal durch seine abenteuerliche Floßfahrt von Peru nach Ost-Polynesien die Öffentlichkeit in Atem gehalten und von sich reden gemacht.

Kaum ein anderes Wissensgebiet fesselt den Menschen unserer Zeit so sehr wie **moderne Archäologie** mit ihren sensationellen Funden und Erkenntnissen. Sie versucht, Zeugnisse längst versunkener, oft vergessener Kulturen aufzuspüren und Berichten, denen man oft keinen rechten Glauben schenken wollte, zu enträtseln. Thor Heyerdahl ist auch einer dieser ewig Suchenden.

Am 28.04.1947 startete er in Calao (Peru) mit seinem nach alten Inkavorbildern erbauten **Floß "Kon Tiki"** zu seiner aufsehenerregenden Fahrt. Nach seiner Ansicht hatte die polynesische Kultur ihre Wurzeln in Peru. Das galt es zu beweisen. Die bei den Inkas und Polynesiern bekannte Legende von dem hellhäutigen **Sonnengott "Kon Tiki"**, der sich angeblich um 500 n. Chr. in Peru aufgemacht und der dann die 8.000 km weiter westlich liegende Inselwelt Polynesiens erreicht haben sollte, sowie die Vorkommen von Süßkartoffeln und Cola aus dem Ursprungsland Südamerika waren Argumente des Forschers für seine Theorie. Sein Floß bestand aus 12 Balsastämmen, die durch starke Hanfseile zusammengehalten wurden und einer offenen Bambushütte am Achterdeck. Der **Südost-Passat** blähte das trapezförmige Rahsegel und trieb die *"Kon Tiki"* zusammen mit der Meeresströmung des **Humboldtstroms** durchschnittlich 78,5 Kilometer pro Tag zügig nach Westen. Die sechsköpfige Besatzung bestand aus fünf jungen Norwegern und einem Schweden.
Am 04.08.1947 passierte die "Kon Tiki" Puka Puka (Tuamotus). **Am 08.08.1947** lief das Floß auf dem **Raroia-Riff** auf. Der Beweis, daß eine solche Floßfahrt möglich war, war erbracht. Daß jedoch die Kultur Polynesiens ihre Wurzeln in Südamerika hat und auch die Besiedlung dieses Inselreiches aus dem Westen erfolgte, wird von der Wissenschaft nach wie vor bestritten.
1948 schrieb Thor Heyerdahl sein berühmtes **Buch "Kon Tiki"**. **1953** unternahm er Expeditionen nach den **Galápagos-Inseln**.
1955/56 versuchte er, dem Rätsel der **über 1.000 monumentalen Skulpturen der Osterinsel** auf die Spur zu kommen, deren seltsam langgezogene Gesichter nur schwiegen. Verblüffend ist ihre Größe, wenn man bedenkt, daß schon der Haarschopf (*pukao*) einiger Figuren allein ein Gewicht von zehn und mehr Tonnen erreicht. **Schrifttafeln** hät-

Thor Heyerdahl

ten sicher einiges klären können. Sie hingen ursprünglich am Hals der Steinkolosse. Diese wurden jedoch leider **von übereifrigen Missionaren zerstört**, und jene Insulaner, die noch einiges von der Überlieferung ihres Volkes gewußt hatten, waren von südamerikanischen Kolonialherren verschleppt worden, bevor man sie über die Geheimnisse ihrer Insel befragen konnte.
1970 glückte Thor Heyerdahl im zweiten Versuch eine Atlantik-Überfahrt in 57 Tagen mit seinem **Papyrusboot "Ra II"**, nach Vorlagen altägyptischer Reliefs

gebaut. Hiermit sollte die Möglichkeit aufgezeigt werden, daß Kontakte zwischen den Hochkulturen im Mittelmeerraum und in Mittel- und Südamerika nicht auszuschließen sind. Im gleichen Jahr erschien sein **Buch "Expedition Ra"**.

5.6 ZEIT DER ÜBERFREMDUNG UND AUSBEUTUNG

Die Ankunft der ersten Europäer und der darauf folgende Verkehr mit Europa hat viel von der einheimischen Kultur der Südsee verändert und zerstört. Zwei Weltkriege, die ständig zunehmenden Kommunikationsmittel, Händler und die Haltung der Kolonialmächte gegenüber den südpazifischen Völkern haben eine nachhaltige Wirkung, wenn nicht sogar tiefe Wunden, hinterlassen. Die pazifischen Inseln haben eine eigene Kultur. Ihr endgültiges Verschwinden wird ein Verlust für die Menschheitsgeschichte unserer Erde sein!

5.6.1 ERSTE KONTAKTE MIT EUROPÄISCHEN SEEFAHRERN

Besonders von **Kapitän Cook** sind **schwärmerische Berichte** von Tahiti überliefert worden. In Europa wurde den Menschen mit begeisterten Worten die Vorstellung vom **irdischen Paradies** in der Südsee vorgegaukelt. Die Eingeborenen wurden als gesunde, schöne und glückliche Menschen gepriesen und als **"edle Wilde"** bezeichnet. In der Schilderung der Liebenswürdigkeit und Gutmütigkeit der Tahitianer übertraf man sich. Die **freie Liebe** der dortigen Jugend war allgemein üblich, und sie wurde auch den Seeleuten angeboten.

Bei der Euphorie über die ersten Kontakte mit den Südseeinsulanern, besonders mit den schönen Mädchen und deren Freigiebigkeit in der Liebe, dem tropischen Klima und dem Zauber der Landschaft, übersah man die **negativen Folgen** für die einheimische Bevölkerung. Kapitän Cook hat das schon sehr früh erkannt und es bei seinem zweiten Besuch auf Tahiti wie folgt schriftlich formuliert: "Wir führen bei ihnen Bedürfnisse und vielleicht Krankheiten ein, die sie nie zuvor gekannt haben und die geeignet sind, die glückliche Ruhe zu stören, deren sie und ihre Väter sich erfreut haben..."
- Schon bald stellten sich die ersten **Geschlechtskrankheiten** ein, die den Eingeborenen vorher völlig fremd gewesen waren.
- Auch **andere Krankheiten**, für Europäer oft völlig harmlose Kinderkrankheiten, wirkten sich wie eine Geißel aus und verbreiteten sich rasch wie ein Buschfeuer über die Inseln.
- **Alkohol** paßte nicht in den natürlichen Lebensrhythmus der Eingeborenen.
- Die **Verkümmerung der traditionellen Handwerkskünste** war die Folge von einem immer größer werdenden Trachten nach Waren aus Metall, beispielsweise Nägeln, Beilen, anderem Handwerkszeug und Töpfen.
- Die **Zerstörung vieler Sitten und Gebräuche** hatte eine allmähliche Auflösung traditioneller Werte zur Folge.

5.6.2 DIE RAUHEN WALFÄNGER

Die ersten europäischen Besucher der Südseeinseln nach den Forschungsreisenden im 18. und 19. Jahrhundert waren die unerschrockenen Walfänger. Nachdem sie die Wal-Bestände der Nordmeere durch ihr rücksichtsloses Abschlachten an den Rand des Aussterbens gebracht hatten, durchkreuzten sie die Südsee und stießen dabei auf reichliche Vorkommen. Vor allem der ertragreiche Pottwal lockte in die neuen Fanggründe. Die Erbeutung des größten Säugetiers der Erde ist für den Menschen seit alters her eine große Versuchung, weil die gesamten ca. 130 t eines großen Wals für ihn voll verwertbar sind. Aus der isolierenden Fettschicht wird Öl gewonnen. Das Fleisch wird besonders in Japan verzehrt. Die Knochen dienen der Herstellung von Gelatine und Leim. Die Barten wurden früher zu Korsettstangen verarbeitet. Kurzum, der Walfang war und ist eine sehr lohnende Einnahmequelle. Die **Südseeinseln** waren **ideale Stützpunkte** des neuen Walfanggebietes. Wegen der **schönen und gastfreundlichen Frauen** waren Hawaii, Tahiti, die Marquesas, Tonga, das südliche Neuseeland, die Marshall- und Gilbert-Inseln bevorzugte Stützpunkte der rauhen Walfänger.

In den **50er Jahren des 19. Jahrhunderts** war der **Höhepunkt der Wal-Schlächterei**. Lediglich "Boston Whales" erschien mit einer Flotte von 785 Schiffen und ca. 18.000 Mann Besatzung im Zentralpazifik. Schon in den 60er Jahren des 19. Jahrhunderts waren die Walbestände im Südpazifik so ausgedünnt, daß sich der Fang in den Nordpazifik und in die Beringsee verlagerte. Die rauhbeinigen Seeleute bestanden mit Ausnahme der Offiziere fast nur aus Gesindel, weil der Dienst auf den Schiffen sehr hart, fast menschenunwürdig und eintönig war. Der Aufenthalt der Walfänger auf den Südseeinseln nahm selten ein gutes Ende. Es hatte schlimme Folgen für die Einheimischen:

● Der **Alkohol** tat als ständiger Begleiter der Seeleute seine Wirkung. Die üblichen Begleiterscheinungen, wie Saufgelage, tätliche Auseinandersetzungen von Raufereien bis zum Mord, Raub und Vergewaltigungen machten die Runde.

● **Eingeschleppte Krankheiten**, wie Windpocken, Masern, Keuchhusten und Grippe, die für Europäer harmlos waren, gegen die die Eingeborenen aber keine Abwehrkräfte besaßen, rissen Lücken in die Reihen der einheimischen Bevölkerung. Noch verheerender wirkten sich Geschlechtskrankheiten und Tuberkulose und natürlich **Seuchen**, wie Ruhr, Pocken und Pest, aus.

5.6.3 DIE BRUTALEN SANDELHOLZHÄNDLER

Die Schiffe der Sandelholzhändler liefen die Inseln der Südsee, insbesondere die Melanesiens, an. Sandelholz wurde hauptsächlich nach China verkauft, wo es zu Räucherstäbchen verarbeitet wurde und hohe Gewinne abwarf. Die Besatzung dieser Schiffe ähnelte dem Gesindel der Walfänger. Nachdem zunächst ein friedlicher Handel abgewickelt wurde, nahm dieses Geschäft mit der Zeit immer **brutalere Formen** an. Auch schon vorher hatte der Gegenwert der wertlosen Geschenke in keinem Verhältnis zur wertvollen Ladung gestanden:

● **Ohne die Erlaubnis der Besitzer** einzuholen, wurde später das kostbare Holz selbst geschlagen.

● **Bestialische Grausamkeiten** wurden angewandt, um den Widerstand der empörten Einheimischen zu brechen. Hier sind zwei Beispiele symptomatisch:

- Ein Beispiel ist von Fate (Vanuatu) bekannt, wo 1842 **30 Eingeborene**, einschließlich der alten Leute und der Kinder, in eine Höhle getrieben und **verbrannt** wurden.

- Ein weiteres Beispiel ist dokumentiert. Ein Eingeborener von der Insel Tanna (Vanuatu) wurde mit einem an **Masern** erkrankten Matrosen im Schiff zunächst eingeschlossen und dann wieder freigelassen, um die für die Insulaner **todbringende Krankheit** auf der Insel zu verbreiten.

Verständlicherweise baute sich gegen die Eindringlinge ein Haß der Eingeborenen auf, der sich später ohne jede Unterscheidung gegen jedes "Bleichgesicht" richtete. Das gab wiederum den Weißen einen Vorwand, einen systematischen Vernichtungskrieg gegen die Eingeborenen zu führen.

5.6.4 DIE SKRUPELLOSEN MENSCHENFÄNGER

Die Sandelholzhändler, die Zuckerrohrplantagen in Queensland (Australien), die Zuckerrohrplantagen in Fidschi, die Guanolager in Peru, die Plantagen und Minen in Neukaledonien, sie alle brauchten billige Arbeitskräfte. Um diesen Bedarf zu decken, wurden **Menschenjagden** in großem Stil durchgeführt.

Einer der brutalsten bekannten **Menschenjäger** war ein gewisser **J. B. Byrne** in den 50er Jahren des 19. Jahrhunderts. Er rekrutierte zwangsweise Einheimische für die Plantagen und Minen in Neukaledonien und die Bergwerke in Peru. Wenn die Sklaven nicht schon auf dem Hintransport gestorben waren, wurden die abgearbeiteten und "ausgebrannten" menschlichen Wracks kurzerhand auf den nächstgelegenen Inseln ausgesetzt.

1880 schafften die Menschenjäger **13 Schiffsladungen Menschenfracht für Fidschi und 28 für Queensland** herbei, die von den Südseeinseln (meistens Melanesien) stammten.

5.6.5 IM NAMEN CHRISTI – DIE MISSIONARE

Die christlichen Missionare gaben sich sehr ungezwungen. Sie nutzten die günstige Situation zur Bekehrung der "armen Heidenkinder" in der Südsee aus, weil sie zur Zeit noch die **allein seligmachende Religion** verkündeten und nicht im Konkurrenzkampf mit anderen Weltreligionen standen. Sie versuchten, den Heiden so schnell wie möglich das Christentum beizubringen, auch nach dem Motto: "Bist Du nicht willig, so brauch' ich Gewalt." Die **Gewalt** bestand auch darin Widerspenstige, die sich der Bekehrung zum neuen und besseren Glauben konsequent widersetzten, zu kidnappen. Sie wurden den **Sklavenhändlern übergeben**, die die Unbelehrbaren nach Fidschi oder Queensland (Australien) transportierten, um sie dort meistbietend zu verkaufen.

Missionare, die keinen Zugang zu den Religionen der Südseevölker fanden, beseitigten sehr schnell die alten religiösen Vorstellungen und Rituale, wie Ahnenkulte, Zauberei, totemistische Beziehungen zwischen sozialen Gruppen, bestimmten Tieren und Pflanzen. Damit verloren die alten sozialen Regelungen ihre Basis. So wurden beispielsweise die Heirat zwischen Verwandten und Vielweiberei verboten. Die Erziehung und Belehrung durch Ältere wurde in Frage gestellt. Die Alten, früher Vorbilder der Jugend, wurden zu Leuten mit falschen und sogar bösen Vorstellungen gebrandmarkt. **Vorbilder** waren **nur die weißen Missionare**, die alles besser wußten.

Positive Aspekte der Bekehrung

Als positiv sind trotzdem folgende, durch die christliche Missionierung herbeigeführten Veränderungen zu bewerten:
- **Die Abkehr vom Kannibalismus** war zweifelsohne ein Schritt in eine friedlichere Form menschlichen Zusammenlebens.

● **Die Einführung der Schrift**, durch Bibelübersetzungen in einheimische Sprachen erstmalig praktiziert, ist ein großes Verdienst der Missionare. Sie wurde zum Eckpfeiler der Weiterbildung der Südseebevölkerung.
● **Die Einrichtung erster Schulen** ermöglichte es der Jugend, Anschluß an das Bildungsniveau anderer Staaten zu erlangen.
● **Die ersten Krankenstationen** wurden ebenfalls von christlichen Missionaren ins Leben gerufen.
● **Die Bekämpfung der Unsitten der Walfänger und Sandelholzhändler** geht auf das "Pluskonto" der Missionare.

Negatives Resümee der Missionierung

Zusammenfassend kann man folgendes negative Urteil über die christliche Missionierung fällen:
● **Die Unduldsamkeit** allgemein, mit der alle nicht ins Schema des Christentums passenden religiösen und kulturellen Erscheinungsformen der Südsee mit "Stumpf und Stiel" brutal ausgerottet wurden, ist verwerflich. Dazu im folgenden einige Beispiele:
● **Die Einkleidung** der "nackten oder halbnackten Wilden" nach streng puritanischen Gesichtspunkten, züchtig vom Hals bis zum Fußgelenk, ist in dem heißen Tropen- und Subtropenklima sehr unpraktisch und vor allem unhygienisch.
● **Die frevlerische Zerstörung von Kultstätten** ist eine Schande und unwiederbringlich ein Verlust, weil die Enträtselung der fremden Kulturen und religiösen Vorstellungen der alten Südseeinsulaner erschwert und teilweise unmöglich gemacht wird. Das wohl beschämendste Beispiel für diesen sinnlosen, religiösen Fanatismus christlicher Missionare ist die Zerstörung der Schrifttafeln an den Steinskulpturen der Osterinsel. Dieses Schriftwerk hätte sicher viele Rätsel der stummen Steinriesen aufklären können.
● **Traditionelle Tänze und Musik**, die wichtige Bestandteile der Südseekultur sind, wurden den Einheimischen wegen Unsittlichkeit verboten.

5.6.6 KOLONIALISMUS

Wie sollte es anders kommen? Auch dieser am weitesten von Europa entfernte Teil der Erde geriet ab 1870 ebenfalls in den Strudel des europäischen und US-amerikanischen Kolonialismus:
● **Frankreich** sicherte sich Ost-Polynesien und Neukaledonien.
● **Die Briten** annektierten (zwar zögerlich wegen der hohen Verwaltungskosten in der so weit vom Mutterland entfernten Südsee) die Cook-Inseln, Samoa, Fidschi, die Salomonen, die Gilbert-Inseln und andere kleinere Inselgruppen.
● **Deutschland** meldete als letzte Nation, in Konkurrenz zu Großbritannien, seine Ansprüche in der Südsee an. Es bekam schließlich West-Samoa zugesprochen, mußte es jedoch nach der Niederlage im 1. Weltkrieg wieder an die Briten abtreten.
● **Die USA** setzten sich in Ost-Samoa fest.

Die **Ausbeutung der Bodenschätze** (Nickel, Phosphor), Guano und der **tropischen Erzeugnisse** (Kopra, Vanille, Kakao, Zucker, Früchte und andere Gewürze) setzte voll ein. Die **Plantagenwirtschaft** bewirkte einen Zustrom asiatischer Arbeiter in die Südsee. Inder wurden nach Fidschi umgesiedelt. Den Einheimischen ging immer mehr Land verloren. Durch die Überfremdung anderer Volksgruppen aus Asien und Europa gerieten sie kulturell auch raummäßig immer mehr in Bedrängnis. In Fidschi hat der indische Bevölkerungsanteil bereits die Hälfte der Gesamteinwohnerzahl erreicht.

5.6.7 KRIEGSSCHAUPLATZ SÜDSEE IM 2. WELTKRIEG

Im 2. Weltkrieg landeten die US-Amerikaner mit einem riesigen Flottenverband in der Südsee, um das Vordringen der Japaner in den südlichen Pazifik zu stoppen und um die Gefahr einer Invasion in Australien und Neuseeland abzuwenden.

1942 kam es in den Salomonen zu der für beide Kriegsgegner sehr verlustreichen, entscheidenden **Guadalcanal-Schlacht**, in der erbittert auf See, in der Luft und zu Lande gekämpft wurde. Zurück blieben viele Tote, ein Trümmerfeld an versenkten Kriegsschiffen, abgeschossenen Kampfflugzeugen und ausgebrannten Tanks. Letztlich wurden in dieser Entscheidungsschlacht die Japaner zum Rückzug gezwungen.

Die traurige Bilanz des Krieges im Pazifik sind rund eine **halbe Million Tote**, japanische Soldaten, Kämpfer der Alliierten und Zivilisten.

5.6.8 DAS STREBEN NACH UNABHÄNGIGKEIT

● **Großbritannien** hat dem Streben der Südseeinsulaner Rechnung getragen und folgende Staaten in die Freiheit entlassen:
- **Cook-Inseln**: 04. August 1965
- **West-Samoa**: 01. Januar 1962
- **Kiribati**: 12. Juli 1979
- **Tuvalu**: Oktober 1978
- **Fidschi**: Oktober 1970
- **Vanuatu**: 30. Juli 1980
- **Salomonen**: 07. Juli 1978

● Die **USA** halten Ost-Samoa (Amerikanisch-Samoa) besetzt, das sie als ihr Territorium beanspruchen. Der hurrikansichere Hafen Pago Pago hat für sie eine große Bedeutung.

● **Frankreich** hält bislang noch an seinen Südsee-Kolonien fest:
- **Französisch-Polynesien** ist den Franzosen wegen der Atombombenversuche in den Tuamotus sehr wichtig. Anzeichen einer Entlassung dieses riesigen Inselreiches in die Unabhängigkeit sind nicht in Sicht.
- **Neukaledonien** ist für 1998 eine Volksbefragung, die die schrittweise oder völlige Unabhängigkeit zur Folge haben könnte, in Aussicht gestellt. Das Streben der Kanaken nach Loslösung von Frankreich ist eng mit dem Namen ihres ehemaligen Freiheitskämpfers und Märtyrers **Jeane-Marie Tjibaou** verbunden (Näheres im Kapitel 13.3.9).

Persönliche Notizen

Als Autor dieses Reisehandbuches würde ich mich sehr freuen, liebe Leserin und lieber Leser, wenn es Ihnen bei Ihrer Reiseplanung und -durchführung zu einem hilfreichen Leitfaden wird. Ich habe mich bemüht, Ihnen genügend Hintergrund-Informationen und auch meine persönlichen Reiseerfahrungen zu vermitteln sowie Ihnen lohnende Reiserouten zu unterbreiten.

Leider ändern sich Daten, Fakten und Details sehr schnell. Vielleicht stellen Sie fest, daß Hinweise und Angaben berichtigt oder ergänzt werden müssen. Ihre schriftlich mitgeteilten Anregungen können mit dazu beitragen, daß dieses Buch in den weiteren Auflagen aktuell bleibt. Sie haben die Möglichkeit, es durch Ihre persönlichen Erfahrungen zu bereichern. Bei sachdienlichen Hinweisen würde ich mich mit einem Geschenk bei Ihnen bedanken.

Lassen Sie sich mit dem Passatwind in die Weiten der Südsee treiben und von dem Zauber dieser exotischen Inselwelt einfangen! Hierzu wünsche ich Ihnen viel Glück und eine erlebnisreiche Reise.

Gummersbach, Juli 1995

Ihr Schreiben richten Sie bitte an

Reisebuch-Verlag Iwanowski GmbH
Raiffeisenstraße 21 · 41540 Dormagen

Kunstvolle Tätowierungen – West-Samoa

Tropische Vegetation auf Tahiti – Französisch-Polynesien

Flechten von Blumenketten auf Moorea – Französisch-Polynesien

Hotel Bora Bora – Französisch-Polynesien

Einsamer Sandstrand auf Tapuaetai – Cook-Inseln

Hellhäutige Polynesierin – West-Samoa

Unabhängigkeitsfeier in Apia – West-Samoa

Sapoaga-Wasserfall auf 'Upolu – West-Samoa

Fale auf Savai'i – West-Samoa

Friedhof auf Lifuka – Tonga

Schulkinder in Pangai – Tonga

Häuptlings-Bure auf Viti Levu – Fidschi

Strand von Coral Village auf Viti Levu – Fidschi

Coral Coast auf Viti Levu – Fidschi

Kirchgängerin auf Lifuka – Tonga

Fort Téremba auf Grande Terre – Neukaledonien

„La Roche Percée auf Grande Terre – Neukaledonien

Trockener Westen von Grande Terre – Neukaledonien

Kinderlachen auf Ile des Pins – Neukaledonien

Tanz in einem Urwalddorf von Tanna – Vanuatu

Natürliches Leben auf Tanna – Vanuatu

Blondschopf auf Tanna – Vanuatu

Traditioneller Muschelschmuck von Gizo – Salomonen

Hütte auf Gizo – Salomonen

Eingeborenenkinder auf Gizo – Salomonen

Die Toteninsel Kundu Kundu – Salomonen

Seerose

Hakenlilie

Tulpenbaum

Heliconie

Indische Lotosblume

Frangipani

6 DIE SÜDSEE ALS REISELAND

6.1 PRAKTISCHE HINWEISE VON A-Z

6.1.1   A-Z ALLGEMEINES

F   Flüge

● **Flüge in die Südsee**

Ziel	ab	ca.-DM-Preis	Fluggesellschaft	Gültigkeit
Cook-Inseln/Rarotonga	FRA*	2075-2690	Air New Zealand	6-180 Tage
Fidschi/Nadi	FRA*	2075-2690	Air New Zealand	6-180 Tage
Fidschi/Nadi	FRA*	2589	Canadian	7-365 Tage
Neukaledonien/Nouméa	BRD**	2567	Air France	6-180 Tage
West-Samoa/Apia	FRA*	2090-2690	Air New Zealand	7-180 Tage
Tahiti/Papeete	FRA*	2090-2690	Air New Zealand	7-180 Tage
Tonga/Tongatapu	FRA*	2090-2690	Air New Zealand	7-180 Tage

Zeichenerklärung: FRA* = Frankfurt/M., BRD** = verschiedene Flughäfen der BRD

● **Flüge innerhalb der Südsee**
- **"PolyPass" der Polynesian Airlines**
Dieser Paß gilt für Flüge zwischen den Cook-Inseln, Tahiti, Niue, Samoa, Tonga,
Fidschi, Neukaledonien, Neuseeland und Australien für **999 US$** oder für o.g.
Destinationen und Los Angeles für **1.299 US$**. Dieses Ticket hat z.Zt. jedoch **nur**
eine Geltungsdauer von **30 Tagen**.

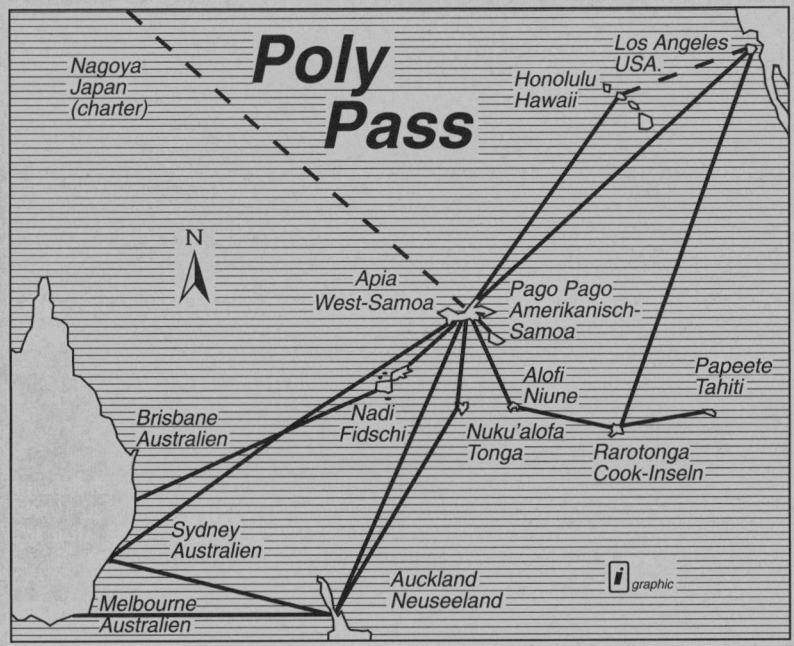

Reservierungen sind möglich in: West Samoa, Tel.: (685) 21-261, Cook-Inseln (682) 20-845, Neuseeland (09) 379-4824, Australien (02) 268-1037, Deutschland (069) 28-8954

Näheres über Flüge und Flugpässe in den grünen Seiten "Das kostet Sie die Südsee" und im A-Z der einzelnen Länder.

➜ Fotografieren und Filmen

In der Südsee werden Sie genügend gute Fotomotive antreffen. Die Menschen sind nicht fotoscheu. Sie lassen sich gerne fotografieren.

Mit Rücksicht auf die Würde des Menschen ist es angeraten, höflich um Erlaubnis zu fragen.

Einige Tips
- **Genügend Filmmaterial von daheim mitbringen**, da ein Nachkauf in der Südsee nur bedingt möglich ist!
- **Ersatzbatterien** für Ihre Kamera und Ihr Blitzgerät nicht vergessen!
- **Funktionsfähigkeit** Ihrer Kamera zuhause ausprobieren!
- **Kamera** auf der Reise **vor Hitze, Feuchtigkeit, Stoß und Staub schützen!**
- **Auf Flughäfen** unbelichtete und belichtete **Filme** wegen Durchleuchtung des Gepäcks **von Hand kontrollieren lassen** oder **Filmsafe-Beutel** verwenden, die in Fotogeschäften erhältlich sind!
- **UV-Filter** wegen der starken Sonnenbestrahlung mitnehmen!

81

● **Adapter** zum Aufladen von Blitzlichtgeräten und Videokameras sollte unbedingt im Foto-
oder Filmgepäck sein.

● **Eine wasserdichte Unterwasserkamera** ist wegen der günstigen Fotobedingungen in den
Lagunen und an den Riffen der Südsee sehr angebracht.

K Kartenmaterial

Im allgemeinen genügen die Landkarten und Stadtpläne, die Sie bei den Frem-
denverkehrsbüros erhalten, für Ihre Exkursionen.

Wenn es um **Spezialkarten** für Wanderer und Segler geht, sollten Sie sich mit
dem **Internationalen Landkartenhaus / Geo Center**, Postfach 8008930, D-70508
Stuttgart, Tel.: (0711) 7889340, in Verbindung setzen. Es hat das umfangreichste
Angebot in Deutschland.

M Malaria

Gegen Malaria gibt es bisher noch **keine Impfung**. Sie ist eine der gefährlichsten
Tropenkrankheiten, die Einheimische und Reisende befallen kann. Bis zu 10.000
Urlauber erkranken jährlich weltweit, in Deutschland etwa 800 bis 900. **Überträ-
ger** dieser ernstzunehmenden Tropenkrankheit ist die **Anophelesmücke**.

Die stärkste Form der Krankheit, *Malaria tropica*, kann tödlich sein. Typisches
Krankheitszeichen ist Fieber. Jedes Fieber, das während oder nach der Reise
auftritt, sollte deshalb ernst genommen werden. Weitere Symptome können Schüt-
telfrost, starke Kopfschmerzen, Durchfälle und Rückenschmerzen sein.

Obwohl es keinen Impfstoff gibt, kann man gegen diese Krankheit vorbeugende
Maßnahmen ergreifen:
● **Langärmelige Kleidung und lange Hosen**
● **mückensichere Gitter und Moskitonetze**,
● **insektenabwehrende Mittel**, die allerdings bei starkem Schwitzen nur zwei
bis drei Stunden schützen.

Zusätzlich zu diesen Vorsichtsmaßnahmen gibt es eine sog. **Malariaprophylaxe**.
Bereits eine Woche vor Anreise in ein malariagefährdetes tropisches Land beginnt man, Antimalariamittel einzunehmen. Das muß bis zu vier Wochen nach
der Rückkehr fortgesetzt werden. Setzt man einmal mit der Einnahme aus, ist der
Schutz nicht mehr gegeben. Das richtige Medikament bestimmen Ihr Hausarzt
oder das Gesundheitsamt. Nicht jedes Mittel ist nämlich geeignet, da die Erreger
in bestimmten Fällen resistent sind.

Da diese Prophylaxe keinen 100%igen Schutz bietet, sollte man bei den o.g.
Krankheitsanzeichen im Urlaubsgebiet und auch nach der Rückkehr sich sofort
einem **Malariatest** unterziehen. Auch noch nach Monaten kann der Hinweis auf
eine Tropenreise den Arzt auf die richtige Spur bringen. Schwangere sollten sich
grundsätzlich aus Malariagebieten fernhalten.

Folgende, in diesem Reisehandbuch vorgestellte Länder sind **Malariagebiete**:
die Salomonen, Vanuatu und wahrscheinlich auch der Norden von Neukaledoni-
en.

➜ **Maß- und Gewichtseinheiten
in ehemals britischen Kolonien**

1 inch (in)	= 2,540 cm	1 imperial gallon (im. gal.)	= 4,546 l
1 foot (ft)	= 0,305 m	1 barrel (bl.)	= 158,983 l
1 yard (yd)	= 0,914 m	1 ounce (oz)	= 28,350 g
1 mile (mi)	= 1,609 km	1 troy ounce (troy oz)	= 31,103 g
1 acre (ac)	= 4.047 m^2	1 pound (lb)	= 453,592 g
1 cubic foot (ft^3)	= 28,317 dm^3	1 short ton (sh t)	= 0,907 t
1 gallon (gal)	= 3,787 l	1 long ton (l t)	= 1,016 t

P Preisvergleiche

● **Preisvergleiche aus 170 Katalogen**
Ihnen als Urlauber wird mit dem neuen Service der Zeitschrift **"Finanztest"** die
Möglichkeit gegeben, wesentlich detaillierter und umfangreicher als bisher Preis-
vergleiche anzustellen. Für 20,- DM geben Sie bitte das Reiseziel, das Datum
und den gewünschten Hotelstandard an, dann erhalten Sie die 20 billigsten
Angebote aus 170 aktuellen Katalogen. Nach eigenen Angaben deckt der Com-
puter mit über 100 Veranstaltern 98 % des Marktes ab.
Die Adresse: "Finanztest", Postfach 30.41.41, 10724 Berlin

Buchtips
● **"fliegen & sparen"**
Dieses Magazin erscheint alle 3 Monate.
● **"Reiseschnäppchen"**
Verlag COMPANIONS Glänzer Linkwitz Wiskemann GmbH, Neuer Wall 31, 20354 Ham-
burg, Tel.: 040-378575-0, Fax: 040-378575-75, ISBN-Nr.: 3-929812-06-01

Einige Tips
● Reisekombination nach den Flugrouten richten!
● Sich die Flugpläne der Fluggesellschaften geben lassen!
● "Last-Minute"-Angebote ausnutzen!

S Sicherheit

Grundsätzlich ist das Sicherheitsrisiko auf den in diesem Reisehandbuch beschriebenen Südseeinseln bezüglich schwerer Kriminalität sehr gering.
Kleinkriminelle Handlungen: Sie kommen in der Südsee nicht mehr und nicht
weniger vor als in den meisten anderen Ländern auch, trotzdem sollten Sie
besonders wegen des oft enorm großen sozialen Gefälles zwischen der einheimischen Bevölkerung und Ihnen, als Reisenden aus Übersee, folgendes beachten:
● **Protziges Auftreten** (Tragen von wertvollem Schmuck) vermeiden!
● **Benutzung des Hotelsafes** für Geld, Schecks, Wertsachen und wichtige
Dokumente!
● **Beobachtung Ihres Gepäcks** besonders auf Flughäfen und in Bussen, sowie bei starken Menschenansammlungen. Ihr Gepäck übt auf Diebe eine magische Anziehungskraft aus.
● **Nur wenig Bargeld** bei Stadtbesichtigungen und Ausflügen mitnehmen!

➔ Souvenirs, Souvenirs

La Pirogue – Versand für Südsee-Produkte
(Monika Berg, Paul-Lincke-Ufer 39/40, 10999 Berlin, Tel./Fax: 030-611 62 81)
Alle begehrenswerten Andenken aus der Südsee mit nach Hause zu bringen, ist ein Problem. Beispielsweise gibt es Gewichts-Beschränkungen des Fluggepäcks. Es könnte auch sein, daß Ihre Südseereise nur eine "Schnuppertour" war, daß Sie für diese entlegene Inselwelt Feuer gefangen haben und daß Sie deshalb Ihre Andenkensammlung ergänzen möchten. Alle diese Wünsche erfüllt Ihnen o.g. Versand in Berlin. Was gibt es dort zu kaufen?
● **Kokosöl-Kosmetik**
- **Monoi Tiaré Tahiti** ist ein Schönheitsöl
- **Monoi-Seifen** aus Tahiti
- **Kokosöl-Seifen** von Tonga und Fidschi
● **Literatur der Südsee**
Die Palette reicht von Entdeckungsfahrten bis zu Reisebeschreibungen, Insel-Abenteuern, Segelreisen, zeitkritischen Abhandlungen, Romanen und Lyrik, Märchen und Mythen, Kunst und Kultur, Kochbüchern, Bildbänden und Reiseführern.
● **Musik**
Eine erlesene Auswahl traditioneller Musik der Südsee-Insulaner kann Ihre Erinnerung festigen und Ihr Verständnis für diesen Kulturkreis vertiefen.

6.1.2 A-Z FRANZÖSISCH-POLYNESIEN

Anmerkungen:
- **"BP"** (Boîte Postale) ist eine französische Abkürzung für Postfach.
- **"PK"** ist eine Ortsangabe. Sie ist von der Stadtmitte ab in Kilometer-Punkten (PK) angegeben, z.B.: "PK 8,7 côte est" kennzeichnet einen 8,7 km entfernten Ort an der Ostküste der Insel und "PK 8,7 côte ouest" einen Ort an der Westküste in der Gegenrichtung. Sie finden die Angaben auf Kilometersteinen und rechnen dann die fehlenden Meter hinzu.

A Alkohol

In den Hotels, Restaurants und Bars werden alle Sorten von Alkohol, von Bier und Wein über Liköre bis zu harten Getränken, ohne Probleme ausgeschenkt.

➔ Ärzte

Das Gesundheitssystem von Französisch-Polynesien ist vorbildlich. Es hat den Ruf, das beste im gesamten Pazifik zu sein. Die ärztliche und zahnärztliche Versorgung sowie die Ausstattung mit dem großen staatlichen Hospital, Privatkliniken und Apotheken sind ausgezeichnet. Alle Inseln unterhalten hygienische Kontrollen, um die potentiellen tropischen Krankheiten zu bekämpfen, unter denen das **Dengue-Fieber** am gefährlichsten ist.
- **Zentralkrankenhaus**
- **C.H.T.**, Centre Hospitalier Territorial, Av. G. Clémenceau Mamao, Papeete, Tel.: 42.62.62
Besuchszeiten: täglich 12.00-14.00 Uhr und 18.00-20.00 Uhr
- **Kliniken**
- **Clinique Cardella**, Rue Anne-Marie Javouhey, Papeete, Tel.: 42.81.90 (Notruf), 42.80.10, 42.23.34, 42.21.13
- **Clinique Lintilhac**, Rue Emile Martin / BP 799 Papeete, Tel.: 42.62.22, 42.63.79, spezialisiert auf chirurgische Plastiken
- **Cliniqe Paofai**, Boulevard Pomare, Front de mer, BP 545 Papeete, Tel.: 43.77.00 (Notruf), 43.02.02
Außerdem praktizieren ca. 70 private Ärzte, ca. 60 Zahnärzte und ca. 30 Apotheker in Französisch Polynesien.
- Eine empfehlenswerte **Zahnarztpraxis** in Papeete:
- **Service d'Hygiene dentaire**, Tel.: 42.99.12

➔ Autofahren

Um die Hauptinsel **Tahiti** führt eine asphaltierte Uferstraße (140 km) mit Abzweigungen zur Halbinsel Tautira - Teahupoo. Im Innern der Insel gibt es fast nur unbefestigte Nebenstraßen. Auf den Inseln **Moorea, Huahine** und **Bora Bora** führt ebenfalls je eine Straße um die Insel herum. **Raiatea** besitzt nur – beiderseits vom Flughafen ausgehend – eine Uferstraße um die halbe Insel. Die anderen Inseln haben außer den Straßen in den Ortschaften zum Teil keine weiteren Straßen. In Französisch-Polynesien herrscht **Rechtsverkehr**. Mit Ausnahme von **Papeete**, wo meistens **dichter Verkehr** durch die Straßen brandet, ist die Stärke des Kraftfahrzeugverkehrs im **übrigen Teil** der Hauptinsel Tahiti als mäßig und auf den **Außeninseln** als **sehr gering** einzustufen. Das **Tempolimit** beträgt **innerhalb der Ortschaften 50 km/h** und **außerhalb 60 km/h**.
Der Führerschein Ihres Heimatlandes wird anerkannt, wenn das Ausstellungsdatum älter als ein Jahr ist.

➜ Automobilclubs

Folgende Automobilclubs bieten ihre Dienste an:
- **Automobile Club de France (A.C.F.)**, Centre Bruat (an der Front), Av. Bruat – BP 554 Papeete, Tel.: 42.44.62
- **Association Sportive Automobile de Tahiti (A.S.A.T.)**, Centre Bruat, Av. Bruat – BP 554 Papeete, Tel.: 42.44.62

➜ Autoverleih

Für den Autoverleih steht eine große Auswahl von **Personenwagen** in Papeete, auf Moorea, Huahine, Bora Bora und Raiatea unterschiedlicher Automarken und -typen, einschließlich vierradangetriebener (4x4), zur Verfügung. Das Fahren mit **Campern** ist wegen der geringen Entfernungen bei den Inselrundfahrten nicht gebräuchlich.

- **Tahiti**
Die bekanntesten **Agenturen** in Tahiti sind:
Pacificar, (24-Stunden-Dienst)
- Papeete, BP 1121 Papeete, 56 Rue des Remparts (Pont de l'Est), Hauptbüro, Tel.: (689) 41.93.93, Fax: (689) 42.19.11
- Papeete, Internationaler Flughafen Faaa, Tel.: (689) 85.02.84
- Papeete, Quai des ferries, Tel.: (689) 43.88.99
- Taravao, Tel.: (689) 57.70.70
- Mahina, Iti Mahana: Tel.: (689) 48.16.13

Hertz Rent-A-Car
- Papeete, Tipaerui, Hauptbüro, Tel.: (689) 42.04.71
- Papeete, Internationaler Flughafen Faaa, Tel.: (689) 82.55.86, Fax: (689) 42.48.62
- Tahiti Beachcomber Parkroyal, Tel.: (689) 86.51.10
- Royal Papeete Hotel, Tel.: (689) 42.01.29
- Tahiti Country Club Hotel, Tel.: (689) 42.60.40
- Hyatt Regency Tahara'a Hotel, Tel.: (689) 48.11.22

Avis Polynesie Cars
- Papeete, Rue Charles Vienot, Tel.: (689) 42.96.49, Fax (689) 41.08.47
- Papeete, Internationaler Flughafen Faaa, Tel.: (689) 82.44.23
- Sofitel Maeva Beach, Tel.: (689) 42.09.26
- Tahiti Beachcomber Parkroyal, Tel.: (689) 82.84.00
- Hyatt Regency Tahiti, Tel.: (689) 48.12.07

Budget Rent A Car
- Papeete, BP 306 Papeete, Zone Portuaire De Papeava, Tel: (689) 46.01.01, 43.80.79, Fax: (689) 43.39.26
- Papeete, Internationaler Flughafen Faaa, Tel.: (689) 83.01.05
- Hotel Beachcomber, Tel.: (689) 86.51.10
- Hotel Hyatt Regency, Tel.: (689) 48.11.22

- **Moorea**
Albert Rent-A-Car, Temae, B.P. 77 Temae, Tel.: 56.13.53
Tropicar, Flughafen Temae, B.P. 1121 Papeete, Tel.: 56.11.03
Danloue Rent-A-Car, Flughafen Temae, B.P. 41 Temae, Tel.: 56.12.48

- **Huahine**
Pacificar Huahine, Fare, B.P. 5 Huahine, Tel.: 68.81.81

Kake Rent-a-Car, Fare, B.P. 34 Huahine, Tel.: 68.82.59

● Raiatea
Garage Motu Tapu, Uturoa, B.P. 139 Uturoa, Tel.: 66.33.09
Raiatea Location, Uturoa, B.P. 549 Uturoa, Tel.: 66.34.06

● Bora Bora
Bora Bora Rent-A-Car, Vaitape, 200 m hinter der Post in Richtung Matira, B.P. 246 Bora Bora, Tel.: 67.70.03 und 67.70.15
Fredo Rent-A-Car, Vaitape, Tel.: 67.70.28

ß Banken

In Französisch-Polynesien existieren fünf Banken: Banque Paribas, Banque de Polynesie, Banque Socredo, Banque Westpac und Banque de Tahiti mit unterschiedlichen Geschäftszeiten:
● **Banque Paribas**
Hauptsitz: Imm Vaiete Boulevard Pomare, BP 4479 Papeete, Tel.: 43.71.00, Fax: 43.13.29; **Öffnungszeit**: 8.00-15.30 Uhr
● **Banque de Polynesie**
Hauptsitz: Boulevard Pomare, BP 530 Papeete, Tel.: 46.66.66, Fax: 43.14.18; **Öffnungszeit**: Mo-Do 7.45-15.30 Uhr, Fr 7.45-16.00 Uhr; Zweigstellen: 10 auf Tahiti, 3 auf den Außeninseln
● **Banque Socredo**
Hauptsitz: 115 rue Dumont d'Urville, BP 130 Papeete, Tel.: 41.51.23, Fax: 43.36.61, Eurocard wird akzeptiert; **Öffnungszeit**: Mo-Do 7.15-15.30 Uhr, Fr 7.15-14.30 Uhr; Zweigstellen: 12 auf Tahiti, 10 auf den Außeninseln
● **Banque Westpac**
Hauptsitz: 2 place Notre Dame, BP 120 Papeete, Tel.: 46.79.79, Fax: 43.13.33; **Öffnungzeit**: Mo-Fr 7.45-15.30 Uhr; Zweigstellen: 12 auf Tahiti und 9 auf den Außeninseln
● **Banque de Tahiti**
Hauptsitz: Rue F. Cardella, BP 1602 Papeete, Tel.: 41.70.00, Fax: 42.33.76; **Öffnungszeit**: Mo-Fr 8.00-15.30 Uhr; Zweigstellen: 9 auf Tahiti und 8 auf den Außeninseln

➔ Benzin

Die Preise liegen höher als in Europa. Siehe Stichwort **Tankstellen**

➔ Bevölkerung

Die Gesamtbevölkerung von Französisch-Polynesien betrug nach der letzten Volkszählung von 1990 **199.100 Einwohner**. Davon sind 70% Polynesier, 4,3% Asiaten, 11,5% Europäer und 14,2% Mischlinge. 69,5% der Einwohner leben auf der Insel Tahiti und davon 32,45% in Papeete und dessen unmittelbarer Umgebung.

➔ Botschaften

Siehe Stichwort **Diplomatische Vertretungen**

➔ Busse

"Le Truck" ist der einheimische öffentliche Busdienst. Es gibt besondere Bus-Terminals. Die Bestimmungsorte sind an der Front der Busse angezeigt. Offiziel-le Bushaltestellen entlang der Straßen sind durch blaue Pfosten gekennzeichnet, die mit dem Emblem eines weißen Busses versehen sind. Tagestouren rund um die Insel sind nicht möglich. Die Fahrpreise sind deutlich im Innern des Busses ausgewiesen. Man bezahlt beim Aussteigen.

Vom **Abgangsort** zu den **Zielorten**:
* **Arrêt central du Marché** (Markt): Outumaoro – Punaauia – Pamatai – Puu-rai – Tavararo – St.-Hilaire – Teroma/Heiri – Paea/Maraa – Papara
* **Arrêt central du Front de Mer** (Meeresfront): Mahina – Arue – Erima – Papenoo – Tenaho – Nahoata – Hamuta – Princesse Heiata – CPI
* **Gare routière de l'Hôtel de ville**: Titioro – Mission – Motu Uta – Tipaerui – CPS/Mamao – Vairaatoa – Pomare V – Taupeahotu
* **Gare routière de l'Union Sacrée**: Outumaoro – Punaauia – Pamatai – Puu-rai – Tavararo – St.-Hilaire – Teroma – Paea – Papara
* **Gare routière de Tipaerui**: Mahina – Arue – Erima – Papenoo – Tenaho – Nahoata – Hamuta – Princesse Heiata – CPI
* **Longues distances**: Teva I Uta – Teahupoo – Tautira – Hitiaa/Mahaena

Außerdem fahren die Trucks regelmäßig von der Stadtmitte bis zum Flughafen Faaa und zu den Hotels Maeva Beach, Beachcomber, Bel Air, Country Club bis ca. 24.00 Uhr.

C Camping

Camping ist in Französisch-Polynesien nur sehr vereinzelt möglich. Wildes Zel-ten ist verboten. Hier einige wenige **Adressen**:

* <u>Tahiti</u>
- **Le Hiti Mahana Beach Club**, gegenüber Motu Martin, BP 11580 Mahina, Tahiti Tel.: 48.16.13; **Preise**: Campinggebühr 700 CFP pro Person pro Nacht, 1.500 CFP im Schlafsaal ("en dortoir") pro Person pro Nacht, 3.000 CFP bis 6.000 CFP im Zimmer
* <u>Moorea</u>
- **Chez Nelson et Josiane**, Haapiti, PK 27, Tel.: (689) 56.15.18
- **Moorea Camping**, Haapiti, PK 27,5, Tel.: (689) 56.14.47, u.a. 30 Zeltplätze
* <u>Raiatea</u>
- **Sunset Beach Motel Apooiti**, Apooiti, Tel.: (689) 66.33.47, Fax: (689) 66.33.08, 30 Zeltplätze
- **Peter's Place**, Opoa Taputapuatea, Tel.: (689) 66.20.01, PLatz für 10 Zelte, 500 CFP pro Person und pro Tag, keine Kreditkarte
* <u>Bora Bora</u>
- **Village Pauline**, Pointe Matira, Tel.: (689) 67.72.16, 40 Zeltplätze, 1.600 CFP pro Person und pro Tag
- **Chez Sellio**, Anau, Tel.: (689) 67.71.32
* <u>Rangiroa</u>
- **Chez Nanua**, Avatoru, Tel.: (689) 96.03.88, Zelten für 1.000 CFP pro Person und pro Tag, keine Kreditkarten

D Devisen

Die **Landeswährung** ist der **Pazifische Franc**, der "Cour de Franc Pacifique" oder abgekürzt **CFP**. Noten und Münzen dürfen bei der Ein- und Ausreise unbeschränkt mitgeführt werden. Deklarationen sind jedoch erforderlich, wenn Beträge im Gegenwert von mehr als 50.000 FF (franz. Franc) mitgenommen werden. Die Ein- und Ausfuhr von **Fremdwährungen** und anderen Reisezahlungsmitteln (Reisechecks, Kreditbriefen usw.) ist unbeschränkt erlaubt. Wenn Devisen, FF und CFP im Gegenwert von mehr als 50.000 FF mitgeführt werden, dann ist ebenfalls eine Deklaration notwendig.

➔ Diplomatische Vertretungen

- **In Deutschland**: **Französische Botschaft**: An der Marienkapelle 3, 53179 Bonn, Tel.: (0228) 362031
- **In Frankreich**: **Botschaft der Bundesrepublik Deutschland**, Ambassade de la République Fédérale d'Allemagne, 13/14 avenue Franklin D. Roosevelt, F-75008 Paris, Tel.: (00331)53834500, Fax: (00331)43597418
Zuständige Visastelle: Wellington/Neuseeland, 90-92 Hobson Street, Thorndon, Wellington, Embassy of the Federal Republic of Germany, P.O.Box 1687, Wellington/New Zealand, Tel.: (00644)4736063, Fax: (00644)4736069
- **In Französisch-Polynesien**
- **Honorarkonsulat Deutschland**, Consul Honoraire de la République fédérale d'Allemagne, BP 452 Papeete, Rue Tihoni Tefaatau - Pirae, Tel.: (00689) 42.99.94 (Büro), Fax: (00689)42.96.89
- **Konsulat für Österreich, für die Schweiz und Liechtenstein**: République Fédérale d'Austriche - Représentation de la Suisse et du Liechtenstein, Boulevard Pomare, Papeete/Tahiti, Tel.: (00689)43.91.14, Fax: (00689)43.21.22

E Einreise

- **Reisedokumente**
Einreise ohne Visum
Vom Visumzwang befreit sind u.a. Bürger Deutschlands, Österreichs und der Schweiz, sofern sie im Besitz von Rück- oder Weiterreiseflugscheinen (Weiterreisetickets müssen mindestens zwei aufeinanderfolgende Staaten umfassen), erforderlichen Reisedokumenten und ausreichenden Geldmitteln für den Aufenthalt sind. Der Reisepaß oder Kinderausweis muß mindestens noch drei Monate Gültigkeit haben.
Für Reisen zum **Hao-Atoll** (Atombomben-Versuchsgelände) in den Tuamotus und zu den Gambier-Inseln ist für nichtfranzösische Reisende, zusätzlich zum eventuell notwendigen Visum, eine **Sondergenehmigung** im voraus zu besorgen. Der Antrag muß in französischer Sprache, am besten über ein französisches Konsulat, an "Monsier le Haut-Commissaire de la République en Polynesie française, Chef du Territoire, Papeete, Tahiti" adressiert werden. In dem formlosen Schreiben sind die genauen Personalien des Reisenden, seine Reisepaßnummer und der Zeitpunkt des Aufenthalts anzugeben.

- **Seuchenschutz**
Aus Seuchenschutz-Bestimmungen wird das Fluggepäck bei der Einreise von Fidschi und Amerikanisch-Samoa desinfiziert. Diese Prozedur kann zwei Stunden dauern.

➔ Essen

In Papeete gibt es eine reiche Auswahl ausgezeichneter Restaurants mit **internationaler Küche**. Besonders stark sind natürlich Gerichte mit französischer Geschmacksrichtung vertreten. Außerdem finden Sie in Papeete und Umgebung italienische, amerikanische, chinesische und vietnamesische Restaurants.

An der Wasserfront (Boulevard Pomare) erscheinen abends kleine **Imbißwagen** und reihen sich aneinander, um schmackhafte kleine Gerichte anzubieten.

Auf den Außeninseln werden meistens **traditionelle Gerichte**, wie Brotfruchtgerichte oder roher Fisch ("le poisson cru au laît de coco)", der mehrere Tage in Zitronensaft mariniert und mit Kokosmilch serviert wird, zubereitet.

Restaurants

- **Tahiti**
  - **La Corbeille d'Eau**, Papeete, Boulevard Pomare, luxuriöses Restaurant
  - **Le Coco's**, Punaauia, PK 13,5, sehr vornehm
  - **Acajou**, Papeete, Boulevard Pomare, französische Küche, mittlere Preisklasse
  - **Moana Iti**, Papeete, Boulevard Pomare, Tel.: 42.65.24, Mittelklasse
  - **Auberge du Pari**, Teahupoo, PK 17.800, Tel.: 57.13.44, spezialisiert auf Meeresfrüchte-Gerichte
- **Huahine**
  - **Hotelrestaurant Bali Hai Huahine**, Fare, Tel.: 68.84.77, internationale Küche
  - **Chez Enite**, Fare, Tel.: 68.82.37, tahitianische Küche
  - **Les Tipaniers**, Fare, Tel.: 68.80.52, französische und einheimische Küche
  - **Te Manu**, Fare, Tel.: 68.86.61, französische und chinesische Küche
  - **Te Marara**, Fare, lokale Küche
- **Raiatea**
  - **Jade Garden**, Uturoa, Tel.: 66.34.40
  - **Le Moana**, Uturoa, Tel.: 66.27.49, chinesische Küche
  - **Le Quai des Pêcheurs**, Uturoa, Tel.: 66.36.83, italienische Küche, Pizzas, Meeresfrüchte
  - **Moemoea**, Uturoa, Tel.: 66.39.84, chinesische Küche
  - **Temehani Restaurant-Bar**, Uturoa Flughafen, Tel.: 66.36.86, französische Küche
  - **Chez Marie-France Restaurant**, Uturoa, Baie de Tepua, Tel.: 66.37.10, französische und kontinentale Küche
- **Bora Bora**
  - **Blue Lagoon**, Vaitape, B.P. 250 Bora Bora, Tel.: 67.70.54
  - **Bambou House**, Baie de Pofai (Km 2), B.P. 176 Bora Bora, Tel.: 67.76.24
  - **Bloody Mary's**, Pahonu, Baie de Pofai (Km 3), Tel.: 67.72.86
  - **Restaurant La Bounty**, schräg gegenüber von Village Pauline, B.P. 18 Bora Bora, Tel.: 67.70.43, gemütliche Atmosphäre

F Fähren und Passagierschiffe

Viele Reisende benutzen Tahiti, speziell das lebhafte Papeete, nur als "Sprungbrett", um eine oder mehrere Außeninseln von Französisch-Polynesien zu erreichen. Während die eiligen Urlauber die Lokalflüge (siehe Stichwort Flüge) zur

Erkundung der übrigen Inseln des Landes bevorzugen, sind für Leute mit mehr Zeit und/oder geringerem Reisebudget Fähren und größere Passagierschiffe eine Alternative. In Papeete starten die meisten dieser Schiffe. Die sich öfter ändernden Fahrpläne erfragen Sie bitte am Kai, wo Sie auch die Tickets kaufen können.

● **Nach Moorea**

- **Fähre Tamarii Moorea VIII**
Tamahine Moorea / Tamarii Moorea 8 H
Boulevard Pomare, Reservierung Tahiti, Tel.: 43.76.50, Reservierung Moorea Tel.: 56.30.16 / Fax: 42.10.49
Durchschnittlich werden täglich sechs Pendelfahrten zwischen Papeete und Moorea mit o.g. Fähre gefahren. Die Überfahrt dauert eine Stunde.
Preise: 1.400 CFP Hin- und Rückfahrt und 700 CFP einfache Fahrt für Erwachsene. Kinder bezahlen den halben Fahrpreis. Der Transfer eines Pkw kostet hin und zurück 4.000 CFP.

- **Katamaran Tamahine Moorea II**
Boulevard Pomare, Reservierung Tahiti, Tel.: 43.76.50, Reservierung Moorea Tel.: 56.30.16 / Fax: 42.10.49
Es finden täglich fünf Überfahrten in jeder Richtung statt. 376 Passagiere finden einen Sitzplatz. Bar und Salon sind klimatisiert. Die Überfahrt dauert 30 Minuten.
Preise: 1.400 CFP Hin- und Rückfahrt und 800 CFP einfache Fahrt für Erwachsene. Kinder zahlen die Hälfte. Mofas und Motorroller kosten 1.000 CFP für Hin- und Rückfahrt und 500 CFP für einfache Fahrt.

- **Katamaran Aremiti II**
Boulevard Pomare, Reservierung Tahiti Tel.: 42.88.88, Reservierung Moorea Tel.: 56.31.10 / Fax: 42.06.15
Es finden täglich fünf Überfahrten statt. Die Hin- und Rückfahrt kostet 1.400 CFP und die einfache Fahrt 800 CFP.

● **Nach Huahine – Raiatea- Tahaa – Bora Bora**

Fahrzeiten:
Papeete – Huahine: ca. 9 1/2 Std.
Huahine – Raiatea: ca. 2 1/2 Std.
Raiatea – Tahaa: ca. 1 Std.
Tahaa – Bora Bora: ca. 2 Std.
Raiatea – Bora Bora: ca. 3 Std.

- **Taporo VI**
Compagnie Francaise Maritime de Tahiti, BP 368 Papeete – Tahiti, Tel.: (689) 42.63.93. 43.79.72, Fax: (689) 42.06.17
Es werden drei Rundtrips per Woche unternommen:
1. Tour (Montag – Mittwoch): Papeete – Huahine – Raiatea – Bora Bora – Raiatea – Huahine – Papeete
2. Tour (Mittwoch – Freitag): Papeete – Huahine – Raiatea – Tahaa – Raiatea – Huahine – Papeete
3. Tour (Freitag – Montag): Papeete – Huahine – Raiatea – Tahaa – Bora Bora – Tahaa – Raiatea – Huahine – Papeete
Das Schiff ist für die Beförderung von 160 Passagieren ausgestattet und besitzt außerdem 38 Kojen. Der Fahrpreis, jeweils ohne Mahlzeiten, beträgt ohne Kabine 1.656 CFP und mit Kabine 20.000 CFP.

- **Temehani II**
Herr Georges Balderanis, BP 9015, Motu Uta – Tahiti, Tel.: (689) 42.98.83
(Tahiti), 66.20.65 (Raiatea), Fax: (689) 42.98.83
Es werden zwei Rundtrips per Woche unternommen:
1. Tour (Dienstag – Donnerstag): Papeete – Huahine – Raiatea – Bora Bora –
Raiatea – Huahine – Papeete
2. Tour (Donnerstag – Samstag): Papeete – Huahine – Raiatea – Tahaa –
Raiatea – Huahine – Papeete
Kapazität: 116 Passagiere, 27 Kojen
Der Preis für die gesamte Rundfahrt beläuft sich auf 1.650 CFP ohne Kabine und
3.300 CFP pro Koje in der Kabine. Für eine Teilstrecke von einer zur nächsten
Anlegestelle muß man 700 CFP ohne Kabine und 1.400 CFP pro Koje in der
Kabine bezahlen.

- **Vaieanu**
Société Coopérativ Ouvrière de Production IHITAI NUI, BP 9062 Motu Uta –
Tahiti, Tel.: (689) 41.25.35, Fax: (689) 41.24.34
1. Tour (Montag – Mittwoch): Papeete – Huahine – Raiatea – Bora – Bora -
Raiatea – Huahine – Papeete
2. Tour (Mittwoch – Freitag): Papeete – Raiatea – Bora Bora – Tahaa – Raiatea
– Huahine – Papeete
3. Tour (Freitag – Montag, mit Übernachtung Samstag/Sonntag in Bora Bora):
Papeete – Huahine – Raiatea – Tahaa – Bora Bora – Tahaa – Raiatea – Huahine
Z. Zt. gelten folgende Fahrpreise:
Kategorie A: 6.000 CFP pro Koje, 12.000 CFP pro Kabine
Kategorie B: 4.500 CFP pro Koje, 9.000 CFP pro Kabine

- **Fähre Raromatai**
Compagnie Maritime des Chargeurs Polynésiens, BP 50712 Pirae – Tahiti,
Tel.: (689) 43.19.88, Fax: (689) 43.19.99
Drei Kabinen für 2 Personen, 15 klimatisierte Kabinen mit je vier Kojen, Restau-
rant und Boutique an Bord stehen zur Verfügung.
Es werden zwei Rundfahrten durchgeführt.
1. Tour (Dienstag – Donnerstag, mit Übernachtung Mittwoch/Donnerstag in Bora
Bora): Papeete – Huahine – Raiatea – Tahaa – Bora Bora – Tahaa – Raiatea –
Huahine – Papeete
2. Tour (Freitag – Montag, mit Übernachtung Samstag/Sonntag in Bora Bora):
Papeete – Huahine – Raiatea – Tahaa – Bora Bora – Tahaa – Raiatea – Huahine
– Papeete
Z. Zt. gelten folgende Fahrpreise: Sitzplatz: 3.800 CFP, Kabine für 2 Passagiere:
17.000 CFP, Kabine mit vier Kojen: 6.000 CFP/pro Person

➔ Fahrradfahren

Um das Innere der Inseln Französisch-Polynesiens zu erkunden und um auf
verschwiegenen Seitenwegen "hinter die Kulissen" zu schauen, dafür ist das
Fahrradfahren die beste Methode.

Die Möglichkeit, Fahrradtouren zu machen, bietet folgende Firma an:
Paradise Bikes, Herr Victor Lau, BP 255 Papeete, Tahiti, Tel.: (689) 42.53.52,
Fax: (689) 41.33.36

➔ Feiertage und Feste

Die **gesetzlichen Feiertage** sind mit denen in Frankreich identisch:

Neujahr ("Fête du nouvel an")	01. Januar
Ostermontag	März oder April
Tag der Arbeit	01. Mai
Ende des Zweiten Weltkriegs	08. Mai
Christi Himmelfahrt	Mai
Nationalfeiertag (Sturm auf die Bastille 1789)	
("Fête National")	14. Juli
Mariä Himmelfahrt	15. August
Allerheiligen	01. November
Ende des Ersten Weltkriegs	11. November
Waffenstillstand des 1. Weltkriegs	11. November
Weihnachten	25. Dezember

Sonstige wichtige Feste

Ende Januar/Anfang Februar	**Chinesisches Neujahrsfest** ("Fête du nouvel an chinois"). Es wird mit traditionellen Drachentänzen, Feuerwerk und Ausstellungen in Papeete zelebriert.
Februar	**Hochseefischfang** ("Tournoi International de pêche en haute-mer")
05. März	**Jahrestag der Ankunft der Missionare** ("Anniversaire de l'arrivée de l'évangile")
Juni/Juli	**Heiva i Tahiti**. Ab 29. Juni begeht man dieses allerwichtigste ostpolynesische Fest mit historischen Zeremonien und Kanu-Regatten.
September	**Die Frauen & die Blumen** ("Te Vahine e te Tiare")
Dezember	**Tag der Nationalblume** ("Journée de Tiare Tahiti"). Es wird zu Ehren der weißen Nationalblume *"Gardenia taitensis"* gefeiert.

➔ Fernsehen

Auf zwei Kanälen werden Filme und Nachrichten aus Frankreich, aber auch lokale Informationen und traditionelle Musik gesendet.

➔ Flüge

● **Internationaler Flugdienst**

Der internationale Flughafen Faaa
Der Flughafen Faaa liegt 6,5 km südlich der Hauptstadt Papeete. Dem internationalen Flugdienst sind die lokalen Flugdienste von Air Tahiti links, wenn man das Flughafengebäude betritt, angeschlossen. Air Moorea findet man in einem separaten Gebäude rechts von der internationalen Abfertigung.
Flugauskünfte sind am internationalen Flughafen Faaa unter der Telefonnummer (689) 82.60.61 zu bekommen.

Eine **Gepäckaufbewahrung** (in der Nähe von Air Tahiti) ist durch ein gelbes Schild mit Koffer- und Schlüssel-Emblem gekennzeichnet. Die Aufbewahrung eines Gepäckstücks kostet z.Zt. 180 CFP pro Tag.

Es wird **keine Flughafengebühr** ("Departure" oder "Airport Tax") erhoben.

Tip
Lassen Sie Ihre weiteren Flüge rechtzeitig rückbestätigen (am besten gleich nach der Ankunft)!

● **Internationale Fluggesellschaften**
-    **Air Caledonie International**: Faaa Airport, Office-Nr. 106, BP 4585 Papeete - Tahiti, Tel.: (689) 85.09.04, Fax: (689) 85.09.05
-    **Air France Group**: Boulevard Pomare, BP 4468 Papeete - Tahiti, Tel.: (689) Reservierung 42.22.22, 43.63.33, 42.40.96, Fax: (689) 41.05.22
-    **Air New Zealand**: Vaima Center, BP 73 Papeete - Tahiti, Tel.: (689) Reservierung 43.01.70, 83.87.00, Fax: (689) 42.45.44
-    **Air Outre-Mer (AOM)**: Rue Remparts, Papeete, BP 398 Papeete - Tahiti, Tel.: (689) 43.25.25, Fax: (689) 43.62.28
-    **Hawaiian Airlines**: Vaima Center, BP 20702 Papeete - Tahiti, Tel.: (689) 42.15.00, Fax: (689) 45.14.51
-    **Lan Chile**: Vaima Center, BP 1350 Papeete - Tahiti, Tel.: (689) Reservierung 42.64.55, 82.64.57, Fax: (689) 42.18.87
-    **Qantas Airways Limited**: Vaima Center, BP 1695 Papeete - Tahiti, Tel.: (689) 43.06.65, 83.90.90, Fax: (689) 41.05.19
-    **Corsair/Nouvelles Frontieres**: Place Notre-Dame PPT, BP 116 Papeete - Tahiti, Tel.: (689) 42.28.28, Fax: (689) 42.29.09
-    **Polynesian Airlines**: c/o Air France Group, BP 4468 Papeete - Tahiti, Tel.: (689) Reservierung 42.22.22, 43.63.33, 42.40.96, Fax: (689) 41.05.22

● **Internationale Flugverbindungen**
Es bestehen regelmäßige Flugverbindungen nach Europa, zur Westküste der USA und Kanadas sowie nach Hawaii, zu den Cook-Inseln, nach Fidschi, Neukaledonien, Neuseeland, Australien, Japan, Südostasien und nach Santiago de Chile über die Osterinseln.

● **Nachbarschaftsflugverkehr**
Von Papeete/Tahiti aus bestehen u.a. ein- bis mehrmals wöchentliche Flugverbindungen nach Auckland/Neuseeland, Nadi/Fidschi, Noumea/Neukaledonien, Rarotonga/Cook-Inseln, Sydney/Australien und zu den Wallis-Inseln.

● **Lokale Flugdienste**
Folgende lokale Fluggesellschaften verbinden die Außeninseln mit der Hauptinsel Tahiti:

-    **Air Tahiti**
Fare Tony, 2. Stock, BP 314 Papeete – Tahiti, Tel.: (689) 42.24.44, 86.41.84, Reservierung 43.39.39, 86.40.00, Fax: (689) 42.07.59, 86.40.69

     Ein-Weg-Tarife
Air Tahiti fliegt mit Dornier 228, ATE 42 und kleinerem Fluggerät **vom Knoten Papeete** 32 einheimische Inseln an:

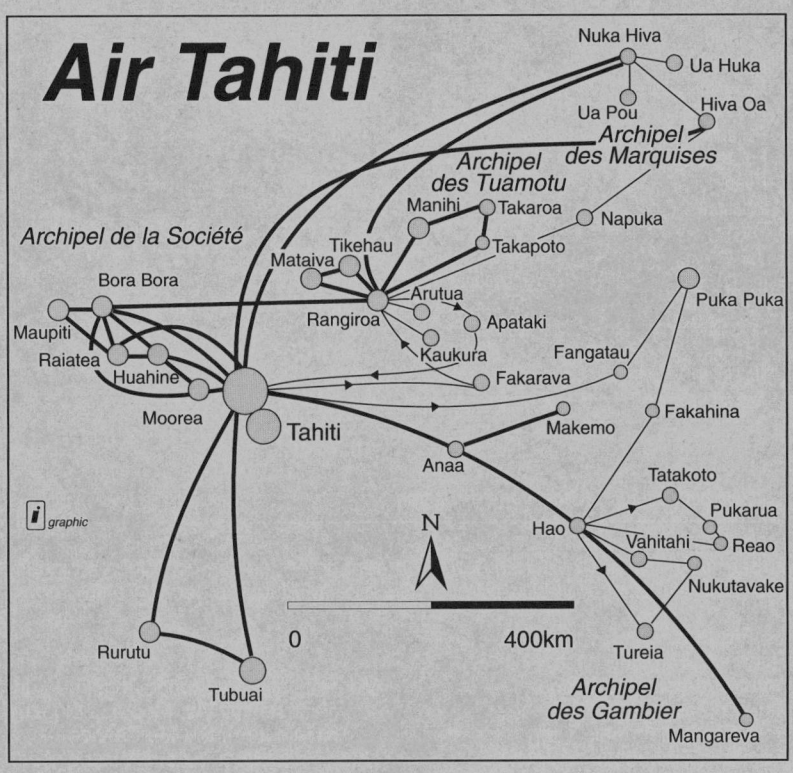

Inseln unter d. Wind	Erwachsenen-Tarif	Kinder-Tarif*)
Bora Bora	12.100 CFP	6.500 CFP
Huahine	8.600 CFP	4.400 CFP
Maupiti	12.400 CFP	6.300 CFP
Moorea	2.700 CFP	1.500 CFP
Tuamotu Nord	Erwachsenen-Tarif	Kinder-Tarif*)
Apataki	13.700 CFP	7.000 CFP
Arutua	13.700 CFP	7.000 CFP
Fakarava	14.700 CFP	7.500 CFP
Kaukura	13.700 CFP	7.000 CFP
Manihi	17.100 CFP	8.700 CFP
Matalva	13.300 CFP	6.800 CFP
Napuka	29.200 CFP	14.700 CFP
Rangiroa	13.300 CFP	6.800 CFP
Takapoto	17.800 CFP	9.000 CFP
Takaroa	18.800 CFP	9.500 CFP
Tikehau	13.300 CFP	6.800 CFP
Tuamotu Ost/Gambier	Erwachsenen-Tarif	Kinder-Tarif*)
Anaa	15.000 CFP	7.600 CFP
Fakahina	31.600 CFP	15.900 CFP
Fangatau	29.500 CFP	14.900 CFP

Gambier	41.500 CFP	20.900 CFP
Hao	26.300 CFP	13.300 CFP
Makemo	19.300 CFP	9.800 CFP
Nukutavake	35.600 CFP	17.900 CFP
Pukapuka	36.500 CFP	18.400 CFP
Pukarua	40.600 CFP	20.400 CFP
Reao	41.500 CFP	20.900 CFP
Tatakoto	36.300 CFP	18.300 CFP
Tureia	37.100 CFP	18.700 CFP
Vahitahi	35.300 CFP	17.800 CFP
Marquesas	Erwachsenen-Tarif	Kinder-Tarif*)
Nuku Hiva	37.800 CFP	19.000 CFP
Hiva Oa	37.800 CFP	19.000 CFP
Ua Pou	37.800 CFP	19.000 CFP
Ua Huka	37.800 CFP	19.000 CFP
Austral Inseln	Erwachsenen-Tarif	Kinder-Tarif*)
Rurutu	17.700 CFP	9.000 CFP
Tubuai	19.800 CFP	10.000 CFP

*Zeichenerklärung: *) Kinder von 2-12 Jahren*

Außerdem bestehen zwischen den oben genannten Inseln noch Querverbindungen. Die Häufigkeit der Flüge erfragen Sie bitte im Flugbüro der Air Tahiti.

Flughäufigkeit
Flüge von Papeete nach:
Anaa/Tuamotus: 1/Woche
Atuona/Marquesas: 1/Woche
Bora Bora: mehrmals/Tag
Fakarava/Tuamotus: 1/Woche
Hao: 1/Woche
Huahine: mehrmals/Tag
Kaukura Atoll/Tuamotus: 2/Woche
Makemo: 1/Woche
Mangareva/Gambier: 2/Woche
Manihi/Tuamotus: 5/Woche
Mataiva/Tuamotus: 2/Woche
Maupiti: 3/Woche

Moorea: alle ½ Stunde tagsüber (im Wechsel mit Air Moorea, Flugzeit 10 Minuten), Shuttle-Service
Nuku Hiva/Marquesas: 4/Woche
Raiatea: mehrmals/Tag
Rangiroa/Tuamotus: täglich
Rurutu/Austral Inseln: 3/Woche
Takapoto/Tuamotus: 3/Woche
Takaroa/Tuamotus: 3/Woche
Tikehau Atoll/Tuamotus: 4/Woche
Tubai/Austal Inseln: 3/Woche

Flugcharter ist ebenfalls möglich. Rundflüge (auch mit Hubschrauber) werden angeboten.

Inselspringen
Air Tahiti vergibt **fünf preiswerte Rundflugtickets** mit einer Gültigkeit von 28 Tagen:
1. Der **"Pass Leeward/Windward Islands"** kostet 30.500 CFP. Hiermit können Sie von Papeete nach Moorea, Huahine, Raiatea und Bora Bora fliegen.
2. Der **"Pass Leeward/Windward Islands & Tuamotu Islands"** kostet 45.500 CFP. Von Papeete aus werden Sie nach Moorea, Huahine, Raiatea, Bora Bora, Rangiroa, Manihi und Tikehau geflogen.
3. Ein anderer **"Pass Leeward/Windward Islands & Tuamotu Islands"** kostet 50.500 CFP. Hierbei können die Inseln wahlweise in verschiedenen Kombinationen angeflogen werden.

4. **"Pass Leeward/Windward Islands & Austral Islands"** kostet 50.500 CFP.
Von Papeete nach Moorea, Huahine, Raiatea, Bora Bora, Rurutu und Tubuai.
5. **"Pass Leeward/Windward Islands & Marquesas Islands"** kostet 87.000
CFP. Hier werden außer Papeete Moorea, Huahine, Raiatea, Bora Bora, Rangi-
roa, Atuona und Nuku Hiva angeflogen. Der Rundflug kann entweder auf den
"Inseln unter dem Wind", den "Inseln über dem Wind", den Marquesas oder auf
Rangiroa beginnen. Für den Rundflug ist nur ein Stop in Papeete gestattet.
Dieser Stop muß zwischen zwei verschiedenen Inselgruppen ("Inseln unter dem
Wind", "Inseln über dem Wind", Tuamotus) erfolgen.

- **Air Moorea**
Faaa Airport, BP 6019 Papeete - Tahiti, Tel.: (689) 86.41.41, Fax: (689) 86.42.99
Shuttle Service Tahiti-Moorea: Air Moorea betreibt einen Shuttle Service zwi-
schen Tahiti und Moorea. Zur Flotte gehören eine Twin-Otter 300, 4 Britten
Norman (5 Sitze) und eine Dornier. Der Pendelflugverkehr wird halbstündlich von
06.00-09.00 und 15.00-18.00 Uhr und stündlich von 09.00-15.00 Uhr durchge-
führt. Ein Weg kostet 2.700 CFP. Es ist keine Reservierung nötig. Die Flugdauer
beträgt 10 Minuten.
Flüge nach Wunsch: Außerdem können **Charterflüge** nach selbst gewählten
Destinationen innerhalb Französisch-Polynesiens bestellt werden.
Tagestouren in Moorea: Rundtrip-Flüge, einschließlich Transfer und Exkursio-
nen, werden angeboten.
Moorea aus der Luft: Dieser Rundflug dauert 30 Minuten mit wunderschönen
Ausblicken auf die wildromantische Vulkaninsel. Er kostet 6.500 CFP.
Flug nach Tetiaroa: Hier können Sie sich ein Bild von Marlon Brandos Privat-
Atoll machen. Halten Sie vorher Rückfrage bei Cynthia Tel.: (689) 82.63.02.

- **Charter- und Hubschrauberflüge**
Air Tahiti/Air Moorea: Vaima Center, BP 314 Papeete, Tahiti, Tel.: (689) 86.40.11,
86.42.83, Fax: (689) 86.40.69
Tahiti Conquest Airlines: BP 6109 Faaa, Tahiti, Tel.: (689) 85.55.54, Fax: (689)
855.55.56
Air Oceania Tahiti: Faaa Airport, BP 6018 Faaa, Tahiti, Tel.: (689) 82.10.47
Reservierung, Fax: (689) 82.10.34
Wan Air: Faaa Airport, BP 850 Papeete, Tahiti, Tel.: (689) 83.57.36, Fax: (689)
85.18.31
Tahiti Hélicoptère / Helitavake: BP 1550, Faaa, Tahiti, Tel.: (689) 83.34.26,
42.61.22, Fax: (689) 82.16.93
Pacifique Hélicoptère Service: BP 20476 Papeete, Tahiti, Tel.: (689) 83.16.80,
83.28.90, Fax: (689) 83.58.47

➔ Fremdenverkehrsamt

● **In Deutschland**
- **Fremdenverkehrsbüro von Tahiti**, **G.I.E. Tahiti Tourisme**, Schulberg 6-10,
61348 Bad Homburg, Tel.: (06172) 21021, Fax: (06172) 25570
- **Maison de la France**, Französisches Fremdenverkehrsamt in Frankfurt/M.,
Westendstraße 47 oder Postfach 100128, 60001 Frankfurt/M., Tel.: (069) 7560830,
Fax: (069) 752187
- **Regionalbüro**, Keithstraße 2-4, 10787 Berlin, Postfach 150465, 10666 Ber-
lin, Tel.: (030)2182064, Fax: (030)2141238
● **In Östereich**: **Französisches Fremdenverkehrsamt**, Argentinierstraße 41A,
1040 Wien, Tel.: (0222)5032890, Fax: (0222) 5032891

● **In der Schweiz**
- **Maison de la France**, Löwenstraße 5, 8023 Zürich, Tel.: (01)2213561, Fax: (01)2121644
- **Regionalbüro**, 2, rue Thalberg, 1201 Genève, Tel.: (022)7328610, Fax: (022)7315873
● **In Paris**: **Tahiti Tourisme**, 28 Boulevard Saint Germain, F-75005 Paris, Tel.: (00331)46345059, Fax: (00331)43254165
● **In Tahiti**: **Office de promotion et d'animation touristique de Tahiti et ses Iles (OPATTI)**, BP 65 Papeete, Fare Manihini, Boulevard Pomare, Tahiti, gegenüber dem Anlegesteg der Kreuzfahrtschiffe, Tel.: (689) 42.96.26, Fax: (689) 43.66.19. Das sehr freundliche kompetente Personal gibt bereitwillig auch in Englisch Auskunft und verteilt gerne an Sie Informationsblätter, Broschüren und Karten. **Öffnungszeit**: Mo-Fr: 7.30-12.00, 13.30-17.00 Uhr, Sa: 8.00-12.00 Uhr

Tip
Beim Fremdenverkehrsamt Papeete befindet sich eine Tafel mit Codenummern von Hotels, die Sie für ein kostenloses Telefonat zwecks Reservierung für das Hotel Ihrer Wahl verwenden können.

➔ **Führerschein**

Siehe Stichwort **Autofahren**

G Geld

Siehe Stichworte **Banken, Devisen, Währung**

Die **Preise** sind in Französisch-Polynesien sehr hoch, weil die meisten Waren auf langem Seeweg, halb um den Globus, aus Frankreich herbeigeschafft werden müssen.

➔ **Geschäftszeiten**

Im allgemeinen sind die Geschäfte an Werktagen von 8.00 bis 17.00 Uhr geöffnet. Dazwischen wird eine längere Mittagspause, im Extremfall von 11.00 bis 14.00 Uhr, eingehalten.
Auf dem Markt sind die Stände des Erdgeschosses den ganzen Tag von 6.00 bis 17.00 Uhr offen. Im ersten Stock, wo lokale kunsthandwerkliche Waren verkauft werden, wird morgens erst um 8.30 Uhr geöffnet.

➔ **Gesundheit**

● **Akklimatisation**
In den ersten Tagen Ihres Aufenthalts in Französisch-Polynesien sollten Sie Ihre Aktivitäten wegen der allmählichen Anpassung ihres Organismus an die Tropen mäßigen. Lassen Sie es ruhig angehen.
● **Baden**
Beim Baden im Meer oder in Schwimmbecken mit gechlortem Wasser besteht grundsätzlich kein Infektionsrisiko. Beachten Sie jedoch die Angaben dieses Buches im Kapitel 4.3.3 "Versteckte Gefahren des Riffs"

- **Sonnenbaden**

Zu Beginn der Reise sollten Sie sich nicht zu lange der Sonne aussetzen, **Sonnenbrille** und **Kopfbedeckung** tragen, sowie ein **Sonnenschutzpräparat** mit ausreichendem Lichtschutzfaktor, je nach Hauttyp Faktor 8 und höher, anwenden.

- **Durchfallerkrankungen**

Bei Durchfallerkrankungen ist immer auf eine ausreichende Flüssigkeits- und Elektrolytzufuhr zu achten. Abgepackte Glukose-Elektrolyt-Mischungen sind im Handel erhältlich. Sie sollten zu jeder Reiseapotheke gehören.

- **AIDS**

Besonders bei ungeschütztem Sexualverkehr besteht grundsätzlich die Gefahr, sich schwerwiegende Geschlechtskrankheiten, einschließlich der HIV-Infektionen, zuzuziehen.

- **Malaria**

Französisch-Polynesien ist **malariafrei**.

H Hotels

Siehe Stichwort **Unterkunft**

I Impfungen

- **Grundsätzliches**:

Bei der Einreise direkt **aus Europa** besteht **kein Impfzwang**. **Ausnahme: Eine Gelbfieberimpfung** ist zwingend für Reisende vorgeschrieben, die sich innerhalb der letzten sechs Tage vor ihrem Aufenthalt in Französisch-Polynesien in **Infektionsgebieten** aufgehalten oder sie als Transitreisende durchquert haben. Gemeint sind damit keine Reisenden, die den Flughafen eines Transitlandes nicht verlassen haben.

- **Empfohlen** wird:
- Grundsätzlich sollte der Impfschutz gegen **Tetanus, Diphtherie** und **Kinderlähmung** (Polio) überprüft und ggfs. aufgefrischt werden.
- **Hepatitis A**: Auch wenige Tage vor Ihrer Abreise kann mit aktivem Impfstoff als Einmaldosis ein ausreichender Schutz aufgebaut werden. Nach 6-12 Monaten sollte die Impfung wiederholt werden, um einen mehrjährigen Impfschutz sicherzustellen.

➔ Informationen

Siehe Stichwort **Auskunft**

K Kleidung

Sie sollten sich möglichst bequem, leicht, luftig und dem Tropenklima angepaßt kleiden (Baumwolle, Viskose). Strandkleidung sollte auf Strand- und Hotelbereiche beschränkt bleiben. Badeschuhe sollten Sie nicht vergessen, da die Korallen scharf sind und schmerzhafte Verletzungen hervorrufen können.

➔ Klima

Der größte Teil der Inseln von Französisch-Polynesien liegt in der tropischen Klimazone. Insgesamt ist das Klima warm und sonnig. Auf der den Passatwinden zugewandten Ostseite der Inseln (Luvseite) sorgt der Seewind für Abkühlung. Man unterscheidet **zwei Jahreszeiten**:
- Von **Dezember bis Februar** ist es warm (+22 – +32 °C) und regnerisch.
- Von **März bis November** herrscht kühleres Wetter (+18 – +22 °C), und es ist weitgehend trocken.

Die **beste Reisezeit** ist aus den o.g. Gründen von März bis November.

➔ Konsulate

Siehe Stichwort **Diplomatische Vertretungen**

➔ Kreditkarten

Gängige Kreditkarten sind: La Carte Bleue, VISA und MasterCard.
- Auf den größten **Gesellschaftsinseln** (Tahiti, Moorea, Huahine, Bora Bora) werden sie von Hotels, Restaurants, Fluggesellschaften, Mietwagenunternehmen, größeren Geschäften und Banken akzeptiert. Welche von ihnen, ist jeweils am Emblem im Hotel erkennbar. VISA ist in Französisch-Polynesien die gebräuchlichste Kreditkarte. Mit Eurocard haben Sie nur in sehr wenigen Ausnahmefällen Glück.
- Im Gegensatz dazu werden auf den **äußeren Tuamotus** überhaupt keine Kreditkarten, aber auch keine Reisechecks und Fremdwährungen angenommen.

M Maßeinheiten

In Französisch-Polynesien wird ausnahmslos das **metrische System**, wie in Mitteleuropa, angewandt, d.h. es werden beispielsweise Längen- Flächen-, Raum- und Hohlmaße in Zentimetern, Metern, Kilometern und Litern sowie Gewichte in Gramm, Kilogramm angegeben.

N Notruf

| Polizei: | 17 | Clinique Cardella: | 42.81.90 |
| Feuerwehr: | 18 | Clinique Paofai: | 43.77.00 |

O Öffnungszeiten

Siehe Stichworte **Banken, Geschäftszeiten, Post**

P Post

Mit über **30 Postämtern** und ca. 50 Zweigstellen ist das Postnetz in diesem Land gut ausgebaut.

Briefe und Postkarten werden in 6-10 Tagen nach Europa befördert. Am schnellsten geht die Post vom internationalen Flughafen Faaa und von der Hauptpost in Papeete. Eine Postkarte bzw. ein Brief nach Mitteleuropa kosten 84 CFP.
Philatelisten können Briefmarken mit schönen Motiven bei den Postämtern und separaten Verkaufsständen erstehen.
Allgemeine Öffnungszeiten: Mo-Do 7.00-15.00 Uhr und Fr 7.00-14.00 Uhr
Sonder-Öffnungszeiten am Internationalen Flughafen **Faaa**: Mo-Fr: 5.00-9.00 Uhr und 18.30-22.30 Uhr, Sa-So: 5.00-12.00 Uhr und 18.30-22.30 Uhr

R Reisezeit

Siehe Stichwort **Klima**

➔ Religionen

In Französisch-Polynesien sind viele Religionen und Konfessionen vertreten. Es gibt: Protestanten (50%) mit zahlreichen Sekten, Katholiken (34%), Mormonen (3,2%), reformierte Mormonen (Sanitos) (2,3%), Adventisten (2,3%), Jehovas Zeugen, Anhänger von "Church of Jesus Christ of the Latter Day Saints", Juden und Buddhisten.

➔ Restaurants

Siehe Stichwort **Essen**

S Souvenirs, Souvenirs

Grundsätzlich sind Souvenirs in Französisch-Polynesien im Verhältnis zu anderen Südpazifikstaaten teuer. Trotzdem haben landestypische Produkte ihren Reiz:
● **Schwarze Perlen** bestechen durch ihr faszinierendes Farbenspiel. Sie werden vorrangig in ihrer natürlichen Heimat, im Tuamotu-Gambier-Archipel gezüchtet. Ihr Wert liegt neben ihrer Schönheit einmal in ihrer Seltenheit und zum anderen in der Tatsache, daß sie nicht imitiert werden können. Kaufen Sie nur in einem seriösen Geschäft, nicht bei Straßenhändlern, und verlangen Sie eine **Rechnung** und ein **Echtheitszertifikat**.
● **Pareos** sind handbemalte Baumwolltücher mit bunten Motiven, die in verschiedenen Variationen gebunden werden können.
● **Monoi** ist ein aus Kokosöl hergestelltes und mit Blumendüften veredeltes Kosmetikprodukt.
● **Kunsthandwerkliche Erzeugnisse** sind zahlreich in den Auslagen zu erstehen, beispielsweise: Kränze und Ketten aus Muscheln, Perlmuttgravuren, Trommeln, Tanzkostüme, Korbflechtereien und kunstvolle Schnitzereien.
● **Musik** von Tahiti und den umliegenden Inseln ist eine schöne Erinnerung an Ihren Urlaub in der Südsee.

➔ Sport

Die **Sportaktivitäten** Französisch-Polynesiens sind sehr mannigfaltig. Am häufigsten sind: Bowling, Golf, Kanufahren, Reiten, Squash, Tauchen und Schnorcheln, Tennis, Tiefseefischen und Windsurfen.

● **Bowling**
Wenn Sie Interesse an Bowling haben, dann sollten Sie mit dem **Bowling Club in Arue**, Tel.: 42.93.26 Kontakt aufnehmen.
Öffnungszeiten: Di-Do 5.00-13.00 Uhr, Sa 5.00-14.00 Uhr und So 5.00-10.00 Uhr

● **Golf**
Aufgrund der guten klimatischen Bedingungen bietet Französisch-Polynesien ausgezeichnete Möglichkeiten zum Golf spielen. Einige **Kontaktadressen** können Ihnen weiterhelfen:
- **Fei-Pi Golf Club**, BP 20671 Papeete, Tel.: 53.23.10, A Arue
- **Golf International Olivier Breaud**, P.K. 40,200 Mataiea – BP 12008 Papara – Tahiti, Tel.: (689) 57.40.32, 5743.41
Dieser 6.352 m lange Golfplatz mit 18 Löchern hat internationalen Ruf. Ursprünglich war sein Gelände eine Baumwollplantage. Ein Telefonanruf genügt, Sie werden von Ihrem Hotel abgeholt und können für 2.000 CFP pro Tag von 8.00-17.30 Uhr spielen. Restaurant, Bar und Swimming Pool sind vorhanden.
- **Mahalatea Golf Center**, P.K. 39,200, BP 541 Papara, Tel.: 57.41.03: Hier können Sie Ihre gesamte Ausrüstung kaufen. Ein Restaurant ist vorhanden.

● **Kanufahren**
Kanuregatten haben in Polynesien eine lange Tradition. Besonders während der Tiruai-Festlichkeiten verfolgen die Tahitianer diese Rennen mit großer Begeisterung.

● **Reiten**
Beliebt sind Ausritte in die Vulkanberge von Tahiti oder entlang der Küste. Folgende **Reitclubs** könnten Ihnen weiterhelfen.
Rufen Sie einfach unter folgenden Nummern an und fragen Sie nach den Bedingungen:
- **Club Equestre de Tahiti**, Herr Sylvain Boschi, Hippodrome in Pirae, Rue T. Tane, BP 444 Papeete – Tahiti, Tel.: (689) 42.70.41, Fax: (689) 41.06.91, montags geschlossen
- **L'Eperon de Pirae**, Frau Fernande Pellerin, Hippodrome in Pirae, Rue T. Tane, BP 693 Papeete – Tahiti Tel.: (689) 42.79.97, montags geschlossen
- **Poney Club de Tahiti**, Herr Jean-Pierre De Montluc, Hippodrome in Pirae, BP 1281 Papeete – Tahiti, Tel.: (689) 43.70.41, sonntags und montags geschlossen
- **Tropical Ranch**, Herr Olivier Ringeard, BP 6397, Faaa – Tahiti, Tel.: (689) 45.34.34, täglich geöffnet
- **Ranch Teanavai**, P.K. 50,300 Papeari, Herr Johan Crevissier, BP 6430 Faaa – Tahiti, Tel.: (689) 57.70.77, montags geschlossen

● **Segeln**
The Moorings sind das zuverlässigste Unternehmen, um Segelboote aller Art zu chartern. Diese weltweit verbreitete Firma hat ihren Hauptsitz in Florida (USA), 19345 U.S. Hwy. 19 North, 4th Floor, Clearwater, FL 34624-3193 USA, Tel.: 1-800-535-7289 (813-535-1446 außerhalb von USA und Kanada).
Hier ein **Vorschlag für einen 10-tägigen Segeltörn** rund um die "Inseln unter dem Wind" (Gesellschaftsinseln):

1. Tag:	Start in Tahaa, früher Aufbruch um 5.00 Uhr zur spektakulären Westküste von Bora Bora, Ankern am Motu Tofari
2. Tag:	Fahrt zum Bora Bora Hotel, Ankern nördlich von Pte. Raititi

3. Tag:	Erkundung der prächtigen Lagune von Bora Bora, Ankern über Nacht am Bora Bora Yacht Club
4. Tag:	Rückfahrt nach Raiatea und Übernachtung in der Faaroa Bay
5. Tag:	Bei frühem Morgenlicht Erkundung des Aoppamao Flusses, Segeln in der Lagune, Fahrt zum Dorf Opoa (religiöse Stätten), Ankern in der Hotopuu Bay
6. Tag:	Verlassen von Raiatea, Fahrt nach Huahine (ca. 6 Stunden), Ankern vor Faré
7. Tag:	Segeln innerhalb des Riffs nach Port Bourayne und zur Bay d'Avea (guter Schnorchelgrund)
8. Tag:	Abfahrt am frühen Morgen nach Tahaa, Ankern in der Haamene Bay über Nacht
9. Tag:	Segeln in der Lagune von Tahaa, Ankern über Nacht in der Apu Bay
10. Tag:	Rückfahrt zur Ausgangsstelle vor 10.00 Uhr

● **Squash**
Squash Club de Tahiti, Herr Gilles Conan, BP 2521 Papeete – Tahiti, Tel.: (689) 45.15.14. Dieser Squash Club existiert im Hotel Matavai, Tipaerui. Auch Gäste dürfen spielen. Rufen Sie einfach die o.g. Telefonnummer an und vereinbaren Sie einen Stundenpreis.

● **Tauchen und Schnorcheln**

Tip
Sie sollten schon mit einem international gültigen Tauchschein in die Südsee reisen, damit Ihnen für den Grundkurs keine Zeit verloren geht.

Tauchen sollte man nicht ohne fachmännische Anleitung und entsprechende Ausrüstung, deshalb hier die Adressen einiger bekannter Unternehmen:
Insel Tahiti
- **Tahiti Aquatique**, Hotel Sofitel Maeva Beach, P.K. 8, Punaauia, BP 6008 Faaa, Tel.: 42.80.42, 41.08.54
- **Tahiti Plongee**, Hotel Bel Air Beach, P.K. 7,5 Punaauia, BP 2192 Papeete, Tel.: 41.00.62, 43.62.51
- **Yacht Club de Tahiti Diving Centre**, P.K. 4 Aure, BP 1456 Papeete, Tel.: 42.23.55, 42.78.03, 42.78.95
- **Tahiti Beachcomber Parkroyal Diving Centre**, Hotel Tahiti Beachcomber Parkroyal, P.K. 7, Faaa, BP 6014 Faaa, Tel.: 42.51.10
- **Borri Plongee Yachtclub de Tahiti**, P.K. 4, Arue, BP 51218 Pirae, Tel.: 42.43.39, 42.23.55
- **Moana P.A.P.I. Club Tahiti**, C.I.N. Tautira PK 18, BP 7499 Taravao, Tel.: 57.30.50, 57.40.34
Insel Moorea
- **Bathy's Club**, Hotel Moorea Beachcomber Parkroyal, P.K. 24, Haapiti, BP 1019 Papetoai, Moorea, Tel.: 56.19.19, 56.21.07
- **Scubapiti**, Hotel Linareva, P.K. 35, Haapiti, BP 1072 Papetoai, Moorea, Tel.: 56.20.38
- **M.U.S.T.** (Moorea Underwater Scuba-diving Tahiti), Cook's Bay, BP 336 Paopao, Tel.: 56.17.32, 56.15.83
Insel Huahine
- **Pacific Blue Adventure**, BP 193 Faré, Huahine, Tel.: 68.87.21
Insel Bora Bora
- **Bora Bora Calypso Club**, Bora Bora Beach Club, Point Matira, BP 259 Vaitape, Bora Bora, Tel.: 67.74.64
- **Moana Adventure Tours**, Hotel Bora Bora, Pofai Bay Nunue, BP 5 Vaitape, Bora Bora, Tel.: 67.70.33

Manihi Atoll
- **Manihi Blue Nui**, Hotel Kaina Village, BP 2460 Papeete, Tel.: 96.42.73, 42.75.53

Rangiroa Atoll
- **Kia Ora Scuba Diving** (nur für Gäste der Kia Ora Village), BP 1 Tiputa, Rangiroa, BP 706, Papeete, Tel.: 43.04.98, Fax: 41.30.40
- **Rale Manta Club**, BP 55 Avaitoru, Rangiroa, Tel.: 96.04.80

Insel Raiatea
- **Raiatea Safari Plongee**, BP 272 Uturoa, Raiatea, Tel.: 66.37.10

● **Tennis**

Den "weißen Sport" können Sie in zahlreichen Hotels ausüben, oder Sie melden sich beispielsweise bei folgenden Clubs als Gastspieler an:
- **Chon Wa Tennis Club** in Mamoa, Papeete, Tel.: 42.01.31,
- **Club A. S. Phenix** in Punaauia, Tel.: 42.35.56,
- **Excelsior Club** in Papeete, Tel.: 43.91.46,
- **Fautaua Tennis Club** in Pirae, Tel.: 42.00.59,
- **Fei Pi Sports Association** in Arue, Tel.: 42.40.62.

● **Tiefseefischen**

Sportfischen ist eine sehr beliebte Freizeitbeschäftigung. In der Südsee herrschen ideale Bedingungen. Hier einige seriöse Anlaufstellen für die Petrijünger:
- **Moetia**, Tahiti Charter, Papeete, Tel.: 42.80.27, 43.87.10
- **Taniera**, Papeete, Tel.: 42.76.69
- **Revatua**, Papeete, Tel.: 43.28.21
- **Vaiterupe**, Papeete, Tel.: 43.68.13
- **Moana Vaihi**, Raitoa, Tel.: 66.36.83, 66.03.97
- **Tea Nui Charters**, Papeete, Tel.: 42.81.72, 42.75.42
- **Te Aratai II**, Bora Bora, Tel.: 67.71.96
- **Mokalei**, Bora Bora, Tel.: 67.70.28

● **Windsurfen**

Dieser Sport hat in den letzten Jahrzehnten einen hohen Beliebtheitsgrad erlangt. Sie können die Ausrüstung an fast allen Strandhotels leihen. Als Anfänger sollten Sie in den ruhigen Lagunen üben, denn außerhalb der Riffe und in den Passagen herrschen oft gefährliche Strömungen, denen sie als Ortsunkundiger nicht gewachsen sind.

➜ **Sprache**

Die offiziellen Sprachen sind **Tahitianisch** und **Französisch**. Außerdem wird Englisch in den meisten touristischen Zentren, größeren Hotels und Restaurants gesprochen.

➜ **Strände**

Die Postkarten und Werbeprospekte können den falschen Eindruck erwecken, daß die Südseeinseln nur von Traumstränden umgeben sind.

Bei den großen gebirgigen **Vulkaninseln** sind felsige Uferpartien oder schroffe Korallensockel an der Küste in der Überzahl. Die einzelnen sandigen Buchten, die zum Baden einladen, werden gerne von Hotels als Standorte gewählt.

Auf flachen, meistens einsamen **Koralleninseln** sind normalerweise mehr Sandstrände vorhanden. Oft sind sie an der den Passatwinden abgewandten Seite (Leeseite) gelegen.
Bei den Routenbeschreibungen wird auf die besten Badestrände hingewiesen.
Die **schönsten Strände**:
Bora Bora: der feinsandige **Matira Beach**
Huahine: an den Hotels Hana Iti und Huahine Beach Club
Moorea: Sandstrand am **Plage de Temare**, nahe des Flughafens und an den Hotels Club Med und Beachcomber Parkroyal

➔ Strom

Die Stromspannung beträgt 110 Volt (in älteren Hotels) oder 220 Volt/60 Hertz (bei neueren Anlagen). Vergewissern Sie sich vorher in Ihrem Hotel, bevor Sie Ihre Geräte anschließen. Möglicherweise ist ein französischer Adapter erforderlich, den Sie an der Rezeption erhalten können. Achten Sie auch darauf, ob Sie Ihre Elektrogeräte auf die erforderliche Stromspannung umschalten können.

⊤ Tankstellen

Das Tankstellennetz ist in Französisch-Polynesien dicht genug, so daß man nicht gezwungen ist, Benzin oder Dieselkraftstoff in Extrakanistern mitzuführen. Super-Benzin kostet z. Zt. 110 CFP und Diesel 70 CFP, jeweils pro Liter.

➔ Taxis

Die bequemste Möglichkeit, auf dem Landwege schnell ein Ziel zu erreichen, ist der Gebrauch eines Taxis. Die Taxifahrer sind in der Regel sehr freundliche Polynesier, die ihre Insel sehr gut kennen. Fast alle Taxis auf der Insel Tahiti sind mit Taxametern ausgerüstet. Die Preise (teuer) sind sichtbar im Innern der Wagen angebracht. Von 22.00 bis 6.00 Uhr wird ein Zuschlag von 50% und sonn- und feiertags von 25% erhoben. Bekannte **Taxistationen** gibt es in:
- **Station de Faaa** (Internationaler Flughafen): Tel.: 83.30.07
- **Station du Jasmin**: Papeete, Boulevard Pomare (Hotel Prince Hinoi), Tel.: 42.35.98
- **Station du Marche** (Markt): Papeete, rue Colette, Tel.: 43.19.62
- **Station du Royal**: Papeete, Boulevard Pomare (Hotel Royal Papeete), Tel.: 42.11.83
- **Station du Vaima**: Papeete, Boulevard Pomare, Tel.: 42.33.60

➔ Telefonieren

Wenn Sie von Französisch-Polynesien **nach Deutschland, Österreich oder in die Schweiz** telefonieren wollen, wählen Sie nachstehende **Vorwahlnummern** und anschließend Ihre Ortsnetzkennzahl ohne Null, dann die Teilnehmernummer:

Vorwahl Deutschland: 0049	Vorwahl Schweiz: 0041
Vorwahl Österreich: 0043	Vorwahl Französisch-Polynesien: 678
	(von Deutschland: 00689)

Tip
Beim Fremdenverkehrsamt Papeete befindet sich eine Tafel mit Codenummern von Hotels, die Sie für ein kostenloses Telefonat zur Reservierung für das Hotel Ihrer Wahl verwenden können.

➔ Trinkgeld

Auf die Rechnungen kommt kein Bedienungszuschlag. Offiziell ist Trinkgeld in Französisch-Polynesien nicht üblich. Es wird auch nicht erwartet.

➔ Trinkwasser

Das Leitungswasser der Hotels und Restaurants in Papeete gilt als nicht gesundheitsschädlich. Für besonders Vorsichtige können alle lokalen Mineralwasserfabrikate wie "Eau Royal" und andere empfohlen werden. In den anderen Bezirken von Tahiti und auf den Außeninseln sollte man nur Mineralwasser trinken.

U Unterkunft

Verzeichnisse über Hotels, Pensionen und Privatunterkünfte erhalten Sie beim GIE Tahiti Tourisme (siehe Stichwort Fremdenverkehrsamt).

Vorweg gesagt, Französisch-Polynesien ist ein teures Urlaubsland. Manchen Besucher werden die **hohen Preise** abschrecken. Das schlägt sich besonders auf dem Sektor der Übernachtungspreise nieder. Wenn Sie wegen geringer Geldmittel sich gezwungen sehen, im unteren Bereich der Preisskala Ihr Quartier zu suchen, so werden Sie zu dem Schluß kommen, daß das Preis-Leistungs-Verhältnis meistens nicht stimmt. Die preiswerten und trotzdem guten Unterkünfte und Möglichkeiten zum Zelten sind selten.

Wenn Sie finanziell gut situiert sind und Sie einen Urlaub verleben möchten, an dem es an nichts mangeln soll, so hat dieses Land genügend Luxus zu bieten. Die Hotels der gehobenen Mittelklasse und die Luxushotels sind komfortabel ausgestattet. Angeschlossene Golfplätze, Tennisanlagen und Tauchstationen sind meistens vorhanden; und die Benutzung von Wassersportgeräten ist möglich. In Ost-Polynesien hat sich bei den exklusiven Hotels weitgehend der von den Amerikanern entwickelte Typ der **Insel-Resorts** durchgesetzt.

Man unterscheidet:
- **Resorts** ("Grande Hotelleries")
- **Kleine Hotels** ("Petite Hotellieries")
- **Privatunterkünfte** ("Herbergements Chez L'Habitant"),
  grundsätzlich mit "Chez ..." (bei) beginnend.

Die in diesem Reisehandbuch im folgenden erwähnten Hotels und sonstigen Unterkünfte sind nur als persönliche Vorschläge anzusehen. Es wird kein Anspruch auf Vollständigkeit erhoben. Auch gibt es vergleichsweise sicherlich genau so gute oder noch bessere Unterkünfte, die nicht erwähnt sind.

Wegen der ständig schwankenden Zimmerpreise werden in diesem Buch **Preis-Gruppierungen** nach folgendem Schlüssel vorgenommen:

```
$$$$$$  =  über 25.000 CFP pro Doppelzimmer (DZ)
$$$$$   =  20.000 – 25.000 CFP pro DZ
$$$$    =  15.000 – 20.000 CFP pro DZ
$$$     =  10.000 – 15.000 CFP pro DZ
$$      =  5.000 – 10.000 CFP pro DZ
$       =  unter 5.000 CFP pro DZ
```

U Verkehrsregeln

Siehe Stichwort **Autofahren**

→ Visum

Siehe Stichwort **Einreise**

W Währung

Die Landeswährung ist der **Pazifische Franc (CFP)**. CFP-Banknoten gibt es im Wert von 500, 1.000, 5.000 und 10.000 Francs und CFP-Münzen im Werte von 1, 2, 5, 10, 20, 50, und 100 Francs.
Es besteht feste Parität zwischen dem CFP und dem Französischen Franc (FF).

Derzeitiger Wechselkurs: 1 DM = ca. 62,16 CFP; 100 CFP = ca. 1,61 DM (Stand März 1997)

→ Wirtschaft

Die wichtigsten Pfeiler der Wirtschaft sind neben dem **Tourismus** die **Produkte der Kokospalme**, wie Kopra und raffiniertes Kokosöl. Weitere Einnahmen stammen aus: Perlmuttmuscheln, Zuchtperlen, Fischfang, Vanille und Kaffee. Zunehmende Bedeutung gewinnen die Entwicklung der **Landwirtschaft** und die wirtschaftliche Nutzung des Meeres.
In den letzten Jahren hat sich **Papeete** zu einer sehr lebhaften, quirligen Wirtschaftsmetropole mit modernen Einrichtungen, Geschäften und Dienstleistungen entwickelt. Einkaufszentren, Boutiquen, Restaurants, Bars, Nachtclubs, Reisebüros, Kunstgalerien und Museen reihen sich aneinander.

Z Zeitungen

In Zeitungskiosken und Buchläden, die übers ganze Land verteilt sind, werden Sie folgende Zeitungen finden:
● **"International Herald Tribune"** wird regelmäßig von Paris eingeflogen.
● **"Les Nouvelles"** (BP 50 Papeete, Tel.: 42.43.43) und **"La Dépêche de Tahiti"** (BP 629 Papeete, Tel. 43 44.45) sind zwei einheimische Zeitungen von Französisch-Polynesien.
● **"Tahitirama"** enthält das Fernsehprogramm.
● **Fremdsprachige Zeitungen** in Englisch, Deutsch und anderen Sprachen sind mit verspätetem Datum im Vaima Center, Papeete erhältlich.

➔ Zeitzone

Die Zeitverschiebung zu Mitteleuropa beträgt:
- **minus 11 Stunden** außerhalb der mitteleuropäischen Sommerzeit,
- **minus 10 Stunden und 30 Minuten** auf den Marquesas,
- **minus 10 Stunden** während der mitteleuropäischen Sommerzeit,
- **minus 9 Stunden und 30 Minuten** auf den Marquesas während der mitteleuropäischen Sommerzeit.

Französisch-Polynesien liegt **östlich der internationalen Datumsgrenze**.

➔ Zoll

Gegenstände, die für den **persönlichen Bedarf des Reisenden** bestimmt sind, wie Kleidung, Wäsche, Schuhe, Toilettenartikel, Schmuck, können **zollfrei** eingeführt werden. Dazu zählen auch: 2 Fotoapparate, eine Schmalfilmkamera mit Filmen oder eine Videokamera mit Leerkassetten, ein Tonbandgerät, ein Laptop oder eine Reiseschreibmaschine, ein Kofferradio, Sport- und Campinggeräte.

Zollfrei dürfen Reisende ab 17 Jahren einführen: 200 Zigaretten oder 100 Zigarillos oder 50 Zigarren oder 250 g Tabak, 2 Liter Wein und 1 Liter Spirituosen mit einem Alkoholgehalt von mehr als 22% oder insgesamt 2 Liter Spirituosen mit einem Alkoholgehalt bis zu 22%, 50 g Parfüm, 1/4 Liter Eau de Cologne, Geschenke bis zu einem Gesamtwert von 5.000 CFP (bzw. 2.500 CFP für Kinder bis 15 Jahren).

Einfuhrverbot besteht für Drogen, u.a. Narkotika, sowie Waffen. Das **Gepäck** von Reisenden **von den Fidschi-Inseln und West-Samoa** wird bei der Ankunft gegen Pflanzenschädlinge desinfiziert. Es wird nach 2 Stunden wieder ausgehändigt. Die Einfuhr von **lebenden Tieren** ist verboten. Bei der Einfuhr der Tiere aus tollwutfreien Ländern kann der Service of Rual Economy, B.P. 100, Papeete/Tahiti, eine Ausnahmegenehmigung erteilen, die mindestens 2 Monate vorher beantragt werden muß. Fehlt diese, werden die Tiere bei der Ankunft getötet. Transit von Tieren, die den Flughafen nicht verlassen, ist möglich. Näheres erfahren Sie durch die Fluggesellschaften.

6.1.3 A-Z COOK-INSELN

A Ärzte

Siehe Stichwort **Gesundheit**

➡ Auto-, Motorrad- und Fahrradverleih

Auf der Hauptinsel Rarotonga und auf Aitutaki können Sie Autos, Motorroller und Fahrräder mieten, auf den übrigen Außeninseln meistens nur Motorroller und Fahrräder Sie benötigen einen besonderen **Inselführerschein** ("Cook Islands Driver's Licence"), den Sie gegen die Vorlage des Führerscheins Ihres Heimatlandes und die Gebühr von 10 NZ$ bei der Polizeistation in Avarua erhalten. Sie bekommen ein eingeschweißtes Plastikkärtchen mit Foto. Die Gültigkeit ist auf vier Monate beschränkt. Sie müssen mindestens 21 Jahre alt sein.
Beim Mieten von Motorrollern kann es erforderlich sein, daß Sie eine kleine Probefahrt ablegen müssen.
Folgende **Verleihfirmen** in Avarua und Aitutaki können empfohlen werden:
● **Budget rent a car**: Downtown Avarua: Tel.: 20.895; Rarotonga Hotel: Tel.: 20.838; Edgewater Hotel: Tel.: 21.026; International Airport, während der Flüge: Tel.: 21.036, Fax (682) 20.888
● **Avis**, P.O. Box 317, Rarotonga, Fax (682) 21.702, Downtown: Tel.: 22.833, 21.901; International Airport: Tel.: 21.039
● **Tipani Rentals**, Downtown Avarua, nahe der Polizeistation, Tel.: 21.617, neben Autos werden auch Motorroller, Mopeds und Fahrräder ("Push bikes") vermietet.
● **Aitutaki Rentals**, P.O. Box 77 Aitutaki, Tel.: 31.127. Es können 4-radangetriebene Lada und Niva, Motorroller und Fahrräder gemietet werden.
Preisbeispiele: Autos ab 45 NZ$ pro Tag ohne zusätzliche km-Gebühr, Motorräder ca. 15-20 NZ$ pro Tag, Fahrräder ca. 6-10 NZ$ pro Tag

➡ Autofahren

Auf den Cook-Inseln herrscht **Linksverkehr!** Die **erlaubten Höchstgeschwindigkeiten** sind in Ortschaften nur 30 km/h und außerhalb 50 km/h. Fahren Sie deshalb nicht zu schnell, sonst werden Sie sehr leicht Ihre Fahrerlaubnis los. Eine befestigte Straße, die Ara Tapu, führt rund um die Hauptinsel Rarotonga (ca. 32 km). Autoverkehr ist auch auf Aitutaki möglich. Auf den anderen Inseln gibt es keine Straßen im üblichen Sinn. Man geht zu Fuß oder fährt mit dem Fahrrad.

B Banken

Die **ANZ Bank** und **Westpac** in Avarua haben Mo-Fr 9.00-15.00 Uhr geöffnet. Auch DM-Reiseschecks können eingelöst werden. Am internationalen Flughafen

Rarotonga haben die Banken eine Stunde vor Abflug der planmäßigen Flüge geöffnet.

➔ Benzin

Tankstellen sind genug und für den Kraftverkehr ausreichend vorhanden.
Preise pro Liter z.Zt.: Benzin Super: 1,03 NZ$, Diesel ("Destilate"): 0,93 NZ$

➔ Bevölkerung

Die Cook-Inseln haben nach der letzten Volkszählung 18.552 Einwohner. Davon leben 10.198 in der Hauptstadt Avarua. Die Ureinwohner sind sehr freundlich und von warmer und spontaner Gastfreundschaft. Sie nehmen das Leben nicht so schwer. Ihre alte Kultur lebt im Tanz und Gesang fort.

➔ Botschaften

Siehe Stichwort **Diplomatische Vertretungen**

➔ Busse

● Es gibt auf der Hauptinsel **Rarotonga** mehrere Busunternehmer. Ab Avarua starten tagsüber Mo-Fr 8.00-16.30 Uhr und Sa 8.00-12.00 Uhr im Uhrzeigersinn ("clockwise") und Gegen-Uhrzeigersinn ("anti-clockwise") in **halbstündlichem Intervall** Busse, die die Insel auf der Küstenstraße umrunden.
Der **zentrale Abfahrtplatz** in der Downtown Avarua ist **Cooks Corner**. Die Busse halten an den Hotels und Motels an der Straße. Sie können sie jedoch durch ein deutliches Handzeichen überall anhalten.
Fahrpreise: einfache Fahrt 2 NZ$, Rückfahrkarte 3 NZ$, Kinder 1 NZ$, Tageskarte 5 NZ$, Heft mit zehn Fahrten 16 NZ$
● Auch auf **Aitutaki** ist ein begrenzter Busverkehr vorhanden.

C Camping

Camping ist auf den Cook-Inseln nicht erlaubt.

D Devisen

Siehe Stichwort **Währung**

➔ Diplomatische Vertretungen

Die Cook-Inseln unterhalten **keine eigenen Auslandsvertretungen**. Die Interessen werden von Neuseeland wahrgenommen.
● **Deutsche Botschaft in Neuseeland:** 90-92 Hobson Street, Thorndorn, Wellington/Neuseeland. Embassy of the Federal Republic of Germany, P.O. Box 1687, Wellington/New Zealand, Tel.: (00644) 473.60.63, Fax: (00644) 473.60.69, Amtsbezirk: u.a. Cook-Inseln

- **Österreichische Botschaft in Australien:** 12 Talbot Street, Forrest, Canberra, A.C.T. 2603, P.O. Box 3375, Manuka, Canberra A.C.T. 2603/Australia, Tel.: (00616)2951376, 2951533, Fax: (00616)2396751
- **Schweizerische Botschaft in Neuseeland:** 22 Panama Street, Wellington/ New Zealand, Tel.: (00644)4721593/94, Fax: (00644)4996302

E Einreise

Deuschte, Österreicher und Schweizer benötigen für einen Aufenthalt bis zu 31 Tagen **kein Visum**. Voraussetzungen sind der Besitz des mindestens noch 3 Monate über den Aufenthalt hinaus gültige Reisepaß oder Kinderausweis, Flugtickets mit bestätigter Rück- und Weiterreise und eine nachzuweisende Unterkunft und feste Buchung auf den Cook-Inseln, die Bestätigung hierüber ist erforderlichenfalls vorzulegen. Eine Verlängerung des Touristenaufenthalts auf monatlicher Basis bis zur Höchstdauer von insgesamt 3 Monaten kann auf den Inseln beantragt werden. Die gebührenpflichtige Verlängerung (ca. 30 NZ$) muß jeweils 14 Tage vor Ablauf der laufenden Genehmigung beantragt werden. Der Nachweis der ausreichenden Geldmittel sowie der Unterkunft wird dann gefordert. Der Reisepaß muß mindestens auch so lange gültig sein.

F Fahrradfahren

Einige Motels verleihen Fahrräder für 10 NZ$ pro Tag. **Hogan's Service Centre** in Arorangi vermietet sogar Tandems und Mountain-Bikes.

➔ Feiertage und Feste

01. Januar	**New Year's Day** (Neujahr). Dieser öffentliche Feiertag wird mit Pferderennen am Muri Beach begangen.
Dritte Februarwoche	**Cultural Festival Week** (Kulturwoche). Bei diesen Festlichkeiten können Sie sich ein gutes Bild über das kulturelle Erbe der Cook-Inseln machen. Verschiedene Einflüsse der Geschichte sind zusammengeflossen, die sich in der Kunst und im Handwerk widerspiegeln. Auch die traditionellen Kanuregatten sind ein aufregender Bestandteil dieses bunten Volksfestes.
März/April	**Good Friday und Easter Monday** (Karfreitag und Ostermontag). Beide Tage sind öffentliche Feiertage.
Letzte Aprilwoche	**Dancer of the Year** (Tänzer des Jahres). Kunstvolle Kostüme und einheitliche Tanzbewegungen der Tanzgruppen sowie Eleganz und Grazie der Einzeltänzer und -tänzerinnen geben den Ausschlag für den Sieg bei diesen Festspielen, die eine Woche dauern.
Beginn letzter Freitag im Juli	**Constitution Celebrations** (Unabhängigkeitsfeier). Dieses sind die größten Festlichkeiten der Cook-Inseln. Sie dauern zwei Wochen und sind ein Ausdruck der Freude über die

erreichte Unabhängigkeit am **04. August 1965**, ein Rausch der Farben, eine Gelegenheit, Freundschaften zu erneuern und ein Rückblick auf die Kultur jeder Insel. Die jugendliche Kraft der Krieger und die graziöse Geschmeidigkeit der Männer und Frauen lassen sich in ausdrucksvollen Tänzen bewundern. Gesänge und Sportwettkämpfe, an erster Stelle Rugby, begeistern die Menschenmassen.

Erste Augustwoche	**Arts Exhibition** (Kunstaustellung). Ölgemälde und Aquarelle, Holzschnitzereien, kunstvolle Muschelarbeiten und Skulpturen aus Korallengestein von einheimischen Künstlern werden hier ausgestellt.
26. Oktober	**Gospel Day – Nuku** (Ankunft der Missionare). In religiösen Dramen (Nuku) und Kirchenkonzerten wird der Ankunft des ersten **Missionars John Williams** am 26.10.1823 unter freiem Himmel gedacht. Jeder Akt der Theatervorführungen stellt eine biblische Geschichte dar.
01. November	**All Souls Day – Turama** (Allerseelen). Katholische Gemeinden dekorieren die Gräber der Verstorbenen mit Blumen und Kerzen.
Erster Samstag im November	**Round Rarotonga Road Race** (Rarotonga-Rundlauf). Diese Laufwettkämpfe, 32 km rund um die Insel Rarotonga, kurz **RRRR** genannt, sind sehr populär. Sie finden unter großer internationaler Beteiligung statt. Die Sieger gehen aus vier verschiedenen Laufgruppen hervor: individuelle Teilnehmer, Einwohner der Cook-Inseln, Veteranen und Läuferteams. Die Streckenrekordzeit liegt z. Zt. bei 98 Minuten.
Dritte Woche im November	**Tiare (floral) Week** (Blumenwoche). Immer wieder mit frischen Blumengebinden geschmückte Geschäfte und als Höhepunkt die glänzende Blumen-Parade durch die Hauptstraße von Avarua vermitteln ein eindrucksvolles Bild der Lebensfreude der Insulaner und der natürlichen Blumenpracht des Landes.
25. Dezember	**Christmas Day** (1. Weihnachtstag). Die Kirchen sind mit Gläubigen überfüllt.
26. Dezember	**Boxing Day** (2. Weihnachtstag). Es werden Pferderennen am Muri Beach veranstaltet.
31. Dezember	**New Year's Eve** (Neujahrsabend). Dieser Tag wird mit Tanz und Unterhaltungs-Programmen festlich begangen.

➜ Fernsehen

Das lokale Fernsehen arbeitet eng mit TV New Zealand zusammen.

➔ **Flüge** (siehe auch die grünen Seiten)

● **Internationaler Flugdienst**
Der **internationale Flughafen Rarotonga** liegt 4,5 km von der Hauptstadt Avarua entfernt. Zahlreiche Taxis und Hotelzubringer (Shuttle) warten vor dem Flughafen auf Kunden.
- **Air New Zealand**, P.O. Box 65 Rarotonga, Tel.: 26.300, fliegt mehrmals wöchentlich planmäßige Flüge von und nach Los Angeles, Hawaii, Neuseeland, Tahiti und Fidschi.
- **Polynesian Airlines**, P.O. Box 106 Rarotonga, Tel.: 20.845, bietet regelmäßige Flüge von und nach Los Angeles, Australien, Neuseeland, West-Samoa, Tahiti, Niue und Fidschi an.
Außerdem bestehen Anbindungen an Asien und Europa.
Die **Flughafensteuer** ("Airport Tax") beträgt auf den Cook-Inseln für **Erwachsene 25 NZ$**, für **Kinder von 2-11 Jahren 10 NZ$** (Bezahlung nur in NZ$ gestattet, und zwar in bar). Kinder unter 2 Jahren und Transitreisende, die innerhalb von 24 Stunden weiterreisen, sind von der Zahlung der Flughafensteuer befreit.

Verbindungswege:
- Frankfurt/M – Rarotonga 2x wöchentlich mit Umsteigen in London und Los Angeles
- Frankfurt/M – Auckland/Neuseeland 3x wöchentlich direkt, täglich mit Umsteigen in Vancouver (Kanada)
- Auckland – Rarotonga 3x wöchentlich mit Air New Zealand

● **Nachbarschaftsflugverkehr**
Flüge ab Rarotonga nach:
Apia/West-Samoa 1/Woche
Auckland/Neuseeland 3/Woche
Nadi/Fidschi 1/Woche
Pago Pago/Amerikanisch-Samoa 1/Woche, Umsteigen in Apia
Papeete/Französisch-Polynesien 2/Woche

● **Nationaler Flugdienst**
Air Rarotonga, P.O. Box 79 Rarotonga, Tel.: 22.888 und teilweise auch **Cook Islandair** bieten regelmäßig Tagesflüge zu den Außeninseln an.
Von Rarotonga nach:
Aitutaki werktäglich
Atiu werktäglich
Mangaia täglich Mo bis Fr
Manihiki 2x wöchentlich
Mauke täglich Mo bis Fr
Mitiaro 4x wöchentlich
Penrhyn 1x wöchentlich
Air Rarotonga veranstaltet auch Aitutaki-Tagesausflüge (alles inklusive) und Rarotonga-Rundflüge. Flugcharter ist ebenfalls möglich.

● **Inselspringen**
Es gibt einen **Island Hopper Pass**. Er ist für mehr als drei Flüge mit Air Rarotonga innerhalb der Südgruppe der Cook-Inseln gültig:
Diese Flüge sind wahlweise kombinierbar mit Hotelaufenthalten auf den einzelnen Inseln.

➔ Fotografieren und Filmen

Aus Kostengründen sollten Sie Ihr Filmmaterial von zu Hause mitbringen. Die Einheimischen sind nicht fotoscheu, doch sollten sie vorher um Erlaubnis gefragt werden.

➔ Fremdenverkehrsamt

● **Für Deutschland, Österreich und die Schweiz: Tourism Council of the South Pacific**, Dircksenstraße 40, 10178 Berlin, Tel.: (030)23817645, Fax: (030)23817641
● **Auf den Cook-Inseln:: Cook Islands Tourist Authority**, Head Office, Main Road, P.O. Box 14, Avarua, Rarotonga/Cook Islands, Tel.: (00682) 2.94.35, Fax: (00682) 2.14.35. Das freundliche Personal gibt bereitwillig **Auskunft** über Unterkünfte, Restaurants, Touren, Aktivitäten, Unterhaltung und Fahrten zu den Außeninseln. Jährlich wird die sehr informative **Broschüre "What's on in the Cook Islands"**, die in den Hotels kostenlos erhältlich ist, herausgegeben.

Buchtip
Info-Buch "Pacific Travel Fact File", in Englisch, gegen Kostenerstattung, ca. 55,- DM, erhältlich über D + S Touristik Repräsentanz GmbH; Otto-Hahn-Straße 23, 50997 Köln, Fax: 02236/43045

➔ Führerschein

Siehe Stichwort **Autofahren**

G Geld

Siehe Stichwort **Wahrung**

➔ Geschäftszeiten

Sonntags ruhen alle Aktivitäten. Auf dem Land kann es möglich sein, daß einige kleine Läden für Stunden geöffnet haben. Auch die meisten Restaurants haben sonntags geschlossen (siehe auch Stichwort "Öffnungszeiten").

➔ Gesundheit

Die ärztliche Versorgung ist auf allen Inseln durch ein Hospital oder einen Landarzt gewährleistet. Auf den Inseln gibt es keine giftigen Schlangen und Insekten. Das Risiko, auf den Cook-Inseln krank zu werden, ist sehr gering. Das **Krankenhaus von Rarotonga** liegt 5 km von Avarua entfernt auf einem Hügel.
Die Cook-Inseln sind **malariafrei**. Zu Beginn der Reise sollten Sie sich nicht zu lange der **Sonnenbestrahlung** aussetzen. Empfehlenswert sind das Tragen von Sonnenbrille und Kopfbedeckung sowie das Auftragen einer Hautcreme mit Lichtschutzfaktor (je nach Hauttyp Faktor 8 und höher). Bei **Durchfallerkrankungen** ist stets auf eine ausreichende Flüssigkeits- und Elektrolytzufuhr zu achten. Abgepackte Glukose-Elektrolyt-Mischungen sind im Handel erhältlich und gehören

in jede Reiseapotheke. Die sorgfältige **Desinfizierung** selbst **kleiner Wunden** und der Schutz vor Verschmutzung sind sehr wichtig.

Ⴌ Hotels

Siehe Stichwort **Unterkunft**

Ⅰ Impfungen

Im internationalen Reiseverkehr werden von den Cook-Inseln **keine Impfungen** vorgeschrieben oder notwendig. Grundsätzlich jedoch sollte der Impfschutz gegen **Tetanus, Diphtherie** und **Kinderlähmung** (Polio) überprüft und ggfs. aufgefrischt werden. **Hepatitis A**: Auch wenige Tage vor Ihrer Abreise kann mit aktivem Impfstoff als Einmaldosis ein ausreichender Schutz aufgebaut werden. Nach 6-12 Monaten sollte die Impfung wiederholt werden, um einen mehrjährigen Impfschutz sicherzustellen.

➔ Information

Siehe Stichwort **Fremdenverkehrsamt**

K Kleidung

Das ganze Jahr über genügt leichte, atmungsaktive **Sommerkleidung**. Regenschutz ist immer mitzuführen. Für kühlere Abende im Juli und August sind ein Pullover oder eine leichte Jacke angebracht. Beim Besuch von Restaurants und beim Speisen in Hotels sollten Sie angemessene Sommerkleidung anlegen. Kirchgänge und Stadtbesichtigungen sollten nicht in Shorts oder Badebekleidung erfolgen. Zum Baden oder bei Riffwanderungen empfehlen sich feste Badeschuhe. Eine Kopfbedeckung wegen der starken Sonnenbestrahlung sollte in Ihrem Gepäck nicht fehlen, oder Sie kaufen sich an Ort und Stelle einen Sonnenhut. Baden oder Sonnenbaden nackt oder "oben-ohne" ist bei Strafe verboten!

➔ Klima

Auf den Cook-Inseln herrscht ein tropisches Klima mit ganzjährig ziemlich gleichmäßigen Temperaturen. Man unterscheidet **zwei Jahreszeiten**:
● Die **Regenzeit** liegt zwischen Dezember und März. Dann ist es wolkig. Die Temperaturen liegen zwischen +28 und +30 °C, und die relative Luftfeuchtigkeit ist sehr hoch. Das ist auch die Zeit der Wirbelstürme. Es ist außerdem die touristische Hochsaison, in der die Neuseeländer Ferien haben.
● Die **Trockenzeit** erstreckt sich in der Regel von April bis Oktober. Die Temperaturspanne liegt dann zwischen +20 und +28 °C.
Die **beste Reisezeit** ist m.E. die Trockenzeit. Ich empfehle Ihnen diese trockene, sonnige, etwas kühlere "Winterzeit" für Ihren Ferienaufenthalt.

➔ Konsulate

Siehe Stichwort **Botschaften**

➔ Kreditkarten

Auf den Cook-Inseln werden folgende internationale Kreditkarten in den größeren Hotels, besseren Restaurants und von Mietwagenunternehmen akzeptiert: American Express, Bankcard, Diners Club, MasterCard und VISA. In den kleinen Läden und Restaurants werden keine Kreditkarten angenommen. Es empfieht sich daher in jedem Fall, eine gewisse Menge Bargeld mitzubringen.

N Notruf

Polizei: 999, Ambulanz: 998, Feuer: 996

O Öffnungszeiten

Die Öffnungszeiten auf den Cook-Inseln:
* Banken in Avarua: Mo-Fr 9.00-15.00 Uhr
* Post: Mo-Fr 8.00-16.00 Uhr
* Büros: Mo-Fr 8.00-16.00 Uhr
* Läden auf Rarotonga: Mo-Fr 8.00-16.00/16.30 Uhr, Sa 8.00-12.00 Uhr, einige kleinere Läden sind z.T. auch abends geöffnet.
* Läden auf Aitutaki: Mo-Fr 8.00-15.00 Uhr, Sa 8.00-10.45 Uhr, kleinere Läden haben teilweise auch länger geöffnet.

P Post

Eine Postkarte nach Mitteleuropa kostet: 0,90 NZ$. (Siehe auch Stichwort "Öffnungszeiten".)

R Religion

Auf den Cook-Inseln herrscht Religionsfreiheit. Die Insulaner gehören folgenden Kirchen an: Cook Islands Christian Church, Roman Catholic Church, Church of Jesus of Latter Day Saints und Seventh Day Adventist Church. Beim Kirchgang haben die Damen einen Hut zu tragen und die Herren lange Hosen anzuziehen.

➔ Restaurants

Rarotonga bietet eine interessante Variation von mehr als 20 empfehlenswerten Restaurants, einschließlich der an Hotels angeschlossenen, von gemütlichen im "island style" bis zu luxuriösen. Neben internationaler Küche gibt es meistens von Ausländern betriebene Familienunternehmen, die chinesische, indische oder italienische Speisen und Getränke anbieten. Wieder andere Restaurants sind auf Fischgerichte und Meeresfrüchte sowie Steaks spezialisiert.
* **Rarotonga**
- **Vaima Restaurant**, Südküste, am Sheraton Resort, Reservierung erforderlich unter Tel.: 26.123, lokale und kontinentale Küche zu angemessenen Preisen, freundliches Personal, abendliche Musikunterhaltung
- **Pacific Resort & Sandals Restaurant**, Muri Beach, Reservierung erforderlich unter Tel.: 20.427 oder 21.156 zu jeder Zeit

BEVERAGES

Coke
Diet Coke
Lemonade
Soda
Tonic
Gingerale
Orange Juice

Beer

Steinlager
Rheineck
Cooks Lager
Vailima
Lion Red

By the Glass

White:
Hardy's Chablis

Red:
Woodhills Country Soft Red

Champagne:
Rondel

Port

Hardys Tall Ships Tawny Port

Sherry

Hardys Medium Sherry

WINE LIST

White Wines

New Zealand - Montana Wohnseidler Muller Thurgau	$19.00
New Zealand - Montana Marlborough Chardonnay	$22.00
Australia - Houghton's White Burgundy	$22.00
German - Black Tower	$28.00

Red Wines

New Zealand - Montana Timara Merlot	$19.00
Australia - Hardy's Nottage Hill Cabernet Sauvignon	$25.00
Portugal - Mateus Rose	$29.00
France - Piat Beaujolias	$42.00

Champagne

Spain - Rondel	$28.00
South Africa - Nederberg	$28.00

LUNCH & DINNER

Entrees

Herb Chicken Breast	$8.50
Ika Mata	$9.00
Prawn Cocktail	$10.50
Mussels Margareta	$10.50

Soups

Vegetable Soup	$5.00
Seafood Chowder	$7.50

From the Grill

(All mains include Salad Bar)

Rump Steak	$20.00
Sirloin Steak	$20.00
Scotch Fillet Steak	$20.00
T-Bone Steak	$20.00
Beef Fillet Steak	$24.00
Chicken Breasts	$19.50
Fish of the Day	$23.50

Pastas

Spaghetti Bolognaise	$19.50
Lasagna	$19.50
Seafood Lasagna	$21.00

Extras

Onion	$3.00
Mushrooms	$3.00
Herb Butter	$3.00
Garlic Butter	$3.00
Baked Potatoes	$3.00
Bowl of Rice	$3.00

Oasis Chef's Special

Chateaubriand (for 2 people)	$55.00

Beef fillet with baked potatoes and a
selection of vegetables, plus
Hollandaise sauce

Desserts

Mixed Ice-cream	$5.00
Fresh Fruit Salad	$6.50
Dessert of the Day	$7.50
Oasis Special	$8.50

Liqueur Coffees

Oasis Special	$8.00
Mexican Coffee	$7.00
Spanish Coffee	$7.00
Irish Coffee	$7.00

Kia Manuia !!
and thanks for filling the Oasis

- **Sails Seafood Restaurant**, Muri Beach, Tel.: 27.350, Meeresfrüchte, Essen bei Kerzenlicht, Blick über die Lagune
- **Flame Tree Restaurant**, Muri Beach, Reservierung erforderlich unter Tel.: 25.123 nach 15.30 Uhr, die Bäume mit den gefiederten Blättern und in der Blütezeit hellroten Blüten sind die Flammenbäume oder Flamboyants ("Flame Trees")
- **Spaghetti House Restaurant**, Arorangi, nahe Edgewater Resort, Tel.: 25.441, empfehlenswert, sehr gepflegt, Speisekarte, selbstgemachte Pizzas und Pastas
- **Tumunu Restaurant**, Westküste, südlich vom Edgewater Resort, Meeresfrüchte
- **Oasis Village**, Steakhouse Restaurant, Tel.: 28.214
● **A i t u t a k i**
- **Crusher Bar**, Nordwestküste, rustikales Restaurant mit Bar und musikalischer Untermalung durch den Berufsmusiker und Besitzer Ricky, angemessene Preise für Speisen und Getränke.

S Schiffe

Örtliche Frachtschiffunternehmen unterhalten Fracht- und Passagierverkehr ca. alle 2 Wochen zwischen den **südlichen Inseln** und ca. alle 6 bis 8 Wochen zu den **nördlichen Inseln**. Nähere Einzelheiten können in Rarotonga erfragt werden. Ausflugs- und Bootsfahrten werden von örtlichen Veranstaltern durchgeführt. Auskünfte gibt auch das Büro der Cook Islands Tourist Authority in Avarua.

➜ Souvenirs, Souvenirs

Lohnende Andenken und Mitbringsel der Cook-Inseln sind **Pareus**, bunt bedruckte Baumwolltücher, die in unterschiedlichsten Variationen um den Körper gebunden werden.
● Empfehlenswerte Läden sind:
- **The Pareu Shop**, ABC Trading Co. Brown's Arcade Downtown Avarua, Tel.: 22.244, Fax: 22.245, P.O Box 7 Rarotonga
- **Tuki's Pareu**, Hauptstraße in Uptown Avarua
● **Schwarze Perlen** sind begehrte Souvenirs:
- **Polynesian Pearl LTD**, Downtown Avarua, P.O. Box 72 Rarotonga, Tel.: 22.327, Fax: 22.036
● **Kunsthandwerk**
- **Cook Islands Women's Centre**, am Ruatonga Markt gelegen. Hier werden feine Nadelarbeiten, Töpferwaren und Gemälde angeboten.

➜ Sport

Die gebräuchlichen Sportarten sind: Golf, Tennis und Squash, Segeln und Windsurfen, Trekking, Tauchen, Bowling und Hochseefischen.

● **Golf**
Der **Rarotonga Golf Club**, P.O. Box 151, Rarotonga, Tel.: 27-360, hat einen landschaftlich reizvoll gelegenen 9-Loch-Golfcourse am Black Rock zu bieten, der auch von fremden Besuchern genutzt werden darf.
● **Tennis und Squash**
Verschiedene Hotels verfügen über Anlagen von internationaler Qualität.

- **Segeln und Windsurfen**

Man kann Segelboote, Katamarane und Surfbretter mieten. Der **Rarotonga Sailing Club** am Muri Beach heißt Besucher herzlich willkommen, die diese Wassersportarten in den Gewässern der Cook-Inseln ausüben möchten.

- **Trekking**

Den Bergwanderern und Bergsteigern wird hier eine interessante Route geboten, die Insel ("Across Island") vorbei an der "Needle", einer steilen Felsformation, zu durchqueren. Diese populäre Trekkingtour dauert ca. 4-5 Stunden. Bekannt ist "Pa's Mountain Walk", Buchung an der Jillian Sobieska Galleria, Tel.: 21-079, 20-457

- **Tauchen**

Täglich können Sie Tauch-Trips belegen, die bis zu drei Tagen ausgedehnt werden. Diese Touren können beispielsweise bei **Scuba Diving**, Tel.: (682) 22-483, Fax: (682) 22-484, gebucht werden. Alle erforderlichen Tauch-Utensilien und Unterwasserkameras stehen zur Verfügung. **Pacific Divers**, Graham Mc. Donald, P.O. Box 110 Rarotonga, Tel./Fax: 22450, buchbar direkt oder über das Pacific Resort Hotel. Die Schule bietet: PADI-Instruktionen, Walbeobachtungen (Saison Juli bis Oktober) und Tauchgänge von 9.00 bis 14.00 Uhr.

- **Bowling**

In Avarua gibt es ein dem internationalen Standard entsprechendes Bowlingfeld (115 x 120 ft). Der lokale Club heißt Gastspieler willkommen.

- **Hochseefischen**

Mit den Booten des **Cook Islands Game Fishing Club**, Tel.: 21-419, können Sie zum Fischen aufs offene Meer hinausfahren.

➔ **Sprache**

Auf den Cook-Inseln wird als landesübliche Umgangssprache **Cook Island Maori** und als offizielle Amtssprache **Englisch** gesprochen.

➔ **Strände**

Der **Muri Beach**, an der Ostseite der Insel Rarotonga gelegen, ist ein guter Platz zum Picknickmachen, Segeln, Sonnen und Schwimmen. Die **Außeninsel Mauke** ist bekannt für ihre einsamen Buchten mit weißen Sand- und Muschelkalkstränden. Die **Außeninsel Aitutaki** ist mit ihrer wunderschönen, kristallklaren Lagune von idyllischen Motus (kleinen Inseln) umgeben, die phantastische feinkörnige Strände aufweisen, Südsee pur!

➔ **Strom**

Auf Rarotonga und Aitutaki wird 24 Stunden täglich Elektrizität geliefert. Auf den übrigen Inseln gibt es nur zu bestimmten Tagesstunden Strom, der mit Dieselgeneratoren erzeugt und der nachts ab 22.00 Uhr grundsätzlich abgeschaltet wird. Die Cook-Inseln haben die dreipolige neuseeländische Steckernorm mit 230 V-240 V/50 Hz. Ein Adapter ist erforderlich.

T Taxi

Taxis gibt es nur auf der Hauptinsel Rarotonga. Sie fahren zu mäßigen Preisen. Die Tarife sind festgelegt. Sie sind in den Fahrzeugen ausgehängt.

➔ Telefonieren

Außer in Ihrem Hotel haben Sie die Möglichkeit, bei Telecom in der Hauptstadt Avarua nach Übersee zu telefonieren oder ein Telefax abzusetzen. Telecom-Telefonkarten kosten 10-20 NZ$. Ein 3-minütiges Telefongespräch nach Deutschland kostet 18,65 NZ$.

Vorwahl Deutschland: 0049	Vorwahl Schweiz: 0041
Vorwahl Österreich: 0043	Vorwahl Cook-Inseln: 683
	(von Deutschland: 00682)

➔ Trinkgeld

Trinkgelder sind auf den Cook-Inseln nicht üblich. Die Einheimischen sind sehr gastfreundlich. Wenn Sie ihnen ein Trinkgeld geben, so steht das im Gegensatz zu den Gebräuchen der Insulaner. Es kann zu Mißverständnissen führen, denn nach altem Brauch verlangt ein Geschenk ein Gegengeschenk; deshalb bitte nie Trinkgelder geben.

➔ Trinkwasser

Rarotonga besitzt sauberes, gesundes Wasser, das von seinen bewaldeten Vulkanbergen zu Tal fließt. Es kann bedenkenlos getrunken werden. Auf den anderen Außeninseln, vor allen Dingen auf den Atollen, sollten Sie es abkochen, weil dort teilweise Regenwasser aufgefangen wird, das dann manchmal längere Zeit in Tanks lagert.

U Unterkunft

Die Unterkünfte auf den Cook-Inseln reichen von einfachen Quartieren über Gasthäuser mit Kücheneinrichtung bis zu luxuriösen Hotels. Vielen Hotels sind Restaurants und Bars angeschlossen. Bei größeren Resorts stehen regelmäßige kulturelle Darbietungen auf dem Programm.

Die in diesem Reisehandbuch im folgenden erwähnten Hotels und sonstigen Unterkünfte sind nur als persönliche Vorschläge anzusehen. Es wird kein Anspruch auf Vollständigkeit erhoben. Auch gibt es vergleichsweise sicherlich genau so gute oder noch bessere Unterkünfte, die nicht erwähnt sind.

Wegen der ständig schwankenden Zimmerpreise werden in diesem Buch **Preis-Gruppierungen** nach folgendem Schlüssel vorgenommen:

$$$$$$	=	über 250 NZ$ pro Doppelzimmer (DZ)
$$$$$	=	200-250 NZ$ pro DZ
$$$$	=	150-200 NZ$ pro DZ
$$$	=	100-150 NZ$ pro DZ
$$	=	50-100 NZ$ pro DZ
$	=	unter 50 NZ$ pro DZ

W Währung

Die offizielle **Landeswährung** auf den Cook-Inseln ist der **Neuseeland Dollar** (New Zealand Dollar NZ$), ergänzt durch lokale Banknoten und Münzen. Letztere können außerhalb der Cook-Inseln nicht umgetauscht werden, sind aber bei Sammlern weltweit begehrt.

Ein NZ$ hat 100 Cents. An Banknoten sind 1, 2, 5, 10, 20, 50 und 100 Dollar und an Münzen 1, 2, 5, 10, 20 und 50 Cent und 1, 2 und 5 Dollar im Umlauf. Noten und Münzen in NZ$ dürfen bei der Ein. und Ausreise unbeschränkt mitgeführt werden.

Fremdwährungen aller Art dürfen bei der Ein- und Ausreise unbeschränkt mitgeführt werden. US$-Reiseschecks lassen sich am leichtesten wechseln. Euroschecks werden nicht akzeptiert.

Derzeitiger Wechselkurs:

1 NZ$ = ca. 0,67/0,66 US$; 1 NZ$ = ca. 0,95/0,93 DM; 1 DM = ca. 1,06/1,08 NZ$; 1 NZ$ = 1 CI$ (Cookinsel-Dollar) (Stand März 1997)

Z Zeitungen

Es erscheint die einheimische **Cook Islands News** täglich. Die **New Zealand Herald** gibt es dreimal wöchentlich; sie wird aus Neuseeland eingeflogen.

➔ Zeitzone

Die Zeitverschiebung auf den Cook-Inseln zu Mitteleuropa beträgt:

- **minus 11 Stunden** außerhalb der mitteleuropäischen Sommerzeit,
- **minus 12 Stunden** während der mitteleuropäischen Sommerzeit,
- **minus 10 Stunden 30 Minuten** während der Sommerzeit auf den Cook-Inseln, die vom letzten Sonntag im Oktober bis zum ersten Sonntag im März reicht.

Die Cook-Inseln liegen **östlich der internationalen Datumsgrenze**.

➔ Zoll

Gegenstände des **persönlichen Gebrauchs**, z.B. Kleidung, Wäsche, Schuhe, Toilettenartikel usw., dürfen **zollfrei** mitgeführt werden. Dazu zählen auch: 2 Fotoapparate mit Filmen oder ein Fotoapparat und eine Schmalfilmkamera mit Filmen, ein Fernglas, eine Reiseschreibmaschine, ein Tonbandgerät, ein Kofferradio und Sportgeräte. Zollfrei dürfen außerdem über 18 Jahre alte Reisende einführen: 200 Zigaretten oder 50 Zigarren oder 225 g Tabak, 2 Liter Spirituosen oder 2 Liter Wein (oder je ein Liter Wein und Spirituosen) oder 4 ½ Liter Bier, Geschenke im Gesamtwert von 250 NZ$.

Verboten ist die Mitnahme von Früchten, Pflanzen, Fleisch und Fleischprodukten.

Mit vorheriger Genehmigung der Behörden der Cook-Inseln dürfen Waffen und Munition eingeführt werden.

Hunde und Katzen dürfen nur aus Australien, Neuseeland oder Großbritannien als Frachtgut eingeführt werden. Die Mitnahme aus anderen Ländern ist verboten.

6.1.4 A-Z AMERIKANISCH-SAMOA

A Ärzte

Siehe Stichwort Gesundheit

➜ Autofahren

In Amerikanisch-Samoa herrscht **Rechtsverkehr**. Die beiden Stichstraßen von Pago Pago nach Osten und Westen befinden sich in gutem Zustand. Sie sind geteert.

➜ Autoverleih

Um einen Mietwagen zu fahren, ist Ihr **Führerschein** zusammen mit Ihrem internationalen Führerschein erforderlich. Das Mindesalter sollte 25 Jahre, möglicherweise auch 21 Jahre sein.

Bekannte **Leihfirmen** sind:
* **Avis**, American Samoa Rent A Car Ltd., Pago Pago/American Samoa 96799, Tel.: 699.92.17
* **Budget**, Rent A Car, Pago Pago, International Aiport, Tel.: 633.24.12
* **Hertz**, Rainmaker Hotel, Tel.: 633.43.23, International Airport, Tel.: 699.92.28

B Banken

Die bekanntesten Banken sind: Bank of Hawaii und American Samoa Bank. Beide haben ihren Sitz in Fagatogo. Mo-Fr 9.00-15.00 Uhr geöffnet; außerdem hat die Zweigstelle der American Samoa Bank auch Sa 9.00-12.00 Uhr geöffnet

➔ Benzin

Siehe Stichwort **Tankstellen**

➔ Bevölkerung

Nach der letzten Volkszählung beläuft sich die Gesamtbevölkerung von Amerikanisch-Samoa auf **46.773 Einwohner**.

➔ Botschaften

Siehe Stichwort **Diplomatische Vertretungen**

➔ Busse

- **Stadtverkehr**: Im Stadtbereich von Pago Pago kostet eine Fahrt ca. 0,50 US$.
- **Fernverkehr**: Auf der Insel Tutuila verkehren die sog. "aiga"-Busse. Sie starten am zentralen Busbahnhof am Markt von Fagatogo und fahren bis Tula im Osten und bis Amanave im Westen.

Es gibt keine regulären Fahrpläne. Die Preise sind festgesetzt. Man kann sich, genau wie bei den Taxipreisen, über sie beim Office of Tourism erkundigen.

C Camping

Camping kann mit den Dorfvorstehern arrangiert werden.

D Devisen

Siehe Stichwort **Währung**

➔ Diplomatische Vertretungen

Es werden keine eigenen Auslandsvertretungen unterhalten. Die Interessen werden von den Vereinigten Staaten von Amerika wahrgenommen.
- **Deutsches Konsulat in Neuseeland**, Consulate of the Federal Republic of Germany, 90-92 Hobson Street, Thorndon, Wellington, P.O. Box 1687, Wellington New Zealand, Tel.: (00644) 473.60.63, Fax: (00644) 473.60.69, Amtsbezirk: u.a. Amerikanisch-Samoa
- **Schweizerische Botschaft in Neuseeland**, 22 Panama Street, Wellington/ New Zealand, Tel.: (00644)472.15.93/94, Fax (00644) 499.63.02
- **Österreichische Botschaft in Australien**, 12 Talbot Street, Forrest, Can-

berra, ACT 2603, P.O. Box 3375, Manuka, Canberra ACT 2603/Australien, Tel.: (00616) 295.13.76, 295.15.33, Fax (00616) 239.67.51

E Einreise

Ohne Visum dürfen u.a. deutsche, österreichische und Schweizer Touristen für **maximal 30 Tage** einreisen. Voraussetzungen sind: der Besitz eines gültigen nationalen Reisepasses oder Kinderausweises, bestätigte Flug- oder Schiffstikkets für die Weiterreise, bestätigte Reisedokumente für ein Ziel außerhalb von Amerikanisch-Samoa. Der Nachweis ausreichender Geldmittel für den Aufenthalt kann gefordert werden.

➔ Essen

Siehe Stichwort **Restaurants**

F Fähren

Es besteht eine Fährverbindung der West Samoan Shipping Corporation **zwischen Amerikanisch-Samoa und West-Samoa**. Die Fähre fährt zweimal wöchentlich (siehe auch A-Z West-Samoa "Fähren"):
Pago Pago – Apia: Di und Do; Apia – Pago Pago: Mi und Fr

➔ Feiertage und Feste

New Year's Day (Neujahr)	01. Januar
President's Day (Präsidententag)	3. Montag im Februar
Flag Day (erstmaliges Hissen der USA-Flagge)	17. April
Memorial Day	letzter Montag im Mai
Independence Day (Unabhängigkeitstag)	04. Juli
Labor Day (Tag der Arbeit)	1. Montag im September
Columbus Day (Kolumbustag)	2. Montag im Oktober
Palolo Day (Volksfest, Jagd auf den schmackhaften Ringel-wurm, der zur Fortpflanzung vom Meer aufs Land kriecht)	Ende Oktober/Anfang November
Veteran's Day (Tag der Veteranen)	11. November
Thanksgiving (Erntedanktag)	letzter Donnerstag im November
Christmas (Weihnachten)	25. Dezember

➔ Fernsehen

Seit 1964 hat Amerikanisch-Samoa Fernsehen. Es gibt drei Kanäle.

➔ Flüge

● **Internationaler Flugdienst**: **Pago Pago International Airport** liegt 11 km von Pago Pago entfernt. Busse und Taxis (ca. 8 US$) verbinden den Flughafen mit der Hauptstadt. Eine Flughafengebühr ("Airport Departure Tax") wird in Amerikanisch-Samoa nicht erhoben. Frankfurt/M. - Honolulu: täglich, Honolulu - Pago Pago: 2x wöchentlich

- **Nachbarschaftsflugverkehr**: Von Pago Pago finden ein- bis mehrmals wöchentlich Flüge direkt nach Apia/West-Samoa (mehrmals täglich), Honolulu/USA, Niue und Vava'u/Tonga statt.
- **Inlandsflüge: Samoa Air, Pago Pago**, Tel.: (684) 699.91.06, Fax: (684) 699.97.51, fliegt mit Twin Otter von Pago Pago zu den Inseln **Ofu** 1-2x täglich, **Ta'u** 1-2x täglich

➔ Fremdenverkehrsamt

Informationen, Broschüren über Unterkünfte, Mietwagen usw. und Kartenmaterial erhalten Sie beim **American Samoan Office of Tourism**, P.O. Box 1147, Pago Pago/American Samoa 96799/USA, Tel.: (00684) 633-1091/93, Fax: 633-1094

➔ Führerschein

Siehe Stichwort **Autoverleih**

G Geld

Siehe Stichwort **Währung**

➔ Geschäfte

Die Geschäftszeiten in Amerikanisch-Samoa sind Mo-Fr 8.00-17.00 Uhr und Sa 8.00-13.00 Uhr.

➔ Gesundheit

Amerikanisch-Samoa ist **malariafrei**. Zu Beginn der Reise sollten Sie sich nicht zu lange der **Sonnenbestrahlung** aussetzen. Empfehlenswert sind das Tragen von Sonnenbrille und Kopfbedeckung sowie das Auftragen einer Hautcreme mit Lichtschutzfaktor (je nach Hauttyp Faktor 8 und höher). Bei **Durchfallerkrankungen** ist stets auf eine ausreichende Flüssigkeits- und Elektrolytzufuhr zu achten. Abgepackte Glukose-Elektrolyt-Mischungen sind im Handel erhältlich und gehören in jede Reiseapotheke. Die sorgfältige **Desinfizierung** selbst **kleiner Wunden** und der Schutz vor Verschmutzung ist sehr wichtig. Bei Anreise aus Fidschi, West-Samoa, Tokelau oder Tonga und dem Aufenthalt dort von mehr als 12 Monaten benötigen alle Reisenden den Nachweis einer Behandlung gegen **Filarien (Fadenwürmer)** bzw. müssen sich einer solchen unterziehen. **Ausnahmen** bestehen für Reisende, deren Aufenthalt weniger als 72 Stunden in Amerikanisch-Samoa beträgt und für Europäer, die weniger als 2 Jahre in Fidschi, West-Samoa, Tokelau oder Tonga gewohnt haben.
Das **Lyndon B. Johnson Tropical Medical Centre**, Tel.: 633.55.55, verfügt über eine Kapazität von 170 Betten. Rund um die Uhr stehen den Patienten medizinische, zahnärztliche und pharmazeutische Dienste zur Verfügung.

H Hotels

Siehe Stichwort **Unterkunft**

I Impfungen

Bei der Einreise direkt aus Europa bestehen **keine Impfvorschriften**. Eine **Ausnahme** ist allerdings die **Gelbfieberimpfung**. Sie ist zwingend für Reisende vorgeschrieben, die sich innerhalb der letzten sechs Tage vor ihrer Ankunft in Amerikanisch-Samoa in Infektionsgebieten aufgehalten oder sie transitiert haben. **Befreit** von dieser Regelung sind Kinder unter einem Jahr sowie Transitreisende, die, aus infektionsfreien Gebieten kommend, ein Infektionsgebiet nur transitiert und dort den Flughafen nicht verlassen haben.
Grundsätzlich jedoch sollte der Impfschutz gegen **Tetanus, Diphtherie** und **Kinderlähmung** (Polio) überprüft und ggfs. aufgefrischt werden.
Hepatitis A: Auch wenige Tage vor Ihrer Abreise kann mit aktivem Impfstoff als Einmaldosis ein ausreichender Schutz aufgebaut werden. Nach 6-12 Monaten sollte die Impfung wiederholt werden, um einen mehrjährigen Impfschutz sicherzustellen.

→ Information

Siehe Stichwort **Fremdenverkehrsamt**

K Kleidung

Sommerkleidung, leicht und atmungsaktiv, ist das ganze Jahr über angebracht. Den Regenschutz sollten Sie nicht vergessen.

→ Klima

Amerikanisch-Samoa hat ein **tropisches Klima**. Die Jahresdurchschnitts-Temperatur liegt bei +26 °C. Die Temperatur sinkt fast nie unter +21 °C und steigt kaum über +32 °C. Ganzjährig herrscht hohe relative Luftfeuchtigkeit von ca. 76%. Mit kurzen Regenschauern muß das ganze Jahr über gerechnet werden. Der meiste Regen fällt in den Monaten Dezember bis März. Dann kann es auch mehrere Tage stark regnen. Die beste Reisezeit ist die Zeit von Juni bis Oktober.

→ Konsulate

Siehe Stichwort **Diplomatische Vertretungen**

→ Kreditkarten

Mit den gängigen internationalen Kreditkarten, beispielsweise American Express, Carte Blanche, Diners Club, VISA, MasterCard und Bank/America Card können Sie in den größeren Hotels, Restaurants und Geschäften, Reiseagenturen, Fluggesellschaften und Autovermietungen bezahlen.

N Notruf

Polizei, Feuer, Krankenhaus: 911

O Öffnungszeiten

Siehe Stichworte **Banken, Geschäfte, Post**

P Post

Die Hauptpost hat ihren Sitz in Fagatogo, im Lumana'i-Building.
Öffnungszeit: Mo- Fr 8.00-16.00 Uhr, Sa 8.30-12.00 Uhr

R Reisezeit

Siehe Stichwort **Klima**

➜ Religionen

Der Protestantismus, Katholizismus und die methodistische Glaubensgemein-
schaft sind in Amerikanisch-Samoa am häufigsten vertreten.

➜ Restaurants

Das bekannteste Restaurant befindet sich im **Rainmaker Hotel**. Ferner gibt es
mehrere Restaurants und Snack Bars, die amerikanische, mexikanische, italienische, polynesische, chinesische und japanische Gerichte servieren.

S Souvenirs, Souvenirs

Traditionelles Kunsthandwerk, beispielsweise Tapa-Stoffe, Muschelschmuck und
Holzschnitzereien, verkaufen neben diversen Andenkenläden in Pago Pago:
- **Handicraft Centre** in Fagatogo,
- **Handicraft Centre** im Pago Pago Park,
- **Samoa Women's Handicraft** am Fono-Maota-Gebäude.

➜ Sport

Die in Amerikanisch-Samoa am häufigsten ausgeübten Sportarten sind: Golf,
Kricket, Rugby, Schnorcheln, Schwimmen, Segeln, Sportfischen, Tennis und Tauchen.

Einige **Kontaktadressen:**
- **Golf**
Lava Lava Golf Course, 18-Loch-Anlage
- **Sportfischen**
American Samoa Game Fishing Association, P.O. Box 191, Pago Pago, Ame-
rican Samoa 96799, Tel.: (684) 633.45.98
- **Tauchen und Schnorcheln**
Dive Samoa, P.O. Box 3927, Pago Pago, American Samoa 96799, Tel.: (684)
633.21.83

➜ Sprache

Samoanisch ist Landes- und Umgangssprache. **Englisch** wird von fast jedem Samoaner verstanden und gesprochen, und es wird in den Schulen gelehrt.

➜ Strände

Es gibt eine ganze Reihe von namenlosen Stränden und Buchten, die zum Schwimmen und Schnorcheln geeignet sind. Zu den Stränden in Stadtnähe, die einen Namen tragen, gehören Utulei und Faga'alu.

➜ Strom

Die Stromspannung beträgt in Amerikanisch-Samoa 110-120 Volt/60 Hertz Wechselstrom. Es ist ratsam, einen Adapter mitzunehmen (unterschiedliche Stecker).

⊺ Tankstellen

Tankstellen sind in ausreichendem Maße vorhanden. Die Treibstoffpreise sind nur vor Ort zu erfahren. Sie liegen über denen in den USA.

➜ Taxis

Taxis sind genügend vorhanden. Die Tarife sind festgelegt. Es muß für eine Meile rund ein US$ bezahlt werden. Informationen über Kosten für eine jeweilige Strecke können Sie beim **Office of Tourism** im Rainmaker Hotel bekommen.

➜ Telefonieren

Beim **Communication Office** in Fagatogo können Sie internationale Telefongespräche führen.

```
Vorwahl Deutschland: 0049      Vorwahl Schweiz: 0041
Vorwahl Österreich: 0043       Vorwahl Amerikanisch-Samoa: 684
                                  (von Deutschland 00684)
```

➜ Trinkgeld

Trinkgeld ist in Amerikanisch-Samoa nicht üblich. Es widerspricht den Sitten und Gebräuchen des Landes und sollte deshalb unterlassen werden.

➜ Trinkwasser

Auf der Hauptinsel wird das Wasser aufbereitet. Es gilt als trinkbar. Auf den Außeninseln wird das Wasser oft in Tanks aufbewahrt. Hier sollte es vor Genuß abgekocht werden.

U Unterkunft

- **Das Rainmaker Hotel**, an der Pago Pago Bucht gelegen, ist das teuerste Hotel, mit Zimmerpreisen ab 80 US$.
- **Mittlere Preislage** haben pensionsähnliche Unterkünfte auf den Inseln Ofu und Olosega/Manu'a-Gruppe mit 35-40 US$ pro Doppelzimmer.
- **Einfacher, aber volksnaher** können Sie in einem samoanischen Fale Quartier beziehen. Im Rahmen des **"Fale, Fale, Ma Ti"**-Programms (Haus, Bett, Tee) werden diese privaten Unterkünfte über das Office of Tourism in Pago Pago vermittelt. Die Preise liegen bei 25-45 US$ pro Nacht. Jugendherbergen gibt es nicht.

Die in diesem Reisehandbuch im folgenden erwähnten Hotels und sonstigen Unterkünfte sind nur als persönliche Vorschläge anzusehen. Es wird kein Anspruch auf Vollständigkeit erhoben. Auch gibt es vergleichsweise sicherlich genau so gute oder noch bessere Unterkünfte, die nicht erwähnt sind.
Wegen der ständig schwankenden Zimmerpreise werden in diesem Buch Preis-**Gruppierungen** nach folgendem Schlüssel pro Standard-Doppelzimmer vorgenommen:

$$$$	=	über 60 US$
$$$	=	50 – 60 US$
$$	=	40 – 50 US$
$	=	unter 40 US$

U Verkehrsregeln

Siehe Stichwort **Autofahren**

→ Visum

Siehe Stichwort **Einreise**

W Währung

Die **Landeswährung** für Amerikanisch-Samoa ist der **US-Dollar**. Die Ein- und Ausfuhr der Landes- und Fremdwährung unterliegt keinen Beschränkungen. Werden bei der Ein- oder Ausreise Zahlungsmittel (Bargeld, Reiseschecks u.a.) im Werte von **mehr als 10.000 US$** mitgeführt, ist eine Deklaration erforderlich.
Der US-Dollar ist in 100 Cents unterteilt.

Derzeitiger Wechselkurs:
1 US$ = ca. 1,74 DM (Stand: März 1997)

Z Zeitungen

Die Tageszeitung **"Samoa News"** und die Wochenzeitung **"Samoa Journal"** bringen lokale Nachrichten und die wichtigsten internationalen Ereignisse.

➔ **Zeitzonen**

Die Zeitverschiebung zu Mitteleuropa beträgt in Amerikanisch-Samoa:
- **minus 12 Stunden** außerhalb der mitteleuropäischen Sommerzeit,
- **minus 11 Stunden** während der mitteleuropäischen Sommerzeit,

Amerikanisch-Samoa liegt **östlich der internationalen Datumsgrenze**.

➔ **Zoll**

- **Reisegut**

Gegenstände des persönlichen Bedarfs, beispielsweise Kleidung, Wäsche, Schuhe, Toilettenartikel, Schmuck usw., können abgabefrei mitgeführt werden.
Zollfrei sind außerdem im Handgepäck:
- 200 Zigaretten oder 50 Zigarren oder 450 g Tabak,
- bis zu zwei Flaschen Wein oder andere alkoholischen Getränke,
- eine angemessene Menge Parfüm und Kölnisch Wasser.

- **Lebende Tiere und Pflanzen**

Die Einfuhrerlaubnis des Veterinary Officer bzw. des Agricultural Department in Pago Pago ist erforderlich.

6.1.5 A-Z WEST-SAMOA

A Alkohol

Bier und andere alkoholische Getränke gibt es nur in Läden mit Lizenz. Der aus Australien und Neuseeland eingeführte Wein ist durch hohe Einfuhrzölle sehr teuer.

➜ Ärzte

Es gibt in West-Samoa das **Zentralkrankenhaus Moto'otua National Hospital** in Apia, 31 Distrikt-Krankenhäuser und Privatkliniken.

- **Privatkliniken**:
- **Apia Medical Clinic**, Tel.: 20.942
- **Alama Medical Surgery**, Tel.: 24.120
- **Faletoese Clinic**, Tel.: 23.344
- **LTP Surgery**, Tel.: 21.652
- **Saleufi Medical Clinic**, Tel.: 21.084

- **Private Zahnarztpraxen**:
- **Leavai Dental Surgery**, 3 Corners Taufusi, Tel.: 20.172
- **Soonalole Dental Surgery**, Alamagoto, Tel.: 21.145

➜ Autofahren

Das Straßennetz auf den beiden großen Inseln 'Upolu und Savai'i ist 1.800 km lang, davon sind 396 km Hauptstraßen, 260 km sind davon asphaltiert.
In West-Samoa herrscht **Rechtsverkehr**. Die Straßenverhältnisse auf den Erd-straßen variieren sehr stark zwischen der Regenzeit (November bis April) und der Trockenzeit (Mai bis Oktober).
Die Höchstgeschwindigkeit darf **im Stadtgebiet** von Apia **40 km/h** (25 mph) und **außerhalb** von Apia **56 km/h** (35 mph) nicht überschreiten.

➜ Autoverleih

In Apia erhält man Mietwagen für Selbstfahrer. Pro Tag muß man mit einem Tagessatz von 100-120 Tala rechnen. Unbegrenzte Kilometer und Versicherung sind meistens inbegriffen. In der Regel wird eine Sicherheitsleistung von 100-200 Tala gefordert. Eine wöchentliche Anmietung ist am günstigsten. Es wird eine Mehrwertsteuer von 10% erhoben. Der Benzinverbrauch geht zu Lasten des Mieters. Ein nationaler und internationaler Führerschein (Mindestalter 25 Jahre) sind vorzulegen. Außerdem ist eine örtliche Bestätigung der Führerscheine erfor-derlich und gegen eine Gebühr von ca. 20 Tala und 2 Paßbilder erhältlich. Kleinkrafträder können ebenfalls angemietet werden.
Einige Mietfirmen:
- **Apia Rentals**, Tel.: (685) 26.193, P.O. Box 173 Apia, Fax: (685) 26.193
- **Avis**, Matautu Street, P.O. Box 2267, Anfang der Matautu Street, von der Beach Road kommend, rechts
- **Billie's Car Rentals**, Retzlaff's Campground, Saleufi, Tel.: (685) 25.363, 22.315 (nach Feierabend), P.O. Box 1863 Apia, Fax: (685) 23.038
- **Budget Rentals**, National Provident Fund Building, Apia, Tel.: (685) 20.561, 22.191 (nach Feierabend), Fax: 22.284

B Banken

- **Bank of Western Samoa**, Beach Road, Apia, Tel.: 22.422 und
- **Pacific Commercial Bank**, Beach Road, Apia, Tel.: 20.000

→ Benzin

Das **Tankstellennetz** ist in Apia und Umgebung gut ausgebaut. In den weiter entfernten Orten, mit Ausnahme in der Nähe des Flughafens, gibt es auf der Insel 'Upolu keine Tankstellen. Super und Diesel kosten z. Zt. 0,95 WS$ p. Liter.

→ Bevölkerung

Die Gesamtbevölkerung West-Samoas beläuft sich nach einer Bevölkerungs-Vorausschätzung der UN bis 1995 auf 179.000 Einwohner mit einer durchschnittlichen Wachstumsrate von 0,9%, von denen die meisten auf der **Insel 'Upolu**, einschließlich ca. 40.000 in der Hauptstadt Apia, leben. Der Rest siedelt auf der **Insel Savai'i** in Dörfern entlang der Küste und auf den kleinen Inseln Manono und Apolima.

→ Botschaften

Siehe Stichwort **Diplomatische Vertretungen**

→ Brauchtum

In West-Samoa werden noch viele alte Sitten gepflegt, besonders was die Dorfvorsteher (*matai*) angeht. Individualreisenden oder solchen Personen, die sich länger im Land aufhalten, wird empfohlen, sich gleich nach Ankunft beim Touristenbüro in Apia das Hinweisblatt über die "Samoan Etiquette" geben zu lassen.

→ Busse

Auf den beiden Inseln 'Upolu und Savai'i sind Busdienste eingerichtet. Das Busnetz ist gut ausgebaut. Eine Fahrt mit den lokalen Bussen kann für Sie als Besucher insofern ein besonderes Erlebnis werden, als Sie "hautnah" mit den Samoanern in Kontakt kommen. Auskünfte erhalten Sie am Market Bus Stand in Apia.

C Camping

In West-Samoa gibt es keine öffentlichen Campingplätze. Bevor Sie Ihr Zelt in ländlichem Gebiet aufschlagen, müssen Sie unbedingt die Erlaubnis des Dorfältesten der nächsten Ansiedlung einholen.

D Devisen

Siehe Stichwort **Währung**

➔ Diplomatische Vertretungen

● **In Belgien für Deutschland und die Schweiz:**
Ambassade de l'État Independant des Samoa Occidentales, (Botschaft des unabhängigen Staates West-Samoa), 123 Avenue Franklin Roosevelt- bte 14, 1050 Bruxelles (Brüssel/Belgien), Tel.: (00322) 660.84.54, Fax: (00322) 675.03.36

● **In Deutschland:**
Honorarkonsulat von West-Samoa, Koetschaustraße 4, 40474 Düsseldorf, Tel.: (0211)434585, Fax: (0211)4707185

● **In Österreich**:
Konsulat von West-Samoa, Alserstraße 45, 1080 Wien, Tel.: (0222) 405.74.42, Fax: (0222) 408.78.11

● **In Australien:**
Österreichische Botschaft, 12 Talbot Street, Forrest, Canberra, A.C.T. 2603/ Australien, Tel.: (006162)951376, 951533, Fax: (006162)396751

● **In Neuseeland:**
Schweizerische Botschaft, 22 Panama Street, Wellington, New Zealand, Tel.: (00644)4721593/94, Fax: (00644)4996302

E Einreise

● **Einreise ohne Visum**
Für Deutsche, Österreicher und Schweizer ist ein Aufenthalt bis zu maximal 30 Tagen ohne Visum gestattet.
Voraussetzungen sind:
- der Besitz eines noch sechs Monate gültigen Reisepasses oder Kinderausweises,
- der Besitz ausreichender Geldmittel für den Aufenthalt,
- der Besitz der Flugscheine mit bestätigter Buchung für die Rück- oder Weiterreise.
- Bei Nachfrage sollten Sie in der Lage sein, Ihre Unterkunft auf den Inseln anzugeben.
Für einen längeren Aufenthalt ist Kontakt mit dem **Immigration Office**, Beach Road, P.O. Box 1861, Apia, Western Samoa, aufzunehmen.

● **Visitor Arrival Card**
Dieser Vordruck muß dem Beamten am "Immigration desk" bei der Ankunft am internationalen Flughafen richtig und vollständig ausgefüllt ausgehändigt werden.

➔ Essen

Das **traditionelle Essen** in West-Samoa besteht zum größten Teil aus Grundnahrungsmitteln, wie Knollen (*Taro*) und verschiedenen Gemüsesorten, die durch Kokosprodukte (*niu* und *popo*), Hühnerfleisch (*moa*), Schweinefleisch (*pua'a*), frische Früchte und Fisch (i'a) verfeinert werden. Die Speisen werden in Bananenblätter gerollt und im **Erdofen** gegart.
In den **Hotels** und **Restaurants** bekommen Sie hauptsächlich Gerichte der internationalen Küche.

F Fähren

Die Fähren der **Western Samoa Shipping Corporation**, Tel.: (685) 20.935, Private Bag, Apia, verkehren täglich zwischen den beiden großen Inseln des Landes, **'Upolu** (Mulifanua) und **Savai'i** (Salelologa), Fahrtdauer ca. 1 Std., und zweimal wöchentlich zwischen West-Samoa und **Amerikanisch-Samoa**. Wegen oft wechselnder Fahrpläne ist es nötig, bevor Sie sich für eine Fährfahrt entscheiden, die Reederei selbst oder das Western Samoa Visitors Bureau zu befragen.
Der Fährpreis für eine einfache Fahrt beträgt nach Savai'i z.Zt. 6,60 WS$ und nach Amerikanisch-Samoa 30,00 WS$.

➜ Fahrradfahren

Ein **Fahrradverleih** besteht bei einigen Hotels und Resorts. Außerdem können Sie bei folgenden Firmen Fahrräder und Mopeds mieten:
- **Copy Center**, Apia
- **Sky Tour Bikes**, Apia
Die Preise belaufen sich für Fahrräder auf 10-14 WS$ und für Mopeds auf 25-30 WS$ pro Tag.

➜ Feiertage

New Year's Day (1. Neujahrstag)	01. Januar
Day after New Year's Day (2. Neujahrstag)	02. Januar
Good Friday (Karfreitag)	März/April
Easter Monday (Ostermontag)	März/April
ANZAC Day (Gedenkfeier an die im Krieg Gefallenen)	26. April
Independence (Unabhängigkeit)	01.-03. Juni
White Sunday *) (Weißer Sonntag)	10. Oktober
White Monday *) (Weißer Montag)	11. Oktober
Arbour Day (Laubenfest)	05. November
Christmas Day (1. Weihnachtstag)	25. Dezember
Boxing Day (2. Weihnachtstag)	26. Dezember

Zeichenerklärung: *) = Am Weißen Sonntag (*Lotu Tamaiti*) und dem folgenden Montag wird ein wichtiges religiöses Fest gefeiert. Nach dem Kirchgang werden die **weißgekleideten Kinder** von den Erwachsenen bedient. Sie sind an diesen Tagen der Mittelpunkt der Familie.

➜ Fernsehen

West-Samoa hat noch kein eigenes Fernsehen. Es wird jedoch das Programm von Amerikanisch-Samoa empfangen.

➜ Feste

Vom 08. September bis 23. September 1996 soll in Apia das "Südpazifik-Festival" gefeiert werden.

➔ Flüge

● **Internationaler Flugdienst**
Faleolo International Airport liegt 35 km von der Hauptstadt Apia entfernt.
Airport Bus Service (Tel.: 23.014)
Für Flughafengäste ist ein Busservice zwischen dem internationalen Flughafen und allen Hotels in Apia eingerichtet, der von dem Unternehmer P & F Schuster Tours für 7,00 WS$ einfache Fahrt pro Person betrieben wird. Die Aufnahme von den Hotels zum Flughafen erfolgt 2 Stunden vor Abflug der Flugzeuge.
Taxis fahren für 35 WS$ nach Apia.
Eine Flughafengebühr ("Airport Departure Tax") von **20 WS$ für Erwachsene** und von **Kindern von 5 bis 10 Jahren** von **10 WS$** muß beim Abflug vom internationalen Flughafen Apia entrichtet werden. **Befreit** sind Transitreisende, die mit dem gleichen oder ersten Anschlußflug weiterreisen und den Flughafen nicht verlassen, sowie Kinder unter 5 Jahren.
Folgende **Fluggesellschaften** sind für den internationalen Verkehr einsatzbereit:
- **Air New Zealand**, Tel.: (685) 20.825, Fax: (685) 22.478 fliegt von und nach Sydney, Melbourne, Auckland, Honolulu, Los Angeles, Tonga, Fidschi, Cook-Inseln, Niue und Amerikanisch-Samoa.
- **Air Pacific**, Tel.: (685) 22.693, Fax: (685) 20.023 betreibt einen regulären Flugdienst von und nach Fidschi.
- **Hawaiian Air**, Tel.: (685) 21.435, Fax: (685) 22.284 verkehrt zwischen Apia und Honolulu.
- **Polynesian Airlines** ("National flag carrier"), Tel.: (685) 21.261, Fax: (685) 20.023 fliegt die gleichen Routen wie Air New Zealand und außerdem zur großen Nachbarinsel Savai'i.
- **Samoa Air**, (685) 22.901, 22.321, Fax (685) 23.851 bietet tägliche Flüge nach Amerikanisch-Samoa an.
Wegen der **Flugpläne** nehmen Sie bitte mit den o.g. Fluggesellschaften direkt Kontakt auf.

● **Verbindungswege**:
Frankfurt – Los Angeles/USA: täglich
Los Angeles – Honolulu/USA: mehrmals täglich
Honolulu – Pago Pago/Amerikanisch-Samoa: 2x wöchentlich
Pago Pago – Apia/West-Samoa: mehrmals täglich
Honolulu/USA – Apia/West-Samoa: 2x wöchentlich direkt
Flüge sind auch möglich über Auckland/Neuseeland und Sydney/Australien. Bei Flugbuchungen sollte nachgefragt werden, welche günstigen Air-Pässe es für den südpazifischen Raum gibt.

● **Nachbarschaftsflugverkehr**
Es bestehen direkte Flugverbindungen ein- bis mehrmals wöchentlich von Apia nach Nadi/Fidschi, Pago Pago/Amerikanisch-Samoa (mehrmals täglich), Tongatapu/Tonga, Melbourne und Sydney/Australien und Auckland und Wellington/Neuseeland.

● **Nationaler Flugdienst**
Der **Fagali'i Airstrip** (fünf Autominuten von Downtown Apia entfernt) und der **Maota Airstrip** (im südöstlichen Teil der Insel Savai'i) sind zwei Inlandflugplätze.
Polynesian Airlines fliegt mit Britten Norman Islander Nomad teils vom Flughafen Faleolo und teils vom Stadtflughafen Fagali'i von Apia (Insel 'Upolu) zur Nachbarinsel Sava'i: Fagali'i - Asau: täglich, Faleolo - Maota/Salelologa: 1x So, Fagali'i - Maota: 4x werktags

➔ **Fremdenverkehrsamt**

● **In West-Samoa**: **Western Samoa Visitors Bureau**, Beach Road, P.O. Box 2272 Apia, Western Samoa, Tel.: (00685) 20180, 20878, Fax: (00685) 20886. Das sehr freundliche und hilfsbereite Personal gibt bereitwillig Auskünfte über Transportmöglichkeiten zu Lande, Wasser oder per Luft und versorgt Sie gern mit Prospektmaterial über Unterkünfte, Ausflugsmöglichkeiten und Aktivitäten.
● **In Deutschland** (für Deutschland/Österreich/Schweiz): **TCSP - Tourism Council of the South Pacific**, Dircksenstraße 40, 10178 Berlin, Tel.: (030)23817645, Fax: (030)23817641

➔ **Führerschein**

Nach der Vorlage des Führerscheins Ihres Heimatlandes oder Ihres internationalen Führerscheins (Mindestalter 25 Jahre) und zwei Paßbildern bei der Polizei bekommen Sie eine **Fahrerlizenz**, für die Sie 20 WS$ bezahlen müssen, die Sie berechtigt, ein Kraftfahrzeug in West-Samoa zu führen.

G Geld

Siehe Stichwort **Währung**

➔ **Geschäfte**

Die **Geschäftszeiten** sind: Mo-Fr 8.00-12.00 und 13.30-16.30 Uhr, Sa 8.00-12.30 Uhr. Kleine Geschäfte haben teilweise über Mittag geöffnet.

➔ **Gesundheit**

West-Samoa ist **malariafrei** und überwiegend frei von Tropenkrankheiten. Das **Moto'otua National Hospital** bietet seine Dienste für geringe Gebühren an. Zu Beginn der Reise sollten Sie sich nicht zu lange der **Sonnenbestrahlung** aussetzen. Empfohlen wird, eine Sonnenbrille und eine Kopfbedeckung zu tragen sowie ein Sonnenschutzpräparat mit ausreichendem Lichtschutzfaktor, je nach Hauttyp Faktor 8 und höher, anzuwenden. **Tauchsport** setzt eine gute körperliche Verfassung voraus. Eine Tauglichkeitsuntersuchung vor Reiseantritt ist empfehlenswert. Bei **Durchfallerkrankungen** ist immer auf eine ausreichende Flüssigkeits- und Elektrolytzufuhr zu achten. Abgepackte Glukose-Elektrolyt-Mischungen sind im Handel erhältlich und gehören in jede Reiseapotheke. Die sorgfältige **Desinfektion** selbst **kleiner Wunden** und der Schutz vor Verschmutzung ist sehr wichtig.

H Hotels

Siehe Stichwort **Unterkunft**

I Impfungen

Bei Einreise direkt aus Europa sind **keine Impfungen** erforderlich. Eine **Ausnahme** ist allerdings die **Gelbfieberimpfung**. Sie ist zwingend für Reisende vorgeschrieben, die sich innerhalb der letzten sechs Tage vor ihrer Ankunft in West-Samoa in Infektionsgebieten aufgehalten oder sie transitiert haben. **Befreit** von diese Regelung sind Kinder unter einem Jahr sowie Transitreisende, die, aus Infektionsfreien Gebieten kommend, ein Infektionsgebiet nur transitiert und dort den Flughafen nicht verlassen haben.

Empfohlene Impfungen:
Tetanus/Diphtherie/Polio: Der Impfschutz sollte überprüft und ggfs. aufgefrischt werden..
Hepatitis A: Auch wenige Tage vor Abreise kann aktiver Impfstoff als Einmaldosis ein ausreichender Schutz aufgebaut werden. Nach 6-12 Monaten sollte die Impfung wiederholt werden, um einen mehrjährigen Impfschutz sicherzustellen.

➔ Information

Siehe Stichwort **Fremdenverkehrsamt**

K Kleidung

Leichte, atmungsaktive Sommerkleidung, das ganze Jahr über, ist in West-Samoa angebracht. Für kühle Abende ist ein leichter Pullover zu empfehlen. Bikinis und Badeanzüge dürfen in Städten und Dörfern nicht getragen werden.

➔ Klima

West-Samoa erfreut sich ganzjährig eines tropischen Klimas. Die durchschnittlichen Temperaturen liegen zwischen +22 und +30 °C.

Es herrscht eine fast gleichbleibende hohe relative Luftfeuchtigkeit von 85%. Die Abende sind etwas kühler. West-Samoa kommt auf über 2.500 Sonnenstunden im Jahr. Es ist jedoch mit kurzen Regenschauern fast jeden Tag zu rechnen.

Man unterscheidet **zwei Jahreszeiten**:
● Die **Regenzeit** wird von Dezember bis März angegeben. Das sind gleichzeitig die wärmsten Monate mit Durchschnittswerten um +30° C.
● Die **Trockenzeit** von April bis November ist etwas kühler und nicht so regnerisch.

Die **angenehmste Reisezeit** sind die Monate **Mai bis Oktober**.

➔ Konsulate

Siehe Stichwort **Diplomatische Vertretungen**

➔ Kreditkarten

Die weltweit gebräuchlichen Kreditkarten, wie beispielsweise MasterCard, VISA oder Diners Club, werden mindestens in den größeren Hotels in Apia akzeptiert. Vor Inanspruchnahme irgendwelcher Leistungen ist es besser, erst einmal abzuchecken, welche Kreditkarten angenommen werden.

N Notruf

Feuer, Polizei oder Ambulanz: 999	Polizei Abteilung:	22.222
Feuerwehr Abteilung: 20.404	National Hospital:	21.212

O Öffnungszeiten

Banken: Mo bis Fr 9.30 bis 15.00 Uhr
Post: Mo bis Fr 9.00 bis 12.00; 13.00 bis 16.30 Uhr
Büros: Mo bis Fr 8.00 bis 12.00; 13.00 bis 16.30 Uhr
Läden: Mo bis Fr 8.00 bis 12.00; 13.30 bis 16.30; Sa 8.00 bis 12.30 Uhr

P Post

Die **Hauptpost von Apia** liegt an der Beach Road. Hier ist auch ein Philatelisten-Büro eingerichtet, wo Sie Briefmarken mit schönen Motiven erstehen können. Der Hauptpost sind mehrere Zweigstellen in der Provinz angeschlossen. Der Postdienst umfaßt Brief- und Paketbeförderung sowie Telegramm-, Telefax- und Telexverkehr.

R Reisezeit

Siehe Stichwort **Klima**

➔ Religion

Die christliche Religion ist ein wesentlicher Teil der Sitten und Gebräuche des Landes. Es herrscht absolute Religionsfreiheit. Das spiegelt sich in der Vielzahl der Konfessionen wider:

- Anglikanische Kirche,
- Assembly of God,
- Baha'i Faith,
- Baptist Church of Western Samoa,
- Church of Latter Day Saints,
- Congregational Christian Church of Samoa,
- Congregational Church of Jesus Christ in Samoa,
- Jehovas Zeugen,
- Methodisten,
- Nazarene Church,
- Peace Chapel,
- Protestantische Kirche,
- Römisch-katholische Kirche,
- Seventh-Day Adventisten.

Einige Andachten werden in englischer Sprache abgehalten.

➔ Restaurants

Abgesehen von den Restaurants in den größeren Hotels finden Sie nur in Apia kleinere Eßlokale und separate Restaurants mit europäischer, chinesischer oder amerikanischer Küche.

S   Souvenirs, Souvenirs

Eine große Auswahl an kunsthandwerklichen Andenken, von samoanischen Familien gefertigt, bestechen durch ihre Schönheit und ihr Design:
- **Tapa**-Kleidung, aus dem Bast des Maulmeerstrauches ("mulberry") hergestellt, ist sehr populär.
- **Flechtarbeiten** in Form von Matten, Hüten, Körben, Kiepen und Taschen sind begehrt.
- **Holzschnitzarbeiten** (Kavaschalen, Tiermotive) sind sehr beliebte Andenken.

Bekannte **Souvenirläden** sind: Aggie Grey's Gift Shop, Chan Mow's General Store, Janet's Handicrafts und Morris Hedström.

➜ Sport

- **Golf**

Der **Royal Samoan Country Club** befindet sich nahe dem Inlandflughafen Fagali'i. Der Golfplatz hat 18 Löcher und bietet spektakuläre Ausblicke. Übers ganze Jahr wird hier Golf gespielt. Interessierte Besucher können für 10 WS$ eine Kurzmitgliedkarte erwerben. Nähere Auskünfte erfragen Sie bitte unter Tel.: 20.120.

- **Rasen-Bowling**

Hotels und Reiseagenten können bei Bedarf mit dem **Apia Bowling Club** Absprachen für Sie zum Spiel im **Kitano Tusitala Hotel** oder im **Sportkomplex des Apia Parks** vornehmen.

- **Squash**
- **Apia Squash Courts** befinden sich nahe der Apia Wharf, hinter der Unterkunft Seaside Inn. Über Tel.: 23.780 oder 23.780 können Sie Erkundigungen einholen und Buchungen vornehmen lassen.
- **Heem's Squash Courts** liegen außerhalb von Apia. Über Tel.: 20.183 können Sie Auskunft erhalten und buchen.

- **Tauchen**

Die meisten Küstengewässer sind glasklar und versprechen für mehrere Stunden einen Hochgenuß beim Tauchen. Fast alle Strandhotels organisieren Tauchfahrten für Sie.

- **Tennis**
- Am **Apia Park** gibt es öffentliche Tennisplätze, die täglich von 8.00-18.00 Uhr geöffnet sind. ½ Stunde kostet 1 WS$.
- **Private Tennisplätze** beim **Chanel College Moamoa** sind für Gäste Mo, Mi, Sa und So geöffnet. Reservierungen müssen über Tel.: 21.821 vorgenommen werden.
- Das **Kitano Tusitala Hotel** gestattet nur Hotelgästen das Spielen auf seiner Tennisanlage.

➜ Sprache

Neben **Samoanisch**, einer weichen, vokalreichen und musikalischen Sprache, wird überall auch **Englisch** als Amts- und Geschäftssprache gesprochen.

Sie können sich in diesem Land große Sympathien erwerben, wenn Sie bemüht sind, einige Wörter oder gar Sätze in Samoanisch zu lernen. Dazu könnte Ihnen folgende **kleine Sprachhilfe** nützlich sein:

● **Wörter**

hallo	*alofa*	Milch	*susu*
guten Tag	*tofa*	Salz	*masima*
Junge	*tama*	Pfeffer	*pepper*
Mädchen	*teine*	bitte	*famolemole*
Mann	*tamaloa*	danke	*faafetai*
Frau	*fafine*	ja	*loe*
Taxi	*taxi*	nein	*leai*
Name	*igoa*	Haar	*nofoa*
Baum	*laau*	Bett	*moega*
Straße	*auala*	Licht	*moli*
Krankenhaus	*falema'i*	Hemd	*ofu tino*
Polizei	*leoleo*	Zeitung	*nusipepa*
Arzt	*foma'i*	Radio	*leitio*
Fahrer	*ave taavale*	Fernsehen	*televise*
Bus	*pasi*	Telefon	*telefoni*
Busfahrer	*ave pasi*	Zimmer	*potu*
Ladenbesitzer	*faatauoloa*	Wasser	*vai*
Buch	*tusi*	Meer	*sami*
Feder	*peni*	Essen	*mea'ai*
Federhalter	*penitala*	Trinken	*mea'inu*
Kamera	*mea pu'eata*	Bier	*beer*
Dorf	*nu'u*	Speiseeis	*aisa*
Familie	*aiga*	Hund	*maile*
Vater	*tama*	Katze	*pusi*
Mutter	*tina*	Ratte	*Isumu*
Brot	*falaoa*	Pferd	*solofanua*
Butter	*pata*	Vogel	*manu lele*
Marmelade	*siamu*	Tier	*manu*
Zucker	*suka*		

● **Zahlen**

1	*tasi*	21	*luasefulutasi*
2	*lua*	30	*tolusefulu*
3	*tolu*	40	*fasefulu*
4	*fa*	100	*selau*
5	*lima*	101	*selautasi*
6	*ono*	110	*selausefulu*
7	*fitu*	111	*selausefulutasi*
8	*valu*	200	*luaselau*
9	*iva*	1.000	*afe*
10	*sefulu*	10.000	*sefuluafe*
11	*sefulutasi*	100.000	*selauafe*
12	*sefululua*	1.000.000	*miliona*
20	*luasefulu*		

- **Sätze und Satzteile**

Ich möchte gehen.	*Ua'sou fia alu.*
Ich möchte schlafen.	*Ua'sou fia moe.*
Ich möchte essen.	*Ua'sou fia'ai.*
Wie ist der Preis?	*E fia le tau?*
Wie heißt Du?	*O ai lou igoa?*
Ich heiße ...	*O lo'u igoa ...*
Hast Du ...	*E maua se ...*
Bringe mich zum Hotel.	*Ave a'u i le fatetalimalo*
Ich möchte im Meer schwimmen.	*Ou te fia ta'ele i le sami.*
Möchtest Du tanzen?	*E te fia siva?*
Nein danke	*leia faafetai*
Kaffee bitte!	*Kofe faamolemole!*
Ich habe Kopfweh.	*Tiga lo'u ulu.*
Ich möchte einen Haarschnitt.	*E fia'oti lo'u ulu.*
Habe einen guten Tag.	*Manuia le aso.*

➜ Strände

Die meisten Küsten der Inseln von West-Samoa sind durch Korallenriffe geschützt. In dem kristallklaren Wasser der eingeschlossenen Lagunen gibt es gute Bedingungen zum Schwimmen und Schnorcheln und Strände zum Ausruhen oder Wandern. Doch man muß diese guten Plätze kennen.
Hier einige Hinweise:
- **Vaiala Beach** liegt ca. 1 km von Aggie Grey's Hotel entfernt. Hier herrscht allerdings bei abfließendem Wasser (bei einsetzender Ebbe) eine starke Unterströmung, und der Strand ist nicht immer ganz sauber.
- **Mulinu Beach** befindet sich ca. 1 km vom Kitano Tusitala Hotel entfernt. Es ist ein beliebter Strand für Einheimische und Besucher.
- **Solosolo Beach**, 10 km östlich von Apia, ist ein gutes Surfgebiet. Man sollte jedoch wegen der Unterströmung vorsichtig sein.
- **Weitere Strände** in 'Upolu, von der Ost- zur Südküste aufgezählt, sind: Saluafata, Lalomanu, Aufaga, Vavau, Tafatafa, Aganoa, Coconut Beach Club, Mulivai, Saanapu, Salamumu und Lefaga.

➜ Strom

Im Umkreis von 50 Quadratkilometern um Apia wird die Region mit kombiniertem hydro- und dieselelektrisch erzeugten Strom versorgt. Die Stromversorgung in einigen Außenbezirken kann teilweise ausfallen.
Die Stromspannung beträgt 240 Volt/50 Hertz Wechselstrom. In einigen Hotels kann sie auf 110 Volt heruntertransformiert sein. Adapter (2-polig) sind erforderlich.

ⲧ Taxis

Die Taxis haben keine Taxameter. Die **Preise** sind von der Regierung festgelegt worden. Beim Visitors Bureau in Apia sind Faltblätter mit den maximalen Taxigebühren erhältlich. Innerhalb des Stadtgebietes ist ein Minimalpreis von 2,00 WS$ limitiert. Bei längeren Touren außerhalb der Stadt und in ländliche Gebiete liegen

die festgesetzten Preise entsprechend höher. Der Taxipreis vom Internationalen Flughafen Faleolo in das Stadtgebiet von Apia (35 km) beträgt z.Zt. 35 WS$ für eine einfache Fahrt. Der Preis ist zu vereinbaren!
Einige **Taxiunternehmer** mit Rufnummern:

- DB Taxi: Tel.: 22.380
- FM Taxis: Tel.: 25.215
- Radio Taxis: Tel.: 24.431

➔ Telefonieren

Ferngespräche können von Ihrem Hotel oder vom Postamt aus nach Mitteleuropa geführt werden.

Vorwahl Deutschland:0049	Vorwahl Schweiz: 0041
Vorwahl Österreich: 0043	Vorwahl West-Samoa: 685
	(von Deutschland: 00685)

Wenn das Gespräch von der Post aus geführt wird, kosten drei Minuten 5 WS$.

➔ Trinkgeld

Trinkgelder sind in West-Samoa nicht üblich. Die Regierung legt größten Wert darauf, daß diese Sitte bzw. Unsitte nicht eingeführt wird. Sie sollten nur kleine Aufmerksamkeiten und Geschenke für außerordentliche Dienste geben.

➔ Trinkwasser

Das Trinkwasser aus der Wasserleitung ist in Apia generell sauber, kann aber nach Regenfällen getrübt sein. Es sollte vorsichtshalber vor Gebrauch gefiltert und abgekocht werden. Das gilt auch für Trinkwasser in den kleineren Dörfern. Empfehlenswert ist Mineralwasser.

U Unterkunft

Auf 'Upolu und Savai'i gibt es Unterkünfte unterschiedlicher Preisklassen:
- **Große Hotels und Resorts** warten mit angeschlossenen Restaurants, Bars, Swimmingpools auf, wo Radio, Fernsehen, Klimaanlage, Unterhaltungprogramme, Shows, Tanz und Musik eine Selbstverständlichkeit sind.
- **Gästehäuser**, das sind meistens Unterkünfte für Selbstversorger mit Küche oder Kochgelegenheit, liegen preislich im Mittelfeld.
- **Fales** (offene Hütten) stellen eine preiswerte Unterkunftsmöglichkeit dar. Sie liegen fast ausnahmslos am Strand. Bei dem Mieten von Fales sollten Sie mit ausreichendem Mückenschutz (Moskitonetz oder Insektensalbe) ausgerüstet sein.
- **Jugendherbergen** gibt es in West-Samoa nicht.

Die in diesem Reisehandbuch im folgenden erwähnten Hotels und sonstigen Unterkünfte sind nur als persönliche Vorschläge anzusehen. Es wird kein Anspruch auf Vollständigkeit erhoben. Auch gibt es vergleichsweise sicherlich genauso gute oder noch bessere Unterkünfte, die nicht erwähnt sind. Wegen der ständig schwankenden Zimmerpreise werden in diesem Buch **Preis-Gruppierungen** nach folgendem Schlüssel pro Standard-Doppelzimmer vorgenommen:

$$$$$$	=	über 125 WS$	$$$	=	50 – 75 WS$
$$$$$	=	100 – 125 WS$	$$	=	25 – 50 WS$
$$$$	=	75 – 100 WS$	$	=	unter 25 WS$

ʊ Verkehrsregeln

Siehe Stichwort **Autofahren**

→ Visum

Siehe Stichwort **Einreise**

W Währung

Die **Landeswährung** ist der **Western Samoa Dollar oder Tala (WS$)**, der in 2, 5, 10, 20, 50 und 100 WS$ Banknoten und 1, 2, 5, 10, 20, 50 Cents und 1 Dollar Münzen im Umlauf ist. **Landeswährung:** Die Noten und Münzen in der Landeswährung dürfen bei der Ein- und Ausreise in geringen Mengen mitgeführt werden. **Fremdwährungen:** Die Einfuhr von Fremdwährungen ist unbeschränkt erlaubt. Deklaration ist erforderlich. Die Ausfuhr in Höhe der deklarierten Einfuhr abzüglich der umgetauschten Beträge ist erlaubt. **US-Dollar-Reiseschecks** und **US-Dollar** sind am geeignetsten. Auf dem Faleolo-Flughafen befindet sich eine Bankfiliale. Es empfiehlt sich, die für den Anfang benötigte Landeswährung bereits hier einzutauschen. **Internationale Kreditkarten** werden in den größeren Hotels in Apia akzeptiert. **Derzeitiger Wechselkurs**: 1 WS$ = ca. 0,65/0,63 DM, 1 DM = ca. 1,60 WS$ (Stand März 1997).

Z Zeitungen

Folgende einheimischen hauptsächlichen Zeitungen bringen lokale und internationale Nachrichten in samoanischer und englischer Sprache: **Savali**, Private Bag, Apia, Western Samoa, Tel.: (685) 26.398, 26.399, 26.420, Fax: 26.396, wird nur freitags herausgegeben; **Samoa Observer**, P.O. Box 1572 Apia, Western Samoa, Tel.: (685) 21.099; **Samoa Times**, P.O. Box Apia Samoa, Tel.: (685) 20.945, Fax: 20.263, erscheint dienstags und freitags.

→ Zeitzone

Die Zeitverschiebung zu Mitteleuropa beträgt in West-Samoa:
- **minus 12 Stunden** außerhalb der mitteleuropäischen Sommerzeit,
- **minus 13 Stunden** während der mitteleuropäischen Sommerzeit.
West-Samoa liegt **östlich der internationalen Datumsgrenze**. Wenn z.B. in Samoa Samstag ist, ist in Fidschi bereits Sonntag.

→ Zoll

Gegenstände für den persönlichen Gebrauch, z.B. Kleidung, Wäsche, Schuhe, Toilettenartikel usw. können **zollfrei** eingeführt werden. Von jedem ausländischen Besucher wird eine schriftliche Zoll-Deklaration gefordert. Zollfrei dürfen außerdem von über 16 Jahre alten Personen mitgeführt werden: 200 Zigaretten oder 50 Zigarren oder bis zu 675 g Tabak, eine Flasche Spirituosen.

Für **lebende Tiere** und **lebende Pflanzen** ist jeweils eine Importerlaubnis des Department of Agriculture, Apia/West-Samoa, erforderlich. Saatgut und Pflanzen mit Erde dürfen nicht eingeführt werden.

Verboten ist die Einfuhr von Waffen, Munition, Explosivstoffen, Rauschgift u.ä.

6.1.6 A-Z TONGA

Ä Ärzte

Siehe Stichwort **Gesundheit**

➜ Autofahren

Zum Führen eines Kraftfahrzeugs auf Tonga benötigt man eine **besondere Fahrerlaubnis** ("Driver licence"), die Sie für 10 T$ z. B. beim "Police Traffic Department" in Nuku'alofa (8.30-16.00 Uhr) gegen Vorlage des Führerscheins Ihres Heimatlandes oder eines internationalen Führerscheins bekommen. Ein Fahrer muß mindestens 21 Jahre alt sein. Leider muß man manchmal Wartezeiten von 2-3 Stunden in Kauf nehmen, um die "Driver licence" zu bekommen. Nach Auskunft des AVIS-Büros in Nuku'alofa kann dieses den Führerschein schneller besorgen, falls man dort ein Auto mietet. Fahrerwechsel sind nicht gestattet.

Auf Tonga herrscht **Linksverkehr**. Die Straßen sind nicht immer in bestem Zustand. In Ortschaften darf höchstens 40 km/h, außerhalb 65 km/h gefahren werden.

➜ Autoverleih

● **In Nuku'alofa**: **Avis**, P.O. Box 74, Tel.: 23-344, 23-218 und Kontaktadresse: Pacific Royal Hotel, Taufa'ahau Road. Ein Pkw-Leihwagen kostet je nach Größe und Ausstattung 60-80 T$ pro Tag.
● **In Lifuka** (Ha'apai-Gruppe): **Liviela-Taxi**, Tel.: 70-240. Ein kleiner Pkw wird für 60 T$ pro Tag vermietet.

B Banken

Die **Bank of Tonga** mit dem Hauptsitz in Nuku'alofa und ausländische Banken, wie Westpac, Bank of New Zealand und Bank of Hawaii, bieten ihre Dienste an.

➜ Benzin

Siehe Stichwort **Tankstellen**

➜ Bevölkerung

Heute sollen es nach der amtlichen Schätzung 110.000 Einwohner sein. Davon sind 99% Polynesier und 1% Europäer und Mischlinge.

➜ Botschaften

Siehe Stichwort **Diplomatische Vertretungen**

➜ Busse

Vom **Zentralbusbahnhof in Nuku'alofa** am Hafen starten werktags die Busse gegen 8.00 Uhr in alle Richtungen der Hauptinsel Tongatapu. Sie kommen im Laufe des Nachmittags wieder zurück. Es gibt keine festen Fahrpläne.

C Camping

Camping wird in Tonga nicht geduldet.

D Devisen

Siehe Stichwort **Währung**

➜ Diplomatische Vertretungen

● **In Tonga**: **Deutsches Honorarkonsulat**, P.O. Box 32, Nuku'alofa, Kingdom of Tonga, Tel.: (00676) 2.34.77, Fax: (00676) 2.31.54

- **In Neuseeland**: **Deutsche Botschaft** (Embassy/Honorary Consul of the Federal Republic of Germany), 90-92 Hobson Street, Wellington, P.O. Box 1687, Wellington/New Zealand, Tel.: (00644) 473.60.63, Fax: (00644) 473.60.69
- **In Australien: Österreichische Botschaft** in Canberra/Australien
- **In Neuseeland**: **Schweizerische Botschaft** in Wellington/Neuseeland
- **In Großbritannien für Deutschland, Österreich und die Schweiz**: High **Commission of the Kingdom of Tonga**, 36 Molyneux Street, London W1H 6AB, England, Tel.: (0044171) 724.58.28, Fax: (0044171) 723.90.74
- **In Deutschland**:
- **Honorarkonsulat des Königreichs Tonga**, Angermunder Straße 64, 40489 Düsseldorf, Tel.: (0203) 741211, Fax: (0203)742852 Geschäftsbereich für die Bundesländer: Nordrhein-Westfalen, Baden-Württemberg, Bayern, Hessen, Rheinland-Pfalz und Saarland
- **Honorarkonsulat des Königreichs Tonga**, Osterbekstraße 90a/Alster City, 22083 Hamburg, Tel.: (040) 27839350, Fax: (040) 2790077, Geschäftsbereich für die Bundesländer: Hamburg, Bremen, Niedersachsen, Schleswig-Holstein, Berlin, Brandenburg, Mecklenburg-Vorpommern, Sachsen, Sachsen-Anhalt und Thüringen
- **In der Schweiz**: **Honorarkonsulat des Königreichs Tonga**, Weinbergstraße 29, 8006 Zürich, Tel.: (01)2511555, Fax: (01) über 2511562

E Einreise

Problemlos wird u.a. Bürgern aus Deutschland, Österreich und der Schweiz die **Einreise ohne Visum** für 30 Tage ins Königreich Tonga genehmigt. Voraussetzungen sind: der Besitz eines gültigen nationalen Reisepasses, ein bezahltes Rück- oder Weiterflugticket für ihre nächste Destination und genügend Geldmittel für den Aufenthalt in Tonga. Bei länger gewünschtem Aufenthalt müssen Sie sich mit dem "Principal Immigration Officer" in Verbindung setzen.

→ Essen

Siehe Stichwort **Restaurants**

F Fähren

Von Nuku'alofa/Tongatapu verkehren Fähren zu den Inseln bzw. Inselgruppen 'Eua, Vava'u und Ha'apai. Die genauen Fahrzeiten erfragen Sie bitte beim Tourist Bureau in Nuku'alofa.

→ Fahrradfahren

Besonders auf den Außeninseln von Ha'apai und Vava'u ist Fahrradfahren für Besucher eine beliebte Fortbewegungsart.
Hier einige Adressen:
- **Gästehaus Fonongava'inga**, Pangai (Ha'apai-Gruppe)
- **Chanel Scouts**, Neiafu (Vava'u)
Preisbeispiele: 5,00 T$ für ½ Tag, 10,00 T$ pro Tag, 40 T$ pro Woche
- **Hill-Top Guesthouse**, Neiafu (Vava'u), Vermietung von Mountainbikes

➔ Feiertage und Feste

New Years Day (Neujahr)	01. Januar
Good Friday (Karfreitag)	März/April
Easter Monday (2. Ostertag)	März/April
ANZAC Day	
(Gedenkfeier an die im Krieg Gefallenen)	25. April
Birthday of H.R.H. Crown Prince Tupouto'a	
(Geburtstag des Kronprinzen)	04. Mai
Vava'u Festival Week (Vava'u Festwoche)	ebenfalls 04. Mai
Opening of Parliament	
(Eröffnung des Parlaments)	Mai
Ha'apai Festival (Ha'apai-Fest)	1. Woche im Juni
Emancipation Day (Tongas Einigung	
unter König George Tupou I)	04. Juni
'Eua Festival ('Eua-Fest)	Juni
Heilala Festival Week	1. Woche im Juli
Birthday of King Taufa'ahau Tupou IV	
(Geburtstag des Königs)	04. Juli
Constitution Day (Unabhängigkeitstag)	04. November
King George Tupou I Day	04. Dezember
Christmas Day (1. Weihnachtstag)	25. Dezember
Boxing Day (2. Weihnachtstag)	26. Dezember

➔ Fernsehen

In Nuku'alofa existieren zwei private Kabelfernsehgesellschaften.

➔ Flüge

Die beiden wichtigsten Flughäfen des kleinen Inselstaates sind in Nuku'alofa und Neiafu/Vava'u.

- **Internationaler Flugdienst**

Der internationale Flughafen in Nuku'alofa/Tongatapu befindet sich 21 km von der Hauptstadt entfernt (Hotelzubringer oder Taxi; Fahrkosten zur Stadt ca. 15 T$).

Royal Tongan Airlines, Air New Zealand, Polynesian Airlines und **Air Pacific** unterhalten regelmäßige Flüge von und nach Sydney, Auckland, Fidschi, West-Samoa, Hawaii und Los Angeles. **Samoan Air** verbindet West-Samoa über Amerikanisch-Samoa und Nuku'alofa mit der Vava'u-Gruppe.
- **Royal Tongan Airlines**, Nuku'alofa, Tel.: (676) 23.414, Fax: (676) 24.056
- **Polynesian Airlines**, Nuku'alofa, Tel.: (676) 21.565, Airport (676) 32.204, Fax: (676) 24.225

Beim Abflug ist für Erwachsene eine **Flughafengebühr** ("Airport Departure Tax") von 15 T$ zu entrichten. Befreit davon sind Transitreisende, die ihre Reise mit dem gleichen oder nächsten Anschlußflugzeug fortsetzen, sowie Kinder unter zwei Jahren.

Verbindungswege
- Frankfurt/M. - Umsteigen in Los Angeles/USA - Tongatapu: 1x wöchentlich
- Frankfurt/M. - Umsteigen in Los Angeles - Nadi/Fidschi: 5x wöchentlich, 2x wöchentlich am Ankunftstag - Weiterflug nach Tongatapu möglich
- Anschlüsse über Auckland/Neuseeland in der Regel nur mit Übernachtung dort möglich

Nachbarschaftsflugverkehr
ab Nuku'alofa/Tongatapu nach:
- Apia/West-Samoa: 3x wöchentlich
- Auckland/Neuseeland: 6x wöchentlich
- Nadi/Fidschi: 2x wöchentlich
- Pago Pago/Amerikanisch-Samoa: 2x wöchentlich (mit Umsteigen in Apia)
- Suva/Fidschi: 1x wöchentlich
- Sydney/Australien: 2-3x wöchentlich

● **Nationaler Flugdienst**

Royal Tongan Airlines, Nuku'alofa Tel. 23.414, Vava'u Tel. 70149, Ha'apai Tel. 60.566, 'Eua Tel. 50.188 fliegt mit De Havilland Twin Otter von Nuku'alofa z.Zt. nach:
- 'Eua: werktäglich,
- Ha'apai: werktäglich,
- Niuafo'ou: ca. alle 2 Wochen,
- Ninatoputapu: ca. wöchentlich,
- Vava'u: 2-3x werktäglich

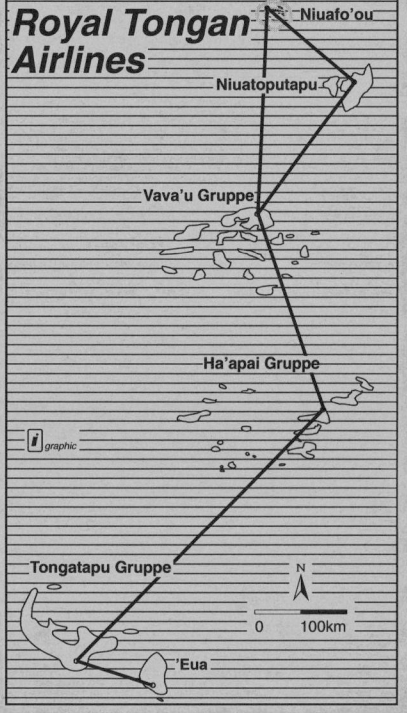

➔ **Fremdenverkehrsamt**

In Tonga:
Tonga Visitors Bureau, P.O. Box 37, Nuku'alofa, Kingdom of Tonga, Tel.: (00676) 2.17.33, 2.35.07, Fax: (00676) 2.21.29

➔ **Führerschein**

Siehe Stichwort **Autofahren**

G Geld

Siehe Stichwort **Währung**

➔ Geschäfte

Die wichtigsten Geschäfte befinden sich in der Hauptstadt Nuku'alofa, beispielsweise Supermärkte, Souvenirläden, Warenhäuser für Textilien, Metallwaren, Elek-
tro- und Elektronikartikel.

➔ Gesundheit

Tonga bleibt als tropisches Land von den meisten Tropenkrankheiten, einschließlich **Malaria**, verschont. Die medizinische und zahnärztliche Betreuung der Einheimischen und der Besucher ist ausreichend. **Krankenhäuser** befinden sich in
Nuku'alofa, Lifuka/Hapa'ai und Neiafu/Vava'u. Es gibt eine **Privatklinik** unter
deutscher Leitung (genannt **"German clinic"**): Dr. Helga Schäfer-MacDonald,
P.O. Box 1306, Nuku'alofa, Tel.: 22-736 Praxis; 22-350 (außerhalb der Sprechstunden); Sprechstunden nach Voranmeldung Mo-Fr 09.30-12.30 Uhr und 14.00-
16.00 Uhr. Auf Tongatapu befindet sich ein Krankenhaus in Vaiola zwischen
dem Flughafen und Nuku'alofa. Hier ist allerdings hinsichtlich der Versorgungs-
qualität Vorsicht geboten. Zu Beginn der Reise sollten Sie sich nicht zu lange der
Sonne aussetzen. Empfehlenswert ist es, eine Sonnenbrille und Kopfbedeckung
zu tragen sowie ein Sonnenschutzpräparat mit ausreichendem Lichtschutzfaktor
(je nach Hauttyp Faktor 8 und höher) zu verwenden. Bei **Durchfallerkrankungen** ist immer auf eine ausreichende Flüssigkeits- und Elektrolytzufuhr zu achten. Abgepackte Glukose-Elektrolyt-Mischungen sind im Handel erhältlich und
gehören in jede Reiseapotheke. Die sorgfältige **Desinfektion** selbst **kleiner Wunden** und der Schutz vor Verschmutzung ist sehr wichtig.

Ħ Hotels

Siehe Stichwort **Unterkunft**

Į Impfungen

Bei der Einreise direkt aus Europa bestehen **keine Impfvorschriften**. Eine **Ausnahme** ist allerdings die **Gelbfieberimpfung**. Sie ist zwingend für Reisende
vorgeschrieben, die sich innerhalb der letzten sechs Tage vor ihrer Ankunft in
Tonga in Infektionsgebieten aufgehalten oder sie transitiert haben. **Befreit** von
dieser Regelung sind Kinder unter einem Jahr sowie Transitreisende, die aus
infektionsfreien Gebieten kommend, ein Infektionsgebiet nur transitiert und dort
den Flughafen nicht verlassen haben.
Empfohlene Impfungen: Tetanus/Polio/Diphtherie (der Impfschutz ist zu überprüfen und ggfs. aufzufrischen) und **Hepatitis A** (auch wenige Tage vor der
Abreise kann mit aktivem Impfstoff als Einmaldosis ein ausreichender Schutz
aufgebaut werden. Nach 6-12 Monaten sollte die Impfung wiederholt werden, um
einen mehrjährigen Impfschutz sicherzustellen).

➔ Information

Die kostenpflichtige Broschüre "Pacific Travel Fact File" erhalten Sie bei D & S
Touristik Repräsentanz GmbH, Otto-Hahn-Straße 23, 50997 Köln, Fax:
(02236)43045. (Siehe auch Stichwort **Fremdenverkehrsamt**.)

K Kleidung

Leichte Sommerkleidung ist das ganze Jahr über in Tonga angebracht. Für kühle Abende ist ein leichter Pullover zu empfehlen. Kurze Hosen, Bikinis, Badeanzüge sind geeignete Kleidungsstücke am Strand oder am Pool. Das tonganische Gesetz verbietet es jedoch, daß man sich in solchem Aufzug in der Öffentlichkeit zeigt.

➔ Klima

Tonga hat ein angenehmes Klima, etwas kühler als in den anderen Tropengebieten der Südsee. Das Thermometer schwankt innerhalb des Jahres zwischen den täglich durchschnittlichen Maximum-Temperaturen von +23,9 und +29,7 °C und den täglich durchschnittlichen Minimum-Temperaturen zwischen +17,6 und +24,2 °C. Am wärmsten ist es zwischen November und März. Dann fällt auch der meiste Regen. In den restlichen kühleren Monaten ist es trockener. Die relative Luftfeuchtigkeit liegt bei durchschnittlich 77%. Die **beste Reisezeit** sind deshalb die Monate April bis Oktober.

➔ Konsulate

Siehe Stichwort **Diplomatische Vertretungen**

➔ Kreditkarten

Die gebräuchlichen Kreditkarten sind American Express, Diners Club, MasterCard und VISA. Sie werden von größeren Hotels und Restaurants, Fluggesellschaften und Autoverleihfirmen akzeptiert.

➔ Kreuzfahrtschiffe

Kreuzfahrtschiffe folgender Linien legen regelmäßig in Tonga an: Cunard Lines, Hapag Lloyd, Heritage Cruises, Kwoga Line, P & O Line, Royal Viking Line, Savoir Faire Line und Sitmar Cruises.

N Notruf

Feuer, Polizei, Krankenhaus: 911

O Öffnungszeiten

Banken: Mo bis Fr 9.30 bis 15.30 Uhr; Sa 9.30 bis 11.00 Uhr; **Läden**: Mo bis Fr 8.30 bis ca. 16.30 Uhr; Sa teilweise 8.30 bis 12.00 Uhr (Talamahu, Markt in Nuku'alofa Mo bis Sa 7.00 bis 17.00 Uhr); **Büros**: Mo bis Fr 9.00 bis 16.30 Uhr; **Post**: Mo bis Fr 8.30 bis 16.30 Uhr

P Post

Die Hauptpost befindet sich in Nuku'alofa mit Zweigstellen auf Ha'apai, Vava'u und 'Eua. Postkarten nach Europa kosten 32 Seniti. Im Vergleich zu anderen

Südseestaaten ist das Versenden von Paketen von Tonga nach Europa am günstigsten.

R Reisezeit

Siehe Stichwort **Klima**

➔ Religion

Die offizielle Kirche Tongas ist die **"Free Wesleyan Church"** mit dem König als Oberhaupt. Auch andere Religionen und Konfessionen können sich in Tonga frei entfalten. An Sonntagen sind in Tonga Kirchgang und Entspannung angesagt. Jede geschäftsmäßige Aktivität ist verpönt.

➔ Restaurants

Nuku'alofa hat als eine schnell wachsende Metropole eine reiche Auswahl an internationalen Restaurants anzubieten. Französische, deutsche, italienische, chinesische, japanische, koreanische und indische Einflüsse sind unverkennbar.

S Schiffsverkehr

Von Nuku'alofa besteht **Fährverkehr** zu den vorgelagerten Insel-Resorts und Inseln bzw. Inselgruppen 'Eua, Vava'u und Ha'apai. Die genauen Fahrzeiten sind beim Tourist Visitors Bureau in Nuku'alofa zu erfragen.
Die Anmietung von **Booten** nach anderen Inseln ist ebenfalls möglich; das gilt auch für Segeltörns in der sehr reizvollen Vava'u-Gruppe.

➔ Souvenirs, Souvenirs

Andenken sind **Holzschnitzereien** (auch aus Kokosholz) und **Tapa**, ein aus dem Bast des Maulbeerstrauches hergestelltes stoffähnliches Produkt, das man z.B. als Tischläufer oder Wandbehang verwenden kann.

➔ Sport

Tonganer sind sehr sportbegeistert. Rugby, Fußball, Kricket, Volleyball, Basketball und Korbball sind bei den Einheimischen sehr beliebte Spiele. Besucher bevorzugen eher folgende Sportarten:
● **Golf**: Besucher sind beim **Tonga Golf Club** auf dem Golfplatz von Manamo'ui, außerhalb von Nuku'alofa, willkommen.
● **Squash**: Die einzige Möglichkeit, Squash zu spielen, besteht im Friendly Islander Hotel.
● **Segeln**: In den Monaten März bis Oktober werden Nuku'alofa und die Inseln der Vava'au-Gruppe zum Mekka der Hochseeyachten.
Eine der bekanntesten Yacht-Charter-Unternehmen sind die **"Moorings"** mit dem Hauptsitz in Florida (USA), 19345 U.S. Hwy. 19 North, 4th Floor, Clearwater, FL 34624-3193 USA, Tel.: 1-800-535-7289 (813-535-1446 außerhalb von USA und Kanada) mit einem Zweigbüro in Neiafu, Vava'u, Kingdom of Tonga, (676) 70.016, Fax: (676) 70.428

Vorschlag für einen typischen **7-tägigen Segeltörn** in der Vava'u-Gruppe:
1. Tag: Start von Port Mourell auf Kapa Island, Ankern in der Hunga Lagoon (Fischen außerhalb der Lagune), Segeln nach Foeata, Schnorcheln vor dem dortigen Ankern
2. Tag: südlicher Kurs nach Luaa Fuleheu oder Luahiapu, beides wunderschöne einsame Inseln, Rückfahrt nach Vaka'eitu Island und Schnorcheln am Riff
3. Tag: Segeln nach Mouno Island, Genießen am Strand, traditionelle tonganische Tänze werden arrangiert
4. Tag: Segeln nach Maninita, Schnorchelgrund, Segeln nordwärts nach Kenutu, dort über Nacht ankern
5. Tag: früh morgens durch den Fanua Tapu Pass, Ankern an der Nordostseite von Taunga, Schnorcheln am Riff von Tauta.
6. Tag: Segeln rund um Taunga, Schnorcheln zwischen Ngau und Pau, Segeln nach Nuapapu, zur Mariners Cave und Swallow Cave auf Kapa
7. Tag: Rückfahrt zu den Moorings am Port of Refuge

● **Tennis**: Tennis können Besucher im '**Atele Outdoor Stadium** an der Tonga High School und auf den **Sesamani Tennis Courts** spielen.

➔ **Sprache**

Neben dem **Tonganischen** wird **Englisch** sehr gut verstanden und auch gesprochen.

➔ **Strände**

Im Stadtgebiet von **Nuku'alofa** gibt es **keinen Sandstrand**. Die meisten Strände sind durch Korallenriffe geschützt, die sie dann auch bei Ebbe zum Schwimmen ungeeignet machen. Die besten Strände auf der Insel **Tongatapu** sind: Ha'amalo, 'Anahulu, Laulea, Vai-ko-Latai, Oholei, Fua'amotu, Monotapu, 'Utukehe, Ha'atafu, Hufangalupe Beach, Good Samaritan Beach, usw. In der **Ha'apai-Gruppe** gibt es viele namenlose Küstenabschnitte mit Sandstränden. In der **Vava'u-Gruppe** sind die bekanntesten Strände: Ene'io, Keitahi, Toula und Talau Fanga.

➔ **Strom**

Die Stromspannung beträgt in Tonga 240 Volt, 60 Hz Wechselstrom. Die Mitnahme eines Adapters ist erforderlich.

T **Tankstellen**

Tankstellen sind im kleinen Inselstaat Tonga ausreichend vorhanden. Superbenzin kostet 0,64 T$ und Diesel 0,65 T$.

➔ **Taxis**

Auf der Hauptinsel Tongatapu gibt es Taxiverkehr. Die Taxis sind durch ein **"T"** auf ihrem Autonummernschild als solche zu erkennen. Nur selten werden Sie das Wort "Taxi" vorfinden. Die Taxis besitzen kein Taxameter. Die Tarife sind festgelegt. Die Anmietung ist auch stunden- und tageweise möglich. Dann sind die Preise zu vereinbaren. **Preisbeispiel**: Airport - Stadt: 15 T$ (Fixpreis). Außerdem verkehren Taxen in Pangai und in der Vava'u-Gruppe

➜ Telefonieren

Vorwahl Deutschland: 0049, Schweiz: 0041, Österreich: 0043, Tonga: 676 (von Deutschland: 00676)

➜ Trinkgeld

Trinkgeld ist in Tonga nicht üblich. Es widerspricht den polynesischen Sitten, daher sollte nur für besondere Dienstleistungen (eventuell in eine Gemeinschaftskasse des Hotels/Restaurants) Trinkgeld gegeben werden..

➜ Trinkwasser

Das Leitungswasser der Hauptstadt ist gechlort; deshalb ist sein Genuß vom gesundheitlichen Standpunkt aus unbedenklich. In den übrigen Orten sollte das Wasser abgekocht werden.

U Unterkunft

Die Palette der Unterkünfte reicht von Hotels, Inselresorts bis zu Gästehäusern. Die in diesem Reisehandbuch im folgenden erwähnten Hotels und sonstigen Unterkünfte sind nur als persönliche Vorschläge anzusehen. Es wird kein Anspruch auf Vollständigkeit erhoben. Auch gibt es vergleichsweise sicherlich genauso gute oder noch bessere Unterkünfte, die nicht erwähnt sind. Wegen der ständig schwankenden Zimmerpreise werden in diesem Buch **Preis-Gruppierungen** nach folgendem Schlüssel vorgenommen:

$$$$$$	= über 125 T$	$$$$	= 75-100 T$	$$	= 25-50 T$
$$$$$	= 100-125 T$	$$$	= 50-75 T$	$	= unter 25 T$

U Verkehrsregeln

Siehe Stichwort **Autofahren**

➜ Visum

Siehe Stichwort **Einreise**

W Währung

Die **Landeswährung** ist der **Pa'anga** oder Tongan Dollar (T$). Er ist in 100 **Seniti** oder Cents eingeteilt. Banknoten gibt es für 1, 2, 5, 10, 20 und 50 Pa'anga und Münzen für 1, 2, 5, 10, 20 und 50 Seniti sowie 1 und 2 Pa'anga. **Landeswährung**: Noten und Münzen in der Landeswährung dürfen bei der Ein- und Ausreise unbeschränkt mitgeführt werden. **Fremdwährungen**: Sie dürfen in unbeschränkter Menge ein- und ausgeführt werden. DM, US$ und Australische Dollar in Noten und Reiseschecks lassen sich am besten umtauschen. Bei Reisen zu den Außeninseln sollte das benötigte Geld in Form von T$ mitgeführt werden. in den großen Hotels, Mietwagenunternehmen und einigen Geschäften werden auch internationale Kreditkarten akzeptiert. Bei den Banken in Nuku'alofa ist Bargeld auf Mastercard und Visa erhältlich. **Derzeitiger Wechselkurs**: 1 T$ = ca. 1,24/1,22 DM; 1 DM = ca. 0,81 T$ (Stand: März 1997)

Z Zeitungen

Die Zeitungen **Tonga Chronicle** und **Times of Tonga** erscheinen wöchentlich, **Tonga Today** erscheint monatlich und **Matangi Tonga** alle zwei Monate.

➔ Zeitzone

Die Zeitverschiebung zu Mitteleuropa beträgt in Tonga:
● **plus 12 Stunden** außerhalb der mitteleuropäischen Sommerzeit,
● **plus 11 Stunden** während der mitteleuropäischen Sommerzeit.
Tonga liegt **westlich der internationalen Datumsgrenze**.

➔ Zoll

Gegenstände des **persönlichen Bedarfs**, z.B. Kleidung, Wäsche, Schuhe, Toilettenartikel usw., können **zollfrei** eingeführt werden. Dazu zählen auch, mit der Maßgabe der Wiederausfuhr, ein Fotoapparat und eine Schmalfilmkamera mit Filmen oder eine Videokamera mit Leerkassetten, eine Reiseschreibmaschine, ein Fernglas, ein Tonbandgerät u.ä. Zollfrei dürfen außerdem noch eingeführt werden: 200 Zigaretten oder 200 g Zigarren oder 200 g Tabak, ein Liter alkoholische Getränke (nur Reisende ab 18 Jahren). **Verboten** ist die Mitnahme von Waffen, Drogen und pornographischer Literatur. Die **Mitnahme von Tieren** ist nur mit Einfuhrerlaubnis aus Nuku'alofa möglich. Erforderlich für **lebende Pflanzen** sind: die Einfuhrerlaubnis des Ministery of Agriculture, Nuku'alofa, sowie ein Pflanzengesundheitszeugnis, ausgestellt von einem Pflanzenschutzamt des Herkunftsortes.

6.1.7 A-Z FIDSCHI

A Ärzte

Siehe Stichwort **Gesundheit**

➔ Autofahren

Das **Straßennetz** von Fidschi hat eine Länge von ca. 2.500 km. Ca. 2/3 davon sind Allwetterstraßen mit festem Belag. Auf **Viti Levu** führt eine ca. 500 km lange Landstraße rund um die Insel. Die **Queens Road** (Südstraße von Lautoka über Nadi nach Suva) hat größtenteils festen Belag. Die **Kings Road** (Nordstraße von Lautoka über Nausori nach Suva) ist streckenweise eine Schotterstraße (starke Staubentwicklung). Auf **Vanua Levu** gibt es nur eine halbwegs ordentliche Straße entlang der Nordküste und eine kürzere an der Südküste. Diese Straßen stehen jedoch nicht miteinander in Verbindung. Auf **Ovalau** (östlich von Viti Levu) führt eine Straße rund um die Insel und verbindet den Flughafen mit den Ortschaften. Auf den **übrigen Inseln** sind die Straßenverhältnisse bescheiden.
Führerscheine Ihres Heimatlandes und internationale Führerscheine werden für die Zeitspanne von sechs Monaten nach der Ankunft in Fidschi anerkannt.
In Fidschi herrscht nach britischem Vorbild **Linksverkehr**. Die **Geschwindigkeitsbeschränkung** in Ortschaften ist auf 50 km/h und auf Landstraßen auf 80 km/h festgelegt. Während die asphaltierten Straßen in gutem Zustand sind, hat man auf einigen Erdstraßen Mühe, mit einem normalen Pkw vorwärts zu kommen (z.B. auf Vanua Levu).

➔ Autoverleih

- **Avis Rent A Car**, Tel.: Suva 313833, Nadi Airport 722233, Fax: 790482
- **Budget Rent A Car**, P.O. Box 121170 Suva, Tel.: 315899, Nadi Airport, Tel.: 722735
- **Hertz Rent-A Car**, Fiji Head Office: 59 Grantham Road, Suva, Tel.: 370518, Nadi, Tel.: 723466

Preisbeispiel (Hertz):

Klasse	Fahrzeug	Tagespreis in F$*)	
Economy	Subaru J10	85,00	
Compact	Ford Laser	135,00	
4WD	Rockstar	140,00	*) = unbegrenzte km
Medium	Subaru Legacy	145,00	
Premium	Ford Telstar	160,00	
Mini Coach	Ford Econovan	178,00	
Luxury	Toyota Cressida	220,00	

ß Banken

Die wichtigsten Banken in Fidschi sind: Australian and New Zealand Banking Group, Westpac Banking Corporation, National Bank of Fiji, Bank of Baroda und Habib Bank Limited. Am International Airport Nadi hat die ANZ 24 Stunden geöffnet.

➔ Benzin

Ein Liter Benzin kostet 0,79 F$, und ein Liter Diesel kostet 0,63 F$. Das **Tankstellennetz** ist gut ausgebaut, ausgenommen auf Vanua Levu, von der Fähre Nabouwalu kommend in Richtung Savusavu. Hier ist es ratsam, spätestens in Nabouwalu zu tanken.

➔ Bevölkerung

Fidschi ist ein Land der Kontraste. Viele Rassen und Nationalitäten haben sich in Fidschi festgesetzt. Melanesier, Polynesier, Inder, Europäer, Chinesen und andere Einwanderer rund um den Pazifik haben ihre Lebensgewohnheiten, Sprachen und Kulturen mitgebracht. Die Gesamtbevölkerung des Inselstaates wird nach der letzten Volkszählung vom Dezember 1992 mit **757.700 Einwohnern** angegeben; davon sind **49,8% Fidschianer**, **45,3% Inder**, und es gibt eine Restgruppe von 4,9%, die sich hauptsächlich aus Rotumaniern (Rotumas), Europäern, Chinesen und anderen Nationalitäten der pazifischen Inseln zusammensetzt. Die Inder sind während der britischen Kolonialzeit hauptsächlich als Plantagenarbeiter nach Fidschi gebracht worden.

➔ Botschaften

Siehe Stichwort **Diplomatische Vertretungen**

➔ Busse

Busfahrten sind in Fidschi die **preisgünstigste Art zu reisen**. Ein Kilometer kostet nur rund 20 Cents. Sie müssen als Fahrgast allerdings viel Geduld und Zeit mitbringen, da die Busse nicht immer pünktlich fahren. Fast

Busverkehr in Fidschi

alle Orte sind durch Buslinien miteinander verbunden. Vorausbuchungen sind nicht nötig. Auf jeden Fall ist das Busfahren in diesem Land eine sehr gute Gelegenheit, sich mitten unters Volk zu mischen. Die Busse stoppen an bestimmten Haltestellen. Sie nehmen jedoch auch Reisende auf, die sich durch ein deutliches Handzeichen bemerkbar machen.
Die drei wichtigsten **Busunternehmen** sind:
Pacific Transport, Tel.: 700044; Sun Beam Transport, Tel.: 662822; Queens Coach, Tel.: 701055

C Camping

Camping ist an verschiedenen Plätzen erlaubt, z.B.: Rukuruku, Seashell Cove Resort, Colo I Suva, Nukulau, Taveuni, Savusavu, Kadavu, Club Masa Resort, Coral Village, Paradise Island, Yasawa, Ovalau, Nadi.

D Devisen

Siehe Stichwort **Währung**

→ Diplomatische Vertretungen

● **In Großbritannien**: **Embassy of the Republic of Fiji**, 34, Hyde Park Gate, London SW7 5DN - Großbritannien, Tel.: (0044171) 584.3661, Fax: (0044171) 584.2838
● **In Fidschi**: **Deutsches Honorarkonsulat**, Honorary Consul of the Federal Republic of Germany, Dominion House, 4th. Floor, Thomson Street, Suva/Fiji, G.P.O. Box 12007, Suva/Fiji, Tel.: (00679) 31.50.00, Fax: (00679) 30.38.20
● **In Neuseeland**:
- **Deutsche Botschaft**, Embassy of the Federal Republic of Germany, 90-92 Hobson Street, Thorndon, Wellington, P.O. Box 1687, Wellington/New Zealand, Tel.: (00644) 473.6063, Fax: (00644) 473.6069
- **Schweizerische Botschaft**, in Wellington/Neuseeland
● **In Australien**: **Österreichische Botschaft**, in Canberra/Australien

E Einreise

Reisende u.a. aus Deutschland, Österreich und der Schweiz dürfen **ohne Visum** für einen Monat einreisen. Vorausetzungen sind: der Besitz eines noch 6 Monate gültigen Reisepasses oder Kinderausweises (KA) (auch bei Kindern unter 10 Jahren mit Lichtbild, außerdem muß im KA die Nationalität vermerkt sein) der Besitz eines Rück- oder Weiterflugtickets sowie ausreichende Geldmittel für den Aufenthalt. Die Genehmigung kann bis zu sechs Monaten verlängert werden.

→ Essen

Siehe Stichwort **Restaurants**

F Fähren

● **Auskunft und Buchung**:   - Patterson Bros: Tel.: 315644
                                         - Consort Shipping: Tel.: 302877
                                         - Whippys Ferry: Tel.: 340015
● **Preisbeispiele**:   - Suva – Labasa: 34,10 F$
                                 - Suva – Nabouwalu: 29,20 F$
                                 - Suva – Levuka: 18,20 F$
                                 - Suva – Buresala: 16,50 F$
                                 - Lautoka – Labasa: 34,10 F$
                                 - Lautoka – Nabouwalu: 29,20 F$
                                 - Natovi – Nabouwalu: 82,50 F$
                                    (2 Personen + Pkw)

➔ **Fahrradfahren**

Als Radfahrer sind Sie relativ sicher, wenn der Straßenverkehr mäßig ist. Die Autofahrer sind in der Regel rücksichtsvoll, und sie verlangsamen meistens ihre Geschwindigkeit, wenn sie Ihr Fahrrad überholen. In Fidschi gibt es keine extra angelegten Fahrradwege. Achten Sie beim Fahrradfahren auf genügend Flüssigkeitszufuhr, um den negativen Begleiterscheinungen der Dehydrierung zu entgehen. Die Sommerhitze kann unbarmherzig sein.

➔ **Feiertage und Feste**

New Years Day (Neujahr)	01. Januar
National Youth Day (Tag der Jugend)	11. März
Good Friday (Karfreitag)	März/April
Ratu Sukuna Day	31. Mai
Queen's Birthday (Geburtstag der Königin)	14. Juni
Constitution Day (Tag der Verfassung)	26. Juli
Hibiscus Festival (Hibiskusfest in Suva)	August
Prophet Mohammed's Birthday (Mohammeds Geburtstag)	30. August
Sugar Festival (Zuckerfest in Lautoka)	September
Fiji Day (Fidschi Tag)	11. Oktober
Diwali Day (Lichterfest der Hindus)	12. November
Christmas Day (1. Weihnachtstag)	25. Dezember
Boxing Day (2. Weihnachtstag)	26. Dezember

➔ **Fernsehen**

Fidschi hat ein eigenes Fernsehprogramm.

➔ **Flüge**

● **Internationaler Flugdienst**
Der **internationale Flughafen Nadi**, 8 km von Nadi Town entfernt, liegt auf der Ostseite der Hauptinsel Viti Levu. Er wird sehr stark frequentiert. **Gemeinschaftsdienste** bestehen zwischen Air Pacific und Qantas, Polynesian Airlines und Solomon Airlines.
- **Transporte vom und zum International Airport Nadi**
Der **Taxipreis** vom Nadi International Airport nach **Nadi Town** ist z.Zt. auf 7 F$ festgesetzt. Die Fahrt dauert 10 Minuten. Vom internationalen Flughafen Nadi **zu 55 Hotels** auf der Insel Viti Levu bestehen ebenfalls Fixpreise. Über die Höhe können Sie sich bei der Information im Flughafengebäude erkundigen.
- **Adressen der Flugbüros**
   Air Pacific: Private Male Bag, Suva: Tel.: 386444, Fax: 370120, Nausori: Tel.: 478444, Nadi Airport: Tel.: 722499
   Air New Zealand: Box No. 340, Suva: Tel.: 312333, Fax: 302294, Nadi Airport: Tel.: 790070
   Canadian Airlines International: Box No. 1257, Suva: Tel.: 311844, Nadi Airport: Tel.: 722400, Fax: 790145
   Qantas: Box No. 1144, Suva: Tel.: 313888, Fax: 790388, Nadi Airport: Tel.: 722888
   Air Nauru: Box No. 2317, Suva: Tel.: 313731, Nadi Airport: Tel.: 722795

Air Marshall: G.P.O. Box 16310, Suva: Tel.: 303888/303899, Fax: 303890
Air Calédonie International: Box No. 159, Suva: Tel.: 302133/301928
- **Verbindungswege**
Frankfurt/M - Nadi: 3x wöchentlich mit Umsteigen in Los Angeles/USA und 2x wöchentlich Vancouver/Kanada und Honolulu/USA.
Im Zusammenhang mit dem internationalen Flug besteht auch die Möglichkeit, günstige Air-Pässe oder günstige Add-on-Fares für Fidschi und die angrenzenden Gebiete zu erhalten. Näheres erfahren Sie durch die Fluggesellschaften.
- **Fluggastgebühr**
Beim Abflug von Fidschi ins Ausland wird eine Gebühr von **20 F$** erhoben.
Befreit davon sind Transitreisende, die mit dem gleichen oder ersten Anschlußflugzeug innerhalb von 12 Stunden weiterreisen, sowie Kinder unter 12 Jahren.

● **Nachbarschaftsverkehre**
Verschiedene Fluggesellschaften unterhalten regelmäßige Dienste
- **von Nadi** nach:
  Apia/West-Samoa: 3x wöchentlich
  Auckland/Neuseeland: täglich
  Funafuti/Tuvalu: 2x wöchentlich
  Honiara/Salomonen: 1x wöchentlich
  Majuro/Marshall-Inseln: 2x wöchentlich
  Nauru/Nauru: 1x wöchentlich
  Nouméa/Neukaledonien: 1x wöchentlich
  Port Vila/Vanuatu: 2x wöchentlich
  Rarotonga/Cook-Inseln: 1x wöchentlich
  Tarawa/Kiribati: 2x wöchentlich
  Tongatapu/Tonga: 3x wöchentlich
  Wallis-Inseln: 1x wöchentlich
- **von Suva** nach:
  Apia/West-Samoa: 1x wöchentlich
  Auckland/Neuseeland: 3x wöchentlich
  Funafuti/Tuvalu: 1x wöchentlich
  Nauru/Nauru: 1x wöchentlich
  Port Vila/Vanuatu: 3x wöchentlich
  Tongatapu/Tonga: 2x wöchentlich

● **Nationaler Flugverkehr**
- **Von Suva** (mit Air Pacific, Fiji Air und/oder Sunflower Airlines) nach:
  Kadavu Inseln/Yasawa-Gruppe: 4x wöchentlich
  Koro Island: 3x wöchentlich
  Labasa/Vanua Levu: mehrmals täglich
  Lakeba-Inseln: 1x wöchentlich
  Levuka/Ovalau-Inseln: 2x täglich
  Moala-Inseln: 3x wöchentlich
  Nadi: mehrmals täglich
  Ngau-Inseln: 3x wöchentlich
  Rotuma-Inseln: 2x wöchentlich
  Savusavu/Vanua Levu: täglich
  Taveuni-Inseln: täglich
- **Von Nadi** (auch Turtle Airways und Island Air) nach:
  Castaway-Inseln: 3x täglich
  Malololailai: tagsüber fast stündlich
  Mana-Inseln: 3x täglich
  Vatulele-Inseln: täglich

Außerdem bestehen Helikopter-Transfers nach Matamanoa und Tokoriki in der Mamanuca-Gruppe.

➔ **Fremdenverkehrsamt**

Auskünfte über Reisevorbereitungen daheim und Unterkünfte, Restaurants, Ausflugsmöglichkeiten und Aktivitäten aller Art vor Ort erteilen folgende Fremdenverkehrsämter:

- **In Fidschi**:
- **Fiji Visitors Bureau**, Fiji Head Office, Thomson Street (nahe Hauptpost), G.P.O. Box 92 Suva/Fiji, Tel.: (00679) 302433, Fax: (00679) 300970
- **Visitors Bureau Nadi**, Nadi Airport Concourse, Box 9217 Nadi Airport, Tel.: (00679) 722433, Fax: (00679) 790141
- **In Deutschland** (auch für Österreich und die Schweiz):
- **Tourism Council of South Pacific (TCSP)**, Dircksenstraße 40, 10178 Berlin, Tel.: (030)23817645, Fax: (030)23817641

➔ **Führerschein**

Siehe Stichwort **Autofahren**

G **Geld**

Siehe Stichwort **Währung**

➔ **Geschäfte**

Siehe Stichwort **Souvenirs**

➔ **Gesundheit**

Fidschi ist **malariafrei**.
Zu Beginn der Reise sollten Sie sich nicht zu lange der **Sonne** aussetzen. Empfehlenswert ist es, eine Sonnenbrille und Kopfbedeckung zu tragen sowie ein Sonnenschutzpräparat mit ausreichendem Lichtschutzfaktor (je nach Hauttyp Faktor 8 und höher) zu verwenden. Bei **Durchfallerkrankungen** ist immer auf eine ausreichende Flüssigkeits- und Elektrolytzufuhr zu achten. Abgepackte Glukose-Elektrolyt-Mischungen sind im Handel erhältlich und gehören in jede Reiseapotheke.
Die sorgfältige **Desinfektion** selbst **kleiner Wunden** und der Schutz vor Verschmutzung ist sehr wichtig. **Ärztliche Hilfe** erteilt: Dr. Rosemary und Robin Michel (englischsprachig), 98, Gordon Street, Tel.: 31.14.61.
Die bedeutendsten **Krankenhäuser** haben folgende Rufnummern:

Suva	Tel.: 313444	**Labasa**	Tel.: 811444
Lautoka	Tel.: 660399	**Ba**	Tel.: 674300
Sigatoka	Tel.: 500455	**Nadi**	Tel.: 701123

Daneben gibt es in kleineren Städten und Ortschaften staatliche Krankenstationen und Privatkliniken. Die meisten **Apotheken** haben Mo-Fr 8.00-16.00 Uhr geöffnet.

H Hotels

Siehe Stichwort **Unterkunft**

I Impfungen

Bei Einreise direkt aus Europa bestehen **keine Impfvorschriften**. Eine **Ausnahme** ist allerdings die **Gelbfieberimpfung**. Sie ist zwingend für Reisende vorgeschrieben, die sich innerhalb der letzten sechs Tage vor ihrer Ankunft in Fidschi in Infektionsgebieten aufgehalten oder diese transitiert haben. **Befreit** von dieser Regelung sind Kinder unter einem Jahr sowie Transitreisende, die in Fidschi den Flughafen nicht verlassen, sowie Reisende, die aus infektionsfreien Gebieten kommend, ein Infektionsgebiet nur transitiert und dort den Flughafen nicht verlassen haben.

Empfohlene Impfungen:
- **Tetanus/Polio/Diphtherie:** Grundsätzlich sollte der Impfschutz überprüft oder ggfs aufgefrischt werden.
- **Hepatitis A**: Auch wenige Tage vor der Abreise kann mit aktiven Impfstoffen als Einmaldosis ein ausreichender Impfschutz aufgebaut werden. Nach 6-12 Monaten sollte die Impfung wiederholt werden, um einen mehrjährigen Impfschutz sicherzustellen.

→ Information

Siehe Stichwort **Fremdenverkehrsamt**

K Kleidung

Leichte, gut waschbare und atmungsaktive Sommerkleidung ist das ganze Jahr über in Fidschi angebracht. Für kühle Abende ist ein leichter Pullover zu empfehlen. Bikinis und Badeanzüge sollten außerhalb der Badestrände in Städten und Dörfern nicht getragen werden.

→ Klima

Die Fidschi-Inseln besitzen ein tropisches Klima, jedoch ohne extreme Hitze und ohne besonders hohe Luftfeuchtigkeit.

In Fidschi gibt es **zwei Jahreszeiten**:
- In der **Regenzeit** von November bis April herrscht feuchtes Wetter mit Temperaturen von +23 bis +30 °C.
- In der **Trockenzeit** von Mai bis Oktober ist es nicht so regnerisch und kühler mit Temperaturen von +18 bis +27 °C.

Außerdem wirken die Berge der beiden größten Inseln Viti Levu und Vanua Levu als Wetterscheide. Im Nordwesten ist es insgesamt sonniger und trockener als im Osten. Das wird an der dürren savannenartigen Vegetation in den Trockengebieten und an den üppigen Regenwäldern der Feuchtzone augenfällig.
Die **beste Reisezeit** sind die Monate Mai bis Oktober.

➔ Konsulate

Siehe Stichwort **Diplomatische Vertretungen**

➔ Kreditkarten

Die hauptsächlichen Kreditkarten werden in vielen Hotels, Restaurants, Geschäften und Autoverleihfirmen akzeptiert. Am gebräuchlichsten sind MasterCard, VISA, Diners Club und American Express. Die Kreditkartenbesitzer von VISA können bei einigen Fidschi-Banken Bargeld bekommen (hohe Gebührensätze).

➔ Kreuzfahrten

Eine Anzahl von Kreuzfahrtschiffen läuft hauptsächlich die Häfen Suva und Lautoka regelmäßig an:

Schiffslinie	Agentur	Schiffslinie	Agentur
Alexander Puschkin	Bruns Philip Travel	Fairstar	Bruns Philip Travel
Belorussiya	Bruns Philip Travel	Sea Princess	BP Travel & Carptrac

● **Minikreuzfahrt**
Blue Lagoon Cruises Limited, P.O. Box 1304, Lautoka, Fiji Islands, Tel.: (679) 661622, 661268, Fax: (679) 664098
Mit **Blue Lagoon Cruises** zu den Viti Levu vorgelagerten **Yasawa Islands** zu fahren, ist ein ganz besonderes Vergnügen. Es gibt drei Standard-Touren:

Preis pro Person	Twin (2)	Tripel (3)	Einzelkabine
2-Tage/1-Nacht Mamanuca Cruise			
A-Deck	395 F$	330 F$	670 F$
B-Deck	350 F$	295 F$	596 F$
4-Tage/3 Nächte Original Cruise			
A-Deck	650 F$	540 F$	1.100 F$
B-DEck	550 F$	460 F$	930 F$
4-Tage/3 Nächte Club Cruise			
Bridge Deck	830 F$	690 F$	1.360 F$
A-Deck	790 F$	660 F$	1320 F$
B-Deck	680 F$	570F$	1.150 F$
7-Tage/6-Nächte Club Cruise			
Bridge Deck	1.480 F$	1.230 F$	2.500 F$
A-Deck	1.420 F$	1.180 F$	2.400 F$
B-Deck	1.230 F$	1.030 F$	2.050 F$

Weitere Infos erfragen Sie bitte bei der Reederei.

N Notruf

Ambulanz, Feuer, Polizei: 000	- Sigatoka, Tel.: 500222
Weitere **Polizeidienststellen**:	- Labasa, Tel.: 811222
- Suva, Tel.: 311222	- Ba, Tel.: 674222
- Lautoka, Tel.: 660222	- Nadi, Tel.: 700222

O Öffnungszeiten

Banken: Mo bis Do 9.30 bis 15.00 Uhr; Fr 9.30 bis 16.00 Uhr; **größere Läden**/ **Geschäfte**: Mo bis Do 8.00 bis 17.00 Uhr, Fr 8.00 bis 18.00 Uhr, Sa 8.00 bis 13.00 Uhr; **Büros**: Mo bis Do 8.00 bis 16.30 Uhr, Fr 8.00 bis 16.00 Uhr

P Post

Das Postamt in Suva hat Mo-Fr 8.00-16.30 Uhr, und die übrigen Postämter haben Mo-Do 8.00-16.00 Uhr geöffnet.

R Religion

Religionen spielen im Leben der Fidschianer eine sehr wesentliche Rolle. Der Vielvölkerstaat Fidschi ist ein multireligiöses Land. In der Tat treffen hier das **Christentum**, der **Hinduismus** und der **Islam** aufeinander. Diese drei Weltreligionen leben in friedlicher Koexistenz zusammen.

➔ Restaurants

Es gibt zahlreiche Restaurants und Cafés in Fidschi mit einer großen Auswahl an fidschianischen, indischen und chinesischen Speisen. Durch die multi-kulturelle Bevölkerung Fidschis sind auch die Eßgewohnheiten und die Vielzahl der Gerichte zu erklären. **Fidschianische Gerichte** basieren sehr stark auf Meeresfrüchten, oft in Kokosnußmilch *(lolo)* gekocht, Schwein, Huhn und stärkehaltigen Knollenfrüchten (*dalo* und *cassava*). Durch den **indischen Einfluß** bedingt, haben Curries und verschiedenartige Gewürze viele Gerichte veredelt. Auch **chinesische Geschmacksrichtungen** werden in vielen Restaurants berücksichtigt.

S Schiffsverbindungen

- Die **Kiribati Shipping Services Ltd.** kommen ca. alle 2 Wochen auf ihrer Verbindung Tarawa - Nonouti/Kiribati - Funafuti/Tuvalu - Christmas Island bzw. Kiritimati Island/Kiribati auch nach Suva/Fidschi.
- Im **inselinternen Schiffsverkehr** gibt es von Suva aus mehr oder weniger regelmäßige Fracht-/Passagierverkehre von privaten Schiffahrtsunternehmern nach den meisten der bewohnten Inseln. Fahrtmöglichkeiten können nur in Fidschi geklärt werden.

➔ Souvenirs, Souvenirs

Die Zahl der Kunstgewerbegeschäfte, Boutiquen und Juwelierläden in den Städten Fidschis ist groß.

➔ Sport

Rugby und Kricket sind Volkssportarten der Fidschianer. Bei Besuchern sind hauptsächlich folgende Sportarten beliebt:
- **Golf**: Der **Denarau 18-Loch-Golfcourse** befindet sich in Nadi. Zwei weitere 18-Loch-Golfplätze gehören dem Pacific Harbour Golfclub und dem Suva Golfclub. Ferner gibt es weitere 9-Loch-Golfplätze in vielen Resorts in Nadi, Lautoka und Ba.

- **Hochseefischen**: Der Fischreichtum vor den Küsten der Inseln lockt immer mehr ausländische Sportfischer an. Hier einige Adressen für Interessenten:
- **Bill Collector Adrenalin**, The Ocean Pacific Club of Fiji, Tel.: 303252
- **Commander One**, Suva, Tel.: 361128
- **Dau Siwa**, The Regent of Fiji, Tel.: 701455
- **Dau Wai**, The Regent of Fiji, Tel.: 701455
- **Fleet Lady**, The Fijian Resort, Tel.: 520155
- **Surfen**
- **Tavarua Island Surfing Base**, P.O. Box 1419, Nadi, Tel.: 723513
- **Hideaway Resort**, P.O. Box 233, Sigatoka, Tel.: 500177, Fax: 520025
- **Tauchen**: Die besten Tauchgründe sind in Kadavu, Beqa Island und Taveuni zu finden.

➔ Sprache

Die gebräuchlichsten Sprachen in Fidschi sind **Englisch, Fidschianisch, Hindi und Urdu** (von Indern gesprochen) und **Chinesisch**. Einige Ausdrücke in Fidschianisch und Hindi sind hier zusammengestellt:

Deutsch	*Fidschianisch*	*Hindi*
Guten Tag	*Bula!*	*Kaise!*
Wie teuer ist es?	*Vidah oqo?*	*Kitna daam hai?*
Auf Wiedersehen	*Ni sa moce*	*Acha bye*
Komm her!	*Lako mai ike!*	*Yaha aoo!*
Danke	*Vinaka*	*Thank you*
Woher kommst Du?	*Oni lako mai vei?*	*Tum kown desh se aya?*
Ich komme von ...	*Au lako mai ...*	*Hum ... se aya hai*
Es ist sehr teuer	*Sa rui sau levu*	*Bahut daam hai*
Wie heißt Du?	*Othey na ya thamu?*	*Tumhara naam?*
Wohin gehst Du?	*Oni lako ivey?*	*Tum kaha jaata hai?*

Im Fidschianischen gibt es auf den Inseln **20 verschiedene Dialekte**. Der Bauan-Dialekt ist am weitesten verbreitet.

➔ Strände

Natadola Beach ist ein langgestreckter weißer Sandstrand von Nadi auf halbem Weg zur Coral Coast, ein bevorzugter Picknickplatz mit guten Schnorchelgründen. Die **Coral Coast** ist durch die voll asphaltierte Queens Road erschlossen, die von Nadi nach Pacific-Harbour führt. Hier finden sich immer wieder sandige Strandabschnitte, die Sie von der Straße aus einsehen können.

➔ Strom

In der Regel beträgt die Stromspannung in Fidschi 230/240 Volt/50 Hertz Wechselstrom. Einige Hotels haben nur 110 Volt. Adapter sind in Elektrogeschäften zu haben.

ꭲ Taxis

In den größeren Städten ist der Bestand der Taxis ausreichend. Taxis sind mit Taxameter ausgestattet; bei Fahrten bis 16 km müssen diese eingeschaltet werden. Für längere Fahrten oder Anmietung über den Tag ist der Preis vorher zu vereinbaren. Der **Taxipreis** von Nadi International Airport nach **Nadi Town** ist z.Zt. auf 7 F$ festgesetzt. Die Fahrt dauert 10 Minuten.

Vom internationalen Flughafen Nadi zu 55 Hotels und anderen Zielen auf der Insel Viti Levu bestehen ebenfalls **Fixpreise** (hier eine Auswahl):

● **Nadi Airport – Süd:**			
Tokatoka Resort	1,50 F$	Horizon	7,00 F$
Melanesian Hotel	3,00 F$	New Town Beach Motel	7,00 F$
Sandalwood Inn	3,50 F$	Turtle Airway Base	7,00 F$
Hotel Kennedey	5,00 F$	Regent of Fiji	15,00 F$
Club Fiji Resort	7,00 F$	Nadi Town	7,00 F$
● **Nadi Town – Süd**			
Seashell Cove	24,00 F$	Man Friday	64,00 F$
Fijian Resort	44,00 F$	Pacific Harbour	79,00 F$
Sigatoka Town	34,00 F$	Suva City	104,00 F$
Crows Nest	39,00 F$	Nausori Town	124,00 F$
● **Nadi Airport – Nord**			
Lautoka City	18,00 F$	Rakiraki	85,00 F$
Ba Town	40,00 F$	Ellington Wharf	90,00 F$
Tavua Town	50,00 F$		

Viele Taxis in ländlichen Gebieten haben kein Taxameter. Es ist in diesen Fällen ratsam, den Fahrpreis vor Antritt der Fahrt festzulegen.

➔ Telefonieren

Ortsgespräche von öffentlichen Telefonzellen kosten in der Regel 20 Cents. **Ferngespräche** laufen über die Vermittlung ("operator"). Wenn Sie **nach Übersee** telefonieren wollen, dann kann Ihr Hotel Ihr gewünschtes Gespräch arrangieren. Noch einfacher ist es, sich für alle Fälle eine **Telefonkarte** von der Post zu besorgen.

Vorwahl Deutschland: 0549	Vorwahl Schweiz: 0541
Vorwahl Österreich: 0543	Vorwahl Fidschi: 679 (von Deutschland: 00679)

➔ Trinkgeld

Trinkgelder sind in Fidschi nicht üblich. Sie sollten es jedoch bei außergewöhnlichen Diensten an einer kleinen Anerkennungsgebühr nicht fehlen lassen.

➔ Trinkwasser

Das Trinkwasser in den Städten und Resorts ist nicht gesundheitsgefährdend. In ländlichen Gebieten sollte man es jedoch abkochen.

U Unterkunft

Fidschi hat eine breite Palette an Unterkünften anzubieten, die von Luxushotels mit angeschlossenen Restaurants und Konferenzräumen sowie exklusiven Inselresorts über Motels und Gästehäuser bis zu Schlafsälen ("dormitories") und Zeltplätzen reicht. Jugendherbergen gibt es in Fidschi nicht.

Die in diesem Reisehandbuch erwähnten Hotels und sonstigen Unterkünfte sind nur als persönliche Vorschläge anzusehen. Es wird kein Anspruch auf Vollständigkeit erhoben. Auch gibt es vergleichsweise sicherlich genauso gute oder noch bessere Unterkünfte, die nicht erwähnt sind. Wegen der ständig schwankenden Zimmerpreise werden in diesem Buch **Preis-Gruppierungen** für Doppelzimmer nach folgendem Schlüssel vorgenommen:

$$$$$$	= über 125 F$	$$$$	= 75–100 F$	$$	= 25–50 F$
$$$$$	= 100–125 F$	$$$	= 50–75 F$	$	= unter 25 F$

Ein **Unterkunftsverzeichnis** ist bei der Fiji Hotel Association, P.O. Box 2001 Suva/Fiji erhältlich.

U Verkehrsregeln

Siehe Stichwort **Autofahren**

➔ Visum

Siehe Stichwort **Einreise**

W Währung

Die **Landeswährung** in Fidschi ist der **Fiji Dollar (F$)**. Es gibt Banknoten zu 1, 2, 5, 10 und 20 F$ und Münzen zu 1, 2, 5, 10 und 50 Cents.
Noten und Münzen dürfen bei der Einreise unbeschränkt mitgeführt werden. Deklaration ist notwendig. Bei der Ausreise sind bis zu 100 $F gestattet.
Fremdwährungen dürfen bei der Einreise unbeschränkt mitgeführt werden. Deklaration ist erforderlich. Bei der Ausfuhr ist die Höhe der deklarierten Einfuhr abzüglich der umgetauschten Beträge erlaubt. US$ und Australische Dollar werden am leichtesten eingewechselt. **Internationale Kreditkarten** werden teilweise akzeptiert.
Derzeitiger Wechselkurs:
1 F$ = ca. 1,09/1,06 DM; 1 DM = ca. 0,92/0,95 F$ (Stand: März 1997)

Z Zeitungen

Zwei englischsprachige Zeitungen erscheinen täglich, **Fiji Times** und **Daily Post**. Beide enthalten eine Mischung von internationalen Nachrichten und Themen von lokalem Interesse. Man kann sie in Hotels, Kiosken und von Zeitungsjungen auf der Straße erhalten.

➔ Zeitzone

Die Zeitverschiebung zu Mitteleuropa beträgt in Fidschi:
● **plus 11 Stunden** ohne Berücksichtigung der mitteleuropäischen Sommerzeit,
● **plus 10 Stunden** in der mitteleuropäischen Sommerzeit.
Fidschi liegt **westlich der internationalen Datumsgrenze**.

➔ Zoll

Gegenstände für den persönlichen Bedarf, z.B.: Kleidung, Wäsche, Schuhe, Toilettenartikel usw. können **zollfrei** eingeführt werden. Dazu zählen auch: ein Fotoapparat mit Filmen, eine Schmalfilmkamera mit Filmen oder eine Videokamera mit Leerkassetten, ein Tonbandgerät, eine Reiseschreibmaschine, ein Kofferradio, ein Fernglas und Sportgeräte.

Zollfrei sind außerdem (Genußmittel nur für Reisende über 17 Jahren):
- 500 Zigaretten oder 500 g Zigarren oder 500 g Tabak,
- 2 Liter Spirituosen oder 4 Liter Wein oder 4 Liter Bier,
- 113 g Parfüm,
- Geschenke im Gesamtwert von 400 F$ (für größere Elektro-Artikel ist jedoch Zoll zu entrichten).

Die Einfuhr von **Fleisch und Milchprodukten** aus Tasmanien ist verboten.
Die Mitnahme von **Hunden und Katzen** im Reiseverkehr ist verboten.
Für **lebende Pflanzen** ist eine Einfuhrerlaubnis ist erforderlich. Pflanzen und Blumen dürfen im Reiseverkehr nicht mitgeführt werden.

6.1.8 A-Z NEUKALEDONIEN

Anmerkung:
* **"BP"** (Boîte Postale) ist eine französische Abkürzung für Postfach.

Ꭿ Alkohol

Wein und Bier sind die bevorzugten alkoholischen Getränke in Neukaledonien. Das einheimische **Bier** wird in der "Grande Brasserie" in Magneta gebraut. Daneben gibt es auch ausländische Biersorten, an erster Stelle Heineken. Die **Weine** kommen aus Frankreich, Australien und Neuseeland.

➔ Ärzte

Siehe Stichwort **Gesundheit**

➔ Autofahren

In Neukaledonien herrscht **Rechtsverkehr**.

Der **Straßenzustand** der Asphaltstraßen ist als gut zu bezeichnen. Einige Erdstraßen können jedoch während der Zeit starker Regenfälle Schwierigkeiten beim Autofahren bereiten, wenn man kein 4x4-Fahrzeug lenkt.

Das **Straßennetz** der Insel Grande Terre ist gut ausgebaut. Es verfügt über eine durchgehende Straße entlang der Südwestküste von Poum über Koumac, Bourail, Nouméa nach Yaté. Drei Querstraßen zur Nordküste gehen davon ab, die entweder als Kreisstraßen zur Südküste zurückführen oder auf die nächste Süd-Nord-Verbindung an der Nordküste treffen. Die übrigen Inseln verfügen teilweise über ein bescheidenes Straßennetz.

Der **Führerschein** Ihres Heimatlandes oder ein internationaler Führerschein berechtigt Sie, in Neukaledonien ein Kraftfahrzeug zu führen.

Das **Tempolimit** ist in Neukaledonien wie folgt festgesetzt:
- auf Landstraßen 110 km/h,
- in Ortschaften 60 km/h.

Fahrzeiten ab Nouméa:			
Ziel	*Fahrzeit*	*Ziel*	*Fahrzeit*
Tontouta	45 min	Koné	3 std 30 min
Bouloupari	1 std	Poindimié	4 std 10 min
Thio	2 std	Touho	4 std 40 min
La Foa	1 std 30 min	Hienghène	5 std 10 min
Sarraméa	1 std 50 min	Yaté	1 std 45 min
Bourail	2 std 10 min		

➔ Autoverleih

- **Avis**, Rond Point du Pacific, BP 155 Nouméa, Tel.: 27.54.84 oder Tontouta 35.11.74, Fax: 28.62.90
- **Budget**, 127 prom. R. Laroque, BP A3 Nouméa Cedex, Tel.: 26.20.09
- **Hertz**, 113 Route de l'Anse Vata, BP 335 Nouméa, Tel.: 26.18.22, 26.12.19 oder Tontouta 35.12.77, Fax: 27.81.14
- **Pacific Car**, 9 Rue de Soissons Fbg Blanchot, BP 2865 Nouméa, Tel.: 27.60.60, Fax: 28.45.40

Preisbeispiel (Avis): Autotyp	Tagespreis (CFP)	Km-Preis	Versicherung
Opel Corsa (2 Türen)	3.000	32	1.300
Opel Corsa (4 Türen)	3.300	36	1.300
Hyundai Excel (AC)/Opel Astra (AC)	3.700	40	1.300
Mitsubishi Lancer/Pick up Toyota Hilux (A, AC)	4.400	45	1.500
Daihatsu Feroza 4x4 (AC)/Minibus Toyota (9 Plätze)	4.600	47	1.800

B Banken

Alle Geldwechselgeschäfte und Transaktionen werden in Neukaledonien hauptsächlich von folgenden Banken und ihren Zweigstellen durchgeführt:
● **Banque Nationale de Paris / Nouvelle-Calédonie (B.N.P.-N.C.)**, 37 Av. Henri Lafleur, Tel.: 25.84.00
● **Banque Nouvelle-Calédonie / Credit Lyonnaise (B.N.C.)**, 21 Av. Henri Lafleur, Tel.: 25.74.00
● **Paribas Pacifique**, 33 Rue de l'Alma, Tel.: 27.51.81
● **Societé Générale Calédonnienne de Banque**, 56 Av. Henri Lafleur, Tel.: 27.22.64
● **Westpac Banking Corporation**, 5 Zweigstellen in Nouméa, Tel.: 25.63.00

➜ Behinderte

Bemerkenswert ist, daß es in der Hauptstadt Nouméa **rollstuhlgerechte Bürgersteige** gibt.

➜ Benzin

Siehe Stichwort **Tankstellen**

➜ Bevölkerung

Nach der letzten Volkszählung betrug die Gesamtbevölkerung 164.173 Einwohner, davon waren 73.598 Melanesier, 55.085 Europäer, 18.936 Walliser und 16.554 Tahitianer, Indonesier, Vietnamesen und andere Volksgruppen.

Die **Bevölkerungsdichte** stellt sich wie folgt dar:
● **im Süden** von Grande Terre durchschnittlich 7 Personen pro km^2,
● **an der Westküste** von Grande Terre durchschnittlich 2,7 Einwohner pro km^2,
● **an der Ostküste** von Grande Terre durchschnittlich 3,6 Einwohner pro km^2,
● **in der Province Iles Loyauté** durchschnittlich 7,4 Einwohner pro km^2,
● **in Nouméa** 1335 Einwohner pro km^2.

➜ Botschaften

Siehe Stichwort **Diplomatische Vertretungen**

→ Busse

Zentralbusbahnhof: Centre Ville, Komplex Avenue H. Lafleur/Rue du général Mangin/Rue de la Somme

● **Fernverkehr**

Blaue Busse bewerkstelligen den **Fernverkehr** auf der Insel Grande Terre.

Fahrpreise ab Nouméa:

Ziele	Fahrpreise einf. Fahrt (CFP)	Ziele	Fahrpreise einf. Fahrt (CFP)
Koutio	150	Koné	1.100
Dumbea	200	Oundjo	1.200
Paita	250	Temala	1.250
Tontouta	400	Ouaco	1.350
Robinson	170	Gomen	1.400
Saint Louis	220	Koumac	1.450
Montdore	300	Poum	1.650
Plum	350	Pouébo (Westküste)	1.650
Mouirage	300	Canala-Nakety	1.000
Yaté	290	Kouaoua	900
Thio	800	Houailou	1.050
Tomo	500	Poindimié	1.250
La Foa	700	Hienghène	1.450
Moindou	750	Pouébo (Ostküste)	1.650
Bourail	900	Sarramea	800
Poya	1.000	Moindou	750

● **Nahverkehr**

Grüne Busse bedienen den Nahverkehr in und rund um Nouméa. Am Zentral-busbahnhof ist ein Plan ausgehängt, wo die folgenden numerierten Strecken ausgewiesen sind. Die Busse sind mit den gleichen Streckennummern bezeich-net. Alle abfahrenden Busse kommen an einen bestimmten Perron.

Es gibt **12 Buslinien**, die am Zentralbusbahnhof beginnen :

Linie	Ziel	Fahrplan
2	Magenta	5.30-18.45 Uhr, alle 15 min
3	Trianon / Anse-Vata	5.30-18.30 Uhr, alle 10 min
4	Faubourg Blanchot	5.45-17.30 Uhr, alle 45 min
5	Aviation Cvile (Magenta)	5.25-18.30 Uhr, alle 30 min
6	Baie des Citrons (Anse-Vata)	5.30-18.45 Uhr, alle 15 min
7	Magenta (Aérodrome, Ouémo)	5.15-18.45 Uhr, alle 15 min
8	Cité de Saint Quentin	4.45-18.45 Uhr, alle 15 min
9	Rivière Salée	4.50-18.50 Uhr, alle 10 min
10	Ducos	5.25-18.25 Uhr, alle 30 min
11	Tindu-Numbo	5.15-18.45 Uhr, alle 15 min
12	Motravel	5.05-18.30 Uhr, alle 10 min
13	Nouville	5.45-18.30 Uhr, alle 30 min

Der **Standard-Preis** ist 100 CFP, für alle o.g. Fahrten gleich.

C Camper

Um die Hauptinsel Grande Terre, die eine Längenausdehnung von rund 400 km hat, zu bereisen, lohnt es sich, einen Camper zu mieten, z.B. bei:
Pacific Charter, BP 1483 Nouméa, Tel.: 26.10.55

➜ Camping

Camping ist in Nouméa nicht erlaubt. Sowohl an der West- und Ostküste als auch auf den Inseln wird es gestattet. Die Ortsansässigen müssen jedoch gefragt werden.

D Devisen

Siehe Stichwort **Währung**

➜ Diplomatische Vertretung

Neukaledonien unterhält keine eigenen Auslandsvertretungen. Die Interessen werden von Frankreich wahrgenommen.
- **In Frankreich**:
- **Deutsche Botschaft** (Embassade de la république fédéral d'Allemagne), 13/15 Avenue Franklin D. Roosevelt, F-75008 Paris, Tel.: (00331) 42.99.78.00, Fax: (00331) 43.59.74.18, Amtsbezirk u.a. für Neukaledonien
- **Schweizerische Botschaft** in Paris/Frankreich, 142 Rue de Grenelle, 75007 Paris/Frankreich, Tel.: (00331)49556700, Fax: (00331)45513477
- **In Neukaledonien: Deutsches Honorarkonsulat**, Consulat Honoraire de la République fédérale d' Allemagne, Grande Brasserie de Nouvelle Calédonie, Magenta, Nouméa, B.P. 98, Nouméa/Nouvelle Calédonie, Tel.: (00687)27.44.31, Fax: (00687)28.33.08
- **In Französisch-Polynesien: Österreichisches Konsulat** in Papeete/Französisch-Polynesien, Boulevard Pomare, Papeete, B.P. 4560, Papeete/Tahiti, Tel.: (00689)43.91.14, Fax: (00689)43.21.22

E Einreise

Bürger Deutschlands, Österreichs und der Schweiz dürfen **ohne Visum** bis zu drei Monaten einreisen. Voraussetzungen sind: der Besitz eines gültigen Reisepasses oder Kinderausweises (auch bei Kindern unter 10 Jahren mit Lichtbild und der Bezeichnung der Nationalität), ein Rück- oder Weiterreiseflugschein (Weiterreisetickets müssen mindestens zwei aufeinanderfolgende Staaten umfassen), erforderliche Reisedokumente sowie ausreichende Geldmittel für den Aufenthalt.

Von Reisenden, die nicht im Besitz bezahlter Rück- bzw. Weiterreisepapiere sind, wird die Zahlung einer Kaution vor der Abreise verlangt.

➜ Essen

Siehe Stichwort **Restaurants**

F Fahrradfahren

Wo kann man Fahrräder mieten?
- **Curios Baies des Citrons**, Tel.: 26.23.78,
- **Nouméa A car**, Tel.: 27.56.36, Plage Loisirs, Baie des Citrons und Anse-Vata Bay
- **Reviens je t'aime**, Maritime Station 20, Rue J. Ferry Nouméa, Tel.: 27.88.65
- **Gite Nataiwatch**, Baie de Kanuméra, Ile des Pins, Tel.: 46.11.13

➜ Feiertage

Neujahr ("Fête du nouvel an")	01. Januar
Ostermontag	März/April
Tag der Arbeit	01. Mai
Ende des 2. Weltkriegs	08. Mai
Christi Himmelfahrt	Mai
Pfingstmontag	Mai
Nationalfeiertag ("Fête National" [Sturm auf die Bastille 1789])	14. Juli
Mariä Himmelfahrt	15. August
Neukaledonien Tag	24. September
Allerheiligen	01. November
Waffenstillstand des 1.Weltkriegs	11. November
Weihnachten	25. Dezember

➜ Fernsehen

Seit 1965 gibt es in Neukaledonien Fernsehen, das bis auf den heutigen Tag von der französischen Regierung überwacht wird.

➜ Flüge

- **Internationaler Flugdienst**

Der internationale Flughafen von Neukaledonien liegt 37 km von Nouméa entfernt. Er trägt den Namen **Aéroport International de Tontouta**. Es besteht Bus- (ca. 1.800 CFP) und Taxiverkehr (ca. 7.500 CFP) in die Hauptstadt. Folgende internationale Fluglinien bedienen Neukaledonien: **Air France** (Tel.: 25.88.00), **Qantas** (Tel.: 28.65.46), **Air New Zealand** (Tel.: 28.34.39), **Air Nauru** und **Air Calédonie International** (Tel.: 28.33.33). Es wird **keine Flughafengebühr** beim Verlassen des Landes erhoben. Es gibt 5x wöchentlich Flüge ab Paris mit Anschlüssen von allen größeren deutschen Flughäfen. Für die Verbindung Paris-Nouméa-Paris werden in der Economy-Klasse französische Sondertarife gewährt.

- **Nachbarschaftsflugverkehr**

Von Nouméa nach:

Auckland/Neuseeland:	3x wöchentlich	Papeete/Tahiti:	2x wöchentlich
Brisbane/Australien:	2x wöchentlich	Port Vila/Vanuatu:	täglich
Melbourne/Australien:	2x wöchentlich	Sydney/Australien:	5x wöchentlich
Nadi/Fidschi:	1x wöchentlich		

Flugpreisvergünstigungen gibt es für das sog. "Island Hopping", z.B. von Polynesien Airlines. Meist in Verbindung mit einem Flug ab Australien oder USA. Nähere Infos erfahren Sie von den Fluggesellschaften.

- **Nationaler Flugdienst**

Der nationale Flugplatz in Nouméa heißt **Aérodrome de Magenta**.
Air Calédonie (6 km zur Stadt), Imm. Manhattan, 39 Rue de Verdun, BP 212
Nouméa, Tel.: 25.21.77, 28.78.88, Fax: 25.48.69 fliegt von hier aus mit De Havilland Twin Otter und verschiedenen Propellermaschinen folgende Ziele an:

Belep:	2x wöchentlich	Ouvéa:	täglich
Ile des Pins:	täglich	Poum:	1x wöchentlich
Koné:	6x wöchentlich	Tiga:	2x wöchentlich
Koumac:	3x wöchentlich	Touho:	6x wöchentlich
Lifou:	1-2x täglich	Wallis:	2x wöchentlich
Maré:	täglich		

➔ Frachter

- Die **Polish Ocean Lines** verkehrt mit Frachtern von Hamburg/Antwerpen nach Nouméa monatlich.
- Die **Columbus Line** sticht alle zehn Wochen von Hamburg nach Nouméa in See.

➔ Fremdenverkehrsamt

- **In Neukaledonien: Office du Tourisme de Nouméa**, 24, Rue Anatole France, BP 2828 Nouméa, Tel.: (00687) 28.75.80, Fax: (00687) 28.75.85. Sehr freundliche Beratung. Fragen Sie nach der Chefin Perrine Mengin. Sie spricht Deutsch.
- **Nouvelle Calédonie Tourisme** 39-41, Rue de Verdun, BP 688, 98845 Nouméa Cedex, Tel.: (00687) 27.26.32, Fax.: (00687) 27.46.23
- **In Deutschland**:
- **Tourism Council of the South Pacific**, Dircksenstraße 40, 10178 Berlin, Tel.: (030)23817645, Fax: (030)23817641
- **Französisches Fremdenverkehrsamt**, Westendstraße 47, D-60325 Frankfurt/Main, Postfach 100128, Tel.: (069) 7560830, Fax: (069) 752187
  F.G.T.O. Berlin, Keithstraße 2-4, D-10787 Berlin, Postfach 150465, Tel.: (030) 2182064, Fax: (030) 2141238
- **In der Schweiz**:
- **Maison de la France**, Löwenstraße 59, Postfach 7226, CH-8023 Zürich, Tel.: 01/221.3085, Fax: 01/212.1644
- **Maison de la France**, 2, Rue Thalberg CH-1201 Genf, Tel.: 022/731.3480, 022/732.8610

G Geld

Siehe Stichwort **Währung**

➔ Gesundheit

Die medizinische Versorgung ist durch ein ausreichendes Netz an Ärzten, Dentisten, Krankenhäusern, Kliniken und Apotheken gewährleistet. Das **zentrale Krankenhaus in Nouméa** ist besonders gut ausgerüstet: Centre Hospitalier Territorial, Hôpital Gaston Bourret, 7 Av. Paul Doumer, Tel.: 27.21.21. Zu Beginn der Reise sollten Sie sich nicht zu lange der **Sonne** aussetzen. Empfehlenswert ist es, eine Sonnenbrille und Kopfbedeckung zu tragen sowie ein Sonnenschutzpräparat mit ausreichendem Lichtschutzfaktor (je nach Hauttyp Faktor 8 und höher) zu verwenden. Bei **Durchfallerkrankungen** ist immer auf eine ausreichende Flüssigkeits- und Elektrolytzufuhr zu achten. Abgepackte Glukose-Elektrolyt-Mischungen sind im Handel erhältlich und gehören in jede Reiseapotheke. Die sorgfältige **Desinfektion** selbst **kleiner Wunden** und der Schutz vor Verschmutzung sind sehr wichtig.

H Hotels

Siehe Stichwort **Unterkunft**

I Impfungen

Bei Einreise direkt aus Europa sind **keine Impfungen** erforderlich. Eine **Ausnahme** ist die **Gelbfieberimpfung**. Sie ist zwingend für Reisende vorgeschrieben, die sich innerhalb der letzten 6 Tage vor Ankunft in Neukaledonien in Infektionsgebieten aufgehalten oder diese transitiert haben. **Befreit** von dieser Regelung sind Kinder unter einem Jahr sowie Transitreisende, die in Neukaledonien den Flughafen nicht verlassen, sowie Reisende, die, aus infektionsfreien Gebieten kommend, ein Infektionsgebiet nur transitiert und dort den Flughafen nicht verlassen haben. **Empfohlene Impfungen: Tetanus/Polio/Diphtherie** (grundsätzlich sollte der Impfschutz überprüft und ggfs. aufgefrischt werden) und **Hepatitis A** (auch wenige Tage vor Abreise kann mit aktivem Impfstoff als Einmaldosis ein ausreichender Schutz aufgebaut werden. Nach 6-12 Monaten sollte die Impfung wiederholt werden, um einen mehrjährigen Impfschutz sicherzustellen).

➔ Information

Siehe Stichwort **Fremdenverkehrsamt**

J Jugendherberge

Auberge de Jeunesse/Youth Hostel, 51 bis Rue Olry, BP 767 Nouméa, Tel.: 27.58.79, Fax: 25.48.17, Ridet 138800001. Die Herbergsleitung haben Jacky Sorin und Andrea Schäfer (deutschsprachig) übernommen.

K Kleidung

Leichte, atmungsaktive Sommerkleidung ist das ganze Jahr über angebracht. Leichte Wollsachen sind für kühlere Abende zu empfehlen. Shorts sollten am Abend in Restaurants nicht getragen werden.

➔ Klima

Neukaledonien erfreut sich eines angenehm sonnigen Klimas. Obgleich es noch im tropischen Bereich zwischen dem Südlichen Wendekreis und dem Äquator liegt, sorgen der Pazifische Ozean rundherum und die Passatwinde für Abkühlung. Man unterscheidet **zwei Jahreszeiten**:

● Von **Dezember bis März** (Sommer) ist es warm und feucht, und es gehen mäßige Regenfälle nieder. Die Durchschnitts-Temperaturen liegen zwischen +25 und +26 °C

● Von **April bis November** (Winter) ist es kühler und trocken, und die Durchschnitts-Temperaturen liegen zwischen +20 und +22 °C.

Auf der Hauptinsel **Grande Terre** herrscht **kein einheitliches Klima**. Die 400 km lange zentrale Gebirgskette teilt das langgestreckte Eiland in eine feucht-tropische Klimazone im Nordosten und eine trocken-gemäßigte Klimazone im Südwesten. Neukaledonien hat das ganze Jahr über **Reisezeit**. Von einer guten oder schlechten Reisezeit kann man nicht sprechen. Allerdings ist die Gefahr, daß ein Zyklon Neukaledonien heimsucht, in der Sommerzeit größer als in der Winterzeit.

➔ Konsulate

Siehe Stichwort **Diplomatische Vertretungen**

➔ Kreditkarten

In Neukaledonien werden internationale Kreditkarten in den größeren Hotels und den meisten Mietwagenunternehmen akzeptiert. Die gebräuchlichsten sind: American Express, Diners Club, MasterCard und VISA.

M Maßeinheiten

In Neukaledonien wird ausnahmslos das **metrische System**, wie in Mitteleuropa, angewandt, d.h. es werden beispielsweise Längen- Flächen-, Raum- und Hohlmaße in Zentimetern, Metern, Kilometern und Litern sowie Gewichte in Gramm und Kilogramm angegeben.

N Notruf

Intensive Krankenhilfe: 15, Polizei: 17, Feuer: 18

O Öffnungszeiten

Banken: Mo-Fr 7.30-15.30 Uhr; **Büros**: Mo-Fr 7.30-11.30 Uhr, 13.30-17.30 Uhr; **Läden**: Mo-Fr 7.30-11.00 Uhr, 14.00-18.00, Sa vormittags.

P Post

Die Hauptpost in Nouméa hat ihren Sitz an der Baie de la Moselle. **Öffnungszeiten**: 7.45-11.15 und 12.15-15.30 Uhr

R Reisezeit

Siehe Stichwort **Klima**

➔ Religion

Die wichtigsten Konfessionen sind die **römisch-katholische**, die ihren Schwerpunkt in Nouméa und auf Ile des Pins hat, und die **protestantische**, die sich auf die Ostküste von Grande Terre und auf Iles Loyauté konzentriert. Außerdem sind die Mormonen, Adventisten, Anhänger der Bahai'i-Religion, Church of Latter Day Saints, Jehovas Zeugen und Muslims in Neukaledonien vertreten.

➔ Restaurants

● **Internationale Küche**
Es gibt Restaurants mit französischer Küche in gehobener Preisklasse und preiswertere exotische Restaurants, in denen chinesische, vietnamesische, thailändische, indische und spanische Speisen serviert werden. Die Preise staffeln sich von Tagesgerichten ("plat du jour") bis zu extravaganten Gerichten à la carte.

Empfehlungen:
Französische Restaurants:
- **L'Ami Pierrot**, Faubourg Blanchot, Tel.: 28.35.93
- **Bistro Parigo**, Rue de Sebastopol, Tel.: 28.28.29
- **Bistro 22**, Magenta, Tel.: 25.23.55
- **Campagnard**, Magenta, Tel.: 25.22.48
- **La Coupole**, Anse-Vata, Tel.: 26.44.11
- **L'Eau Vive Du Pacifique**, Faubourg Blanchot, Tel.: 28.61.23

Italienisches Restaurant:
- **Dolce Vita**, Anse-Vata, Tel.: 26.24.41

Asiatische Restaurants:
- **Le Flamboyant**, Baie d'Orphelinat, Tel.: 26.27.30
- **Le Mayflowers**, Anse-Vata, Tel.: 26.18.70
- **Orient Express**, Innenstadt, Tel.: 27.49.10

Meeresfrüchte:
- **Calypso**, Anse-Vata, Tel.: 26.37.16

● **Melanesische Küche**
Melanesische Gerichte, von Kanaken zubereitet, werden meistens in "gîtes" und Snackbars außerhalb der modernen Hauptstadt Nouméa serviert. Ein bekanntes Gericht heißt *"bougna"*. Es besteht aus einer Kombination von Yams, Taro, Süßkartoffeln, Kochbananen mit Stücken von Hühner- oder Schweinefleisch, Krebsen und Hummer. Alle Zutaten werden mit Kokosmilch gemischt, in Bananenblätter gewickelt und im **Erdofen** gegart.

S Souvenirs, Souvenirs

Nouméa wird auch "Klein-Paris" genannt. Hierher kommen auch viele Insulaner der anderen Pazifikstaaten zum Shopping. **Typisch französische Waren**, wie Kleider, Lederwaren, Juwelen, Parfüm, Kognak, Porzellan, Silberwaren und Schokolade, sind sehr begehrt.
Exotische Andenken, wie Äxte der Kanaken, polierte Muscheln, Tapa von den Wallis Inseln und Holzschnitzereien, ziehen eher die Blicke der Besucher aus Übersee auf sich.

➔ Sport

Die beliebtesten Sportarten des Landes sind: Golf, Segeln, Squash, Tauchen, Tennis und Windsurfen.

● **Golf**

Golf können Sie auf dem **18-Loch-Golfplatz Dumbea** (Tel.: 36.81.81), 15 km außerhalb von Nouméa, auf dem **9-Loch-Golfplatz des Bouloupari Club** (Tel.: 35.17.35 Paillottes de la Ouenghi), 45 km von Nouméa entfernt, und auf dem **9-Loch-Golfplatz Golf de Tina**, Tel.: 27.42.72 spielen. Der letztere hat montags geschlossen.

● **Segeln**

- **Nouméa Yacht Charters**, BP 1068 Nouméa, Tel.: 28.66.66, Fax: 28.74.82 ist der renommierteste Yachtclub von Nouméa. Dort können Sie für einen oder mehrere Tage eine Yacht, mit oder ohne Bootsbesatzung, mieten.

Weitere Adressen sind:

- **Sarl Alize Voiles**, BP 4778 Nouméa, Tel.: 27.50.43, Segelboot mit 9 Kojen, Vermietung so lange wie gewünscht, mit oder ohne Besatzung, mit oder ohne Hostessen.
- **Vagabund Yacht Service**, 34. Rue R. Laroque, Nouméa, Tel.: 26.14.93, Vermietung eines 47 ft Katamarans.

● **Squash**

Der **Squash Club**, Baie des Pêcheurs, Tel.: 26.22.12 gibt Gelegenheit, auch diese immer beliebter werdende Sportart auszuführen.

● **Tennis**

Fast in jedem Hotel gibt es Tennisanlagen, die Sie nach Rückfrage benutzen dürfen.

● **Tauchen**

Nauticlub, Kuto Bay, Ile des Pins, Tel.: 46.11.22 organisiert Tauchgänge auf der wunderschönen Pinieninsel.

● **Windsurfen**

Windsurfen ist in Neukaledonien sehr populär. Der **Club Mediterranée** ist auf diese Sportart spezialisiert. Außerdem könnten Ihnen folgende Telefonnummern weiterhelfen:

- Mr Cali, Tel.: 27.23.84
- Plage Loisirs Baie des Citrons und Anse-Vata Bay, Tel.: 26.90.00

➔ **Sprache**

Französisch ist die offizielle Sprache. **Englisch** wird weitgehend verstanden und gesprochen. Außerdem gibt es ungefähr **30 melanesische Dialekte**, die z.T. sehr unterschiedlich sind.

➔ **Strände**

Grande Terre
- **Anse Vata**
- **Baie des Citrons**
- **Anse Kuendu**

Ile des Pins
Die Strände der Iles des Pins zeichnen sich durch besonders weichen, feinkörnigen Strand aus, z.B. in den Buchten
- **Baie de Kanuméra**
- **Baie de Kuto**
- **Baie d'Oro**

➔ Strom

Die Stromspannung beträgt in Neukaledonien 220 Volt/50 Hertz Wechselstrom. Adapter für zweipolige Stecker sind erforderlich.

T Tankstellen

Das Tankstellennetz ist sehr gut ausgebaut.
Treibstoffpreise: Ein Liter Superbenzin und Super bleifrei kosten z. Zt. 96,10 CFP, und ein Liter Diesel kostet 68,30 CFP.

➔ Taxis

Die Taxipreise in Neukaledonien sind die höchsten im gesamten südpazifischen Raum. Es werden z.Zt. ca. 200 CFP pro km berechnet. Wenn es irgend möglich ist, sollte man auf öffentliche Busse zurückgreifen. **Taxizentrale Nouméa**: Tel.: 28.35.12

➔ Telefonieren

Der Telefonservice in Neukaledonien ist sehr gut und entspricht westeuropäischem Standard.
Es gibt zwei gängige Arten zu telefonieren:
● Die einfachste Methode ist das Telefonieren mit einer **Telefonkarte**, die Sie bei der Post oder an einigen Zeitungskiosken für 1.000, 3.000 oder 5.000 CFP kaufen können. Aus öffentlichen Telefonzellen können Sie auch direkt **nach Übersee** telefonieren, ohne die Vermittlung durch den "operator" zu bemühen.
● Außerdem können Sie **bei der Post** in bestimmten Kabinen telefonieren und bezahlen nach Beendigung des Gesprächs am Schalter.

Wenn Sie von Neukaledonien **nach Deutschland, Österreich oder in die Schweiz** telefonieren wollen, wählen Sie nachstehende **Vorwahlnummern** und anschließend Ihre Ortskennzahl ohne Null:

Vorwahl Deutschland: 0049	Vorwahl Schweiz: 0041
Vorwahl Österreich: 0043	Vorwahl Neukaledonien: 687
	(von Deutschland: 00687)

Ein Telefongespräch nach Deutschland, Österreich oder in die Schweiz kostet 4.940 CFP pro Minute.

➔ Trinkgeld

Auf die Rechnung kommt ein Bedienungszuschlag. Trinkgeld ist in Neukaledonien nicht üblich.

➔ Trinkwasser

Das Leitungswasser ist normalerweise in den Städten in Ordnung. Auf dem Land sollte es vor Gebrauch gefiltert und abgekocht werden.

U Unterkunft

Um es vorweg zu sagen, die **Unterkünfte** in Neukaledonien sind **sehr teuer**. Es gibt nur wenige Möglichkeiten, um den überhöhten Preisen auszuweichen.

● **Jugendherbergen**: Die einzige Jugendherberge (siehe auch Stichwort Jugendherberge) des Landes existiert in Nouméa. Sie ist sehr schön auf einem Hügel über der Kathedrale mit Blick auf den Bootshafen gelegen: **Auberge de Jeunesse/Youth Hostel**, 51 bis Rue Olry, BP 767 Nouméa, Tel.: 27.58.79, Fax: 25.48.17. Sie ist die preisgünstigste Möglichkeit, in Nouméa zu übernachten, sehr sauber, und es herrscht Ordnung. Die freundliche und bestimmte französisch-deutsche Herbergsleitung leistet sehr gute Arbeit.

● **Gîtes**: Mehrere Clans und Familien vermieten Hütten („gîtes"), in melanesischem Stil erbaut. Ihre Ausstattung variiert von spartanisch bis modern. Die Preise liegen zwischen 1.500 bis 5.000 CFP pro Person. Einfache melanesische Unterkünfte gibt es in Neukaledonien in Goro, Poum, Thio, Yaté und auf den Inseln Lifou, Maré, Ouen, Ouvéa und Ile des Pins.

● **Hotels und Resorts**: Es gibt lange Listen von teuren Hotels und Resorts in Neukaledonien, die meistens in Nouméa oder an den Stränden liegen. Bei den Tourenbeschreibungen im folgenden werden einige näher erwähnt. Vor Ort wenden Sie sich am besten an das Fremdenverkehrsamt in Nouméa (siehe Stichwort Fremdenverkehrsamt).

Die in diesem Reisehandbuch erwähnten Hotels und sonstigen Unterkünfte sind nur als persönliche Vorschläge anzusehen. Es wird kein Anspruch auf Vollständigkeit erhoben. Auch gibt es vergleichsweise sicherlich genauso gute oder noch bessere Unterkünfte, die nicht erwähnt sind. Wegen der ständig schwankenden Zimmerpreise werden in diesem Buch folgende **Preis-Gruppierungen** nach folgendem Schlüssel vorgenommen:

$$$$$$	=	über 25.000 CFP pro Doppelzimmer (DZ)
$$$$$	=	20.000 – 25.000 CFP pro DZ
$$$$	=	15.000 – 20.000 CFP pro DZ
$$$	=	10.000 – 15.000 CFP pro DZ
$$	=	5.000 – 10.000 CFP pro DZ
$	=	unter 5.000 CFP pro DZ

U Verkehrsregeln

Siehe Stichwort **Autofahren**

➔ Visum

Siehe Stichwort **Einreise**

W Währung

Die **Landeswährung** ist der **Pazifische Franc (CFP)**. CFP-Banknoten gibt es im Wert von 500, 1.000, 5.000 und 10.000 Francs und CFP-Münzen im Wert von 1, 2, 5, 10, 20, 50 und 100 Francs. Es besteht eine feste Parität zwischen dem CFP und dem Französischen Franc (FF): 100 CFP = 5,50 FF oder 1 FF = 18,18 CFP. Noten und Münzen in Landeswährung dürfen bei der Ein- und Ausreise unbeschränkt mitgeführt werden. **Fremdwährungen** und andere Reisezahlungsmittel dürfen in unbeschränkter Menge ein- und ausgeführt werden. **Internationale Kreditkarten** werden in den größeren Hotels und meist auch in Mietwagenunternehmen akzeptiert. **Derzeitiger Wechselkurs**: 100 CFP = 5,50 FF; 1 FF = 18,18 CFP; 1 DM = ca. 61,50 CFP (Stand März 1997)

Tip
Bei American Express, Avenue du Maréchal Foch, im 3. Haus, Richtung Westen (Hafen) von der Querstraße Rue de Verdun (Haus mit den Aufschriften "Center Voyages" und "Shopping Centre") können Sie **günstig Traveller Schecks ohne "Tax" tauschen!**

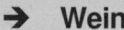

➔ Wein

Siehe Stichwort **Alkohol**

Z Zeitungen

"Les Nouvelles Calédonie" ist eine Tageszeitung. **"Tele 7 Jours"** und **"Les Nouvelles Hebdo"** erscheinen einmal wöchentlich.

➔ Zeitzone

Die Zeitverschiebung zu Mitteleuropa beträgt in Neukaledonien
● **plus 10 Stunden** außerhalb der mitteleuropäischen Sommerzeit,
● **plus 9 Stunden** während der mitteleuropäischen Sommerzeit.
Neukaledonien liegt **westlich der internationalen Datumsgrenze**.

➔ Zoll

● Gegenstände des **persönlichen Gebrauchs**, beispielsweise Kleider, Wäsche, Schuhe, Toilettenartikel usw., können **zollfrei** eingeführt werden. Dazu gehören: 2 Fotoapparate mit Filmen, eine Schmalfilmkamera mit Filmen oder eine Videokamera mit Leerkassetten, ein Kofferradio, ein Tonbandgerät, eine Reiseschreibmaschine, ein Plattenspieler mit 12 Platten, ein Fernglas, Sport- und Campingausrüstung. Zollfrei können ferner von über 17 Jahre alten Reisenden eingeführt werden: 1.000 Zigaretten oder Zigarrillos oder 250 Zigarren oder 2 kg Tabak (wenn Reisende aus Europa, Amerika oder Asien kommen) sowie eine Flasche alkoholische Getränke (aber nicht Anisette oder Absinth) und eine angemessene Menge Parfüm.
● Die Mitnahme von **Hunden und Katzen** ist im Reiseverkehr verboten. Eine Importerlaubnis kann nur erteilt werden, wenn die Tiere aus tollwutfreien Ländern kommen (Kontinentaleuropa gilt nicht als tollwutfrei). Nähere Auskünfte erteilt: SVPA, B.P. 256, Nouméa/Neukaledonien. Einfuhrverbot besteht auch für Vögel insbesondere für Tiere der Papageienfamilie.
● Die Einfuhr von **lebenden Pflanzen** ist grundsätzlich verboten. Es sind nur vereinzelt Ausnahmen möglich. Näheres erfahren Sie über die französischen Konsulate.
● **Waffen und Munition**: Für die Einfuhr von Sportwaffen wird eine **Import-Erlaubnis** des Haut Commissariat de la République Francaise dans l'Océan Pacifique, Nouméa benötigt.

6.1.9   A-Z VANUATU

A   Ärzte

Siehe Stichwort **Gesundheit**

➔   Autofahren

In Vanuatu herrscht **Rechtsverkehr**. Auf der Insel Efate und Teilen von Espiritu Santo herrschen ordentliche Straßenverhältnisse.
Um in Vanuatu ein Kraftfahrzeug führen zu dürfen, ist ein Führerschein Ihres Heimatlandes oder ein internationaler Führerschein erforderlich.

➔   Autoverleih

Mietwagen für Selbstfahrer können in Port Vila angemietet werden. Verlangt werden der nationale und internationale Führerschein. Das Mindestalter ist 23 Jahre.

- **Avis**, Le Meridien, P.O. Box 1297 Port Vila, Tel.: 22.570/24.816
- **Budget**, Olympic Hotel Courtyard, P.O. Box 349 Port Vila, Tel.: 23.170, Fax: 24.693

- **Discount Rentals**, Le Lagon Road, Tel.: 23.242
- **Hertz**, Radisson Road, Tel.: 25.600
- **Thrifty**, Tagabé Road, P.O. Box 128 Port Vila, Tel.: 22.244, 22.533, Fax: 23.685

ß Banken

- **ANZ**   Tel.: 22.536
- **Bank of Hawaii**   Tel.: 22.412
- **National Bank of Vanuatu**   Tel.: 22.201
- **Westpac Banking Corporation** Tel.: 22.084

→ Benzin

Siehe Stichwort **Tankstellen**

→ Bevölkerung

Die **Gesamtbevölkerung** betrug nach der letzten Volkszählung von 1992 **156.000 Einwohner**, davon sind ca. **97% Melanesier** oder Ni-Vanuatu und ca. 3% Polynesier, Mikronesier und Europäer

In der Hauptstadt **Port Vila** leben ca. 21.000 Einwohner, davon 74% Ni-Vanuatu, 14% Europäer und 12% Polynesier, Vietnamesen und Chinesen.

→ Botschaften

Siehe Stichwort **Diplomatische Vertretungen**

→ Busse

Minibusse
Eine **Vielzahl von Minibussen** befahren von 6.00-19.30 Uhr das Stadtgebiet von Port Vila, pendeln zwischen dem internationalen Flughafen und der Metropole und bedienen die wichtigsten Hotels. Man erkennt sie an ihrem **roten "B"** vor der Ziffer am Nummernschild. Sie sind ein **preiswertes und ideales Verkehrsmittel**, das nicht auf festen Strecken fährt.

Worin liegen **ihre Vorteile**?
- Sie sind **sehr zahlreich** vertreten.
- Sie **halten auf Handzeichen**.
- Sie befördern die Fahrgäste **an jeden gewünschten Ort** im erweiterten Stadtgebiet.
- Sie sind **preiswert**, z.Zt. beträgt der Einheitspreis 100 VT.

C Camping

Camping ist in Vanuatu nicht möglich. Es gibt keine Campingplätze.

D Devisen

Siehe Stichwort **Währung**

➔ Diplomatische Vertretungen

Die Republik Vanuatu unterhält **keine eigenen Vertretungen im Ausland**. Visa-Anfragen usw. sind direkt zu richten an: **Principal Immigration Officer**, Immigration Department, Private Mail Bag 0092, Port Vila/Republik of Vanuatu.

● **In Singapur: Deutsche Botschaft**, Embassy of the Federal Republic of Germany, 545 Orchard Road, Far East Shopping Centre, No. 1401, Singapore 0923, Tanglin P.O. Box 94, Singapore 9124, Tel.: (0065)737.13.55, Fax: (0065) 737.26.53, Amtsbezirk: u.a. Vanuatu
● **In Australien**:
- **Österreichische Botschaft**, 12 Talbot Street, Forrest, Canberra, A.C.T. 2603/ Australien, Tel.: (00616) 295.13.76, 295.15.33, Fax: (00616) 239.67.51
- **Schweizerisches Generalkonsulat**, Suite 2301, Plaza II, 500 Oxford Street, Bondi Junction, Sydney NSW 2022; P.O. Box 282, Bondi Junction, NSW 2022/ Australia, Tel.: (00612) 369.42.44, 369.41.08, 369.43.91, 369.47.97, 369.48.38, Fax: (00612) 369.13.34

E Einreise

Bürger Deutschlands, Österreichs und der Schweiz dürfen **ohne Visum** bis zu 30 Tagen einreisen. Voraussetzungen sind: der Besitz eines noch vier Monate gültigen Reisepasses oder Kinderausweises (auch bei Kindern unter 10 Jahren ist ein Lichtbild erforderlich, und die Nationalität muß vermerkt sein), Rück- oder Weiterflugtickets mit bestätigter Platzreservierung, Einreisepapiere für das nächste Zielland sowie ausreichende Geldmittel für den Aufenthalt.

➔ Essen

Siehe Stichwort **Restaurants**

F Feiertage

New Year's Day (Neujahr)	01. Januar
National Chief's Day	05. März
Good Friday (Karfreitag)	März/April
Easter Monday (Ostermontag)	März/April
Labour Day (Tag der Arbeit)	01. Mai
Ascencion Day (Himmelfahrtstag)	Mai
Independence Day (Tag der Unabhängigkeit)	30. Juli
Assumption Day (Mariä Himmelfahrt)	15. August
Constitution Day (Tag der Verfassung)	05. Oktober
Unity Day (Tag der Einheit)	29. November
Christmas Day (1. Weihnachtstag)	25. Dezember
Family Day (2. Weihnachtstag)	26. Dezember

→ Flüge

● Internationale Flugdienste
Der **internationale Flughafen** in Port Vila heißt **Bauer-Field**. Er liegt ca.7 km von der Hauptstadt entfernt. Bus- (300 VT) und Taxiservice (500 VT) sind vorhanden.
Folgende **internationale Fluglinien** bedienen den Flughafen:
- **Air Calédonie**, gegenüber der ANZ Bank, P.O. Box 882 Port Vila, Tel.: (00678) 22.739, fliegt sechsmal die Woche von Nouméa über Vanuatu (Port Vila) nach Australien (Brisbane, Sydney, Melbourne), nach Neuseeland (Auckland) und Fidschi (Nadi) und zurück.
- **Air Pacific**, gegenüber Burns Philp, P.O. Box 27 Port Vila, Tel.: (00678) 22.836, Fax: (00678) 23.583, hat mehrere Flüge wöchentlich von Vanuatu (Port Vila) über Nadi mit Verbindungen nach Hawaii (Honolulu), Japan (Tokio), Australien und Neuseeland und retour.
- **Air Vanuatu**, in der Nähe der Post Office, P.O Box 148 Port Vila, Tel.: (00678) 23.848, Fax: (00678) 23.250, hat direkte Verbindungen nach Australien (Brisbane, Sydney, Melbourne), Neuseeland (Auckland) mit Anschlüssen an die meisten internationalen Fluglinien mit weltweiten Zielen.
- **Polynesian Airlines**, Tel.: (00678) 23.848, pendelt zwischen Los Angeles über West-Samoa (Apia), Fidschi (Nadi) und Vanuatu (Port Vila) mit Anschlüssen nach Tahiti (Papeete) und anderen Südsee-Staaten.
- **Qantas**, Tel.: (00678) 23.848, verbindet die meisten australischen Flughäfen mit Vanuatu.
- **Solomon Airlines**, P.O. Box, Tel.: (00678) 23.848, fliegt von den Salomonen (Honiara) über Vanuatu (Port Vila) nach Neuseeland (Auckland) und Fidschi (Nadi).

In Vanuatu werden folgende **Flughafengebühren** erhoben:
    Inlandsflüge: 200 Vatu,
    internationale Flüge: 2.000 Vatu.
Befreit sind Transitreisende, die innerhalb von 24 Stunden weiterreisen und den Flughafen nicht verlassen, sowie Kinder unter 2 Jahren.

Ungefähre Flugzeiten von Port Vila nach ...			
Flughafen	*Flugzeit*	*Flughafen*	*Flugzeit*
Auckland	3 Std.	Los Angeles	13 Std.
Brisbane	2 Std. 30 Min.	Nadi	1 Std.
London	26 Std. 30 Min:	Paris	25 Std.

● Nachbarschaftsflugverkehr
Von Port Vila aus bestehen u.a. Flugverbindungen nach:
    Brisbane/Australien: 2x wöchentlich
    Honiara/Salomonen: 2x wöchentlich
    Nadi/Fidschi: 2x wöchentlich
    Nouméa/Neukaledonien: 5x wöchentlich
    Suva/Fidschi: 3x wöchentlich
    Sydney/Australien: 3x wöchentlich

● Nationale Fluglinie
Air Vanuatu / Vanair, Private Mail Bag 69, Port Vila, Tel.: (00678) 22.753, 22.643, Fax: (00678) 23.910, fliegt mit ihren Twin Otter und kleinerem Fluggerät meist mehrmals wöchentlich von **Port Vila** nach:

Aneityum, Aniwa, Big Bay, Craig Cove, Dillons Bay, Emae, Espiritu Santo (mehrmals täglich), Futuna, Ipota, Lamap, Lamen Bay, Longana, Lonorore, Motalava, Norsup, Redcliff, Santo (mehrmals täglich), Sara, Sola, South West Bay, Tanna (2x täglich), Tongoa, Ulei, Valesdir, Walaha. Flugcharter ist ebenfalls möglich.

➔ Fremdenverkehrsamt

● **In Deutschland**: **Tourism Council of South Pacific**, Dircksenstraße 40, 10178 Berlin, Tel.: (030)23817645, Fax: (030)23817641
● **In Vanuatu**: **National Tourism Office Vanuatu**, P.O. Box 209, International Building, 1. Stock, Kumul Highway, Port Vila/Vanuatu, Tel.: (00678) 22.685, 22.515 Fax: (00678) 23.889

➔ Führerschein

Siehe Stichwort **Autofahren**

G Geld

Siehe Stichwort **Währung**

➔ Geschäfte

Beim Einkaufen sollte man nicht handeln. Es verstößt gegen das örtliche Geschäftsgebaren.

➔ Gesundheit

Vanuatu verfügt über fünf Krankenhäuser in Port Vila, Luganville und Espiritu Santo mit einer Kapazität von 364 Betten, 16 Kliniken, 59 Apotheken, 20 Ärzten und 276 registrierten Krankenschwestern.
● **Malaria**
Sie ist **das Gesundheitsproblem Nummer eins** in Vanuatu! Das Risiko, infiziert zu werden, besteht ganzjährig im ganzen Land, mit Ausnahme auf der Insel Futuna. Die Malaria wird durch den Stich von Moskitos in der Zeit zwischen Abenddämmerung und Sonnenaufgang auf den Menschen übertragen. Erhötes Übertragungsrisiko besteht während der Monate November bis Mai.
● **Wie kann man sich schützen?**
- Der **Schutz vor Moskitostichen**, z.B. durch Netz oder Einreiben bzw. Einsprühen mit Insektenschutzmitteln, ist die beste Vorbeugungsmaßnahme gegen diese ernstzunehmende Tropenkrankheit.
- Eine **medikamentöse Malariaprophylaxe** sollte zusätzlich erfolgen.
(Siehe auch A-Z Allgemein)
- Zu Beginn der Reise sollten Sie sich nicht zu lange der **Sonne** aussetzen. Empfehlenswert ist es, eine Sonnenbrille und Kopfbedeckung zu tragen sowie ein Sonnenschutzpräparat mit ausreichendem Lichtschutzfaktor (je nach Hauttyp Faktor 8 und höher) zu verwenden.
- Bei **Durchfallerkrankungen** ist immer auf eine ausreichende Flüssigkeits- und Elektrolytzufuhr zu achten. Abgepackte Glukose-Elektrolyt-Mischungen sind im Handel erhältlich und gehören in jede Reiseapotheke.

- Die sorgfältige **Desinfektion** selbst **kleiner Wunden** und der Schutz vor Verschmutzung sind sehr wichtig.
- **Ärztliche Hilfe**:
- Port Vila: Dr. Jea-Luc Bador, Tel.: 23065 (spricht Deutsch, Englisch und Französisch)
- Zahnarzt: Ken Hutton, Tel.: 22604 (spricht Englisch)

♄ Hotels

Siehe Stichwort **Unterkunft**

Ⅰ Impfungen

Im internationalen Reiseverkehr werden von Vanuatu **keine Impfungen** vorgeschrieben. **Empfohlen** werden:
- **Tetanus/Polio/Diphtherie:** Grundsätzlich sollte der Impfschutz überprüft und ggfs. aufgefrischt werden.
- **Hepatitis A**: Auch wenige Tage vor Abreise kann mit aktivem Impfstoff als Einmaldosis ein ausreichender Schutz aufgebaut werden. Nach 6-12 Monaten sollte die Impfung wiederholt werden, um einen mehrjährigen Impfschutz sicherzustellen.

➔ Information

Siehe Stichwort **Fremdenverkehrsamt**

Ⲕ Kleidung

Das ganze Jahr über ist leichte, atmungsaktive Sommerkleidung aus Baumwolle und Viskose von Vorteil. Für die Monate Mai bis Oktober sind leichte Pullover für die Abende angebracht. Badebekleidung und Minishorts erregen bei Ortsbesuchen Anstoß.

➔ Klima

Auf Vanuatu sind die Jahreszeiten den europäischen entgegengesetzt. Die Inseln haben tropisches, im Süden subtropisches Klima mit hoher Luftfeuchtigkeit. Die durchschnittlichen Wassertemperaturen des Ozeans von +22 °C im "Winter" und +28 °C im Sommer laden das ganze Jahr über zum Baden ein.

Man unterscheidet zwei Jahreszeiten:
- Die **Regenzeit** von Dezember bis April ist mit durchschnittlich +28 °C in Port Vila heiß, feucht und regnerisch.
- Die **Trockenzeit** von Mai bis Oktober ist etwas kühler mit angenehmen Durchschnitts-Temperaturen von +22 bis +24 °C, nicht so hoher Luftfeuchtigkeit und nur leichten Regenfällen.

Die jährliche Durchschnittstemperatur in Port Vila beträgt **+24,8 °C**. Im Jahr fallen dort **2.156 mm Regen**, und die **Sonnenscheindauer** pro Jahr beträgt **2.116**

Stunden. Die südlich von Port Vila gelegenen Inseln sind im allgemeinen "kühler", und sie bekommen weniger Niederschläge ab. Die **beste Reisezeit** ist auf alle Fälle die o.g. Trockenzeit.

➜ Konsulate

Siehe Stichwort **Diplomatische Vertretungen**

➜ Kreditkarten

Internationale Kreditkarten werden in den größeren Hotels, bei internationalen Autovermietungen und einigen Boots- und Charterfirmen akzeptiert.
● **In Port Vila** werden American Express, Diners Club, MasterCard und VISA akzeptiert.
● **Auf den Außeninseln** kann man meistens nur mit MasterCard und VISA bezahlen.

➜ Kreuzfahrten

Nahezu 40 Kreuzfahrtschiffe laufen jährlich Vanuatu an. Die bedeutendsten Reedereien sind: P & O Sitmar, P & O Princess, Royal Viking Lines, CTC Line und Cunard Shipping Lines.

M Mopedverleih

Moped Rentals, nahe der Iririki Wharf, vermietet Mopeds mit 50 cm³ Hubraum für 500 VT per Stunde und 3.000 VT per Tag. Die Vermietung beschränkt sich nur auf die Tageslichtstunden. Das Tragen eines Schutzhelms ist Vorschrift.

N Notruf

Polizei: 22.222, **Ambulanz**: 22.100, **Feuer**: 22.333

O Öffnungszeiten

Banken: Mo bis Fr 8.30 bis 15.00 Uhr (häufig zwischen 11.00 und 13.30 Uhr geschlossen); **Büros**: Mo bis Fr 7.30 bis 11.30 Uhr, 13.30 bis 16.30/17.00 Uhr; **Läden**: Mo bis Sa 7.30 bis 11.30 Uhr, 14.00 bis 17.00 Uhr Supermärkte haben auch mittags geöffnet. Läden in den Außenbezirken öffnen morgens später, haben dafür abends länger und manchmal auch sonntags geöffnet.

P Post

Die Hauptpost in Port Vila befindet sich in der Hauptstraße der Stadt. Eine Postkarte nach Mitteleuropa kostet 80 VT und ein Brief 90 VT.

R Reisezeit

Siehe Stichwort **Klima**

➔ Religion

Religionen: 80% Christen (davon 32% Presbyterianer und 11% Anglikaner, sowie 17% Katholiken) ferner Cargo-Kulte und Naturreligionen.

➔ Restaurants

In Vanuatu gibt es ein buntes Gemisch an nationalen und internationalen Restaurants, die melanesische, polynesische, vietnamesische, chinesische, japanische, französische und englische Spezialitäten anbieten.

S Schiffe

Issacher Pacific Shipping Ltd. unterhält zweimal wöchentlich einen Schiffsverkehr zwischen Port Vila und Santo. Die Abfahrt in Port Vila erfolgt in aller Regel Sa und Mo, jeweils abends, die Ankunft in Santo um die Mittagszeit Mo und Mi. Alle Inselhäfen auf der jeweiligen Schiffsroute werden dabei angelaufen.

Der einfache Fahrpreis von Port Vila nach Santo beträgt ca. 48 US$.

➔ Souvenirs, Souvenirs

In mehreren Geschäften von Port Vila gibt es die üblichen Andenken, wie fein geflochtene Matten und Holzschnitzereien. **Goodies** in der Hauptstraße hat m. E. die beste Auswahl echter Stücke. Besonders beeindruckend sind die Masken aus Papua-Neuguinea.

➔ Sport

● **Golf**
- **Der Port Vila Golf and Country Club**, P.O. Box 538, beim **Whitesands Country Club** verfügt über einen 18-Loch-Golfplatz in sehr guter Lage in einer Kokospalmenplantage, 16 km außerhalb von Port Vila.
Preisbeispiel: 4.000 VT für ½ Tag
- **Le Lagon Pacific Resort** besitzt einen 12-Loch-Golfplatz.
● **Reiten**
Reitmöglichkeiten bestehen bei:
- **Ranch de la Colle**, P.O. Box 805, Tel.: 22.734 und beim
- **Club Hippique**, Tel.: 23.347.
Preisbeispiel: 2.800 VT pro Stunde
● **Segeln**
Die Y-förmige Inselgruppe von Vanuatu mit ihren 74 dichtbewachsenen Vulkaninseln und Atollen ist ein Paradies für Segler. Seit Mai 1994 hat die weltbekannte Firma **The Moorings** eine Zweigstelle in Port Vila eröffnet. Der Hauptsitz ist in Florida (USA), 19345 U.S. Hwy. 19 North, 4th Floor, Clearwater, FL 34624-3193 USA, Tel.: 1-800-535-7289 (813-535-1446 außerhalb von USA und Kanada).
● **Sportfischen**
Wenn Sie zum Fischen aufs Meer fahren wollen, dann nehmen Sie am besten Kontakt mit Peter Gwalter von **Phantom Charters**, P.O. Box 961 auf.
Preisbeispiel: 50.000 VT per Trip mit maximal vier Personen

- **Tauchen**
- **Nautilus Scuba**, gegenüber Marina Motel, P.O. Box 78 Port Vila, Tel.: 22.398, Fax: 25.255, führt Sie in interessante Tauchgebiete an Riffe und Schiffswracks.
- **Bokissa Island Dive**, B.O. Box 261, Santo, Tel.: (03) 36.855
- **Allan Power**, P.O. Box 233, Santo, Tel.: (03) 36.822
- **Scuba Holidays** (Hideaway Island Resort), P.O. Box 566, Port Vila, Tel.: 22.963
- **M.V. Coriolis**, P.O. Box 84, Port Vila, Tel.: 22.205, Fax: 23.304

➡ Sprachen

Pidgin Englisch (Bislama) ist die gebräuchliche Geschäfts- und Umgangssprache. Sie ist eine Mischung aus englischem, französischem und melanesischem Sprachgut. **Englisch** und **Französisch** werden ebenfalls weitgehend verstanden und gesprochen. Außerdem gibt es noch nahezu **150** verschiedene örtliche **melanesische Dialekte**.

Nützliche Ausdrücke	
Deutsch	*Pidgin Englisch (Bislama)*
Danke	Tankyu tumas
Bitte	Plis
Ja	Yes
Nein	No
Auf Wiedersehen	Tata
Bis bald	Lukim Yu
Alles in Ordnung?	I gud?
Hallo!	Ol sem wanem!

➡ Strand

Auf der Hauptinsel Efate bietet der **Eton Beach** an der Südostküste, 50 km von Port Vila entfernt, gute Möglichkeiten zum Schwimmen und zur Entspannung.

➡ Strom

In Vanuatu beträgt die Stromspannung 220-240 Volt/50 Hertz Wechselstrom. In den Hotels sind meistens 3-polige Steckdosen angebracht, deshalb ist ein entsprechender Adapter notwendig. Fragen Sie in Ihrem Hotel an der Rezeption danach.

⛽ Tankstellen

Die Tankstellen sind in ausreichendem Maße vorhanden.
Treibstoffpreise: Superbenzin: 69,2 VT/l, Diesel: 64,3 VT/l

➡ Taxis

Die in Port Vila und Luganville (Espiritu Santo) verkehrenden Taxis müssen mit Taxameter ausgerüstet sein. Die Gebühren werden von der Regierung festgesetzt. **Taxiruf** in Port Vila: 22.979 oder 22.870

➜ **Telefonieren**

Die einfachste Methode ist, sich eine **Telefonkarte** beim Post Office oder im Telecom House in Port Vila zu kaufen. Hier die **Preise**:
30 Einheiten = 560 VT
60 Einheiten = 1.120 VT
120 Einheiten = 2.240 VT

Vorwahl Deutschland: 0049	Vorwahl Schweiz: 0041
Vorwahl Österreich: 0043	Vorwahl Vanuatu: 678 (von Deutschland 00678)

➜ **Trinkgeld**

Es wird Bedienungszuschlag erhoben. Bitte **kein Trinkgeld** geben! Es verstößt gegen die Gebräuche Vanuatus.

➜ **Trinkwasser**

Das Leitungswasser in Port Vila bereitet keine Probleme. In den Außenbezirken der Hauptinsel Efate und auf anderen Außeninseln sollte man es vorsichtshalber vor dem Genuß filtern und abkochen.

U **Unterkunft**

Die Unterkünfte reichen von Gästehäusern und Motels bis zu Hotels und Resorts. Die Hotels befinden sich in Port Vila. Einfache Gästehäuser gibt es auf Malekula, Ambrae, Ambrym, Santo und Tanna. Jugendherbergen hat Vanuatu nicht aufzuweisen.
Die in diesem Reisehandbuch im folgenden erwähnten Hotels und sonstigen Unterkünfte sind nur als persönliche Vorschläge anzusehen. Es wird kein Anspruch auf Vollständigkeit erhoben. Auch gibt es vergleichsweise sicherlich genauso gute oder noch bessere Unterkünfte, die nicht erwähnt sind.

Wegen der ständig schwankenden Zimmerpreise werden in diesem Buch **Preis-Gruppierungen** nach folgendem Schlüssel pro Doppelzimmer vorgenommen:

$$$$$	=	über 12.000 VT
$$$$	=	9.000 – 12.000 VT
$$$	=	6.000 – 9.000 VT
$$	=	3.000 – 6.000 VT
$	=	unter 3.000 VT

U **Verkehrsregeln**

Siehe Stichwort **Autofahren**

➜ **Visum**

Siehe Stichwort **Einreise**

W Währung

Landeswährung: Der **Vatu** (VT) ist die Landeswährung. Es gibt Banknoten von 100, 500 und 1.000 VT und Münzen von 1, 2, 5, 10, 20, 50 und 100 VT. Noten und Münzen der Landeswährung dürfen bei der Ein- und Ausreise in angemessenem Umfang mitgeführt werden. **Fremdwährungen**: Fremdwährungen aller Art dürfen bei der Ein- und Ausfuhr unbeschränkt mitgeführt werden. Australische Dollar werden problemlos getauscht bzw. direkt in Zahlung genommen. **Internationale Kreditkarten** werden in den größeren Hotels, bei internationalen Autovermietern und einigen Bootscharterfirmen akzeptiert (meist American Express, Mastercard, Visa).
Derzeitiger Wechselkurs: 1 DM = 71/72 VT (Stand März 1997)

Tip
Die günstigsten Wechselkurse bekommt man in dem Souvenirgeschäft Goodies, Port Vila, Hauptstraße, und nicht bei den Banken.

Z Zeitungen

Es gibt in Vanuatu zwei lokale Wochenzeitungen. Die englischsprachige **"Vanuatu Weekly Hebdominare"** erscheint samstags und kostet 55 VT, und **"Vanuatu-Scope"** erscheint jeden Mittwoch in englischer und französischer Sprache. Sie ist für 80 VT erhältlich.

➔ Zeitzone

Die Zeitverschiebung zu Mitteleuropa beträgt in Vanuatu:
- **plus 10 Stunden** außerhalb der mitteleuropäischen Sommerzeit,
- **plus 9 Stunden** während der mitteleuropäischen Sommerzeit,
- **plus 11 Stunden** während der Sommerzeit von Vanuatu von Ende September bis Ende März.

Vanuatu liegt **westlich der internationalen Datumsgrenze**.

➔ Zoll

Gegenstände des **persönlichen Gebrauchs**, z.B.: Kleidung, Wäsche, Schuhe, Toilettenartikel usw., können **zollfrei** mitgeführt werden. Dazu zählen auch: ein Fotoapparat mit Filmen, eine Schmalfilmkamera mit einer angemessenen Menge von Filmen bzw. eine Videokamera mit Leerkassetten, eine Reiseschreibmaschine, ein Tonbandgerät, ein Kofferradio, ein tragbarer Plattenspieler mit 10 Platten, ein Fernglas, ein Kinderwagen und Sportgeräte in angemessenem Umfang. Für über 18 Jahre alte Reisende sind außerdem zollfrei: 200 Zigaretten oder 100 Zigarillos oder 50 Zigarren oder 250 g Tabak sowie 1 ½ Liter Spirituosen oder zwei Flaschen Wein, ¼ Liter Eau de Toilette, eine kleine Menge Parfüm und Geschenke bis zum Wert von 20.000 VT.
Lebende Tiere und Pflanzen: Die **schriftliche Genehmigung** des Chef du Service de l'Agriculture et de l'Elevage, Port Vila/Vanuatu, die drei Monate vor der Reise eingeholt werden muß, ist für die Einfuhr lebender Tiere erforderlich. Außerdem ist ein amtstierärztliches Gesundheitszeugnis des Herkunftsorts vorzulegen.
Waffen und Munition: Es besteht Einfuhrverbot.

6.1.10 A-Z SALOMONEN

A Alkohol

Auf den Salomonen werden Sie Gaststätten, wie wir sie kennen, vergeblich suchen. In Hotels und privaten Clubs gibt es allerdings Bars, wo Alkohol ausgeschenkt wird. Geschäfte und Supermärkte bieten Bier und Wein an. **Wein** wird aus Australien und Neuseeland eingeführt. Die Preise beginnen bei 20 SI$.

Die i-Kiribati, Leute aus Gizo, stellen "Palm-Toddy" her. Das ist fermentierter Saft der Palmenblüten.

→ Ärzte

Siehe Stichwort **Gesundheit**

→ Autofahren

Auf den Salomonen gibt es verhältnismäßig wenige Straßen. Es herrscht **Linksverkehr**. Auf der Hauptinsel Guadalcanal haben nur ca. 16 km Straßen um Honiara einen festen Belag. Die restlichen Straßen sind mit Korallenschotter belegt. Die meisten Orte auf den Inseln erreicht man nur mit Booten.

➜ Autoverleih

Beim Mieten eines Leihwagens ist ein **internationaler Führerschein** vorzulegen.

In Honiara sind Leihwagen erhältlich bei:
- **Avis**, Tel.: 2.41.80, Fax: 2.41.81, G.P.O. Box 87 Honiara, im Kitano Mendana Hotel und gegenüber vom Henderson Airport
- **Budget**, Tel.: 2.32.05, nahe Solomon Motors Service Station
- **Hertz**, Tel.: 3.04.07, bei Harvest Motors, Kukum Highway, Ranadi
- **Kosol Car Rentals**, Tel.: 3.07.03, Ranadi, P.O. Box 89 Honiara
- **Tropical Car Rentals**, Tel.: 2.08.17, am White River, nahe der Klinik

Preisbeispiel (Avis):		
Autotyp	*Tagespreis in SI$*	*Wochenpreis in SI$*
Daihatsu Charade	150	900
Toyota Tercel	180	1.080
Mitsubishi Lancer	200	1.200
Toyota Corolla	220	1.320

O.g. Preise gelten für unbegrenzte km plus Unfallversicherung 30 SI$ per Tag bzw. plus 180 SI$ per Woche.

ß Banken

Folgende Banken sind in Honiara ansässig:
- Die **National Bank of Solomon Islands**, Tel.: 2.18.74, hat Zweigstellen in der Mendana Avenue, Point Cruz, Chinatown, Henderson Airport und in der Provinz.
- **ANZ** (Australia and New Zealand Banking Group Ltd), Point Cruz, Tel.: 2.18.35
- **Westpac** Banking Corporation, Point Cruz, Tel.: 2.12.22

Die National Bank of Solomon Islands öffnet am Henderson Airport ihren Schalter während aller ankommenden und abgehenden Flüge.

➜ Benzin

Siehe Stichwort **Tankstellen**

➜ Bevölkerung

Die melanesische Gesamtbevölkerung wird auf ca. 335.000 Einwohner geschätzt; davon leben 35.288 in Honiara auf der Insel Guadalcanal.

➜ Botschaften

Siehe Stichwort **Diplomatische Vertretungen**

➔ Busse

Ein regulärer **Minibusverkehr** ist in und um Honiara vom White River bis zur King George 6V1 School eingerichtet. Der Pauschalpreis pro Fahrt und Person beträgt z.Zt. 60 Cents. Die übrigen **Busse** bedienen die Guadalcanal Ebene bis zum äußersten Osten und bis Tambea im Westen für einen Fahrpreis bis zu 3,50 SI$. Es gibt reguläre Haltestellen. Die Busse halten jedoch auch auf Handzeichen unterwegs.

C Camping

Camping ist nur in Ausnahmefällen gestattet und nur, wenn die Ortsansässigen zustimmen.

D Devisen

Siehe Stichwort **Währung**

➔ Diplomatische Vertretungen

- **In Singapur**: **Deutsche Botschaft**, Embassy of the Federal Republic of Germany, Tanglin P.O. Box 94, 545 Orchard Road, Far East Shopping Centre, No. 1401, Singapur 0923, Tel.: (0065)7371355, Fax: (0065)7372653, Amtsbezirk: u.a. Salomonen
- **Auf den Salomonen**: **Deutsches Honorarkonsula**t, Honorary Consul of the Federal Republic of Germany, P.O. Box 114, Honiara, Solomon Islands, Tel.: (00677) 2.25.88, Telex: 0/778/66313, Amtsbezirk: Provinzen Guadalcanal, Central und Malaita, übergeordnete Auslandsvertretung: Botschaft Singapur
- **In Australien:**
- **Österreichische Botschaft** in Canberra/Australien
- **Schweizerisches Generalkonsulat** in Sydney/Australien
- **In Brüssel: Solomon Islands mission of the European Cummunity**, 13, Avenue de l'Yser, Bte 3, B-1040 Brüssel/Belgien, Tel.: (00322)7327085, 7327285, Fax: (00322)7326885

E Einreise

Staatsangehörige Deutschlands, Österreichs und der Schweiz dürfen **ohne Visum** einreisen. Der Aufenthalt wird bis zu drei Monaten genehmigt. Voraussetzungen sind: der Besitz eines noch sechs Monate gültigen Reisepasses oder Kinderausweises (KA) (im KA muß die Nationalität vermerkt sein), Rück- oder Weiterflugtickets, Reisedokumente für die Weiterreiseländer sowie ausreichende Geldmittel für den Aufenthalt.

➔ Essen

Siehe Stichwort **Restaurants**

F Fahrradfahren

Fahrräder und Mopeds können stellenweise gemietet werden.

➔ **Feiertage**

New Year's Day (Neujahr)	01. Januar
Good Friday, Holy Saturday, Easter (Karfreitag bis Ostermontag)	März/April
White Monday (Pfingstmontag)	Mai
Queen's Birthday (Geburtstag der Königin)	11. Juni
Independence Day (Unabhängigkeitstag)	07. Juli
Christmas Day (1. Weihnachtstag)	25. Dezember
National Thanksgiving Day (2. Weihnachtstag)	26. Dezember

Außerdem hat jede Provinz noch ihren **"Province Day"**, der dann dort ein offizieller Feiertag ist.

➔ **Fernsehen**

Die Salomonen besitzen **kein eigenes Fernsehen**. Über Satelliten kann TV von Australien empfangen werden, und das Video-Geschäft blüht.

➔ **Flüge**

● **Internationaler Flugdienst**

Der Internationale Flughafen **Henderson Field Airport International** liegt 13 km außerhalb der Hauptstadt Honiara (Insel Guadalcanal). Ein unregelmäßiger Shuttlebus- und Taxiverkehr stellt die Verbindung zur Hauptstadt her. Es ist nicht gesagt, wenn Sie das Flughafengebäude verlassen, daß Sie ein Fahrzeug vorfinden.
Eine **Flughafengebühr** von **30 SI$** wird beim Abflug von den Salomonen pro Fahrgast erhoben. **Befreit** davon sind Transitreisende, die den Einwanderungs-/ Zollbereich des Flughafens nicht verlassen, sowie Kinder unter zwei Jahren.
Folgende **Fluggesellschaften** bedienen den internationalen Flughafen: Air Nauru, Air Pacific, Air New Guinea, Qantas und Solomon Airlines International.

Verbindungswege
- Frankfurt/M. - Honiara mit Umsteigen in Singapur und Port Morseby/Papua-Neuguinea: 1x wöchentlich
- Frankfurt/M. - Honiara mit Umsteigen in Los Angeles/USA und Nadi/Fidschi: 2x wöchentlich
- Frankfurt/M. - Honiara mit Umsteigen in London/UK und Brisbane/Australien: 2x wöchentlich

● **Nachbarschaftsflugverkehr**

Ab Honiara (wöchentliche Flugverbindungen) nach:

Brisbane/Australien: 3x	Nauru: 1x
Cairns/Australien: 1x	Port Moresby/Papua Neuguinea: 2x
Nadi/Fidschi: 1x	Port Vila/Vanuatu: 3x

Solomon Airlines Discovery Pacific Pass
Reservierung und nähere Auskunft erteilt: Guiollettstraße 30, 60325 Frankfurt/M., Tel.: (069) 172260, Fax: (060) 729314

● **Nationaler Flugdienst**

Solomon Airlines und teilweise auch **Western Pacific Air Services** bedienen mit Twin Otter, Britten Norman Islander, Beechcraft, Piper und Fairchild **21 Ziele** der Salomonen ab Honiara (Insel Guadalcanal) nach:

Atoifi:	5x wöchentlich	Kirakira:	4x wöchentlich
Auki:	1-3x täglich	Kukundu:	3x wöchentlich
Avu Avu:	3x wöchentlich	Marau Island:	2x wöchentlich
Balalae:	4x wöchentlich	Munda:	täglich
Batuna:	3x wöchentlich	Parasi:	wöchentlich
Bellona:	2x wöchentlich	Rennell:	2x wöchentlich
Choiseul Bay:	4x wöchentlich	Ringi Cove:	wöchentlich
Fera Island:	2x wöchentlich	Santa Anna Island:	wöchentlich
Gatokae:	wöchentlich	Santa Cruz Island:	2x wöchentlich
Geva:	2x wöchentlich	Seghe:	4x wöchentlich
Gizo:	mind. 2x täglich	Yandina:	3x wöchentlich

➔ **Frachter**

Die **Bank Line** fährt 8x pro Jahr einen Frachter von Antwerpen nach Honiara, der auch Passagiere mitnimmt.

➔ **Fremdenverkehrsamt**

Auf den Salomonen
Solomon Islands Tourist Authority, Mendana Avenue, zwischen Kitano Mendana Hotel und Solomon Motors Service, P.O. Box 321, Honiara/Solomon Islands, Tel.: (00677) 2.24.42, Fax: (00677) 2.39.86

➔ **Führerschein**

Siehe Stichwort **Autofahren**

G Geld

Siehe Stichwort **Währung**

➔ **Geschäfte**

Öffnungszeiten: Mo-Fr 8.00-17.00 Uhr, teilweise über Mittag geschlossen, Sa 8.00-12.00 Uhr

➔ **Gesundheit**

Das **Central Hospital**, Tel.: 2.36.00, es gibt u.a. auch eine zahnmedizinische Abteilung.
Die verschiedenen **Privatkliniken** und **Ärzte** sind mit ihren Adressen und Telefonnummern in den **gelben Seiten des Telefonbuchs** verzeichnet.

Das Risiko, an **Malaria** zu erkranken, besteht ganzjährig auf der gesamten Inselgruppe mit Ausnahme einiger sehr kleiner, meist unbewohnter Eilande im Osten und Süden. Diese ernstzunehmende Tropenkrankheit wird durch den Stich von Moskitos meistens in der Zeit zwischen Abenddämmerung und Sonnenaufgang auf den Menschen übertragen. Der beste **Schutz vor Moskitostichen** sind Netze oder Einreiben bzw. Einsprühen mit Insektenschutzmitteln, die Sie in Drogerien in Honiara bekommen. Zusätzlich ist eine **medikamentöse Malariaprophylaxe** unbedingt vorzunehmen. Ein 100%-iger Schutz ist allerdings nicht gewährleistet. Aufgrund von gelegentlicher Medikamentenresistenz ist die Mitnahme einer Therapiereserve (z.B. Halfan R Tbl oder Susp. für Kinder) empfehlenswert. Wenn Sie irgendwelche Anzeichen der Krankheit bemerken und Fieber (eventuell auch bei Durchfall) bekommen, lassen Sie sofort einen **Malariatest** in einer Apotheke oder im Krankenhaus machen!!!!! (siehe auch A-Z Allgemein)
Herzkreislauf-Erkrankungen: Das feuchtwarme Tropenklima der Salomonen kann für Reisende mit Herzkreislauf-Erkrankungen belastend sein. Vor Reiseantritt sollten Sie Ihren Arzt befragen, ob er keine Einwände gegen eine Reise auf die Salomonen hat. Zu Beginn der Reise sollten Sie sich nicht zu lange der **Sonne** aussetzen. Empfehlenswert ist es, eine Sonnenbrille und Kopfbedeckung zu tragen sowie ein Sonnenschutzpräparat mit ausreichendem Lichtschutzfaktor (je nach Hauttyp Faktor 8 und höher) zu verwenden. Bei **Durchfallerkrankungen** ist immer auf eine ausreichende Flüssigkeits- und Elektrolytzufuhr zu achten. Abgepackte Glukose-Elektrolyt-Mischungen sind im Handel erhältlich und gehören in jede Reiseapotheke. Die sorgfältige **Desinfektion** selbst **kleiner Wunden** und der Schutz vor Verschmutzung sind sehr wichtig.

H Hotels

Siehe Stichwort **Unterkunft**

I Impfungen

Bei Einreise direkt aus Europa sind **keine Impfungen** erforderlich. Eine Ausnahme ist die **Gelbfieberimpfung**. Sie ist zwingend für Reisende vorgeschrieben, die sich innerhalb der letzten sechs Tage vor Ankunft auf den Salomonen in Infektionsgebieten aufgehalten oder diese transitiert haben. **Befreit** von dieser Regelung sind Transitreisende, die auf den Salomonen den Flughafen nicht verlassen. **Empfohlene Impfungen**: **Tetanus/Polio/Diphtherie** (grundsätzlich sollte der Impfschutz überprüft und ggfs. aufgefrischt werden) und **Hepatitis A** (auch wenige Tage vor Abreise kann mit aktivem Impfstoff als Einmaldosis ein ausreichender Schutz aufgebaut werden. Nach 6-12 Monaten sollte die Impfung wiederholt werden, um einen mehrjährigen Impfschutz sicherzustellen).

➔ Information

Siehe Stichwort **Fremdenverkehrsamt**

K Kleidung

Das ganze Jahr über ist leichte, atmungsaktive Sommerkleidung aus Baumwolle und Viskose angebracht. Regenschutz und Sonnenbrille sind notwendig. Frauen sollten in den Ortschaften keine knappen Shorts tragen. Es verletzt die dortigen Sitten.

➜ Klima

Die Salomonen haben ein **tropisches Klima**. Die Durchschnitts-Temperatur liegt tagsüber bei ca. +30 °C und nachts bei +21 °C. Die relative Luftfeuchtigkeit ist sehr hoch. Mit kurzen Regenschauern ist das ganze Jahr über zu rechnen. Die wärmste Zeit ist von Ende November bis ca. Mitte April. Dann fallen auch die meisten Niederschläge. Am stärksten regnet es in den Monaten Januar bis März, selten jedoch über mehrere Tage.

Die **beste Reisezeit** sind die Monate Juli bis Oktober.

➜ Konsulate

Siehe Stichwort **Botschaften**.

➜ Kreditkarten

Internationale Kreditkarten werden vereinzelt akzeptiert.

N Notruf

Feuer, Polizei, Ambulanz, Seenotrettung: 999

O Öffnungszeiten

Banken: Mo bis Fr 9.00 bis 15.00 Uhr; **Läden**: Mo bis Fr 8.00 bis 17.00 Uhr (teilweise über Mittag geschlossen), Sa 8.00 bis 12.30 Uhr; **Büros**: Mo bis Fr 8.00 bis 12.00 Uhr, 13.00 bis 16.30 Uhr; **Post**: Mo bis Fr 8.00 bis 16.30 Uhr, Sa 8.00 bis 11.00 Uhr

P Post

Die **Hauptpost in Honiara** hat ihren Sitz in der Mendana Avenue, nahe dem High Court Building. Überall in der Provinz gibt es Postämter und Postagenturen.

R Reisezeit

Siehe Stichwort **Klima**

➜ Religion

Auf den Salomonen herrscht Religionsfreiheit. **96%** der Einwohner sind **Christen**, die zu folgenden Kirchen gehören: Anglican Diocese of Melanesia (34%), Römisch-katholische Kirche (19%), South Sea Evangelical Church (SSEC) (17%), Methodist's United Church of Solomons (11%), Seventh Day Adventist (10%), Christian Fellowship Church und Jehovas Zeugen (zusammen 4%). Die restlichen 5% sind Mitglieder vorchristlicher Naturreligionen.

➔ **Restaurants**

Auf den Salomonen hat man die Möglichkeit, in den Restaurants der Hotels oder in separaten Restaurants, die Angebote verschiedener Nationalitäten auf der Speisekarte offerieren, zu dinieren. Hier können Sie z.B. je nach Geschmack wählen und chinesische (sie sind in der Mehrzahl), französische und inländische Gerichte probieren.

S Schiff

- **Solomon Islands Government** unterhält folgende Schiffsverbindungen:
- Honiara/Guadalcanal nach Kira Kira/San Cristobal und Graciosa Bay/Santa Cruz: 2x monatlich
- von Honiara nach Auki/Malaita und Sikalana: 1x monatlich
- von Gizo über Wagina Island – Mono Island – Shortland Island nach Choiseul Island: wöchentlich
- Von Honiara nach Aola – Totongo – Marau – Mbalo – Makaruka – Nagho – Haimarau – Longu/Avu Avu – Talise: im wöchentlichen Wechsel entlang der Guadalcanal-Küste
- von Honiara nach Lambi – Tagarare – Wanderers Bay – Malaba – Duidui – Viso – Koleula – Kuma: im wöchentlichen Wechsel entlang der Guadalcanal-Küste
- **Coral Seas LTD.** unterhält folgende Schiffsverbindungen:
- von Honiara – Yandina/Russell Islands – Bunikalo – Gasini – Chea – Bunitusu – Patutiva – Viru Harbour/alle New Georgia – Ugele/Rendova – Munda und Noro/New Georgia – Ringi Cove/Klombangara – Gizo: 1x wöchentlich
- Honiara – Auki/Malaita: 2x wöchentlich
- Honiara nach Wairokai/Small Malaita – Maka – Su'upaina – Olosu'u – Port Adam – Walanda/alle Malaita – Su'umoli/Ulawa – Hada/Ulawa – Pawa/Ugi – Waimasi/San Christobal – Kira Kira/San Cristobal

Genaue Auskünfte über Abfahrten sind nur vor Ort erhältlich.

➔ **Sport**

Die wichtigsten Sportarten sind: Golf, Tennis, Squash, Schwimmen, Schnorcheln, Tauchen, Segeln, Windsurfen und Sportfischen.

➔ **Sprache**

Weil es 87 **lokale melanesische und polynesische Dialekte** auf den Salomonen gibt, ist eine übergreifende Sprache *"lingua franca"* zur allgemeinen Umgangssprache geworden. Es ist das **Pidgin-Englisch**, eine Form des nach Gehör gesprochenen Englisch, das sich in der kolonialen Vergangenheit entwickelt hat.
Englisch ist jedoch die offizielle Amtssprache, die in den Schulen gelehrt wird.

➔ **Strände**

Hauptinsel Guadalcanal
- **Iron Bottom Sound** hat mehrere Buchten mit Sandstrand.

➜ Strom

Die Stromspannung beträgt **240 Volt/50 Hertz** Wechselstrom. Es gibt unterschiedliche Stecker. Adapter sind mitzuführen. Fragen Sie bitte an der Rezeption Ihres Hotels.

⊤ Tankstellen

Tankstellen sind genügend vorhanden.
Treibstoffpreise:
Superbenzin: 1,31 SI$
Diesel: 1,26 SI$

➜ Taxis

Taxis gibt es auf der Hauptinsel Guadalcanal. Die Fahrpreise müssen vor Fahrtantritt vereinbart werden. Die Stundengebühr sollte 30 SI$ nicht überschreiten.
Preisbeispiel: vom Henderson Airport nach Point Cruz: 20 SI$, bitte kein Trinkgeld geben!

Radio Taxi Service:
● **Sombagi**, Tel.: 2.38.77
● **Dial a Transport**, Tel.: 2.07.71

➜ Telefonieren

Am einfachsten kann man mit **Telefonkarten** telefonieren, die für 10 SI$, 20 SI$ und 50 SI$ bei der Telekom, der Post, in verschiedenen Geschäften und in Hotels gekauft werden können.

Internationale Telefongespräche können von **Solomon Telekom's Head Office**, Mendana Avenue, zwischen NBSI und British High Commission gelegen, geführt werden. Hier hat man auch, wie auch von öffentlichen Telefonapparaten die Möglichkeit, mit Kreditkarten zu telefonieren, wovon aber abzuraten ist, weil man die Kartennummer angeben muß und keinen Beleg über die Höhe der Telefonkosten bekommt.

Vorwahl Deutschland: 0049	Vorwahl Schweiz: 0041
Vorwahl Österreich: 0043	Vorwahl Salomonen: 677 (von Deutschland 00677)

➜ Trinkgeld

Trinkgelder sind auf den Salomonen **nicht üblich**.

➜ Trinkwasser

Das Leitungswasser muß vor dem Trinken gefiltert und abgekocht werden. In den Hotels wird aufbereitetes Wasser in Flaschen zur Verfügung gestellt.

U Unterkunft

Die Skala der Unterkünfte auf den Salomonen reicht von einfachen Hütten über Gästehäuser und Motels bis zu komfortablen Hotels. Jugendherbergen gibt es auf den Salomonen nicht.

Die in diesem Reisehandbuch im folgenden erwähnten Hotels und sonstigen Unterkünfte sind nur als persönliche Vorschläge anzusehen. Es wird kein Anspruch auf Vollständigkeit erhoben. Auch gibt es vergleichsweise sicherlich genauso gute oder noch bessere Unterkünfte, die nicht erwähnt sind. Wegen der ständig schwankenden Zimmerpreise werden in diesem Buch **Preis-Gruppierungen** nach folgendem Schlüssel für ein Doppelzimmer vorgenommen:

$$$$$	=	über 200 SI$
$$$$	=	150-200 SI$
$$$	=	100-150 SI$
$$	=	50-100 SI$
$	=	unter 50 SI$

U Verkehrsregeln

Siehe Stichwort **Autofahren**

→ Visum

Siehe Stichwort **Einreise**

W Währung

Die Landeswährung ist der Salomonen-Dollar (SI$), der in 100 Cents unterteilt wird. Es gibt Banknoten von 2, 5, 10, 20 und 50 SI$ und Münzen von 1, 2, 5, 10, 20 und 50 Cents sowie 1 SI$. Nicht in den Salomonen ansässige Personen dürfen Banknoten und Münzen in der Landeswährung bei der Einfuhr unbeschränkt und bei der Ausreise bis zum Betrag von 250 SI$ mitführen.

Fremdwährungen dürfen unbeschränkt ein- und ausgeführt werden. Eine Deklaration ist erforderlich.
Beim Besuch der Außeninseln ("outer islands") sollte man Reiseschecks im geschätzen Bedarf bereits in Honiara umtauschen, weil dieses auf den kleineren Inseln nicht immer möglich ist.

Derzeitiger Wechselkurs:
1 SI$ = ca. 0,48 DM (Stand: März 1997)

Z Zeitungen

Drei Zeitungen werden auf den Salomonen vertrieben:
- **Solomon Star** und **Solomon Voice** sind Wochenzeitungen. Die zuerst genannte erscheint freitags und die als zweite genannte mittwochs.
- **The Nius** wird einmal im Monat herausgegeben.

➔ Zeitzone

Die Zeitverschiebung zu Mitteleuropa beträgt auf den Salomonen:
- **plus 10 Stunden** außerhalb der mitteleuropäischen Sommerzeit,
- **plus 9 Stunden** während der mitteleuropäischen Sommerzeit,

Die Salomonen liegen **westlich der internationalen Datumsgrenze**.

➔ Zoll

- **Reisegut**

Gegenstände für den persönlichen Bedarf, z.B. Kleidung, Wäsche, Schuhe, Toilettenartikel usw., dürfen **zollfrei** mitgeführt werden. Dazu zählen auch: ein Fotoapparat, eine Schmalfilmkamera mit Filmen oder eine Videokamera und ein Kofferradio.

Ausländische Reisende über 18 Jahre dürfen zusätzlich zollfrei einführen:
- 200 Zigaretten oder 250 g Zigarren oder 250 g Tabak,
- 2 Liter alkoholische Getränke,
- Geschenke im Gesamtwert von 40 SI$.

- **Lebende Tiere**

Hunde und Katzen dürfen nur aus Großbritannien, Australien oder Neuseeland eingeführt werden. Nähere Einzelheiten sind jedoch vorab in Honiara abzuklären.

- **Lebende Pflanzen**

Für die Mitnahme von Pflanzen und Früchten ist eine Einfuhrerlaubnis erforderlich. Nähere Einzelheiten sind beim Ministery of Agriculture and Lands, Honiara, einzuholen.

- **Waffen**

Waffen sind nur mit Einfuhrerlaubnis aus Honiara möglich.

Persönliche Notizen

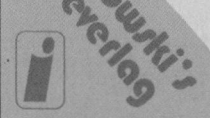

Das kostet Sie die Südsee

Stand: März 1997

Auf den grünen Seiten geben wir Ihnen Preisbeispiele für Ihren Südsee-Urlaub, damit Sie sich ein realistisches Bild über die Kosten einer Reise und eines Aufenthalts machen können. Natürlich sollten Sie die Preise nur als **Richtschnur** auffassen. Bei einigen Produkten/Leistungen geben wir Ihnen eine Preis-Spannbreite an.

Beförderungskosten

● **Flüge in die Südsee und zurück**

Ziel	ab	ca.-DM-Preis	Fluggesellschaft	Gültigkeit
Cook Islands/				
Rarotonga	FRA*	2060-2530	Air New Zealand	1-180 Tage
Fidschi/Nadi	FRA*	2060-2530	Air New Zealand	1-180 Tage
Fidschi/Nadi	FRA*	2069-2339	Korean Air	7-45 Tage
Neukaledonien/				
Nouméa	BRD**	1999	AOM	90 Tage
Neukaledonien/				
Nouméa	BRD**	2085	Air France	7-180 Tage
West-Samoa/Apia	FRA*	2060-2530	Air New Zealand	1-180 Tage
Tahiti/Papeete	FRA*	1860-2330	Air New Zealand	1-180 Tage
Tahiti/Papeete	BRD**	1920	Air France	7-180 Tage
Tahiti/Papeete	BRD**	1969	AOM	90 Tage
Tonga/Tongatapu	FRA*	2149-2599	Air New Zealand	1-180 Tage

Zeichenerklärung:
FRA* = Frankfurt/M., BRD** = verschiedene Flughäfen der BRD

Flüge nach Französisch-Polynesien (mit Arrangement)
Feria bietet Flüge ab/bis Deutschland, inklusive 6 Nächte pro Person, an:
- mit Air New Zealand: 2754,- bis 4990,- DM
- mit Air France: 2795,- DM bis 4576,- DM
- mit Lufthansa/Air New Zealand (Round the World): 3709,- bis 5276,- DM

Flüge nach Fidschi (mit Arrangement)
Feria bietet Flüge ab/bis Deutschland, inklusive 6 Nächte pro Person, an:
- mit Air New Zealand: 2787,- bis 3995,- DM
- mit Lufthansa/New Zealand (Round the World): 3313,- bis 4297,- DM

Flüge zu den Cook Islands
Feria bietet Flüge ab/bis Deutschland, inklusive 6 Nächte pro Person, an:
- mit Air New Zealand: 2942,- bis 4141,- DM
- mit Lufthansa/New Zealand (Round the World): 3468,- bis 4427,- DM

Flüge nach Tonga
Feria bietet Flüge ab/bis Deutschland, inklusive 6 Nächte pro Person, an:
- mit Air New Zealand: 2939,- bis 3610,- DM
- mit Lufthansa/New Zealand (Round the World): 3465,- bis 3896,- DM

Flüge nach West-Samoa
Feria bietet Flüge ab/bis Deutschland, inklusive 6 Nächte pro Person, an:
- mit Air New Zealand: 3130,- bis 3792,- DM
- mit Lufthansa/New Zealand (Round the World): 3416,- bis 4078,- DM

● **"Round the World Ticket"**

Neckermann (mit Arrangement) bietet zwei Touren an:
- 16 Tage Frankfurt/M. - Bangkok - Hongkong - Sydney - **Fidschi** - Los Angeles - Frankfurt/M. für 4.598 DM,- oder
- 16 Tage Deutschland - Honolulu - **Fidschi** - Auckland - Sydney - Bali - Frankfurt/M. für 5.698,- DM

● **Südsee-Kombinationen**

Meier's Weltreisen (mit Arrangement)
- **"Südsee Schnuppertour"**
Flug/Bus-Reise, 15 Tage ab/bis Deutschland ab 4.749,- DM, Deutschland - Nadi (Fidschi) - Rarotonga (Cook Islands) - Papeete (Tahiti) - Moorea - Papeete - Deutschland
- **1. Südsee-Kombination**
19 Tage, Frankfurt/M. - Los Angeles - Tahiti - Fidschi - Neuseeland - Tonga - Frankfurt/M. ab 4.669,- DM
- **2. Südsee-Kombination**
19 Tage, Frankfurt/M. - Neuseeland - Fidschi - Cook Islands - Tahiti - Frankfurt/M. ab 5299,- DM
- **3. Südsee-Kombination**
25 Tage, Frankfurt/M - Sydney - Neuseeland - Fidschi - Cook Islands - Los Angeles - Frankfurt/M. ab 4399,- DM

Feria (mit Arrangement)
- 14 Tage, Deutschland - Tahiti (3 Nächte im „Sofitel Maeva Beach") - Huahine (3 Nächte im „Sofitel Heiva") - Bora Bora (3 Nächte im „Sofitel Marara") - Moorea (3 Nächte im „Sofitel la Ora") - Deutschland für 4.560,- DM pro Person im Doppelzimmer
- 14 Tage, Deutschland - Tahiti (5 Nächte im „Sofitel Maeva Beach") - Moorea (7 Nächte im „Sofitel la Ora") - Deutschland für 3.720,- DM pro Person im Doppelzimmer
- 18 Tage, Deutschland - Fidschi (6 Nächte im „Sonaisali Resort") - Cook Islands (4 Nächte in „Edgewater") - Tahiti (6 Nächte im „Hyatt Regency") - Deutschland für 4.550,- DM pro Person im Doppelzimmer
- 17 Tage, Deutschland - Fidschi (5 Nächte im „Sonaisali Resort") - Tonga (4 Nächte im „Fafa Island Resort") - West-Samoa (4 Nächte „Aggie Grey's") - Los Angeles (2 Nächte im „Holiday Inn Hollywood" + Ausflugsprogramm) - Deutschland für 5.285,- DM pro Person im Doppelzimmer

- 19 Tage, Deutschland - Hongkong (3 Nächte im „South Pacific") - Auckland (3 Nächte im „Novotel" + Ausflugsprogramm) - Fidschi (6 Nächte im „Sonaisali") - Hawaii (3 Nächte im „Outrigger Reef") - Los Angeles (2 Nächte im „Holiday Inn Hollywood" + Ausflugsprogramm)

● **Flüge innerhalb der Südsee**

Feria bietet folgende Inselkombiantionen mit Rundflugticket an:
1.) Papeete - Moorea - Huahine - Raiatea - Bora Bora - Papeete für 570,- DM
2.) Papeete - Moorea - Huahine - Raiatea - Bora Bora - Papeete - Rangiroa - Manihi - Papeete für 960,- DM
3.) Papeete - Moorea - Huahine - Raiatea - Bora Bora - Rangiroa - Manihi - Papeete - Nuku Hiva / Hiva Oa - Papeete für 1620,- DM
Bedingungen für 1.) bis 3.): Die Rundflugtickets gelten nur ab/bis Papeete. Die Inseln dürfen, soweit der Flugplan es zuläßt, in beliebiger Reihenfolge angeflogen werden. Jede Insel darf nur einmal angeflogen werden. Kinder von 2 bis 11 Jahren erhalten 50% Ermäßigung. Die Rundflugtickets sind maximal 28 Tage gültig. Die Flüge werden vor Beginn der Reise gebucht. Änderungen der Strecke sind vor Ort gegen ca. 20,- DM pro Änderung möglich. Nur buchbar in Verbindung mit einem Landarrangement!

Lokalflüge in Französisch-Polynesien

Inseln unter d. Wind	*Erwachsenen-Tarif*	*Kinder-Tarif*)*
Bora Bora	12.100 CFP	6.500 CFP
Huahine	8.600 CFP	4.400 CFP
Maupiti	12.400 CFP	6.300 CFP
Moorea	2.700 CFP	1.500 CFP
Tuamotu Nord	*Erwachsenen-Tarif*	*Kinder-Tarif*)*
Apataki	13.700 CFP	7.000 CFP
Arutua	13.700 CFP	7.000 CFP
Fakarava	14.700 CFP	7.500 CFP
Kaukura	13.700 CFP	7.000 CFP
Manihi	17.100 CFP	8.700 CFP
Matalva	13.300 CFP	6.800 CFP
Napuka	29.200 CFP	14.700 CFP
Rangiroa	13.300 CFP	6.800 CFP
Takapoto	17.800 CFP	9.000 CFP
Takaroa	18.800 CFP	9.500 CFP
Tikehau	13.300 CFP	6.800 CFP
Tuamotu Ost/Gambier	*Erwachsenen-Tarif*	*Kinder-Tarif*)*
Anaa	15.000 CFP	7.600 CFP
Fakahina	31.600 CFP	15.900 CFP
Fangatau	29.500 CFP	14.900 CFP
Gambier	41.500 CFP	20.900 CFP
Hao	26.300 CFP	13.300 CFP
Makemo	19.300 CFP	9.800 CFP
Nukutavake	35.600 CFP	17.900 CFP
Pukapuka	36.500 CFP	18.400 CFP
Pukarua	40.600 CFP	20.400 CFP

Reao	41.500 CFP	20.900 CFP
Tatakoto	36.300 CFP	18.300 CFP
Tureia	37.100 CFP	18.700 CFP
Vahitahi	35.300 CFP	17.800 CFP
Marquesas	*Erwachsenen-Tarif*	*Kinder-Tarif*)*
Nuku Hiva	37.800 CFP	19.000 CFP
Hiva Oa	37.800 CFP	19.000 CFP
Ua Pou	37.800 CFP	19.000 CFP
Ua Huka	37.800 CFP	19.000 CFP
Austral Inseln	*Erwachsenen-Tarif*	*Kinder-Tarif*)*
Rurutu	17.700 CFP	9.000 CFP
Tubuai	19.800 CFP	10.000 CFP

Zeichenerklärung: *) Kinder von 2-12 Jahren

Außerdem bestehen zwischen den oben genannten Inseln noch Querverbindungen. Die Häufigkeit der Flüge erfragen Sie bitte im Flugbüro der Air Tahiti. Air Tahiti bietet verbilligte „Pass Fares" ab Papeete an, und zwar sind sechs verschiedene Pässe möglich. Die Preise liegen zwischen 30.500 und 87.000 CFP. Der Preis richtet sich nach der Anzahl der Inseln.

Inselspringen auf den Cook-Inseln
Es gibt einen **Island Hopper Pass**. Er ist für mehr als drei Flüge mit Air Rarotonga innerhalb der Südgruppe der Cook-Inseln gültig:
    drei Flüge: 300,- DM
    vier Flüge: 398,- DM
    fünf Flüge: 497,- DM
    sechs Flüge: 597,- DM
    jeder weitere Flug: 100,- DM
Diese Flüge sind wahlweise kombinierbar mit Hotelaufenthalten auf den einzelnen Inseln.

Lokalflüge in Tonga:

Ziel	*Hinflug*	*Hin- und Rückflug*
Von Tongatapu nach:		
'Eua	16T$	29T$
Ha'apai	55T$	107T$
Vava'u	109T$	211T$
Niuatoputapu	218T$	436T$
Niuafo'ou	245T$	490T$
Von Ha'apai nach:		
Vava'u	54T$	105T$
Von Vava'u nach:		
Niuatoputapu	110T$	220T$
Niuafo'ou	137T$	274T$

Transportkosten Airport - Hauptstadt:
Taxi: 12 T$
Shuttlebus: 6 T$

Lokalflüge in Fidschi
Fiji Air LTD, Box No. 1259, Suva: Tel.: 313666, Fax: 300771, Nadi Airport: Tel.: 722521/723189, Lautoka: Tel.: 665929, Sigatoka: Tel.: 500283
Dieses größte lokale Flugunternehmen fliegt 14 Destinationen an:
- **vom Nausori Airport** (nahe Suva) nach:
  Kadavu: 51,70 F$
  Labasa: 72,60 F$
  Lakeba: 97,90 F$
  Levuka: 33,00 F$
  Nadi: 62,70 F$
  Savusavu: 67,10 F$
  Taveuni: 86,90 F$
- **von Nadi** nach:
  Kadavu: 66.00 F$
  Labasa: 96,00 F$
  Malololailai: 27,50 F$
  Savusavu: 96,00 F$
  Taveuni: 116,00 F$
  Vatulele: 62,00 F$
- **von Taveuni** nach:
  Labasa: 45,00 FS
  Savusavu: 45,00 F$
- **von Labasa** nach:
  Suva: 72.00 F$

Sunflower Airlines LTD, Box No. 9452, Nadi Airport: Tel.: 723408, Fax: 790085
Dieses Unternehmen bietet u.a Flüge von Nadi nach Malololailai für 27,50 F$, nach Savusavu für 96,00 F$, nach Taveuni für 116,00 F$, nach Labasa für 96,00 F$ und nach Suva für 60 F$ an.

Turtle Island Airways, Private Mail Bag, Nadi Airport, Tel.: 722988, Fax: 790346
Diese Fluggesellschaft besitzt fünf Cessnas 206. Es sind Wasserflugzeuge, die bis zu vier Personen und Gepäck bis zu 15 kg pro Person auf die Inselresorts der Fidschi Gruppe transportieren dürfen. Der Preis pro Person beträgt z.Zt. durchschnittlich 70 F$. Der Start erfolgt am Newton Beach, neben dem Golfplatz in Nadi. Außerdem werden Charterflüge für 500 F$ pro Stunde angeboten.

Lokalflüge in Vanuatu
Flugpreise ab Port Vila (nur einfacher Flug):

Ziel	Flugpreis in VT
Aneityum	11.300
Aniwa	8.500
Craig Cove	6.700
Dillons Bay	5.900
Emae	3.700
Futuna	9.500
Gaua	12.800
Ipota	6.700

Lamap	6.200
Lamen Bay	5.700
Longana	9.800
Lonorore	8.300
Maewo	11.300
Mota Lava	14.300
Norsup	7.900
Quoin Hill	2.300
Redcliff	9.300
Santo	9.800
Sara	9.300
Sola	13.300
Sth W Bay	6.700
Tanna	8.700
Tongoa	4.800
Torres	16.800
Ulei	6.300
Valesdir	4.800
Walaha	9.700
Wst C. Santo	12.300

● **Flugpässe**

- **„PolyPass" der Polynesian Airlines**
Dieser Paß gilt für Flüge zwischen den Cook Islands, Tahiti, Niue, Samoa, Tonga, Fidschi, Neukaledonien, Neuseeland und Australien für **999 US$** oder für o.g. Destinationen und Los Angeles für **1.299 US$**. Dieses Ticket hat z.Zt. jedoch **nur** eine Geltungsdauer von **30 Tagen**.
Reservierungen sind möglich in: West-Samoa, Tel.: (685) 21-261, Cook-Inseln (682) 20-845, Neuseeland (09) 379-4874, Australien (02) 268-1037, Deutschland (069) 28-8954
- **„South Pacific Triangle Ticket" der Polynesian Airlines/Fiji Air**
Dieser Paß gilt für Flüge zwischen Fidschi, West-Samoa und Tonga. Er kostet 448 US$ und hat eine Geltungsdauer von 360 Tagen.
Nähere **Auskünfte** erteilt: Fiji Air: Tel.: (069) 72.90.92, Fax: 72.89.22
- **„Pacific Air Pass" der Air Pacific**
Dieser Paß gilt für Flüge zwischen Fidschi, Vanuatu, Tonga und West-Samoa. Er kostet 449 US$ und hat eine Geltungsdauer von 30 Tagen.
Nähere **Auskünfte** erteilt: Fiji Air: Tel.: (069) 72.90.92, Fax: 72.89.22
- **„Französisch-Polynesien Air-Pass" der Air Tahiti**
Dieser Paß gilt für Flüge zwischen Papeete, Moorea, Raiatea und Bora Bora für 380 US$, und er gilt 28 Tage.
- **„Discover Vanuatu Pass"**
Hauptbüro: Air Vanuatu, Lolam House, Kumul Highway, Port Vila, Vanuatu, Tel.: (00678)23848, Fax: (00678)23250, Reservierung in Deutschland: Tel.: 49.6023.30.234, Fax: 49.6023.3023 für 4 Flüge für 236 US$, zusätzl. Flüge für 60 US$, max. 6 Flüge

● **Kreuzfahrten innerhalb der Südsee**

Meiers Weltreisen bietet an:
Fiji Insel-Kreuzfahrten, 3/4/7 Nächte ab/bis Denaru Marina (Nadi) in der nahezu unberührten Inselwelt des Yasawa-Archipels ab 799,- DM

Feria bietet an:
- *In Französisch-Polynesien*
Yachtkreuzfahrt durch die Inseln unter dem Wind
7 Tage Huahine - Bora Bora bzw. Bora Bora - Huahine: min. 2 Personen, max. 6 Personen, 2580,- DM pro Person im Doppelzimmer, einschließlich Vollpension, Ausflugsprogramm und Hafengebühren
Yachtkreuzfahrt durch die Marquesas-Inseln
8 Tage Nuku Hiva - Hiva Oa bzw. Hiva Oa - Nuku Hiva: min. 2 Personen, max. 6 Personen, 2980,- DM pro Person im Doppelzimmer, einschließlich Vollpension, Ausflugsprogramm und Hafengebühren
Segelkreuzfahrt „Windsong"
8 Tage Papeete: 4215,- bis 4520,- DM, einschließlich Vollpension und Hafengebühren
- *In Fidschi*
„Blue Lagoon Cruise"

Zeitspanne	Leistung	Verpfle-gung	3-Tage-Paket	Verlänge-rungstag
01.04.-01.11.1997	A-Deck-Kabine	VP*)	998,- DM	265,- DM
01.04.-01.11.1997	B-Deck-Kabine	VP*)	864,- DM	265,- DM

) = Vollpension

● **Mietwagen und andere Fahrzeuge**

Hier einige Preisbeispiele:

- **Französisch-Polynesien** (Papeete/Tahiti)
Avis Polynesie Cars
Papeete, Rue Charles Vienot, Tel.: (689) 42.96.49, Fax (689) 41.08.47:

Autotyp	Tagesgrund-preis	zusätzl. km-Preis	unbegrenzter km-Preis
Peugeot 106	2.400 CFP	35 CFP	7.400 CFP
Peugeot 205 Junior	2.950 CFP	39 CFP	8.500 CFP
Citroën AX	3.800 CFP	46 CFP	9.700 CFP
Peugeot 205 AC	4.200 CFP	49 CFP	10.900 CFP
Peugeot 405 AC	5.950 CFP	62 CFP	14.700 CFP

- **Cook Islands** (Avarua/Rarotonga)
Tipani Rentals, Downtown Avarua, nahe der Polizeistation, Tel.: 21.617, neben Autos werden auch Motorroller, Mopeds und Fahrräder („Push bikes") vermietet:
Autos ab 45 NZ$ pro Tag ohne zusätzliche km-Gebühr, Motorräder ca. 20 NZ$ pro Tag, Fahrräder ca. 10 NZ$ pro Tag, zuzüglich Versicherung, wöchentliche Anmietung: meist 6x Tagesgebühr, Benzin zu Lasten des Mieters, 10% Steuern

- **West-Samoa** (Apia/'Upolu)
Budget Rentals, National Provident Fund Building, Apia, Tel.: (685) 20.561, 22.191 (nach Feierabend), Fax: 22.284:

Autotyp	Tagespreis	Wochenpreis
Hyundai Excel	48 US$	288 US$
Suzuki Jeep	50 US$	300 US$
Toyota Corolla	63 US$	378 US$
Samurai Sidekicks (Hardtop, klimatisiert)	67 US$	402 US$
Mitsubishi (klimatisiert)	67 US$	402 US$

- **Tonga** (Nuku'alofa/Tongatapu)
Avis, P.O. Box 74, Tel.: 23-344, 23-218 und Kontaktadresse: Ramalan Hotel, Taufa'ahau Road:
Ein Pkw-Leihwagen kostet je nach Größe und Ausstattung 60-80 T$ pro Tag.

- **Fidschi** (Suva/Viti Levu)
Hertz Rent-A Car, Fiji Head Office: 59 Grantham Road, Suva, Tel.: 370518, Nadi, Tel.: 723466:

Klasse	Fahrzeug	Tagespreis in F$*
Economy	Subaru J10	85,00
Compact	Ford Laser	135,00
4WD	Rockstar	140,00
Medium	Subaru Legacy	145,00
Premium	Ford Telstar	160,00
Mini Coach	Ford Econovan	178,00
Luxury	Toyota Cressida	220,00

*Zeichenerklärung: *) = unbegrenzte km*

- **Neukaledonien** (Nouméa/Grande Terre)
Avis (incluere Düren)

Autotyp	Tagespreis (CFP)	km-Preis	Versicherung
Opel Corsa (2 Türen)	3.000	32	1.300
Opel Corsa (4 Türen)	3.300	36	1.300
Hyundai Excel (AC)/ Opel Astra (AC)	3.700	40	1.300
Mitsubishi Lancer/ Pick up Toyota Hilux (A, AC)	4.400	45	1.500
Daihatsu Feroza 4x4 (AC)/ Minibus Toyota (9 Plätze)	4.600	47	1.800

- **Vanuatu** (Port Vila/Efate)
Budget, Olympic Hotel Courtyard, P.O. Box 349 Port Vila, Tel.: 23.170, Fax: 24.693:

Autotyp	Sitze	1-2 Tage	3-4 Tage	über 7 Tage
Daihatsu Mira	4	4.400	4.000	3.200
Daihatsu Charade	5	4.900	4.400	3.600
Toyota Starlet	5	5.900	5.000	4.100
Lada Niva Cossack 4x4	4	6.900	5.900	4.800

Anmietung mit unbegrenzten km, zuzüglich 7,5% Mehrwertsteuer und Versicherung, Treibstoff zu Lastern des Mieters

- **Salomonen** (Honiara/Guadalcanal)
Avis, Tel.: 2.41.80, Fax: 2.41.81, G.P.O. Box 87 Honiara, im Kitano Mendana Hotel und gegenüber vom Henderson Airport:

Autotyp	Tagespreis in SI$	Wochenpreis in SI$
Daihatsu Charade	150	900
Toyota Tercel	180	1.080
Mitsubishi Lancer	200	1.200
Toyota Corolla	220	1.320

O.g. Preise gelten für unbegrenzte km, plus Unfallversicherung 30 SI$ per Tag bzw. plus 180 SI$ per Woche.

Aufenthaltskosten

● **Unterkünfte**

Die Preise in der Südsee sind je nach Destination äußerst unterschiedlich. Am teuersten sind die Unterkünfte in Französisch-Polynesien. Bei den 10 im Buch beschriebenen Ländern sind die Unterkünfte in Preiskategorien nach einem besonderen Schlüssel eingeteilt worden.

Preisvergleiche (Durchschnittspreise) pro Doppelzimmer in DM:

Unterkunft	Tahiti	Cook-Inseln	Samoa	Tonga	Neu-kaled.	Vanu-atu	Salo-monen
Gästehaus	120,-	30,-	60,-	25,-	100,-	50,-	40,-
Mittelkl.-Hotel	200,-	100,-	140,-	100,-	160,-	100,-	90,-
Luxus-Resort	450,-	150,-	160,-	130,-	300,-	130,-	120,-

Französisch-Polynesien
In Französisch-Polynesien ist mit folgenden Unterkunftspreisen pro Übernachtung und Zimmer (teilweise Bungalow/Fale; Preise gelten für Einzel- oder Doppelbelegung), ohne Verpflegung zu rechnen. (einige Unterkünften bieten gegen Aufpreis Halbpension/MAP - Frühstück und Abendessen oder Vollpension/AP - Frühstück, Mittag und Abendessen; in einigen Unterkünften wird sogar Buchung mit MAP oder AP gefordert.):

Zielgebiet in CFP*)
Auf **Tahiti**
Stadtgebiet Papeete	7.500 - 14.000
Ferienhotels außerhalb	190.000 - 440.000

Auf **Bora Bora** 23.000 - 70.000
Kleine Anlagen	ab 10.000

Auf **Huahine** ab 11.500
Auf **Manihi** ab 23.000
Auf **Moorea** 10.000 - 38.000
Auf **Rangiroa** ab 18.000
Auf **Tahaa** ab 30.000

Zuschlag pro Person für MAP (Halbpension) ca. 3.800 - 5.900, AP (Vollpension) ca. 5.400 - 8.800
Im A-Z der einzelnen Länder (Kapitel 6.1.2 bis 6.1.10) und unter den einzelnen Orten der beschriebenen Reiserouten finden Sie nähere Einzelheiten.

Cook-Inseln
Folgende Angaben verstehen sich für Unterkunft, ohne Verpflegung, pro Tag. Auf die Preise (Doppelzimmer) kommt eine Regierungssteuer von 10%:
- **Insel Rarotonga**
  Hotels und Motels
  Avana Marina Apartments, P.O. Box 869 R*), Fax 22991, 350 NZ$
  Edgewater Resort, P.O. Box 121 R*), Fax 25475, in Arorangi, ab 165 NZ$
  Manuia Beach Hotel, P.O. Box 700 R*), Fax 22464, 8 km von Avarua, einschl. amerikanisches Frühstück, ab 375 NZ$
  Moana Sands, P.O. Box 1007 R*), Fax 22189, bei Titikaveka, ca. 179 NZ$
  Oasis Village, P.O. Box 2093 R*), Fax 28214, ca. 180 NZ$
  Pacific Resort, P.O. Box 790 R*), Fax 21427, 10 Min. von Avarua am Muri Strand, einschl. Frühstück, ab 240 NZ$
  Rarotongan Resort, P.O. Box 103 R*), Fax 25799, ab 180 NZ$
  Sheraton Cook Islands Resort, Private Bag R*), Fax 24104, südöstl. Küste von Rarotonga, nahe Avarua, ab 350 NZ$
  Tamure Resort, P.O. Box 483 R*), Fax 24415, 2 km von Avarua, ca. 100 NZ$
  Selbstversorger-Unterkünfte
  Are-Renga Motel, P.O. Box 223 R*), 8,5 km von Avarua, ab 60 NZ$
  Ati's Beach Bungalows, P.O. Box 693 R*), Fax 25546, in Arorangi, ab 70 NZ$
  Atupa Orchid Units, P.O. Box 64, R*), Fax 28546, deutschsprachig, 6 Bungalows, 20 bis 75 NZ$
  Central Motel, P.O. Box 183 R*), Zentrum von R*), 120 NZ$
  Kii Kii Motel, P.O. Box 68 R*), Fax 22937, 2,6 km von Avarua, ab 90 NZ$
  Lagoon Lodges, P.O. Box 45 R*), Fax 22021, nahe R*) ab 145 NZ$
  Little Polynesian, P.O. Box 366 R*), Fax 21585, 12 km von Avarua in Titikaveka ca. 165 NZ$
  Palm Grove Lodges, P.O. Box 23 R*), Fax 21998, 15 km von Avarua in Vaima, ab 150 NZ$
  Paradise Inn, P.O. Box 674 R*), Fax: 22544, 5 Min. von Avarua, ca. 66 NZ$
  Puaikura Reef Lodges, P.O. Box 397 R*), Fax 21537, 10 km von Avarua ab 126 NZ$
  Sunset Motel, P.O. Box 377 R*), Fax 28026, ab 150 NZ$
  Sokala Villas, P.O. Box 82 R*), Fax 21222, in Muri, ab 295 NZ$
  Sunrise Beach Motel, Fax 22991, ca. 95 NZ$, einschl. Steuer
  Zeichenerklärung: R) = Rarotonga*
- **Insel Aitutaki**
  Aitutaki Lagoon Resort, P.O. Box 99 Aitutaki, Fax 31202, ab 265 NZ$, einschl. Steuer
  Aitutaki Lodges, P.O. Box 70 Aitutaki, Fax 31333, ca. 145 NZ$, einschl. Steuer

Amerikanisch-Samoa
Ca.-Angaben pro Übernachtung im Doppelzimmer, ohne Verpflegung:
- **Insel Tutuila**
  Rainmaker Hotel, Fax 633-5959, an der Pago Pago Bucht, Zimmer ab 60 US$, Fale ab 90 US$
  Apiolefaga Inn, P.O. Box 336 Pago Pago, nahe Flughafen, 60 US$
  Herb + Sia's Motel, P.O. Box 430 Pago Pago, im Zentrum von Pago Pago, 45 US$
  Motu o Fiafiaga Motel, P.O. Box 1554 Pago Pago, 60 US$
  Barry's Bed + Breakfast, P.O. Box 5572 Pago Pago, 40 US$
- **Insel OFU/Manu'a-Gruppe**
  Vaoto Lodge, 40 US$
- **Insel Olosega/Manu'a-Gruppe**
  Don + Ilaisa's Motel, P.O. Box 932 Pago Pago, 35 US$
- **Insel Ta'u/Manu'a-Gruppe**
  Fitiuta Lodge, P.O. Box 1858 Pago Pago, 30 US$
  Ta'u Motel, 40 US$

West-Samoa
Die Preisangaben (Doppelzimmer) sind zum Teil in US$ und zum Teil in der Landeswährung angegeben. Auf alle Übernachtungspreise kommt eine Regierungssteuer von 10%.
- **Insel 'Upolu**
  Kitano Tusitala Hotel, P.O. Box 101, Fax 23652, 80-130 US$
  Aggie Grey's Hotel, P.O. Box 67, Fax 23626, ab 85 US$, Zuschlag für Vollpension pro Person und Tag 35 US$
  Samoan Village Resort, P.O. Box 3495, Fax 22468, 9 km vom Flughafen, Samoan Fales, 80-200 US$
  Coconuts Beach Club, P.O. Box 3684, Fax 20071, 30 Minuten von Apia, am Strand im Dorf Maninoa, ab 100 US$, Coco Cottages 50 US$
  Hotel Insel Fehmarn, P.O. Box 3272, Fax 22204, 5 Minuten vom Zentrum von Apia, in Motootua, 75 US$
  Ah Kam's Motel, P.O. Box 1299, Fax 20782, Zentrum Apia, ab 40 US$
  Betty Moor's Guest House, P.O. Box 18, in Matautu, 5 Geh-Minuten von Apia, 18 Tala
  Fagatele Beach Fales, P.O. Box 2272, Fax über 20886, im Dorf Aufaga, 30 Tala
  Fesili Motel, Fax 22517, in Motootua, ab 50 US$
  Habour Light Hotel, P.O. Box 5214, Fax 20110, am Hafen von Apia, 30 US$
  Le Godinet, Beachfront Hotel, P.O. Box 9490, Fax 25436, in Mulinuu, 5 Geh-Minuten von Apia, 50 US$
  Le Tiara Village, P.O. Box 446, Fales, in Malololelei, 4 km von Apia, 55 US$
  Manusina Lodge, P.O. Box 95, Fax 25610, zentral in Apia, 40 US$
  O Le Satapuala, Beach Resort, P.O. Box 1539, Fax 42212, Fales, im Dorf Satapuala, nahe Flughafen Faleolo und Fähre, 20 Minuten von Apia, 45 US$
  Olivia Yandall's, P.O. Box 4089, Fax 23465, 5 Minuten von Apia, 45 Tala

Saanapu Beach Resort, P.O. Box 1319, Fax über 20886, im Dorf Saanapu, 70 Tala

Seaside Inn, P.O. Box 325, Fax 22918, 5 Geh-Minuten von Apia, 44 Tala

„Seipepa" Samoan Travel Home, P.O. 1350 Lalovaea, Apia, 45 Tala, einschließlich Frühstück und Abendessen

The South Sea Star Hotel, P.O. Box 800, Fax 25341, im Dorf Alafua, nahe der Universität, ab 40 US$

Vaiala Beach Cottages, P.O. Box 2025, Fax 22713, 5 Geh-Minuten von Apia, ab 65 US$

Vavua Beach Fales, P.O. Box 70, Fax 22680, an der Südküste von 'Upolu, 80 US$

- **Insel Savai'i**

Safua Hotel, Private Mail Bag, Salelologa, Fax 51272, Fales, ab 50 US$

Salafai Inn, P.O. Box 1193 Apia, in Salelologa, ab 30 US$

Savai'i Ocean View, P.O. Box 195, Fax 23038, 45 US$

Siufaga Beach Fales, P.O. Box 8002, Tuasivi, bei Faga, 40 US$

Taffy's Paradise Inn, P.O. Box 3044 Apia, Fax 20263, nahe Maota, ab 35 US$

Vaisala Hotel, P.O. Box 570 Apia, Fax 23396, bei Vaisala; 59 US$

Tonga

Die Preisangaben gelten für jeweils ein Doppelzimmer, zuzüglich eine Steuer von 7,5%.

- **Tongatapu und Umgebung**

International Dateline Hotel, P.O. Box 39 N*), Fax 23410, am Hafen, ab 95 T$

Pacific Royale Hotel, P.O. Box 74 N*), Fax 23833, Stadtzentrum, ab 75 T$

Hotel Nuku'alofa, P.O. Box 32 N*), Fax 23154, Stadtzentrum, ab 75$

Friendly Islander Hotel, P.O. Box 142 N*), Fax 24199, 3 km außerhalb von N*), ab 60 T$

Kahaana Lagoon Resort, P.O. Box 3097 N*), Fax 21144, ca. 3 km von N*), an der Fanga'ua Lagune, ab 80 T$

Good Samaritan Inn, P.O. Box 214 Kolouai, N*), Fax 24102, 18 km von N*), an der Westküste, ab 35 T$, bei Bezahlung mit Kreditkarte 5% Aufschlag

Ha'atafu Beach Motel, ca. 22 km von N*), 1 km vom Dorf Ha'atafu, ca. 120 T$, Bungalows, einschl. Halbpension

Royal Sunset Island Resort, P.O. Box 906 N*), Fax 21254, auf der Insel Atata, 10 km vor N*), ab 84 US$, Bootstransfer

Fafa Island Resort, P.O. Box 1444 N*), Fax 23592, 4 km von N*), 30 Min. Bootstransfer (2x tägl.), ab 70 US$, Halbpension Zuschlag ca. 45 T$/Person, Vollpension ca. 55 T$

Pangaimotu Island Resort, P.O. Box 740 N*), Fax 23759, 15 Bootsminuten von N*), 60 T$, außerdem zahlreiche einfache Guesthouses (Selbstversorger, kein Restaurant)

- **Insel 'Eua**

Fungafonua Motel, P.O. Box 1, Ohonua, 'Eua, einfach, ca. 15 T$

Haukinima Guest House, in Futu, 1 km vom Fungafonua M., ca. 12 T$

Zeichenerklärung: N) = Nuku'alofa*

- **Ha'apai-Gruppe**
  Niu'Akalo Beach Hotel, zwischen Pangai und Holopeka auf der Lifuka Insel, ab 23 T$, Vollpension Zuschlag 25 T$/Person, einige einfache Guesthouses

  Sandy Beach Resort, P.O. Box 61, Pangai, Ha'apai, Fax 60600, 10 km nördlich vom Flughafen, auf der Insel Foa, Abholung mit Kfz, ab 130 T$

- **Vava'u-Gruppe**
  Paradise Hotel, P.O. Box 11 Neiafu, Fax 70184, bei Neiafu, 60 bis 90 T$

  Tongan Beach Resort, P.O. Box 104 Neiafu, Fax 70380, 80 US$, Vollpension Zuschlag 35 US$/Person

  Hamalake Guesthouse, Fangatongo, 20 bis 35 T$

  Hill Top Guesthouse, 5 Geh-Minuten von Neiafu, oberhalb des Ortes, ab 22 T$

  Popao Village, Vakaeitu Island, Vava'u, Fax 70308, generell mit Halbpension, Bootstransfer, ab 25 T$

  Vava'u Guesthouse, gegenüber Paradise Hotel, ca. 2 km von Neiafu, ab 12 T$

Fidschi
Auf der Insel Viti Levu sind zwischen Nadi und Suva, an der sog. Coral Coast, sowie auf den kleinen vorgelagerten Inseln die meisten Hotels bzw. Resorts angesiedelt. Auf die Unterkunftspreise kommt eine Regierungs-/Mehrwertsteuer von 10%. Es ist mit folgenden Unterkunftspreisen pro Zimmer und Tag, ohne Verpflegung, zu rechnen:
- Resort Hotels ab ca. 140 F$,
- kleine Hotels ab ca. 60 F$,
- private Gästehäuser/Self-Service-Unterkünfte ab ca. 20 F$.
In den Hotels, teilweise auch Gästehäusern, werden sog. „Meal-Plans" (Aufschlag für Voll- oder Halbpension) angeboten. Der Aufschlag pro Tag/Person liegt zwischen 21 und 80 F$. Außerdem gibt es einige „All-Inklusive"-Resorts, pro Paar und Tag. Hier muß man mit 660 F$ rechnen.
Die Preise auf den weiter entfernten Inseln (eingeschränkte Unterkunftsmöglichkeiten, meist Resort Hotels) beginnen bei ca. 200 F$. Der Transfer zu den Hotels auf die nahe vorgelagerten Inselchen erfolgt meistens mit dem Boot, teilweise auch mit Wasserflugzeugen oder Helikopter.
Ein Unterkunftsverzeichnis ist bei der Fiji Hotel Association, P.O. Box 13560, Suva/Fiji, Fax: 00679/300311 erhältlich.

Neukaledonien
Ca.-Preisangaben für Übernachtung ohne Verpflegung im Doppelzimmer:
- einfache Unterkunft: ab ca. 5.000 CFP
- 2-Sterne Hotel: ab ca. 7.500 CFP
- 3-Sterne Hotel: ab ca. 14.000 CFP
Auf die Übernachtungspreise kommt noch eine Steuer, die je nach Hotelklassifizierung zwischen 140 und 500 CFP pro Nacht liegt.

Vanuatu
Ca.-Preisangaben für Unterkunft, plus 10% Reg.-Steuer, Doppelzimmer, ohne
Verpflegung, pro Tag:
- **Port Vila/ Éfaté**
  Le Lagon Pacific Resort, P.O. Box 86 Port Vila, Fax 23817, 3 km außer-
  halb, am Anfang der Erakor Lagune, ab 120 US$
  Royal Palms Resort & Casino, P.O. Box 215 Port Vila, Fax 23340, 2 km
  außerhalb im Tassiriki Park, an der Erakor Lagune, ab 160 A$ (Austra-
  lischer Dollar)
  Ississi Island Resort, P.O. Box 230, Port Vila, Fax 23880, Privatinsel, ca.
  500 m vor Port Vila, 24-Stunden-Fährdienst, 3 Min., ab 148 A$
  Iririki Centre Ville Hotel, gleiche Anschrift wie Resort, Stadtmitte Port
  Vila ab 120 A$
  Erakor Island Resort, P.O. Box 24 Port Vila, Fax 22983, 5 Min. von Port
  Vila, Privatinsel, 24-Stunden-Fährdienst, ab 9.500 VT
  Windsor Hotel International, P.O. Box 810, Port Vila, Fax 22678, 5 Geh-
  Minuten vom Stadtzentrum, ab 7.300 VT
  White Sands Golf & Country Club, P.O. Box 906, Fax 22090, 16 km außer-
  halb von Port Vila, an der Südküste, freier Shuttle-Bus, ab 10.000 VT
  Kaiviti Village Motel, P.O. Box 152, Port Vila, Fax 24685, 5 Geh-Minuten,
  außerhalb Port Vila, für Selbstversorger, ab 7.500 VT
  Coral Motel, P.O. Box 1054, Port Vila, Fax 23569, 5 Min. von Port Vila,
  ab 4.950 VT
  Nagar Beach Bungalows, P.O. Box, Port Vila, Fax 23442, 45 km von Port
  Vila in North Éfaté, ca. 2.000 VT
  Talimoru, P.O. Box 110, Port Vila, Fax 25369, nahe Zentrum Port Vila,
  einfach, einschließlich kontinentales Frühstück, 18 A$

Salomonen
Ca.-Preisangaben für Unterkunft, teils in Australischen Dollar (A$) oder in
Landeswährung SI$, Doppelzimmer pro Tag, ohne Verpflegung:
- **Honiara/Guadalcanal**
  Solomon Kitano Mendana, P.O. Box 384, Honiara, Fax 23942, ab 160 A$,
  plus 10%
  Honiara, P.O. Box 4, Honiara, an der Kumkum Street, Fax 20376, ab 150
  A$, plus 10%
  Tambea Holiday Beach Resort, P.O. Box 4, Honiara, Fax 24082, 42 km
  nordwestlich von Honiara, ab 160 SI$, plus 10%
  Airport Motel, P.O. Box 251, Honiara, Fax 30411, 2 Minuten vom Flugha-
  fen, 130 SI$, plus 10%, einschließlich kontinentales Frühstück
  Hibiscus, P.O. Box 268, Honiara, Fax 21771, ab ca. 110 US$, plus 10%
  Vulelua Island Resort, P.O. Box 96 Honiara, ca. 50 km von Honiara, Insel-
  chen, ca. 190 A$
- **Western Province Islands**
  Gizo
  Gizo, P.O. Box 30, Gizo, Fax 60137, Anreise mit Flugzeug, ab 130 SI$
  Munda
  Agnes Lodge, P.O. Box 9, Munda, Fax 61225, an der Roviana Lagune;
  Anreise mit Flugzeug, Zimmer ab 60 A$

Noro Lodge, in Novo am Kula Golf, Reservierung über Agnes Lodge, Zimmer ab 75 A$
- **Uepi Island**
Uepi Island Resort, an der Marovo Lagoon, Anreise mit Flugzeug nach Seghe/New Georgia, weiter mit Boot, Fax über 006177751323, ab 100A$, plus 10%

● **Beköstigung**

In Französisch-Polynesien und Neukaledonien liegen die **Lebensmittelpreise** über denen in Mitteleuropa, während sie in den übrigen Südseestaaten mit den unsrigen vergleichbar sind.

- **Französisch Polynesien**
Im Restaurant:
Frühstück: ab 1.000 CFP
Mittag-/Abendessen: je ab ca. 2.200 CFP
Auf die Rechnung kommt kein Bedienungszuschlag. Trinkgeld ist offiziell nicht üblich, man gibt jedoch ca. 5-10 % des Rechnungspreises.
- **Cook-Inseln**
Im Restaurant:
Frühstück: ca. 10-20 NZ$
Mittagessen: ca. 15-40 NZ$
Abendessen: ca. 20-60 NZ$
zuzüglich 10% Steuern
Nach altem Brauch darf kein Trinkgeld gegeben werde.
- **West-Samoa**
Im Restaurant:
Frühstück: ab ca. 10 Tala
Mittagessen: ab ca. 15 Tala
Abendessen: ab ca. 15 Tala
Es kommen außerdem noch 10% Steuer auf die Rechnung.
- **Tonga**
Frühstück: ab ca. 8 T$
Mittag: ab ca. 15 T$
Abendessn: ab ca. 25 T$
Es kommen außerdem noch 7,5% Steuer auf die Rechnung.
- **Fidschi**
Im Restaurant:
kontinentales Frühstück: ca. 8-12 F$
amerikanisches Frühstück: ca. 12-25 F$
Mittagessen: ab ca. 12 F$
Abendessen: ab ca. 20 F$
Bedienungsgeld wird nicht berechnet. Es ist üblich, für gute Dienstleistungen ein Trinkgeld zu geben.
- **Neukaledonien**
Im Restaurant:
Frühstück: ab ca. 500-900 CFP
Mittag-/Abendessen: je ab ca. 2.000 CFP

Auf die Rechnung kommt kein Bedienungszuschlag. Trinkgeld ist nicht üblich und wird auch nicht erwartet.
- **Vanuatu**
Für eine Mahlzeit müssen ca. 2.000 VT und mehr gerechnet werden. 10% Regierungssteuer kommen auch auf Restaurantpreise.
- **Salomonen**
Im Restaurant:
Frühstück: ab ca. 15 SI$
Mittagessen: ab ca. 25 SI$
Abendessen: ab ca. 30 SI$
Trinkgelder sind auf den Salomonen nicht üblich.

● **Luftpostkarten**

Luftpostkarten einiger Südseestaaten nach Mitteleuropa:
- **Französisch-Polynesien**: 110 CFP
- **Cook Islands**: 0,90 NZ$
- **Vanuatu**: 80 VT
  Salomonen: 0,50 SI$

● **Treibstoff**

- **Französisch-Polynesien**: Super-Benzin 110 CFP, Diesel 70 CFP/Liter
- **Cook-Inseln**: Super-Benzin 1,03 NZ$, Diesel 0,93 NZ$/Liter
- **West-Samoa**: Super-Benzin und Diesel 0,95 WS$/Liter
- **Tonga**: Super-Benzin 0,64 T$, Diesel 0,65 T$/Liter
- **Fidschi**: Super-Benzin 0,79 F$, Diesel 0,63 F$/Liter
- **Neukaledonien**: Super-Benzin 96,10 CFP, Diesel 68,30 CFP/Liter
- **Vanuatu**: Super-Benzin 69,20 VT, Diesel 64,30 VT/Liter
- **Salomonen**: Super-Benzin 1,31 SI$, Diesel 1,26 SI$/Liter

Südsee-Neuigkeiten
– Stand: März 1997 –

TOURISTISCHE NEUERUNGEN UND NACHTRÄGE

Französisch-Polynesien

● **Zu den Inseln unter dem Wind** (Seite 91)
Mit dem **Schnellboot "Ono Ono"** können Sie die Inseln unter dem Wind in der Kombination entdecken:
- eine Nacht auf Huahine: 12.920 FCFP
- eine Nacht auf Raiatea: 16.984 FCFP
- eine Nacht auf Bora Bora: 18.400 FCFP
- zwei Nächte auf Huahine + eine Nacht auf Bora Bora: 26.790 FCFP
- eine Nacht auf Raiatea + zwei Nächte auf Huahine: 25.024 FCFP
- zwei Nächte auf Huahine + zwei Nächte auf Bora Bora: 32.290 FCFP
- drei Nächte auf Bora Bora + eine Nacht auf Huahine: 34.570 FCFP
- eine Nacht auf Raiatea + drei Nächte auf Huahine: 28.244 FCFP
- zwei Nächte auf Huahine + zwei Nächte auf Bora Bora + zwei Nächte auf Raiatea: 45.708 FCFP
- drei Nächte auf Huahine + drei Nächte auf Bora Bora: 41.010 FCFP
- sechs Nächte auf Huahine: 28.720 FCFP
- sechs Nächte auf Raiatea: 46.404 FCFP
- sechs Nächte auf Bora Bora: 45.900 FCFP
- Wochenende zwei Nächte auf Huahine: 15.840 FCFP
- Wochenende zwei Nächte auf Raiatea: 22.868 FCFP
- Wochenende zwei Nächte auf Bora Bora: 23.900 FCFP

Sie übernachten im Bali Hai Huahine, Hawaiki Raiatea, Village Pauline Bora Bora.

● **Inselüberquerung Tahiti** (zusätzliches Highlight auf Seite 224)
Unbedingt lohnenswert ist die Inselüberquerung per Jeep mit "Patrice Bordes", Tel.: 42.14.15, vorbei am Vaihitia-See und durch die herrliche Bergwelt der Insel für 7.000 CFP, ganztägig.

● **Schlitztrommeln** (Seite 223)
Schlitztrommeln sind das wichtigste Musikinstrument der Einheimischen.

● **Restaurant Acajou** (Seite 229)
Dieses Restaurant gibt es nicht mehr.

● **Das Grabmal von Pomare V** (Seite 236)
Das Grabmal von Pomare V ist mit einer Urne gekrönt und keinesfalls mit einer Schnapsflasche, wie auf Seite 236 beschrieben. Spaßeshalber stellte man den Vergleich mit einer Benedictine-Likörflasche an, weil Pomare V diesen im Übermaß genossen hat.

● **Hotel Kaveka** (Karte von Moorea, Seite 255)
Das Hotel Kaveka existiert nicht mehr unter diesem Namen. Es ist vom Hotel Cook's Bay übernommen worden.

● **Bevölkerung von Moorea** (Seite 256)
Die Bevölkerung von Moorea ist inzwischen auf 11.000 Einwohner angewachsen.

● **Neue Autofähre "Le Prado"** (Seite 256)
Von Papeete nach Moorea verkehrt die neue Autofähre "Le Prado". Ihre Überfahrt dauert 30 Minuten.

● **Der Bus "Trafic Public"** (Seite 257)
Zusätzlich verkehrt der Bus "Trafic Public". Er fährt alle 2 Stunden um die Insel.

● **Schwarze Perlen** (Seite 257)
Schwarze Perlen mit Zertifikat kann man auch in Tiki Village, in der Galerie der Künstlerin Claudia Gacek, kaufen.

● **Postamt auf Moorea** (Seite 257)
Das Postamt in Temae ist geschlossen. Die neue Post befindet sich im Kommerzzentrum von Maharepa, in dem auch die Socredo Bank untergebracht ist.

● **Mooreas Küstenstraße** (Seite 258)
Mooreas Küsten Straße ist 60 km lang. Die eine Seite geht bis PK 35 und die andere bis PK 24. Zwischen PK 35 und PK 24 liegt ein km, somit sind es insgesamt 60 km.

● **Tiki Village** (Seite 261)
Tiki Village hat neuerdings die Fax-Nummer 561086 und einen Telefon-Anrufbeantworter. Tagsüber ist die Tel.-Nummer 561897 die offizielle.

● **Die Künstlerin Claudia Gacek** (Seite 261)
Claudia Gacek, c/o Tiki Village, B.P. 1016, 98729 Moorea, Polynésie française, hat ihre Werke hauptsächlich in Berlin, Paris und Tahiti ausgestellt.

● **Das Herrenhaus Maison Blanche** (Seite 265)
Das Herrenhaus heißt Maison Blanche und nicht Maison Blanc.

- **Paul Gauguin** (Seite 291)
Paul Gauguin hat nicht auf Nuku Hiva, sondern auf Hiva Oa auf den Marquesas gelebt. Sein Grabmal befindet sich im Hauptort Atuona. In der Nähe ist auch Jacques Brel begraben.

- **Passagier- und Frachtschiff Aranui** (Seite 292)
Ab Papeete verkehrt das Passagier- und Frachtschiff Aranui nach den Marquesas. Das Schiff verfügt über klimatisierte Kabinen. Eine solche Kreuzfahrt kann 15/16 Tage dauern. Im Fahrpreis ab Papeete oder nur innerhalb der Marquesas sind die Landausflüge eingeschlossen. Nähere Auskünfte erfahren Sie bei der "Compagnie Polynésienne de Transport Maritime" (CPTM), oder "Croisières Touristiques aux Marquises", Molu Ula, B.P. 220 Papeete - Tahiti, Tel.: (00689)42.62.40, 437660, Fax: (00689)43.48.89, P.B. 220 Papeete, Tel.: 42.62.40

Fidschi

- **Neues besonderes Hotel auf Viti Levu**
Auf der Hauptinsel Viti Levu hat sich ein kleines Hotel etabliert. Es ist ein besonderes Projekt. Hier können auch Menschen mit einer Behinderung Urlaub machen. Es verfügt über **rollstuhlgerechte Übernachtungsmöglichkeiten**. Zudem besitzt es ein kleines offenes Restaurant, in dem man fidschianische und europäische Spezialitäten genießen kann.
Möglichkeiten zur individuellen Freizeitgestaltung wie Tauchen, Schwimmen, Schnorcheln, traditionelles Kavatrinken, Fischen, Wandern durch die tropischen Wälder usw. sind gegeben.
Hier ein kurzer Überblick über die **günstigen Preise:**
  Einzelzimmer pro Person: 15 F$
  Doppelzimmer ab: 20 F$
  traditionelles Fidschi-Haus (Bure) ab: 25 F$
  gemietetes Zelt, pro Person: 7 F$
  eigenes Zelt: 5 F$
Transportmöglichkeiten:
- Nananu-I-Ra Transport direkt vom Flughafen Nandi
- mit dem Linienbus Nandi-Lautoka und Umsteigen in Lautoka in den Bus nach Raki-Raki bzw. Vaileka Town, anschließend weiter mit dem Taxi (Taxipreis 7 F$).

Salomonen

- **Vulkanismus** (Seite 547)
Der Vulkan Tinakula (Santa-Cruz-Inseln) ist nicht erloschen. Der Savo, sichtbar von Honiara nach ca. zweistündiger Kanufahrt, ist ein schlafender Vulkan mit 4 Kratern.

- **Tropenklima** (Seite 547)

Ergänzend ist zu erwähnen, daß die relative Luftfeuchtigkeit 60-90% beträgt. Niederschläge fallen auch in der Regenzeit nicht reichlich, nur etwas mehr als von April bis Oktober. Honiara liegt im Regenschatten. Die meisten Wolken regnen sich auf der Südseite der Insel ("Weathercoast") von Guadalcanal ab.

- **Karte der Salomonen** (Seite 549)

Dort muß es Makira Province statt Marika Province heißen.

- **Malariatests** (Seite 561)

Das Diagnostic Laboratory macht angeblich nur Malariatests.

- **Federgeld** (Seite 562)

Der Preis für einen Ring ("coil") liegt neuerdings bei ca. 700 SI$.

- **Muschelgeld** (Seite 562)

Der Preis eines Strangs (zu je 10 Schnüren) kostet zwischen 350 und 700 SI$.

- **Noro** (Seite 577)

Noro hat die größte Tuna-Fabrik unter japanischer Geschäftsleitung in der Gegend. Hunderte von Frauen und Mädchen arbeiten dort. Noro Town hat keine traditionellen Häuser und keine hohe Lebensqualität, d.h. keiner wohnt hier gern. Die Firma Tayo hat in den 15-20 Jahren, die sie existiert, keinen Gewinn gemacht, obwohl eine kleine Dose Tayo hier 1,60 SI$ kostet und in Deutschland nur Katzenfutter wäre.

7 FRANZÖSISCH-POLYNESIEN

7.1 ALLGEMEINER ÜBERBLICK

Die weitverzweigte Inselwelt Französisch-Polynesiens ist eine abwechslungsreiche Sammlung von vulkanischen Inseln und Atollen, die locker in die Südsee gestreut zu sein scheinen. Diese Inseln haben schon früher viele Besucher inspiriert und verzaubert.

Frühe Seefahrer, wie **Wallis, Bougainville** und **Cook**, und ihre Mannschaften waren fasziniert vom Zauber Tahitis nach Monaten entbehrungsreicher Fahrt auf

See. Kapitän James Cook kehrte sogar noch zweimal zu den "glückseligen Inseln" zurück. Bougainville schrieb sehr schwärmerisch über seine Eindrücke von Tahiti. Hier ein Zitat in Auszügen: *"Diese Insel schien mir so beschaffen, daß ich ihr schon den Namem Utopia beilegte... Der Name, den ich ihr bestimmte, kam einem Lande zu, vielleicht dem einzigen auf Erden, wo Menschen ohne Laster, ohne Vorurtei-*

Glückliche Menschen der "glückseligen Inseln"

le, ohne Mangel, ohne inneren Zwist leben. Geboren unter dem schönsten Himmelsstrich, genährt von den Früchten eines Landes, das fruchtbar ist, ohne bebaut zu werden, regiert eher von Familienvätern als von Königen, kennen sie keinen anderen Gott als die Liebe; jeder Tag ist ihr geweiht, die ganze Insel ist ihr Tempel, alle Frauen sind ihre Priesterinnen, alle Männer ihre Anbeter..."

Maler und Schriftsteller waren ebenfalls frühe Besucher. Man denke an folgende Dichter der Weltliteratur, wie Robert Louis Stevenson, Pierre Loti, Jack London, Somerset Maugham und die beiden US-Amerikaner Charles Nordhoff und James Norman Hall, die das bekannte Buch "Meuterei auf der Bounty" geschrieben haben. Der bekannteste Maler war **Paul Gauguin**, der, verzaubert von den Menschen, vom Licht und von den Farben, zweimal Europa entfloh, um hier zu malen, zu leben und zu sterben.

Der Zauber und die Verführung dieser Inseln liegen nicht nur in ihrer gastfreundlichen polynesischen Bevölkerung und der wunderschönen Umgebung. Es sind auch das angenehme Klima, die warme Luft, die betörenden Blumendüfte und die feurigen Sonnenuntergänge, die uns Mitteleuropäer, die wir oft aus der Enge der Großstädte kommen, so guttun. Das Bild vom legendären Tahiti, dem "Garten Eden", der "Insel der Liebenden" oder dem "Paradies auf Erden", hat jedoch einige **Blessuren** erfahren, die nicht verschwiegen werden sollen:

● Der **Zersetzungsprozeß traditioneller Kultur** durch europäische Überfremdung ist in Französisch-Polynesien weit fortgeschritten.

- **Papeete**, modern wie jede europäische Stadt, vermittelt keinen Südseezauber mehr. Man sollte sie nur als Sprungbrett zur weiteren Erkundung Tahitis und noch besser der Außeninseln des Landes benutzen, die ihren Reiz nicht verloren haben.
- Die französischen **Atombombenversuche** in den Tuamotus haben dem Bild vom polynesischen Paradies einige nicht unerhebliche Risse zugefügt. Seit der Entscheidung von General de Gaulle, nach der Aufgabe von Algerien das Atombomben-Versuchsgelände Anfang der 60er Jahre nach Französisch-Polynesien zu verlegen, wurden 175 Atombombenexplosionen registriert, davon bis 1975 44 in die Atmosphäre. Nach massiven internationalen Protesten verlegten die Franzosen ihre Versuche unter die Erdoberfläche. Es besteht die Gefahr, daß der Korallensockel der Tuamotus immer mehr zermürbt wird und die tödlichen Strahlungen auch bei den unterseeischen Detonationen in die Weite des Ozeans und in die gesamte Biosphäre entweichen.

Auch nach dem Ende des "Kalten Krieges" wollen die Franzosen ihre Atomrüstung nicht aufgeben. Weiter werden die Atolle von **Moruroa** und **Fangataufa** von Fremdenlegionären bewacht.

FRANZÖSISCH-POLYNESIEN AUF EINEN BLICK

Fläche:	3.941 qkm (ca. 4,5 Millionen qkm inklusive Meeresfläche), insgesamt 118 Inseln in fünf Inselgruppen, die Austral-Inseln, die Gambier-Inseln, die Gesellschafts-Inseln, die Marquesas und die Tuamotus
Einwohner:	199.100 Einwohner nach der Volkszählung von 1990, davon 70% Polynesier maorischer Rasse, 11,5% Europäer, 4,3% Asiaten und 14,2% Mischlinge
Sprachen:	Französisch und Polynesisch, Englisch wird vielfach verstanden
Hauptstadt:	Papeete mit ca. 40.000 Einwohnern
Religionen:	Protestanten (50%) mit zahlreichen Sekten, Katholiken (34%), Mormonen (3,2%), reformierte Mormonen (Sanitos) (2,3%), Adventisten (2,3%), Jehovas Zeugen, Anhänger von "Church of Jesus Christ of the Latter Day Saints", Juden und Buddhisten
Flagge:	französische Trikolore, blau-weiß-rot in senkrechten Bahnen
Nationalfeiertag:	Sturm auf die Bastille am 14. Juli 1789
Staats- und Regierungsform:	französisches Überseeterritorium mit beschränkter Selbstverwaltung; der Präsident wird durch die Territorial-Versammlung gewählt; der "Haut-Commissaire de la République en Polynesie francaise" repräsentiert Frankreich.
Wirtschaft:	Tourismus, Kopra, Perlen, Landwirtschaft
Handelspartner:	hauptsächlich Frankreich, EG und USA
Export:	Kokosprodukte, Perlen, Vanille
Währung:	Cours de Franc Pacifique (CFP)
Problemfelder:	Abhängigkeit von finanzieller Unterstützung aus Frankreich, Handelsdefizit, mehr Ausgaben für Import als Einnahmen vom Export, Atombombenversuche im Tuamotu-Archipel, zu starkes Bevölkerungswachstum

7.2 GEOGRAPHISCHER ÜBERBLICK

7.2.1 LAGE UND GRÖSSE

Französisch-Polynesien liegt zwischen dem 7. und 29. Breitengrad südlicher Breite und dem 131. und 156. Längengrad westlicher Länge zentral im Südpazifik, jeweils rund 6.000 km von den Küsten Südamerikas und Australiens entfernt.

Seine **118 Inseln** haben eine Fläche von **nur 3.941 km²**. Das entspricht 2/3 der Größe Luxemburgs. Die gesamte Fläche des Inselreichs, einschließlich der Meeresfläche, beträgt jedoch ca. **4,5 Millionen km²**. Das ist die Fläche Europas, ausgenommen Polen und die jetzigen Staaten der ehemaligen Sowjetunion im europäischen Teil, also zusammengerechnet die Fläche folgender europäischer Staaten: Island, Norwegen, Finnland, Schweden, Dänemark, Deutschland, Holland, Belgien, Luxemburg, Frankreich, Schweiz, Liechtenstein, Österreich, Tschechei, Slowakei, Ungarn, Rumänien, Bulgarien, Griechenland, das ehemalige Jugoslawien, Albanien, Italien, Monaco, Andorra, Spanien und Portugal.

Tahiti, die größte Insel Französisch-Polynesiens, mißt 1.042 km². Das entspricht in etwa der Größe Rügens (926 km²). Folgende Zahlenbeispiele sollen eine Vorstellung von den großen Entfernungen des Inselreiches und der **isolierten Lage der einzelnen Inselgruppen** voneinander geben:
● Zwischen Papeete (Tahiti) und den **Tuamotus**, den der Hauptstadt am nächsten liegenden Inseln im Nordosten, liegen 300 km.
Die 77 Atolle des Tuamotu-Archipels erstrecken sich von Westen nach Osten über eine Länge von 1.700 km!
● Die **Gambier-Inseln** sind 1.700 km von Papeete entfernt.
● **Taiohae**, die administrative Hauptstadt der **Marquesas**, trennen 1.500 km von Papeete.
● Von **Rapa**, einem einsamen Eiland der **Austral-Inseln**, bis Papeete sind es 1.700 km.

7.2.2 LANDSCHAFTSTYPEN

Geologisch unterteilt man die Inseln Französisch-Polynesiens in zwei Kategorien, in Vulkaninseln (hohe Inseln) und in Atolle (flache Inseln).

Die Vulkaninseln

Chronologisch sind die Vulkaninseln die erste Phase der Inselformationen. Ihre Entstehung ist im Kapitel 2.4 ausführlich beschrieben. Im heutigen Zustand sind sie wesentlich fruchtbarer als die Korallenatolle. Wasser gibt es genügend, und das sich zersetzende Vulkangestein liefert einen meist rötlich gefärbten Boden, der dichte tropische Regenwälder im Urzustand begünstigt. In den flachen Küstenebenen ist er meistens gerodet und von den Einheimischen in Kulturland, auf dem zahlreiche Obst- und Gemüsearten in tropischer Üppigkeit gedeihen, verwandelt worden.

Französisch - Polynesien

Hatutu — Co
Eiao
Motu Iti
Nuku Hiva
Ua Pou
Fatu
Tah

Marquesas

Tuamotus

Takaroa
Takapoto
Tepoto — Napuka
Manihi
Apataki
Ahe
Rangiroa
Aratika
Tikei
Matahiva
Puka
Takume
Tikahau
Raraka
Fangata
Bellingshausen
Arutua
Katiu
Taenga
Scilly Motu-iti
Bora-Bora
Kaukura
Makemo
Maupiti
Makatea
Toau
Raroia
Faka
Tahaa
Huahine
Niau
Nihiru
Mopelia
Raiatea
Tetiaroa
Fakarava
Rekareka
Moorea
Faaite
Tauere
Maiao
Tahiti
Anaa
Tahanea
Hikueru
Amanu
Mehetia
Motutunga
North Marutea
Hao
Hararaiki
Reitoru
Gesellschaftsinseln
Marokau
Paraoa
Ravahere
Nengonengo
Heretue
Manuhangi
Hereretue
Ahunui
Vanavar
Nukutipipi
Tematangi
Maria
Moru
Rurutu
Fangat
Rimatara
Tabuai
N
Raivavae
Austral-Inseln
0   500k
Rapa
Iti

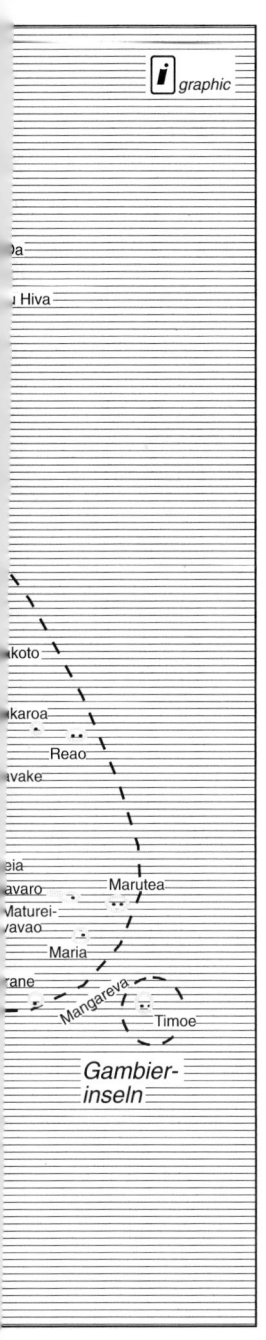

Die Vulkaninseln sind von imponierender Schönheit. Ihre wild zerklüfteten, urwaldüberzogenen Berge ragen oft wie steile Türme in den Tropenhimmel. Zu den Vulkaninseln gehören:

● die **Gesellschaftsinseln**, die sich wiederum in die **Inseln über dem Wind** ("Iles du Vent") mit den Hauptinseln Tahiti, Moorea, Maiao, Tetiaroa und Mehetia und in die **Inseln unter dem Wind** ("Iles sous le Vent") mit Huahine, Raiatea, Tahaa, Bora Bora, Maupiti, Tupai, Mopelia, Scilly und Bellingshausen unterteilen,

● die **Marquesas**,

● die **Austral-Inseln**,

● die **Gambier-Inseln**.

Die Atolle

Atolle sind Ringe von Korallen, die ehemalige, im Ozean versunkene Vulkane umschlossen. Die Entstehung der Atolle ist ebenfalls im Kapitel 2.4 ausführlich beschrieben. Charakteristisch für diese flachen Inseln ist die Artenarmut an Pflanzen. Die Vegetation besteht hauptsächlich nur aus Gebüsch und Kokospalmen. Die menschliche Besiedlung auf den Atollen gestaltet sich schwierig, weil das Trinkwasser sehr knapp ist. Grundwasser hält sich in dem porösen Korallenkalkboden nicht. Deshalb muß Regenwasser, das oft monatelang in Tanks gelagert wird, in Zisternen aufgefangen werden.

Die **Tuamotus** sind dem Inseltyp der Atolle zuzuordnen. Sie stehen den Vulkaninseln an Schönheit nicht nach. Prächtig anzusehen sind die von den Inselkränzen eingeschlossenen Lagunen, wenn ihre Wasserfarben von hellem Türkis bis zu dunklem Kobaltblau im Sonnenschein leuchten.

7.3 GESCHICHTLICHER ÜBERBLICK

7.3.1 VON DER POLYNESISCHEN FRÜHGESCHICHTE BIS ZUM EINTREFFEN DER EUROPÄER

Zur Rekonstruktion der alten und mittleren Geschichte Polynesiens reichen die Forschungsergebnisse der Archäologie oft nicht aus. Nur die **Kombination** der Befunde von **Sprach-, Gen- und archäologischer Forschung** können das Dunkel der polynesischen Geschichte aufhellen. Die von W.F. Libby entwickelte **Radiokarbon-Methode** hat zu neuen Erkenntnisse bezüglich der Datierung von Wanderbewegungen in Ozeanien geführt.

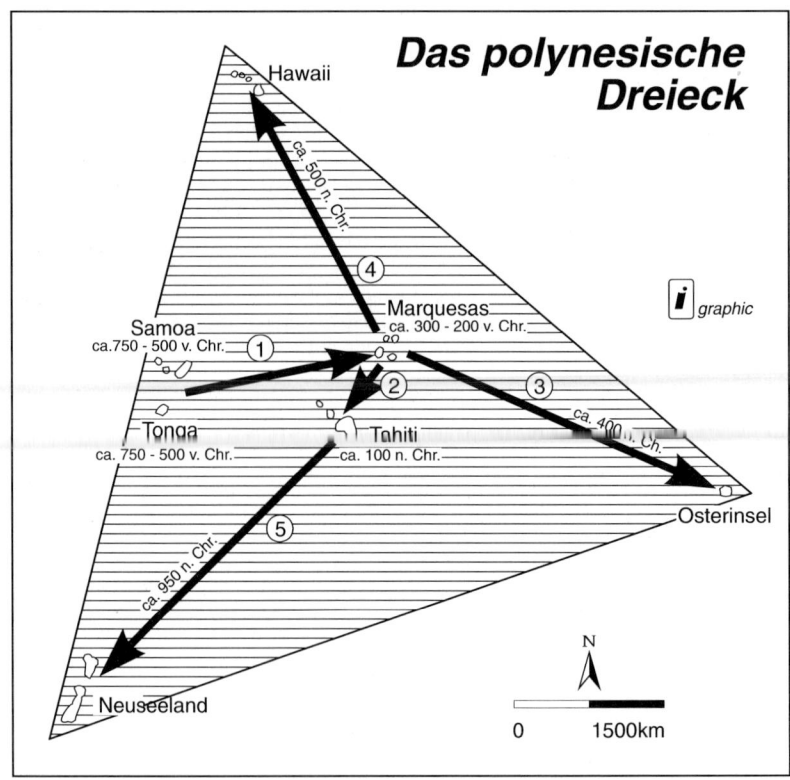

Das polynesische Dreieck

Zeichenerklärung:
1 = Marquesas: ca. 300 – 200 v. Chr.
2 = Tahiti: ca. 100 n. Chr.
3 = Osterinsel: ca. 400 n. Chr.
4 = Hawaii: ca. 500 n. Chr.
5 = Neuseeland: ca. 950 n. Chr.

INFO

Information über die Radiokarbon-Methode

Sie wurde von W.F. Libby entwickelt, und sie ist ein Verfahren zur Alters-bestimmung von geologisch und historisch organischen Gegenständen durch Ermittlung ihres Gehalts an radioaktivem Kohlenstoffisotop ^{14} C (Halbwerts-zeit 5730 +/-40 Jahre). Dieses stammt aus dem Kohlendioxid der Luft, und es verringert sich im Laufe der Zeit gesetzmäßig durch radioaktiven Zerfall.

Um 1000 v. Chr. Mit Hilfe der o.g. Radiokarbon-Methode wurden Funde menschlicher Besiedlung auf den westlichen Inselgruppen Melanesiens, in Neukaledonien und Fidschi, von **Austronesiern** festgestellt. Das waren hellhäutige Menschen mit schwarzen, straffen Haaren und mit mongoloiden und europiden Gesichtszügen. Sie stammten aus dem Nordosten und Osten Asiens und erreichten zuerst Mikronesien und die melanesische Inselwelt, wo sie sich mit der ansässigen Bevölkerung zu den sog. **Austromelaniden** vermischten.

750-500 v. Chr. Vom Ostrand Melanesiens aus erfolgten Vorstöße der kühnen Seefahrer in hochseetüchtigen Auslegerbooten in die unwohnte polynesische Inselwelt, und es entwickelte sich im Raum von **Tonga** und **Samoa** die **polynesische Urkultur.**

Um 500 v. Chr. Eine neue austronesische **Wanderbewegung** erreichte, von Westen kommend, Zentralpolynesien. Die hier ansässige polynesische Urbevölkerung wurde unterworfen, und ein tiefgreifender Kulturwandel setzte ein. Die **Megalithische Architektur** ist ein unübersehbares Zeugnis der Neuankömmlinge.

Ca. 300 v. Chr. Die Altertumsforschung hat Anhaltspunkte, daß die **Marquesas** als erste Inselgruppe Ostpolynesiens von **malaio-polynesischen Seefahrern** entdeckt und besiedelt wurden.

Ca. 100 n. Chr. Die nächste große Insel im Süden, die erreicht und besiedelt wurde, war **Tahiti**.

Ca. 400 n. Chr. Die Erstbesiedlung der **Osterinsel** erfolgte nach neuesten archäologischen Funden bereits im 4. Jahrhundert n. Chr., vermutlich von Mangareva und den Marquesas aus.

Ca. 600-700 n. Chr. Das "heilige" **Raiatea** der Gesellschaftsinseln wurde zum religiösen und politischen Zentrum des polynesischen Inselreiches. Es wurde zum zweiten *Hawaiiki*. Die ursprüngliche Heimat der Polynesier, das erste *Hawaiiki*, lag weitab im Westen. Von Raiatea aus wurden weite **Entdeckungsfahrten und Kolonisationsmaßnahmen** in nördlicher, östlicher und südlicher Richtung durchgeführt. Die überseeischen Unternehmungen wurden mit geräumigen Doppelrumpf-Segelkanus, die manchmal bis zu 100 Menschen faßten, gestartet. Ohne nautische Instrumente ging es Tausende von Kilometern in den Pazifik hinaus, auf der Suche nach neuem Lebensraum. Was waren die **Motive**?

● **Abenteuerlust,**

● **zunehmender Bevölkerungsdruck,**

● **kriegerische Wirren** und **Verfolgung.**

Um 650 Der Häuptling **Rata** erschloß die **Tuamotus**. Der Rarotonga-Häuptling **Ui-Te-Rangiora** stieß mit seinem Boot *Te-Ivi-o-Atea* sogar bis zum Packeisgürtel der **Antarktis** vor.

950 n. Chr. Die tahitianischen Adligen **Kupe** und **Ngahue** entdeckten die Doppelinsel **Neuseeland**, die anschließend von Zentral-Polynesien aus besiedelt wurde. Man machte dort Jagd auf den heute ausgestorbenen flugunfähigen **Laufvogel Moa**. **Hawaii** wurde etwa zur gleichen Zeit wie Neuseeland von den Gesellschaftsinseln aus kolonisiert.

Um 1250	Auf Raiatea entwickelte sich der mächtige **Bund der Arioi**, die den neuen **Kriegsgott Oro** in den Mittelpunkt ihres Kults stellten. Hierdurch wurde ein bewaffneter Widerstand der Konservativen ausgelöst.
Um 1350	Wegen der o.g. geistig-religiösen Revolution verließen viele Polynesier, die an den alten Traditionen festhielten, ihre Heimat und emigrierten **nach Neuseeland**, unterwarfen die dort ansässige polynesische Bevölkerung und entwickelten die Kultur der **Maori**.

Die hierarchische Gesellschaft im alten Polynesien

Die Bevölkerung Polynesiens, die vor dem Eintreffen der Weißen mittlerweile auf ca. 400.000 Einwohner angewachsen war, lebte in **Sozialverbänden**, die einer **strengen Hierarchie** unterworfen waren.

Es waren verschiedene **Stämme** mit einer zentralen Organisationsform, deren Siedlungsgebiet sich über Inselabschnitte, ganze Inseln oder Archipele erstreckte. Die tahitianische Gesellschaft begann, sich in **drei Hauptgruppen** aufzuteilen: in die Arii, die Raatira und die Manahune.

- **Die Arii**

Diese **Adligen** waren die **oberste Kaste**. Heiligen Wesen gleich, besaßen sie gewichtige Privilegien. Ihre Untergebenen schrieben ihnen geheimnisvolle Kräfte und übermäßige Macht zu. Alles, was sie angefaßt hatten, war tabu, das heißt, andere durften es nicht anrühren. Ihre Nahrung enthielt für die Gemeinen angeblich ein tödliches Gift.

Den Arii stand das Recht zu, auch physisch stets eine höhere Position einzunehmen als die Niederen. Die Untergebenen hatten zu sitzen, wenn sie standen, und sie hatten zu liegen, wenn sie saßen.

- **Die Raatira**

Ihre Gruppe bestand aus Unterhäuptlingen und **Landbesitzern**. Auf jeden Fall war ihre Position höher als die der Habenichtse. Sie standen mehr in Kontakt mit den Manahune als mit den Arii. Ihre Autorität war beschränkt. In erster Linie hatten sie die Befehle der Obrigkeit an das gemeine Volk weiterzugeben und deren Ausführung zu überwachen. Sie verbreiteten gerne prahlerisch den Eindruck, anstelle der Arii die wahren Herren zu sein.

- **Die Manahune**

Sie waren das gemeine Volk. Ihre Gruppe bestand aus Dienern, Bauern, Fischern, Gefangenen und Sklaven. Sie blieben immer in ihrer Kaste. Es sei denn, sie avancierten zum Priester oder Arioi.

- **Die Arioi**

Sie waren eine Art Sekte, eine religiöse Bruderschaft, die ursprünglich von Bora Bora kam. Die Arioi konnten jeder Kaste angehören. Wenn jemand Arioi werden wollte, dann hatte er sich einer **Prüfung** zu unterziehen, in der seine **Kampfkraft** als Krieger, seine **Fähigkeit als Tänzer** und sein **gutes Benehmen** getestet wurden. Die wichtigste Voraussetzung war jedoch, daß der Arioi **kinderlos** war und blieb. Sollte er jedoch ein Kind zeugen, dann mußte es bei der Geburt getötet werden.

Die Arioi verbrachten ihre meiste Zeit damit, in Flüssen zu schwimmen, sich ihre Blumenkränze zu flechten, zu tanzen oder ausschweifend zu leben. Die freie Liebe war für sie selbstverständlich. Ständig wechselten sie ihre Partnerinnen. Außerdem stellten sie das Potential der Krieger, das im Falle einer kriegerischen Auseinandersetzung mit einem anderen Stamm vom König jederzeit rekrutiert werden konnte.

7.3.2 EUROPÄISCHE ENTDECKUNGS- UND FORSCHUNGSREISEN

1505-1506   Der **Portugiese Pedro Fernández de Quirós** (1565-1615) entdeckte einige Inseln der **Tuamotu- und Tokelaugruppe** in Zentralpolynesien und erreichte auch die Insel Espiritu Santo (Vanuatu). Irrtümlicherweise war er der Meinung, die "*Terra Australis Incognita*" entdeckt zu haben (Näheres siehe Kapitel 5.5.4).

1722   Der **Holländer Jacob Roggeveen** (1659-1729) stieß als erster Europäer auf die Osterinsel, auf einige Inseln des Tuamotu-Archipels und schließlich auf Samoa (Näheres siehe Kapitel 5.5.6).

1767   Der **Engländer Samuel Wallis** (1728-1795) entdeckte als erster Europäer mit seiner *Dolphin* Tahiti, obwohl die Europäer seit rund 250 Jahren durch die Südsee segelten. Er wurde nicht besonders freundlich von den Insulanern empfangen (Näheres siehe Kapitel 5.5.7).

1768   Der **Franzose Louis Antoine Bougainville** (1729-1811) besuchte Tahiti mit zwei Schiffen. Er bewies besseres Geschick, mit den Tahitianern umzugehen als Samuel Wallis (Näheres siehe Kapitel 5.5.8 und 7.5.1).

1764-1780   Der **Engländer James Cook** (1728-1779) durchforschte gezielt und systematisch auf drei Reisen die Südsee. **1769** verbrachte er drei Monate in Matavai auf **Tahiti** (Näheres siehe Kapitel 5.5.9).

1788   Der **Engländer Bligh** hatte den Auftrag, auf **Tahiti** Setzlinge und Samen der Brotfrucht einzusammeln, um diese auf die Westindischen Inseln (Karibik) zu bringen. Die **Meuterei auf der Bounty** hinderte ihn, zunächst seinen Auftrag bis zu Ende auszuführen. (Näheres siehe Kapitel 7.3.4)

INFO

Die Meuterei auf der Bounty

*1777 war der **Engländer William Bligh** schon einmal unter Kapitän James Cook als Schiffsoffizier nach **Tahiti** gesegelt.*

*Am 26.10.1788, 11 Jahre später, kommandierte **Kapitän** William Bligh dann selbst ein Schiff, namens "**Bounty**". Vom Präsidenten der "London Royal Society" hatte er den überseeischen Auftrag erhalten, **Setzlinge des Brotfruchtbaumes** (Samen hat die Pflanze nicht) von Tahiti **nach Britisch-Westindien** (Karibik) zu bringen. Die Früchte des Brotfruchtbaums sollten als billige Nahrung für die zwangsweise eingeführten Negersklaven dienen. Später hat sich herausgestellt, daß die Brotfrucht keineswegs als Grundnahrungsmittel taugt, wie man dem Namen nach annehmen könnte. Ein großes Problem für Bligh war, die Setzlinge lebend auf der Schiffsreise nach Jamaika zu transportieren. Sie mußten täglich bewässert werden. Während des*

*5-monatigen Aufenthalts, der in die stürmische Regenzeit fiel, lockerte sich
die Disziplin der Mannschaft durch den Umgang mit den Einheimischen. Den
Seeleuten gefiel das paradiesische Leben in der Südsee so gut, daß sie sich
weigerten, die Fahrt nach Westindien fortzusetzen. Der Anführer der* **Meuterei** *war der Matrose* **Fletcher Christian***. Die Rebellen setzten Kapitän Bligh
und seine 18 Getreuen kurzerhand mitten im Pazifik, in der Nähe von Tonga,
aus. Nach einer abenteuerlichen Fahrt durch die Torresstraße landete Bligh
auf der Insel Timor (Indonesien) und erreichte* **Batavia** *(damals Holländisch-
Ostindien), das heutige Djakarta.*

Fletcher Christian *floh mit* **24 Seeleuten** *auf der "Bounty" zunächst nach*
Tubuai *(Austral-Inseln). Die feindselige Haltung der Einheimischen zwang
ihn jedoch, die Insel wieder zu verlassen.*

Im September 1789 *segelte er wieder* **nach Tahiti zurück** *und setzte* **16
Seeleute** *ab, die es dummerweise vorzogen, dort zu bleiben, wo das große
Risiko bestand, von den Briten entdeckt zu werden.*

Der Rebellenführer selbst stach wieder mit **acht Getreuen, 12 polynesischen
Frauen und 6 Männern** *in See, um ein besseres Versteck zu suchen. Schließlich landete er mit seiner Mannschaft auf der einsamen Insel* **Pitcairn***, ganz
im Südosten Polynesiens, 2.000 km von Tahiti entfernt. Fletcher Christian
ließ die "Bounty" an den Klippen der Insel vernichten, um keine Spuren zu
hinterlassen. Im Falle einer Entdeckung und Gefangennahme von den Spä-
hern des Mutterlandes wäre ihnen der Tod durch den Strang gewiß gewesen.
Die Meuterer hatten ein Paradies gesucht, doch sie machten sich das* **Leben
zur Hölle***. Wegen der polynesischen Frauen gab es Streit mit den Polynesiern
und untereinander. Man erschoß sich und stürzte im Alkoholrausch über die
Klippen. Nur ein Seemann starb eines natürlichen Todes.*

Der Matrose **John Adams** *blieb als* **einziger Mann mit 10 Frauen und 23
Kindern***, die alle von den Meuterern gezeugt worden waren, übrig. Die
Nachkommen dieser Unglücklichen leben heute noch auf der einsamen Insel.
Im März 1791 landete die englische Fregatte* **"Pandora"** *unter dem Kommando von* **Kapitän Edwards** *in Tahiti. Das bedeutete für die auf Tahiti
gebliebenen Meuterer das Ende ihrer Freiheit. Sie hatten inzwischen teilweise als Söldner Waffendienst bei den hiesigen Pomare-Königen geleistet. Die
Besatzung der "Pandora" nahm sie alle fest, um sie der englischen Justiz zu
übergeben.*

1792 kehrte **Bligh** *mit zwei Schiffen, der* **"Providence"** *und der* **"Assistant"***,
nach Tahiti zurück. Er ließ 2.126 Brotfrucht-Setzlinge einsammeln. Knapp
700 junge Pflanzen überlebten die ereignislose Überfahrt nach den Westindischen Inseln.*

*Über das Drama der "Meuterei auf der Bounty" wurden berühmte Filme
gedreht und Bücher geschrieben.*

214

7.3.3 KÖNIGE, MISSIONARE UND DAS ENDE DER TRADITIONELLEN GESELLSCHAFTSORDNUNG

1767   Als der **Engländer Samuel Wallis** als erster Europäer Tahiti entdeckte, regierte ein Häuptling über Porionu'u, das den Bereich der jetzigen Arue, Pirae und Papeete umfaßte. Später nannte man ihn **Pomare I**.

1790   **Pomare I**, der noch fest an die alten Götter glaubte, zwang alle Häuptlinge Tahitis mit ihren Untergebenen mit Hilfe **weißer Söldner** unter seine Herrschaft. Unter ihnen waren auch Meuterer der *Bounty*, die mit Feuerwaffen ausgerüstet waren. Kurz danach erschien eine Delegation von Groß-Tahiti, die dem 10-jährigen Sohn Pomares I, der Nachfolger seines Vaters werden sollte, ihre Ehrerbietung erwiesen.

13.02.1791   **Pomare II** wurde nach alter Sitte zum König gekrönt. Zu diesem Anlaß wurden auch Menschenopfer dargebracht.

1797   Britische **protestantische Missionare** der Londoner Missionsgesellschaft landeten in Tahiti und siedelten sich in **Matavai** an. Von diesem Zeitpunkt an griffen die Europäer in die traditionellen sozialpolitischen Ordnungen Tahitis und der Nachbarinseln ein. Hierdurch wurden tiefgreifende Entwicklungen ausgelöst, die sich auch im 19.Jahrhundert in anderen polynesischen Archipelen wiederholten. Die Inseltraditionen wurden mißachtet, und das allein seligmachende Christentum und europäische Moralvorstellungen wurden hemmungslos verbreitet.

Pomare II

1803   **Pomare I starb** in seinem Kanu, als er zu einem Schiff paddelte.

1808-1815   **Pomare II** und die **Missionare** mußten die meiste Zeit **im Exil in Moorea** verbringen.

1812   **Pomare II** sagte den alten Göttern ab und **ließ sich taufen**.

1815   **Pomare II**, eine ausgeprägte Persönlichkeit und bekannt für seine Intelligenz, kehrte mit einem großen Heer nach Tahiti zurück und **bekämpfte die letzten Heiden** in der **Schlacht bei Feipi**. Dieser Kampf markierte das Ende der tahitianischen Tradition und des alten Regimes.

     Pomare II benutzte die Missionare für seine politischen Ziele, um die heidnischen Häuptlinge zu unterwerfen und eine zentrale Herrschaftsstruktur in Tahiti durchzusetzen. Es wurde ein **Königtum nach europäischen Vorbildern** etabliert.

1821   **Pomare II** starb, und sein einjähriger Sohn wurde König.

1827   **Pomare III** starb im zarten Alter von sieben Jahren sehr plötzlich, und **seine 14-jährige Schwester** Aimata krönte man gegen den Widerstand der Missionare zur **Königin Pomare IV**. Sie sollte eine der schillerndsten Gestalten der Pomare-Dynastie werden.

1832	Die **Mamaia-Sekte** revoltierte gegen die Evangelisierung und die fortschreitende Europäisierung. In ihrem Gedankengut hatten sich alttahitianische Religiosität und christliche Glaubenselemente verschmolzen. Ihr Ziel war es, die Weißen, einschließlich der Missionare, aus ihrem Siedlungsgebiet zu vertreiben.
1836	Die ersten französischen **katholischen Missionare** wurden **ausgewiesen**.
1838	Frankreich entsandte wegen der Schmach seiner Glaubensbrüder eine **Fregatte nach Tahiti**, um dem französischen Besitzanspruch auf Tahiti Nachdruck zu verleihen. Außerdem wurden Wiedergutmachung durch Zahlung von 2.000 $ und Ehrenbezeugung vor der französischen Flagge gefordert. Die Königin suchte zunächst Schutz bei den Engländern, die jedoch nicht reagierten. Durch die Drohung einer Bombardierung von der Fregatte erpreßt, schlug sich die Königin wieder auf die Seite der Franzosen, und so kam es zu dem folgenden Abkommen.
1842	**Tahiti, die Gesellschaftsinseln, die Marquesas, die Paumotugruppe und die Austral-Inseln**, also jene Inselbezirke, denen seit dem 18.Jahrhundert wiederholt französische Forschungsinteressen gegolten hatten, wurden **französische Protektorate**. Der Gouverneur nahm den Sitz seiner Residenz in **Papeete**, das später Hauptstadt aller französischen Kolonialgebiete in Polynesien wurde.
1844-1846	Die Tahitianer führten einen langen, aber erfolglosen **Guerillakrieg gegen die Franzosen**.
1877	**Königin Pomare IV starb** nach einer 50-jährigen Regentschaft. Ihr Sohn **Pomare V** wurde König.
1880	Das Protektorat wurde in eine **französische Kolonie** umgewandelt, weil der schwache König Pomare V für eine Pension von monatlich 5.000 Francs Land widerstandslos an Frankreich übergab.
1891	**Pomare V starb**. Damit war das Königtum in Tahiti erloschen.

(Über die gesamte Pomare-Dynastie siehe auch Kapitel 5.7.1 unter "Inselrundfahrt Tahiti Nui/Grab Pomare V")

Zusammenfassung

Seit der Ankunft der Europäer war die alte Lebensform der Insulaner immer mehr zurückgedrängt worden:

● **Die Seeleute** hatten die Syphilis, Masern, Pocken und andere **Krankheiten**, gegen die die Polynesier wenig oder gar keine Widerstandskraft besaßen, und den **Rum** mitgebracht. Außerdem hatten sich skrupellose und gutbewaffnete Europäer, immer nur die eigenen Vorteile im Auge, in die inneren Auseinandersetzungen der Häuptlinge eingemischt.

● **Die Missionare** waren ebenfalls an der Zerstörung alter Traditionen und Werte nicht unschuldig. Das oft gewaltsame Aufpfropfen der christlichen Lehre auf alte Glaubensvorstellungen trug mit zur Verunsicherung und inneren Zerrüttung des Selbstwertgefühls der Einheimischen bei.

Das **Resultat** war verheerend. Nach Schätzungen lebten vor der Ankunft der Europäer 150.000 Einwohner auf Tahiti. Ende des 18. Jahrhunderts war die Zahl auf 15.000 dezimiert, und im Jahre 1830 waren es **nur noch 8.000 Einheimische**, die überlebten.

7.3.4 DER SEETEUFEL – FELIX GRAF VON LUCKNER

Ende Dezember 1916 durchbrach der kaiserliche Korvettenkapitän Felix Graf von Luckner die **britische Nordseeblockade**. Er wurde zur legendären Gestalt in der Südsee. Unvergessen sind seine tollkühnen Kaperfahrten, und sympathisch waren seine faire Kampfesweise und sein humanes Wesen. Der draufgängerische Marineoffizier hatte im Ersten Weltkrieg bereits elf Schiffe in verschiedenen Gewässern und drei in der Südsee gekapert und versenkt, als er im Seegebiet der Gesellschaftsinseln auftauchte.

Am 29.07.1917 lief der Kapitän mit seinem als norwegisches Handelsschiff getarnten Schiff **"Seeadler"** die kleine paradiesische **Insel Mopelia**, 450 km westlich von Tahiti gelegen, an, ein Märchenland mit hohen Kokospalmen und sehr freundlichen, entgegenkommenden Menschen. Die Seeleute waren fasziniert von

dem **Südseeparadies** und den Einheimischen. Das war wahrscheinlich der Grund, weshalb sie ihrem Boot nicht genügend Aufmerksamkeit schenkten. Das Unglück wollte es, daß eine **riesige Flutwelle** das Schiff in einem unbewachten Augenblick auf ein Riff warf und es zerschmetterte.

Aus den 2.600 m² Segeln des Hilfskreuzers fertigten die findigen Schiffbrüchigen Zelthütten für die deutsche Mannschaft und die amerikanischen und französischen Gefangenen an. Die Zelte bestückten sie mit dem Mobiliar des zerborstenen Schiffes. So wurde eine "Germantown", Americantown" und "Frenchtown" errichtet, und es entstanden ein Marktplatz und

Felix Graf von Luckner

Werkstätten. Der Kapitän ließ die Reichskriegsflagge hissen, gab der Insel Maupihaa (Mopelia) den Namen **Cäcilieninsel** nach der Gemahlin des deutschen Kronprinzen und erklärte das Eiland zur **deutschen Kolonie**.

Alle Südseeseligkeit mußte einmal ein Ende haben. Um wieder am Kriegsgeschehen teilzuhaben, brauchte man ein Schiff. Nach 3 ½-wöchigem Aufenthalt auf Mopelia stieg der Graf mit fünf seiner Leute in ein sechs Meter langes Rettungsboot der "Seeadler" und begab sich auf eine abenteuerliche Fahrt durch die Südsee Richtung Westen, auf der **Suche nach einem neuen Schiff**, das es zu kapern galt. Es ging zunächst nach **Atiu** (Cook-Inseln), wo man sich als US-Amerikaner holländischer Abstammung ausgab und Wasser und Proviant nahm.

Am 30. August 1917 erreichten Graf von Luckner und seine Mannen **Aitutaki**. Eines Schiffes konnte man sich hier jedoch nicht bemächtigen, um die restliche Mannschaft in Mopelia abzuholen.

Die **Insel Wakaya** (Fidschi-Archipel) erreichte man nach 22 Tagen qualvoller Fahrt mit zur Neige gehendem Trinkwasser und ziemlich erschöpft. Dort wurden die Deutschen erkannt und gerieten in britische **Gefangenschaft**. Von **Suva** brachte man Graf Luckner nach **Neuseeland**, wo er interniert wurde. Er konnte fliehen und segelte mit einem entwendeten Boot auf die **Kermadec-Inseln**, wo er erneut inhaftiert wurde. Nach Kriegsende ließ man ihn frei.

Die auf Mopelia zurückgebliebenen Seeleute hatten inzwischen ein französisches Schiff in ihre Gewalt gebracht, waren damit bis zur **Osterinsel** (Chile) gelangt und auf ein Riff gelaufen. Von dort brachte man sie als freie Leute nach Chile.

Am 03. Januar 1920, nach Kriegsende, trafen diese Männer mit Ausnahme des verstorbenen Schiffsarztes wohlbehalten wieder in Deutschland ein.

1937 reiste Graf von Luckner in Begleitung seiner schwedischen Frau Ingeborg **erneut in die Südsee**, besuchte dabei auch das Wrack der "Seeadler", wurde wegen seines Wagemutes kräftig gefeiert und auch von seinen ehemaligen Kriegsgegnern wegen seiner Fairness geachtet. Es soll bei seinen überraschenden Angriffen den Berichten zufolge niemand ums Leben gekommen sein. Ein **Maori-Stamm** ernannte ihn zum **Ehrenhäuptling "Wai-Tete"** (Heiliges Wasser).

1966 starb der Graf hochgeehrt im Alter von 84 Jahren.

7.3.5 DIE KOLONIALPOLITIK FRANKREICHS

1940	Als Frankreich im Zweiten Weltkrieg vor Deutschland kapitulieren mußte, schloß sich Französisch-Polynesien dem **Nationalkomitee der Freien Franzosen** an.
Ab 1945	Nach dem Zweiten Weltkrieg sah sich Frankreich wegen aufkeimender Unruhen und starker Unabhängigkeitsbestrebungen genötigt, seinem Kolonialreich eine andere Form zu geben. Allerdings konnte es sich nicht entschließen, seine Kolonien in die Freiheit zu entlassen.
1946	Französisch-Ozeanien hatte den **Status eines Übersee-Territoriums** ("Territoire d'Outre-Mer"). Es war durch einen Abgeordneten in der französischen Nationalversammlung, im Rat der Republik und in der Versammlung der Französischen Union vertreten. Die **Eingeborenen** erhielten die **Staatsbürgerschaft der Französischen Union**.
1954	Die Französische Republik faßte den **Entschluß**, die **vierte Atommacht der Erde** zu werden.
1956	In einem Rahmengesetz wurde festgelegt, daß Französisch-Ozeanien eine gewählte **Territorialversammlung** erhalten sollte. Fünf Abgeordnete sollten die Regierung wählen, und den Vorsitz sollte der Gouverneur haben. Unter **Pouvanaa a Oopa** bildete sich eine starke Opposition.
1957	Französisch-Polynesien **konstituierte sich**.
1958	Bei der **Volksabstimmung** stimmten **67,3%** der Bevölkerung **für die Beibehaltung des Status quo** und somit gegen die Trennung Tahitis und der Gesellschaftsinseln von Frankreich.

INFO

Wer war Pouvanaa a Oopa, und welche Ideen hatte er?

Am 10. Mai 1895 *wurde Pouvanaa a Oopa als Sohn eines dänischen Seemanns und einer Polynesierin in Huahine geboren. Er war Freiwilliger im
pazifischen Bataillon und kämpfte im Ersten Weltkrieg für Frankreich. Als
ausgezeichneter Veteran kehrte er aus dem Krieg heim.*

*1947 sperrten die Franzosen ihn ins **Gefängnis**, weil er für die Rechte polynesischer Kriegsveteranen eintrat. Er wurde der maßgebliche Sprecher der
tahitianischen Unabhängigkeitsbewegung.*

*1949-1958 avancierte er zum Abgeordneten von Französisch-Polynesien. Ge-
segnet mit einer besonderen Ausstrahlung auf Menschen und einer ausge-
prägten Redegewandtheit, gepaart mit soliden Bibelkenntnissen, setzte er sich
mit seiner ganzen Persönlichkeit für die tahitianische Unabhängigkeit von
Frankreich ein. Er kämpfte für eine **gerechte Bodenreform** und die "Rück-
führung von Land an die wirklichen Eigentümer", wie es wörtlich auf seinem
Gedenkstein heißt. Als "Metua", d.h. **"geliebter Vater der Tahitianer"** griff
er das koloniale System wegen seiner Behandlung der Polynesier als Bürger
zweiter Klasse scharf an.*

*Er gründete die Partei "Rassemblement démocratique des populations tahiti-
enne", deren Präsident er wurde, und versuchte, dem zunehmenden westlichen Einfluß ein tahitianisches Äquivalent entgegenzusetzen. Er hatte einen*

Kämpfer für mehr Freiheit – Pouvanaa a Oopa

*sehr großen Zulauf von Anhängern zu verzeichnen und erfreute sich bei der Masse des Volkes großer Beliebtheit, jedoch nicht bei General de Gaulle. Es kam zur **Volksabstimmung**, in der über die Frage der weitgehenden Loslösung des Landes von Frankreich entschieden werden sollte. Nur 38% der Bevölkerung stimmten für die Unabhängigkeit von Frankreich. General de Gaulle ließ Pouvanaa verhaften.*

*__1958__ wurde der **Freiheitskämpfer und couragierte Nationalist** zu einer **Gefängnisstrafe** verurteilt, weil man ihm vorwarf, an einer Verschwörung zum Niederbrennen von Papeete beteiligt gewesen zu sein. Es war die Zeit, die General de Gaulle für den Aufbau seines neuen Atombomben-Versuchsgeländes im Tuamotu-Archipel benötigte. In dieser Phase störte Pouvanaa, der ein entschiedener Gegner dieser Maßnahme war, in der Öffentlichkeit von Tahiti. Er wurde in das **berühmt-berüchtigte Baumette-Gefängnis von Marseille** eingeliefert. Als 64-jähriger verbüßte er **acht Jahre Einzelhaft** und anschließend weitere **15 Jahre Verbannung von Französisch-Polynesien**. Doch die Kraft des Unbequemen war nicht gebrochen.*

*__1971-1977__, nach seiner Freilassung aus der Haft und Beendigung des Exils, kehrte Pouvanaa als 72-jähriger nach Französisch-Polynesien zurück und bekleidete das Amt eines **Senators** der "Territorial Assembly".*

*__Am 12.07.1977__ gipfelte sein Triumph in der Durchsetzung der **territorialen Autonomie** Französisch-Polynesiens.*

__1978__ starb Pouvanaa.

7.0.0 FRANKREICHS FESTHALTEN AN DER ATOMRÜSTUNG TROTZ ENDE DES KALTEN KRIEGES

1962
Nach sechsjähriger Atombomben-Versuchsreihe in Reggane (algerische Sahara), die wegen der Unabhängigkeit Algeriens aufgegeben werden mußte, entschied sich **General de Gaulle** für das neue **Atombomben-Testgebiet Ostpolynesien** auf den unbewohnten Atollen **Mururoa** und **Fangataufa** im Tuamotu-Archipel.

02.07.1966
Gegen den Protest der Polynesier, an der Spitze der Nationalist **Pouvanaa a Oopa**, wurde um 5.34 Uhr die erste Atombombe über Mururoa gezündet. Das Atoll erzitterte unter der enormen Sprengkraft. Eine gewaltige Wasserfontäne schoß über 1.000 m in die Höhe und riß die Meerestiere der flachen Lagune mit hoch. Inzwischen haben sich diese Atom- und Wasserstoffbomben-Explosionen über 100 mal in dieser Gegend wiederholt. Die **Proteste der Polynesier** bewirkten nichts. **Pouvanaa a Oopa** wurde wegen angeblicher Brandstiftung **ins Gefängnis** geworfen. Der damalige Präsident General de Gaulle ließ den 30 empörten Mitgliedern des lokalen Parlaments erklären, sie seien für Verteidigungs-Angelegenheiten nicht zuständig.

1972/1973
Der **Kanadier McTaggart**, der spätere Begründer von **Greenpeace**, segelte zweimal mit seiner Yacht *Vega* in das Versuchsgelände, um sich selbst ein Bild über

die Verwüstungen zu machen. Bei seiner letzten Fahrt wurde er krankenhausreif geschlagen.

1974 Frankreich geriet mehr und mehr wegen der atomaren Luftverseuchung **durch die Anrainerstaaten unter Druck.**

1975 **Giscard d'Estaing** machte sein Wahlversprechen wahr. Nach seinem Erlaß dürfen fortan Atom- und Wasserstoffbomben nur noch in einer Tiefe von 600 bis 1.200 m gezündet werden.

1985 Der Höhepunkt der Auseinandersetzung zwischen Greenpeace und dem französischen Geheimdienst war die **Versenkung der *Rainbow Warrior*,** des Flaggschiffs der Umweltorganisation, durch eine Haftmine **im Hafen von Auckland** (Neuseeland). Ein Fotograf verlor bei dem Sprengstoffanschlag sein Leben.

Auch wenn die Atompilze nicht mehr in den Pazifikhimmel aufsteigen, so ist nach Ansicht der Experten ein Atoll der ungeeignetste Ort der Erde, um Nuklearexplosionen durchzuführen. Man befürchtet, daß der **Basaltkern und Korallensockel von Moruroa** allmählich zerfällt. Dann kann wie aus einem atomar verseuchten Schwamm ständig Radioaktivität in den Ozean austreten.

Aber die Franzosen lassen sich nicht in die Karten gucken. Ihre Messungen bleiben streng geheim, und es wird weiter gebombt.

Ein bezeichnender Ausspruch des **Präsidenten Francois Mitterand** zum Schluß dieses leidigen Themas: "Die Versuche im Pazifik gehen weiter, solange es die französische Regierung für notwendig erachtet."

7.4 KULTUR UND KUNST

7.4.1 DIE *MARAE*

Auf den Gesellschaftsinseln stößt man immer wieder auf große Steinkonstruktionen, die mit Tempeln verglichen werden können. Es sind rechteckige Flächen, gewöhnlich mit flachen Steinen gepflastert und meistens von niedrigen Wänden umgeben, aber sonst völlig offen. An einem Ende steht ein Altar (*ahu*) in Form einer niedrig gestuften Pyramide. Die Steine stehen aufrecht an der Stirnseite des Altars. Die *marae* an der Küste erreichen oft Ausmaße von 40 m Länge und 20 m Breite und ihre mehrstufigen *ahu* beträchtliche Höhen.

Die im Inland erbauten *marae* waren bescheidener. Sie wurden von Familien oder auserwählten Gruppen errichtet, und ihre Größe variierte nach der Bedeutung ihres Stammes. Hier wurden Ahnen verehrt, man betete zu den Göttern und bat um Beistand bei der Jagd und beim Fischen sowie um gutes Gelingen bei der Arbeit, beispielsweise beim Kanu- und Hausbau.

Die *marae* auf den Inseln unter dem Wind und auf den Tuamotus wurden ans Ufer der Lagunen gesetzt. Weil polynesische Sitten und Gebräuche im wesentlichen mündlich weitergegeben wurden und das geschriebene Wort unbekannt war, ist heute sehr wenig über die Details der Zeremonien an den *marae* überliefert, obgleich diese Kultur noch vor zwei Jahrhunderten lebendig war.

Bekannt ist, daß hier die Priester zu den Ahnen und Göttern beteten und alle für die Polynesier wichtigen Zeremonien, wie Krönung der Häuptlinge und Könige, Beratungen über Krieg und Frieden, Siegesfeiern und Hochzeiten, abgehalten wurden.

7.4.2 SPIEL, MUSIK UND TANZ

Vor der europäischen Entdeckung waren tahitianische Feste (*heiva*) sehr beliebt und weit verbreitet. Die Polynesier liebten Spiele und Unterhaltung über alles. Sie machten den größten Teil ihres Lebens aus. Sie organisierten verschiedene Sportarten. Es wurden Kanuregatten, Ring- und Boxkämpfe veranstaltet, und man maß seine Kräfte im Bogenschießen und Speerwerfen.

Tanzleidenschaft

Man mochte jedoch noch so begeistert von diesen sportlichen Aktivitäten sein, sie waren nichts gegen die Tanzleidenschaft der Polynesier. Tanzen war direkt mit jedem Aspekt ihres traditionellen Lebens verbunden. Man tanzte nicht nur aus Freude, sondern auch, um einen Besucher willkommen zu heißen, um zu Gott zu beten, um den Feind herauszufordern, um einen Sieg zu proklamieren und um die feierlichen Zeremonien an den *marae* zu begleiten.

Es war jedem erlaubt zu tanzen, Männern, Frauen und Kindern. Tänze von Transvestiten waren gestattet, wenn Männer die Rolle der Frau übernahmen, aber niemals umgekehrt. So gab es den *otea* nur für Männer und den *upa upa* für Paare. Einige Tänze wurden nur nachts getanzt, und bei anderen wurde von den Ausführenden verlangt, daß sie völlig nackt auftraten.

Europäische Bevormundung

Es gab damals Tanzgruppen, die von Gegend zu Gegend und auf auswärtige Inseln zogen, um dort ihre Tänze vorzuführen. In ihrem Programm waren auch erotische Tänze, die die Europäer geschockt haben. Die **protestantischen Missionare** bezeichneten diese Art von Tänzen als unmoralisches Spektakel und Teufelswerk. 1820 wurde im Gesetz der Inseln unter dem Wind im Artikel 23 verordnet: "Alle schlüpfrigen Gesänge, Spiele und Unterhaltungsprogramme sind streng verboten". Im Artikel 22 und 24 wurden sogar die Tätowierungen und das Tragen von Blumenkränzen in der Kirche untersagt. So begannen im 19. Jahrhundert, traditionelle Gesänge und Tänze zu verschwinden.

Zu Beginn des 20. Jahrhunderts mit dem Feiern von *heiva* am 14. Juli erinnerte man sich wieder an die alten Tänze. Aber die Frauen mußten Missionskleidung mit langen Ärmeln tragen. Doch langsam setzten sich die alten Sitten wieder durch, und es wurde auch wieder mit nacktem Oberkörper getanzt.

Traditionelle Instrumente

- **Das Tritonshorn (*pu*)** war aus dem Gehäuse der Trompetenschnecke (*Charonia tritonis*), einer großen spiraligen Meeresschnecke, gefertigt. Es ertönte, um Leute am *marae* zu versammeln oder wichtige Neuigkeiten anzukündigen.
- **Die Nasenflöte (*vivo*)** wurde aus einem Stück Bambus geschnitzt. Sie begleitete Gesänge und Tänze. Es wurde jedoch auf ihr auch zum rein persönlichen Vergnügen musiziert.

● **Die Trommeln (*pahu*)** hatten verschiedene Größen und Formen. Als Membrane wurden das gespannte Fell von Hunden oder die Haut von Haien verwendet. Diese Instrumente sorgten für Rhythmus bei Festlichkeiten und religiösen Zeremonien.

7.5 DIE GESELLSCHAFTSINSELN

7.5.1 TAHITI

Highlights

- **Fa'arumai-Wasserfälle (Cascades de Tefa'arumai) (PK 22,1)**, die imposantesten Wasserfälle der Insel, teilweise leicht zugänglich!
- **Der Botanische Garten von Harrison W. Smith (Jardin Botanique) (PK 51,2)**, liebevoll angelegt!
- **Das Gauguin Museum (Musée Gauguin) (PK 51,2)**, Dokumente aus dem Leben des genialen, unglücklichen Malers!
- **Museum Tahitis und der Inseln in Punaauia (Musée de Tahiti et des îles) (PK 15,1)**, Vermittlung guter Hintergrundinformationen!

Überblick

Tahiti ist mit 1.042 km² die größte der Gesellschaftsinseln und das **Tor zu Französisch-Polynesien**. Es hat die Form eines Tischtennisschlägers. Die Hauptinsel **Tahiti Nui** (Groß-Tahiti) und die anhängende Halbinsel **Tahiti Iti** (Klein-Tahiti) sind durch den Isthmus von Taravao verbunden. Beide Teile sind zwei ehemalige erloschene Vulkane. Sie sind sehr gebirgig und mit **tropischem Regenwald** überzogen, der durch rauschende Wasserfälle und schäumende Flüsse geteilt ist. Besonders auf Tahiti Iti finden sich zahlreiche einsame Strände, die allerdings, wie fast überall auf der Doppelinsel, mit feinem schwarzen Vulkansand bedeckt sind. Taro- und Blumenfelder bedecken das flache Küstenland.

Die beiden höchsten vulkanischen Bergspitzen sind der **Ohorena (2.241 m)** und der **Aorai (2.066 m)**, beide auf Tahiti Nui. Im Gegensatz zu dem satten Grün der Urwälder steht das strahlende Hellblau der Lagunen, die vom schäumenden Weiß der Brandungswellen am Außenriff eingerahmt sind. Besonders an den Flußmündungen, an denen sich das Süßwasser in den Ozean ergießt, ist der Ring der Korallenriffe unterbrochen.

Papeete

- **Reisepraktische Hinweise**

Auskunft
Office de promotion et d'animation touristique de Tahiti et ses Iles (OPATTI), BP 65 Papeete, Fare Manihini, Boulevard Pomare – Tahiti, gegenüber dem Anlegesteg der Kreuzfahrtschiffe, Tel.: (689) 42.96.26, Fax: (689) 43.66.19
Das sehr freundliche kompetente Personal gibt bereitwillig auch in Englisch Auskunft und verteilt gerne an Sie Informationsblätter, Broschüren und Karten.
Öffnungszeit: Mo-Fr: 7.30-12.00, 13.30-17.00 Uhr, Sa: 8.00-12.00 Uhr

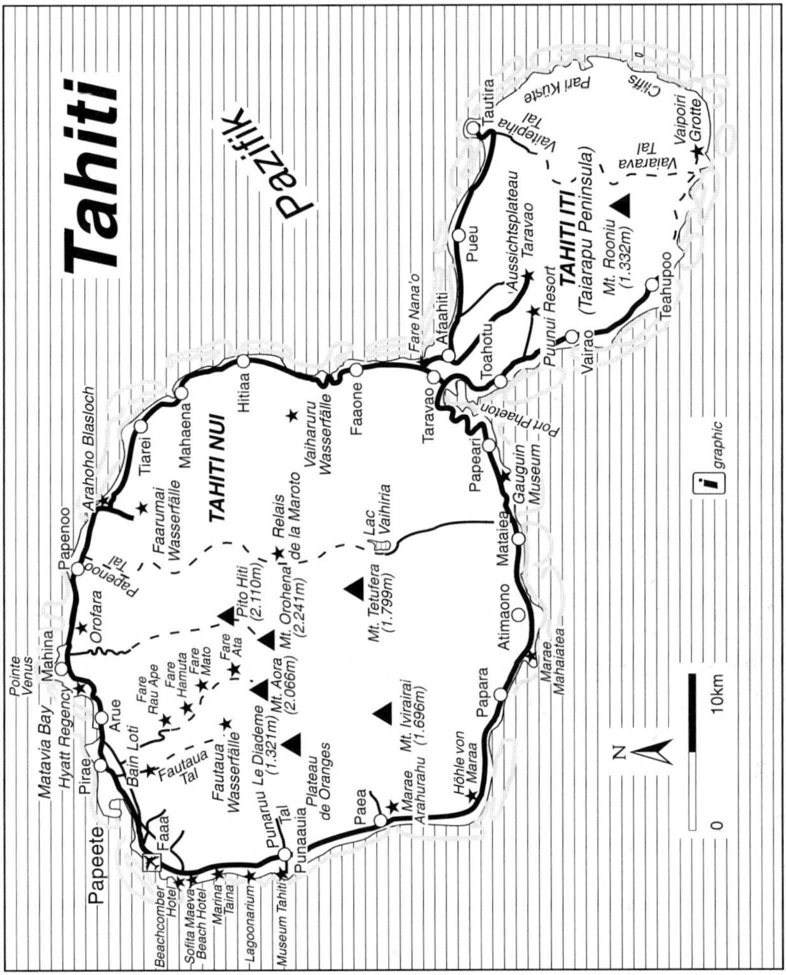

Tip

Beim Fremdenverkehrsamt Papeete befindet sich eine Tafel mit Codenummern von Hotels, die Sie für ein kostenloses Telefonat zwecks Reservierung für das Hotel Ihrer Wahl verwenden können.

Unterkünfte in Papeete und Umgebung

Preis-Gruppierungen nach folgendem Schlüssel:

$$$$$$ = über 25.000 CFP pro Doppelzimmer (DZ)
$$$$$ = 20.000 – 25.000 CFP pro DZ
$$$$ = 15.000 – 20.000 CFP pro DZ
$$$ = 10.000 – 15.000 CFP pro DZ
$$ = 5.000 – 10.000 CFP pro DZ
$ = unter 5.000 CFP pro DZ

225

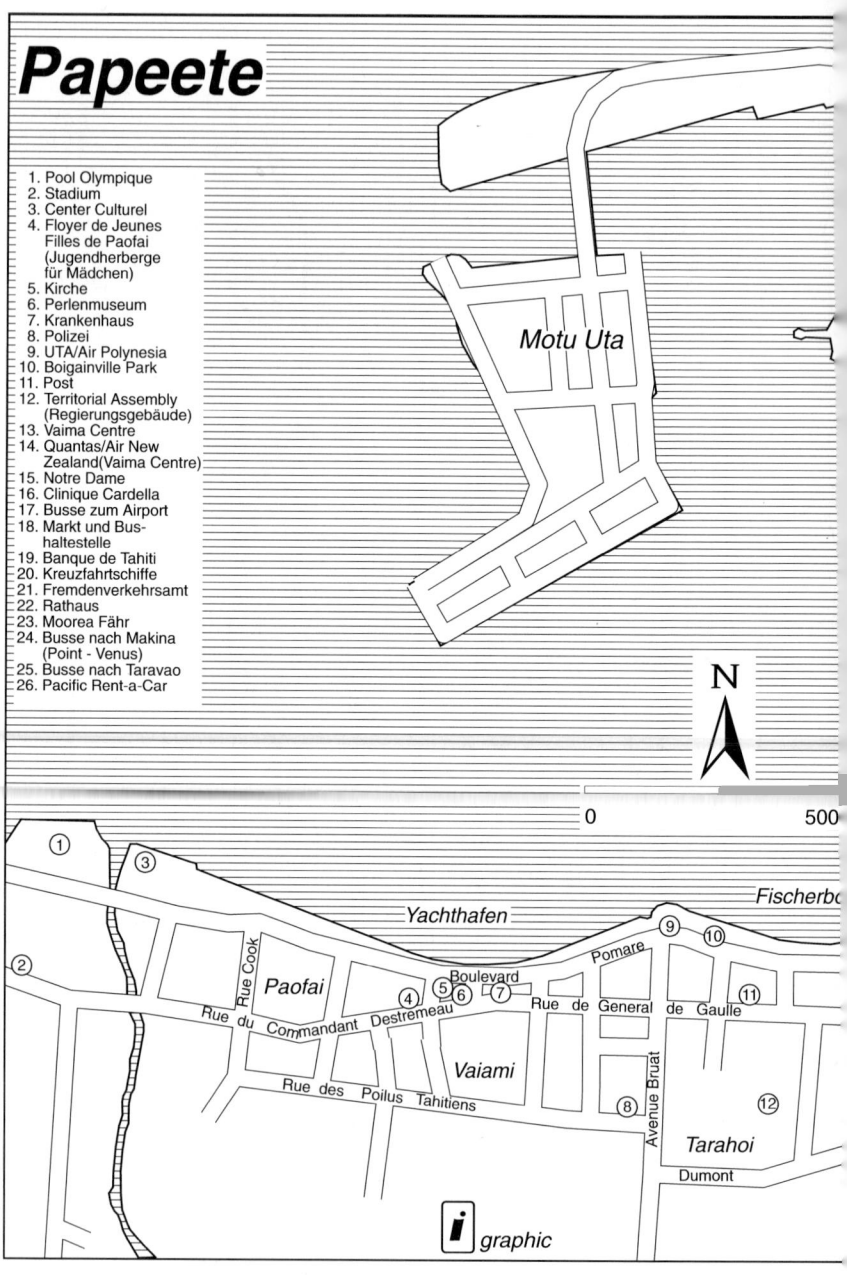

Papeete

1. Pool Olympique
2. Stadium
3. Center Culturel
4. Floyer de Jeunes
   Filles de Paofai
   (Jugendherberge
   für Mädchen)
5. Kirche
6. Perlenmuseum
7. Krankenhaus
8. Polizei
9. UTA/Air Polynesia
10. Boigainville Park
11. Post
12. Territorial Assembly
    (Regierungsgebäude)
13. Vaima Centre
14. Quantas/Air New
    Zealand(Vaima Centre)
15. Notre Dame
16. Clinique Cardella
17. Busse zum Airport
18. Markt und Bus-
    haltestelle
19. Banque de Tahiti
20. Kreuzfahrtschiffe
21. Fremdenverkehrsamt
22. Rathaus
23. Moorea Fähr
24. Busse nach Makina
    (Point - Venus)
25. Busse nach Taravao
26. Pacific Rent-a-Car

Motu Uta

N

0   500

Fischerb

Yachthafen

Pomare

Rue Cook

Paofai

Boulevard

Rue du Commandant Destremeau

Rue de General de Gaulle

Vaiami

Rue des Poilus Tahitiens

Avenue Bruat

Tarahoi

Dumont

i graphic

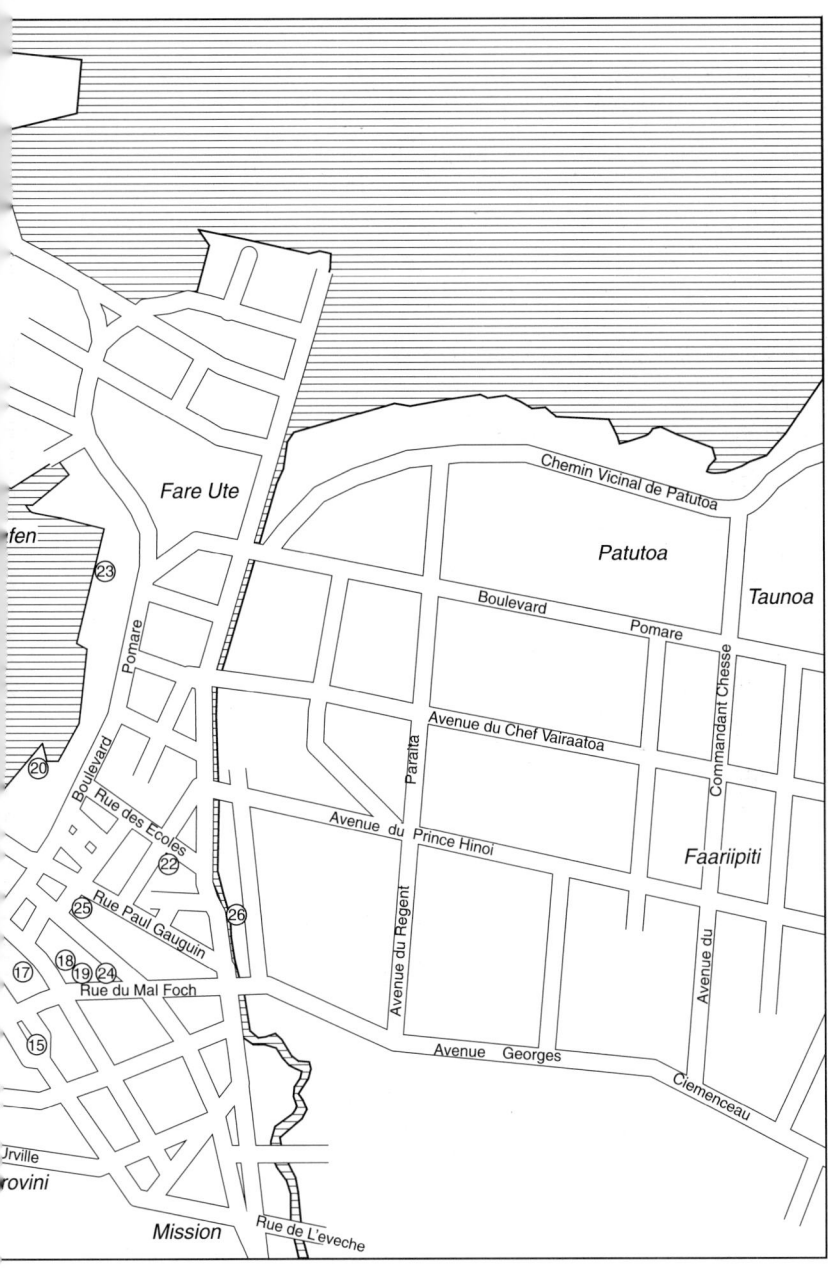

Zeichenerklärung: PK = Kilometerangaben von Papeete ausgehend
- **Hotels**
- **Hotel Tahiti** $$, zwischen Faaa und Papeete, Tel.: 82.95.50, Fax: 81.31.51, 86 Hotelzimmer und 18 Bungalows an der Lagune mit Blick auf die Silhouette von Moorea, in einem tropischen Garten, Swimmingpool, störend ist der Verkehrslärm an der Straßenfront, im Kolonialstil erbaut
- **Hotel Prince Hinoi** $$, Papeete, Ecke Boulevard Pomare/Avenue du Prince Hinoi, Tel.: 42.32.77, Fax: 42.33.66, 72 Hotelzimmer, ehemals Ibis Papeete, liegt zentral
- **Hotel Royal Papeete** $$$, Papeete, Boulevard Pomare, zwischen Rue Clappier und Avenue du Chef Vairaatoa, Tel.: 42.01.29, Fax: 43.79.09, 78 Hotelzimmer, zentrale Lage in der Stadt, Blick auf den Hafen mit der Fähranlegestelle, verliert an Qualität wegen des lauten Straßenverkehrs am Boulevard Pomare
- **Hotel Kon Tiki Pacific** $$, Papeete, im Herzen der City, B.P. 111 Papeete, Tel.: 43.72.82, Fax: 42.11.66, 44 Hotelzimmer, störend ist der Straßenlärm, hat eine zentrale Lage
- **Hotel Matavai** $$$, Papeete, Chemin Vicinal de Tipaerui, Tel.: 42.67.67, Fax: 42.36.90, 138 Hotelzimmer, ist ein 4-stöckiger Betonbau
- **Hotel Le Mandarin** $$$, Papeete, Rue Colette, gegenüber dem Rathaus, B.P. 302 Papeete, Tel.: 42.16.33, Fax: 42.16.32, 32 Hotelzimmer und 5 Suiten, zentrale Lage in der Innenstadt, ostasiatisches Flair, verfügt über moderne saubere Räumlichkeiten
- **Hotel Royal Tahitien** $$, Pirae, 3,5 km außerhalb von Papeete, Tel.: 42.81.13, Fax: 41.05.35, 40 Hotelzimmer, liegt in einem gepflegten tropischen Garten und am schwarzen Sandstrand
- **Privatunterkünfte**
- **Shogun** $$, Papeete, Rue de Commandant Destremeau 10, B.P. 2880 Papeete, Tel.: 43.13.93, vermietet 7 klimatisierte Gästezimmer, VISA und Amex werden akzeptiert
- **Tahiti Budget Lodge** $, Papeete, Rue du Frère Alain, Quartier de la Mission, B.P. 237 Papeete, Tel.: 42.66.82, 11 Gästezimmer, keine Kreditkarten
- **Chez Mirna** $, Papeete, Chemin Vicinal de Tipaerui, B.P.790 Papeete, Tel.: 42.64.11, 2 Doppelzimmer, 1.000 CFP pro Mahlzeit auf Bestellung, keine Kreditkarten

Restaurants
- **La Corbeille d'Eau**, Papeete, Boulevard Pomare, luxuriöses Restaurant
- **Acajou**, Papeete, Boulevard Pomare, französische Küche, mittlere Preisklasse
- **Moana Iti**, Papeete, Boulevard Pomare, Tel.: 42.65.24, Mittelklasse

Autoverleih
Die bekanntesten **Agenturen** in Tahiti sind:
- **Pacificar**, (24-Stunden-Dienst)
  - Papeete, BP 1121 Papeete, 56 Rue des Remparts (Pont de l'Est), Hauptbüro, Tel.: (689) 41.93.93, Fax: (689) 42.19.11
- Papeete, Internationaler Flughafen Faaa, Tel.: (689) 85.02.84
- Papeete, Quai des ferries, Tel.: (689) 43.88.99
- Taravao, Tel.: (689) 57.70.70
- Mahina, Iti Mahana: Tel.: (689) 48.16.13
- **Hertz Rent-A-Car**
- Papeete, Tipaerui, Hauptbüro, Tel.: (689) 42.04.71
- Papeete, Internationaler Flughafen Faaa, Tel.: (689) 82.55.86, Fax: (689) 42.48.62
- Tahiti Beachcomber Parkroyal, Tel.: (689) 86.51.10
- Royal Papeete Hotel, Tel.: (689) 42.01.29
- Tahiti Country Club Hotel, Tel.: (689) 42.60.40
- Hyatt Regency Tahara'a Hotel, Tel.: (689) 48.11.22
- **Avis Polynesie Cars**
- Papeete, Rue Charles Vienot, Tel.: (689) 42.96.49, Fax (689) 41.08.47
- Papeete, Internationaler Flughafen Faaa, Tel.: (689) 82.44.23

- Sofitel Maeva Beach, Tel.: (689) 42.09.26
- Tahiti Beachcomber Parkroyal, Tel.: (689) 82.84.00
- Hyatt Regency Tahiti, Tel.: (689) 48.12.07
● **Budget Rent A Car**
- Papeete, BP 306 Papeete, Zone Portuaire De Papeava, Tel: (689) 46.01.01, 43.80.79, Fax: (689) 43.39.26
- Papeete, Internationaler Flughafen Faaa, Tel.: (689) 83.01.05
- Hotel Beachcomber, Tel.: (689) 86.51.10
- Hotel Hyatt Regency, Tel.: (689) 48.11.22

Die **Hauptstadt Papeete** ist das wirtschaftliche und politische Herz Französisch-Polynesiens. Der **Hafen** und der internationale **Flughafen Faaa** entsprechen modernem internationalem Standard. Es wird immer schwieriger, die Grenzen der sehr schnell wachsenden Metropole festzulegen. Seitdem 1961 der internationale Flughafen Faaa fertiggestellt wurde, ist die Stadt explosionsartig gewachsen. In Papeete selbst leben rund 40.000 Menschen. Mit den Nachbarorten Faaa, Pirea und Arue, die schon mit Papeete eine Einheit bilden, und den übrigen Vororten beherbergt dieser Ballungsraum 80.000 bis 100.000 Einwohner. Das ist die Hälfte der Bevölkerung von ganz Französisch-Polynesien.

Redaktionstips

☆ **Übernachtung** im Hotel Tahiti, Blick auf die bizarre Silhouette der Nachbarinsel Moorea

☆ **Besuch des Perlenmuseums** auf halbem Weg zur Innenstadt

☆ **Stadtbesichtigung** zu Fuß bedeutender Sehenswürdigkeiten: Bougainville-Park, Denkmal von Pouvanaa a Oopa, katholische Kirche Notre Dame, Rathaus

☆ **Mittagessen** in La Corbeille d'Eau

☆ **Einkaufsbummel** besonders im Bereich des Vaima Centre

☆ **Abendessen** im Acajou

Unterkünfte in Faaa und Umgebung
● **Hotels**
- **Hotel Tahiti Beachcomber Parkroyal** $$$$$$, Utumaora, Tel.: 86.51.10, Fax: 86.51.30, 180 Hotelzimmer, 17 Bungalows und 15 Überwasser-Bungalows, kleiner künstlich aufgeschütteter Strand, Wassersport aller Art
- **Hotel Le Puna Bel Air** $$, Utumaora, Tel.: 42.09.00, Fax: 42.09.00, 48 Hotelzimmer und 24 Bungalows
- **Hotel Tahiti Country Club** $$$, Faaa, Tel.: 42.60.40, Fax: 41.09.28, 40 Hotelzimmer, Restaurant, Bar, Swimmingpool
- **Hotel Sofitel Maeva Beach** $$$$, Utumaora, Tel.: 42.80.42, Fax: 43.84.70, 222 Hotelzimmer und 2 Suiten, 2 Restaurants und 2 Bars, Swimminpool
● **Privatquartiere**
- **Chez Sorensen** $$, Faaa, PK 5,500, Cité de l'Air, Rue Mea Ma, Tel.: 82.63.30, 3 Gästezimmer mit Bad und Küche, keine Kreditkarten

- **Chez Va'a $**, Punaauia, PK 8, im Quartier "Nina Peata", B.P. 828 Papeete, Tel.: 42.94.32, ein Doppelzimmer, keine Kreditkarten
- **Le Bellevue $$**, Punaauia, PK 16, B.P. 13451 Punaauia, Tel. und Fax: 58.47.04, ein Doppelzimmer mit Küche und Bad, an der Bergseite, keine Kreditkarten

● Welche **Sehenswürdigkeiten** bietet Papeete?

- **Der Bougainville-Park**
  (zwischen Boulevard Pomare und Rue du Général de Gaulle)

Dieser Park trug ehemals den Namen Albert Park, nach dem belgischen König benannt. Er ist mit seinem alten, schattenspendenden Baumbestand und durch seinen das Parkgelände auflockernden Lotosblumenteich eine wahre Oase im von brausendem Autoverkehr belästigten Papeete. Wenn Sie ein Auge dafür haben, werden Ihnen die wunderschönen schneeweißen **Feenseeschwalben**, die sich hier gerne aufhalten, nicht entgehen.

Sie werden an der dem Hafen zugewandten Seite, am Boulevard Pomare, auf das Denkmal zu Ehren von **Louis Antoine de Bougainville** (1729-1811) stoßen. Der französische Seefahrer und Entdecker besuchte **1768** Tahiti mit zwei Schiffen. Dieser Gedenkstein wird von **zwei Kanonen** flankiert. Die eine stammt von dem Kaperschiff *Seeadler*, das der "Seeteufel" Felix Graf von Luckner kommandierte, der im Ersten Weltkrieg 14 britische, französische und US-amerikanische Schiffe kaperte und versenkte. Vor der kleinen Insel Mopelia lief das als norwegisches Handelsschiff getarnte Boot während eines Sturms auf ein Riff.

Das andere Geschütz gehörte zur Ausstattung des kleinen französischen Patrouillenbootes *Zélée*, das im Hafen von Papeete von den beiden deutschen hochmodernen Schlachtschiffen *Scharnhorst* und *Gneisenau* zu Beginn des Ersten Weltkriegs versenkt wurde.

INFO

Louis Antoine de Bougainville – mit gutem Gespür für andere Lebensart

*Am **11.11.1729** in **Paris** geboren, entstammte Bougainville einer **wohlhabenden bürgerlichen Familie**, die gute Verbindungen zum Hof von Versaille besaß. Er verfügte über eine **hohe Bildung** und über gute Kenntnisse in der griechischen und römischen Literatur sowie in Mathematik. Außerdem war er mit den neuesten philosophischen Theorien vertraut. Seine Karriere hatte er als **Offizier** begonnen und sich dann dem diplomatischen Dienst zugewandt.*

1754-1755 *versah er seinen Dienst als Sekretär der französischen Botschaft in London, wo er sogar Mitglied der "Royal Society" wurde.*
1756-1763 *wütete der **Siebenjährige Krieg** in Deutschland, aber auch in Indien und Nordamerika. Bougainville diente seinem Land in Kanada.*

*Ab **1763** versuchte er sich als **Geschäftsmann**, gründete mit seinem Cousin und Onkel eine Firma mit dem Ziel, eine Niederlassung auf den Falkland-*

Louis Antoine de Bougainville

Inseln zu errichten. Das Dreige-spann glaubte, dort sei der Schlüs-sel zum Pazifik. Diese Rechnung ging jedoch nicht auf, und das Projekt scheiterte.

*Am **06. April 1768** erschien Bou-gainville mit den beiden Schiffen "**La Boudeuse**" und "**L'Etoile**" (Stern) in **Hitiaa** an der Ostküste von **Tahiti**, auch auf der Suche nach dem geheimnisvollen Konti-nent "Terra Australis Incognita". Der **Kontakt mit den Eingebore-nen** war **sehr intensiv**. Der Ent-decker tolerierte sehr einfühlsam die andere Lebenseinstellung der Tahitianer.*

*Eine ungewöhnliche Begebenheit ist überliefert. Als ein Mitglied der Schiffsbesatzung am Strand entlang ging, wurde diese Person von den Tahitianern umringt. Zu ihrer Verlegenheit ver-suchten die Einheimischen, sie ihrer Kleider zu entledigen, weil sie erkannt hatten, daß diese Person eine Frau war, die sich in Männerkleidung zu tarnen versuchte. Sie hatten damit Recht. Es war **Jeanne Baret**. Sie ging durch diese "Enthüllung" als erste Frau in die Geschichte ein, die die Erdku-gel umrundete.*

*Am **14. April 1768** segelte der Entdecker wieder weiter, nachdem er sechs Anker vor Hitiaa eingebüßt hatte. Er konnte von Glück sagen, daß er seine Schiffe nicht wegen des ungünstigen Ankerplatzes verloren hatte.*

*Bougainville schrieb sehr schwärmerisch über die Sitten und Gebräuche der Tahitianer. Der **romantisch verklärte Bericht** des lyrisch veranlagten Welt-reisenden über diese Insel und seine glücklichen Bewohner, mit Vergleichen an die Antike ausgestattet, nährte in Europa die **Vorstellung vom Paradies auf Erden**, das hiernach eindeutig in der Südsee lag. Das von Kriegen ge-schüttelte Europa begann, einen Traum zu träumen, der allerdings sehr schnell wieder zerrann, weil die Europäer ihn selbst wieder zerstörten.*

*In Frankreich gab man sich besonders stark dem Traumbild hin. Dort fiel die Vorstellung von den **glückseligen Inseln** auf besonders fruchtbaren Boden. Das ist auch nicht weiter verwunderlich, wenn man bedenkt, daß Frankreich durch den verlorengegangen Siebenjährigem Krieg an England seine ameri-kanischen Kolonien verlor. Während "La Grande Nation" noch "an ihren Wunden leckte", taten sich in der Südsee neue Perspektiven auf (Näheres über Bougainville in den Kapiteln 5.5.8 und 7.1).*

- **Das Perlenmuseum**
  (Pomare Boulevard, B.P. 850 Papeete, in der Nähe der evangelischen Kirche, Tel.: (689) 43.85.58)

In diesem Museum kann man sich einen **Videofilm** in französischer oder englischer Sprache ansehen, um das Wesentliche über Perlen im allgemeinen und ihre Zucht im besonderen zu erfahren. Das **Modell einer Perlenfarm** auf den Gambier-Inseln und die Erklärungen dazu vermitteln einen sehr guten Eindruck dieses sehr lukrativen Wirtschaftszweigs.

Perlentaucher – Perlenmuseum Papeete

Neben dem eindrucksvollen Anschauungsmaterial findet hier ein seriöser Verkauf aller Arten von Perlen statt.

INFO

Der Ursprung der schwarzen Perlen

Heute sind die schwarzen Perlen das schönste Symbol Tahitis. Vor einigen Jahren haben sie den Weltmarkt erobert. Viele vorausgegangene Jahre der Forschung und das wissenschaftliche Studium haben die Tür zum Erfolg geöffnet.

*Ursprünglich ist dieses **Juwel des Ozeans** die Frucht eines Zufalls. Die Voraussetzung ist, daß ein Sandkorn in das Innere der **schwarzlippigen Perlenauster**, die den wissenschaftlichen Namen **Pinictada margaritifera** trägt, gerät. Wenn diese Auster nicht in der Lage ist, sich dieses Fremdkörpers wieder zu entledigen, dann isoliert sie ihn, indem sie ihn mit immer neuen abgesonderten Perlmuttschichten überzieht. Diese konzentrischen Schichten, überkrustet mit kalkhaltigen Kristallen um einen Kern, sind die langsame **Geburt einer Perle**. Es dauert mehrere Jahre, bis ihre volle Größe erreicht ist.*

*Die o.g. Auster gedeiht nur in bestimmten Lagunen im **Tuomotu-Archipel** und in den **Gambier-Inseln**. Hier werden seit einigen Jahren auf **Perlenfarmen** diese Kleinode des Meeres von Japanern gezüchtet. Die Auster wird leicht mit einer Pinzette geöffnet. Künstlich werden dann von geschickter Menschenhand kleine Fremdkörper, meistens aus Muschelmaterial bestehende Kügelchen oder auch weiße Perlen, in die besagte Auster eingegeben, und, wenn es glückt (bei meisterhafter Arbeit bis zu 40%), dann produziert die Auster hieraus die begehrten schwarzen Perlen.*

Weiße Perlen sind allgemein bekannt. Wie entstehen nun schwarze Perlen? Der innere glänzende Außenrand der Schale der Auster Pinictada margariti-fera ist sehr dunkel gefärbt. Wenn nun ein Fremdkörper sich an diesem Saum festsetzt und von Perlmutter eingeschlossen wird, dann entsteht allmählich eine schwarz schimmernde Perle. Diese dunkel gefärbten Perlen sind wesentlich kostbarer als weiße Perlen, weil sie seltener sind. Alle dazwischen liegenden Farbvarianten, wie cremefarbene, gelbe, graue, pinkfarbene und blaue, sind im Handel nicht so wertvoll.

*Der tatsächliche **Wert der schwarzen Perlen** im Handel richtet sich naturgemäß nach der Größe (bis zu 17 mm), dem Glanz, der Farbe, der Form und der Reinheit der Perle. Nach diesen Kriterien werden die Perlen klassifiziert.*

- **Der Markt**
  (zwischen Rue Fr. Cardella und Rue du 22. Septembre)

Ein Bummel über den farbenfrohen Markt mit seinem verschiedenartigen Warenangebot lohnt sich jedoch auch wegen der Menschen. In der Markthalle herrscht während der Marktzeiten ein **geschäftiges Treiben**. Hier werden u.a Bananen, Papayas, Mangos, Ananas, Melonen, Brotfrucht und andere Obst- und Gemüsesorten, Backwaren, oft zu kunstvollen, bunten, duftenden Gestecken gebundene Blumen, Fleisch, Fische, Textilien, natürlich auch T-Shirts, wunderschöne Tücher und sogar lebende Kaninchen zum Kauf angeboten. Trotz des regen Lebens geht alles ruhig und leger zu. Er herrschen keine Hektik oder Aufregung. Marktschreier gibt es nicht. Die Waren sind mit festen Preisen versehen, und **Handeln ist**

Geschäftiges Treiben – Markt in Papeete

nicht üblich. Geduldig warten die Verkäufer auf ihre Kundschaft. Insgesamt macht der Markt einen sauberen Eindruck. Wenn die Marktzeit beendet ist, werden die Waren ordentlich abgedeckt.

 Öffnungszeiten
täglich 5.00-8.00 Uhr

- **Territorial Assembly**
  (Rue du Général de Gaulle)

Dieses moderne Regierungsgebäude von Französisch-Polynesien, direkt über der Quelle des Papeete Flusses gelegen, wurde in den späten 60er Jahren dieses Jahrhunderts eingeweiht.

- **Das Rathaus**
  (Rue des Écoles)

Das neue Rathaus wurde 1990 feierlich vom französischen Präsidenten François Mitterand eröffnet. Im Design ist es an den klassischen Stil des alten Rathauses angelehnt.

● **Bummel zu beiden Seiten des Pomare Boulevard**

- **An der Wasserseite**

Wenn Sie von Westen, aus der Richtung des internationalen Flughafens Faaa, auf dem Pomare Boulevard, der sehr stark befahrenen Küstenstraße in Papeete, linkerhand übers Wasser blicken, dann fällt Ihnen schon vor dem Bougainville Park, der rechts liegt, der Mastenwald der im leichten Wellengang dümpelnden **Yachten** auf. Die Skipper kommen zum größten Teil aus den USA, aus Kanada, Neuseeland, Australien und Europa.

In einer weiter stadteinwärts gelegenen Bucht liegen die einheimischen **Fischerboote**, die ihre Fänge entladen und zum Verkauf in die Markthalle oder andere Fischgeschäfte bringen.

Wenn Sie anschließend den Pomare Boulevard zur Linken verlassen und am Kai entlang schlendern, dann kommen Sie am **Aranui Dock** vorbei, wo, wenn Sie Glück haben, ein Kreuzfahrtschiff festgemacht hat. Noch weiter nach Norden legen die **Moorea-Fähren** an.

- **An der Stadtseite**

Hier reihen sich Warenhäuser, Boutiquen, Büros, Hotels und Cafes aneinander. Man kommt sich vor wie in europäischen Küstenstädten im westlichen Mittelmeer. In den Seitenstraßen stoßen Sie auf markante Gebäude, wie die **katholische**

Bootshafen – Papeete

Kathedrale Notre Dame in der Rue Jeanne d'Arc oder das moderne **Vaima Centre**, in dem beispielsweise eine Buchhandlung, Cafes, Restaurants, Bars, Andenkenläden und Flugbüros untergebracht sind.

Hinter der Post in der Avenue du Général de Gaulle entdecken Sie das **Denkmal zu Ehren von Pouvanaa a Oopa** (Näheres siehe Kapitel 7.3.5).

Inselrundfahrt Tahiti Nui

Auf **Tahiti Nui** gibt es eine 117 km lange **Küstenstraße**, auf der Sie die Insel umrunden können. Hier, wie auch auf anderen Inseln Französisch-Polynesiens, existiert ein **einheitliches System der Kilometrierung** zur besseren Orientierung. Die Kilometerzählung beginnt jeweils im Hauptort der Inseln. In diesem Fall nimmt sie ihren Anfang in **Papeete** bei **Kilometer Null** (PK 0) an der Kathedrale Notre Dame. Die Kilometersteine stehen jeweils einen Kilometer auseinander und an der Innenseite der Küstenstraße. Von PK 0 aus sind sie jeweils im Uhrzeigersinn und Gegenuhrzeigersinn mit aufsteigender Zahlenreihung bis **Taravao** am Isthmus (das ist in etwa die Hälfte der Inselumrundung) beschriftet. In beiden Richtungen finden Sie jeweils bis zu diesem Scheitelpunkt aufsteigende und von dort absteigende Kilometerangaben. Empfehlenswert ist es, die Inselrundfahrt im Uhrzeigersinn zu unternehmen. Dann fahren Sie stets auf der sicheren Innenseite der Straße.

Buchtip
"**Tahiti** – Circle Island Tour Guide" von dem Schweden **Bengt Danielsson**, der zuerst 1947 mit der berühmten *Kon-Tiki* von Thor Heyerdahl in die Südsee kam und 1971 nach Tahiti zurückkehrte.

● Welche **Sehenswürdigkeiten** liegen an der Küstenstraße von Tahiti Nui?

- **Grab Pomare V in Arué (Tombeau de Pomare V) (PK 4,7)**

Linkerhand zweigt von der Küstenstraße eine schmale Seitenstraße ab. Falls Sie ein Fahrzeug gemietet haben, stellen Sie dieses bitte vor dem Eingang zum Mausoleum ab. Wenn Sie sich zu Fuß etwas rechts halten, dann stoßen Sie auf das **turmartige Grabmal Pomare V**, des letzten Königs der Pomare-Dynastie. Der Boden, auf dem dieses Grabmal errichtet wurde, ist sehr geschichtsträchtig.

Am 13. Februar 1791 fand auf dem ehemaligen Freilichttempel, dem *marae* **Taputaputea**, von dem nur noch wenige Steine übrig sind, die **Krönung Pomare II** statt, der sich während seiner folgenden Regentschaft als sehr energisch und zielstrebig erweisen sollte. Während der Krönungzeremonie herrschten noch heidnische Sitten. Ein Augenzeugenbericht von James Morrison, einem Bootsmann der *Bounty*, über **Menschenopfer** ist überliefert.

Pomare II, inzwischen **zum Christentum bekehrt** und getauft, ließ auf dem alten Tempelplatz eine **Imitation des Tempels von König Salomon** errichten. Der neue Tempel bekam eine Länge von 215 m. Er wurde größer als der Tempel in Jerusalem. Auch dieses sehr leicht gebaute Bauwerk besteht nicht mehr.

Pomare III kam als Einjähriger auf den Königsthron und starb im zarten Alter von sieben Jahren.

Pomare IV war eine Königin, die eine schwere Regierungszeit zu überstehen hatte, wollte sie nicht zwischen den Machtgelüsten der Missionare des Protestantismus und des Katholizismus und den dahinterstehenden Kolonialmächten Großbritannien und Frankreich zerrieben werden. Trotzdem überstand sie eine 50-jährige Regentschaft!

Pomare V

Pomare V, ihr Sohn machte es sich leicht. Dieser ruhmlose Herrscher war ein Schwächling, der weder für die Eigenständigkeit seines Volkes noch für sich selbst kämpfte. Er **verkaufte sein Königreich** endgültig **an Frankreich** für eine monatliche Pension von 5.000 Franc. Schließlich starb er eines unwürdigen Todes, nämlich an den Folgen übermäßigen Alkoholgenusses im Alter von nur 52 Jahren. Das Grabmal ist auf der Spitze mit einer großen, deutlich sichtbaren, roten **Schnapsflasche** dekoriert, entsprechend den letzten Wünschen des Verblichenen.

Ungerechterweise ruht hier der schwächste König seines Geschlechts. Ursprünglich war das Mausoleum für die Königin

Grab Pomare V – Arué

Pomare IV errichtet worden. Aber ihre Gebeine wurden nach dem Tod ihres Sohns aus dem Grabmal entfernt. (Über die gesamte Pomare-Dynastie siehe auch Kapitel 7.3.3)

- **Aussichtspunkt One Tree Hill und Hotel Hyatt Regency Tahiti (PK 8,1)**

Von hier oben hat man einen phantastischen Blick auf die Vulkaninsel Moorea mit ihrer zackigen Silhouette. Dem Engländer **Samuel Wallis**, der 1767 Tahiti als erster Europäer entdeckte, gelang es nicht, ein gutes Einvernehmen mit den Insulanern zu erreichen. Er konnte sich nur durch das Abfeuern seiner Schiffskanonen Respekt verschaffen. Deshalb nannte er den Hügel **Skirmish Hill** (Gefechtshügel). Die Eingeborenen sammelten die abgeschossenen Kanonenkugeln der *Dolphin* wieder ein.

James Cook zeigte mehr Geschick im Umgang mit den Einheimischen. Er gab diesem Hügel einen friedlicheren Namen und nannte ihn **One Tree Hill** nach einem einsamen Baum, einem rotblühenden Korallenbaum *(Erythrina indica)*, der zu seiner Zeit dort wuchs.

Das **Hotel Hyatt Regency Tahiti**, PK 8,1, Mahina, lehnt sich stufenförmig an die Klippen an.

Unterkunft
- **Hotel Hyatt Regency Tahiti** $$$$$$, auf dem One Tree Hill, PK 8,1, Tel.: 48.11.22, Fax: 48.25.44, alle 190 Hotelzimmer mit Ozeanblick, terrassenförmig angelegt, großes Sportangebot

- **Venuspunkt und Bucht von Matavai**
  (Pointe Vénus et Baie de Matavai) (PK 10)

Wenn Sie in Mahine an der Mobil-Tankstelle oder dem Venusstar Laden linkerhand in Richtung Meer von der Hauptstraße abbiegen, dann erreichen Sie nach etwa einem Kilometer den **berühmten Pointe Vénus**, auf einer Halbinsel liegend.

Der **schwarze Strand** dieser Landzunge und die **Bucht von Matavai** sind eine genauso geschichtlich interessante Umgebung wie das Gelände des Grabmals von Pomare V.

Während Sie, wie die ersten europäischen Entdecker sicherlich auch, Ihre Blicke staunend in die Runde schweifen lassen und das Panorama genießen, können wir uns kurz geschichtliche Daten ins Gedächtnis zurückrufen. Bekannte **britische Entdecker und Missionare** haben hier geankert und Geschichte gemacht:

1767	machte hier **Kapitän Samuel Wallis** fest, der mit seiner *Dolphin* als erster Europäer Tahiti entdeckte (vgl. Kapitel 5.5.7 und 7.3.2).
1769	landete hier **Kapitän James Cook** mit seiner *Endeavour*. Er blieb drei Monate in Matavai. Die britische Admiralität hatte den 39-jährigen Seeoffizier wegen seiner bewiesenen Fähigkeiten als Kartograph und wegen seines Verständnisses für Astronomie zum Leiter einer Expedition in die Südsee ausgewählt. Er sollte am **03.06.1769 das astronomische Phänomen** beobachten, wenn sich aus der Sicht der Erde die **Venus vor die Sonne** schiebt. Dieses seltene Ereignis würde sich erst 1874 wiederholen. Man erhoffte sich, die solare Parallaxe und damit die Entfernung von der Erde zur Sonne zu bestimmen. Die Erwartungen wurden jedoch nicht erfüllt, weil die zu starke Sonnenstrahlung aus wolkenlosem Himmel es weder einem menschlichen Beobachter noch anderen optischen Geräten ermöglichte, genaue Beobachtungen zu machen und exakte Messungen durchzuführen.
	Ferner wurde Kapitän Cook u.a. von namhaften Wissenschaftlern, wie dem **englischen Astronomen Green** und dem **schwedischen Botaniker und Zoologen Daniel Solander**, begleitet. Der Schwede sammelte in Zusammenwirkung mit **Malern** wertvolle wissenschaftliche Erkenntnisse über die **Flora und Fauna Tahitis** sowie die **Lebensgewohnheiten der Insulaner**, die im Bild festgehalten wurden. Es sind wichtige Überlieferungen des alten Tahiti geworden.
1773, 1774 und 1777	ankerte Kapitän James Cook während seiner zweiten und dritten Reise ebenfalls in Matavai und vervollständigte seine wissenschaftlichen Arbeiten (vgl. Kapitel 5.5.9 und 7.3.2).
1788	landete **Kapitän Bligh** mit seiner *Bounty* ebenfalls hier (vgl. Kapitel 7.3.2).
1797	gingen in Matavai die ersten englischen **protestantischen Missionare** an Land (vgl. Kapitel 7.3.3).
In den 20ern des 19. Jhds.	verlagerte sich der Schiffsverkehr zu dem besser geschützten Hafen von Papeete.
Heute	steht am Pointe Vénus ein 25 m hoher **Leuchtturm**.

- **Hiti Mahana Beach Club (PK 11)**

Diese schlichte Ferienanlage befindet sich an einer exponierten Stelle. Dem schwarzen Vulkansandstrand unmittelbar gegenüber liegt idyllisch eine kleine Insel (*motu*), die mit zum Club gehört. Hier weht fast ständig ein erfrischender Wind, ideal für Picknick, Entspannung und **Surfen**. Man kann hier günstig Quartier beziehen und **zelten**. Auffällig ist ein "Baum der Reisenden".

Camping
Le Hiti Mahana Beach Club, gegenüber Motu Martin, BP 11580 Mahina, Tahiti
Tel.: 48.16.13
Preise: Campinggebühr 700 CFP pro Person pro Nacht, 1.500 CFP im Schlafsaal
pro Person pro Nacht, 3.000 CFP bis 6.000 CFP im Zimmer

- **Papenoo (PK 17,1)**

Kolonialarchitektur:
Um sich ein Bild vom traditionellen Leben zu machen, wie es noch in der Mitte
des zwanzigsten Jahrhunderts bestanden hat, ist das Dorf Papenoo bestens geeignet. Gutes Anschauungsmaterial sind die **im Kolonialstil erbauten Häuser**, die
meistens hinter Fruchtbäumen versteckt liegen und deren Hauptmerkmal eine
weiträumige Veranda ist. Markante Gebäude sind außerdem die katholische und
protestantische Kirche sowie das Bürgermeisteramt (*mairie*).

Bergwanderung
Von Papenoo besteht die beste Möglichkeit, einen Aufstieg in die urwaldüberzoge-
ne Vulkanlandschaft zu unternehmen. Diese Bergwanderung führt entlang des **Pa-
penoo-Flusses**, des längsten und wasserreichsten Wasserlaufs der Insel. Er durch-
bricht an der Flußmündung, der jetzt die längste Brücke Tahitis überspannt, den **Kraterrand**,
der nur hier unterbrochen ist. Bei ständig großer Wärme ist diese Trekkingroute eine beschwer-
liche Tour. Sie sollte nur mit einheimischem Bergführer unternommen werden. Wenn Sie dem
Bergpfad weiter folgen, können Sie die ganze Insel durchqueren und gelangen dabei in den
Distrikt von Mataiea an der Südküste. Diese Route ist jedoch nur in mehreren Tagen zu
meistern.

- **Arahoho-Blasloch (Trou du souffleur) (PK 22)**

Die Nordküste von Tahiti Nui ist sehr felsig. Sie besteht aus dunklem Vulkangestein. Besonders bei starker Dünung und Sturm schlägt die Brandung hart gegen
die Klippen. Dann können sie einem **faszinierenden Naturschauspiel** beiwoh-
nen, das auf anderen Südseeinseln allerdings noch spektakulärer ist (z.B. auf
Savaii in West-Samoa) als hier. Durch die Wucht des starken Wellengangs wird
Meereswasser in enge Röhren im Vulkangestein gepreßt und durch die Öffnung
des Arahoho-Blaslochs wie durch eine Düse als **spektakuläre Wasserfontäne**
hoch in die Luft geschleudert.

- **Fa'arumai-Wasserfälle (Cascades de Tefa'arumai) (PK 22,1)**

Landeinwärts, durch einen Wegweiser angezeigt, rechts von der Küstenringstraße
abzweigend, führt eine 1,3 km lange schattige Seitenstraße zu den Wasserfällen.
Schon auf diesem Weg blinkt eine weiß leuchtende Wasserkaskade, von dunklem
Grün des Tropenwaldes eingerahmt, zu Ihnen herüber.

Ihr Fahrzeug können Sie auf einem Parkplatz am Ende des Weges abstellen. Bitte
keine Wertgegenstände sichtbar im Fahrzeug belassen!

Auf schattigen Pfaden nähern Sie sich, immer dem schäumenden Wasser entgegen, **drei verschiedenen Wasserfällen**, die sich in einem Wildbach vereinigen:

* **Vaimaruta** ist nach einigen hundert Metern leicht zu erreichen, wenn Sie rechts abbiegen. Auf dem Weg dorthin wandern Sie durch **Bambusdickichte**, können die **Scharlachrote Alpine** (*Alpinia purpurata*) bewundern und staunen

über die **Urwaldbäume** mit Brettwurzeln, die abstützend die Statik der Baumriesen verbessern. **Lianen** hängen von den Bäumen, und in den Astgabeln wachsen **Farne**. Hier gedeihen auch die gelben fünfkantigen Früchte der **Karambole** (*Averrhoa carambola*), die auch Sternfrüchte genannt werden. Ihr Fruchtfleisch ist knackig und saftig, aromatisch und mild säuerlich, vitaminreich und sehr erfrischend. Besonders

Kostwurz – Fa'arumai-Wasserfälle

imposant ist die Blüte der **Kostwurz** (*Costus speciosus*), eines Ingwergewächses. Auf einer aufrechten elliptischen Ähre mit roten Trugblättern sitzen mehrere weiße Blüten, deren Grund gelb gefärbt ist.

Dann stehen Sie vor dem **imposanten Wasserfall**, dessen fallende Fluten eine Vertiefung in den Waldboden geformt haben, wo diese vorübergehend in einem Pool etwas zur Ruhe kommen, bevor der daraus geborene Wildbach sie wieder strudelnd erfaßt. Wenn Sie so viel Glück hatten wie wir, dann erblicken auch Sie durch den Wasserschleier des Vaimaruta die fast durchsichtigen Silhouetten der langschwänzigen, schneeweißen **Weißschwanz-Tropikvögel** (*Phaeton lepturus dorothea*), die geisterhaft, wie von unsichtbaren Akteuren als weiße Kreuze langsam unter dem blauen Tropenhimmel und über der Urwaldlichtung hin- und hergezogen werden. Sie brüten wahrscheinlich in den unzugänglichen Steilwänden des Wasserfalls.

* **Haamaremare Iti** und **Haamaremare Rahi** sind die beiden anderen Wasserfälle. Um sie zu erreichen, müssen sie dem ausgeschilderten Pfad nach links folgen. Doch den beiden donnernden Wassern näher zu kommen, ist wegen der rutschigen Wege und dem Queren von Rinnsalen schon wesentlich schwieriger.

- **Schlachtfeld bei Mahaena (PK 32)**

Die nächste größere Ortschaft ist **Tiarei** mit einer kleinen Kirche. Brotfrucht- und Mangobäume, Bananenstauden und Kokospalmem umgeben die Wohnhäuser. Dann erreichen Sie **Mahaena**.

1844 kam es in dem verhältnismäßig ebenen Gelände dieses Dorfes zu einer **Schlacht** zwischen den Franzosen und tahitianischen Partisanen. Trotz der zahlenmäßigen Überlegenheit der tahitianischen Widerstandskämpfer entschieden die besseren Waffen der Besatzungsmacht den Kampfausgang. Nach der Niederlage zogen sich die Einheimischen in die rauhe Bergwelt der Insel zurück und führten einen **Guerillakrieg**, der 1846 erfolglos abgebrochen wurde.

- **Hitiaa – Ankerplatz von Bougainville 1768 (PK 37,6)**

Im April 1768 tastete sich der unternehmungslustige **Franzose Louis Antoine Bougainville** vorsichtig durch den Durchlaß im Korallenriff "Passe Tapora" und ankerte hier mit seinen beiden Schiffen *"La Boudeuse"* und *"L'Etoile"* (Stern) vor Hitiaa, nur durch zwei kleine Inseln vor der Brandung geschützt. Es war kein günstiger Ankerplatz. Vor der Flußbrücke in dem in die Länge gezogenen Dorf Hitiaa finden Sie einen Felsblock mit einer Plakette, auf der dieses historische Ereignis vermerkt ist. Wenn Sie mit dem Auto unterwegs sind, sollten Sie auch der Schönheit der scharfkantigen Vulkanberge ihre Aufmerksamkeit schenken. Sie sind mit **dunkelgrünen Urwäldern** und hellgrünen waldfreien Bergpartien, einem langflorigen Teppich aus **hellgrünen Farnen**, überzogen.

- **Hitiaa – Fa'atautia-Wasserfall und Tal (PK 41,8)**

1957 wollte hier der Filmproduzent **John Huston** einen Film nach dem Buch *"Typee"* von Hermann Melville drehen, unterließ es jedoch, als *"Moby Dick"* von dem gleichen Autor ein Flop wurde. Die Aussicht von der Brücke in das Flußtal mit dem Wasserfall im Hintergrund ist wunderschön. Die Flußeinschnitte mit ihrer sehr üppigen Vegetation, mit ihren Palmen, an denen Philodendron emporrankt, sind die landschaftlichen Höhepunkte der Nordküste Tahitis.

- **Faaone**

Privatunterkunft
Fare Nana'o $$, Faaone, PK 52, B.P. 7193 Taravao, Tel.: 57.18.14, Fax: 57.76.10, 5 originelle Bungalows, sehr stilvoll, künstlerisch und ideenreich ausgestattet. Diese

Idyllischer Platz – Fare Nana'o

Pension vor dem Ortseingang von Taravao kann als Übernachtung empfohlen werden, wenn Sie die Inselrundfahrt nicht in einem Tag absolvieren wollen. Die Bungalows sind teilweise über dem Wasser einer seichten Bucht erbaut. Die Stützen sind die überhängenden, weitgreifenden Äste der Bäume am Strand. Wieder andere Bungalows sind in einer Baumkrone oder im dichten Busch errichtet worden. Verschiedenfarbene Fische spielen im flachen Wasser. Sie sind von den Strandbungalows aus zu beobachten. Die Stein- und Holzskulpturen stammen vom **Künstler Jean-Claude Michel**. Restaurant und Bar sind vorhanden. Kreditkarten werden nicht akzeptiert. Diese Pension unterscheidet sich wegen des polynesischen Charakters sehr von den übrigen, deshalb die bezeichnende Ergänzung unter dem Schild an der Straße: "si différent" ("so andersartig").

- **Taravao (PK 53)**

Das Fort: **1844** errichteten die Franzosen am Isthmus von Taravao, der engen Taille der beiden Inselteile Tahiti Nui und Tahiti Iti, ihr **erstes Fort**. Hiermit sollte dem Vordringen der **tahitianischen Partisanen**, die sich der Annektion der Insel durch die Franzosen widersetzten, aus dem Rückzugsgebiet Tathiti Iti nach der

neuen Hafenstadt Papeete ein Riegel vorgeschoben werden. Gleichzeitig patrouillierten französische Kriegsschiffe an den Küsten, um den Ort und die Festung vor feindlichen Angriffen von See aus zu schützen.
Später wurde das alte Fort durch einen **neuen soliden Steinbau** an diesem strategisch wichtigen Punkt errgetzt, und die **Gendarmerie** bezog ihn. **1939**, beim Ausbruch des **Zweiten Weltkriegs**, fungierte das Fort als **Internierungslager für Deutsche**, die sich unglücklicherweise zu diesem Zeitpunkt auf Tahiti aufhielten.
Seit 1963 ist es Trainingslager für Militärs.

Die katholische Kirche: Dieser moderne weiße zweitürmige Kirchenbau mit seiner **interessanten aufgelockerten Fassade** direkt an der Hauptstraße fällt sowohl durch seine

Katholische Kirche – Taravao

blendend weiße Farbe als auch durch seine Größe auf, die, bezogen auf den verhältnismäßig kleinen Ort Taravao, überrascht. In dem Kasuarine-Baum auf dem Kirchenvorplatz brüten **Noddiseeschwalben** (*Anous stolidus*), die wenig Scheu vor Menschen zeigen. Nähern Sie sich bitte diesen Seevögeln vorsichtig, damit ihre Vertrautheit erhalten bleibt.

- **Papeari (PK 52)**

Die **Südküste von Tahiti Nui** zeichnet sich durch **besondere Schönheit** in zweierlei Hinsicht aus:
* Der **Blick auf** die gebirgige Halbinsel **Tahiti Iti** ist sehr reizvoll.
* Zwischen der leuchtenden Lagune und den steilen Bergen erstreckt sich ein sehr fruchtbarer Küstenstreifen, der dicht besiedelt ist. Seine Zierde sind **Plantagen,** zahlreiche **Gärten** und eine tropische Pracht an **Blumen**. Viele **Fruchtstände** laden zum Anhalten ein.

Nach der Überlieferung sollen sich die ersten Polynesier hier angesiedelt haben. Es wurden *marae*-Steine von ihrer Heimatinsel Raiatea als Fundament für zwei neue Tempel benutzt: *marae* **Tahiti** und *marae* **Farepua**. Jahrhundertelang besaßen die **Häuptlinge von Papeari** großes Ansehen auf der Insel. Ihre Macht schwand jedoch, als die Pomare-Dynastie sie unterwarf.

- **Der Botanische Garten von Harrison W. Smith (Jardin Botanique) in Papeari (PK 51,2)**

Der US-Amerikaner **Harrison W. Smith (1872-1947)** bekleidete ursprünglich einen Lehrstuhl der Physik im Institut für Technologie in Massachusetts (USA). Weil er jedoch spürte, daß ihm dort nur eine bescheidene Zukunft beschieden sein würde und seine **Leidenschaft die Botanik** war, gab er seine Lehrtätigkeit in den USA auf und ging im Alter von 39 Jahren nach Papeari auf Tahiti. Von vorherigen Besuchen wußte er, daß die Bodenqualität und das Klima hier besonders gut waren. Hier wollte er seinen **Lebenstraum** verwirklichen und einen **tropischen Garten** anlegen, der mit einheimischen Pflanzen und mit Tropenpflanzen anderer Erdteile bestückt sein sollte. Durch geschickte Kaufabschlüsse wurde er schließlich der stolze Besitzer von **137 ha Land**, wo er nach und nach **Hunderte von tropischen Bäumen, Sträuchern und Blumen** der einheimischen und exotischen Flora züchtete. Er pflanzte auch **fremdländische Fruchtbäume** an, z.B. die 1921 aus Borneo eingeführte süße Pampelmuse (Pomelo), Durian und Mangosteen.

Baum der Reisenden –
Botanischer Garten von H. W. Smith

Wenn Sie durch den wunderschön angelegten Botanischen Garten schlendern, beeindrucken Sie vielleicht auch folgende Pflanzen wegen ihres außergewöhnlichen Aussehens:

* Der **Baum der Reisenden** (*Ravenala madagascariensis*), dessen ursprüngliche Heimat Madagaskar ist, hat eine besonders eigenartige Form durch seinen unverwechselbaren riesigen, in einer Ebene **fächerförmig angeordneten Blattschopf.**

* Die **Kerzenkresse** (*Cassia alata*), deren ursprüngliche Heimat das tropische Amerika ist, ist ein gut mannshoher Strauch. Das Schönste an ihm sind seine **goldgelben Blütentrauben**, die wie brennende Kerzen auf einem ½ m langen Stengel, wie auf langarmige Kerzenhalter, gesteckt sind.

* **Indische Lotusblumen** (*Nelumbo nucifera*), deren ursprüngliche Heimat Südasien ist, zieren einen Teich. Sie gelten in Ostasien als mythische Pflanzen, als Symbol der Wiedergeburt, der Reinheit, der Vollkommenheit und des Absoluten. Über den Seerosen flirren Libellen im Sonnenlicht.

Öffnungszeit
täglich geöffnet

- **Das Gauguin-Museum (Musée Gauguin) (PK 51,2)**
(Papeari PK 51,200, BP 7.029 Taravao – Tahiti, Tel.: 57.10.58, Fax: 57.10.42)

Inmitten des Botanischen Gartens von Harrison W. Smith befindet sich das Gauguin Museum, das 1965, 62 Jahre nach dem Tod des Malers, eröffnet wurde. In Bild und Schrift durch Fotos, Schautafeln, Dokumente, Reproduktionen und Skizzen ist das **Leben und Schaffen** des Künstlers veranschaulicht. Besonders bekannte Originale befinden sich nicht im Museum. In separaten Räumen können Sie Ausstellungen zeitgenössischer Maler besichtigen.
Öffnungszeit: täglich 9.00-17.00 Uhr

Restaurant
Ein **nettes Restaurant**, in dem Sie sich erfrischen und stärken können, befindet sich außerdem im Gelände.

INFO

Paul Gauguin – Wanderer zwischen den Welten

*Am 07.06.1848 wurde Paul Gauguin in **Paris** geboren. Sein Vater Clovis Gauguin war ein republikanisch orientierter Journalist, und in den Adern seiner Mutter floß peruanisches Blut.*
*1849 fuhr die Familie Gauguin nach **Lima** zu Verwandtenbesuchen. Auf der Fahrt nach Peru starb der Vater.*
*1855 verließen Paul, seine Mutter und seine Schwester nach sechsjährigem Aufenthalt in Peru das farbenfrohe Lima und schifften sich wieder nach Frankreich ein, um in **Orléans** ihr Erbe anzutreten.*

*1865, mit 17 Jahren, heuerte der rastlose und abenteuerlich veranlagte Gauguin als **Seemann** auf einem Dreimaster an.*
*1868 wurde er zum **Militärdienst** einberufen. Er entschloß sich, seinen Dienst bei der Marine abzuleisten.*
*Bis 1871 fuhr er auf Schiffen der französischen **Handels- und Kriegsmarine.***
*Am 23.04.1871 quittierte er dort seinen Dienst als Seemann, um als 23-jähriger eine gut bezahlte Stelle bei einem angesehenen Pariser **Börsenmakler** anzutreten. Er stieg bis zum ersten Assistenten auf. Es folgten friedvolle und erfolgreiche Jahre.*
*1873 **heiratete** er **die junge Dänin Mette Sophie Gad**, die evangelisch war und aus einer gehobenen Familie stammte. Mit ihr hatte er fünf Kinder.*
*1880 bezog er mit seiner Familie ein **luxuriöses Haus** mit einem Garten. Eine glückliche Zukunft nach bürgerlichen Vorstellungen lag vor ihm. Zwischendurch betätigte er sich als **Sonntagsmaler.***
1883 gab der unruhige Gauguin seine gute Position auf. Er glaubte, seine Familie von der Malerei ernähren zu können. Das erwies sich jedoch als Irrtum.
*1884 waren die Ersparnisse des jetzt hauptberuflichen Malers Gauguin aufgebraucht. Seine Bilder hatten kaum Geld eingebracht. Seine Existenz als Maler mit neuen Ideen gestaltete sich sehr schwierig. Er suchte nach einem Land mit archaischen Gebräuchen, strebte nach persönlicher und künstlerischer Freiheit und machte sich so zum Außenseiter der Gesellschaft. Er schloß sich zunächst den **Impressionisten** an. Obgleich er nach **Rouen in die Normandie** gezogen war, um seine Lebenskosten zu senken, war die Familie schon bald bettelarm geworden. Seine Frau bestand in dieser Notsituation darauf, nach **Kopenhagen** umzusiedeln, nachdem ihr Mann als Maler gescheitert war.*
*1885 verließ Gauguin seine Frau und seine vier Kinder und ging allein mit seinem ältesten sechsjährigen Sohn Clovis nach **Paris** zurück.*
Im Winter 1885/86 war der Künstler finanziell völlig am Ende. Er hauste mit seinem Sohn frierend und hungernd in einem ärmlichen Zimmer. Das Kind erkrankte an Pocken. Gauguin mußte als Plakatkleber bei einer Eisenbahngesellschaft arbeiten, um seinen Sohn am Leben zu erhalten, was auch gelang.
*Im Sommer 1886 zog Gauguin nach **Pont-Aven** in die Bretagne. Dort existierte bereits eine **Künstlerkolonie**. Obgleich er dort eine billige Unterkunft beziehen konnte und anerkannt wurde, hielt er es auch dort nicht lange aus.*
Ende 1886 ging er wieder nach Paris zurück. Im folgenden Winter wäre er bald verhungert.
*1887 reiste er nach **Panama**. Nachdem er die Überfahrtkosten mühsam zusammenbekommen hatte, wollte er dort wie ein Eingeborener leben. Er fand sich jedoch mit Schaufel und Spitzhacke beim Bau des Panamakanals wieder, bekam Gelbfieber und schlug sich nach der Karibikinsel **Martinique** (Kleine Antillen) durch, wo er auch malte. Doch Krankheit und Armut trieben ihn vier Monate später wieder enttäuscht nach Frankreich. Er fand sich erneut in der **Bretagne** ein.*
*(1888-1889) entstanden dort zwei ausgereifte Bilder, die schon die spätere Handschrift des Künstlers trugen: "**Vision nach der Predigt**" (1888) und*

Selbstbildnis

"Der gelbe Christus" *(1889). Charakteristisch sind zum Teil irreale, kräftige Farben und deutlich gezogene Konturen.*
Im Oktober 1888 *folgte er einer Einladung von* **Vincent van Gogh** *nach* **Arles** *(Südfrankreich). Dieser Einfluß hat seine Werke nur wenig bestimmt. Er lernte jedoch von dem begabten Holländer die japanische Art zu malen, und er schmückte sein Atelier mit japanischen Bildern.*
Im Dezember 1888 *bedrohte van Gogh in einem Anfall von Geistesgestörtheit Gauguin mit einem Rasiermesser. Zutiefst erschrocken und entsetzt reiste er daraufhin nach Paris ab.*
Am 01.04.1891 *bestieg Gauguin, von einer tiefen Sehnsucht nach den Tropen befallen, in Marseille ein Schiff, um sich in der französischen Kolonie* **Tahiti** *niederzulassen.* **Er entfloh** *mit 42 Jahren* **der konventionellen Welt,** *die sich über ihn mokierte, denn als Maler in der Bretagne, auf Martinique und Arles war und blieb er ein unbekannter Künstler. Er suchte eine Umgebung, in der er* **mehr Verständnis für seine Kunst** *fand. Voller Hoffnung kam er auf der Südseeinsel an. Er fühlte sich von der Einfachheit des Lebens der Insulaner angezogen. Der französische Gouverneur hatte eine Audienz beim König Pomare V erwirkt, doch der starb wenige Stunden vor der verabredeten Zusammenkunft. Von der Hauptstadt* **Papeete** *war Gauguin schokkiert. Sie erinnerte ihn zu stark an Europa, dem er gerade entflohen war.*
Von **Oktober 1891 – Mai 1893** *zog er sich deshalb in das ländliche* **Mataiea** *an der Südküste der Insel zurück, nahm sich ein junges Mädchen, die "vahine"* **Teha'amana** *in seine Hütte und durchlebte eine kurze glückliche Zeit mit ihr und eine fruchtbare Schaffensperiode, in der u.a. die berühmten Bilder,* **"Tahitianisches Mädchen mit einer Blume"** *(1891) und* **"Zwei tahitianische Frauen am Strand"** *(1891) entstanden.*
Letztlich hat der Maler mit dem Impressionismus gebrochen und sich einem neuen **Stil der "Naiven Malerei"** *zugewandt. Ähnlich wie Cézanne hat er erfolgreich die formauflösende Malerei des Impressionismus überwunden und eine Ausdrucksform gefunden, die die zeichnerisch gefestigte Flächengliederung und besonders gesteigerte Leuchtkraft der Farben zur Vollendung brachte. Die Südsee bot für leuchtende und klare Farben die beste Anregung.*
Schon bald standen wieder die beiden Gespenster **Geldnot und Krankheit** *vor seiner Tür.*
1893 *zwang ihn die Not, sich Geld zu leihen, um wieder nach Frankreich fahren zu können. In seinem Gepäck befanden sich* **66 Gemälde** *und etwa ein Dutzend Holzschnitzereien. Er konnte in* **Paris** *einen ihm von früher bekannten Galeriebesitzer dazu bewegen, für ihn eine Ausstellung zu eröffnen, die etwas Geld einbrachte. Eine kleine Erbschaft dazu reichte, um wieder ein kleines Atelier in Paris einzurichten.*

246

1894 verfaßte er aus seiner Erinnerung und aus Tagebuchnotizen **sein Buch** **"Noa Noa"**, *das sehr verklärte Passagen über seine Südseerlebnisse aufweist. Seine Sehnsucht nach der Südsee gewann gegenüber einem geregelten Leben in Paris wieder die Übermacht in ihm, bis er endgültig zu der Erkenntnis kam, daß im alten Europa kein Platz mehr für ihn sei.*

Im Juli 1895 *verließ er zum letzten Mal seine Heimat und fuhr erneut per Schiff nach* **Tahiti**. *Er ließ sich zunächst in* **Punaauia** *nieder, einem ländlichen Bezirk vor den Toren von Papeete.*

Die letzten Jahre seines künstlerischen Schaffens waren von großer Bedeutung. Es entstanden u.a das fast vier Meter lange Gemälde **"Woher kommen wir? Was sind wir? Wohin gehen wir?"** *(1897) und* **"Brüste und rote Blumen"** *(1899). Seine Bilder erreichten zu dieser Zeit das* **Höchstmaß an Meisterschaft**. *Aber sein Gesundheitszustand verschlechterte sich rapide. Seine Geldmittel wurden durch erforderliche Krankenhausaufenthalte wegen seiner Syphilis, von deren Folgen sein Körper immer mehr zerstört wurde, aufgezehrt.*

1898 unternahm er einen **Selbstmordversuch**. *Zusätzlich machte er sich das Leben noch schwerer, indem er in scharf verfaßten Artikeln in der Zeitung die Kolonialfranzosen und die katholischen Geistlichen wegen ihrer Arroganz und ihrer zerstörerischen Wirkung auf die Sitten und Gebräuche der Eingeborenen angriff. Das führte naturgemäß zu feindlichen Gegenreaktionen von Kolonialverwaltung und Kirche.*

Ab 1901 *floß Gauguin durch einen mit dem Pariser Kunsthändler Vollard abgeschlossen* **Vertrag** *eine monatliche Fixsumme von 350 F zu, nach langer Zeit wieder ein regelmäßiges Einkommen. Außerdem war für jedes fertiggestellte Gemälde eine zusätzliche Zahlung von 250 F vorgesehen.*

Diese Entspannung seiner permanenten Geldnot ermöglichte es ihm, dem immer mehr den französischen Lebensnormen unterworfenen Tahiti Lebewohl zu sagen und sich auf die **Marquesas** *abzusetzen. Er zog sich nach* **Atuona** *auf die Insel* **Hiva Oa** *zurück. In seinem "Haus der Freude" nahm er sich wieder ein junges Mädchen in seine Hütte. Die erst Vierzehnjährige teilte Tisch und Bett mit ihm und versorgte ihn bis zu seinem Tode. Es kam noch ein letztes Mal eine Geldüberweisung von den verkauften Bildern aus Paris, und Gauguin malte wie besessen, sein Ende bereits spürend.*

Am 08.05.1903 starb Paul Gauguin *verbittert im Alter von 54 Jahren. Die katholische Kirche ließ nichts Gutes an dem Künstler. Der* **Nachruf des ortsansässigen Bischofs** *klang sehr hart und unbarmherzig. Er hatte folgenden Wortlaut: "Das einzige nennenswerte Ereignis hier war der plötzliche Tod eines verachtungswürdigen Individuums namens Gauguin, ein Künstler von großem Ansehen, aber ein Feind Gottes." Die* **französischen Behörden** *waren nicht minder verärgert über Gauguin.*

Als Maler *war er praktisch vergessen. Doch wie es sich schon oft bei genialen Künstlern wiederholt hat, auch Gauguins* **Ruhm** *festigte sich* **erst nach seinem Tode**, *und das große Geld verdienten andere und nicht der Schöpfer der Kunstwerke. Drei Jahre nach Gauguins Tod wurde das Genie des Meisters auf einer Ausstellung seiner Werke in Paris erkannt, während Gauguin die Anerkennung zu Lebzeiten versagt geblieben ist. Seine Werke haben die Malerei des 20. Jahrhunderts entscheidend beeinflußt.*

- **Mataiea – Wohnort von Gauguin von 1891 bis 1893 (PK 46,5)**

Von **1891 bis 1893** lebte Paul Gauguin in **Mataiea**, nachdem er Papeete ziemlich schockiert verlassen hatte. Hier verlief das Leben noch in traditioneller Weise. Ruhig ging man seinem Tagewerk nach, man fischte in der Lagune, erntete Bananen, grub nach Yams-Knollen und Süßkartoffen oder jagte wilde Schweine. Gauguin mietete sich eine Eingeborenenhütte. Die 18 Monate, die er hier verbrachte, waren ein **glückliches Zwischenspiel** in seinem sonst krisengeschüttelten Dasein. Besonderen Anteil an diesem Lichtblick hatte **seine große Liebe**, die junge **Teha'amana**, die ihm auch Modell stand. Sie ist in **Gauguins Buch "*Noa Noa*"** oft erwähnt. In dieser Zeit entstanden später sehr berühmt gewordene Werke. Die letzte Spur seines Aufenthalts waren **drei bemalte Glastüren** im nahegelegenen Holzbungalow seines tahitianischen Hauswirts.

1916 tauchte der englische Schriftsteller **Somerset Maugham** hier auf und entdeckte diese Kunstwerke. Er war auf der Suche nach Informationen über Gauguins Leben für seine Novelle "The Moon & Sixpence". Er kaufte die Türen für nur 200 F und installierte sie in seiner Villa an der Französischen Riviera.

- **Einstige Baumwollplantage Atimaono – jetziger Golfplatz (PK 41)**

Die einzige Stelle, um eine großflächig angelegte Landwirtschaft zu betreiben, war die Küstenebene in dieser Gegend. Diese Möglichkeit erkannte der **Schotte William Stewart**. Als findiger Geschäftsmann nannte er seine erworbene Domäne "**Terre Eugénie**", zu Ehren der französischen Kaiserin. Der Gouverneur von Tahiti erwiderte diese Höflichkeit mit der Anordnung, eine Straße zwischen Atimaono und Papeete zu bauen, um die Baumwolle abtransportieren zu können. Es stellte sich jedoch das **Problem der Beschaffung von Arbeitskräften**. Die Tahitianer konnten nicht einsehen, warum sie wie Sklaven zwölf Stunden und mehr für einen Hungerlohn in den Plantagen arbeiten sollten. Weil auch das Kidnappen anderer Südseeinsulaner zu aufwendig war, zu langsam vonstatten ging und sicherlich ebenfalls unbefriedigend war, importierte man kurz entschlossen **rund 1.000 chinesische Arbeiter**. Die Vermischung mit der einheimischen Bevölkerung blieb nicht aus. Heute sind die Nachkommen der ehemaligen chinesischen Kulis aus der Geschäftswelt Tahitis nicht mehr fortzudenken. **1867** waren bereits **1.000 ha mit Baumwolle** bepflanzt. Das Geschäft des weißen Pflanzers blühte. Die Qualität war ausgezeichnet. Es wurden rauschende Feste gefeiert. Aber nach dem **Ende des Amerikanischen Unabhängigkeitskriegs**, der zum Engpaß in der Baumwollproduktion geführt hatte, lohnte sich das Geschäft nicht mehr. **Bankrott** der Firma und Verfall der Ländereien waren die Folge.

Heute hat das leicht hügelige Gelände der ehemaligen Baumwollplantage einem weitläufigem **18-Loch-Golfplatz** Platz gemacht, der täglich von 8.00-18.00 Uhr geöffnet ist.

- **Überreste des *marae* Mahaiatea (PK 39,2)**

Am 29.06.1769 legte hier Kapitän James Cook einen Aufenthalt ein. Nach seinen Beschreibungen hat sich hier zu seiner Zeit der **wichtigste marae von ganz**

Tahiti befunden. Die elfstufige Pyramide hatte eine Grundfläche von 88 x 29 m und eine Länge und Breite auf der oberen Plattform von 2,30 x 23,30 m. Die Höhe der Stufenpyramide wurde von Cook mit umgerechnet 14 m angegeben, also war sie ein Bauwerk von beachtlichen Ausmaßen. Um so erstaunlicher war es, mit welchen primitiven Hilfsmitteln es erbaut war, ohne Metallwerkzeuge und ohne Kraft starker Haustiere.

Bei den religiösen Zeremonien wurden den alten Göttern Früchte, Hunde, Schweine und manchmal auch Menschen geopfert. Noch lange nach der Bekehrung der Tahitianer zum Christentum fürchteten diese die Macht der alten Götter und mieden den alten Kultplatz. Aber der schottische Baumwollkönig **William Stewart** und seine chinesischen Kulis hatten nicht die geringsten Skrupel, die Steine des Tempels abzuräumen, um sie für Gebäude- und Straßenbau zu verwenden. Wäre dieser Frevel nicht begangen worden, wäre diese gewaltige Steinkonstruktion der Nachwelt sicher noch erhalten geblieben. So sind leider von dem einst bedeutenden Bauwerk nur noch einige Steintrümmer übrig geblieben.

- **Muschelmuseum in Papara (Musée du Coquillage) (PK 36)**
  (Papara PK 36, Tel.: 57.45.22, Fax: 57.37.78)

Die Schaukästen dieses sehenswerten Museums sind übersichtlich geordnet. Hier bekommen Sie u.a. verschiedenartige Fossilien und unzählige Schalen und Gehäuse von Muscheln und Schnecken, präparierte Seesterne, Krebse, Korallen und Haigebisse zu sehen.

Öffnungszeiten
Mo-Fr 8.00-17.00 Uhr, Sa-So 9.00-17.00 Uhr

- **Die Paroa-Höhle von Mara'a (Grotte de Mara'a) (PK 28,5)**

Diese Tropfsteinhöhle ist nach einem Fußmarsch von 20 Minuten an der rechten Seite der Inselringstraße am Felshang zu erreichen. **Tropikvögel** kreisen hier gern an den Steilwänden. In der Höhle, die kleiner scheint, als sie in Wirklichkeit ist, hat sich ein 150 m tiefer **Süßwassersee** gebildet. Sein Wasser ist eiskalt.

- **Alter Kultplatz Arahurahu bei Paea (*marae* de Arahurahu) (PK 22,5)**

In **Paea** zweigt rechts eine Straße ab, die nach ca. 500 m zu einem Parkplatz führt, von dem aus der Tempel zu erreichen ist.
Der **Arahurahu-Tempel** ist einer der letzten sichtbaren Überbleibsel der alten polynesischen Kultur auf Tahiti. Dieser Kultplatz wurde nach seiner **Restauration** unter Denkmalschutz gestellt. Im Gegensatz zum *marae* Mahaiatea wurde diese Kultstätte nahezu in ihrer ursprünglichen Form, einschließlich ihrer Steinaltäre, wiederhergestellt. Sie liegt in einem **anmutigen Tal**, das von hohen Felsen umgeben ist. Jährlich im Juli wird diese historische Kulisse benutzt, um während des **"Heiva i Tahiti"** alte polynesische Riten, wie beispielsweise die Krönung des Königs, aufzuführen.

- **Museum Tahitis und der Inseln in Punaauia
  (Musée de Tahiti et des îles) (PK 15,1)**
  (Punaauia, Pointe des Pêcheurs PK 15, BP 6.272 Faaa – Tahiti,
  Tel.: 58.34.74, Fax: 58.43.00)

Restaurant
Le Coco's, Punaauia, PK 13,5, sehr vornehm

Am Ortseingang von Punaauia zweigt von der Durchgangsstraße links zum Meer eine Stichstraße ab, die zum ausgeschilderten o.g. anthropologischen Museum führt.

Das Museum wurde 1978 eröffnet. Es ist in **drei Hauptabteilungen** eingeteilt:

* **Umwelt: Flora, Fauna, Geologie, polynesische Besiedlung**
Besonders anschaulich sind die **Schaubilder** über die Entstehung von **Vulkanen**, die Bildung von **Korallenringen** rund um die Vulkanberge, das Verschwinden der Vulkankegel im Ozean und die Bildung von **Atollen**.
Ein **Modell** zeigt die **fünf großen Inselgruppen** Französisch-Polynesiens:
- die Marquesas
- die Tuamotuos
- die Gesellschaftsinseln
- die Austral-Inseln
- die Gambier-Inseln
mit ihrem erdgeschichtlich unterschiedlichen Alter, farbig dargestellt.
Die **Besiedlung Polynesiens** erfolgte aus dem südostasiatischen Raum. Nur durch die Entwicklung **hochseetüchtiger Boote** konnte die Besiedlung der weit verstreuten Inseln der Südsee gelingen. Die Sprachforschung lieferte wichtige Hinweise über die vergangenen Wanderbewegungen im südpazifischen Raum. Die verschiedenen **polynesischen Sprachen** sind nach Ansicht der Forscher mikronesischen und melanesischen Ursprungs.

* **Traditionelle polynesische Kultur: Hütten, Bekleidung, Religion,
  Spiel und Tanz, Musikinstrumente und Schmuck**
Vor dem Eintreffen der Europäer befanden sich die Polynesier noch in der Kulturstufe der **Jungsteinzeit**. Metall war unbekannt. Die **Steinwerkzeuge** waren jedoch von guter Qualität.
Die **Kunst des Flechtens** aus Pflanzenfasern, Bast, Gräsern und Palmenblättern war hoch entwickelt.
Der **Tapa-Herstellung**, "Ahu" auf Tahitianisch genannt, wird in diesem Museum sehr viel Raum gegeben. Die Grundsubstanz von Tapa wird aus der Innenrinde (Bast) des Maulbeerstrauchs (*Broussonetia papyrefera*), des Brotfruchtbaums (*Artocarpus incisa*) oder des Banyanbaums (*Ficus prolixa* oder *Ficus tinctoria*) gewonnen. Der Arbeitsgang von der Bastgewinnung, beispielsweise vom Maulbeerstrauch, bis zur Kleidungsherstellung vollzieht sich in mehreren Stadien: Von den jungen Ruten des Maulbeerstrauches wird die Rinde abgezogen. Diese weicht man 2-3 Tage im Fluß ein. Die unbrauchbare Außenrinde wird mit einer Muschelschale oder einem Basaltschaber von der zu verwertenden Innenrinde, dem Bast,

getrennt. Diese Innenrinde wird, damit sie geschmeidig wird, anschließend mit einem Schläger breit geschlagen. Dann wird das Material gedämpft und anschließend zu größeren Stücken verarbeitet, um daraus Wandbehänge oder Kleidungsstücke zu fertigen.

Die **Tätowierungen**, je mehr desto besser, waren ein Zeichen der Männlichkeit. Die bei dieser Prozedur ausgehaltenen Schmerzen waren ihr Beweis.

Der **Schmuck** wurde aus Muscheln, Knochen und Zähnen hergestellt.

Die **Nahrung** bestand zur Hauptsache aus **Taro**-Knollen, die im Sumpf angepflanzt wurden. **Yams, Süßkartoffeln** und **Brotfrucht** waren weitere vegetarische Grundnahrungsmittel. Zur Viehhaltung gehörten **Hunde, Schweine** und **Hühner**, die schon vor dem Eintreffen der Europäer domestiziert waren.

Die **verschiedenen Jagdmethoden** erstreckten sich vom Anlocken von Vögeln mit Brotfruchtsaft bis zum Schießen mit Pfeil und Bogen.

An **traditionellen Musikinstrumenten** waren Schlitztrommeln, Flöten, Saiteninstrumente (*vivo*) und Hörner aus der großen Tritonschnecke (*Charonia tritonis*) ausgestellt.

Die **unterschiedlichen Bootstypen** reichten von kleinen Auslegerbooten mit dem Rumpf eines ausgehöhlten Baumstamms bis zu großen Kanus, deren einzelne Holzteile regelrecht "zusammengenäht" waren.

Tikis sind Skulpturen aus Stein oder Holz in menschlicher oder animalischer Form, denen eine Mittlerfunktion zwischen Menschen und Gottheiten zugesprochen wurde.

* Die nacheuropäische Zeit ab Wallis

Als die ersten Europäer Tahiti betraten, angefangen mit **Wallis**, gefolgt von den Entdeckern **Bougainville** und **Cook** sowie den **Missionaren**, stand das letzte dominierende Herrschergeschlecht, die **Pomare-Dynastie**, bereits in jedem Lebensbereich im Umbruch von traditioneller Kultur und Sozialordnung zu europäischen Normen.

Die **Präsenz der Europäer** und das Hereinholen der **Chinesen** als Plantagenarbeiter bedeuteten in technischer, kultureller, religiöser, wirtschaftlicher und moralisch-ethischer Hinsicht einen tiefen Einbruch in das Leben der Einheimischen.

Stichfahrten auf der Halbinsel Tahiti Iti

Die Halbinsel Tahiti Iti ist nicht durch eine rund um die Insel führende Straße erschlossen wie Tahiti Nui. Zwei Stichstraßen, am Isthmus **von Taravao beginnend**, führen jeweils 18 km an der Nord- und der Südwestküste entlang.

● Stichfahrt zum Aussichtsplateau Taravao (Plateau de Taravao)

Es führen drei schmale Straßen auf das Plateau. Sie befinden sich in schlechtem Zustand. Am besten ist es jedoch, wenn Sie die asphaltierte Straße wählen, die kurz vor dem Krankenhaus in **Taravao** ihren Anfang nimmt.

Unterwegs passieren Sie Papaya- und Kokosplantagen, Weiden, auf denen Rinder und Pferde grasen, dann wieder Blumenfelder und Bananenstauden, Ackerflächen, mit Maniok und Mais bepflanzt, Zitrusfrucht-Anbaugebiete mit Pampelmusen und Zitronen, **Weihnachtssterne** (*Euphorbia pilcherrima*) in unglaublicher Fülle rund um die Gehöfte und in den schattigen Wäldchen Baumfarne und die flammendrot blühenden **Tulpenbäume** (*Spathodaea campanualata*). In höheren Lagen tragen die Bäume Flechtenbärte. Allmählich wird die Landschaft offener, und die Stichstraße endet nach neun Kilometern.

Aus einer Höhe von 600 m genießen Sie bei klarem Wetter einen **herrlichen Panoramablick** auf Tahiti Iti, den Isthmus, Tahiti Nui, dessen Oberfläche man mit einem faltigen Mantel vergleichen kann, und die weißen Schaumkämme der Riffe. Nachdem Sie Ihr Fahrzeug verlassen haben, ist ein kleiner Rundweg um einen Hügel empfehlenswert, hier im Gegenuhrzeigersinn beschrieben. Schon bald blicken Sie auf ein **großes Wasserreservoir**, den **Lac de Vaiufaufa**. Das sich sammelnde Regen- und Oberflächenwasser wird hier künstlich durch eine aufgespannte riesige Folie am Versickern gehindert.

Bei diesem kurzen Rundgang werden Ihrer Aufmerksamkeit sicherlich nicht die leuchtend gelben Blüten der **Goldtrompete** (*Allamanda cathartica*) und die rosa bis lila blühenden **Orchideen** entgehen.

● **Die Nordküste von Taravao nach Tautira**

- **Afaahiti (PK 1)**

Wieder auf die Hauptstraße zurückgekehrt, kommen Sie nach Afaahiti, einer idyllischen, von üppiger tropischer Vegetation umgebenen Siedlung. Eine kleine gelblich gestrichene Kirche fällt besonders ins Auge.

- **Pueu (PK 9,8)**

Auf Tahiti Iti gibt es mehrere reiche alteingesessene Familien, denen die größeren Plantagen im Hochland gehören. Man sieht es an den großzügig gebauten Häusern auch dieses Ortes, daß hier wohlhabende Leute wohnen. Der fruchtbare Küstenstreifen ist fast durchgehend besiedelt.

- **Der Vaitepiha-Fluß bei Tautira (PK 16,5)**

Dieser Fluß, der den geheimnisvollen wilden Vulkanbergen entspringt, die blaugrün in dunstiger Ferne liegen, bietet hier an der Mündung eine gute Möglichkeit, ein erfrischendes Bad im Süßwasser zu nehmen.

- **Vaitepiha-Bucht bei Tautira (Baie de Vaitepiha) (PK 18)**

* **Vergeblicher spanischer Versuch einer Annektion Tahitis**
1772 ankerte in der Vaitepiha Bucht die **spanische Fregatte** *Aguila*, die in Peru gestartet war. Sie stand unter dem Befehl von Kapitän **Boenechea**, der mit dem Auftrag auf die Reise geschickt worden war, Tahiti für die spanische Krone in Besitz zu nehmen. Der Spanier **Vasco Núñez Balboa** hatte 1515 als erster Europäer den Pazifischen Ozean gesehen. Hieraus leiteten die Iberier vermessen ihren Anspruch auf ihr "*mare nostrum*" (unser Meer) ab. Sie betrachteten argwöhnisch

Tal des Vaitepiha – Tahiti Iti

die Aktivitäten der Franzosen und Briten auf den Südseeinseln, die ausgezeichnete Stützpunkte für die Suche nach der "Terra Australis Incognita" waren.

Kapitän Boenechea nahm auftragsgemäß Tahiti in Besitz, stellte es kühn unter die Herrschaft Karls III von Spanien, benannte es in "Isla de Amat" um und segelte nach Peru zurück. Diese formelle Einverleibung war jedoch absurd und blieb ohne nachhaltige Wirkung.

1774 kehrte Kapitän Boenechea mit zwei Franziskanermönchen nach Tahiti zurück, um eine **katholische Mission** zu gründen, die sich allerdings nur ein Jahr halten konnte. Damit war das kurze Intermezzo der Spanier auf Tahiti beendet.

* **Kapitän James Cooks "Beinahe-Schiffbruch"**

Als sich James Cook **1773** auf seiner zweiten Reise der Halbinsel Tahiti Iti näherte, ließ plötzlich der Wind nach, und seine *Resolution* trieb auf ein **Riff der Vaitepiha Bucht** zu. Das Schiff wurde jedoch noch rechtzeitig vor dem Aufgrundlaufen gerettet. Hierbei wurden mehrere Anker eingebüßt. Einer dieser Anker befindet sich heute im Museum von Tahiti.

* **Robert Louis Stevenson, Autor des Bestsellers " Die Schatzinsel"**

Im November 1888 ankerte der schottische Schriftsteller Robert Louis Stevenson mit seiner Yacht *Casco* in der **Vaitepiha Bucht**. Er blieb in **Tautira** zwei Monate. Er war von dieser Gegend und den Einheimischen so begeistert, daß er sie mit den höchsten Attributen, wie "schönstem Flecken mit den liebenswürdigsten Menschen, die er je kennengelernt habe", kennzeichnete.

In Tautira endet die Straße. Der Weitermarsch ist ein echtes Abenteuer.

- **Die Südwestküste von Taravao nach Teahupoo**

- **Toahotu – Zane Greys Fischercamp (PK 7,3)**

Der US-amerikanische Schriftsteller Zane Grey, der mehr als 60 Western schrieb, war außerdem ein leidenschaftlicher Hochseeangler. Mit seiner mit der neuesten Technik ausgerüsten Yacht bereiste er zunächst die Gesellschafts-Inseln und die Tuamotus und machte sich bei einheimischen Fischern schlau, wo die besten Fischgründe und welche Fangmethoden am vorteilhaftesten wären. Als er zurückkehrte, baute er hier in **Toahotu** sein Fischercamp auf, das aus acht Häusern mit allem Komfort bestand. Er hatte schon viele Fische in Rekordgröße gefangen. Aber es ließ ihm keine Ruhe, bis er einen Fisch von über 1.000 pounds (= 453,59 kg) bezwungen hatte. Gelegentlich hatte er für einen flüchtigen Moment Marline gesehen, die bestimmt über 1.000 pounds wogen.

Am 16. Mai 1930 wurde sein Traum wahr. Er hatte einen riesigen Marlin an der Angel. Der Kampf war erst nach fünf Stunden zugunsten des überglücklichen Grey entschieden. Der Fisch wog 1.040 pounds, obgleich ungefähr 200 pounds von den Haien abgefressen waren.

- **Teahupoo (PK 18)**

Teahupoo ist ein etwas größerer Ort. Landschaftlich reizvoll ist das Hinterland. Kegelförmige Berge erheben sich über einem Flüßchen mit klarem Wasser, das über schwarzes Vulkangestein fließt. Auf einer kleinen Fußgängerbrücke können Sie den Flußlauf überqueren, wenn Sie dem weiteren Küstenverlauf nach Westen folgen wollen. Die Straße endet in einer Kehre vor der Brücke.

Restaurant
Auberge du Pari, Teahupoo, PK 17.800, Tel.: 57.13.44, spezialisiert auf Meeresfrüchte-Gerichte.

7.5.2 MOOREA

> **Highlights**

- **Plage de Temae (PK 0)**, schönster öffentlicher Strand der Insel!
- **Tiki Theatre Village (PK 31)**, Künstlerdorf mit traditionellen Tanz- und Theatervorführungen!
- **Das Opunohu-Tal**, altpolynesischer Kultplatz mit mehreren Tempelanlagen (*Maraes*)!
- **Aussichtspunkt Belvédère**, phantastischer Panoramablick!
- **Baie de Cook**, reizvolle Bucht, bevorzugter Ankerplatz für Hochseeyachten!

Überblick

Moorea hat die **Form eines Herzens**. Die scharfkantigen Vulkanberge geben der Insel ein bizarres Aussehen und tragen hauptsächlich zu ihrer **wilden Schönheit** bei. Mit den zwei großen Buchten, **Baie d'Opunohu** und **Baie de Cook** im Norden von Moorea, ist das Meer fjordartig tief in die Insel vorgedrungen. Trotz der Nähe zu Tahiti und seiner hektischen Hauptstadt Papeete, die nur 17 km von

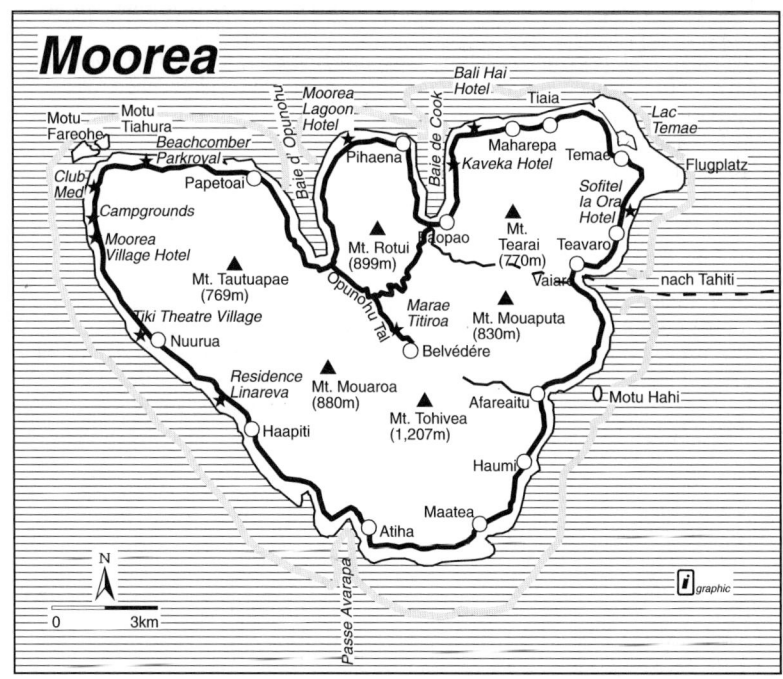

Moorea entfernt liegt und des starken Ausflugsverkehrs von dort, besonders an Wochenenden und Feiertagen, hat Moorea seinen Charme und seine ruhige Lebensart bewahrt. Besonders die oft unzugänglichen Regenwälder der Vulkanberge, aber auch die türkisfarbigen Lagunen, von den wellenbrechenden Korallenriffen eingerahmt, bieten noch genügend ruhige Plätze, um sich zu erholen, um zu schwimmen, Wassersport zu treiben oder Riffwanderungen bei Ebbe zu unternehmen.

Die **Bevölkerung** Mooreas beträgt z.Zt. **8.800 Menschen**, in der Mehrzahl Polynesier und einige wenige Europäer und Chinesen.

Wie kommt man von Papeete nach Moorea?
- Das **Flugzeug** bringt Sie in der Zeit von 6.00 Uhr bis 18.00 Uhr in **7 Minuten** von Papeete nach Moorea.
- Mit dem luxuriösen **Katamaran** dauert die Überfahrt **30 Minuten**.
- Mit der **Fähre** dauert sie ca. **eine Stunde**.
(Näheres im A-Z Französisch-Polynesien)

Was sind die Vorzüge Mooreas?
- **Zwei spektakuläre Buchten** sind ideale Ankerplätze für Yachten.
- **Weiße Sand- und Korallenkalkstrände**, auf Tahiti eine Seltenheit, umsäumen glitzernde Lagunen. Sie machen das Strandleben angenehm. Auch als Nicht-Gast dürfen Sie alle Hotelstrände der Insel betreten und benutzen. Eine Ausnahme bildet der Club Mediterranée. Aufseher bewachen dort den Hotelstrand vor unbefugtem Zutritt von Nicht-Hotelgästen.
- **Glasklare blau-grüne Lagunen**, von der Brandung durch Riffe geschützt, bieten gute Möglichkeiten zum Schwimmen, Schnorcheln und Tauchen.
- **Die imposante Bergwelt** der Vulkanberge aus hartem Basaltgestein, deren schroffe Konturen durch begrünte Berglehnen und romantische Wasserfälle gemildert sind, ist beeindruckend.
- Die **tropische Vegetation**, die in ihrer Üppigkeit ihre Wirkung auf uns Bewohner aus gemäßigten Breiten nicht verfehlt, ist überwältigend.
- Die **geringe Bevölkerungszahl** von nur rund 8.800 Insulanern, die die Insel hauptsächlich nur im peripheren Küstenbereich besiedelt haben, gruppiert sich in Dörfern entlang der Inselringstraße. Städte gibt es nicht. Die Einheimischen strahlen immer noch trotz Überfremdung Gelassenheit, Ruhe und Freundlichkeit aus.
- Die **touristische Infrastruktur** ist gut entwickelt. Auf der Insel gibt es viele Hotels und andere Unterkünfte, Restaurants, Schmuckgeschäfte, Boutiquen, Andenkenläden, Banken, Autoverleihfirmen und Anbieter der üblichen Wassersportarten. Der Tourismus konzentriert sich an der Nordküste. Im Süden der Insel liegen in erster Linie die Wohngebiete der Einheimischen.

Reisepraktische Hinweise

 Unterkünfte

Preis-Gruppierungen werden nach folgendem Schlüssel vorgenommen:
$$$$$ = über 25.000 CFP pro Doppelzimmer (DZ)
$$$$$ = 20.000 – 25.000 CFP pro DZ

$$$$ = 15.000 – 20.000 CFP pro DZ
$$$ = 10.000 – 15.000 CFP pro DZ
$$ = 5.000 – 10.000 CFP pro DZ
$ = unter 5.000 CFP pro DZ
Zeichenerklärung: PK = Kilometerangaben vom Flughafen ausgehend

Busse
Der Bus **"Le Truck"** ist zwar ein langsames Fahrzeug, erfüllt jedoch auch voll seinen Zweck, wenn man es nicht gar zu eilig hat. Es wird jedoch darauf aufmerksam gemacht, daß diese volkstümlichen Verkehrsmittel nur jeweils nach Abfahrt und Ankunft der **Fähre in Vaiare** verkehren.

Autovermietung
Der **Leihwagen** oder der gemietete **Motorroller** sind für den eiligen Reisenden die beste Möglichkeit, die Insel zu umrunden.
● **Albert Rent-A-Car**, Temae, B.P. 77 Temae, Tel.: 56.13.53
● **Tropicar**, Flughafen Temae, B.P. 1121 Papeete, Tel.: 56.11.03
● **Danloue Rent-A-Car**, Flughafen Temae, B.P. 41 Temae, Tel.: 56.12.48

Einkaufen
● **"Le Petit Village"**, nahe Club Méditerranée, ist das einzige Geschäft auf Moorea mit genügend Auswahl. Dieses Einkaufszentrum hat Läden und Boutiquen, in denen u.a. schwarze Perlen, Gold, Korallen-Tikis, einheimisches Kunsthandwerk, Pareos, Kosmetikartikel, Zeitungen, Fotosachen und Muschelschmuck zum Verkauf angeboten werden. Ein Supermarkt, ein "liquor store", ein Restaurant, eine Zweigstelle der Westpac Bank und eine Total-Tankstelle ergänzen den Einkaufskomplex
● **Schwarze Perlen** kann man mit Zertifkat an folgenden Stellen auf Moorea erwerben:
- **Lagon Bleu Perles** – Einkaufszentrum "Le Petit Village"
- **Lagon Bleu Perles** – Club Méditerranée
- **Tiki Perles** – Einkaufszentrum "Le Petit Village"
- **South Sea Perles** – Ia Ora Sofitel
- **Tahiti Perles** – Beach Comber Park Royal

Post
Es gibt zwei Postämter auf der Insel, in **Papetoai** und **Temae**

Banken
● **Westpac**, Zweigstelle in Haapiti
● **Banque de Tahiti** in Maharepa
● **Banque de Polynésie** in Maharepa

Krankenhaus
Hospital in Afareaitu, Tel.: 56.11.97

Polizei
Polizeistation in Pao Pao, Tel.: 17

Geographie

Die Fläche der Insel umfaßt **13.237 Hektar**. Die weiteste Entfernung zur gegenüberliegenden Küste beträgt 19 km und die dichteste 14 km. Die die Insel umrundende **Küstenstraße** ist **59 km** lang. Der höchste Berg ist der **Mt.Tohivea (1.207 m)**. Die Insel liegt im Bereich der **Ostpassatwinde**, die ihr von März bis Oktober trockene Luft mit wenig Regen und von November bis Februar feuchtere Luft, mehr Niederschläge und höhere Temperaturen bescheren. Charakteristisch für die Insel sind jedoch **verschiedene Mikro-Klimate**. Die dem Wind zugewandte (Luv) Ostküste ist feuchter als die im Windschatten liegende (Lee) Westküste der Insel. Die jährliche Regenmenge beträgt 2.733 mm.

Geschichte

Die meisten Historiker sind sich darüber einig, daß die Urbevölkerung **polynesischen Ursprungs** ist. Die Einwanderer kamen von Fidschi, Tonga und Samoa. Die Gesellschaftsinseln und Moorea wurden im **ersten Jahrtausend n. Chr.** besiedelt. Schließlich wurde die Insel in **drei Häuptlingsbezirke** aufgeteilt.

Der **ursprüngliche Name** der Insel Moorea war **Aimea**. Der heutige Name stammt von **"Moo-Rea"** ab, das übersetzt "gelbe Eidechse" heißt, wahrscheinlich der Name einer der ehemaligen einflußreichen "Chief"-Familien, die mit der großen königlichen Pomare-Dynastie in Tahiti verwandt waren.

Außerdem erfreut sich Moorea eines unbestritten reichen **archäologischen Erbes**, das sich in Tempeln (*Marae*), Statuen (*Tiki*) und ehemaligen Siedlungen zeigt.

1767 entdeckte der Engländer **Samuel Wallis** als erster Europäer an Bord seiner *Dolphin* Moorea.

Inselrundfahrt

Die Inselrundfahrt kann entweder mit dem **Bus**, dem **Leihwagen** oder dem **Fahrrad** als Alternative zum Auto durchgeführt werden.

Zwei Tips

● Empfehlenswert ist es, die 59 km lange **Inselrundfahrt im Uhrzeigersinn** durchzuführen, weil die Höhepunkte, die beiden o.g. großen Buchten mit ihren außergewöhnlichen Reizen, am Ende der Route erfahren (im doppelten Sinn des Wortes) werden sollten. Somit würde Ihre Fahrt ihren Anfang am **Flugplatz von Moorea** nehmen. Am Postamt gegenüber der Zufahrtsstraße zum Flugplatz beginnt auch die in Französisch-Polynesien übliche Kilometrierung in beide Richtungen mit dem **Kilometerstein Null (PK 0)**. Die Kilometersteine, die die Form der Insel Moorea aufweisen, umschließen allerdings nicht die ganze Insel. Im Süden klafft eine große Lücke.

● Ferner ist es empfehlenswert, dieser **zauberhaften Insel** mehrere Tage zu widmen. Angenehm empfunden wird, daß die Einheimischen freundlicher als im schnellebigen Papeete sind und daß sie mehr Zeit füreinander und auch für Sie als Reisenden haben. Der Lebensrhythmus läuft hier gemächlicher ab.

● **Plage de Temae (PK 0)**

Kurz nach dem Passieren des Flughafens führt links ein ein Kilometer langer sandiger Fahrweg zum **schönsten Sandstrand der Insel**, der jedem zugänglich und der noch von keinem Hotel beschlagnahmt ist. In den Schatten der Kokospalmen kann man sich wunderbar zurückziehen, wenn die Tropensonne zu heiß wird. Oft kommen einheimische Frauen zum Blumenflechten an den Strand. Männer mit Gitarre vertreiben ihnen die Zeit. Ist das nicht polynesische Idylle pur?

● **Panorama de Toatea (PK 1)**

Nachdem die Inselringstraße im flachen Gelände hinter dem Flughafen den Kontakt zur Küste verloren hat, stößt sie hier wieder bis zum Meer vor. Um den Blick auf die Küstenlinie in Richtung Süden, die türkisfarbige sanfte Lagune, das von der wilden Brandung bestürmte Riff und den tiefblauen Ozean im Hintergrund zu genießen, sollten Sie hier einen kurzen Halt einlegen.

● **Plage de Teavaro (PK 2)**

Dieser schöne Strand ist von dem luxuriösen **Hotel Sofitel Ia Ora Moorea $$$$$** belegt, PK 2, B.P. 28 Temae, Tel.: 56.12.90, Fax: 56.12.91, 79 Hotelzimmer und eine Suite, Wassersport aller Art.

● **Baie de Vaiare (PK 4)**

Der Durchlaß durchs Riff, die "Passe Vaiare", ermöglicht es den Schiffen und Booten sowie den **Fähren von und nach Papeete**, in Vaiare anzulegen. Hier beginnen und enden auch die Fahrten der **Trucks**. Genau gegenüber der Schiffsanlegestelle hat **Pacific Car** sein Büro. In den **kleinen und großen Läden** kann man sich mit Verpflegung für die Inselrundfahrt eindecken.

Wenn Sie einen Blick in die Berge werfen, staunen Sie über die steilen Vulkanformationen und bizarren Umrisse. Der folgende Küstenstreifen ist fruchtbar und verhältnismäßig dicht von Menschen besiedelt.

● **Afareaitu (PK 10)**

1817 ließ König **Pomare II** das ins Tahitianische übersetzte **Lukas-Evangelium** in der Druckerei der "London Missionary Society" auf dem kleinen Motu Hahi vor der Küste drucken, ein historisch wichtiger Akt. Es war das **erste Buch der Südsee. Heute** verfügt diese Siedlung über eine kleine protestantische Kirche aus dem Jahre 1912, eine Schule, ein Krankenhaus, eine Post und eine Stichstraße ins Innere der Insel zu einem **Wasserfall**, der in ca. einer Stunde Fußweg erreicht sein kann. Am Berghang erkennt man eine Vanille-Plantage. Dieses Dorf ist von der See durch die "Passe Tupapaurau" erreichbar.

 Unterkunft

Die **Pension Chez Pauline $**, Afareaitu, PK 8, ca. 50 m nach dem Passieren der Kirche auf der linken Straßenseite auf der rechten Seite, etwas versteckt gelegen,

Tel.: 56.11.26, ist weniger wegen des Komforts als vielmehr wegen der Sammlung prähistorischer Kunstgegenstände (Tikis), Gemälde und Muscheln einen Besuch wert, 7 Gästezimmer, die älteste Pension der Insel, geführt von Frau Pauline Teariki, die schmackhaftes Essen zubereitet, keine Kreditkarten

● **Maatea (PK 13/14)**

In Maatea gibt es zwei Supermärkte. Das Landschaftsbild wechselt hier von trockenen Flächen mit hohem Gras, teilweise mit Kiefern aufgeforstet, dichtem tropischen Regenwald bis zu Kokospalmenhainen unmittelbar an der Küste.

● **Die "Herzspitze" der Südküste**

Der südliche Teil der Insel ist fast ausschließlich das Wohngebiet der Eingeborenen. Hier gibt es keine schönen Strände. Steinige oder schlickige Küstenabschnitte sind hier die Norm. Die kleinen Ortschaften besitzen keine Ortsschilder, und die Kilometrierung ist nicht mehr erkennbar.

● **Haapiti (PK 24)**

Unterkunft
Hotel Linareva $$, B.P. 1 Haapiti, Tel.: 56.15.35, Fax: 56.25.25, 7 Gästezimmer

Camping
● **Chez Nelson et Josiane**, Haapiti, PK 27, Tel.: (689) 56.15.18
● **Moorea Camping**, Haapiti, PK 27,5, Tel.: (689) 56.14.47, u.a. 30 Zeltplätze

Die **katholische Kirche** war früher das Zentrum der katholischen Mission auf der Insel.

Factory Pareo
Dieser Betrieb liegt schräg gegenüber der Kirche "Eglise de la Sainte Famille". Hier werden farbige Tücher nach **zweierlei Methoden** angefertigt:
- Die **Tücher** werden weiß gekauft, kommem **in ein Farbbad**, werden in die Sonne gelegt und **mit Schablonen** bedeckt, beispielsweise mit Fischen, Vögeln und Pflanzen usw. Nach dem Trockenvorgang werden die Schablonen entfernt; dann sind diese Flächen heller als das übrige Tuch.
- Bei den **handbemalten Tüchern** wird ein ähnliches Prinzip wie bei der Seidenmalerei angewandt. Die Konturen werden mit einem Abdeckstift gezeichnet, damit die anschließend aufgetragenen Farben in den umrandeten Innenflächen nicht ineinanderlaufen.

Pai Moana Pearls
Dieses exquisite Geschäft, Tel.: 56.25.25 und Fax: 56.28.28, hat seine Pendants in Papeete und Bora Bora. Hier werden Schmuck und Perlen verkauft. Die Perlen stammen von der **Pai Moana-Perlenfarm**, die sich im Manihi-Atoll auf den Tuamotus befindet.

Tip zum Kaffeetrinken oder Abendessen
Restaurant und Hotel Linareva
Nebenan liegt das schwimmende Restaurant mit Bar auf einem alten Fährschiff. Es werden auch Bungalows vermietet. Die Reservierungszeiten sind 18.30-21.00 Uhr.

 Unterkunft
Fare Manuia $$, Haapiti, PK 30, Tel.: 56.26.17, 3 Bungalows am Sandstrand, Waschmaschine vorhanden, Lebensmittelgeschäft in der Nähe

● **Tiki Theatre Village (PK 31)**
(B.P. 1016 Moorea, Tel.: (689) 56.18.97, 56.10.86, Fax: 43.20.06,
Chef Olivier Briac)

Einem Hinweisschild an der Straße folgend, kommt man in das o.g. **Künstler-dorf**. Es ist ein lebendes Museum, am schönen Strand gelegen. Dort werden Feuertänze, polynesische Theaterstücke und Shows dargeboten. Alte Handwerks-kunst und Kultur wird in englisch-, französisch- und deutschsprachigen Führun-gen vermittelt. Auf exotische Weise werden hier Hochzeiten gefeiert.
Di, Do, Fr und Sa ab 18.00 Uhr findet ein großes **Büffet mit Essen aus dem Erdofen** und anschließend großer Show statt. Die Gäste werden auf Wunsch rund um die Insel abgeholt.

 Öffnungszeit
täglich außer Mo: 11.00-3.00 Uhr

Galerie & Boutique im Tiki Theatre Village
Die Ex-Berlinerin und Malerin **Claudia Gacek** hat im Tiki Theatre Village ihr Atelier. Sie hat bereits ihre Werke in Berlin, Bonn und Bad Nenndorf ausgestellt. Außerdem berät sie in Sachen "schwarze Perlen", verkauft Pareus und leitet deutsch-sprachige Führungen im Künstlerdorf.

 Unterkunft
Polynesian Bungalows Chez Maria $$, Haapiti, PK 31, direkt neben dem Tiki Village, B.P. 1234 Papetoai, Tel.: 56.30.20/56.30.77, Fax: 56.32.15, 10 Bungalows in polynesischem Stil

● **Die Nordwestküste**

Hier reiht sich **Hotel an Hotel**.

 Hotels
● **Spi Hotel Hibiscus $$**, Haapiti, PK 27, B.P. 1009, Papetoai, Tel.: 56.12.20, Fax: 56.20.69, 29 Bungalows in traditionellem Stil in einem Park, nahe Club Med., alle Bungalows mit W.C., Dusche und Terrasse
● **Hotel Moorea Village $$$**, Haapiti, PK 27, B.P. 1008 Papetoai, Tel.: 56.10.02, Fax: 56.22.11, 48 Bungalows, kleine vorgelagerte Insel

● **Résidence Tiahura** $, Haapiti, PK 25, B.P. 1068, Papetoai, Tel. und Fax: 56.15.45, 24 Bungalows
● **Club Mediterranée Moorea** $$$$$$, Haapiti, B.P. 575 Papeete, Tel.: 56.15.00, Fax: 56.19.51, 350 Hotelzimmer, riesige Hotelanlage, der Strand ist, im Gegensatz zu allen anderen Hotels, nur für Clubmitglieder zugänglich, eine Wachmannschaft entfernt alle ungebetenen Gäste
● **Résidence Les Tipaniers** $$$, Haapiti, PK 25, B.P. 1002, Papetoai, Tel.: 56.12.67, Fax: 56.29.25, 19 Bungalows, weißer Sandstrand, ideal für Familien

Privatunterkünfte
sind ebenfalls reichlich vorhanden:
● **Fare Matotea** $$, Haapiti, PK 28,7, B.P. 1111 Papetoai, Tel.: 56.14.36, 8 Bungalows mit Küche und Bad, gepflegte Anlage, Kreditkarten werden nicht akzeptiert
● **Chez Billy Ruta** $$, Haapiti, PK 28, Tel.: 56.12.54, 12 kleine Bungalows in polynesischem Stil, schmaler Sandstrand, keine Kreditkarten

Camping
● **Chez Nelson et Josiane**, Haapiti
● **Moorea Camping**, Haapiti, Pk 27,5

- **Papetoai (PK 22)**

Die inzwischen gebrochene Kilometrierung zählt von der höchsten Kilometerangabe PK 35 jetzt rückwärts mit kleiner werdenden Zahlengaben bis zum Flughafen mit PK 0.

Vor dem Ort findet man folgende **Hotels**
● **Hotel Moorea Beach Club** $$$, Papetoai, PK 25, B.P. 1017 Papetoai, Tel.: 56.15.48, Fax: 41.09.28, 40 Hotelzimmer
● **Moorea Beachcomber Parkroyal** $$$$$$, Papetoai, PK 24, B.P. 1019 Papetoai, Tel.: 56.19.19, Fax: 56.18.88, 180 Hotelzimmer, 17 Bungalows und 15 Überwasser-Bungalows

Die berühmte achteckige evangelische Kirche

1792	eroberte **Pomare I** mit Hilfe der Feuerwaffen der Meuterer von der *Bounty* Moorea. Er wählte **Papetoai zu seinem Regierungssitz**. 1808 scheiterte sein Nachfolger **Pomare II** zunächst daran, ganz Tahiti unter seine Herrschaft zu zwingen. Er ging mit einer **Gruppe englischer Missionare** in Moorea ins Exil.
1815	sagte der Hohepriester Patii seinem Glauben ab und wurde evangelischer Christ.
1817	ging der erste Teil der **Bibelübersetzung**, das Lukas-Evangelium, **ins Tahitianische** in Afareaitu in Druck.
1818	trat auch **Pomare II** von seinem alten Götterglauben **zum Protestantismus** über. Sein Volk folgte seinem Beispiel.
1822	baute daraufhin die **London Missionary Society** auf den Fundamenten des alten *marae* **in Papetoai**, der dem Gott Oro geweiht war, eine **achteckige Kirche**. Papetoai wurde zum Zentrum der evangelischen Missionsarbeit. Dieses Gotteshaus ist das älteste heute noch benutzte Bauwerk der Südsee. An die "Heidenzeit" erinnert nur noch ein Monolith außerhalb der Kirche.

Man findet diese Kirche, die Hauptsehenswürdigkeit des kleinen Ortes, gleich hinter der hiesigen Post. Außerdem verfügt Papetoai über chinesische Geschäfte und eine Schule.

Privatunterkünfte
- **Village Faimano** $$, Papetoai, PK 14, Tel.: 56.10.20, Fax: 56.36.47, 6 Bungalows mit Küche, eigenem Badezimmer oder Gemeinschaftsbad, keine Kreditkarten
- **Chez Francine** $$, Papetoai, PK 14,500, Tel.: 56.13.24, 2 Doppelzimmer mit Badezimmer und warmem Wasser, keine Kreditkarten

- Baie d'Opunohu

Anschließend führt die Küstenstraße am Ufer in die weit in die Insel eingeschnittene Baie d'Opunohu hinein. Die **tropische Vegetation** dieser Meeresbucht ist in ihrer Üppigkeit unbeschreiblich schön. An den geschützten Hängen gedeihen Mangobäume. Nach dem Regen glänzen die Urwälder wie Silber. Die Palmen wiegen sich leicht im Passatwind. Ihre Kronen gleichen dann zurückgekämmten Mähnen.

- Das Opunohu-Tal

An der Spitze des Meeresbusens, kurz vor dem Dorf **Honu Iti**, führt rechts abzweigend eine Seitenstraße ins Opunohu-Tal. Dieser **Umweg** ist für archäologisch Interessierte bei gutem Wetter und genügend Zeit, die man sich für Moorea einplanen sollte, der Küstenstraße zwischen den beiden Meeresbuchten vorzuziehen.

Bevor die Europäer hier auftauchten, war dieses Tal stark besiedelt. Über 500 Überreste alter Bauwerke, einschließlich religiöser Steinkonstruktionen und Terrassen, wurden in diesem ehemaligen Wohngebiet ausgemacht. Die Gesamtheit dieser Überbleibsel weist auf ein hochentwickeltes soziales System seiner einstigen Bewohner hin. Die hauptsächlichen Überreste sind **sechs** *marae*. Hier opferten die Einheimischen Knollengewächse, Fische, Schweine und Hunde und bete-

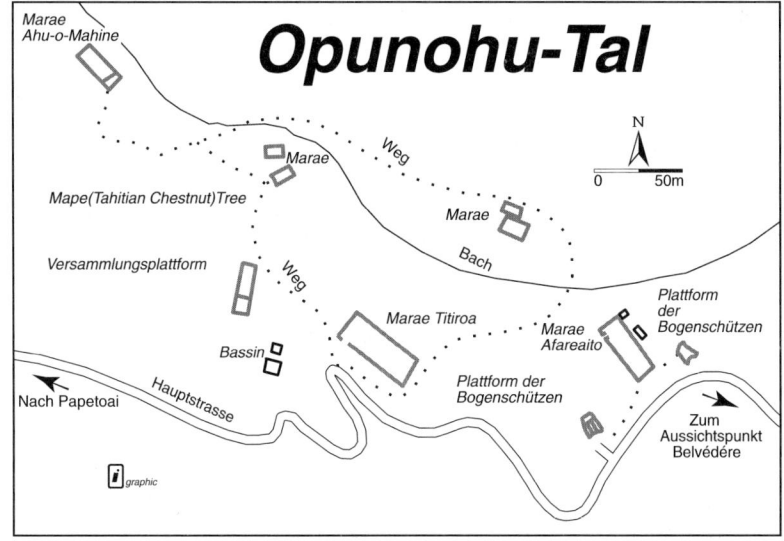

ten zu ihren Göttern und Ahnen. Die Tempel wurden 1967 von **Professor Y.H. Sinoto** aus Honolulu rekonstruiert.

Anfang des 19. Jahrhunderts, nachdem die Einwohner des Opunohu-Tals zum Christentum übergetreten waren, verlor es an Bedeutung und wurde nach und nach geräumt. Heutzutage sind die alten Siedlungsplätze teilweise von der Wildnis zurückerobert worden, oder sie haben landwirtschaftlichen Flächen Platz gemacht.

Marae Titiora

Dieser *marae*, dessen Bauzeit in das späte 18. Jahrhundert fällt, wurde aus handbearbeiteten rundlichen Steinen aufgeschichtet. Dieser Tempel war der größte und bedeutendste seiner Art im ganzen Tal. Am Ende des Bauwerks erhob sich eine Plattform, *Ahu* genannt, die nicht betreten werden durfte, weil sie den Göttern vorbehalten war. Hochgestellte Steinplatten vor dem heiligen Bezirk waren die Rückenlehnen der Häuptlinge und Priester.

Der vierstufige *Marae Ahu-o-Mahine* und *Marae Afareaito* waren ebenfalls große Tempel des Kultplatzes.

Plattformen der Bogenschützen

Hier maßen die Adligen und Krieger ihre Kräfte im Bogenschießen. Wer seine Pfeile am weitesten schoß, der galt als Favorit. Ursprünglich gab es drei Plattformen der Bogenschützen. Zwei "Schießplätze" sind restauriert.

- **Aussichtspunkt Belvédère** oder **Roto Nui**

Von der Inlandstraße, die im Bogen von der Baie d'Opunohu zur Baie de Cook führt, zweigt rechts ein etwa zwei Kilometer langer Weg zum Aussichtspunkt Belvédère ab. Von hier aus genießen Sie ein unvergleichliches Panorama mit überwältigendem Blick auf den **Mt. Rotui** (899 m) und die beiden Buchten **Baie d'Opunohu** und **Baie de Cook** an der Nordküste.

- **Baie de Cook**

Unterkünfte
- **Chez Nani** $$, Pihaena Distrikt, PK 14, am Hotel Moorea Lagoon, B.P. 117 Papeete, Tel.: 56.19.99, 3 Bungalows im polynesischen Stil, Küche und Gemeinschaftsdusche (kaltes Wasser), schmaler Strand, schattenspendende Bäume, keine Kreditkarten
- **Hotel Moorea Lagoon** $$$, Baie de Cook, PK 14, B.P. 11 Temae, Tel.: 56.14.68, Fax: 56.26.25, 40 Hotelzimmer
Beide Unterkünfte sind an dem Küstenabschnitt zwischen den beiden Meeresbuchten gelegen.
- **Cook's Bay Resort** $$, Baie de Cook, B.P. 30 Temae, Tel.: 56.10.59, Fax: 56.29.18, 70 Hotelzimmer und 24 Bungalows, Wassersport aller Art, spektakulärer Blick in die Baie de Cook

Dann öffnet sich die Baie de Cook, die nach dem englischen Seefahrer **James Cook** benannt ist. Hochseeyachten ankern in dem geschützten Gewässer. Ausgedehnte Palmenhaine säumen die Straße. Ananas-, Pampelmusen- und Papayaplantagen liegen am Fuß der steilen Vulkanberge. Ihre scharfkantigen Formationen zusammen mit der tropischen Vegetation und dem tintenblauen Wasser des Meeresarms verleihen der Bucht ihren einmaligen Reiz.

- Pao Pao (PK 9)

Die Umwegstraße von den archäologischen Stätten im **Opunohu-Tal** und dem Aussichtspunkt Belvédère stößt hier wieder auf die Küstenstraße.
Pao Pao ist ein **lebhafter Ort**. Ein Supermarkt, kleine Geschäfte, Andenkenläden, Boutiquen, Restaurants, Snackbars, Kunstgalerien und Hotels reihen sich aneinander. Der Verkauf von Perlen und Pareus lockt die meisten Kunden an.
Pao Pao ist ein beliebter **Ankerplatz für Hochseeyachten**. Es reizt, entlang dem Pao Pao-Tal das **Ausflugsgebiet der vorchristlichen** *marae* und den **Aussichtspunkt Belvédère** zu besuchen. Auch der **Botanische Garten Opuhi Plantation** ist einen Besuch wert.

Unterkünfte
● **Club Bali Hai Moorea $$**, B.P. 8, Temae, Tel.: 56.13.68, Fax: 56.19.22, 18 Hotelzimmer und 21 Überwasser-Bungalows, phantastischer Blick in die Baie de Cook
● **Motel Albert $**, Tel.: 56.12.76, 18 Bungalows

- Bali Hai Hotel und Maison Blanc (PK 5)

Unterkunft
Hotel Bali Hai Moorea $$, PK 5, B.P. 26 Temae, Tel.: 56.13.59, Fax: 56.19.22, 53 Hotelzimmer, eine Suite, 9 Überwasserbungalows, wurde 1961 von US-Amerikanern erbaut.

Am Berghang steht das ehemalige **Herrenhaus Maison Blanc** (weißes Haus), das Anwesen eines reichen Pflanzers, der erfolgreich Vanille anbaute. Der einstige Wohlstand des Plantagenbesitzers spiegelt sich in dieser Villa wider. Heute ist es ein Laden, in dem Pareus zum Kauf angeboten werden.

7.5.3 TETIAROA

● **Privatbesitz des Schauspielers Marlon Brando**
● **Seevogelschutzgebiet**, Nist- und Rastplatz Hunderter Seevögel!

Überblick

● Das **Atoll Tetiaroa** liegt 42 km nördlich von Tahiti. **14 kleine, flache Koralleninseln** und Sandbänke haben sich auf der Schulter des Barriereriffs am Außenrand der glasklaren Lagune gebildet.

- Auf **Onetahi** entstanden eine Fluglandebahn und das **Hotel Tetiaroa Village**.
- Besonders **Tahuna Rahi** und weitere Motus sind der Brutplatz und Rastplatz Hunderter Seevögel. Diese Inseln wurden zum **Seevogel-Schutzgebiet** erklärt.
- **Tetiaroa** wurde zur Zeit der **Pomare Dynastie** von dieser als **Zufluchtsort** und störungsfreies Rückzugsgebiet gewählt und als Eigentum beansprucht.
- **Tetiaroa** gelangte über andere Käufer schließlich **1966** in den **Privatbesitz** des Schauspielers **Marlon Brando**. Bei den Dreharbeiten zur "Meuterei auf der Bounty" verliebte er sich in **Tarita Teriipaia**, die er zu seiner Ehefrau erwählte. Ihr und ihrer Familie ließ er eine schlichte, aus landesüblichem Baumaterial hergestellte Bungalowanlage bauen, die heute als Hotel vermietet wird.

Reisepraktische Hinweise

Flug
Tetiaroa kann in einer Tagestour mit einem Charterflug ab Flughafen Tahiti-Faaa besucht werden.

Hotel
Hotel Tetiaroa Village $$$$$, Motu Onetahi, B.P. 2418 Papeete, Tel.: 82.63.02 und 82.63.03, Fax: 85.00.51, 15 Bungalows, ruhige, friedliche Umgebung, meilenweiter weißer Sandstrand, Vogelschutzgebiet

7.5.4 HUAHINE

Highlights

- **Die archäologischen Stätten von Maeva**, früheres polynesisches Kulturzentrum mit 16 *Maraes*!
- **Der Isthmus zwischen der Nord- und Südinsel**, landschaftlich besonders reizvoll!

Überblick

- Huahine liegt 170 km nordwestlich von Papeete. Die beiden Inseln **Huahine Nui** und **Huahine Iti** (Groß- und Klein-Huahine) gehören zu einer Landmasse, die bei Ebbe durch einen Isthmus und ständig durch eine Brücke verbunden sind. Die Doppelinsel, vulkanischen Ursprungs, ist üppig-tropisch mit einer reichhaltigen Pflanzenwelt bedeckt und durch viele **wunderschöne Buchten** gegliedert, speziell die Baie de Maroe, die Baie de Bourayne und der Lac Fauna Nui. Flache Inseln, sog. Motus, liegen innerhalb des Riffs. Hier werden Melonen angebaut.
- Neben der Vielfalt der landschaftlichen Schönheiten ist Huahine auch **aus archäologischer Sicht sehr interessant**.
Die Einwohner blicken voller Stolz auf eine lange Tradition der Unabhängigkeit und der Unbeugsamkeit zurück. **Pouvanaa a Oapa** (vgl. Kapitel 7.3.5), der auf dieser Insel geboren wurde, ist das beste Beispiel für die Hartnäckigkeit und den Freiheitswillen der Insulaner.

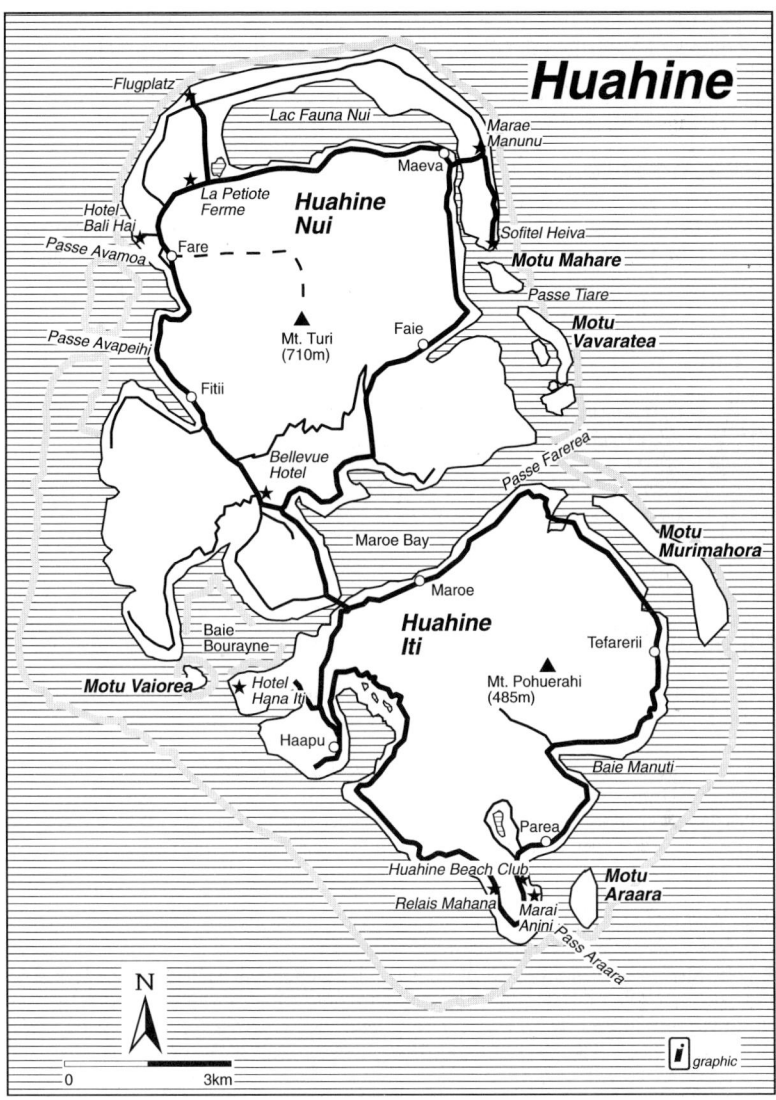

- Heute ist Huahine mit rund **4.500 Einwohnern**, auf acht Dörfer verteilt, dünn besiedelt. Der **Hauptort** ist das Dorf **Fare**. Alle nautischen Aktivitäten, wie Surfen, Hochseefischen, sowie Reiten und Fahrradfahren können hier ausgeübt werden.
- **Wie kommt man nach Huahine?**
- **per Flugzeug**: Air Tahiti fliegt ab Papeete-Faaa 2-3 mal täglich in 35 Minuten nach Huahine.

267

- **per Fähre**: mit Taporo IV 3 mal wöchentlich, mit Temehani II 2 mal wöchentlich, mit Vaieanu 2-3 mal wöchentlich, mit Raromatai Ferry 2 mal wöchentlich (Näheres im A-Z Französisch-Polynesien)

Inselrundfahrt

Für die **52 km** lange Inselrundfahrt sollten Sie sich Zeit lassen. Empfehlenswert ist es, diese Tour im **Gegenuhrzeigersinn** zu fahren, weil Sie in diesem Fall die Sonne zum Fotografieren und Filmen bei einer Tagesfahrt mindestens ¾ der Strecke vorteilhafterweise hinter sich oder seitlich von sich haben.

● **Fare**

Unterkünfte
Preis-Gruppierungen nach folgendem Schlüssel
$$$$$$ = über 25.000 CFP pro Doppelzimmer (DZ)
$$$$$ = 20.000 – 25.000 CFP pro DZ
$$$$ = 15.000 – 20.000 CFP pro DZ
$$$ = 10.000 – 15.000 CFP pro DZ
$$ = 5.000 – 10.000 CFP pro DZ
$ = unter 5.000 CFP pro DZ
Unterkünfte in Fare und Umgebung
● **Hotel Bali Hai Huahine $$$**, Fare, B.P. 2 Huahine, Tel.: 68.84.77, Fax: 68.82.77, 43 Bungalows liegen zwischen Süßwasserkanälen, in denen Seerosen gedeihen
● **Pension Te Moana $$**, Fare, B.P. 195 Fare, Tel.: 68.88.63, 4 Bungalows im typisch polynesischen Stil, Restaurant, Bar, kostenpflichtiger Transfer zum Flugplatz oder Schiff
● **Chez Lovina $**, Fare, 300 m von der Schiffsanlegestelle entfernt, B.P. 173 Fare, Tel.: 68.88.06, Fax: 68.82.64, 5 Bungalows, Restaurant, Bar, kostenpflichtiger Transfer zum Flugplatz oder Schiff. Kreditkarten werden akzeptiert
● **Pension Enite $$$$**, Fare, nur wenige Meter von der Schiffsanlegestelle, B.P. 37 Fare, Tel.: 68.82.37, 8 Gästezimmer, Restaurant, Bar, kostenpflichtiger Transfer zum Flughafen und Schiff, keine Kreditkarten
● **Chez Guynette $**, Fare, 50 m von der Schiffsanlegestelle entfernt, B.P. 87 Fare, Tel.: 68.83.75, Haus mit 7 Räumen, ein Schlafsaal ("Dormitory") mit 9 Schlafstellen, Mahlzeiten auf Bestellung, VISA, MasterCard und Eurocard werden akzeptiert
● **Chez Marie-Louise $**, Fare, 800 m von der Schiffsanlegestelle entfernt, B.P. 5 Fare, Tel.: 68.81.10, zwei 3-Bett-Zimmer-Bungalows mit Bad und 2 Doppelbett-Bungalows mit Gemeinschaftsbad, 5 Zeltplätze, kurzer Weg zum Meer, familiäre freundliche Betreuung, keine Kreditkarten. Es wird auch **deutsch gesprochen**. **Hans Demes** erzählt gerne von seinem abenteuerlichen Leben, man fühlt sich hier sehr wohl.
● **Chez Henriette $**, Haamene, am Strand gelegen, B.P. 73 Fare, Tel.: 68.83.71, 4 Bungalows in polynesischem Stil, keine Kreditkarten

Restaurants
● **Hotelrestaurant Bali Hai Huahine**, Fare, Tel.: 68.84.77, internationale Küche
● **Chez Enite**, Fare, Tel.: 68.82.37, tahitianische Küche
● **Les Tipaniers**, Fare, Tel.: 68.80.52, französische und einheimische Küche
● **Te Manu**, Fare, Tel.: 68.86.61, französische und chinesische Küche
● **Te Marara**, Fare, lokale Küche

Autoverleih

Wenn Sie die Insel erkunden wollen, bieten zwei **Autoverleihfirmen** hier ihre Dienste an:
- **Pacificar Huahine**, Fare, B.P. 5 Huahine, Tel.: 68.81.81
- **Kake Rent-a-Car**, Fare, B.P. 34 Huahine, Tel.: 68.82.59

Banken
- **Banque Socredo**, Fare, an der Mobiltankstelle
- **Banque de Tahiti**, Fare
- **Banque Westpac**, Fare

Busse

"Le Truck" verkehrt zwischen Fare und jedem Dorf, koordiniert mit dem Fährfahrplan und den Schulstunden.

Taxis

Taxi-Dienst wird von der **Pension Enite** mit einem Minibus betrieben, der am Flughafen zu jedem ankommenden Flug dort erscheinen soll.

Wenn Sie meinem Rat folgen, beginnen auch Sie ihre Inselrundfahrt in Fare. Das Wichtigste an diesem Ort ist der **kleine Hafen**. Davon lebt das ganze Dorf. Hier legen die Versorgungsschiffe und die Fähren an. Der Thunfischfang ist besonders beliebt. Im Ort findet man u.a. zwei Supermärkte, zwei Tankstellen, übrigens die einzigen auf der Insel, eine Polizeistation am Hafen, eine Post, Banken und einige von Chinesen geführte Läden.

Thunfischfang – Fare

- **Fitii**

Auf dem Weg nach Süden entlang der Westküste von Huahine Nui erreicht man zunächst den verschlafenen Ort Fitii. Unterwegs können Sie gelegentlich Fischer beobachten, die im Flachwasser der Lagune mit ihren Netzen hantieren. Neben den Wildpflanzen des immergrünen Urwalds gedeihen hier Bananen, Brotfruchtbäume, Kokospalmen, Mango und Papaya am Wegesrand. Vereinzelte schneeweiße **Feenseeschwalben** und Schwärme von rußschwarzen **Noddiseeschwalben** fischen im Küstengewässer. Rote Libellen flirren durch die warme Tropenluft. Fitii selbst ist lediglich ein kleiner Ort, am Ende einer Meeresbucht gelegen. Der **Avapeihi Pass** bietet eine Lücke im Korallenriff und den Zugang zum offenen Meer.

Unterkunft

Hotel Bellevue $, im Fitii Distrikt, B.P. 21 Fare, Tel.: 68.82.76 und 68.81.70, Fax: 68.85.35, 15 Bungalows mit Doppelbett und Moskitonetz, Bad (heißes Wasser) und Terrasse, 8 Gästezimmer in einem größeren Gebäude mit Bad und Balkon, wunderbarer Ausblick, täglicher Transfer nach Fare, Swimmingpool, Spiele, kostenpflichtiger Transfer zum Flughafen und zum Schiff, Organisation von Minibusfahrten, Reiten, Wassersport, Verleih von Fahrrädern und Motorrollern, keine Kreditkarten

Von diesem einsam gelegenen Hotel haben Sie einen herrlichen Blick auf die **Baie de Maroe**, die die Zwillingsinseln Huahine Nui und Huahine Iti voneinander trennt. Die **Farbgegensätze** von den unterschiedlichen **Grüntönen** des tropischen Regenwaldes bis zu den **blauen Farbnuancen** der Meeresbucht und dem **Rostrot** des freiliegenden verwitterten vulkanischen Lateritbodens haben schon viele Maler, Fotografen, Schriftsteller und Naturfreunde verzaubert.

● **Am Isthmus zwischen der Nord- und Südinsel**

An dieser Stelle sind sich die beiden Inseln Huahine Nui und Huahine Iti, die auf einem Landsockel liegen, am nächsten. Der schmale Kanal, der sie voneinander trennt, wird durch eine Brücke überspannt, ein idealer Punkt zum Fotografieren, Filmen oder Malen.

● **Abstecher zum Hotel Hana Iti**

Wenn man auf der Südinsel der Straße nach Süden folgt, zweigt rechts eine schmale, unbefestigte Straße ab. Ein Hinweisschild weißt auf das **Hotel Hana Iti**

Zauberhafte Lagune – Abstecher Hana Iti

hin. Der Weg dorthin ist zwar schlecht, aber die Ausblicke auf die Lagune sind von überwältigender Schönheit. Zauberhaft sind das Licht und die Farben. Worte reichen nicht aus, um die wechselnden Stimmungen bei grellem Sonnen- oder bei durch Wolken gefiltertem Licht zu beschreiben. Wenn Ihnen dieses Luxushotel für einen Ferienaufenthalt zu teuer ist, so sollten Sie mindestens wegen der landschaftlichen Schönheit diesen Abstecher machen.

Unterkunft
Hana Iti $$$$$$, B.P. 185 Fare, Tel.: 68.85.05, Fax: 68.85.04, 14 Bungalows, ein Bungalow kostet pro Tag 58.000 bis 78.000 CFP, vom US-amerikanischen Millionär Tom Knuth erbaut, einige Bungalows liegen offen am Strand, andere auf Felsen oder tief im Urwald versteckt, vom Empfangspavillon spektakulärer Blick auf die Bucht.

Luxuriöser Aufenthalt – Hotel Hana Iti

● **Haapu**

Haapu ist ein kleiner sauberer Ort. Die Häuser sind von tropischen Gärten und Fruchtbäumen umgeben. Bougainvillea und Hibiskus blühen hier prächtig. Nach unseren Erfahrungen ist die Dorfbevölkerung Fremden gegenüber sehr aufgeschlossen und gastfreundlich. So wurden meiner Frau und mir als Geste der Freundschaft Bananen zum Tagesverzehr geschenkt. Wo gibt es auf unserem Globus noch solche uneigennützige Menschenfreundlichkeit?

In den nach Süden folgenden Buchten breiten sich Sandstrände aus.

● **Südzipfel von Huahine Iti**

Unterkünfte
● **Relais Mahana** $$$, Parea, B.P. 30 Parea, Tel.: 68.81.54, Fax: 68.85.08, 22 Bungalows, 1992 eröffnet, ideal für Familien
● **Huahine Beach Club** $$$, Parea, B.P. 39 Fare, Tel.: 68.81.46, Fax: 41.09.28, 17 Bungalows in traditionell polynesischem Stil, weißer Sandstrand

Marae Anini
Marae Anini ist, kurz nachdem Sie auf der Küstenstraße das Südkap von Huahine Iti umfahren haben, an der rechten Seite über einen ca. 200 m langen Seitenweg zu erreichen.
Diese ehemalige Andachtsstätte war **den Göttern Oro und Hiro geweiht**. Direkt an der Küste gelegen und mit Blick über die Lagune zu der kleinen Insel Motu Araara hinüber, ist dieses Heiligtum noch oder wieder durch Restauration der Nachwelt in seinem ursprünglichen Aussehen erhalten geblieben.

Parea
Das Auffälligste an diesem Ort sind eine kleine Kirche, Fischerboote und Netze. Weniger schön sind die Blechdächer der Hütten. Wo der Urwald zurückgedrängt ist, wachsen Pandanus und Brotfruchtbäume.

● **Von Parea nach Faie**

Der Sandstrand geht hier an der Südostküste allmählich wieder in ein rauhes Gestade über, das mit Korallen- und Vulkangestein übersät ist.

Im folgenden geht es wieder zurück nach Huahine Nui in Richtung Norden, nachdem **Tefarerii** an der Ostküste der Südinsel passiert ist. Weiter am Südufer der Baie de Maroe entlang und über den Isthmus zu fahren, ist ein Vergnügen. Unzählig sind die vielen **buntgefärbten Krebse**, die bei Ebbe aus den Erdlöchern des Schlickbodens hervorkommen.

Besonders schön ist erneut der **Ausblick auf die Baie de Maroe** von der Bergstraße herab, die mit "Traversière Maroe-Faie" ausgeschildert ist. Rosa blühende **Orchideen**, weiß blühende **Thunbergien** und gelb blühender **Hibiskus** erfreuen die botanisch Interessierten auf dem Weg durchs wilde Bergland nach **Faie**, das an einem Meeresarm an der Ostküste von Huahine Nui liegt.

● **Die archäologischen Stätten von Maeva**

Maeva ist die älteste bekannte Siedlung auf den Gesellschaftsinseln. Hier befand sich einst ein polynesisches Kulturzentrum. In dem Ruinenfeld wurden insgesamt *16 Marae* freigelegt. Jeder Häuptling der Insel hatte seinen eigenen *marae*. Die meisten Tempel liegen am Küstensaum und einige im rückwärtigen Hügelland. Die **Fischfallen** an acht Stellen im engen Wasserweg des **Lac Fauna Nui** weisen darauf hin, daß der Fischfang ein Eckpfeiler der Ernährung in erster Linie der Häuptlinge und Priester dieses Dorfes war.

Wenn man an der Straße beim *Marae* **Te Ava** links einem ziemlich verwilderten Pfad folgt, dann gelangt man in den wichtigsten Teil des Ruinengeländes. Der bedeutendste **Freilichttempel war der *Marae* Matairea-rahi**. Er war Tane, dem Gott des Lichts, geweiht.

Von Wichtigkeit war außerdem der zweistufige Gemeinschaftstempel *Marae* **Manunu**, der jenseits des Lac Fauna Nui liegt, heute über die Brücke und einen kurzen Abstecher nach links zu erreichen. Hier wurde 1915 **Raiti, der letzte Hohepriester** von Huahine, begraben.

● **Hotel Sofitel**

Wenn Sie von der Küstenstraße rechts abbiegend und die Brücke über die schmale Stelle der Meeresbucht Lac Fauna Nui überqueren, dann gelangen Sie auf eine **sandige Nehrung**.

"Overwater-Bungalows" – Hotel Sofitel

Die Fahrspur knickt schon bald nach rechts ab. Nach ungefähr 1 ½ km haben Sie die o.g. Hotelanlage erreicht.

Hotel

Sofitel Heiva Huahine $$$$$, Motu Maeva, B.P. 38 Fare, Tel.: 68.86.86, Fax: 68.85.25, 48 Hotelzimmer, 4 Suiten, 6 Überwasser-Bungalows, Sandstrand, sehr großräumige Anlage in einem Kokospalmenhain an der Küste

7.5.5 RAIATEA UND TAHAA

Highlights

- *Marea* **Taputapuatea** auf Raiatea, das "Mekka" der Archäologen!
- **Relativ unverfälschtes Leben** der Einheimischen auf Raiatea!
- **Traditionelles Steinfischen** Ende Oktober auf Tahaa!

Die beiden **"Geschwister"-Inseln Raiatea und Tahaa**, nur 3 km voneinander getrennt, liegen auf derselben Landmasse. Auch sie sind die Reste ehemaliger Vulkane. Ein gemeinsames Barriere-Riff umschließt sie. Nur wenige Durchlässe ermöglichen der Schiffahrt, die eingeschlossene Lagune und die beiden "hohen Inseln" zu erreichen.

Überblick Raiatea

Raiatea ist die **zweitgrößte Insel Französisch-Polynesiens** mit etwa **8.500 Einwohnern**. Der höchste Berg ist der **Toomaru (1.017 m)**. Das **"heilige" Raiatea** war einmal das politische und religiöse Zentrum Polynesiens. Hier lokalisierten die "Maohi", die Vorfahren der heutigen Tahitianer, ihre **zweite Heimat *"Hawaiiki"***. Ihr erstes *"Hawaiiki"*, ihr Ursprungsland, lag weit im Westen. Die Tempelanlage *Marae* **Taputapuatea** wurde zum "Mekka" der Archäologen.

Uturoa heißen der Hauptort und das heutige Verwaltungszentrum der Insel. Eine teilweise asphaltierte Straße umrundet Raiatea. Sie führt vorbei an Dörfern, Farmen und fruchtbaren Seitentälern. Im Inselinnern erheben sich vulkanische Bergstöcke. Schäumende Wasserfälle rauschen zu Tal. Ananas- und Vanilleplantagen unterbrechen die wilde Urwaldvegetation. Die felsige Insel hat keine Strände aufzuweisen. Diese findet man jedoch an den Motus der Lagune.

- **Wie kommt man nach Raiatea?**

- **per Flugzeug**: mit Air Tahiti 3-4 mal täglich vom Flughafen Tahiti-Faaa in 40 Minuten oder
- **per Fähre**: mit Taporo IV 3 mal wöchentlich, mit Temehani 2 mal wöchentlich, mit Vaieanu 2-3 mal wöchentlich, mit Raromatai Ferry 2 mal wöchentlich.

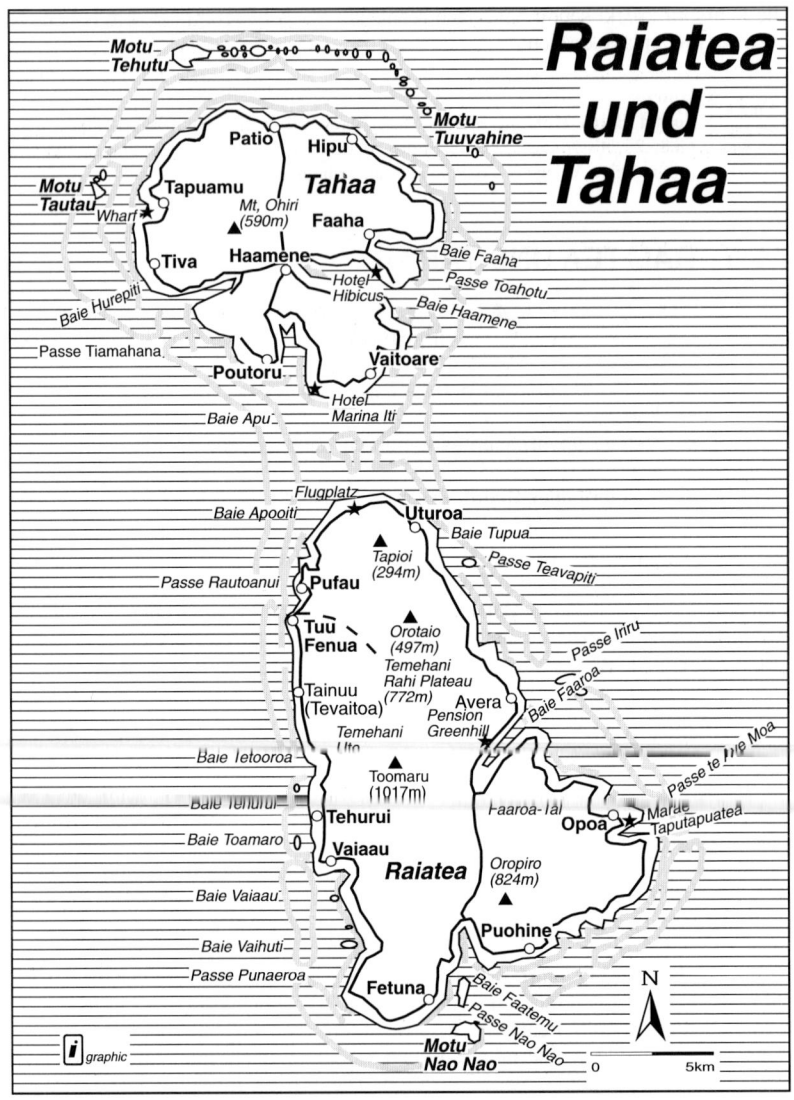

- **Was sind die Vorzüge von Raiatea?**

- Diese Insel ist **touristisch** noch **wenig erschlossen**.
- Daraus folgt, daß das **polynesische Leben** hier noch **relativ unverfälscht** abläuft.
- Weltbekannte **Yacht-Chartergesellschaften** haben hier ihre eigenen Yachthäfen, beispielsweise **The Moorings** und **Tahiti Yacht Charter** in der Baie

Apooiti im Norden und **A.T.M.** in der Baie de Faaroa im Osten der Insel. Die nahe liegenden Inseln Bora Bora, Maupiti und Moorea werden gerne angesteuert.
- Der **Marae Taputapuatea** gehörte zu den heiligsten Kultstätten des alten Polynesiens und ist noch sehr gut erhalten.
- Die **landschaftlichen Schönheiten** sind denen der Nachbarinseln vergleichbar.
- Für **alle Arten von Wassersport** sind die Insel und ihre Umgebung bestens geeignet.

Inselrundfahrt Raiatea

Die Kilometrierung beginnt mit Null (PK 0) am Flugplatz. Sie umschließt die Insel in beiden Richtungen mit zunehmenden Zahlenangaben bis zur Baie Faatemu (PK 50). Somit beträgt die Gesamtentfernung auf der Küstenringstraße **100 km**.

● **Uturoa**

Auskunft
Raiatea Visitors Bureau, Uturoa, am Fähranleger und am Flughafen

Unterkünfte
Preis-Gruppierungen nach folgendem Schlüssel
$$$$$$ = über 25.000 CFP pro Doppelzimmer (DZ)
$$$$$ = 20.000 – 25.000 CFP pro DZ
$$$$ = 15.000 – 20.000 CFP pro DZ
$$$ = 10.000 – 15.000 CFP pro DZ
$$ = 5.000 – 10.000 CFP pro DZ
$ = unter 5.000 CFP pro DZ
Chez Marie-France $$, Uturoa, 2 ½ km vom Fährhafen und 5 km vom Flugplatz entfernt, an der Baie de Tepua gelegen, B.P. 272 Uturoa, Tel.: 66.37.10, Fax: 66.26.25, 4 Bungalows, Restaurant, Bar, Transfer vom und zum Flughafen und Schiff, VISA, MasterCard und Eurocard werden akzeptiert

Restaurants
● **Jade Garden**, Uturoa, Tel.: 66.34.40
● **Le Moana**, Uturoa, Tel.: 66.27.49, chinesische Küche
● **Le Quai des Pêcheurs**, Uturoa, Tel.: 66.36.83, italienische Küche, Pizzas, Meeresfrüchte
● **Moemoea**, Uturoa, Tel.: 66.39.84, chinesische Küche
● **Temehani Restaurant-Bar**, Uturoa Flughafen, Tel.: 66.36.86, französische Küche
● **Chez Marie-France Restaurant**, Uturoa, Baie de Tepua, Tel.: 66.37.10, französische und kontinentale Küche

Busse
Der Busdienst "Le Truck" startet seine Fahrten am Marktplatz von Uturoa. Es können Busse für Gruppen bis zu 30 Personen gemietet werden.

Taxis
Taxis erscheinen zu jedem ankommenden Flug am Flughafen Uturoa. Außerdem befindet sich nahe dem Marktplatz ein Taxistand.

Autovermietung
● **Garage Motu Tapu**, Uturoa, B.P. 139 Uturoa, Tel.: 66.33.09
● **Raiatea Location**, Uturoa, B.P. 549 Uturoa, Tel.: 66.34.06

Motorroller- und Mopedverleih
Herr Charles Brotherson, zwischen Flughafen und Uturoa, Tel.: (689) 66.27.55

Uturoa ist mit seinen rund 3.200 Einwohnern heute der **zweitgrößte Ort** Französisch-Polynesiens. Das Leben verläuft hier in ruhigen Bahnen. Chinesische Geschäfte, Andenkenläden, ein Krankenhaus, eine Polizeistation, eine Post, Banken, Hotels, Kinos, Restaurants und ein farbenfroher Markt, der mittwochs und freitags im Betrieb ist, gehören zu Uturoa.

Von dem hinter der Ortschaft liegenden **Tapioi (294 m)**, der mit einer Fernsehantenne auf seiner Spitze bestückt ist, hat man einen weiten Blick über die Insel.

● **Die Ostküste bis Opoa**

Bei **Avera** kann man einen **Wasserfall** bewundern.

Kleines Hotel
Hotel Raiatea Village $$, Avera, PK 12, B.P. 282 Uturoa, Tel.: 66.31.62, 12 Bungalows mit Küche, Bad und Terrasse, Restaurant und Bar, Transfer zum Flugplatz und Schiff, VISA wird akzeptiert

Privatquariere
● **Pension Manava $$**, Avera, PK 8, B.P. 559 Uturoa, Tel.: 66.28.26, 2 traditionelle polynesische Bungalows mit Bad, Terrasse und Blick aufs Meer und 2 weitere Gästezimmer mit Küche und Gemeinschaftsbad, Tranfer vom und zum Flugplatz und Schiff, keine Kreditkarten
● **Pension Yolande $$**, Avera, PK 10, B.P. 298 Uturoa, Tel.: 66.35.28, ein großer Bungalow und 4 Gästezimmer, Restaurant, keine Kreditkarten
● **Pension Greenhill $$**, Faaroa, PK 12, B.P. 598 Uturoa, Tel.: 66.37.64, 6 Gästezimmer mit Bad und Terrasse, Swimmingpool, Restaurant, schöner Blick auf die Baie de Faaroa, keine Kreditkarten

Camping
Peter's Place, PK 8, Opoa Taputapuatea, Tel.: (689) 66.20.01, Platz für 10 Zelte, 500 CFP pro Person und pro Tag, keine Kreditkarten

Der **Apoomau** ist der einzige Fluß Französisch-Polynesiens, der wenigstens auf einem kleinen Stück von zwei Kilometern mit kleinen Booten schiffbar ist. Er mündet in die fjordartige **Baie Faaroa**. Von der Baie Faaroa gibt es eine direkte Straße über die Berge zur Baie Faatemu an der Südküste.

Bei **Opoa** (PK 32) liegt der berühmte *Marae* **Taputapuatea**, der den größten Grundriß aller bekannten *Marae* in Französisch-Polynesien aufzuweisen hat. Die Tempelanlage ist sehr gut erhalten. Das Allerheiligste, der erhöhte *Ahu*, ist 43 x 7,3 m in der Grundfläche und zwischen 2 und 3 m hoch. Hier stand einst das

Standbild des Kriegsgottes Oro. An dem *Marae* wurden früher auch Menschen geopfert.

Unterkunft
Hotel Te Moana Iti $$, Opoa, nahe Marae Taputapuatea, PK 35, B.P. 724 Uturoa, Tel.: 66.21.82, Fax: 66.28.60, 7 geräumige Bungalows an einem weißen Sandstrand mit Bad und Terrasse, Transfer zum Flughafen oder Schiff, Restaurant, Bar, Kanus und Schnorchelzubehör sind vorhanden, Spiele, es wird auch Englisch und **Deutsch gesprochen**, VISA und MasterCard werden akzeptiert

● **Die Süd- und Westküste**

Beide Küsten sind sehr buchtenreich. Besonders reizvoll ist **Fetuna** im Süden mit dem Blick auf das vorgelagerte **Motu Naonao**. In **Tevaitoa** an der Westküste steht die älteste Kirche der Insel.

● **Die Nordküste**

Apooiti

Unterkunft
Sunset Beach Motel Apooiti $$, nahe der Apooiti Marina, B.P. 397 Uturoa, Tel.: 66.33.47, Fax: 66.33.08, 16 Bungalows mit Moskitoschutz in einer Kokosplantage, mit Küche, Bad und Terrasse, **Zeltplatz für 30 Zelte**, Transfer zum Flughafen oder Schiff, Kanus und Surfbretter sind vorhanden, Wäscherei-Service, VISA, MasterCard und Eurocard werden akzeptiert.

Camping
Sunset Beach Motel Apooiti, Apooiti, Tel.: (689) 66.33.47, Fax: (689) 66.33.08, 30 Zeltplätze

Überblick Tahaa

● **Von Raiatea** im Süden ist es nur ein **kleiner Inselsprung** von zwei Meilen innerhalb der Lagune nach Norden zur kleinen "Zwillingsschwester" Tahaa.
● Einem **vierblättrigen Kleeblatt** vergleichbar, kann man die Form der Insel beschreiben. Vier Buchten, die Baie Faaha und die Baie Haamene im Osten, die Baie Apu im Süden und die Baie Hurepit im Westen reichen bis weit ins Innere der Insel hinein. Der höchste Berg ist der **Mt. Ohiro (590 m)**, nach dem Halbgott Hiro benannt, der hier zur Welt gekommen sein soll.
● Die ca. **4.000 Insulaner** führen ein ruhiges Leben. Sie leben von den landwirtschaftlichen Produkten ihrer Insel und vom Fischfang. Es gibt nur wenig Feriengäste auf dem friedlichen Eiland, und der Verkehr ist sehr gering.
● Tahaa wird auch die **Vanille-Insel** wegen der zahlreichen Plantagen genannt, auf denen das "schwarze Gold" angebaut wird.
● Ende Oktober findet hier das **traditionelle Steinfischen** statt. Die Einheimischen kreisen die Fische mit ihren Kanus ein. Indem sie Steine ins Wasser werfen, ziehen sie den Ring um die Fische immer enger.

● **Reisepraktische Hinweise**

Kleine Hotels
● **Hotel Vahine Island** $$$, Motu Tuuvahine, B.P. 510 Raiatea, Tel.: 65.67.38, Fax: 65.67.70, 11 Bungalows, davon 3 Überwasser-Bungalows in der türkisfarbenen Lagune, nettes Restaurant
● **Marina Iti** $$, Vaitoare, 10 Minuten per Boot von Apooiti Marina (Raiatea), B.P. 888 Uturoa, Tel.: 65.61.01, Fax: 65.63.87, Tauchbasis, 4 Bungalows an der Seeseite mit Bad und Terrasse, Restaurant, Bar, sämtliche Wassersportaktivitäten, die meisten Kreditkarten werden akzeptiert
● **Hibiscus** $$, an der Baie Haamene, B.P. 184 Haamene, Tel.: 65.61.06, Fax: 65.65.65, 5 einfache Bungalows mit Bad und Terrasse, eine große "fare" in ein "dormitory" umgewandelt, Restaurant, Bar, auch **deutschsprachig**, VISA, Amex und MasterCard werden akzeptiert

Privatquartiere In Tahaa
● **Chez Pascal** $, Tapuamu, Tel.: 65.60.42, 4 Gästezimmer, keine Kreditkarten
● **Chez Perrette** $$$$, Faaha, PK 10, Tel.: 65.65.78, 2 Gästezimmer mit Küche, TV, Bad, 2 Bungalows mit Küche und Bad, keine Kreditkarten

7.5.6 BORA BORA

Highlights

● **Anflug auf Bora Bora**, Traumbild des halbversunkenen Vulkans in der aquamarinfarbenen Lagune!
● **Bloody Mary's, Baie de Pofai (Km 3)**, Besuch der weltbekannten Gaststätte!
● **Pointe Matira (Km 5)**, der schönste Strand der Insel!

Überblick

● Bora Bora, das die Eingeborenen *"Pora Pora"* nennen, was so viel wie "der Erstgeborene" heißt, liegt **240 km nordwestlich von Tahiti** und gehört zu den Inseln unter dem Wind. Die Insel beheimatet **4.225 Einwohner**.
● Die **Reste eines ehemaligen Vulkans** mit der höchsten Erhebung, dem **steilen Otemanu (727 m)**, sind von einer **vielfarbigen Lagune** und einer langen Kette von **flachen Motus** umgeben, die ein **fast lückenloses Korallenriff** vor dem wilden Ansturm der Brandungswellen schützen. Es gibt nur eine schiffbare Passage, den **Te Ava Nui Pass**, ins Innere der Lagune. Die **Baie de Pofai** ist der Überrest des ehemaligen Kraters.
● Bora Bora ist der **Traum vieler sonnenhungriger Urlauber** aus aller Welt geworden. Die Bilder der Gesamtaufnahme der wunderschönen Lagune mit dem im Meer halbversunkenen Vulkan aus der **Vogelperspektive** wirken magisch anziehend. Diesem Zauber sind viele Weltreisende erlegen. Bei der Verwirklichung dieses Reisetraums wird Sie der Anflug auf Bora Bora bei schönem Wetter nicht enttäuschen. Es ist überwältigend schön!
● **Vaitape** ist der Hauptort der Insel.

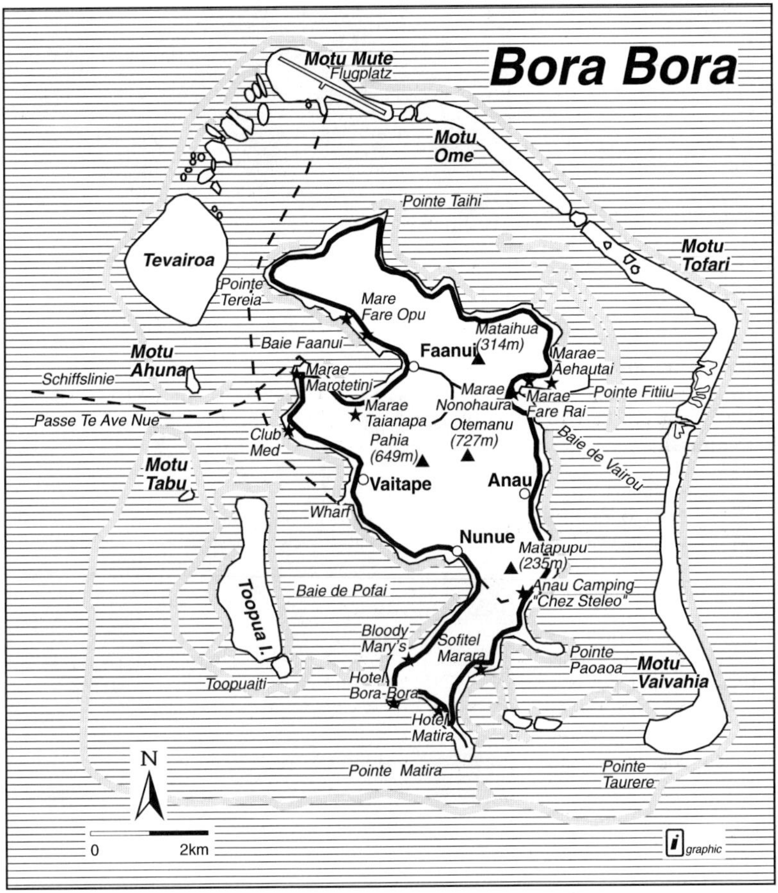

Map showing Bora Bora:

Bora Bora

Motu Mute, Flugplatz
Motu Ome
Pointe Taihi
Motu Tofari
Tevairoa
Pointe Tereia
Mare Fare Opu
Baie Faanui
Faanui (314m)
Marae Aehautai
Motu Ahuna
Schiffslinie
Marae Marotetini
Marae Nonohaura
Marae Fare Rai
Pointe Fitiiu
Passe Te Ave Nue
Marae Taianapa
Otemanu (727m)
Baie de Vairou
Club Med
Pahia (649m)
Motu Tabu
Vaitape
Anau
Wharf
Nunue
Matapupu (235m)
Baie de Pofai
Anau Camping "Chez Steleo"
Bloody Mary's
Sofitel Marara
Pointe Paoaoa
Motu Vaivahia
Toopua I.
Hotel Bora-Bora
Toopuaiti
Hotel Matira
Pointe Matira
Pointe Taurere
N
0   2km
i graphic

Reisepraktische Hinweise

Flüge
Air Tahiti fliegt regelmäßig in 45 Minuten direkt vom Flughafen Tahiti-Faaa nach Bora Bora oder verbindet mit ihren Flügen Anschlüsse in Moorea, Huahine und Raiatea. Außerdem gibt es noch **Charterflüge** von Tahiti Conquest Airlines, Air Tahiti/Air Moorea und Air Oceania Tahiti.
Der **Flugplatz von Bora Bora** liegt auf dem **Motu Mute** im Norden der Lagune. Der Transfer per Motorboot nach Vaitape ist kostenlos. Schon diese Barkassenfahrt ist ein Erlebnis. Ein markanter, vierkantiger Berg, der Mt. Pahia, ist besonders auffällig.

Schiffe
Folgende Schiffe verkehren zwischen Papeete und Bora Bora:
● **Temehani II**: zweimal wöchentlich
● **Taporo IV**: dreimal wöchentlich

279

● **Vaieanu**: zwei- bis dreimal wöchentlich
● **Roromatai Ferry**: zweimal wöchentlich

Inselrundfahrt

Eine 29 km lange, asphaltierte Straße umrundet Bora Bora. Im Hauptort Vaitape beginnt die Kilometrierung mit Null (PK 0). Sie sollten die Inselrundfahrt im Uhrzeigersinn durchführen.

● **Vaitape**

Auskunft
Bora Bora Visitors Bureau, Vaitape, am Hafen, neben dem Air Tahiti-Büro

Autoverleih
● **Bora Bora Rent-A-Car**, Vaitape, 200 m hinter der Post in Richtung Matira, B.P. 246 Bora Bora, Tel.: 67.70.03 und 67.70.15
● **Fredo Rent-A-Car**, Vaitape, Tel.: 67.70.28

Blick auf den Pahia – bei Vaitape

Busse
Der Busdienst **"Le Truck"** fährt Sie vom Hafen von Vaitape zu jedem gewünschten Hotel oder Campingplatz der Insel.

Banken
● **Banque de Polynesie**, Vaitape
● **Banque Socredo**, Vaitape, am Hafen
● **Banque Westpac**, Vaitape

Post
Öffnungszeiten: Mo 8.00-15.00 Uhr, Di-Fr 7.00-15.00 Uhr, Sa 7.00-9.00 Uhr

Vaitape hat sich zum **Hauptort der Insel** entwickelt. Rund um die Hafenanlage haben sich Banken, Geschäfte, Souvenir-Shops, Kunstgewerbeläden, Büros und die Post angesiedelt. Als Ferienort ist Vaitape nicht so zu empfehlen, mehr als Ausgangspunkt für reizvolle Orte der Insel.

Gegenüber von Vaitape auf dem **Motu Toopua** liegt das Luxushotel Bora Bora Lagoon Resort.

Unterkünfte
Preis-Gruppierungen nach folgendem Schlüssel
$$$$$$ = über 25.000 CFP pro Doppelzimmer (DZ)
$$$$$ = 20.000 – 25.000 CFP pro DZ
$$$$ = 15.000 – 20.000 CFP pro DZ
$$$ = 10.000 – 15.000 CFP pro DZ
$$ = 5.000 – 10.000 CFP pro DZ
$ = unter 5.000 CFP pro DZ
Hotels
● **Hotel Miri Miri** $$$$$$, Motu Paahi, 10 Minuten per Boot vom Flugplatz entfernt, B.P. 163 Vaitape, Tel.: 67.71.39, Fax: 67.72.00, 4 Bungalows, keine Kreditkarten
● **Hotel Bora Bora Lagoon Resort** $$$$$$, Motu Toopua, B.P. 175 Vaitape, Tel.: 60.40.00, Fax: 60.40.01, 30 Strandbungalows, 50 Überwasser-Bungalows, schöner Blick auf den Mt. Pahia und die blaue Lagune, tadelloser weißer Sandstrand

Restaurant
Blue Lagoon, Vaitape, B.P. 250 Bora Bora, Tel.: 67.70.54

● **Baie de Pofai**

Auf der Fahrt von Vaitape nach Süden fährt man am Ufer der Baie de Pofai entlang. Man sollte sich bewußt machen, daß dieses der östliche Rand eines ehemaligen Vulkankraters ist.

Palmenstrand – Baie de Pofai

Privatquartier
Chez Rosina $$, Baie de Pofai, ein Kilometer vor Pointe Matira, B.P. 51 Vaitape, Tel.: 67.70.91, 4 Gästezimmer mit Bad, TV und Gemeinschaftsküche, über die Straße schöner Strand, keine Kreditkarten

Restaurants
● **Bambou House**, Baie de Pofai (Km 2), B.P. 176 Bora Bora, Tel.: 67.76.24. In diesem Meeresfrüchte-Restaurant sind die Wände und die Inneneinrichtung vollständig aus Bambus gefertigt.

● **Bloody Mary's**, Pahonu, Baie de Pofai (Km 3), Tel.: 67.72.86. Bloody Mary's wurde 1979 gegründet. Es war am Anfang nur ein ganz kleines Restaurant mit fünf Tischen, das sich dank der Kunden aus aller Welt, die sich hier wohlgefühlt haben, zu dem heutigen weltbekannten Restaurant entwickelt hat. Berühmte Persönlichkeiten sind hier eingekehrt, z.B. die Sänger Julio Iglesias und Ringo Starr, der Schauspieler Marlon Brando und der Regisseur Roman Polanski.

● **Pointe Matira (Km 5)**

An der Südspitze treffen Sie auf den **schönsten Sandstrand** der Insel; deshalb finden Sie gerade hier eine Anhäufung touristischer Infrastruktur.

Hotels
● **Hotel Bora Bora** $$$$$$, Pointe Matira, B.P. 1 Nunue, Tel.: 67.70.28, Fax: 67.74.38, 55 Bungalows, davon 15 Überwasserbungalows, das älteste Luxushotel, großzügig angelegt

● **Beach Club Bora Bora** $$$$, Pointe Matira, B.P. 252 Nunue, Tel.: 67.71.16, Fax: 41.09.28, 36 Hotelzimmer, alle Wassersportarten vertreten

● **Hotel Matira** $$$, Pointe Matira, B.P. 31 Matira, Tel.: 67.70.51, Fax: 67.77.02, 25 Bungalows, renovierungsbedürftig, schöner Strand

● **Moana Beach Parkroyal Bora Bora** $$$$$$, Pointe Matira, B.P. 156 Vaitape, Tel.: 67.73.73, Fax: 67.71.41, 41 Bungalows, davon 31 Überwasser-Bungalows im klaren Wasser der Lagune, Wassersport aller Art

● **Hotel Sofitel Marara** $$$$$$, Pointe Matira, B.P. 6 Nunue, Tel.: 67.70.46 und 67.72.21, Res. 41.04.04, Fax: 67.74.03, Res. 41.05.05, 64 Hotelzimmer, davon 21 Überwasser-Bungalows, man kann sich eine Unterwasserkamera ausleihen

● **Bora Bora Motel** $$$, Pointe Matira, B.P. 180 Vaitape, Tel.: 67.78.21, Fax: 67.77.52, 4 Studios und 3 Apartments jeweils mit Bad, Küche und Terrasse, blendend weißer Strand

Privatquartiere
● **Chez Nono Leverd** $$, Pointe Matira, B.P. 282 Vaitape, Tel.: 67.71.38, Fax: 67.74.27, ein Bettenhaus mit 6 Gästezimmern, 3 Bungalows in polynesischem Stil, Gemeinschaftsküche,

● **Village Pauline** $$, Pointe Matira, B.P. 215 Vaitape, Tel.: 67.72.16, Fax: 67.78.14, 6 Bungalows in polynesischem Stil mit Küche, Sitzecke, Dusche, 8 "Beach-cabins", ein Gemeinschaftsschlafraum ("Dormitory") mit 8 Liegen, 40 Zeltplätze, VISA, MasterCard und Eurocard werden akzeptiert, gute Bademöglichkeit, Tagesausflüge zum Schnorcheln und Riffhaifüttern werden organisiert, Vermietung von Fahrrädern, Motorrollern und Autos ist möglich

● **Chez Robert et Tina** $$, Pointe Matira, sehr gute Lage an der Spitze einer Halbinsel

Camping
Village Pauline, Pointe Matira, Tel.: (689) 67.72.16, 40 Zeltplätze, 1.600 CFP pro Person und pro Tag

Restaurant
Restaurant La Bounty, Pointe Matira, schräg gegenüber von Village Pauline, B.P. 18 Bora Bora, Tel.: 67.70.43, gemütliche Atmosphäre

Autoverleih
Fredo Rent-A-Car, Hotel Bora Bora, Pointe Matira, Tel.: 67.70.28

● **Ost- und Nordküste**

Hotels
● **Club Mediterranée Bora Bora** $$$$$$, Südostküste, B.P. 575 Papeete, Tel.: 42.96.99, Fax: 42.16.83, 150 Hotelzimmer, teils künstlicher Strand
● **Hotel Revatua Club** $$, Anau, Baie de Vairau, B.P. 159 Vaitape, Tel.: 67.71.67 und 67.73.31, Fax: 67.76.59, 16 Gästezimmer mit Bad und Terrasse, Restaurant, Bar, sehr ruhige Lage, gute Schnorchelgründe

Camping
Chez Steleo, Anau, Km 9, Tel.: (689) 67.71.32

Von dem kleinen **Fischerort Anau** ab Richtung Norden gibt es keine ansprechenden Strände mehr. Schlickflächen und scharfes Korallengestein bedecken die Uferpartien. Um so häufiger stößt man auf alte *Maraes*. Am besten erhalten ist der *Marae* **Aehautai** am Nordufer der **Baie de Vairou**.

Die **Vegetation** ist **im Osten** der Insel **tropischer** als im Westen. Bei der Weiterfahrt entlang der **Nordküste** bis zum Erreichen von Vaitape, wo sich der Ring Ihrer Rundfahrt schließt, sind außer der malerischen **Baie de Faanui** keine Besonderheiten feststellbar.

7.5.7 MAUPITI

Highlights

● **Inselrundgang**, in drei Stunden zu bewerkstelligen!
● **Vogelparadies Maupiti**, ornithologische Beobachtungen!

Überblick

● Diese **kleine, ruhige Insel** ist ein Traum, eine Miniausgabe der großen Vulkaninseln Französisch-Polynesiens, und deshalb so reizvoll. Dieses Kleinod ist in einem 3-stündigen Spaziergang zu umrunden. Es liegt 50 km westlich von Bora Bora. Die grüne Hauptinsel weist die typischen steilen Felsformationen einer Vulkaninsel auf. Der höchste Berg ist der **Tiriano (372 m)**. Die Insel ist von einer

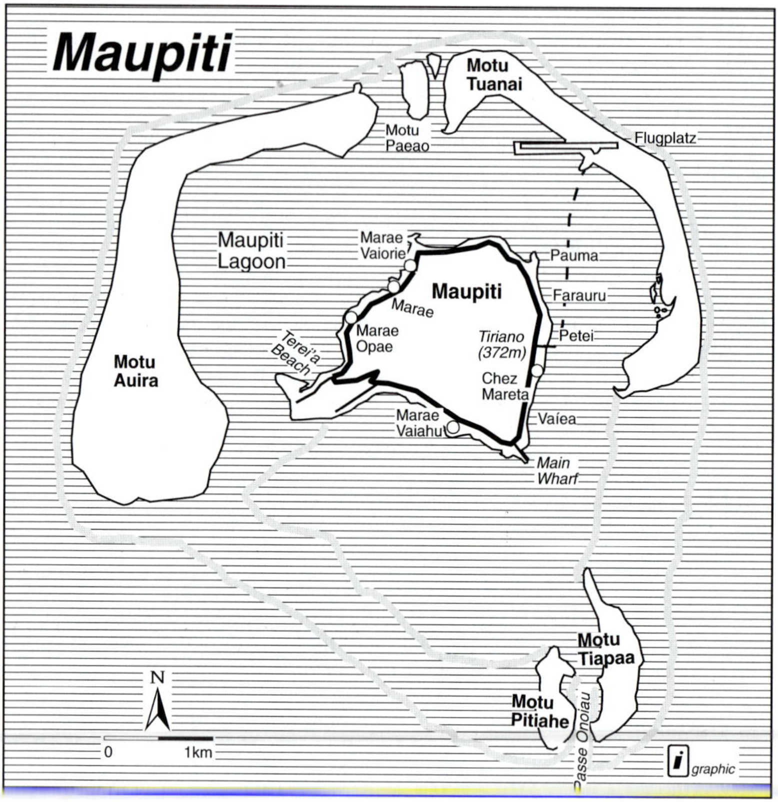

Maupiti

Motu Tuanai

Motu Paeao

Flugplatz

Maupiti Lagoon

Marae Vaiorie

Pauma

Maupiti

Marae

Farauru

Marae Opae

Tiriano (372m)

Petei

Motu Auira

Tereia Beach

Chez Mareta

Marae Vaiahu

Vaiea

Main Wharf

N

Motu Tiapaa

Motu Pitiahe

Passe Onoiau

0   1km

i graphic

glitzernden, saphirblauen Lagune mit **langgezogenen Motus**, auf denen es weiße, traumhaft schöne Korallensandstrände, wiegende Kokospalmen und ausgezeichnete Schnorchelgründe in den Korallengärten gibt, umgeben.

- Rund **1.000 Insulaner** führen hier ein paradiesisches Leben.

- Maupiti ist außerdem ein **Vogelparadies**. Auch Fregattvögel und verschiedene Seeschwalbenarten haben neben den Menschen hier Heimatrecht.

Reisepraktische Hinweise

Flüge
Air Tahiti fliegt normalerweise Maupiti dreimal wöchentlich von Papeete über Raiatea und/oder Bora Bora an.

Schiff
Die **Meherio II** verkehrt einmal wöchentlich von Raiatea.

284

Privatunterkünfte
Preis-Gruppierungen nach folgendem Schlüssel
$$$$$$ = über 25.000 CFP pro Doppelzimmer (DZ)
$$$$$ = 20.000 – 25.000 CFP pro DZ
$$$$ = 15.000 – 20.000 CFP pro DZ
$$$ = 10.000 – 15.000 CFP pro DZ
$$ = 5.000 – 10.000 CFP pro DZ
$ = unter 5.000 CFP pro DZ

● **Chez Mareta** $$, Vai'ea, Tel.: 67.80.25, 6 Gästezimmer, keine Kreditkarten
● **Chez Floriette** $$$, Vai'ea, B.P. 43 Maupiti, Tel.: 67.80.85, 4 Gästezimmer, TV, Küche, gemeinsames Bad, keine Kreditkarten
● **Pension Eri** $$$, Vai'ea, Tel.: 67.81.29, 4 Gästezimmer, Küche, Gemeinschaftsbad, keine Kreditkarten
● **Pension Tamati** $, Vai'ea, Tel.: 67.80.10, 9 Gästezimmer, teils eigenes und teils Gemeinschaftsbad, Gemeinschaftsküche, keine Kreditkarten
● **Pension Marau** $$, Vai'ea, Tel.: 67.81.19, 3 Gästezimmer, Terrasse, Küche, Gemeinschaftsbad, keine Kreditkarten
● **Pension Auira** $$$, Motu Auira, B.P. 2 Maupiti, Tel.: 67.80.26, 7 Bungalows im traditionellen polynesischen Stil mit eigenem Bad, Restaurant, keine Kreditkarten
● **Fare Pae'ao** $$, Motu Pae'ao, B.P. 33 Maupiti, Tel.: 67.81.01, 3 Überwasser-"Fare" in polynesischem Stil mit eigenem Bad, Restaurant, keine Kreditkarten
● **Kuriri Village** $$$$, Motu Tiapa'a, 30 min per Boot vom Flugplatz entfernt, B.P. 23 Maupiti, Tel.: 67.82.00, 3 "Fare"-Bungalows mit Moskitonetz und Gemeinschaftsbad, weißer Sandstrand, keine Kreditkarten
● **Pension Papahani** $$, Motu Tiapa'a, B.P. 1 Maupiti, 2 große "Fare"-Bungalows mit Gemeinschaftsdusche und WC, weißer Sandstrand, keine Kreditkarten

Banken
Auf Maupiti gibt es **keine Bank**.

Inselrundgang

Nachdem Sie wahrscheinlich von der Fluglandepiste auf **Motu Tuanai** nach **Petei** per Boot in ca. 10 Minuten übergesetzt worden sind und, nehmen wir einfach an, bei Chez Mareta Quartier bezogen haben, könnte hier Ihr Inselrundgang beginnen. Auf der **9 km langen Straße** erblicken Sie viele Mango- und Brotfruchtbäume, Bananenstauden und blühende Hibiskussträucher am Wegesrand, besonders in Nähe der **Dörfer Vai'ea, Pauma** und **Farauru**, die Sie in dieser Reihenfolge passieren werden. Auch an *Maraes* fehlt es hier nicht. Die an der Küste liegenden ehemaligen Kultstätten sind leicht zu entdecken (siehe Karte). Die in den Bergen versteckten werden Sie sicherlich nur mit einheimischem Führer erreichen, wenn Ihnen der Sinn danach steht.

7.6 DIE TUAMOTUS

7.6.1 ÜBERBLICK

● Im Tuamotu-Archipel ragen **78 flache Korallenatolle** wie kleine Festungen aus dem Pazifik, verstreut über eine Fläche von 1.200 x 600 km im östlichen Teil von Französisch-Polynesien. Die Inseln sind in zwei parallelen Reihen, von Nordwesten nach Südosten verlaufend, angeordnet. Von den 78 Atollen besitzen 31 eine oder mehr Passagen durchs Riff. Die hohe Zahl der restlichen 47 Atolle ist mit einem lückenlosen Korallenring fest umschlossen.

● Der **Süßwassermangel** auf den Atollen, deren Boden wasserdurchlässiger Korallenkalkboden ist, ist für die dauerhafte menschliche Besiedlung ein ernstes Problem. In Zisteren aufgefangenes Regenwasser ist oft die einzige Möglichkeit, an dieses notwendige Lebenselixier zu gelangen.

● **Ca. 12.500 Menschen** haben 45 der Tuamotu-Atolle besiedelt. Sie führen ein einfaches, ruhiges Leben. Ihre Existenz war und ist durch den Fischfang, das Ernten von Kokosnüssen und den Anbau von Knollenfrüchten als Grundnahrungsmittel gesichert.

● **Perlenzucht** wird auf dem Tuamotu-Inseln Kaukura, Manihi, Aratika, Takapoto, Takaroa, Katiu, Taenga, Raroia und Takume in Perlenfarmen betrieben. Die **schwarzen Perlen** sind besonders begehrt (siehe Kapitel 7.5.1).

● Neuerdings faßt der **Tourismus** punktförmig auf einigen wenigen Atollen Fuß.

● Für den Besuch der **Militärbasen Hao, Reao, Nukutavake, Tureia Moruoa,** und **Fangataufa** benötigen Sie als Ausländer wegen der französischen Atombombenversuche eine besondere Genehmigung.

7.6.2 RANGIROA

Highlights

● **Rangiroa**, hier findet der Reisende noch weitgehend authentische polynesische Lebensart vor, besonders in der Pension Chez Nanua $$ im Avatoru Distrikt.
● **Rangiroa**, Schwimmen, Schnorcheln und Tauchen in der zweitgrößten Lagune unserer Erde!
● **Manihi**, Besichtigung von Perlenzuchtfarmen!

Überblick

● **Rangiroa** liegt 200 km nordöstlich von Papeete. Es ist das **zweitgrößte Atoll der Erde**, 78 km lang und 24 km breit. Die aquamarinfarben schimmernde Lagune ist 1.020 km² groß! Durch die Erdkrümmung kann man die gegenüberliegende Seite des Atolls mit der Kette der Motus und den darauf wachsenden Kokospalmen nicht sehen.

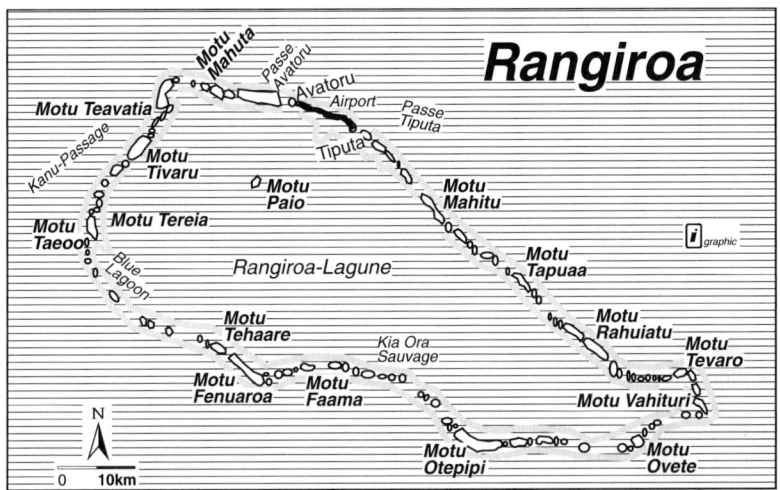

- **Rangiroa** heißt übersetzt **"weiter Himmel"**. Dieser Name ist sehr bezeichnend für die wohltuende Stimmung, die Sie hier umfängt, wenn Sie vielleicht als gestreßter Großstadtmensch hier zur Ruhe kommen, der weite Horizont ohne Grenzen, keine Fixpunkte, an denen sich die Blicke festhalten könnten, der leichte Wellengang, das helle Licht, das glasklare Wasser, die Stille, nur ab und an durch den Schrei der Seeschwalben unterbrochen!

- Das **Vogelleben** ist hier noch nicht gestört. Während der Artenreichtum hier sehr gering ist, so kommen die hier heimischen Vogelarten in größerer Zahl vor, am häufigsten sind verschiedene Seeschwalbenarten. Schön zu beobachten ist es, wenn die weißen **Seeschwal-**

Der weite Himmel von Rangiroa – Chez Nanua

ben über die Lagune fliegen, dann reflektiert die hellgüne Farbe des Wassers an den Flügelunterseiten der eleganten Seevögel.

- Wegen des **Fischreichtums** und der noch intakten Unterwasserflora und -fauna kommen Sie als Schnorchler oder Taucher voll auf Ihre Kosten.
- Die insgesamt **1.400 Einwohner** des Atolls konzentrieren sich hauptsächlich in den beiden Dörfern **Avatoru** und **Tiputa**, beide auf benachbarten Motus liegend. Sie entstanden jeweils an einer Passage, einem Durchlaß des Korallenkranzes im Atoll.

Reisepraktische Hinweise

Flug
Air Tahiti fliegt täglich mindestens einen Rundflug zwischen dem Flughafen Tahiti-Faaa und Rangiroa und andern Inseln des Archipels.

Schiff
Es bestehen folgende Schiffsverbindungen von Papeete nach Rangiroa:
● **Dory**: einmal wöchentlich
● **Manava II**: alle 10 Tage
● **Saint Xavier Maris Stella**: zweimal monatlich

Unterkünfte
Preis-Gruppierungen nach folgendem Schlüssel
$$$$$$ = über 25.000 CFP pro Doppelzimmer (DZ)
$$$$$ = 20.000 – 25.000 CFP pro DZ
$$$$ = 15.000 – 20.000 CFP pro DZ
$$$ = 10.000 – 15.000 CFP pro DZ
$$ = 5.000 – 10.000 CFP pro DZ
$ = unter 5.000 CFP pro DZ
● **Teure Hotels**
Kia Ora Village Rangiroa $$$$$, Avatoru Distrikt, an der Lagune, 4 km vom Flugplatz, B.P. 1 Rangiroa, Tel.: 96.03.84 und 42.86.75, Fax: 96.04.93 und 41.30.40, 35 Bungalows in schattiger Kokospalmenplantage, weißer Traumstrand, Wassersport aller Art
- **Kia Ora Sauvage** $$$$$$, Motu Avearahi, an der Lagune, B.P. 1 Rangiroa, Tel.: 96.03.84, Fax: 96.04.93, 5 Bungalows in polynesischem Stil
- **Rangiroa Beach Club** $$$, Avatoru, ½ km vom Flugplatz, B.P. 17 Avatoru, Tel.: 96.03.34, Fax: 41.09.28, 11 Bungalows, Restaurant, Bar
● **Kleine Hotels**
- **Raira Lagon** $$, Avatoru Distrikt, 1 km vom Flugplatz, B.P. 87 Avatoru, Tel.: 96.04.23, Fax: 96.05.86, 6 Bungalows mit Sonnendeck und eigenem Bad, Restaurant, VISA, MasterCard und Amex werden akzeptiert
- **Rangiroa Village** $$$, Avatoru, 3 km vom Flugplatz, an der Lagune, B.P. 5 Avatoru, Tel.: 96.03.83, 9 Bungalows mit Bad, Restaurant, VISA, MasterCard und Amex werden akzeptiert
- **Village Sans Souci** $$$$, Motu Mahuta, 15 km vom Flugplatz, 45 min per Boot von Avatoru's Marina, B.P. 22 Avatoru, Tel.: 96.03.72, 14 sehr einfache Bungalows, Restaurant, weißer Strand und glasklares Wasser, VISA und Amex werden akzeptiert, kostenpflichtiger Transfer vom und zum Flugplatz
● **Privatquartiere**
- **Chez Felix et Judith** $, Avatoru, 500 m vom Flugplatz, an der Lagune, B.P. 18 Avatoru, Tel.: 96.04.41, 6 traditionelle Bungalows mit eigenem Bad, VISA wird akzeptiert, Transfer vom und zum Flugplatz
- **Chez Martine** $, Avatoru-Distrikt, 1 km vom Flugplatz, an der Lagune, B.P. 68 Avatoru, Tel.: 96.02.53, 5 Bungalows mit eigenem Bad, VISA, MasterCard und Eurocard werden akzeptiert, Transfer vom und zum Flugplatz
- **Pension Cecile** $$, Avatoru Distrikt, 2 km vom Flugplatz, an der Lagune, B.P. 98 Avatoru, Tel.: 96.05.06, 3 Bungalows mit Bad, sehr nette Vermieter, auch englischsprachig, keine Kreditkarten, Transfer vom und zum Flugplatz
- **Chez Nanua** $$, Avatoru Distrikt, 3 km vom Flugplatz, an der Lagune, B.P. 54 Avatoru, Tel.: 96.03.88, 4 kleine Bungalows, Gemeinschaftsbad, Transfer vom und zum Flugplatz, **Zelten** für 1.000 CFP pro Person und pro Tag möglich, sehr gutes und reichliches einheimisches

Essen, Einblick in polynesisches Familienleben, sehr gastfreundliche Pension, auf **Motu Tea-vatia** (45 min Bootsfahrt) weitere 8 kleine Bungalows mit Gemeinschaftsbad, keine Kreditkarten
- **Chez Mata** $$$, Avatoru Distrikt, 4 km vom Flugplatz, an der Ozeanseite, B.P. 33 Avatoru, Tel.: 96.03.78, 2 Überwasser-Bungalows mit Bad und Terrasse, Transfer vom und zum Flugplatz, keine Kreditkarten
- **Pension Herenui** $$, Avatoru, 4 km vom Flugplatz, im Zentrum des Dorfes, B.P. 31 Avatoru, Tel.: 96.04.71, 4 Bungalows mit Bad und Terrasse, sehr sauber, gute Lage, Transfer vom und zum Flugplatz, keine Kreditkarten
- **Rangiroa Lodge** $, in Avatoru, 6 km vom Flugplatz, Tel.: 96.02.13, ein "Fare" mit 6 Gästezimmern, Gemeinschaftsküche und Gemeinschaftsbad, Transfer vom und zum Flugplatz, keine Kreditkarten
- **Pension Hinanui** $$, Avatoru Distrikt, 3 km vom Flugplatz, an der Lagune, B.P. 16 Avatoru, Tel.: 96.04.61, 4 Bungalows mit Bad und Terrasse, Restaurant, Transfer vom und zum Flugplatz, VISA wird akzeptiert
- **Chez Punua et Moana** $, Avatoru Distrikt, an der Ozeanseite, 5 km vom Flugplatz, B.P. 54 Avatoru, Tel.: 96.04.73, 4 kleine Bungalows, auf **Motu Teavatia** 8 weitere einfache Bungalows, einige sind unter der Pension Chez Nanua aufgeführt, Transfer vom und zum Flugplatz, keine Kreditkarten
- **Chez Henriette** $, Avatoru Distrikt, 5 km vom Flugplatz, nahe der Avatoru Passage, Tel.: 96.04.68 und 96.05.85, 4 Bungalows, Transfer vom und zum Flugplatz, keine Kreditkarten
- **Tuamotel** $$, Avatoru Distrikt, 3 km vom Flugplatz, 1 km von der Tiputa Passage, B.P. 29 Avatoru, Tel.: 96.02.88, ein traditioneller Bungalow mit phantastischem Blick über den Strand, die Lagune und die Tiputa Passage, Transfer vom und zum Flugplatz, keine Kreditkarten
- **Pension Glorine** $$$, Avatoru Distrikt, direkt am Bootssteg der Tiputa-Passage, 5 km vom Flugplatz, Tel.: 96.03.58 und 96.04.05, 6 einfache Bungalows mit Bad und Terrasse, Restaurant, Bar, kostenpflichtiger Transfer vom und zum Flugplatz
- **Chez Marie** $, an die Tiputa Passage angrenzend, 5 km vom Flugplatz, B.P. 36 Avatoru, Tel.: 96.03.94 und 96.03.93, Fax: 96.04.44, 7 Bungalows mit Bad, 3 Gästezimmer mit Gemeinschaftsbad, Restaurant, Transfer vom und zum Flugplatz, keine Kreditkarten
- **Chez Lucien** $, Tiputa Distrikt, 500 m von der Bootsanlegestelle, B.P. 69 Tiputa, Tel.: 96.03.55, 3 Bungalows mit Bad, Transfer vom und zum Flugplatz, keine Kreditkarten
- **Mihiroa Village** $$, Tiputa Distrikt, an der Lagune, 15 min per Boot vom Flugplatz, Tel.: 43.79.87 und 45.39.43 (Res. Tahiti), 4 Bungalows mit Bad, Restaurant, kostenpflichtiger Transfer vom und zum Flugplatz, keine Kreditkarten

 Camping
Chez Nanua, Avatoru, Tel.: (689) 96.03.88, Zelten für 1.000 CFP pro Person und pro Tag, keine Kreditkarten

Avatoru

Mit einem **Fahrrad** oder **Motorroller**, die Sie beispielsweise an der Straße an der Pension Chez Nanua mieten können, läßt sich das längliche Motu gut abfahren. Wenn Ihr Besuch auch dem **kleinen Dorf Avatoru** gilt, dann werden Sie dort u.a. eine Schule, kleine Geschäfte, eine Post, eine Bank, zwei Kirchen und die für die Insel wichtige Schiffsanlegestelle finden. An dem **"Avatoru Pass"** herrscht infolge des Wasseraustausches Ozean/Lagune stets eine **starke Strömung**, die man als Bootsführer, Schnorchler oder Taucher genau beachten muß. Haie, Mantas und Barracudas halten sich hier gern auf.

Post
Öffnungszeiten: Mo-Do 7.00-15.00 Uhr, Fr 7.00-14.00 Uhr

 Bank
Banque de Tahiti, Öffnungszeiten: Mo-Mi 8.00-11.30 und 13.00-16.00 Uhr, Do
13.30-16.00, Fr 8.00-11.30 und 13.30-16.00 Uhr

 Fahrrad- und Motorrollerverleih
an der Straße bei Chez Nanua
(Näheres im A-Z Französisch-Polynesien "Fahrradfahren")

7.6.3 MANIHI

Highlight

● Besuch von **Perlenzuchtfarmen**!

Das 5,6 x 30,4 km große **Atoll Manihi** liegt im äußeren Norden des Tuamotu-Archipels und 520 km von Tahiti entfernt. Neben den **weißen Stränden** an der glasklaren Lagune sind die **schwarzen Perlen** die Hauptmotive, dieses Atoll zu besuchen.

Wegen der Perlenzucht-Industrie sind die ca. 400 Bewohner, die zum größten Teil in dem **Dorf Turipaoa** wohnen, wohlhabender als die übrigen Insulaner der Tuamotus.

Reisepraktische Hinweise

 Flug
Die Flüge von Papeete sind mit einer Zwischenlandung in Rangiroa gekoppelt, zum Vorteil einer Reisekombination beider Atolle.

 Hotels
● **Hotel Kaina Village $$$$$**, B.P. 2460 Papeete, Tel.: 43.16.10, 96.42.73 (Res. Tahiti), Fax: 43.17.86 / 96.42.72, 16 Überwasser-Bungalows, sehr ruhig, familiäre Atmosphäre, sehr gute Tauch- und Schnorchelgründe, Bootsausflüge zu Perlzucht-farmen
● **Le Keshi $$$$**, Motu Taugaraufara, 20 Minuten per Boot vom Flugplatz, Tel.: 96.43.13, 7 Bungalows, Restaurant, Swimmingpool, Waschmaschine

7.7 DIE MARQUESAS

Highlights

- **Paul Gauguins Grab auf Nuku Hiva**, "Wallfahrtsort" seiner Verehrer!
- **Nuku Hiva**, landschaftliche Schönheit der Insel!

7.7.1 ÜBERBLICK

- **Die Inselnatur** der Marquesas ist von **steil aufsteigenden Vulkangebirgen**, tiefen Schluchten und wildgezackten Küstenlinien geprägt. Korallenriffe konnten sich wegen der Ausläufer des **kalten Humboldtstroms** nicht entwickeln. Diese Meeresströmung bezieht ihr kaltes, planktonreiches Wasser aus dem Südpolargebiet, drückt es an der chilenischen Küste nach Norden und läßt es am Südrand des Äquators auslaufen.
- Die Marquesas liegen 1.500 km nordöstlich von Tahiti entfernt. Sie bestehen aus den **sechs bewohnten** Inseln Nuku Hiva, Ua Pou und Ua Huka im Nordwesten sowie Hiva Oa, Tahuata und Fatu Hiva im Südosten und den **sechs kleineren unbewohnten Inseln** Motu One, Hatutu, Eiao, Motu Iti, Fatu Huku und Motane.
- Diese Inselgruppe wurde von dem iberischen Seefahrer Alvaro de Mendana 1595 nach dem spanischen Vizekönig von Peru **Las Marquesa de Mendoza**, seinem Wohltäter, benannt.
- Die Einheimischen nennen die Inselgruppe **"Te Henua Enata"** ("Land der Männer").
- Der Maler **Paul Gauguin** hat die letzten Jahre seines Lebens in **Nuku Hiva** gelebt. Hier wurde er auch begraben. Aus diesem Grund nehmen immer noch einige seiner Verehrer die Reise auf sich, um sein Grab zu besuchen.

7.7.2 NUKU HIVA

Überblick

- **Nuku Hiva** ist die **größte Insel der Marquesas** mit einer Fläche von 330 km^2. Schon ihre **Schönheit** beim Anflug oder von See aus ist überwältigend.
- **2.100 Insulaner** wohnen in den Dörfern Taiohae, Taipivai, Hatiheu, Aakapa, Pua, Hooumi, Anaho und Hakaui. Sie leben vom Fischfang, von der Rinderzucht, von der Kopraherstellung, oder sie arbeiten für die Kirche, im Schulbetrieb oder im Auftrag der Regierung.
- **Taiohae** ist das administrative, wirtschaftliche und kulturelle Zentrum der Marquesas. In diesem Ort an der Küste finden Sie die wichtigsten Regierungsgebäude, eine Gendarmerie, eine Post, Banken, Schulen, gut bestückte Geschäfte und das Büro von Air Tahiti. Die Kathedrale von Notre Dame enthält Skulpturen einheimischer Künstler.

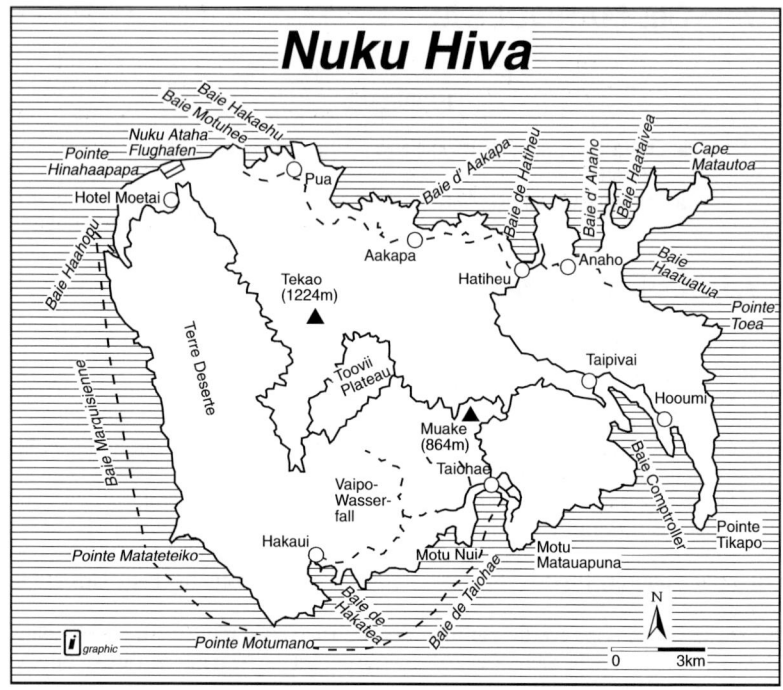

Reisepraktische Hinweise

Flug
Air Tahiti betreibt drei reguläre Flüge zwischen Tahiti und **Nuku Hiva**. Die Flugdauer beträgt 3 Stunden und 30 Minuten. Innerhalb der Inselgruppe gibt es **Lokalflüge**.

Schiff
Von Papeete verkehren folgende Schiffe zu den Marquesas:
● **Tamarii Tuamotu**: einmal monatlich
● **Taporo V**: 14-tägig

Ausflugsziele

● Vom **Muake (864 m)** hat man einen großartigen Blick über die Baie de Taiohae.
● Das **Hakaui-Tal** liegt 15 km von Taiohae entfernt an der Südküste. Hier können Sie im Pool des 350 m hohen Wasserfalls baden.
● Das **Taipivai-Tal** ist das längste und fruchtbarste Tal der Insel. Zahlreiche Wasserfälle schießen hier von den wilden, rauhen Bergen in die Tiefe. Sie sammeln sich in einem langen Flußlauf. In diesem Tal, das schon lange vor dem

292

Erscheinen der Europäer besiedelt war, stößt man immer wieder auf noch gut erhaltene Altertümer, einschließlich einiger Tikis.

● Die **Baie de Hatiheu** an der Nordküste war ein Lieblingsplatz des schottischen Schriftstellers **Robert Louis Stevenson**. Auf einem der grünen Hügel steht 300 m über dem Meer eine **Statue der Jungfrau Maria**. In einem Seitental gibt es eine **Tanzplattform der vorchristlichen Marquesas**, an den Steinanordnungen und den Petroglyphen erkennbar, die in die Felsblöcke gemeißelt sind.

● Die **Baie de Anaho** ist eine der lieblichsten Stellen der Marquesas. Hier leben nur wenige Familien. Eine kleine katholische Kapelle ist das Wahrzeichen dieses friedlichen Ortes. Ein Streifen Sandstrand lädt zum Rasten ein.

● **Reisepraktische Hinweise**

 Unterkünfte
Preis-Gruppierungen nach folgendem Schlüssel
$$$$$$ = über 25.000 CFP pro Doppelzimmer (DZ)
$$$$$ = 20.000 – 25.000 CFP pro DZ
$$$$ = 15.000 – 20.000 CFP pro DZ
$$$ = 10.000 – 15.000 CFP pro DZ
$$ = 5.000 – 10.000 CFP pro DZ
$ = unter 5.000 CFP pro DZ
● **Hotels**
- **Nuku Hiva Village $$**, Taiohae, B.P. 82 Nuku Hiva, Tel.: 92.01.94, Fax: 92.05.97, 15 Bungalows
- **Hotel Keikahanui Inn $$**, Taiohae, B.P. 21 Nuku Hiva, 2 km von Hauptort entfernt, Tel.: 92.03.82, Fax: 92.00.74, 5 Strandbungalows, Restaurant, Bar
● **Privatquartiere**
- **Moana Nui $**, Taiohae, B.P. 5 Nuku Hiva, Tel.: 92.03.30, Fax: 92.00.02, 7 Gästezimmer, Restaurant, Bar, Bad und Terrasse, keine Kreditkarten
- **Moetai Village $**, Teipuuka, 500 m vom Flugplatz Nuku Ataha entfernt, Tel.: 92.04.91, 5 Bungalows mit Bad, Restaurant, Bar, keine Kreditkarten
- **Chez Fetu $**, Taiohae, B.P. 22 Nuku Hiva, Tel.: 92. 03.66, 4 Gästezimmer und 2 Bungalows mit Küche und Bad, keine Kreditkarten
- **Chez Yvonne $**, Hatiheu, B.P. 199 Nuku Hiva, Tel.: 92.02.97, 5 Bungalows in polynesischem Stil mit Bad, Restaurant, Bar, keine Kreditkarten
- **Chez Haiti $**, Taipivai, B.P. 288 Nuku Hiva, Tel.: 92.03.85, 4 Gästezimmer mit Bad, Küche, Terrasse und Blick über die Baie de Taipivai und 2 Bungalows am Fluß, keine Kreditkarten

7.8   DIE AUSTRAL-INSELN

Highlights

- **Tubuai**, Kombination von rauher Bergwelt und idyllischen Sandstränden!
- **Ruhe und Abgeschiedenheit** auf allen Austral-Inseln!

7.8.1   ÜBERBLICK

- Die Kette der hohen Austral-Inseln beschreibt in ihrer Form einen weiten, **1.074 km langen Inselbogen**, der sich von Westen nach Südosten über den Südlichen Wendekreis hinaus krümmt. Die Entfernung von Tahiti zu den Inseln Maria, Rimatara, Rurutu, Tubuai, Raivavae, Rapa und Marotiri beträgt zwischen 538 km und 1.220 km.
- Die **Inselnatur** der Austral-Inseln ist ein **kontrastreiches Gemisch aus wilder und lieblicher Schönheit**, wenn man die Gegensätze zwischen der rauhen Bergwelt und den idyllischen Sandstränden sowie zwischen den scharfkantigen Basalt- und Korallenklippen und den üppigen Obst- und Gemüsefeldern betrachtet.
- **Ca. 6.500 Polynesier** wohnen dauerhaft auf den Inseln Rimatara, Rurutu, Tubuai, Raivavae und Rapa. Sie leben vom Fischfang, Ackerbau und von der Viehzucht. Angebaut werden hauptsächlich Süßkartoffeln, Taro, Maniok und Kaffee.
- Als **Handwerkskunst** wird die Flechtkunst von Matten, Taschen, Körben, Fächern und Hüten besonders gepflegt.
- **Archäologisch** ist die **Insel Rurutu** besonders **interessant**, weil hier übergroße **Tikis**, ähnlich wie auf den Marquesas und der Osterinsel, gefunden wurden.

7.8.2   TUBUAI

Überblick

- Tubuai ist mit nur 45 km² die größte der Austral-Inseln und gleichzeitig auch ihr **administratives Zentrum**.
- Die zentrale Vulkaninsel mit dem **Mt. Taitaa (422 m)**, ihrer höchsten Erhebung, eingerahmt von einer **türkisfarbenen Lagune, blendend weißen Sanddünen** und vier Motus an deren Außenrand und beschützt von einem starken Korallenriff, ist ein kleines tropisches Paradies.
- Eine 24 km lange **Küstenstraße** umrundet die Insel und verbindet die Dörfer Mataura, Taahuaia, Tamatoa, Mahu, Tepu und Anua miteinander, in denen **1.846 Einwohner** leben.
Eine weitere Inlandstraße windet sich über die Insel und verbindet die Nord- und die Südküste auf dem kürzesten Weg. An ihr liegen fruchtbare Felder, auf denen Taro, Kartoffeln, Getreide, Pfirsiche, Orangen und Kaffee angebaut werden.

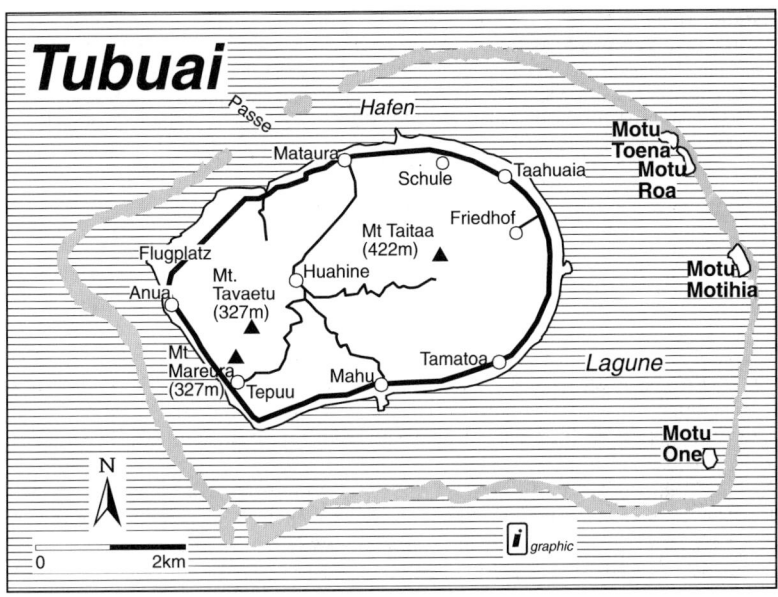

- **1789** versuchten die **Meuterer der** *Bounty* unter der Führung von Fletcher Christian vergeblich, sich auf Tubuai anzusiedeln (vgl. Kapitel 7.3.2).
- **Mataura** ist der Hauptort. Hier gibt es ein Rathaus, eine Polizeistation, ein kleines Krankenhaus, eine Post, Schulen, Kirchen und zwei kleine Läden, von Chinesen betrieben.

Reisepraktische Hinweise

Flug
Air Tahiti fliegt regelmäßig von Tahiti-Faaa folgende Flüge nach:
- **Tubuai**: zweimal wöchentlich
- **Rurutu**: einmal wöchentlich

(Auf den bewohnten Inseln Rimatara, Raivavae und Rapa gibt es keine Flugplätze)

Schiff
Tuhaa Pae II verkehrt dreimal im Monat nach Rurutu, Tubuai, Rimatara und Raivavae, mit einem Halt in Rapa alle zwei Monate.

Unterkünfte
Preis-Gruppierungen nach folgendem Schlüssel
$$$$$$ = über 25.000 CFP pro Doppelzimmer (DZ)
$$$$$ = 20.000 – 25.000 CFP pro DZ
$$$$ = 15.000 – 20.000 CFP pro DZ
$$$ = 10.000 – 15.000 CFP pro DZ
$$ = 5.000 – 10.000 CFP pro DZ
$ = unter 5.000 CFP pro DZ

Privatquartiere

● **Chez Taro Tanepau** $, Mataura, 3 ½ km vom Flugplatz entfernt, Tel.: 95.03.82, 2 Gäste-zimmer mit Bad und Küche, Transfer vom und zum Flugplatz, keine Kreditkarten

● **Chez Karine et Tale** $$, Taahuaia, 6 km vom Flugplatz entfernt, B.P 34 Mataura, Tel.: 95.04.52 und 95.04.76, ein Bungalow mit Bad, Küche und Terrasse, Transfer vom und zum Flugplatz, keine Kreditkarten

7.9 DIE GAMBIER-INSELN

Highlights

- **Rikitea** auf Mangareva, prächtige Kirche!
- **Perlenzucht**, Besuch der Zuchtfarmen!

7.9.1 ÜBERBLICK

- Die Gruppe der **zehn Gambier-Inseln** verteilt sich über eine Wasserfläche von 1.500 km².
- Die **Inselnatur** der **hohen Vulkaninseln** mit dem **Mt. Duff (441 m)** und dem **Mt. Mokoto (425 m)**, den höchsten Erhebungen auf der Hauptinsel Mangareva (6,5 x 1,5 km), ist von ausgewaschenen Bergflanken (wegen der ergiebigen Regenfälle) und weitgeschwungenen Buchten gekennzeichnet.
- Die **vier größten Inseln** sind **Mangareva** ("Treibender Berg"), **Taravai, Aukena** und **Akamaru**. Sie haben alle eine sehr eckige Form. Diese Inseln sind von einem rautenförmigen großen Riffgürtel umgeben.

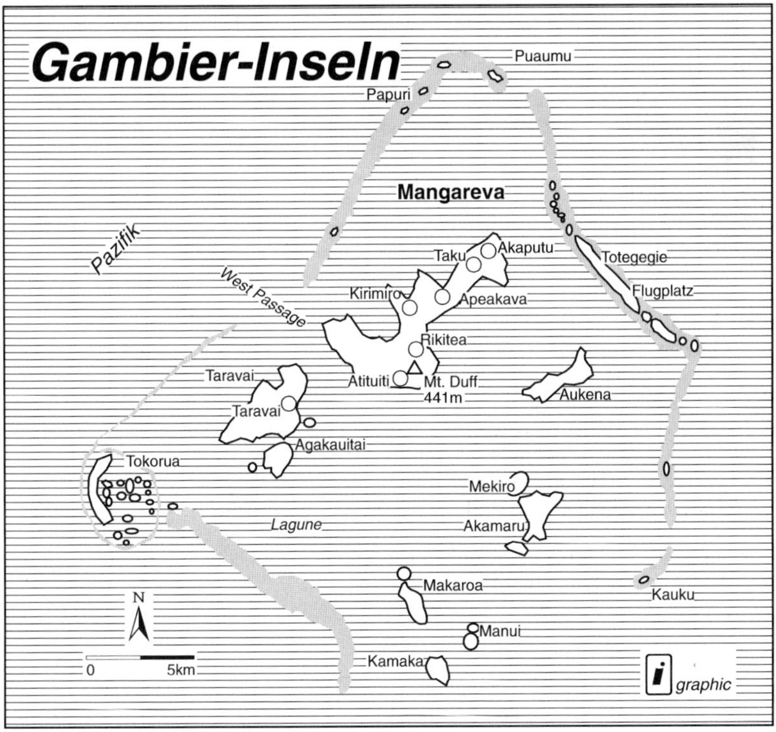

Gambier-Inseln

Puaumu

Papuri

Mangareva

Pazifik

West Passage

Taku Akaputu

Totegegie

Kirimiro Apeakava

Flugplatz

Rikitea

Taravai Atituiti Mt. Duff 441m

Aukena

Taravai

Agakauitai

Tokorua

Mekiro

Lagune Akamaru

N

Makaroa

Kauku

Manui

0 5km

Kamaka

i graphic

● Im Norden und Westen haben sich auf dem Riff längliche **Motus** von 50 m bis 5 km Länge gebildet.

● Die **größten Orte**, **Taku** und **Rikitea**, liegen auf Mangareva. Rikitea ist stolz auf eine sehr beeindruckende, prächtige Kirche, deren zwei Türen aus weißem Korallengestein und der Altar aus schimmerndem Perlmutt gefertigt sind.

● Die **Wirtschaft** der Gambier-Inseln beruht zum größten Teil auf **Selbstversorgung**. Sie gründet sich auf Viehzucht und den Anbau von Taro, Maniok, Yams, Brotfrucht, Mangos und Kokosnüssen. Außerdem wird hier **Perlenzucht** betrieben.

● Als **Ausländer** benötigen Sie eine **spezielle Genehmigung** zum Besuch von Mangareva, weil Sie das **militärische Sperrgebiet** (Atombombenversuchsgelände Moruroa und Fanataufa) passieren.

● Das **Freizeitangebot** umfaßt Wanderungen, Bootsausflüge zu den Motus, alle Wassersportarten und Besuche historischer Stätten und Perlenfarmen.

7.9.2 MANGAREVA

Reisepraktische Hinweise

Flug
Air Tahiti fliegt regelmäßig zweimal monatlich von Tahiti-Faaa nach Mangareva. Der Flugplatz liegt auf dem Motu Totegegie.

Schiff
Von Papeete verkehrt einmal monatlich das Versorgungsschiff **Ruahutu** zu den Gambier-Inseln.

Unterkünfte
Preis-Gruppierungen nach folgendem Schlüssel
$$$$$$ = über 25.000 CFP pro Doppelzimmer (DZ)
$$$$$ = 20.000 – 25.000 CFP pro DZ
$$$$ = 15.000 – 20.000 CFP pro DZ
$$$ = 10.000 – 15.000 CFP pro DZ
$$ = 5.000 – 10.000 CFP pro DZ
$ = unter 5.000 CFP pro DZ
Privatquartiere
● **Chez Pierre et Mariette Paemara** $$, Rikitea, 100 m von der Schiffsanlegestelle entfernt, Tel.: 97.82.87, 3 Gästezimmer mit Bad und Küche, keine Kreditkarten
● **Chez Terii et Helene Paeamara** $$, Rikitea, 100 m von der Schiffsanlegestelle entfernt, Tel.: 97.82.80, 2 Gästezimmer mit Bad und Küche, keine Kreditkarten

In Mangareva gibt es u.a ein Krankenhaus, ein Postamt, eine Polizeistation, Schulen, Geschäfte und eine sehr große Kirche.

8 COOK-INSELN

8.1 ALLGEMEINER ÜBERBLICK

Cook-Inseln auf einen Blick

Fläche:	240,6 qkm (ca. 1,8 Millionen qkm inklusive Meeresfläche), insgesamt 15 Inseln im Pazifischen Ozean zwischen 8° und 23° südlicher Breite und 156° und 167° westlicher Länge
Einwohner:	18.552 Einwohner wurden nach der letzten Volkszählung registriert, davon 90% Polynesier. Rund die Hälfte der Bevölkerung wohnt auf Rarotonga. In Neuseeland leben nochmals ca. 24.000 Cook-Insulaner. Auf den Cook-Inseln geborene Cook-Insulaner besitzen die neuseeländische Staatsangehörigkeit.
Sprachen:	Englisch ist offizielle Sprache, Cook Islands Maori ist die landesübliche Sprache.
Hauptstadt:	Avarua auf der Hauptinsel Rarotonga mit 10.198 Einwohnern nach der letzten Volkszählung.
Religionen:	Auf den Cook-Inseln herrscht Religionsfreiheit. Die Insulaner gehören folgenden Kirchen an: Cook Islands Christian Church, Roman Catholic Church, Church of Jesus of Latter Day Saints und Seventh Day Adventist Church.
Flagge:	kreisförmig angeordnete 15 Sterne auf blauem Grund, die die 15 Inseln des Landes darstellen und links oben Union Jack
Nationalfeiertag:	Constitution Celebrations (Unabhängigkeitsfeier), Beginn am Freitag vor dem 04. August
Staats- und Regierungsform:	Seit 1965 sind die Cook-Inseln ein unabhängiger Staat in freier Assoziation mit Neuseeland und innerer Selbständigkeit unter der britischen Krone. Die Cook-Inseln sind eine parlamentarische Demokratie nach britischem Vorbild mit 24 Sitzen im Unterhaus und einem Oberhaus (House of Ariki), das jedoch nur eine beratende Funktion hat. Die 24 Mitglieder des Parlaments werden alle fünf Jahre gewählt. Die Volksvertretung wählt den Premier und das Kabinett.
Wirtschaft:	Tourismus, Landwirtschaft, Perlenzucht
Handelspartner:	Neuseeland zu 80%, gefolgt von Australien
Export:	Textilien, Schuhe, Perlen, Tropenfrüchte (Citrusfrüchte, Ananas, Bananen, Papaya), Gemüse und Kopra
Währung:	Neuseeland-Dollar (NZ$) = 100 Cents und Cook Island Dollar (nur im Binnenland)
Problemfelder:	Handelsdefizit (Exportvolumen geringer als Importvolumen), die meisten Schulden gegenüber Neuseeland, keine Entwicklungshilfe wegen Assoziierung mit Neuseeland

8.2 GEOGRAPHISCHER ÜBERBLICK

8.2.1 LAGE UND GRÖSSE

● **Die Cook-Inseln** setzen sich aus **insgesamt 15 Inseln** im südlichen Pazifik zusammen. Sie liegen auf halbem Wege zwischen Tahiti und den Tonga-Inseln, genauer gesagt zwischen 8° und 23° südlicher Breite und 156° und 167° westlicher Länge.

● **Die Landfläche** beträgt **nur 240,6 km²**. Das entspricht ungefähr der Fläche der Insel Wollin (247,8 km²) in der Odermündung.

● **Das Hoheitsgebiet** der Cook-Inseln umschließt rund 1,8 Million km², inklusive des geringen Landanteils und der riesigen Meeresfläche. Das entspricht etwa der Größe Westeuropas (Bundesrepublik Deutschland, Benelux, Frankreich, Spanien, Portugal, Großbritannien, Irland = 1.885.268 km²).

● **Zwei Inselgruppen** der insgesamt 15 Eilande bilden die malerischen Cook-Inseln. Dabei liegt Penrhyn, die nördlichste Insel, von Mangaia, der südlichsten, 1.340 km entfernt.

- Zur **nördlichen Gruppe** gehören sechs Inseln: Penrhyn, Rakahanga, Manihiki, Pukapuka (nicht zu verwechseln mit Pukapuka im Osten der Tuamotus), Nassau und Suwarrow.

- Zur **südlichen Gruppe** zählen neun Inseln: Palmerston, Aitutaki, Manuae, Takutea, Mitiaro, Atiu, Mauke, die Hauptinsel Rarotonga und Mangaia.

Cook-Inseln

Penrhyn

Rakahanga

Pukapuka   Manihiki

Nassau   *Nordgruppe*

Suwarrow

N

0   500km

Palmerston

Aitutaki

Manuae

Südgruppe   Takutea   Mitiaro

Atiu   Mauke

Rarotonga

Mangaia

8.2.2 LANDSCHAFTSTYPEN

Wenn man die Struktur der einzelnen Inselgruppen miteinander vergleicht, so ergibt sich ein sehr abwechslungsreiches Landschaftsbild.

• Die o.g. **nördliche Inselgruppe** besteht aus sehr einsamen, fast vergessenen, **kleinen Atollen**, deren höchste Erhebungen nur bis zu fünf Meter über dem Meeresspiegel liegen. Auf dem humusarmen, wasserdurchlässigen Kalk- und Sandboden gedeihen fast nur Kokospalmen und Pandanus.

• Die o.g. **südliche Inselgruppe** ist belebter.

- **Rarotonga** und **Aitutaki** sind **vulkanischen Ursprungs** mit steilen, bis über 600 m hohen Bergen. Diese sogenannten hohen Inseln sind von großen Lagunen und schützenden Korallenriffen mit Motus (kleine, flache Inseln) darauf umgeben. Der vulkanische Boden ist sehr fruchtbar. Die reichlichen Niederschläge, in Verbindung mit der guten Bodenqualität, bringen eine üppige Vegetation hervor und ermöglichen in den flacheren Küstenregionen eine ertragreiche landwirtschaftliche Nutzung.

- **Palmerston, Manuae** und **Takutea** sind **flache Atolle**.

- **Mitiaro, Atiu, Mauke** und **Mangaia** sind etwas Besonderes. Es sind im Laufe der Zeit **emporgehobene Atolle**. Die ehemals unter Wasser liegenden Riffgürtel wurden bis zu 70 m emporgehoben.

8.3 GESCHICHTLICHER ÜBERBLICK

8.3.1 DIE VOREUROPÄISCHE ZEIT

500-800 n.Chr. In welchem Jahrhundert die polynesischen Wassernomaden die Cook-Inseln entdeckt haben, ist noch nicht genau bestimmt worden. Man nimmt an, daß es zwischen 500 und 800 n. Chr. erfolgte. Die südliche Gruppe der Cook-Inseln soll von Polynesiern der Marquesas besiedelt worden sein, während die nördliche Inselgruppe wahrscheinlich von Tonga und Samoa aus erreicht wurde. Obgleich alle Insulaner Polynesier sind, sind außer auf den beiden Inseln Manihiki und Rakahanga beträchtliche kulturelle und sprachliche Unterschiede festzustellen, die darauf schließen lassen, daß Einwanderungen aus verschiedenen Gebieten Polynesiens und zu unterschiedlichen Zeiten erfolgten.

13. Jahrh. n.Chr. Aus einer Legende sind uns zwei kriegerische Häuptlinge bekannt, **Tangliia-nui** von Tahiti und **Karika** von Samoa. Sie schlossen sich zusammen, um gemeinsam die Insel Rarotonga zu erobern. Weil es keine schriftlichen Aufzeichnungen gibt, wurden geschichtliche Ereignisse nur mündlich weitergegeben und dabei oft ins Legendenhafte ausgeschmückt.

8.3.2 EUROPÄISCHE ENTDECKUNGSFAHRTEN

1595 Der **Spanier Alvaro de Mendana y Neyra**, der Schwiegersohn des spanischen Vizekönigs Garcia de Castro von Peru, erreichte **Pukapuka**, ein kleines Eiland in der Nordgruppe der Cook-Inseln.

1606 Der **Spanier Pedro Fernández de Quirós** landete auf **Rakahanga** und **Manihiki**. Noch gut 200 Jahre dauerte es, bis europäische Seefahrer alle Cook-Inseln oft rein zufällig gesichtet hatten. Entdeckt waren sie von den Polynesiern schon lange Zeit vorher.

1773-1777	Der **Engländer James Cook** stattete den südlichen Cook-Inseln **Manuae, Palmerston, Mangaia, Atiu** und **Takutea** seinen Besuch ab, um die Inseln zu kartographieren. Die große Insel Rarotonga wurde von ihm nicht "entdeckt".
11.04.1789	Der **Engländer William Bligh** ankerte vor **Aitutaki**. Kurz danach brach die berühmte Meuterei auf der *Bounty* aus.
Sept./Okt.1789	**Fletcher Christian**, der Anführer der Meuterer der *Bounty*, segelte an **Rarotonga** vorbei, ohne an Land zu gehen.
1814	Der **Engländer Philip Goodenough** war mit dem Segelschiff *Cumberland* auf der Suche nach Sandelholz, landete auf **Rarotonga**, verwickelte sich in Kämpfe mit den Einheimischen und wurde von der fruchtbaren Hauptinsel vertrieben.

Zusammenstellung der ersten europäischen Entdeckungen

Insel	Datum	europäischer Entdecker
Pukapuka	20.08.1595	Alvaro de Mendana y Neyra & Pedro Fernández de Quirós
Rakahanga	02.03.1606	Pedro Fernández de Quirós
Manuae	23.09.1773	James Cook
Palmerston	16.06.1774	James Cook
Mangaia	29.03.1777	James Cook
Atiu	31.03.1777	James Cook
Takutea	04.04.1777	James Cook
Penrhyn	08.08.1788	Kapitän Lever
Aitutaki	11.04.1789	William Bligh
Rarotonga	Sept./Okt.1789	Meuterer der Bounty
Suwarrow	17.09.1814	Mikhail Lazar
Manihiki	13.10.1822	Kapitän Patrickson
Mitiaro	26.06.1823	Missionar John Williams
Mauke	23.06.1823	Missionar John Williams
Nassau	? 1893	Louis Coutance

8.3.3 DIE MACHT DER MISSIONARE

1821	Der **englische Missionar John Williams** von der "London Missionary Society" landete auf **Aitutaki** mit zwei **tahitianischen Missionaren Papeiha** und **Vahapata**, die er nach seinem Fortgang dort zurückließ. Sie leisteten erfolgreiche Arbeit im Sinne der Mission.
1823	Nach zwei Jahren kam **John Williams** zurück. Er mußte zur Kenntnis nehmen, daß die Polynesier bei ihrer Missionsarbeit einen besseren Zugang zu den "heidnischen" Eingeborenen wegen geringerer sprachlicher und kultureller Hürden fanden als er als weißer Fremdling. Deshalb nahm er den **Ostpolynesier Papeiha** mit nach **Rarotonga**, wo dieser vier Jahre lang sein Werk fortsetzte.
1827	**John Williams** kehrte abermals nach Rarotonga zurück, um sich dort niederzulassen. Nachdem Papeiha den Einheimischen die Grundbegriffe des Christentums beigebracht hatte, ging John Williams anschließend daran, die bisherige Lebensweise der Insulaner grundlegend zu erschüttern und diese durch eine

Cook Islands Christian Church – Matavera

neue streng-puritanische Lebensart zu ersetzen, die in Gesetzen, den sog. "Blue Laws", festgeschrieben wurde. Im Klartext bedeutete das:

- **Abschaffung der Polygamie**
- **Verbot des Kava-Trinkens**
- **Verbot der traditionellen Tänze**
- **Verbot des Sich-Schmückens mit Blumen**
- **Verbot des Sich-Einreibens mit Kokosöl** als Schönheitsmittel
- **Ernennung der Richter durch die *Ariki*** (Oberhäupter der drei Distrikte auf Rarotonga)

Alle diese Maßnahmen führten zu **tiefgreifenden Umwälzungen** der polynesischen Gesellschaft. Die traditionelle Lebensfreude der Insulaner wurde unterminiert.

Es wurde eine **Polizeitruppe** aus bekehrten Christen ins Leben gerufen, die die **Einhaltung der Gesetze** zu überwachen hatte. Bei Übertretung derselben wurden Geldstrafen verhängt.

1837 Besonders durch die **Gründung der Bibelschule von Takamoa** in Avarua entwickelte sich Rarotonga zum Mittelpunkt der Mission.

1850 Die Polizeitruppe umfaßte bereits ein Drittel der bekehrten männlichen Christen. Es hatte sich eine aus drei Gruppen zusammengesetzte **Interessengemeinschaft** gebildet, die aus den *Ariki*, den von ihnen ernannten **Richtern** und der **Polizei** bestand. Diese verschworene Dreiergemeinschaft teilte sich die Erlöse der Bußgelder und der ersatzweise bezahlten Naturalien der "Gesetzesübertreter". Je mehr ungerechtfertigte **Verbote** es gab und je härter durchgegriffen wurde, desto höher war der Gewinn. Man hatte den "Ungläubigen" gedroht, wenn sie sich den angeblich christlichen Moralvorstellungen nicht unterwerfen würden, dann würden die Krankheiten der Weißen sie als Strafe treffen.

1860 **Der Einfluß der Missionare schwand** mit dem Erscheinen der skrupellosen und gottlosen **Walfänger** vor den Küsten Rarotongas. Die Bevölkerung hatte beim Eintreffen der Missionare rund 7.000 Menschen betragen. Durch vorher **unbe-**

kannte eingeschleppte Krankheiten der Rauhbeine, beispielsweise Grippe, Mumps, Keuchhusten, Masern, Ruhr und Typhus, dezimierte sich die einheimische Bevölkerung auf 1.872 Menschen. Sie besaßen keine Abwehrkräfte gegen diese, für Europäer teilweise harmlosen Kinderkrankheiten. Das Fatale war geschehen, die todbringenden Krankheiten des Weißen Mannes kamen trotz Bekehrung zum Christentum.

1862-1863   **Peruanische Sklavenhändler** machten sieben Monate lang Menschenjagd auf den Inseln der Nordgruppe und reduzierten die Bevölkerung erheblich.

8.3.4 BRITISCHES PROTEKTORAT

1888   Aufgrund der Befürchtungen englischer und neuseeländischer Siedler, Frankreich könnte die Gruppe der Cook-Inseln annektieren, erklärte England die sechs größten Inseln zum **britischen Protektorat**. Es wurde eine Verfassung unter Leitung des Neuseeländers **Frederick Moss** ausgearbeitet, die die Trennung von Kirche und Staat vorsah.

1893   Nach britischem Vorbild wurden ein Unterhaus und ein Oberhaus ("House of *Ariki*") eingerichtet. Das Unterhaus konnte Gesetze einbringen. Das Oberhaus hatte durch ein Vetorecht die Möglichkeit, deren Ratifizierung zu verhindern.

1900-1901   Nachdem die *Ariki* von Rarotonga und der *Ariki* der Inseln Atiu, Mauke und Mitiaro um Aufnahme in das Britische Empire gebeten hatten, kam es zu einer **Annexion der Nord- und Südgruppe** aller Cook-Inseln und der **Vereinigung mit Neuseeland** zu einer Verwaltungseinheit. Englands Einfluß im südpazifischen Raum wurde dadurch gestärkt. Die strategische Bedeutung der Cook-Inseln erwies sich später als sehr bedeutend.

Ab 1900   Fortan galten die **neuseeländischen Gesetze**.

1909   **W.E. Gudgeon**, der Nachfolger von Frederick Moss, nahm in seiner Amtszeit von 1898 bis 1909 den Oberhäuptern der Cook-Inseln nach und nach ihre wichtigsten traditionellen Privilegien, insbesondere das Recht, nach dem die *Ariki* die Richter berufen durften. Schließlich hatte er alle Regierungsgewalt auf seinem Posten als "Resident Commissioner" vereinigt.

8.3.5 ASSOZIATION MIT NEUSEELAND

1965   Nachdem verschiedene Modelle von völliger Unabhängigkeit über Föderation mit anderen polynesischen Inselstaaten bis zur **freien Assoziierung mit Neuseeland** zur Wahl standen, entschied man sich für das letztere. Bei den anschließend abgehaltenen **freien Wahlen** siegte die **Cook Islands Party (CIP)** unter der Leitung von **Albert Royle Henry**.

04.08.1965   Neuseeland entließ seine Kolonie in die **Unabhängigkeit** unter gewissen Vorbehalten. **Außenpolitische Interessen** werden auch heute noch nach Abstimmung mit den Cook-Inseln von Neuseeland wahrgenommen. Für **Verteidigungs-Angelegenheiten** ist das ursprüngliche Mutterland nach wie vor zuständig. Es besteht allerdings keine Militärpräsenz auf den Cook-Inseln. Diese Zwitterstellung birgt **Vor- und Nachteile** in sich:

● **Vorteile:**

-    Die **finanzielle Unterstützung** des wirtschaftlich nicht lebensfähigen Zwergstaates Cook-Inseln durch Neuseeland liegt bei einem Drittel des eigenen Einkommens.

-    Die **neuseeländische Staatsangehörigkeit** ermöglicht es den Cook-Insulanern, ohne Formalitäten nach Neuseeland einzureisen, um dort zu arbeiten und um dort auch in den Genuß von Sozialleistungen zu kommen. Heute leben die meisten Cook-Insulaner in Neuseeland.

● **Nachteile:**

- **Entwicklungsgelder**, beispielsweise aus dem Fond der Europäischen Gemeinschaft (EG), fließen nicht zu den Cook-Inseln, weil diese Unterstützung nur an Länder mit völliger Souveränität abgegeben wird.

- Ein **UNO-Mandat** ist ebenfalls nur an einen Staat mit völliger Unabhängigkeit gekoppelt. Die Cook-Inseln sind nicht völlig selbständig.

1974   **Albert Royle Henry** wurde von der Königin Elizabeth II von Großbritannien für seine Verdienste um die Cook-Inseln **zum Ritter geschlagen**.

8.3.6 VON HÖCHSTEM LOB ZUM SCHÄRFSTEN TADEL – DER FALL VON ALBERT ROYLE HENRY

1968   Die **United Cook Islanders (UCI)** opponierten gegen Albert Royle Henry und seine Regierung. Die UCI sammelte die Stimmen der Unzufriedenen im Lande.

1972   **Dr. Thomas Davis** wurde zum Leiter dieser Oppositionspartei. Bei den Wahlen 1974 spielte die UCI allerdings noch keine entscheidende Rolle.

1978   Eine neue Wahl stand bevor. Die Anhängerschaft der CIP verringerte sich dramatisch, zum einen bedingt durch **wirtschaftliche Schwierigkeiten** im Lande. Beispielsweise gab es Probleme in der Zitrusindustrie wegen Mißernten. Zum anderen bemängelte die Bevölkerung die von **Sir Albert Royle Henry** betriebene "**Vetternwirtschaft**", d.h. daß zunehmend wichtige Positionen im Lande von seinen Verwandten bekleidet wurden. Kurz, der Stern des Landesfürsten verdunkelte sich.

In dieser Situation bediente sich der Premierminister einer **List**. Er ließ wahlberechtigte Cook-Insulaner aus Neuseeland kostenlos einfliegen, um seine Wahlchancen zu erhöhen. Die CIP gewann die Wahl. Doch die Freude hierüber war nur von kurzer Dauer.

Die **kostenlosen Flüge der Wahlberechtigten** an sich waren legal. Die gleiche Methode praktizierte übrigens auch die oppositionelle UCI. Der Unterschied bestand jedoch darin, daß Sir Albert Royle Henry diese Flüge **aus Steuermitteln** bestritt, im Gegensatz zur UCI, die die kostenlosen Flüge ihrer Wähler aus Neuseeland selbst finanzierte. Der Skandal wurde aufgedeckt und die **Wahl annulliert**. Die anschließende Wahl gewann die UCI.

Der enttarnte Sir Albert Royle Henry wurde zu **drei Jahren auf Bewährung** verurteilt, und die britische Königin sah sich genötigt, ihm seinen Titel wieder abzuerkennen.

01.01.1981   Dr. Thomas Davis wurde von der britischen Königin Elizabeth II **zum Ritter geschlagen**.

02.01.1981   **Albert Royle Henry** starb einen Tag später.

8.4 REGENERIERUNG ALTER TRADITIONEN

Durch die Missionierung und die verstärkten Kontakte mit der Außenwelt in der heutigen Zeit sind viele alte Traditionen der vorher isoliert lebenden Cook-Insulaner verlorengegangen.

● Die **Versammlung der Häuptlinge** ist zwar vieler alter Privilegien beraubt worden, aber trotzdem halten die *Ariki* noch einen entscheidenden Trumpf in ihren Händen, den **Besitz von Grund und Boden**. Das Land ist ausnahmslos im Besitz der Cook-Insulaner. Fremde können es nur für höchstens 60 Jahre pachten.

● Die **Wiederbelebungstendenzen von Tanz** und **Musik** und **ehemaligem Brauchtum** tragen erfreulicherweise Früchte.

8.4.1 TANZ UND MUSIK

Tänze haben auf den Cook-Inseln eine **hoffnungsvolle Renaissance** erfahren. Sie sind in ihrer Farbigkeit und lebensfrohen Ausdruckskraft wieder neu erstanden und wieder Kulturgut der Bevölkerung geworden. Traditionelle Tänze bei Volksfesten sind heutzutage eine Selbstverständlichkeit. Sie werden jedoch nicht nur für Touristen aufgeführt. In Tanz und Musik spiegelt sich das Leben der Cook-Insulaner wider.

Die Tanzkunst wird in diesem Inselreich sehr gepflegt. Fast jede Ortschaft hat ihre eigene Tanzgruppe. Das Training der Kleinen beginnt schon in der Schule. Man wetteifert miteinander. Es werden Wettbewerbe auf nationaler Ebene im April ausgetragen, um die besten Solotänzer und Tanzgruppen zu ermitteln.

Sie sollten sich eine Tanzveranstaltung nicht entgehen lassen. Lassen Sie sich von den **anmutigen** Bewegungen der Tänzerinnen und Tänzer verzaubern! Genießen Sie die Grazie der geschmeidigen Körper, den mitreißenden Rhythmus und den Anblick der farbenfrohen Gewänder!

Die Mädchen und Frauen schwingen und kreisen mit ihren Hüften. Die Männer und jungen Burschen schließen und öffnen in schneller Folge ihre Beine mit leicht eingeknickten Knien. Durch Mimik, Gebärden, Handbewegungen und Körperhaltung werden alte Geschichten, Fabeln und Märchen ausgedrückt, die vom Fischfang, von Seereisen oder der Liebe handeln. Neben der Körpersprache sind Chor- und Wechselgesänge lebhafte ergänzende Ausdrucksformen. Das Tempo dieser Bewegungen bestimmt die Schlagfrequenz der Trommeln. Zu den Rhythmusinstrumenten gehören Schlitz- und fellbespannte Trommeln sowie Gitarren.

8.4.2 BLUMENSCHMUCK

Die Cook-Insulaner sind ein lustiges Völkchen. Als Ausdruck der Lebensfreude und der Freundlichkeit gegenüber den Mitmenschen und den Fremden gilt **das Motto "Laßt Blumen sprechen"**. Der Blumenschmuck hat wieder seinen festen

Platz im Leben der Insulaner gefunden, vorher von den Missionaren verboten, eine Anmaßung!

Eine Hibiskusblüte keck hinterm Ohr getragen, ein Lächeln im Gesicht, solche Menschen können doch nicht böse sein. Wenn Sie auf einem kleinen Wald- und Wiesenflugplatz einer Außeninsel mit einer Maschine gelandet sind, wird Ihnen zur Begrüßung als Gast eine Blumenkette umgehängt und zum Abschied eine Blumenkrone aufs Haupt gesetzt oder umgekehrt. Diese freundlichen Gesten tun gut, wenn man aus einem Land kommt, wo menschliche Kälte, Gleichgültigkeit oder Arroganz immer mehr Boden gewinnen. In den Wartehallen der kleinen Flughäfen und in den Flugzeugen selbst, überall der würzige Duft frischer Blumen!

Was im Alltag der Inselbewohner schon so angenehm auffällt, ist bei Festlichkeiten ins Grandiose gesteigert. Bei der **Tiare-Week** (Blumenwoche) sind alle Geschäfte mit Blumengebinden geschmückt, und der Höhepunkt des ausgelassen gefeierten Festes ist die **Blumenparade** in der Hauptstraße von Avarua.

8.5 RAROTONGA

Highlights

- **Cook Islands Christian Church (CICC)**: Besichtigung der protestantischen Kirche von Avarua!
- **Inseldurchquerung** auf der Trekkingroute "Rarotonga's Cross-Island Walk"!
- **Cultural Village**: Vorführung traditioneller Tänze, **ein Muß** für jeden Besucher!
- **Inselrundfahrt**: beste Möglichkeit, die Lebensweise der Landbevölkerung kennenzulernen!

8.5.1 ÜBERBLICK

- Die Insel Rarotonga ist der Rest eines erloschenen Vulkans. **Steil aufragende Berge**, mit üppiger Vegetation überzogen und durch tiefe Täler zerschnitten, bestimmen in erster Linie das Landschaftsbild. Der höchste Berg ist der **Te Manga (653 m)**. Die höchsten Erhebungen sind U-förmig angeordnet. Sie sind der harte Kern einer zerbrochenen Kaldera, eines durch Explosion oder Einsturz entstandenen kesselartigen Vulkankraters.
- Ein **Korallenriff** rund um die Insel ließ eine **Lagune** entstehen. An fünf Stellen ist das Riff durch **Passagen** unterbrochen. Hier fließt das Süßwasser der wasserreichsten Flüsse ins offene Meer. Bei zu starker Süßwasserkonzentration können sich keine Korallen bilden, deshalb befinden sich hier Lücken im Riff.
- Im Süden und Südosten weitet sich die Lagune, und **vier flache Inseln** (*Motus*) haben sich darin gebildet. Hier gibt es die besten **Sandstrände**.
- Ein flacher, fruchtbarer Küstenstreifen rund um die Insel ist von Dörfern und Plantagen durchsetzt.
- Durch den Bau des **internationalen Flughafens** (1974) und die Eröffnung des **Pacific Art Festival** (1992) hat sich der Touristenstrom nach Rarotonga verdichtet.

8.5.2 AVARUA

Überblick

Avarua ist der **Hauptort von Rarotonga** und der Cook-Inseln. Von einer Hauptstadt im herkömmlichen Sinne kann man in diesem Fall nicht sprechen. Es ist lediglich ein größeres Dorf, wo die wichtigsten Institutionen des Zwergstaates zusammengezogen wurden.

Die Voraussetzung für einen Ort, um eine derartige Position zu erreichen, ist für einen Inselstaat immer ein möglichst **sicherer Hafen**. Vor der Küste von Avarua befinden sich zwei Passagen im Riff.

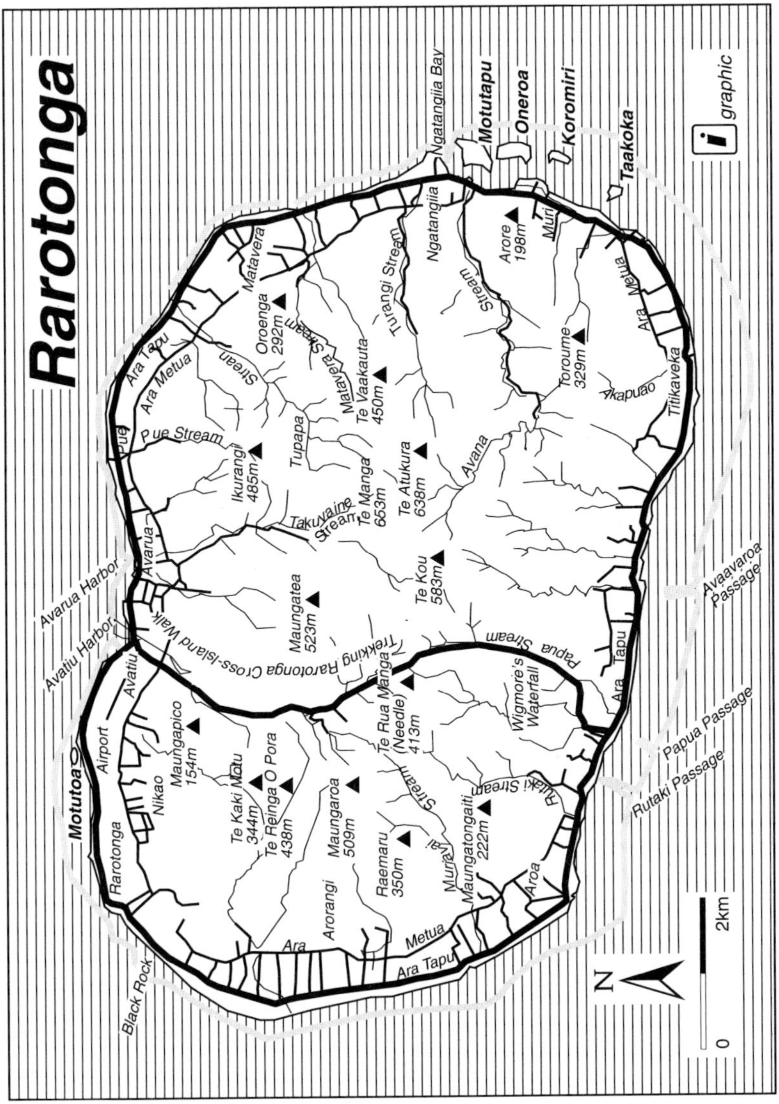
Rarotonga
graphic
Ngatangiia Bay
Motutapu
Oneroa
Koromiri
Taakoka
Ngatangiia
Muri
Arore 198m
Turangi Stream
Stream
Toroume 329m
Akapuao
Ara Metua
Titikaveka
Matavera
Oroenga 292m
Matavera Stream
Te Vaakauta 450m
Ara Tapu
Ara Metua
Stream
Pue Stream
Pue
Tupapa
Ikurangi 485m
Te Atukura 638m
Avana
Takuvaine Stream
Te Manga 653m
Avarua
Avarua Harbor
Te Kou 583m
Maungatea 523m
Avaavaroa Passage
Avatiu Harbor
Trekking Rarotonga Cross-Island Walk
Papua Stream
Ara Tapu
Avatiu
Wigmore's Waterfall
Te Rua Manga (Needle) 413m
Maungapico 154m
Airport
Papua Passage
Rutaki Passage
Rutaki Stream
Motutoa
Nikao
Te Kaki Matu 344m
Te Reinga O Pora 438m
Maungaroa 509m
Rarotonga
Maungatongaiti 222m
Muri-ai Stream
Raemaru 350m
Aroa
Arorangi
Ara Metua
Ara Tapu
Black Rock
N
0
2km

Reisepraktische Hinweise

🚗 **Autoverleih**

- **Budget rent a car**: Downtown Avarua: Tel.: 20.895; Rarotonga Hotel: Tel.: 20.838; Edgewater Hotel: Tel.: 21.026; International Airport, während der Flüge: Tel.: 21.036, Fax (682) 20.888

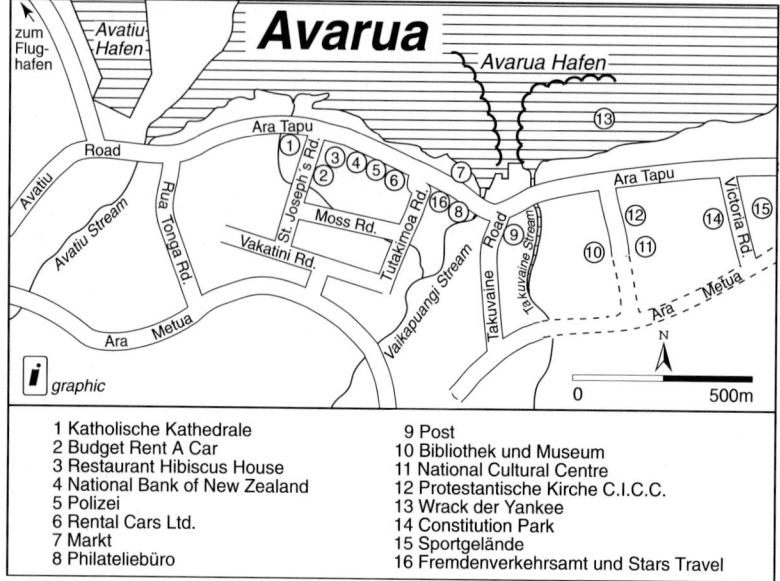

Avarua

Avarua Hafen

zum Flughafen — Avatiu Hafen

Ara Tapu
Road
Avatiu
Avatiu Stream
Rua Tonga Rd.
St. Joseph's Rd.
Moss Rd.
Vakatini Rd.
Tutakimoa Rd.
Moss Rd.
Ara Tapu
Victoria Rd.
Vakapuangi Stream
Takuvaine Stream
Takuvaine
Ara Metua
Ara Metua
Ara Metua
N

i graphic

0   500m

1 Katholische Kathedrale	9 Post
2 Budget Rent A Car	10 Bibliothek und Museum
3 Restaurant Hibiscus House	11 National Cultural Centre
4 National Bank of New Zealand	12 Protestantische Kirche C.I.C.C.
5 Polizei	13 Wrack der Yankee
6 Rental Cars Ltd.	14 Constitution Park
7 Markt	15 Sportgelände
8 Philateliebüro	16 Fremdenverkehrsamt und Stars Travel

● **Avis**, P.O. Box 317, Rarotonga, Fax (682) 21.702, Downtown: Tel.: 22.833, 21.901; International Airport: Tel.: 21.039

● **Tipani Rentals**, Downtown Avarua, nahe der Polizeistation, Tel.: 21.617, neben Autos werden auch Motorroller, Mopeds und Fahrräder ("Push bikes") vermietet.

Denken Sie bitte an die notwendige Fahrerlaubnis ("driver licence") (siehe A-Z Cook-Inseln).

Sehenswürdigkeiten

● **Protestantische Kirche der CICC** (Takamoa Road)

Ein Wahrzeichen von Avarua ist die **Cook Islands Christian Church (CICC)**. Der **Missionar Aaron Buzacott** ließ dieses Gotteshaus **1853** aus Korallensteinen erbauen. Rund um die Kirche liegt ein **alter Friedhof**. Hier ruhen folgende **bekannte Persönlichkeiten**:

- **Albert Royle Henry**, der von 1965 bis 1978 erster **Premierminister** des jungen Staates war und für seine Verdienste von der Königin Elizabeth II zum Ritter geschlagen wurde (vgl. Kapitel 8.3.6). Seine besonders auffällige Büste ist meistens mit Muschelkränzen geschmückt.

- **Robert Dean Frisbie**, ein bekannter Autor, liegt hier ebenfalls begraben.

- Außerdem steht hier ein **Monument von Papeiha**, einem sehr erfolgreichen **tahitianischen Missionar**, der auf Aitutaki und Rarotonga gewirkt hat (vgl. Kapitel 8.3.3).

● **Bibliothek und Museum**

In der gleichen Seitenstraße, in der die "Cook Islands Christian Church" liegt, auf der gegenüberliegenden Seite etwas landeinwärts, ist in einem Flachbau die **Bibliothek** mit Literatur des Südpazifiks und ein **kleines Museum** mit Waffen,

Protestantische Kirche der CICC – Avarua

Handarbeiten, Gegenständen des täglichen Lebens aus früheren Zeiten und eine originale Druckerpresse der Missionare untergebracht.

● **Te Puna Korero – National Cultural Centre** (Victoria Road)
Dies ist die großzügig ausgebaute Anlage für kulturelle Ereignisse und Feierlichkeiten. Eine große Kriegerstatue aus Holz begrüßt Sie. In dem Gebäudekomplex ist ein **Museum** untergebracht. Hier sind u.a. Holzschnitzereien, große Schatullen, Schlitztrommeln, Kultobjekte, verschiedene Bootstypen mit Zubehör und Baströcke der Frauen ausgestellt.

● **Das Wrack der "Yankee"** (Ecke Takamos Road/ Ara Tapu)
Durch die Gewalt eines Sturms 1964 wurde die US-amerikanische Luxusyacht *Yankee* auf das Riff ge-

Te Puna Korero Cultural Centre – Avarua

schmettert. Ein weiterer Sturm im Jahre 1986 warf das Wrack des einst stolzen Schiffs auf den Strand. In der Höhe der Einmündung der Takamos Road in die Hauptstraße Ara Tapu erreicht man, einem Fußweg folgend, das verfallene Wrack.

8.5.3 INSELRUNDFAHRT

Rarotonga ist von der **Ara Tapu**, einer **33 km langen Küstenstraße**, umschlossen. Diese Rundfahrt sollten Sie nicht auslassen. Per Fahrrad, Moped, Motorroller, Pkw oder Bus ist sie problemlos möglich. (Näheres im A-Z Cook-Inseln). Unterwegs gibt es keine Steigungen. Zwischendurch können Sie sich immer wieder an Stränden, schattigen Plätzen oder sonnenbeschienenen Flächen, je nach Wetterlage, entspannen. Die Beschreibung der Inselrundfahrt nimmt ihren Anfang in dem Hauptort Avarua. Von dort geht es **im Gegenuhrzeigersinn** rund um die Insel. **Achtung Linksverkehr!**

● **Rarotonga International Airport (2,5 km)**

Der internationale Flughafen Rarotonga wurde offiziell **1974** eröffnet. Das war der **Startschuß für den Tourismus**. Seit diesem Zeitpunkt ist die Zahl der Besucher der Insel stetig gestiegen. Sie liegt z.Zt. bei rund 60.000 pro Jahr.

● **Black Rock – Seelenwanderung ins Heimatland (6,5 km)**

Wenn Sie den Golfplatz und den Flughafen passiert haben, dann sehen Sie einen **großen schwarzen Felsen**, der völlig allein in der Lagune steht. Sein ursprünglicher Name war **Tuoro**, das soviel wie "Willkommen" heißt. Nach altem Glauben der Polynesier sollen von hier aus die Seelen der Verstorbenen ihre Reise in ihre **ursprüngliche legendäre Heimat Hawaiiki** angetreten haben.

● **Nordwestküste**

Unterkünfte

Die in diesem Reisehandbuch im folgenden erwähnten Hotels und sonstigen Unterkünfte sind nur als persönliche Vorschläge anzusehen. Es wird kein Anspruch auf Vollständigkeit erhoben. Auch gibt es vergleichsweise sicherlich genau so gute oder noch bessere Unterkünfte, die nicht erwähnt sind. Wegen der ständig schwankenden Zimmerpreise werden in diesem Buch **Preis-Gruppierungen** nach folgendem Schlüssel vorgenommen:

$$$$$$ = über 250 NZ$ pro Doppelzimmer (DZ)
$$$$$ = 200-250 NZ$ pro DZ
$$$$ = 150-200 NZ$ pro DZ
$$$ = 100-150 NZ$ pro DZ
$$ = 50-100 NZ$ pro DZ
$ = unter 50 NZ$ pro DZ

● **Rarotongan Sunset Hotel $$$**, P.O. Box 377 Rarotonga, Nordwestküste, Tel.: 28.028, Fax: 28.026, 20 Gästezimmer, Swimmingpool
● **Edgewater Resort $$$$**, P.O. Box 121 Rarotonga, Nordwestküste, Tel.: 25.435, Fax: 25.475, 182 Gästezimmer, Restaurant, Swimmingpool, Tennisplatz
● **Manuia Beach Hotel $$$$$$**, P.O. Box 700 Rarotonga, Nordwestküste, Tel.: 22.461, Fax: 22.464, 20 Gästezimmer, Restaurant, Swimmingpool, keine Kinder unter 12 Jahren

Restaurants

● **Spaghetti House Restaurant**, Arorangi, nahe Edgewater Resort, Tel.: 25.441, empfehlenswert, sehr gepflegt, selbstgemachte Pizzas und Pastas
● **Tumunu Restaurant**, Westküste, südlich vom Edgewater Resort, Meeresfrüchte
● **Oasis Village**, Steakhouse Restaurant, Tel.: 28.214

● **Cultural Village (7 km)**

Der Besuch des Cultural Village ist **ein Muß** für jeden Besucher von Rarotonga, der sich für die Tradition der Insulaner interessiert. Hier werden Sie Zeuge kunsthandwerklichen Könnens (Weberei, Holzschnitzerei), von farbigen, temperamentvollen Tänzen, traditioneller Musik, und Sie können einheimische Speisen probieren. Außerdem werden die Geschichte des Landes, Maori-Medizin und die Techniken des Fischfangs demonstriert. Vom Cultural Village aus starten Inseltouren unter fachkundiger Begleitung per Bus.

● **Arorangi (8 km) – Anfänge des Christentums**

Unterkunft
● **Are Renga Motel $**, Arorangi, P.O. Box 223 Rarotonga, Tel.: 20.050, 20 Gästezimmer mit Küche, Garten, Barbecue, 100 m bis zur Lagune, ziemlich flaches Wasser in der Lagune, Möglichkeit zum Schwimmen nicht so günstig, DZ 40 NZ$, Kinder unter 10 Jahren die Hälfte
● **Ati's Beach Bungalows $$**, Arorangi, P.O. Box 693 Rarotonga, Tel.: 21.546, Fax: 26.174, 9 Gästezimmer, mit herzlichem Familienanschluß

Arorangi war das erste Dorf, das die Missionare errichten ließen. Hier steht die **1849** errichtete **"Cook Islands Christian Church (CICC)"**. Der berühmte **tahitianische Missionar Papeiha** hat hier seine letzte Ruhestätte gefunden (vgl. Kapitel 8.3.3).

Zu Ehren des Häuptlings **Tinomana**, der als erster die Botschaft des Christentums annahm, ist in der Kirche eine Gedenktafel aufgehängt. Er wurde von Papeiha, der später seine Tochter heiratete, bekehrt. Obgleich Tinomana das Land zur Verfügung stellte, auf dem später die Kirche erbaut wurde, ließ er sich selbst auf dem Hügel in der Nähe des alten *Marae* begraben.

● **Die Westküste**

Die Westküste der Insel ist wegen ihrer **spektakulären Sonnenuntergänge** bekannt. Die hoch aufspritzende, weiße Gischt der Brandungswellen scheint den brennenden Abendhimmel kühlen zu wollen.

Bis zum **inselnahen Korallenriff** ist es sehr flach. Bademöglichkeiten sind eingeschränkt. Durch die Brandung am Außenriff zu schwimmen, ist äußerst waghalsig. Es besteht die Gefahr, gegen das scharfkantige Korallengestein geschleudert zu werden. **Wasserwände** bauen sich vor dem Riff auf. Aquamarinfarben, durchsichtig bei Sonnenschein kippen die gewaltigen Brandungswellen, stolpern und stürzen zornig schäumend, bis schließlich die weiße Gischt hoch emporspritzt. Dann fegt der Wind den Wasserstaub von der Krone der Brecher, und wie eine gezündete Lunte jagt die sich brechende Welle das Riff entlang. Der grollende Donner hallt diesem **imposanten Naturschauspiel** nach.

In Vorgärten und auf privaten Grundstücken im dörflichen Bereich erblickt man oft **Gräber verstorbener Familienmitglieder.**

● **Südwestküste**

Unterkunft
● **Puaikura Reef Lodge** $$$, P.O. Box 397 Rarotonga, Südwestküste, Tel.: 23.537, Fax: 21.537, 12 Gästezimmer, Swimmingpool
● **Backpackers International** $, P.O. Box 878 Rarotonga, Südwestküste, Tel.: 21.847, Fax: 878, 7 Gästezimmer, Bad, Gemeinschaftsküche
● **Lagoon Lodges Motel** $$$, P.O. Box 45 Rarotonga, Tel.: 22.020, Fax: 22.021, 15 Gästezimmer, Tennisplatz
● **Rarotongan Resort Hotel** $$$$, P.O. Box 103 Rarotonga, Südwestküste, 15 km von Avarua entfernt, Tel.: 25.800, Fax: 25.799, 151 gut ausgestattete Gästezimmer mit Kaffee- und Teekochmöglichkeit, Restaurant, Swimmingpool, liegt direkt am Strand, gelbe einstöckige Hoteltrakte, Tennisplatz, Aerobic, Volleyballplatz

● **Urwaldwanderung zum Papua-Wasserfall**

Der **Einstieg** ist unmittelbar nach dem Passieren des **Sheraton Resorts** und vor dem Papua-Bach. Ein Schild zwischen zwei kleinen Brücken trägt die Aufschrift "Waterfall". Bei dieser Wanderung sollten Sie unbedingt auf **Moskitoschutz** achten, z.B. Moskitonetz, lange Hosen und/oder Einreiben der ungeschützten Körperteile. Nachdem Sie einen schmalen Streifen kultivierten Landes mit Maniokfeldern, Kokospalmen und Weideflächen passiert haben, umfängt Sie **tropischer Regenwald**, der mit **dekorativen Baumfarnen** durchsetzt ist. Wie riesige aufgerollte Insektenrüssel sehen seine noch nicht ausgefächerten Schößlinge aus. Die **roten Blüten des Tulpenbaums** (*Spathodaea campanulata*) bringen etwas Farbe in die fast nur grüne, üppige Vegetation. An den sonnigen Wegrändern gaukeln hellbraune und blauschwarze **Schmetterlinge**. Wunderschön gefärbte, bunte große Wanzen sind in der Krautschicht des Urwaldes auszumachen. Ein **Pazifischer Uhu** läßt seinen dumpfen Ruf während seiner Balz ertönen.

Nach rund 20 Minuten haben Sie bei ruhiger Gangart den ca. 30 m hohen Wasserfall. Im Laufe der Jahrtausende hat sein Fall einen Felsenkessel ausgehöhlt und einen kleinen Teich gebildet, nach dem Motto: "Steter Tropfen höhlt den Stein". Ein **Weitermarsch**, dem Bachlauf bergauf folgend, vorbei an dem spitzen Berg **Te Rua Manga (The Needle) (414 m)** und bis zur Nordküste nach Avatiu ist ohne Führer nicht ganz unproblematisch. Kaum erkennbare, zugewachsene Pfade, besonders im Mittelabschnitt der Inselüberquerung, machen Ihnen als ortsunkundigem Bergwanderer den Weitermarsch schwer.

● **Südküste (12 bis 22 km)**

Unterkunft
● **Sheraton Resort**, Südwestküste, war bei Drucklegung noch nicht eröffnet
● **Palm Grove Lodges** $$$$, P.O. Box 23 Rarotonga, Südküste, Tel.: 20.002, Fax: 21.998, 13 Bungalows, davon 5 neue am Strand, Swimmingpool

Restaurant
Vaima Restaurant, Südküste, am Sheraton Resort, Reservierung erforderlich unter Tel.: 26.123, lokale und kontinentale Küche zu angemessenen Preisen, freundliches Personal, abendliche Musikunterhaltung

Die Südküste von Rarotonga Resort bis Muri hat die **besten Strände** und besten Möglichkeiten zum Schwimmen. Dieser Küstenabschnitt ist relativ frei von scharfkantigem Korallengestein und anderen Felsen. Er ist sandiger als die übrigen Gestade.

Wenn man einen Einblick in die **Gartenbau- und Plantagenwirtschaft** der Insel haben möchte, dann sollte man sein Fahrzeug oder seine Schritte in den flachen Küstenstreifen landeinwärts lenken. Dort werden **Taro**, erkennbar an den großen Blättern, auf Sumpfbeeten, andere Gemüsearten, Maniok, Bananen, Papaya, Pampelmusen und Ananas angebaut.

- **Titikaveka (19 km)**

Unterkunft
- **Moana Sands Hotel** $$$$, P.O. Box 1007 Rarotonga, Titikaveka, Tel.: 26.189, Fax: 22.189, 12 Gästezimmer, Restaurant
- **Little Polynesian Motel** $$$, P.O. Box 366 Rarotonga, Titikaveka, Tel.: 24.280, Fax: 21.585, 9 Gästezimmer, Swimmingpool
- **Raina Beach Apartments** $$$$, P.O. Box 1047 Rarotonga, Titikaveka, Tel.: 26.189, Fax: 22.189, 4 Gästezimmer

Die **"Cook Islands Christian Church (CICC)"** aus dem Jahre 1865 mit den alten Grabsteinen an der Straße lohnt einen kurzen Aufenthalt.

- **Muri Lagoon (22 bis 25 km)**

Unterkunft
- **Muri Beachcomber** $$$$, P.O. Box 379 Rarotonga, Muri, Tel.: 21.022, Fax: 21.323, 12 Gästezimmer, Swimmingpool, korallenfreies Schwimmen und Schnorcheln in der Lagune
- **Pacific Resort and Villas** $$$$$, P.O. Box 790 Rarotonga, Muri, Tel.: 20.427, Fax: 21.427, 53 Gästezimmer, Restaurant, Swimmingpool,
- **Sokala Villas** $$$$, P.O. Box 82 Rarotonga, Muri, Tel.: 29.200, Fax: 21.222, 7 Gästezimmer, Swimmingpool

Restaurants
- **Pacific Resort & Sandals Restaurant**, Muri Beach, Reservierung erforderlich unter Tel.: 20.427 oder 21.156 zu jeder Zeit
- **Sails Seafood Restaurant**, Muri Beach, Tel.: 27.350, Meeresfrüchte, Essen bei Kerzenlicht, Blick über die Lagune
- **Flame Tree Restaurant**, Muri Beach, Reservierung erforderlich unter Tel.: 25.123 nach 15.30 Uhr, die Bäume mit den gefiederten Blättern und in der Blütezeit hellroten Blüten sind die Flammenbäume oder Flamboyants ("Flame Trees")

In der Muri Lagoon ist das Wasser bei Flut zum **Schwimmen** tief genug. Bei Ebbe reicht es nur bis zum unteren Rand der Badehose, und man kann zum **Motu Koromiri** hinüberwaten.

Drei weitere kleine, flache Inseln liegen innerhalb der Lagune: Taakoka, Oneroa und Motutapu. **Riffreiher** und **Limikolen** suchen bei Ebbe nach Nahrung.

315

● **Ngatangiia Harbour – Startpunkt zur Besiedlung Neuseelands (25 km)**

Unterkunft
● **Avana Marina Condominus** $$$$$$, P.O. Box 869 Rarotonga, Ngatangiia, Tel.: 20.836, Fax: 22.991, 6 Gästezimmer
● **Sunrise Beach Motel** $$, P.O. Box 8 Rarotonga, Ngatangiia, Tel.: 20.417, Fax: 22.991, 6 Gästezimmer

Hier an der Mündung des Avana-Flüßchens, dessen Süßwasser sich einen Weg durch das Riff bahnt, soll nach einer Legende der Ausgangspunkt einer Flotte einiger Segelkanus der Maori gewesen sein, denen es **1350 n. Chr.** gelungen ist, nach gefährlicher Fahrt **Neuseeland** zu erreichen. Die **Nachbildung eines Doppelkanus**, das denen der Flotte von sieben Booten gleichen soll, bietet gutes Anschauungsmaterial. Die **Gedenkstätte** in Erinnerung an dieses legendäre Ereignis befindet sich direkt neben der Küstenstraße am Ufer der Lagune. Das schnittige Boot ist unter Dach aufgestellt. **Sieben Steine**, kreisförmig aufgestellt, symbolisieren die Flotte der sieben Boote.

Auch dieser Ort ist stolz auf seine alte **"Cook Islands Christian Church (CICC)"**, die jedoch nicht die einzige Kirche im Dorf ist. Auch in der **"Church of Jesus Christ"** versammeln sich die Gläubigen regelmäßig zur Andacht.

Der **schönste Sandstrand** liegt südlich der Avana-Passage. Die Lagune ist hier, im Gegensatz zur Nordküste, sehr breit. Man blickt im weiteren Verlauf der Fahrt nach Süden auf **vier Motus**.

● **Matavera – älteste Kirche der Insel (27,5 km)**

Das markanteste Gebäude des Ortes ist die **"Cook Islands Christian Church (CICC)"** mit ihrem kleinen Glockenturm auf der gegenüberliegenden Straßenseite. Dieses aus Korallenkalksteinen erbaute Gotteshaus soll die älteste Kirche auf der Insel Rarotonga sein. Mit ihren dicken Mauern macht es einen sehr trutzigen Eindruck, einer Festung gleich. Alte Gräber umgeben es.

● *Marae* **Arai-Te-Tonga –**
polynesischer Kultplatz (30 km)

Grabstein – Matavera

Diese Kultstätte liegt an der **Ara Metua**, einer alten Inlandstraße, die parallel zur Küstenstraße verläuft und durch eine Stichstraße von 300 m von dieser zu erreichen ist.

Am Tupapa-Fluß und vor der Ortschaft Matavera, ca. 3 km vor dem Ortskern von Avarua, weist ein kleines, unscheinbares Schild auf das alte polynesische Heiligtum hin. Die hier noch erkennbaren Steinwälle sind teilweise überwachsen. In diesem *Marae* wurden in vorchristlicher Zeit wichtige Zeremonien abgehalten. Die *Ariki*-Häuptlinge hielten hier auch Gericht.

● **Nordostküste**

Unterkunft
● **Ariana Bungalows** $$, P.O. Box 925 Rarotonga, Nordostküste, Tel.: 20.521, Fax: 26.174, 7 Gästezimmer, Swimmingpool
● **Kii Kii Motel** $$, P.O. Box 68 Rarotonga, Nordostküste, Tel.: 21.937, Fax: 22.937, 24 Gästezimmer, Swimmingpool
● **Tamure Resort** $$$, P.O. Box 483 Rarotonga, Nordostküste, Tel.:22.415, Fax: 24.415, 36 Gästezimmer, Restaurant, Swimmingpool, Tennisplatz

8.5.4 TREKKINGROUTE "RAROTONGA'S CROSS-ISLAND WALK"

Routenvorschläge

● Die **Gesamtstrecke** von Avatiu an der Nordküste bis zur Südküste kann jeder gesunde Wanderer in **ca. 4 Stunden** durchstehen.
● Eine **verkürzte Wanderung** kann vom Parkplatz ("Carpark") an der Avatiu Straße, die bis zu einem kleinen Dorf führt, beginnen und bis zum Berg **Te Rua Manga (The Needle") (413 m)** und wieder zurück unternommen werden. Dafür werden **ca. 2 ½ Stunden** benötigt.

Es besteht ein sehr ausgeprägter Gegensatz zwischen der schmalen Küstenebene rund um Rarotonga und dem **rauhen, wilden, bergigen Hinterland** der Insel. Während die Vegetation des Tieflandes weitgehend aus Kulturpflanzen besteht, die seit dem Eintreffen der "London Missionary Society" eingeführt wurden, ist das bergige Inland, das **70%** der 67 km² großen Insel ausmacht, **unberührter tropischer Urwald**. Einen Einblick in diese Urlandschaft zu tun, lohnt sich. Es gibt dort keine gefährlichen Tiere.

Die Gesamtstrecke kann in **drei Abschnitte** eingeteilt werden:

❶ **Abschnitt: Avatiu Road (ca. ¾ Stunde)**

Dieser Abschnitt beginnt an der **Ara Metua (1)**, der Parallelstraße zu der Küstenstraße Ara Tapu. Die Ara Metua liegt etwa ½ km landeinwärts von Avatiu Harbour. Der Avatiu Road Richtung Süden folgend, durchqueren Sie auf leichtem Weg ein typisch **landwirtschaftlich genutztes Gelände**. Nach dem Passieren der **Avatiu-Brücke (2)** wird die Landwirtschaft noch intensiver. Die meisten hier angebauten Kulturpflanzen, einschließlich der eingeschleppten Unkräuter, wurden seit den Eintreffen der Europäer eingeführt. Dazu gehören gewaltige **Mangobäume** (*Vi*), **Apfelsinenplantagen** (*'Anani*), Anpflanzungen von **Papaya** (*Nita*) und **Avocados** (*'Apuka*), Felder von palmenblättriger **Cassava** (*Maniota*) mit ihren

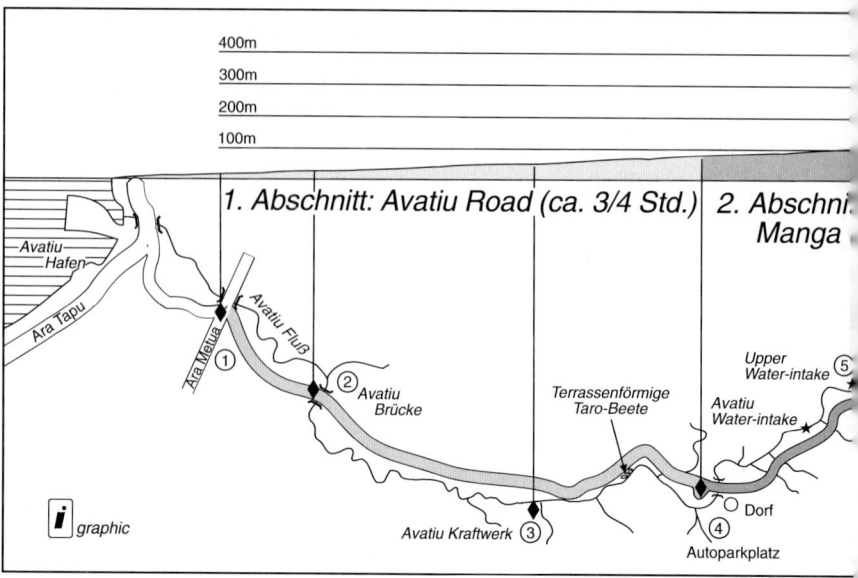

400m
300m
200m
100m

1. Abschnitt: Avatiu Road (ca. 3/4 Std.) | **2. Abschni.**
Manga

Avatiu-Hafen

Ara Tapu

Ara Metua

Avatiu Fluß

① ② Avatiu
Brücke

Terrassenförmige
Taro-Beete

Upper
Water-intake ⑤

Avatiu
Water-intake

i graphic

Avatiu Kraftwerk ③

④ Dorf

Autoparkplatz

stärkehaltigen Wurzelknollen und **Kapokbäume** (*Vavai Mama'u*) mit ihren waagerechten Zweigen und ihren faserigen Früchten und natürlich verschiedenen Arten von **Bananen.**

Nachdem Sie das **Avatiu Kraftwerk (3)** hinter sich gelassen haben, erblicken Sie zur Rechten terrassenförmig angelegte **Taro-Beete.** In der voreuropäischen Zeit lebten die einzelnen Stämme meistens in den Tälern, um besser voreinander geschützt zu sein. Dort bauten sie diese Taro-Kulturen an.

Schließlich erreichen Sie einen **Autoparkplatz (4)** vor einem kleinen Dorf.

❷ **Abschnitt: Te Rua Manga (ca. 1 ¼ Stunde)**

Anschließend folgt ein anstrengender Aufstieg von dem Autoparkplatz durch **tropischen Regenwald.** Ca. 100 m über dem Tal kommen Sie an den **Upper Water Intake (5).** In einem kleinen von Menschenhand ausgehobenen Teich leben zwei Arten von **Süßwassergarnelen**: die hellbraune "Thick-hand Prawn"* und die dunkelbraune "Bracelet Prawn"*. Außer tagaktiven kleinen Fischen leben hier zwei Arten **nachtaktiver Aale.** Am Fluß wachsen **Kenaf** (*Hibiscus cannabinus*)* und Tree Hibiscus*. Die großen gelben Blüten mit dunkelbraunem Grund erblühen in der Nacht, verfärben sich am Tag rotbraun und fallen ab. Die innere Rinde wird zur Herstellung der traditionellen Baströcke benutzt.

An der folgenden **Bachüberquerung (6)** wachsen zwei große, auffällige Baumarten: **"Polynesian Chestnut"** (*I'i*)* mit großen Brettwurzeln, dessen Nüsse eßbar sind, und **"Homalium"** (*Mato*)*, dessen typisches Kennzeichen ist, daß er stets

Trekkingroute "Rarotonga Cross-Island Walk"

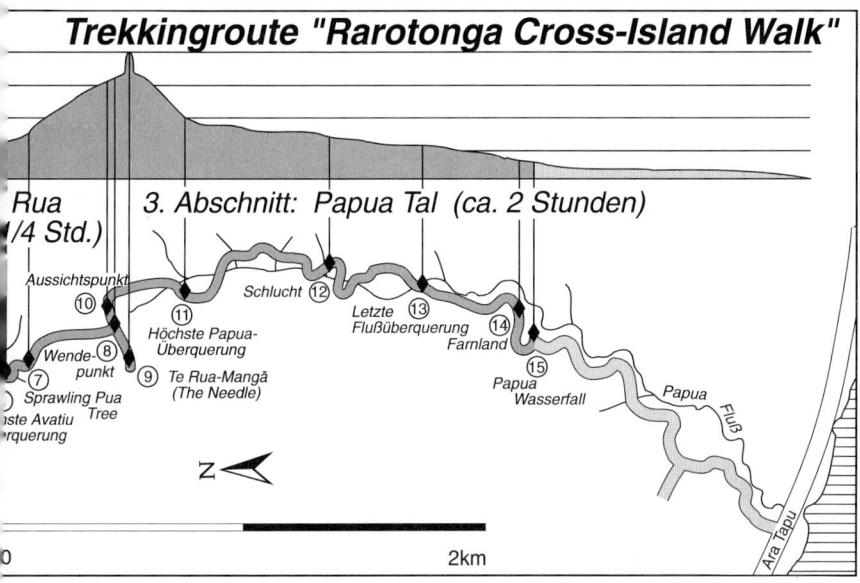

Rua */4 Std.)*

3. Abschnitt: Papua Tal (ca. 2 Stunden)

Aussichtspunkt ⑩

Schlucht ⑫

Letzte ⑬
Flußüberquerung ⑭
Farnland

Wende- ⑧ *punkt*
⑪
Höchste Papua-
Überquerung

⑨ *Te Rua-Mangá*
(The Needle)

⑮
Papua
Wasserfall

Papua

Fluß

⑦
Sprawling Pua
iste Avatiu *Tree*
rquerung

Z

0   2km

Ara Tapu

mehrere Stämme besitzt. Außerdem ist diese Gegend reich an Farnen. Insgesamt gibt es 66 Farnarten vom kleinen **"Disc Filmy-fern"** (*Trichomanes tahitensis*)*, der eine Serie von 15 mm großen schallplattenähnlichen Blättern aufweist, bis zum 3-5 m hohen **"Kingfern"** (*Ana'e*)*

Schließlich haben Sie sich bis zur Basis (350 m) des steil aufragenden **Te Rua Manga (The Needle) (9)**, dessen Spitze 413 m über dem Meeresspiegel liegt, emporgearbeitet. Der Seitenweg zu diesem markanten Berg kann bei Nässe rutschig sein.

Wie kam es zu dieser spitzen **nadelförmigen Bergformation**? Vor rund zwei Millionen Jahren muß es hier zu einem Vulkanausbruch gekommen sein, der sich laufend wiederholt hat, bis sich die Insel Rarotonga mit einer Höhe von ungefähr 1,500 m bildete. Vor rund 1 ½ Millionen Jahren brach das Zentrum des Vulkans zusammen und bildete ein großes Becken, eine sog. Kaldera. Wahrscheinlich rutschte der nördliche Rand ins Meer, denn heute ist ein U-förmiger Beckenrand erkennbar, markiert durch die heute noch sichtbaren höchsten Erhebungen. Der Vukanschlot füllte sich immer wieder mit Gestein und Asche. Dieses lose Material wurde in einigen Fällen durch schmelzende Steine förmlich zusammengeschweißt und bildete ein sehr festes Gefüge, das Bestand hatte, während das weichere Gestein durch Erosion abgetragen wurde.

❸ **Abschnitt: Papua Tal (ca. 2 Stunden)**

Nach Überwindung der Wasserscheide geht es die anfänglichen 1 ½ Stunden im Zickzack entlang des Papua Flusses zum **Papua Wasserfall (12)** zu Tal. Die

319

restliche Strecke vom Wasserfall bis zur **Küstenstraße Ara Tapu** ist auf einer Erdstraße bequem in ½ Stunde zurückzulegen.

Möglicherweise können Sie zwei Taubenarten beobachen: die **"Cook Islands Fruit-Dove"** (*Kukupa*)* und ihren schwermütig und leidend klingenden Ruf vernehmen, der wie folgt wiedergegeben werden kann: "OOOOOO oooo ooo oo" und die **"Pacific Pigeon"** (*Rupe*)*, die entweder rollend "KRRROOO" oder sanft "MOOOOOOO" ruft. Insgesamt wurden u.a. 38 Vogelarten, 8 Säugetierarten und 6 Eidechsenarten auf Rarotonga festgestellt.

Achtung! Es ist wichtig zu wissen, daß der "Cross-Island Walk" durch privates Eigentum führt. Deshalb ist es verboten, Früchte abzupflücken oder Pflanzen der Natur zu entnehmen.

Zeichenerklärung: *) = In Ermangelung deutscher Namen wurden englische und in Klammern polynesische Namen in Kursivschrift für o.g. Pflanzen und Tiere verwendet.

8.6 AITUTAKI

> Highlights

- **Bootstour** auf die unbewohnte Insel Tapuaetai, die unter dem volkstümlichen Namen **"One Foot Island"** bekannt ist!
- **Schnorcheln, Tauchen und Schwimmen** in der glasklaren türkisfarbenen Lagune rund um die Hauptinsel!

8.6.1 ÜBERBLICK

- Die **Form** der **türkisfarbenen Lagune** ist ein spitzwinkliges **Dreieck.** Beim Anflug erblickt man sie von weitem als erstes. Diese wunderschöne Lagune hat Weltruf.
- Die **Form** der **länglichen Hauptinsel,** in der nördlichen Spitze der Lagune gelegen, hebt sich zunächst schemenhaft und allmählich deutlicher ab. Sie läuft in einem schnabelartigen Fortsatz aus, auf dem die US-Amerikaner im Zweiten Weltkrieg den **Flugplatz** gebaut haben.
- Ein Dutzend unbewohnte **Motus** ziehen sich in Verlängerung der Halbinsel am östlichen Schenkel des Lagunendreiecks entlang. Diese flachen, palmenbestandenen kleinen Inseln mit ihren weißen Stränden, in der aquamarinfarbenen Lagune badend, sind ein Traum! Sie kommen den **Südseesehnsüchten** vieler Reisender am nächsten.
- Die Hauptinsel ist **vulkanischen Ursprungs.** Ihre höchste Erhebung ist der **Mt. Maungapu (124 m).**
- Auf Aitutaki wohnen **2.500 Einwohner. Arutanga** ist der **Hauptort** der Insel. Hier lebt der Großteil der Bevölkerung. Die Bewohner sind freundliche, lebenslustige und unkomplizierte Menschen.

Reisepraktische Hinweise

 Unterkünfte
Preis-Gruppierungen nach folgendem Schlüssel:
$$$$$$ = über 250 NZ$ pro Doppelzimmer (DZ)
$$$$$ = 200-250 NZ$ pro DZ
$$$$ = 150-200 NZ$ pro DZ
$$$ = 100-150 NZ$ pro DZ
$$ = 50-100 NZ$ pro DZ
$ = unter 50 NZ$ pro DZ
- **Aitutaki Lagoon Resort Hotel** $$$$$, auf Motu Akitua, südlich des Flughafens, P.O. Box 99 Aitutaki, Tel.: 31.201, Fax: 31.202, 25 Bungalows, weißer Sandstrand, Restaurant, Swimmingpool, Waschautomat, Andenkenladen, Wassersportaktivitäten, Moped- und Autoverleih, Bootsausflüge zu den Motus mit ihren Traumstränden
- **Paradise Cove Accommodation** $, Nordwestküste, P.O. Box 64 Aitutaki, Tel.: 31.218, Fax: 31.456, 11 Gästezimmer im Haus und in Bungalows, Gemeinschaftsküche, guter Strand
- **Rapae Cottage Hotel** $$$, Distrikt Amuri, 1 ½ km nördlich von Arutanga, P.O. Box 4 Aitutaki, Tel.: 31.320, Fax: 31.321, direkt an der Lagune, 7 Doppelbungalows mit Dusche/WC und Kaffee/Teekochmöglichkeit, Restaurant, Moped- und Fahrradverleih

321

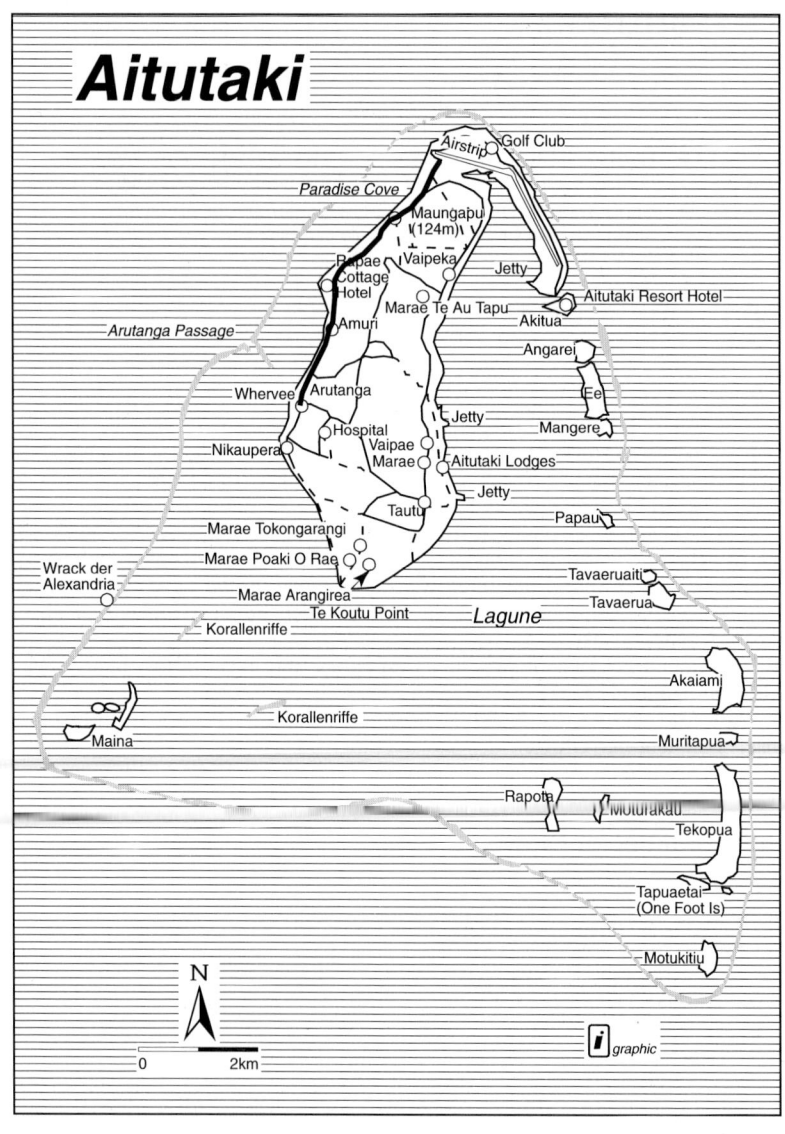

- **Tom's Beach Cottage** $, Ureia, P.O. Box: 51 Aitutaki, Tel.: 31.051, Fax: 31.409, 8 Gäste-zimmer
- **Josie's Lodge** $, Ureia, Tel.: 31.111, einfache Zimmer mit Gemeinschaftsdusche und -küche
- **Tiare Maori Guesthouse** $, Ureia, P.O. Box 79 Rarotonga, Tel.: 31.119, einfache Zimmer, Gemeinschaftsdusche
- **Aitutaki Lodges** $$$, Südostküste, P.O. Box 70 Aitutaki, Tel.: 31.334, Fax: 31.333, 6 Bungalows mit Küche, Restaurant, Moped- und Fahrrad-Verleih, Ausflüge zu den Motus

Restaurant
Crusher Bar, Nordwestküste, musikalische Unterhaltung des Restaurantbesitzers und Berufsmusikers Ricky, angemessene Preise für wohlschmeckende Speisen und Getränke

Auto-, Motorroller- und Fahrradverleih
Aitutaki Rentals, Amuri, P.O. Box 77 Aitutaki, Tel.: 31.127. Es können Vierradangetriebene Lada und Niva, Motorroller und Fahrräder gemietet werden.

8.6.2 ARUTANGA

Historisch interessant ist die **1828** erbaute **protestantische Kirche**, die älteste der Cook-Inseln. Vor dem Gotteshaus finden Sie einen Gedenkstein, der an die "London Missionary Society", den englischen Missionar **John Williams** und die beiden Laienprediger **Papeiha** und **Vahapata** (vgl. Kapitel 8.3.3) von Raiatea (heute Französisch-Polynesien) erinnern soll. Der Missionar Papeiha war besonders erfolgreich.

Arutanga besitzt einen **kleinen Hafen**. Gegenüber der Kirche liegt die **Post**. In einigen kleinen Geschäften kann man das Notwendigste kaufen. Bei der **ANZ** und der **Westpac** können Sie Geld einwechseln.

Die Dorfbewohner leben vom Fischfang, vom Gartenbau, von bescheidener Viehzucht (Schweine, Ziegen und Hühner) und in zunehmendem Maße von den Besuchern ihres traumhaft schönen Eilands. Außerdem exportieren sie Bananen von ihren Plantagen, die im südlichen Teil der Insel liegen.

8.6.3 BOOTSTOUR NACH TAPUAETAI ODER "ONE FOOT ISLAND"

Bootsunternehmen
Bishops Lagoon Cruises, Aitutaki, Tel.: 31.009, Fax: 31.493

Die Bootsfahrt führt durch das türkisfarbene Wasser der Lagune, vorbei an mehreren kleinen Motus. Der Bootsführer nimmt Kurs auf "One Foot Island". Dort angekommen, sind Ihre Südseeträume erfüllt, wenn das Wetter freundlich ist. Die Kokospalmem rauschen leicht oder heftig im Passatwind. Die knorrigen Pandanusbäume, der gleißend weiße Strand, die Sandbänke bei Ebbe, die fischenden **Noddiseeschwalben**, die, immer wieder gegen den Wind fliegend, die Lagune nach Fischen absuchen, die **eleganten Fregattvögel**, das glasklare Wasser, alle diese Eindrücke können sich zu Ihrem erfüllten **Südseetraum** verdichten. Die Wolken spiegeln sich teilweise im azurblauen Wasser. Hier kann man die Seele baumeln lassen, fern von aller Hektik und allem Lärm.

Wenn dann noch unter einer Palmendachhütte ein üppiges Büffet aufgebaut ist, welche Wünsche bleiben für Sie noch offen? Von hier aus werden Schnorcheltou-

"One Foot Island" – Aitutaki

ren veranstaltet. Die **bunten Riffische** werden angefüttert. Das Wasser ist glasklar, und man glaubt, schwerelos zu schweben. Das Licht spielt um die verschiedenfarbenen Korallen und zaubert sich bewegende Schlangenlinien auf den farbigen Meeresboden.

Warum heißt die Insel "One Foot Island"?

Es wird folgende Sage erzählt:

Eines Tages kamen Feinde nach Aitutaki mit bösen Absichten auf die Insel. Sie töteten alle Menschen bis auf einen Vater mit seinem Sohn, die nach "One Foot Island" fliehen konnten. Der Vater war schlau und sagte zu seinem Sohn: "Gehe vor mir her, damit ich in deine Fußstapfen treten kann, um unsere Feinde zu irritieren!" Er ließ seinen Sohn auf eine Palme klettern und setzte seinen Weg fort. Die Verfolger entdeckten die Spur, folgten ihr und töteten den Vater, der wußte, daß er durch seine List seinem Sohn das Leben gerettet hatte.

8.7 MAUKE (AKATOKAMANAVA)

Highlights

- **Inselrundfahrt** und Stichfahrten ins Inselinnere!
- **Aufsuchen der Sandstrände**: Bademöglichkeiten bei Flut und Sammeln schöner Muscheln und Meeresschnecken-Gehäuse!
- **Ornithologische Beobachtungen**, besonders an der Meeresküste!

8.7.1 ÜBERBLICK

- **Air Rarotonga** fliegt Mauke regelmäßig an. Der Flug dauert 45-50 min. Die Landebahn befindet sich im Norden der Insel. Wenn Sie Ihre Unterkunft bestellt

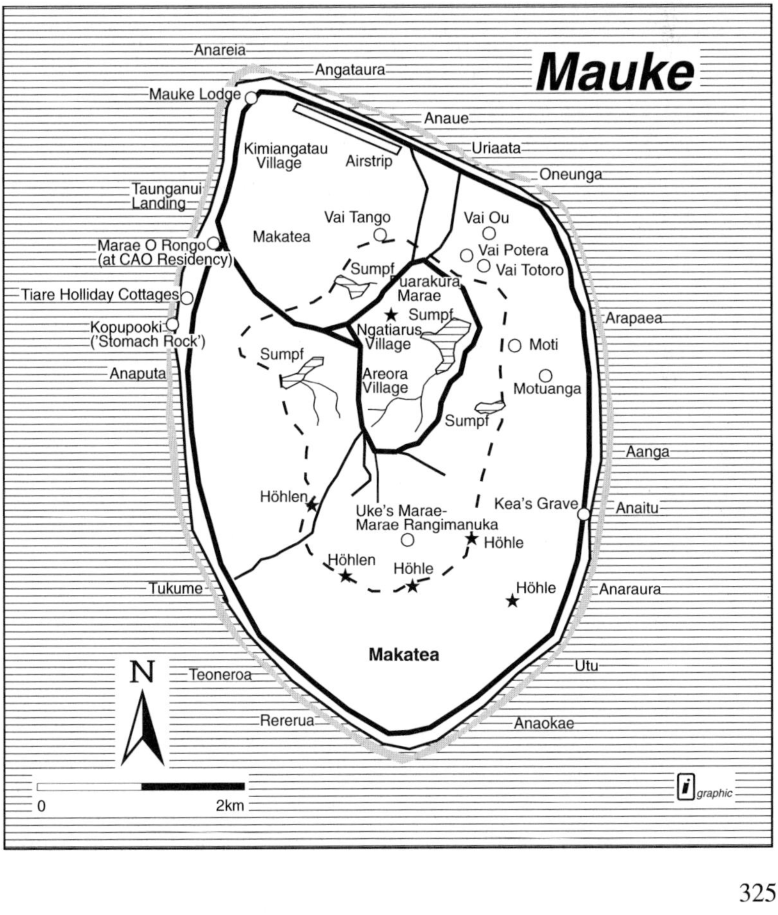

Anareia

Angataura

Mauke

Mauke Lodge

Anaue

Kimiangatau Village Airstrip Uriaata

Oneunga

Taunganui Landing

Vai Tango Vai Ou

Makatea

Marae O Rongo (at CAO Residency) Sumpf Vai Potera Vai Totoro

uarakura Marae

Tiare Holliday Cottages

Sumpf Arapaea

Kopupooki ('Stomach Rock') Ngatiarus Village Moti

Anaputa Sumpf Areora Village

Motuanga

Sumpf

Aanga

Höhlen

Uke's Marae- Marae Rangimanuka Kea's Grave Anaitu

Höhle

Tukume Höhlen Höhle Höhle Anaraura

Makatea

N

Teoneroa Utu

Rererua Anaokae

0   2km

325

haben, dann werden Sie, mit **Blumenkränzen** geschmückt, am Flugplatz abgeholt und so blumenbekränzt auch wieder auf die Reise geschickt. Das Innere des Flugzeugs duftet nach würzigen Blumen und frischgewaschenen Menschen.

● Die **18,4 km²** große Insel ist von flacher Struktur, mit einer maximalen Erhebung von nur 30 m über dem Meeresspiegel. Im Inselinneren gibt es mehrere Sümpfe.

● Rund **700 Bewohner** leben vom **Fischfang** und von der Landwirtschaft.

● Auf Mauke gibt es **drei Dörfer**: Aeora und Ngatiarua im Zentrum und Kimiangatau an der Peripherie der Insel.

● Der **Name "Akatokamanava"** bedeutet "mein Herz findet Ruhe und Frieden". Das sollen die ersten Worte des legendären Gründers **Uke** gewesen sein, als er, vom sagenhaften Hawaiiki kommend, in Arapaea an der Ostküste von Mauke mit seinem großen Kanu *Paipaimoana* landete, das 2.000 Siedler an Bord hatte.

● Auf Mauke existieren noch die Überreste mehrerer *Maraes*, wie auf fast allen Cook-Inseln.

Reisepraktische Hinweise

Unterkünfte
Preis-Gruppierungen nach folgendem Schlüssel:
$$$$$$ = über 250 NZ$ pro Doppelzimmer (DZ)
$$$$$ = 200-250 NZ$ pro DZ
$$$$ = 150-200 NZ$ pro DZ
$$$ = 100-150 NZ$ pro DZ
$$ = 50-100 NZ$ pro DZ
$ = unter 50 NZ$ pro DZ

● **Mauke Cove Lodge $,** Kimianagatau, an der Nordspitze der Insel, Tel.: 35.888, Fax: 35.094, 3 Gästezimmer mit Dusche/WC, Aufenthaltsraum, Bibliothek und Gemeinschaftsküche zur Selbstverpflegung, Mopedverleih, von einem schottischen Arzt geführt

● **Tiare Holiday Cottages $,** Makatea, an der Westküste, einen Kilometer von Taungapui Landing (Tiarei) und drei Kilometer von Nagtiarua entfernt, in ruhiger Lage, 4 saubere, gepflegte Bungalows, einer davon mit Dusche und Kücheneinrichtung, die übrigen mit Gemeinschaftsküche zur Selbstverpflegung, es wird ein köstliches Abendessen ("Dinner") zubereitet, alle übrigen Mahlzeiten nach Vereinbarung, Mopedverleih, bewirtschaftet vom Bürgermeister Tautara Purea und seiner Frau Kura. Empfehlenswert ist eine Inseltour unter der Leitung von Kura Purea, einer ehemaligen Lehrerin, die über die Kultur, Natur und medizinischen Pflanzen allerlei Wissenswertes zu berichten weiß. Heute unterrichtet sie junge Leute in traditionellen Tänzen.

8.7.2 DREI DÖRFER UND SECHS KONFESSIONEN

1882 nahm der **Religionsstreit**, der die Bewohner von Mauke seit Generationen erhitzt hat, seinen Anfang, als die Kirche der **"Cook Islands Christian Church"** **(CICC)** illustriert werden sollte. Die beiden Dörfer **Aeora** und **Ngatiarua** im Innern der Insel hatten beschlossen, zusammen eine Kirche zu bauen. Als die Außenmauern bereits standen, kam es über die Innenausstattung zum Streit. Man konnte sich nicht einigen. Schließlich verhärteten sich die Fronten so stark, daß als einziger Ausweg nur folgende Lösung übrig blieb: **Trennung des Kirchenschiffs**

durch eine Mauer und zwei Extraeingänge für jedes Dorf. Ein neuer Pastor konnte dann jedoch seine Gemeinde überzeugen, daß diese Art der Abgrenzung kein akzeptables christliches Nebeneinander sei, und die Mauer wurde wieder entfernt. Die Ausschmückung der beiden Kirchenseiten und die beiden Eingänge blieben jedoch bestehen.

1904 traten einige Insulaner zur **Römisch-Katholischen Kirche** über. Sie bauten ein neues Dorf, das sie **Kimiangatau** nannten, und natürlich auch ein neues Gotteshaus, weil sie die Christen, die der "London Missionary Society" folgten, nicht länger tolerieren wollten.

Heute sind rund **50%** der Insulaner Anhänger der **CICC** und rund **50%** katholisch.

Katholische Kirche – Mauke

Einige wenige Familien sind außerdem **Mormonen, Seventh Day Adventisten** und **Baha'is**.

8.7.3 INSELRUNDFAHRT

Am besten umrundet man die Insel mit einem geliehenen Moped, das Sie beispielsweise bei Tautara und Kura Purea vom Tiara Holiday Cottages oder von der Mauke Cove Lodge erhalten. Empfehlenswert ist eine Inseltour auch unter der Leitung von Frau Kura Purea vom Tiare Holiday Cottages, die über die Kultur, Natur und medizinischen Pflanzen allerlei Wissenswertes zu berichten weiß.

Von der **18 km langen Ringstraße** können Sie kleine Stichfahrten ins Inselinnere wählen. Die meisten Küstenabschnitte sind felsig und wegen des Korallengesteins zum Baden und Schwimmen ungeeignet.

- **Westküste**
Mit etwas Spürsinn findet man jedoch die vereinzelten Buchten mit Sandstrand,
z.B. den **Kopupooki Beach** an der Westküste. Südlich davon gibt es eine **Höhle**
mit vielen Fischen. Es ist der beste Platz der Insel zum Schwimmen und Schnorcheln.

- **Südküste**
Beim Weiterfahren werden Sie auf den ca. 100 m langen **Teoneroa Beach** und
den ca. 50 m langen **Anaraura Beach** stoßen. Beide Strände besitzen Picknick-
plätze. Feuermachen ist dort verboten. Schwarze **Riffreiher** (*Egretta sacra sacra*)
sind auf dem Riff auf Nahrungssuche, und elegant segelnde **Fregattvögel** (*Fregata minor*) spähen nach Beute aus, die sie den **Seeschwalben** abzujagen trachten.

- **Ost- und Nordküste**
Beide Küstenabschnitte sind sehr einsam. Eine starke Brandung stürmt schäumend gegen das flache Korallenriff, vom mehr oder weniger stürmischen Ostpas-
sat getrieben. Ganz im Norden liegt der **Flugplatz**.

8.7.4 DAS HERZ DER INSEL

Das Innere der Insel wird von den beiden Dörfern **Ngatiarua** und **Areora** beherrscht. Außerdem wird es **landwirtschaftlich intensiv genutzt**. Kokospalmen,
Ananas, Maniok, Süßkartoffeln, Kohl und Tomaten werden für den Eigenbedarf
angebaut. Früher haben die Insulaner ihre landwirtschaftlichen Produkte nach
Neuseeland, das heute selbst genügend Obst und Gemüse anbaut, exportiert.

Trotz der landwirtschaftlichen Region im Innern der Insel ist immer noch genügend **Primärwald** übriggeblieben. Er liefert seit altersher **lebenswichtige Roh-
stoffe**:

- **Der *Au* Baum**
Von seinen jungen Zweigen wird die Rinde abgezogen und die innere **Bast-
schicht** abgetrennt, diese in Wasser aufgeweicht und getrocknet. Die Fasern erge-
ben das Material für Baströcke. Die **großen Blätter** des Baumes werden zum
Abdecken, Einwickeln und Warmhalten von Fleisch und Fisch benutzt, das im
Erdofen gegart wird.

- **Candle Nut**
Die ölhaltigen Kerne der Nuß dieses Baumes werden auf die Rippen von Palmen-
blättern gespießt und angezündet. So ein präparierter Spieß brennt eine ganze
Nacht lang.

Im Inneren der Insel befindet sich eine alleine schwer zu findende **Höhle**. Um sie
aufzusuchen, sollten Sie einen einheimischen Führer oder eine Führerin engagie-
ren. Das Dach der Höhle, aus Korallengestein bestehend, ist eingebrochen. Im
Grund der Vertiefung wachsen große Bäume, **Nestfarn** (*Aspenium nidus*)/"Bird
Nest Fern" und andere Farnarten. Am Rand der Höhle gedeihen die Kletterpflanze
Blaue Passionsblume (*Passiflora caerulea*)/Passion flower und **Guave** (*Psidium
guajava*)/Guave.

8.8 ATIU

Highlights

- **Höhlenerkundung**: besondere Attraktion sind die **Echosananganen**!
- **Schneeweiße, einsame Strände** in geschützten Felsbuchten!
- **Vogelkundliche Wanderungen**!

8.8.1 ÜBERBLICK

- Vor ca. 100.000 Jahren hat sich Atiu aus dem Meer erhoben. Der fossile Korallenrücken wird **"Polynesia Makatea"** genannt. Die Insel besitzt keine ho-

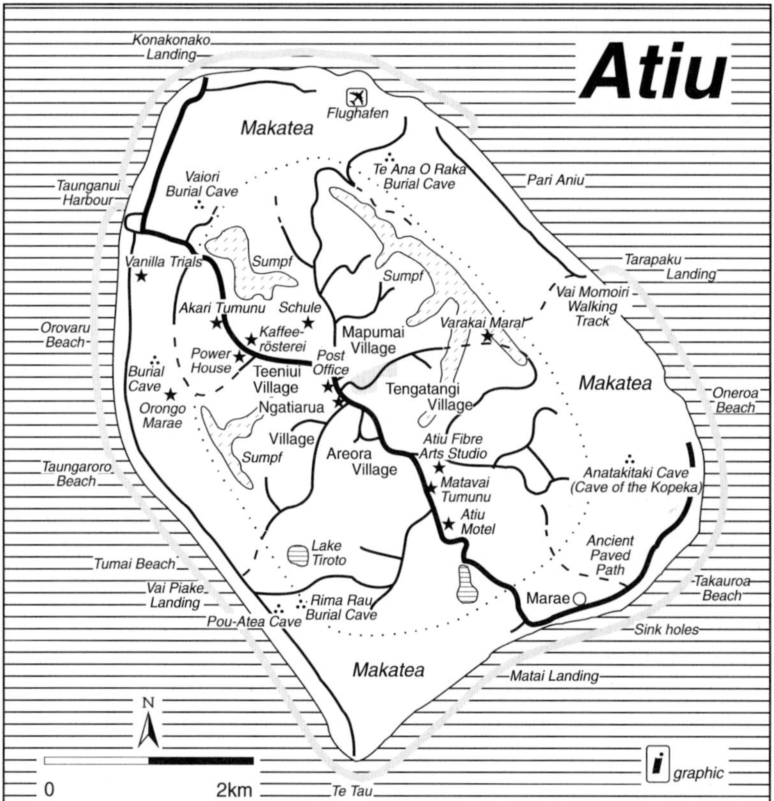

Konakonako Landing

Atiu

Makatea

Flughafen

Taunganui Harbour

Vaiori Burial Cave

Te Ana O Raka Burial Cave

Pari Aniu

Vanilla Trials

Sumpf

Sumpf

Tarapaku Landing

Orovaru Beach

Akari Tumunu

Schule

Kaffeerösterei

Mapumai Village

Varakai Marae

Vai Momoiri Walking Track

Power House

Post Office

Burial Cave

Teeniui Village

Tengatangi Village

Makatea

Oneroa Beach

Orongo Marae

Ngatiarua

Taungaroro Beach

Village

Sumpf

Areora Village

Atiu Fibre Arts Studio

Matavai Tumunu

Anatakitaki Cave (Cave of the Kopeka)

Atiu Motel

Ancient Paved Path

Tumai Beach

Lake Tiroto

Vai Piake Landing

Rima Rau Burial Cave

Pou-Atea Cave

Marae

Takauroa Beach

Sink holes

Makatea

Matai Landing

N

0   2km   Te Tau

i graphic

hen Berge und kein Atoll. Sie ist geologisch spektakulär andersartig, im Vergleich zu anderen Südseeinseln.

- Atiu ist die **drittgrößte Insel** der 15 Cook-Inseln.
- Sie hat rund **1.000 Einwohner**, meistens "Cook Island Maoris", die in **fünf Dörfern** im Zentrum der Insel wohnen. Ca. **50%** der Inselbevölkerung ist **unter 18 Jahren.** Diese Kinder und Jugendlichen erhalten ihre Erziehung durch die "Primary School" und das "College". Die hauptsächliche Beschäftigung der Insulaner resultiert aus Regierungsaufträgen. Es gibt nur sehr wenige private Firmen, die Jobs anbieten. Die meisten Atiuaner haben keine feste Arbeit. Sie leben von eigenen oder fremden Pensionen oder erhalten Geld von Familienmitgliedern aus Übersee.
- Auf Atiu gibt es eine **Kaffeeplantage** mit Rösterei, die auch besucht werden kann.
- Hier werden **Tivaivai** hergestellt und verkauft. Das sind handgefertigte, farbenprächtige Bettdecken mit aufgenähten Blumenmustern.
- **Tumunu** ist ein traditioneller Brauch, bei dem gesungen, getanzt und aus Früchten gebrautes Bier getrunken wird.

Unterkunft

**Atiu Motel $$**, P.O. Box 79, Tel.: 33.777, Fax: 20.979, Transfer Flugplatz-Motel in beiden Richtungen, 5 Bungalows, fast ausschließlich aus einheimischen Materialien erbaut, mit Küche, Dusche/WC, heißem Wasser, gutbestücktem Kühlschrank, Blick auf eine Ananasplantage, Moped-Verleih für 25 NZ$ pro Tag, bewirtschaftet z.Zt. von Dr. Roger und Kura Malcon

8.8.2 INSELERKUNDUNG

Entlang der Küste

Zu Fuß oder etwas zügiger mit einem geliehenen Moped kann man die Insel auf den wenigen Wegen erkunden. An der Küste stößt man immer wieder auf liebliche Buchten mit **schneeweißem Strand**. Gewaltige Brecher rollen auf die Küste zu, besonders an der rauhen Ostseite von Atiu.

Für die ornithologisch Interessierten sei erwähnt, daß hier folgende **Vögel** beobachtet wurden:
Great Frigatebird (*Fregata minor*) / Fregattvogel
Common Noddy (*Anous stolidus*) / Noddiseeschwalbe
Reef Heron (*Egretta sacra*) / Riffreiher
Lesser Golden Plover (*Pluvialis dominica fulva*) / Goldregenpfeifer
Spotted Crake, der flugunfähig ist
Brown Booby (*Sula leucogaster*)
Shattering Kingfisher / Eisvogel
Red-tailed Tropicbird (*Phaethon rubricaudus*)

Auf der Insel sind Sümpfe eingelagert, in denen großblättriger **Taro** wächst.

Gewaltige Brecher am Riff – Atiu

Zu den Höhlen

Mit dem Moped kann man unter ortskundiger Führung, so weit wie es geht, an ein **Höhlensystem** heranfahren. Dann geht es zu Fuß durch den Urwald. Die Höhlen sind außer über den Pfad, dessen Boden aus sehr scharfkantigem Korallengestein besteht, sehr schwer zugänglich.

In ca. einer Stunde erreichen Sie die **erste Höhle**, in die man hinabsteigen muß. Durch einen Tunnel geht es zu einer **zweiten Höhle**, in der **Echosananganen** brüten. Diese Vögel sind mit den Stachelschwanzseglern Südostasiens verwandt. Zur **Orientierung** in der stockdunklen Höhle stoßen sie knackende Geräusche aus, die ähnlich den Fledermäusen wie Radar als **Echolot** wirken. Ihre Nester sind im Unterschied zu den Stachelschwanzseglern ungenießbar.

Durch das Tropfen des wasserlöslichen Korallenkalkgesteins haben sich die nach oben wachsenden **Stalagmiten** und die nach unten wachsenden **Stalaktiten** gebildet, die zeitweise zu **Säulen** zusammengewachsen sind. Weitere seltsame Gebilde in verschiedenen Farben regen die Phantasie an. Sie können unterschiedlich gedeutet werden.

Tip
Ziehen Sie für diese Wanderung festes Schuhzeug an! Sandalen sind denkbar ungeeignet.

In den Dörfern

Die **fünf Dörfer** haben folgende Namen: Mapumai Village, Tengatangi Village, Areora Village, Ngatiarua Village und Teenui Village.

Auffällig ist eine alte "Cook Islands Christian Church". Weitere Kirchen sind die "Catholic Church", "Seventh Day Adventist" und "Apostolic Church". Wenn Sie

Trutzige Kirche der CICC – Atiu

sich zu einem **Kirchgang** entschließen sollten, dann müssen Sie als Frau langärmelig und mit Hut bekleidet sein. Männer müssen lange Hosen tragen. Sehr angenehm ist die **ehrliche Freundlichkeit** der Dorfbewohner.

Auf der Insel gibt es eine **Post**, die Mo-Fr von 8.00-16.00 Uhr geöffnet hat, außerdem mehrere **Bäcker**, Geschäfte, die Kunstgewerbe verkaufen und das **Tivaevae Café**, in der Hauptstraße von Areora, das von Mo-Fr 9.00-16.00 Uhr und Sa 10.00-14.00 Uhr geöffnet hat.

9 AMERIKANISCH-SAMOA

9.1 ALLGEMEINER ÜBERBLICK

Amerikanisch-Samoa auf einen Blick

Fläche:	194,8 qkm
Einwohner:	46.773, 235 je qkm, hauptsächlich Polynesier
Jährliches Bevölkerungswachstum:	1,5%
Bruttosozialprodukt:	je Einwohner 5.410 US$
Sprachen:	Samoanisch und Englisch
Religion:	hauptsächlich Protestanten
Hauptstadt:	Pago Pago (auf Tutuila) mit 3.075 Einwohnern
Verwaltungssitz:	Fagatogo mit 1.340 Einwohnern
Staats- und Regierungsform:	Parlamentarische Demokratie, Territorium der USA, Verfassung von 1967
Parlament (Fono):	Repräsentantenhaus mit 20 alle 2 Jahre direkt und Senat mit 18 alle 4 Jahre durch lokale Häuptlinge (Matai) gewählten Mitgliedern – Direktwahl des Gouverneurs alle 4 Jahre – Verwaltung durch Gouverneur A.P. Lutali, seit November 1992
Wirtschaft:	Bruttosozialprodukt insgesamt: 190 Mio. US$, realer Zuwachs: 1,7%
Währung:	US$
Import:	168,7 Mio. US$
Export:	307,5 Mio. US$, Güter: 97% Thunfischkonserven
Handelspartner:	fast ausnahmslos USA
Problemfeld:	Überfremdung durch die USA

9.2 GEOGRAPHISCHER ÜBERBLICK

9.2.1 LAGE UND GRÖSSE

- **Amerikanisch-Samoa** ist der östliche Teil der Samoa-Gruppe.
- Die **Landesfläche** beträgt **nur 194,8 km²**, einschließlich der Swain's Islands (5 km²), die außerhalb der samoanischen Inselkette weit im Norden liegen. Die Landesfläche Amerikanisch-Samoas entspricht etwa der Größe der Insel Fehmarn (185,1 km²). Zu Amerikanisch-Samoa gehören sieben Hauptinseln: Tutuila, Aunu'u, die Manu'a-Gruppe, zu der Ofu, Olosega und Ta'u gehören, sowie Rose und Swain's Island. Tutuila ist mit 137 km² die größte Insel.

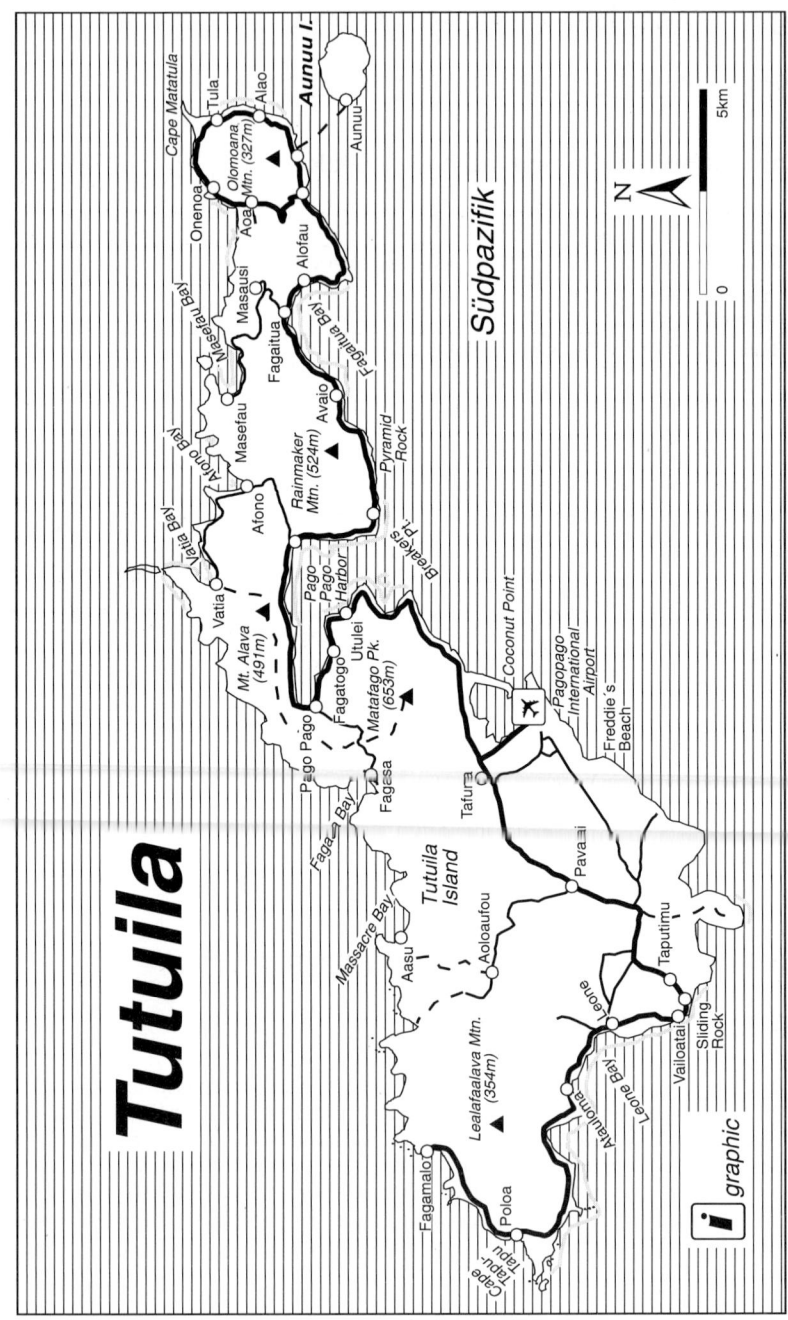

9.2.2 LANDESNATUR

Tutuila, Aunu'u, Ofu, Olosega und Ta'u sind hohe **Vulkaninseln** und Rose und Swain's Island sind flache **Korallenatolle.**

Der **Hafen von Pago Pago** auf der Hauptinsel Tutuila ist der landschaftlich schönste Teil von Amerikanisch-Samoa. Er ist der Krater eines versunkenen Vulkans, an dessen Südrand das Meer eingedrungen ist. Dieser Naturhafen bietet einen **idealen Schutz vor Zyklonen.** Die gesamte Ostküste der Hauptinsel ist wild zerklüftet.

9.3 GESCHICHTLICHER ÜBERBLICK

Die Geschichte Samoas von der Frühgeschichte bis zur Teilung der Samoa-Insel ist in den Kapiteln 10.3.1 bis 10.3.3 beschrieben.

1900	Die USA annektierten **Tutuila** und **Aunu'u.**
1904	Auch die **Manu'a-Gruppe** wurde besetzt.
1929	Erst zu diesem Zeitpunkt wurde die Annexion vom US-amerikanischen Kongreß akzeptiert.
Bis 1951	Amerikanisch-Samoa war bis dato nur ein Marinestützpunkt der USA gewesen.
Ab 1951	Wegen des zunehmenden Schiffsverkehrs nach Asien, Australien und Neuseeland und aus strategischen Gründen wurde das Gebiet der östlichen Samoa-Inseln unter die US-amerikanische Zivilbehörden gestellt.

9.4 TUTUILA-INSELFAHRT

> **Highlight**

- **Seilbahnfahrt zum Mt. Alava (491 m)** – herrlicher Panorablick!

Am Pago Pago Harbor

- **Pago Pago**

Pago Pago, die Hauptstadt der Insel, liegt in der natürlichen Bucht des Pago Pago Harbor. Der Ort (nur ca. 3.000 Einwohner) ist beherrscht von der **Fischverarbeitungsindustrie** der Firma Samoa Packing, die man besichtigen kann.

- **Fagatogo**

Fagatogo ist das **Verwaltungszentrum** der Insel Tutuila. Hier hat der **Gouverneur** von Amerikanisch-Samoa seinen Sitz, und hier tagt auch das *Fono* in dem

Gebiet um die Bucht von Tutuila

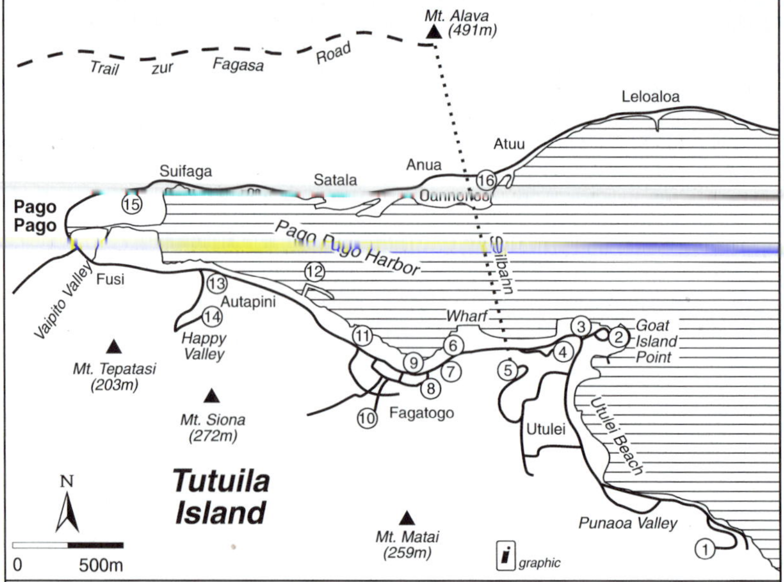

Mt. Alava
(491m)

Trail zur Fagasa Road

Leloaloa

Atuu

Suifaga Satala Anua (16)

Pago Pago (15) Oanneroa

Fusi Pago Pago Harbor

Vaipito Valley (13) Autapini

(14) Happy Valley (11) Wharf (3) (2) Goat Island Point

Mt. Tepatasi (203m) (9) (6) (4)

(7) (5)

(8)

Mt. Siona (272m) (10) Fagatogo Utulei

Utulei Beach

N

Tutuila Island

Mt. Matai (259m)

Punaoa Valley

(1)

0 500m *i* graphic

1 Seegeschütze aus dem 2. Weltkrieg	9 Fono (Maoto Building)
2 Hotel Rainmaker	10 Herb and Sia´s Hotel
3 Fremdenverkehrsamt	11 Markt und Busstation
4 Regierungsgebäude	12 Yachthafen
5 Seilbahnstation	13 Kaufhaus Burns Philp
6 Museum	14 Betonbunker aus dem Krieg
7 Post, Bank of Hawaii und Büros der Fluggesellschaften	15 Pago Park
8 Polizei	16 Samoa Packing Company

1973 erbauten Parlamentsgebäude. Hinter dem **Gerichtsgebäude**, 1904 erbaut, steht das Gästehaus, in dem der berühmte Schriftsteller **Somerset Maugham** 1916 wohnte.

● **Utulei**

Hier befindet sich die **Talstation der Seilbahn.** Sie führt auf den **Mt. Alava (491 m)**. Diese Seilbahnfahrt sollten Sie sich nicht entgehen lassen. Sie genießen einen herrlichen Blick auf den Pago Pago Harbor und die Insel. Die Bahn verkehrt täglich von 8.00 – 18.00 Uhr.

Ostteil der Insel

An mehreren Stellen auf den Höhen rund um den Pago Pago Harbor stehen **Kanonen** aus dem Zweiten Weltkrieg, die den Hafen beschützen. Ganz im Osten der Insel bei **Alao** trifft man auf einen ausgedehnten **Sandstrand**. So schön wie der Strand ist, das Schwimmen ist wegen der heimtückischen Unterströmung riskant. Nur gute Schwimmer sollten hier ins Wasser gehen.

Die Straße führt über **Onenoa** und Aoa, rund um den Mt. Olomoana (327 m), wieder an die Südküste. Man kann die Insel Tutuila nicht umfahren. Die **Nordküste** ist sehr rauh. Es gibt nur einige wenige Stichstraßen nach Norden, beispielsweise nach **Vatia** und **Masefau**.

Westteil der Insel

Südwestlich von Pago Pago Harbor liegt der **Pago Pago International Airport**. Zwischen den beiden Dörfern Taputimu und Vailoatai befindet sich an der Küste der **"Sliding Rock"** ("Rutschiger Felsen"), der mit Algen bewachsen ist. Ihn benutzen die einheimischen Kinder als Rutschbahn. In **Leone** steht ein **Denkmal zu Ehren des ersten Missionars John Williams**, der hier am 18. Oktober 1832 anlandete und der 1839 auf Erramango (Vanuatu) erschlagen wurde (siehe Kapitel 14.3.4). In **Atauloma** gibt es einen schönen Strand. Vor der Küste tummeln sich gern die Surfer. In Fagamal endet die Straße.

10 WEST-SAMOA

10.1 ALLGEMEINER ÜBERBLICK

West-Samoa auf einen Blick

Fläche:	2.831 qkm, der Inselstaat besteht aus den beiden Hauptinseln Savai'i und 'Upolu sowie sieben kleineren Nebeninseln.
Bevölkerung:	179.000 Einwohner nach einer Bevölkerungs-Vorausschätzung der UN bis 1995, 90% Samoaner (Polynesier), 10% Euronesier (Mischlinge), chinesische Minderheiten, ca. 1.500 Europäer
Altersstruktur:	bis 14 Jahre 41,2%, 15-59 Jahre 53,2%
Lebenserwartung:	65 Jahre
Kindersterblichkeit:	5,8%
Säuglingssterblichk.	4,5%
Jährlicher Bevölkerungszuwachs:	0,5%
Bruttosozialprodukt:	je Einwohner 940 US$
Sprachen:	Samoanisch und Englisch
Religionen:	97,3 % Christen, 2,5% andere Religionen, 0,1% unbekannte Konfessionen, 0,1% ohne Religionszugehörigkeit, von den Christen 50% Protestanten, 20% Katholiken, 15% Methodisten, 8% Mormonen, 7% Adventisten, Zeugen Jehovas und andere Sekten
Hauptstadt:	Apia (auf 'Upolu) mit ca. 40.000 Einwohnern
Flagge:	roter Grund, links oben blaues Rechteck mit 5 weißen Sternen (Kreuz des Südens)
Nationalfeiertag:	01. Junuar
Staats- und Regierungsform:	Parlamentarische Demokratie, Verfassung vom 10.05.1961, Staatsgründung und Unabhängigkeit seit 01.01.1962
Staatsoberhaupt:	Malietoa Tanumafili II. (Präsident auf Lebenszeit seit 1962)
Regierungschef und Äußeres:	Tofilau Eti Alesana, seit 1988
Parlament:	Gesetzgebende Versammlung (Fono) mit 49 auf 3 Jahre gewählten Abgeordneten, davon 47 durch die "Matai" (Sippenoberhäupter), die übrigen 2 nach individuellen Wahllisten von der europäischen Minderheit gewählt, Wahl alle 5 Jahre
Parteien/Wahl:	Erste freie Wahlen im April 1991; Human Rights Protection Party (Partei für den Schutz der Menschenrechte) / HRPP (Regierungspartei) 32 Sitze, Samoa National Development Party / SNDP 16 Sitze, allgemeines Wahlrecht
Verw.-Gliederung:	24 Distrikte
Internationale Mitgliedschaft:	Vereinte Nationen und folgende UN-Sonderorganisationen: FAO, WHO, IFAD, IBRD, IFC, IMF, UNCTAD, Mitglied des Südsee-Forums/SPF, Sonderabkommen mit den Europäischen Gemeinschaften /EG (Lomé-Abkommen)

Wirtschaft:	Landwirtschaft, zunehmender Tourismus und Kleinindustrie; Bruttosozialprodukt insgesamt: 153 Mio. US$, realer Zuwachs durchschnittlich 1985-1992: -0,1%, Bruttoinlandsprodukt realer Zuwachs durchschnittlich 1980-1986: -1,5%, Anteil (1992) Landwirtschaft 40%, Industrie 10%; Erwerbstätigkeit: Landwirtschaft 64%, Industrie 6%, Dienstleistungen 30%; Auslandsverschuldung (1989): 72,3 Mio. US$, Inflation: durchschnittlich 1980-1992 11,2%
Import:	237,2 Mio. WS$, Güter: Erdölprodukte, Nahrungsmittel, Maschinen und Transportausrüstung, vor allem aus Neuseeland
Export:	18,9 Mio. WS$, Güter: 60% Kopra, 15% Taro, 10% Kakao, 4% Holz, Zigarren, nach Neuseeland u.a, Commonwealth-Partner 30%, nach Australien 25%, Japan 10%, USA 10%
Währung:	Tala oder Western Samoa Dollar (WS$) = 100 Cents
Problemfelder:	negative Handelsbilanz, hohe Inflationsrate, Jugendarbeitslosigkeit, hohe Zahl an Auswanderungen wegen mangelnder beruflicher Perspektiven, 1/3 der Samoaner lebt bereits im Ausland, Generationskonflikte

10.2 GEOGRAPHISCHER ÜBERBLICK

10.2.1 LAGE UND GRÖSSE

West-Samoa liegt zwischen 168° und 173° westlicher Länge und zwischen 13° und 15° südlicher Breite im Südpazifik, jenseits der Datumslinie. Eingerahmt von Tokelau (zu Neuseeland gehörig) im Norden, Amerikanisch-Samoa (USA) im Osten, dem Königreich Tonga im Süden und Fidschi im Südwesten.

Die Inselgruppe umfaßt neun Inseln, davon sind vier bewohnt. Die beiden besiedelten großen Hauptinseln sind **Savai'i (1.700 km²)** und **'Upolu (1.100 km²)**, und die beiden bewohnten kleinen Inseln sind **Manono** und **Apolima**, die in der 18 km breiten Apolima Strait liegen, die Savai'i von 'Upolu trennt. Die restlichen fünf kleinen Eilande sind in erster Linie von Seevögeln bewohnt.

10.2.2 LANDESNATUR

Der vulkanische Ursprung der Inseln

● **Savai'i**, die größte Insel West-Samoas, ist vulkanischen Ursprungs und eine geologisch sehr junge Insel, auf der zwischen 1905 und 1911 der **Vulkan Mt. Matavanu (402 m)** den Ostteil der Insel in mehreren Schichten mit Lava übergoß. Als Spuren früherer Eruptionen haben sich **ausgedehnte Lavafelder** im Norden bis zur Küste von Savai'i gebildet, die kahl oder nur spärlich bewachsen sind. Der **Mt. Silisili (1.850 m)** auf Savai'i ist der höchste Berg des Landes. Die Ostküste der massiven Insel ist rauh und zerklüftet. Die Westküste ist ebener und lieblicher.

● **'Upolu**, die kleinere Hauptinsel, die stark erodiert ist, ist ein ehemaliger **erloschener Vulkan**. Im Innern der Insel breiten sich bewaldete Bergzüge aus, die zur Südküste steiler abfallen als zur Nordküste. In den Bergen entspringen zahlreiche Bäche und Flüsse. Der **Mt. Fito (1.160 m)** ist der höchste Berg der Insel. Einige stark überwucherte, **kleine Kraterseen** liegen sehr versteckt, in dichten tropischen Urwald eingebettet. Der Ostteil der Insel ist rauh und zerklüftet. Der Westen ist größtenteils ebenes Land.

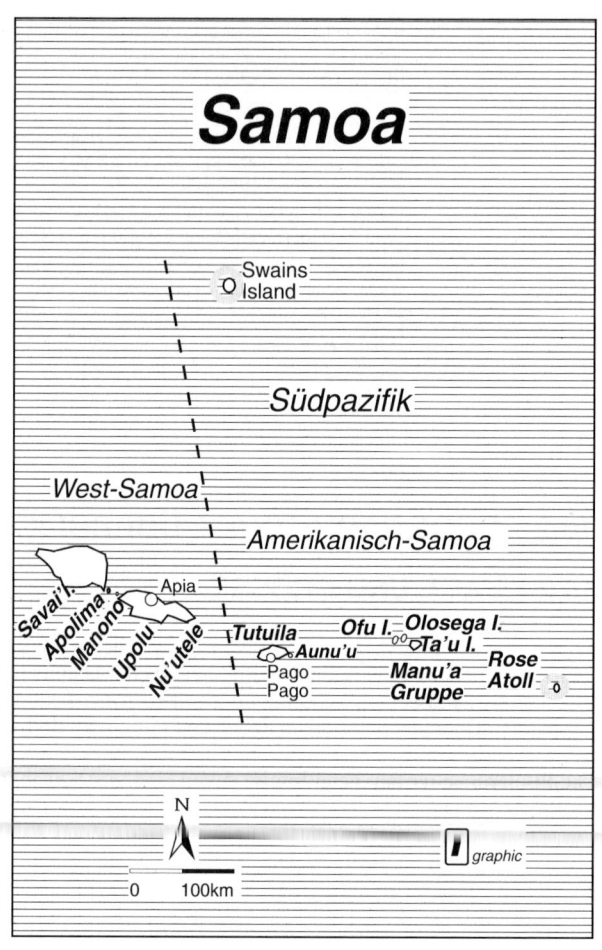

Samoa

Swains Island

Südpazifik

West-Samoa

Amerikanisch-Samoa

Savai'i, Apolima, Manono, 'Upolu, Nu'utele, Apia

Tutuila, Aunu'u, Pago Pago, Ofu I., Olosega I., Ta'u I., Manu'a Gruppe, Rose Atoll

N

0   100km

graphic

Die Vegetation

Die günstigen klimatischen Bedingungen, der fruchtbare vulkanische Boden und der Wasserreichtum haben in West-Samoa eine üppige tropische Vegetation hervorgebracht.

In den Bergregionen, die von tropischen Regengüssen und den seit Jahrtausenden nagenden und zersetzenden Kräften der Bach- und Flußläufe zergliedert sind, hat sich ein **tropischer Regenwald**, u.a. mit gewaltigen Banyan- und Muskatnußbäumen, dichtem Bambus, Myrtengewächsen, riesigen Baumfarnen und vielen endemischen Pflanzenarten, erhalten. Der Urwald mußte in den fruchtbaren Küstenebenen **Plantagen, Acker- und Gartenland mit Kulturpflanzen**, wie Kokospalmen, Brotfruchtbäumen, Papiermaulbeerbäumen, Bananenstauden, Zuckerrohr, Maniok, Yams, Taro, Mais, Ananas, Zitrusfrüchten, Kakao, Kaffee und Gemüse, weichen. Viele in West-Samoa vorkommende Pflanzen sind von Asiaten und Europäern eingeführt, beispielsweise der Flammenbaum mit den feuerroten Blüten und der weiß, gelb und rot blühende Hibiskus.

Die Tierwelt

Im Gegensatz zu den **in großer Vielfalt** vorkommenden **Meereslebewesen** sind die einheimischen **Landtiere** nur sehr **artenarm** vertreten. An Säugetieren haben lediglich **Fledertiere** den "Sprung" von den Kontinenten und der großen Insel Neuguinea nach Samoa geschafft. Die **Schlangen** sind mit drei ungiftigen und die **Eidechsen** mit einem halben Dutzend Arten vertreten. An **Vögeln** sind 34 Arten festgestellt worden, davon sind 16 endemisch, d.h. sie kommen nur hier vor. Die **Insekten** stellen den größten Artenreichtum dar.

Das Klima

In West-Samoa herrscht **tropisches Klima** mit einer Jahresdurchschnittstemperatur von +22 bis +30 ºC. Abends kühlt es infolge der erfrischenden Passatwinde meistens etwas ab. Die fast gleichbleibende, **hohe relative Luftfeuchtigkeit** beträgt ca. 85%. Mit über 2.500 Sonnenstunden im Jahr hat West-Samoa ein sehr angenehmes, freundliches Klima. Allerdings ist fast täglich mit kurzen Regenschauern zu rechnen.

Der meiste Regen fällt in der Zeit von Dezember bis März. Das sind gleichzeitig auch die wärmsten Monate mit durchschnittlich + 30º C (Sommer). Januar bis März ist auch die Zeit der **Wirbelstürme**. Ab April sinkt die Temperatur etwas, und der Regen läßt nach. Von Mai bis Oktober ist deshalb die angenehmste Jahreszeit (Winter). Der Mai ist der kühlste Monat. Dann weht ständig ein leichter Seewind. Im November beginnt dann wieder langsam die regenreichere, warme Zeit.

10.3 GESCHICHTLICHER ÜBERBLICK

10.3.1 FRÜHGESCHICHTE

Die Frühgeschichte Samoas liegt ziemlich im Dunkeln. Es gibt viele Mythen und Sagen, jedoch nichts wissenschaftlich Untermauertes. Auch wenn die legendären Überlieferungen etwas anderes berichten und die Samoaner die wahre Geschichte nicht wahrhaben wollen, so steht trotzdem folgendes fest:

Um 1000 v. Chr.	Die **Lapita-Töpfer besiedelten Samoa** 140 Jahre **später als Tonga**. Sie lebten von den ausreichend in der Lagune vorhandenen Fischen, der vegetarischen und tierischen Nahrung, die der Urwald ihnen bot und bauten auf dem fruchtbaren Vulkanboden Gemüse an.
Im 13. Jahrh. n. Chr.	Die westsamoanischen Inseln 'Upolu, Savai'i und Tutuila (heute Amerikanisch-Samoa) gerieten unter **tonganische Herrschaft**. Die **Tu'i Tonga**, Priesterkönige Tongas, hatten diese Inseln mehrere Jahrhunderte lang in ihrem unerbittlichen Griff. Gefürchtet waren die Kriegskanus der Tonganer, die bei ihrem Auftauchen,

	ähnlich den Blitzangriffen der Wikinger an den Küsten und Flußmündungen Nord- und Westeuropas, Angst und Schrecken verbreiteten.
1400-1500	Den Samoanern gelang es erst nach immer wieder im Keim erstickten blutigen Befreiungskämpfen schließlich doch, die **Tonganer von Samoa zu vertreiben.**
1600-1700	Bis zur Ankunft der Europäer hatte sich eine feste Sozialstruktur, das *Matai*-**System**, gebildet. Die *Matai* waren Sippenoberhäupter, die die Basis eines hierarchischen Aufbaus bis zum Häuptling darstellten.

10.3.2 EUROPÄISCHE ENTDECKUNGEN UND EINFLUSSNAHMEN

1721-1722	Den **Holländer Jacob Roggeveen** verschlug es in samoanische Gewässer; dabei sichtete er nachweislich als erster Europäer die **Manu'a-Inseln** (heute Amerikanisch-Samoa). Doch er segelte vorbei, denn er war auf der Suche nach dem sagenhaften Südkontinent, "*terra australis incognita*", der fälschlicherweise als Gegengewicht zum Nordkontinent angenommen wurde.
1768	Der **Franzose Louis de Bougainville** warf auch von See her nur einen Blick auf Samoa, ohne an Land zu gehen.
1787	Der **Franzose Jean Français de Galaup LaPérouse** ging in **Tutuila** (heute Amerikanisch-Samoa) vor Anker.
Nach 1800	Es war die verhängnisvolle **Zeit der rauhbeinigen Walfänger**, die das Klima zwischen Europäern und Einheimischen sehr nachteilig beeinflußte.
1830	Die ersten **Missionare der London Missionary Society**, John Williams und Charles Baff, erreichten Savai'i. Sie wurden freundlich aufgenommen.
1840	In nur 10 Jahren hatten es die eifrigen Missionare erreicht, daß **alle Samoaner zum christlichen Glauben bekehrt** waren. Dazu gehörte auch, daß die "Heiden" nach europäischen Vorstellungen von Kopf bis Fuß bekleidet wurden. Weiße Tuchhändler verdienten sich dabei eine "goldene Nase".
Nach 1840	Die **ersten europäischen Siedler** ließen sich auf Samoa nieder.
1856	Das **Hamburger Handelshaus Johann Cäsar Godeffroy & Söhne** eröffnete in Apia seine Niederlassung.
1870-1880	Deutsche, britische und US-amerikanische Interessen prallten in Samoa aufeinander.

10.3.3 BÜRGERKRIEGE, INTRIGEN UND TEILUNG DER SAMOA-INSELN

	Seit dem Abzug der Tonganer aus Samoa gab es immer wieder **Kriege um die höchsten Titel** (Tu'i A'ana, Tu'i Atua, Gatoaitele und Tamasoli'i). Eine sehr mächtige und einflußreiche Familie war das **Herrscherhaus Malietoa** (*malie toa* = tapfere Krieger), die zeitweise unter der legendären **Königin Salamasina** alle Titel und somit alle Distrikte Samoas auf sich vereinigen konnte. Auch als die Europäer auf Samoa fußzufassen begannen, herrschten ständig bürgerkriegsähnliche Zustände.
1841	Nach dem **Tod** des mächtigen **Tupu o Samoa Malietoa Vai'inupo**, dem obersten Häuptling (*Tupo o Samoa*) und Sieger aus einem vorangegangenen Bürgerkrieg, entbrannten wieder Machtkämpfe um seine Nachfolge. Er hatte die vier höchsten Titel Samoas besessen und verfügt, daß diese nach seinem Tode an die jeweiligen vier Distrikte zurückgegeben werden sollten. Es blieb nicht aus, daß die Kämpfe wieder aufflammten und das ganze 19. Jahrhundert anhielten.

Die Hauptkonkurrenten, die um die Titel rangen, waren die Familien Malietoa und Tupua.

Um die Kriege zu führen, brauchten die Kampfparteien Geld, das sie durch **Landverkäufe an Europäer** erhielten. Davon profitierte wiederum in erster Linie das **Hamburger Handelshaus Godeffroy**, das sich im Laufe der Zeit zum größten ausländischen Landbesitzer in Samoa entwickelte.

1870 Nach dem **Konkurs** dieser Firma wegen fehlgeschlagener Börsenspekulationen gingen die Ländereien und die Niederlassungen in den Besitz der halbstaatlichen **Deutschen Handels- und Plantagengesellschaft der Südseeinseln zu Hamburg** (DH & PG) über, die ihre herausragende Handelsposition 40 Jahre behauptete. In den folgenden Jahrzehnten wurden Einheimische aus dem Bismarck-Archipel auf den Baumwoll- und Kokosplantagen eingesetzt, weil man die Samoaner zu Arbeiten auf den Pflanzungen nicht zwingen konnte.

1872 **Pago Pago** (heute Amerikanisch-Samoa) wurde **Kohlestation der USA.**

1873 Der **US-amerikanische Gesandte Oberst B. Steinberger**, vom Präsidenten Ulysses S. Grant als Berichterstatter ausgesandt, wurde in dem Streit um die Titelnachfolge der samoanischen Häuptlinge zu Rat gezogen.

1875 Auf seine Initiative wurde die **erste Verfassung Samoas als unabhängiger Staat** ausgearbeitet, die den Konflikt um die Titelnachfolge endgültig beenden sollte. Es war vorgesehen, daß der **König** abwechselnd alle vier Jahre **aus den Herrscherfamilien der Malietoa und der Tupua** von einem Parlament gewählt werden sollte. Der **erste König** wurde **Malietoa Laupepa**, und **Steinberger** ernannte sich selbst zum **Premierminister.**

Weil die Einheit Samoas den Interessen einiger Weißer zuwiderlief, beeinflußten der US-amerikanische und britische Konsul den König, den **US-Amerikaner Steinberger** auszuweisen, nachdem bekannt geworden war, daß Steinberger nicht mehr auf Anweisung der USA-Regierung handelte.

1876 Die **Verhaftung und Ausweisung Steinbergers** nach Fidschi führte wiederum zur **Verärgerung der *matai***, der Sippenobersten von Samoa, die sich wegen der eigenmächtigen Entscheidung des Königs übergangen fühlten und den **König kurzerhand absetzten.**

1879 Anhänger des entmachteten Königs besorgten im Gegenzug den **Sturz der samoanischen Regierung.** Somit war das politische Chaos perfekt. Durch Intrigen der Weißen geschürt, hatten sich die Samoaner selbst um ihre Einflußmöglichkeiten gebracht und wurden zum Spielball der unterschiedlichen Interessen der Kolonialmächte.

Neben den **Deutschen** hatten sich auch die **US-Amerikaner** mit ihrer Kohlestation in Pago Pago und die **Briten** mit ihrer Mission in Samoa etabliert.

Am 14.06.1889 Der zwischen den drei Kolonialmächten entstandene **Interessenkonflikt** um Samoa wurde im **"Vertrag von Berlin"** zunächst beigelegt. Die Vereinbarung gipfelte darin, daß Samoa unter **Malietoa Laupepa** eine samoanische Regierung bilden sollte und den drei Konsulen verwaltungsrechtliche Privilegien eingeräumt wurden. Es zeigte sich jedoch, daß dieses keine tragbare Lösung darstellte.

1898 Der wieder aufgebrochene alte Konflikt zwischen den Familien Malietoa und Tupua endete mit der **Ermordung des ehemaligen Königs Malietoa Laupepa.**

1899 Der Interessenkonflikt der drei Kolonialmächte entspannte sich erst, als **Großbritannien seine Ansprüche auf Samoa** gegenüber Deutschland **zugunsten von Tonga fallenließ.** Der **Konflikt** zwischen den **USA** und **Deutschland** konnte nur durch eine **Teilung in West-Samoa und Ost-Samoa** beendet werden. Die Inseln 'Upolu, Savai'i, Manono, und Apolima wurden von Deutschland annektiert, und Tutuila und die Manu'a-Gruppe wurden den USA zugesprochen. Somit war das Berlin-Abkommen annulliert.

10.3.4 DIE KOLONIALZEIT WEST-SAMOAS

1900	**West-Samoa** wurde **deutsche Kolonie** unter **Gouverneur Dr. Wilhelm Solf**. Der **Rat der** *matai* wurde zwar zunächst als beratendes Organ belassen, jedoch stark in seinen Rechten beschnitten. Obgleich 80% des Landes durch ein Gesetz von 1889 als Eigentum der Samoaner und unverkäuflich festgeschrieben waren, strebte die **Deutsche Handels- und Plantagengesellschaft**, von dem deutschen Gouverneur unterstützt, ein **Monopol des Koprahandels** an. Kleinere europäische und einheimische Firmen wurden unterdrückt.
1904	Als die im Parlament vertretenen *matai* als Gegenreaktion ein **eigenes Handels-unternehmen** gründeten, wurde dieses als Aufruhr ausgelegt, und Dr. Solf ordnete die **Auflösung des Parlaments** an, das bisher aus zwei Kammern bestanden hatte.
	Auf Sava'i bildete sich unter Leitung des *Matai* Lauaki Mamoe die oppositionelle Bewegung *"Mau o Pule"*, die der deutschen Kolonialregierung Paroli bot und die u.a. die Wiedereinsetzung des Parlaments und die Stärkung der traditionellen Machtstrukturen forderte. Die Spannungen wuchsen, und es drohte ein Volksaufstand.
1909	Als Drohgebärde entsandte Deutschland mehrere **Kriegsschiffe nach Apia**. Durch Intrigen wurden die Samoaner gegeneinander ausgespielt. **Lauaki Mamoe** gab auf und wurde **als Staatsfeind** mit seinen Getreuen **auf die Marianen deportiert**.
1914	Im Ersten Weltkrieg tauchten die **Neuseeländer in West-Samoa** auf und besetzten das Inselreich. Die Deutschen mußten das Land verlassen. Das war das Ende der deutschen Kolonie West-Samoa. Die Firma DH & PG ging in neuseeländischen Besitz über.
1914-1920	**Neuseeland** blieb **als Militärmacht** in West-Samoa präsent.
1920	West-Samoa wurde zum **Mandat des Völkerbundes** erklärt.
1946	Anschließend erhielt West-Samoa den Status eines **Treuhandgebietes der Vereinten Nationen** (UN) unter neuseeländischer Verwaltung. Die samoanische Widerstandsbewegung *"Mau o Pule"* richtete sich auch gegen Neuseeland. Bei einer Demonstration gab es sogar 11 Tote.
01.01.1962	An diesem denkwürdigen Tag wurde West-Samoa in die **Unabhängigkeit** entlassen.

10.4 DAS WESEN DER SAMOANISCHEN GESELLSCHAFT

10.4.1 *"FA'A SAMOA"* – TRADITIONELLE LEBENSWEISE DER SAMOANER

Jede Kultur ist Veränderungen unterworfen und oft schwerer Bedrängnis von außen ausgesetzt. In der heutigen Zeit zerbrechen viele alte Kulturen am Ansturm des modernen, uniformen Lebensstils der Neuzeit. Allerdings gibt es auch heftige Gegenbewegungen, wie es zur Zeit beispielsweise in islamischen Ländern zu beobachten ist. Was West-Samoa betrifft, so ist übereinstimmend festzustellen, daß das *"Fa'a Samoa"*, die Lebensweise der Samoaner, verhältnismäßig **vital** ist.

Die Grundstrukturen traditioneller gesellschaftlicher Ordnung sind bisher noch im Verhältnis zu anderen polynesischen Inselstaaten in West-Samoa am stabilsten geblieben. Die europäischen Kolonialmächte Großbritannien, USA und Deutschland und später auch Neuseeland haben die **Festigkeit der samoanischen Großfamilie** als Keimzelle der Gesellschaft und die **Macht der Matai** in der dörflichen Gemeinschaft unterschätzt. Sie meinten, wenn sie die *"Tupo o Samoa"* ("die Könige von Samoa") und Häuptlinge auf ihre Seite zögen, dann könnten sie ihre kommerziellen Interessen ohne Schwierigkeiten durchsetzen. Das hat sich in den Jahrzehnten politischer Wirren bis zur Unabhängigkeit West-Samoas zu deutlich als Irrtum erwiesen.

10.4.2 *"AIGA"* – DIE GROSSFAMILIE IM DÖRFLICHEN BEREICH

Die meisten West-Samoaner leben auch heute noch in Dörfern, überwiegend entlang der Küsten der beiden Hauptinseln 'Upolu und Savai'i, wobei die kleinere Insel 'Upolu mit 70% der Bevölkerung weitaus stärker besiedelt ist als Savai'i.

Die *'"Aiga"* oder Großfamilie in den zahlreichen Dörfern spielt immer noch eine **grundlegende Rolle** im Leben der Samoaner. Zu ihr gehören mehrere Elternpaare, deren Kinder, die Großeltern und Verwandten bis zum dritten Grad. Es wird ein friedliches Miteinander und Füreinandereintreten angestrebt. Das **Grundprinzip** ist das wechselseitige **Geben und Nehmen und das Teilen.**

Aus dieser *"Aiga"* wird ein nach Ansehen, Geist und Bildung **qualifiziertes Familienoberhaupt** gewählt, das die Samoaner *"Matai"* nennen. Der *"Matai"*, meistens ist es ein Mann, vertritt die Sippe im *"Fono"*, im Dorfrat. Wenn der gewählte *"Matai"* nicht die von ihm erwartete Leistung erbringt, dann wird er abgesetzt. Wenn das Familienoberhaupt die Interessen der Großfamilie jedoch gut vertritt

Traditionelle samoanische Lebensweise

und ihr genügend Schutz bietet, dann besitzt es die absolute Autorität in der Sippe. Es verlangt seinerseits strikten Gehorsam von allen Familienangehörigen.

Die **Frauen** sind im **Dorfkomitee** organisiert. Sie weben feine Matten, die für festliche Anlässe ein wichtiges Statussymbol sind.

Zwischen der jüngeren Generation, die dem Trend der neuen Zeit stark ausgesetzt ist, **und den *"Matai"*** mit ihren traditionell geprägten Ansichten kommt es nicht selten zu Spannungen und **Autoritätskonflikten**, die meistens damit ihren Abschluß finden, daß die jüngeren den Familienverband verlassen und ins Ausland gehen. Die Prestigekämpfe können auch unglücklicherweise mit dem Selbstmord der Ausgestoßenen enden.

Da sich immer noch, wie im Gesetz festgeschrieben, **rund 80% des Bodens** von West-Samoa **im Besitz von Familien und Dörfern** befinden und unverkäuflich sind, erteilt der *"Matai"* Anweisungen, wie er verteilt und genutzt werden soll und wem die Erträge zufließen sollen.

10.4.3 DAS *"MATAI"*-SYSTEM

Jeder *"Matai"*, es gibt ihrer ca. 15.000 in West-Samoa, nimmt im Dorf einen gewissen Rang ein, der sich in unterschiedlich gewichteten Titeln ausdrückt. Während früher für einen hohen Rang eines *"Matai"* die familiäre Abstammung, kriegerische Auszeichnungen und erworbene Orden, Redegewandtheit und politisches Geschick eine große Rolle spielten, so sind heute andere Kriterien bedeutungsvoller, wie z.B.: ein gehobener Bildungsstand, politischer Einfluß und wirtschaftlicher Erfolg. Der zuletzt genannte Grund ist schon deshalb maßgebend, weil die Vergabe eines hohen Titels stets mit der Ausstattung aufwendiger Festessen (*"Fa'a lavelave"*) verbunden ist.

Es gibt **zwei Arten von "Matai":**
● Der *"Ali'i"* besitzt die größte Autorität. Seine Privilegien sind jedoch durch bestimmte *"Tabus"* eingeschränkt.
● Der *"Tulafale"* oder Häuptlingssprecher ist sozusagen der Zeremonienmeister, der bei Festlichkeiten meistens im Namen des "Ali'i" die Reden hält und der Titel verteilt, die im Leben der Samoaner einen sehr hohen Stellenwert haben.
Der **ranghöchste *"Matai"*** eines Dorfes ist außer im **Dorfrat** (*"Fono"*), auch im **Bezirksrat** vertreten. Die Bezirksversammlungen wählen wiederum aus ihren Reihen den höchsten **Häuptling des Distrikts**.

10.4.4 SOZIALE PROBLEME

● Die hierarchischen Strukturen, die im Kern auf einer intakten Großfamilie und dem *"Matai"*-System beruhen, werden besonders von der **jüngeren Generation** teilweise kritisiert und als antiquiert abgelehnt. Als Beispiel nehmen wir einen jungen Samoaner, der aufgrund von Arbeitsmangel nach Neuseeland gereist ist. Er hatte Glück, bekam einen Job und paßte sich dort dem Lebensstil an. Er verschloß seine Zimmertür hinter sich, wenn er fortging, behütete seine wenigen Habseligkeiten und sein sauer verdientes Geld. Er begann, ein eigenständiges Leben zu führen. Dann kam er als selbstbewußter Mann wieder in seine Heimat. Nach dem **Prinzip des Teilens** mit allen Sippenangehörigen zerrannen seine Ersparnisse nach dem Schneeballsystem. Vom vielen Anfassen blieb nichts übrig als **bittere Enttäuschung**.
● Nach dem geltenden **Wahlrecht** sind **nur die *"Matai"*** stimmberechtigt. Die Folge ist, daß immer mehr *"Matai"*-Titel vergeben werden. Somit werden auch die Zukunftsaussichten der nachfolgenden Generationen immer fragwürdiger, und der Glaube an die soziale Sicherheit der Großfamilie erleidet Schaden.
● Die Folge ist die **Hinwendung zur Kleinfamilie**, wo man sich auf seine eigene Tüchtigkeit verlassen kann. Familiäre Bindungen und die Hilfsbereitschaft entfernterer Verwandten gegenüber gehen dadurch leicht verloren.

● Der **schlechte Einfluß von Fernseh- und Videofilmen**, die Eröffnung von **Spielhallen** und die Gefahren von **Alkohol und Drogen** sind Gift, besonders auch für die Jugend dieses Landes.

● Die hohe **Jugendarbeitslosigkeit**, besonders für Schüler mit guter Schulbildung, aber ohne berufliche Perspektiven, führt zur Frustration.

10.4.5 EMPFOHLENE VERHALTENSWEISEN FÜR DEN BESUCHER

● Wenn Sie ein **Dorf besuchen**, fragen Sie bitte vorher, ob Sie fotografieren, Blumen pflücken, den Strand benutzen oder in ein Haus eintreten dürfen. Die Erlaubnis wird meistens bereitwillig mit einem freundlichen Lächeln gewährt.

● Wenn Sie **in ein samoanisches Haus eingeladen** werden, dann setzen Sie sich bitte erst nieder, bevor Sie sprechen oder essen. Wenn Sie sich niederlassen, dann versuchen Sie bitte, im sog. Schneidersitz mit untergeschlagenen Beinen zu sitzen. Es gilt als unhöflich, die Beine nach vorne auszustrecken.

● Wenn Sie die Ehre haben sollten, zum **Kavatrinken** von Samoanern eingeladen zu werden, dann verschütten Sie einige Tropfen auf den Boden, bevor die Zeremonie beginnt. Sie brauchen den gereichten Trunk nicht vollends zu Ende zu trinken, wenn Ihnen der Geschmack nicht gefällt.

● Während eines **Spaziergang durchs Dorf** sollten Sie **nicht essen**.

● **Religion** ist ein integrierter Teil des Lebens im Lande. Jeden Abend während der Dämmerung werden **in den Familien Gebete** abgehalten. Sie sollten solange Ihren Spaziergang durchs Dorf aufschieben, bis die Gebete beendet sind. Sie sind herzlich willkommen, an den Andachten teilzunehmen.

● **Sonntage** sind in Samoa **etwas besonderes**. Es ist höflich, sich besonders ruhig zu verhalten.

● Trinkgelder zu geben, entspricht nicht der Sitte des Landes. Sie werden **nicht akzeptiert**.

10.5 MUSIK UND TANZ

Musik und Tanz sind eng miteinander verbunden. Tänze werden zum Vergnügen, aber auch als Ausdruck einer Kampfstimmung und für kultische Zwecke durchgeführt. Dabei erfüllen sie eine wichtige soziale Aufgabe. Sie bringen Menschen zusammen, die gleichen Sinnes sind und die gemeinsam etwas unternehmen wollen. In Samoa und auch in anderen Teilen der Südsee tanzen **Männer und Frauen in**

Südseemusik – Apia

Traditionelle Sitztänze – Apia

Gruppen getrennt und nicht wie bei uns in Paartänzen von Mann und Frau, oder die Tänze finden räumlich und zeitlich völlig getrennt voneinander statt.

Charakteristisch für Samoa sind **Sitztänze**. Die Bewegungen der Hände und Arme und des gesamten Oberkörpers sind hierbei das wichtigste. Es ist für uns ein ungewohnter Anblick, da nach unseren Vorstellungen von Tanz die Bewegung der Füße eigentlich erst einen Tanz ausmachen.

Zum Tanzen gehört bekanntlich ein kräftiger **Rhythmus**. Die **einfachsten Methoden**, Rhythmus zu erzeugen, sind:

- das **Händeklatschen**, das durch das Gegeneinanderschlagen von Stöcken, Bambusröhren oder Speeren verstärkt werden kann, und
- das **Stampfen der Füße**, das durch Rasseln an den Beinen noch wirkungsvoller wird.

Diese Möglichkeiten werden bei traditionellen Tänzen in Samoa reichlich genutzt. Außerdem ist die **Trommel** seit altersher das **vorherrschende Rhythmusinstrument** bei den Südseevölkern. Trommeln gab und gibt es in unterschiedlichen Ausführungen. Sie können zwischen einem halben und einem Meter lang sein und die Form einer Röhre mit einem Schlitz (Schlitztrommeln) oder einer Sanduhr haben. Natürlich mischen sich heute auch ursprünglich in Europa gebräuchliche Formen in die Ausrüstung der Trommler.

Traditionelle Musikinstrumente, mit denen Melodien gespielt werden, sind in erster Linie **Panflöten**, die aus einer Aneinanderreihung einzelner Pfeifen unterschiedlicher Länge und damit tonleitermäßig aufeinander abgestimmter Tonhöhen bestehen. Ferner gab es früher in Polynesien **Nasenflöten**, die heute in Samoa

außer Gebrauch gekommen sind. Durch den **Einfluß der Europäer** sind alte Musikinstrumente verdrängt worden. Die **Gitarre**, in verschiedenen Varianten, hat ihren Siegeszug in der ganzen Südsee angetreten.
Auch die Blasmusik mit **Posaunen, Hörnern** und **Trompeten** fand über die einst kolonialen Militärkapellen bis in die Kirchenmusik in Samoa Einlaß.
Aus dieser Mischung südpazifischer und europäischer Elemente hat sich eine spezielle **"Südsee-Musik"** entwickelt, die wiederum in erster Linie nach Europa und Amerika vermarktet wurde.

10.6 DIE KUNST DES TÄTOWIERENS

Es ist eine der wenigen kulturellen Künste, die Europa und Amerika aus Polynesien in verstümmelter Form übernommen hat, einer Kunst, das sei vorweg gesagt, der eine gewisse Schönheit zugesprochen werden muß und die mit den billigen Tätowierungen mancher Weißer nicht vergleichbar ist. **Tätowierungen** haben in der Südsee eine **sehr lange Geschichte**. Diese Art der Körperdekoration geht bis auf die **Zeit der Lapita-Töpferei** von 3.000 v. Chr bis 1.500 n. Chr. zurück.

Tätowierungen waren einmal charkteristisch für alle polynesischen Außenposten, und so gab es sie beispielsweise bei den Maoris von Neuseeland, bei den Polynesiern von Tahiti, den Marquesas, Tonga und Hawaii. Traditionelle Tätowierungen sind jedoch durch den Einfluß der Europäer ganz im Gegenteil zu Samoa kein Bestandteil des polynesischen Lebens geblieben.

Nur auf Samoa hat die **Kunst des Tätowierens** in ihrer urprünglichen Form als alte polynesische Sitte auch mit ihrer tieferen Bedeutung **überlebt**. Früher wurde das **Pigment** von den verkohlten Rückständen **der Nuß** *Aleurites moluccan* und heute zum größten Teil von dem **Ruß der Kerosinlampen** verwendet. Die unterschiedlich geschärften Werkzeuge zum Einritzen in die menschliche Haut sind aus Elfenbein oder Schweinehauern gefertigt, z.B.:
- *Aumono* für feines Design,
- *Ausoni'aso* für mittleres Design,
- *Laulau* für Bögen und Linien und
- *Au Tapulu*, ein langer Rechen mit bis zu 60 scharfen Zähnen für schnell einzuritzende lange, dünne Linien.

Die **Prozedur der Tätowierung** ist **äußerst schmerzhaft**. Vor einigen Jahrzehnten war die **Vollkörper-Tätowierung** den Häuptlingen vorbehalten, ein **Symbol ihrer Autorität**. Je nach individueller Toleranz der zu ertragenden Schmerzgrenze wurde sie innerhalb von zwei Tagen bis zu zwei Wochen und mehr vorgenommen.

Aber auch die **teilweisen Tätowierungen** auszuhalten, ist ein **Zeichen der Männlichkeit**. Die Muster der Tätowierung sind oft so dicht, daß sie an den Beinen wie dunkel übergestreifte Strümpfe oder an den Hüften, Schultern oder anderen Körperteilen wie übergezogene Kleidungsstücke aussehen. Ein Mittel, um die unweigerlich auftretenden Entzündungen zu lindern, ist ein Bad im Meerwasser oder neuerdings die Einnahme von Antibiotika-Tabletten.

10.7 'UPOLU

Highlights

- Fahren zum **Sopoaga-Wasserfall** und **Papapapai-tai-Wasserfall**
- Wanderung zum **Grab von Robert Louis Stevenson**

10.7.1 ÜBERBLICK

'Upolu ist die **zweitgrößte Insel West-Samoas**. Sie ist dichter besiedelt und besser erschlossen als Savai'i, die größte Insel des Landes. Auf 'Upolu befindet sich die Hauptstadt Apia. 'Upolu ist in ihrer größten Ausdehnung in der West-Ost-Richtung **72 km lang** und in der Nord-Süd-Richtung **24 km breit**.

Die dem Passatwind abgewandte Seite (Lee) der Nordküste ist klimatisch trockener und angenehmer, im Gegensatz zu dem Wind zugekehrten Seite (Luv), die regenreicher und feuchter ist. Dementsprechend ist auch die Vegetation an der Südküste im Regenstau der vulkanischen Bergmassive üppiger und tropischer als auf der Gegenseite der Insel.

10.7.2 APIA

Überblick

Die **Hauptstadt Apia**, das wirtschaftliche und administrative Zentrum des Landes, liegt an der Nordküste von 'Upolu und ist vom **Faleolo International Airport** in einer 35-minütigen Autofahrt zu erreichen. In der zweiten Hälfte des 19. Jahrhunderts hat sich Apia zu einem bedeutenden Handelszentrum entwickelt. Die Bausubstanz setzt sich aus alten Kolonialbauten und später hinzugefügten modernen Konstruktionen zusammen. Apia ist eine geschäftige Stadt mit einem Hafen, der für die Hochseeschiffahrt ausgebaut ist. Es ist ein idealer Ausgangspunkt, um den Inselstaat West-Samoa kennenzulernen. Sie finden hier geeignete Unterkünfte, nette Restaurants und Cafés, Supermärkte, Autoverleihfirmen, Reiseagenturen, ein kompetentes Touristinformationsbüro, Regierungs- und Verwaltungsgebäude und mehrere Kirchen. Die wichtigsten Einrichtungen dieser Art liegen an der Main Beach Road, der Hauptstraße, die den Hafen halbkreisförmig umschließt.

Reisepraktische Hinweise

Auskunft
Western Samoa Visitors Bureau, Main Beach Road, P.O. Box 2272 Apia, Tel.: 20.878, 20.180, Fax: 20.886, hierher sollte Ihr erster Weg führen, um Auskünfte aller Art zu erhalten. Sie werden sehr freundlich und hilfsbereit bedient.

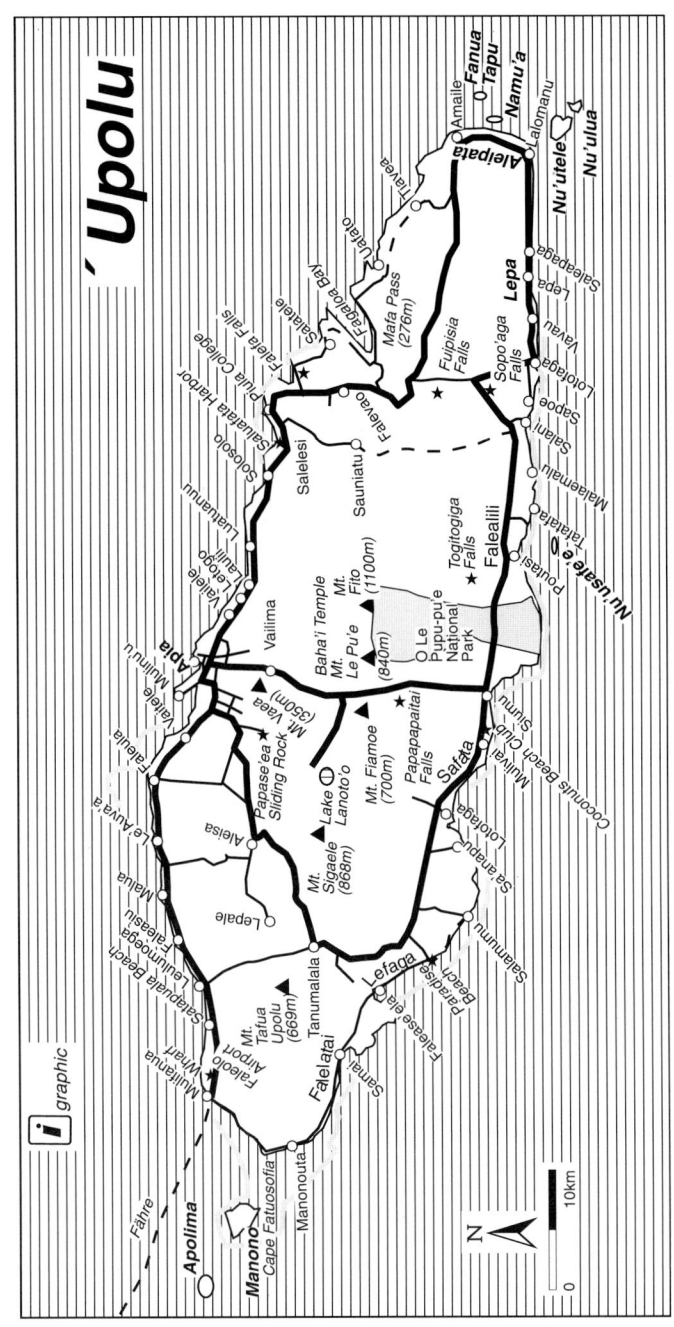

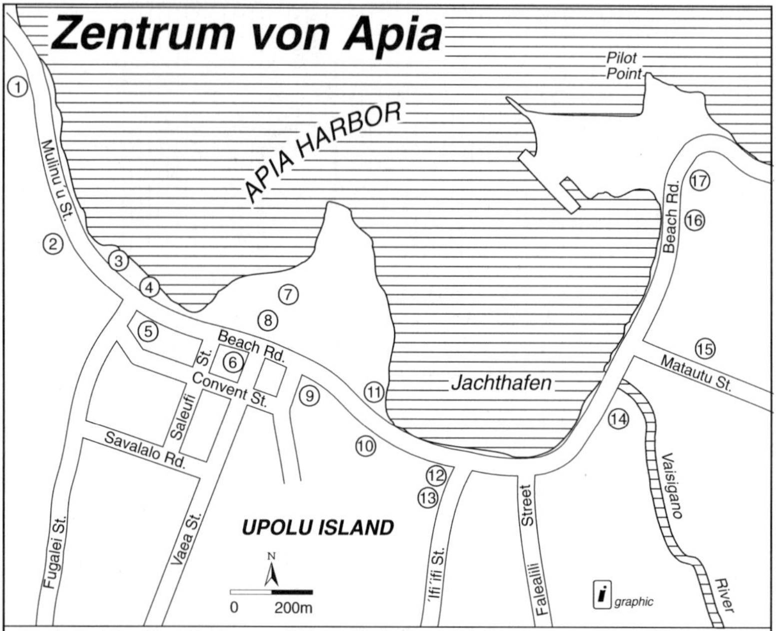

Zentrum von Apia

Pilot Point

APIA HARBOR

Mulinu'u St.

Beach Rd.

Beach Rd.

St.

Convent St.

Saleufi

Savalalo Rd.

Jachthafen

Matautu St.

Vaisigano River

Street

Vaea St.

Fugalei St.

UPOLU ISLAND

'Ifi'ifi St.

Falealili

N

0   200m

i graphic

1 Le Godinet Beachfront Hotel	7 Haltestelle der Fernverkehrsbusse	13 Polizei
2 Hotel Kitano Tusitala	8 Clock Tower (Uhrenturm)	14 Aggie Grey´s Hotel
3 Haltestelle der Nahverkehrsbusse	9 Hauptpostamt	15 Betty Moor´s Guest House
4 Markt	10 Katholische Kathedrale	16 Seaside Inn
5 Morris Hedstrom	11 Fremdenverkehrsamt	17 Harbour Light Hotel
6 Büro von Polynesian Airlines	12 Ausländerbehörde	

Unterkünfte

Die in diesem Reisehandbuch im folgenden erwähnten Hotels und sonstigen Unterkünfte sind nur als persönliche Vorschläge anzusehen. Es wird kein Anspruch auf Vollständigkeit erhoben. Auch gibt es vergleichsweise sicherlich genauso gute oder noch bessere Unterkünfte, die nicht erwähnt sind. Wegen der ständig schwankenden Zimmerpreise werden in diesem Buch **Preis-Gruppierungen** nach folgendem Schlüssel pro Standard-Doppelzimmer vorgenommen:

$$$$$$ = über 125 WS$
$$$$$ = 100 – 125 WS$
$$$$ = 75 – 100 WS$
$$$ = 50 – 75 WS$
$$ = 25 – 50 WS$
$ = unter 25 WS$

● **Aggie Grey's Hotel $$$$$$**, Main Beach Road, am Apia Harbour, Tel.: 22.880, 22.881, 22.882, 22.883, 22.884, 22.885, Fax: 23.626, 5-minütiger Gang in die City, 154 Gästezimmer, Fales (Bungalows) und 2 Suiten verschiedener Unterkunftskategorien, die auch den höchsten Ansprüchen gerecht werden, mit Aircondition und Ventilator, Duschbad, Kühlschrank, Kaffee/ Teekochgelegenheit, Bügeleisen (!) und Bügelbrett (!) sowie Telefon, die größte Hotelanlage West-Samoas, Swimmingpool, 2 ausgezeichnete Restaurants und 2 Bars zur Auswahl, chemische Reinigung, Schließfach/Safe, Tiefgarage, Ausflugs- und Tourenangebote, kostenloser Nachmittags-Kaffee/Tee im Restaurant, wöchentliche "Fiafia"-Insel-Nacht, Fr und Sa Barbecue-Abend, abendliche Gitarrenmusik der Hotelband.

Aggie's wurde 1939 durch die inzwischen verstorbene **Aggie Grey** gegründet, als während des Zweiten Weltkriegs in erster Linie Armeeangehörige ihre Bar und den Imbiß frequentierten.
● **Ah Kam's Motel \$\$**, Saleufi, P.O. Box: 1299 Apia, 5 min von City, P.O. Box 1299 Apia, Tel.: 20.782, Fax: 20.886, 12 Gästezimmer mit Kühlschrank
● **Betty Moor's Guest House \$**, Matautu Street, P.O. Box 18 Apia, Tel.: 21.085, 15-minütiger Gang in die City, Gemeinschaftsdusche und -toilette, 7 Einzel- und 6 Doppelzimmer, sehr einfache Unterkunft
● **Harbour Light Hotel \$\$\$**, am Hafen, Tel.: 21.103, 21.933, P.O. Box 5214 Apia, 20 Gästezimmer, Restaurant und Bar
● **Hotel Kitano Tusitala \$\$\$\$\$\$**, Mulinu'u Road, P.O. Box 101, Tel.: 21.122, 21.123, 21.124, 21.125, Fax: 23.652, 95 Gästezimmer, unter z.Zt.japanischem Management, Kinder frei, wenn sie von Erwachsenen begleitet sind, Swimmingpool, Tennis
Ein legendäres Hotel, genannt nach dem berühmten **Schriftsteller Robert Louis Stevenson**, den die Samoaner *"Tusitala"* ("Geschichtenerzähler") nannten.
● **Hotel Insel Fehmarn \$\$\$\$\$\$**, Falealili Road (Cross Island Road), Moto'otua, P.O. Box 3272, Tel.: 23.301, 23.345, Fax: 22.204, gelbes auffälliges Gebäude, 54 gepflegte Gästezimmer mit Balkon, Blick auf den Ozean, Fernseher, Kühlschrank und Küche, der Begründer stammte von der Insel Fehmarn, Urgroßvater des heutigen Besitzers Fritz J. Kruse, Swimmingpool, Tennisplatz
● **Le Godinet Beachfront Hotel \$\$\$\$\$**, Mulinu'u Road, P.O. Box 9490 Apia, Tel.: 25.437, 25.438, Fax: 25.436, 10 große Gästezimmer, Restaurant und 2 Bars, in Wassernähe, jedoch kein Strand trotz des Namens "Beachfront"
● **Manu Sina Lodge \$\$\$\$**, Matautu Street, P.O. Box 95 Apia, Tel.: 20.909, Fax: 25.610, 14 Gästezimmer
● **Olivia Yandall's Accommodation \$\$**, Matautu Street, P.O. Box: 4089 Apia, Tel.: 23.465, Fax: 23.465, 2 Gästezimmer, 3 Bungalows und ein samoanisches Fale
● **Seaside Inn \$\$**, Matautu, am Hafen, 13 Gästezimmer, Bed and Breakfast, Bar, Küchenbenutzung, sehr einfache Unterkunft
● **Vaiala Beach Cottages \$\$\$**, Vaiala-Vini Road, 2 km von Apia, 7 Fales mit Kochgelegenheit, Restaurant, am Wasser, jedoch kein Strand
● **Valentine Parker's Accommodation \$\$**, Fugalei Street, P.O. Box: 395, Tel.: 22.158, Fax: 20.886, 12 Gästezimmer, einfach, preiswert und sauber, Gemeinschaftsdusche, -toilette und -küche, das Preis-Leistungsverhältnis stimmt.

 Restaurants
● **Apia Inn**, Main Beach Road, John William's Building, 2. Stock, Reservierung über Tel.: 21.010, deutsches Management, deutsche, französische, italienische, ungarische, österreichische und Schweizer Küche, spezialisiert auf Fischgerichte, Hummer, Krebse und Steaks
● **Giodano's Pizzeria**, Motootua, P.O. Box: 510 Apia, Tel.: 25.985, Fax: 20.162, von der Main Beach Road in die Falealili Street, eine Meile Richtung Vailima, Abzweigung rechts am Hotel Insel Fehmarn, italienische Küche, leckere Pastas und Pizzas
● **Le Tamarina Restaurant**, Main Beach Road, Tel.: 22.880, im Aggie's Hotel, gehobene Klasse
● **Chinesische Restaurants:**
- Canton, Tel.: 22.818,
- Mandarin, Tel.: 21.996,
- The Golden Dragon, Tel.: 20.988,
- Treasur Garden, Tel.: 22.568
- Wong Kee's Restaurant, Tel.: 22.988

Autoverleih
- **Avis**, Matautu Street, P.O. Box: 2267 Apia, Tel.: 20.486, Fax: 26.069
- **Apia Rentals**, Tel.: 26.193, P.O. Box 173 Apia, Fax: 26.193
- **Billie's Car Rentals**, Retzlaff's Campground, Saleufi, Tel.: 25.363, 22.315 (nach Feierabend), P.O. Box 1863 Apia, Fax: 23.038 (Büro)
- **Budget Rentals**, Main Beach Road, National Provident Fund Building, Apia, Tel.: 20.561, 22.191 (nach Feierabend), Fax: 22.284 (Büro)

Busse
Der **Busbahnhof Apia** befindet sich an der Stelle, an der die Main Beach Road in die Mulinu'u Road übergeht und an der die Fugalei Street an genau der Stelle einmündet, neben dem Markt, an der Seeseite. Die Busse fahren **ohne festen Fahrplan**. Man muß sich an Ort und Stelle nach den Richtungen und den ungefähren Abfahrtzeiten erkundigen. Eine Busfahrt über die Insel ist ein Abenteuer für sich und sehr volksnah, wenn die Einheimischen ihre Fahrt mit ihrem Kleinvieh und allerlei Gepäck in den meist übervollen Bussen von Apia in die umliegenden Dörfer antreten.

Post
Hauptpost, Main Beach Road

Banken
- **Bank of Western Samoa**, Main Beach Road, Tel.: 22.422
- **Pacific Commercial Bank**, Main Beach Road, Tel.: 20.000

Redaktionstips

☆ **Übernachtung** im Hotel Insel Fehmarn $$$$$$
☆ **Stadtbesichtigung** zu Fuß: Katholische Kirche, Clock Tower, Markt, Denkmäler auf der Mulinu'u-Halbinsel
☆ **Mittagessen** im Restaurant von Apia Inn
☆ **Tagesausflug** zu den Papapapai-tai und Sopoaga-Wasserfällen
☆ **Abendessen** im Le Tamarina Restaurant im Aggie Grey's Hotel
☆ **Abendprogramm** im Aggie Grey's Hotel (traditionelle Tänze und Musik)

Sehenswürdigkeiten

- **Katholische Kathedrale** (Main Beach Road)
1905 wurde die weiße Kathedrale nach einer Bauzeit von 20 Jahren **eingeweiht**. Sie ist meines Erachtens das schönste Bauwerk der schnellwachsenden Metropole, im Sonnenschein weit sichtbar und harmonisch in ihren Formen.

- **Clock Tower** (Uhrenturm) (Main Beach Road)
Inmitten eines Kreisverkehrs, an dem die Vaea Street auf die Main Beach Road stößt, steht der Clock Tower. Er wurde zum **Gedenken an die im Ersten Welt-**

Katholische Kathedrale – Apia

krieg gefallenen Samoaner errichtet. Das Glockenspiel hat **Olaf Frederick Nelson** gestiftet.

INFO

Wer war Olaf Frederick Nelson?

*1883 wurde Olaf Frederick Nelson als Sohn eines schwedischen Geschäftsmanns, der die Firma "A. Nelson and Company" leitete, und einer Samoanerin der höheren Gesellschaftsschicht **auf Savai'i geboren**.*
*1926 gab Olaf Frederick Nelson **erstmalig eine Zeitung in samoanischer Sprache** heraus. Die sog **"Samoa Guardian"** erregte wegen ihrer nationalistischen Färbung bei der neuseeländischen Besatzungsmacht großes Ärgernis. Sie wurde sehr schnell wieder verboten.*
*1927 **und** 1933 verbannten die Neuseeländer den Nationalisten Nelson aus West-Samoa, weil er eine führende Position in der **Widerstandsbewegung** "Mau o Pule" bezogen hatte.*
Erst 1936 durfte der Halbsamoaner wieder west-samoanischen Boden betreten.

● **Der Markt** (Mulinu'u Road)
Er ist einer der lebendigsten und farbenfrohesten Märkte der Südsee. Hier ist immer etwas los, weil die Händler, Händlerinnen oder deren Familienmitglieder sogar hier übernachten, um ihre guten Verkaufsplätze nicht einzubüßen. Neben Erzeugnissen der Landwirtschaft und des Gartenbaus können Sie alle möglichen Nahrungsmittel, auch Fische, lebende Tiere und Artikel des Kunsthandwerks er-

stehen. Natürlich ist dieser Markt auch dazu angetan, um zu kommunizieren. Für einen Plausch ist immer noch genug Zeit vorhanden. Handeln ist nicht üblich. Die Preise stehen fest. Nicht nur als Käufer, sondern auch als Fotograf kommen Sie hier auf Ihre Kosten.

Clock Tower – Apia

● **Denkmäler auf der Mulinu'u-Halbinsel**

- **Denkmäler zur Erinnerung an die Opfer des Zyklons von 1889**
1889 ereignete sich vor dem Hafen von Apia eine Katastrophe. Samoa befand sich in einem bürgerkriegsähnlichen Zustand. Die Briten, US-Amerikaner und Deutschen standen wegen des künftig unklaren Status Samoas kurz vor einer kriegerischen Auseinandersetzung. Alle drei Staaten hatten zur Bekräftigung ihrer Ansprüche Kriegsschiffe nach Samoa entsandt, die vor Apia ankerten. Dieses absurde "Muskelspiel" steigerte sich zur Groteske, als ein **Wirbelsturm** nahte. Die zerstrittenen Großmächte konnten sich nicht einigen, alle Schiffe angesichts der anrückenden Gefahr in den schützenden Hafen einzulassen. Dadurch sanken vier Schiffe, und zwei strandeten, **200 Seeleute starben**. Der deutsche Kreuzer *"Adler"* wurde aufs Riff geschleudert und sank. Die britische *"Calliope"* konnte sich als einziges Schiff durch die Flucht auf die offene See vor der vernichtenden Gewalt des Wirbelsturms retten. Zum Gedenken an die Toten dieses verheerenden Ereignisses sind an dieser Stelle zwei Gedenksteine errichtet worden.

- **Deutsches Flaggendenkmal**
Am **01.03.1900** wurde hier die deutsche Flagge gehißt. Der Gedenkstein wurde 1913 errichtet, ein Jahr, bevor die Neuseeländer West-Samoa besetzten.

10.7.3 INSELRUNDFAHRT

Hinweis
Es ist nicht ungewöhnlich, daß Ihnen die Privateigentümer beim Besuch der Strände eine geringe Gebühr abverlangen.

Wenn man seine Fahrt in Apia startet, dann sollte man zunächst die Hauptstadt in südlicher Richtung über die **Falealili Street oder Cross Island Road** verlassen, über die Sie die Südküste nach 19 km erreichen können. Vorher gibt es jedoch noch interessante Abstecher.

● **Grab von Robert Louis Stevenson**

3 ½ km von Apia entfernt zweigt in **Vailima** rechts ein befahrbarer Seitenweg ab, der nach 300 m auf einem kleinen Parkplatz endet. Dort können Sie möglicherweise Ihren Leihwagen abstellen. Anschließend führt ein gut ausgeschilderter Wanderweg zum **Grab des berühmten Autors Louis Stevenson** und zum Gipfel

Robert Louis Stevenson

des **Mt. Vaea (475 m)**. Kurz hinter dem Parkplatz überquert man über zwei Bohlen einen Bach. Dann muß man sich links halten. Es geht anschließend steil bergan. Schwarze Eidechsen huschen über den Weg. Die Urwaldbäume haben hier meistens sehr große Blätter, um möglichst viel Licht für die Fotosynthese im Dämmerlicht der unteren Etagen des Regenwaldes aufzufangen. An lichten Stellen wachsen Farne, Bananen, **Geschnäbelte Heliconien** (*Heliconia rostrata*), die ebenfalls zu den Bananengewächsen gehören. Teils sind die Urwaldriesen umgestürzt, aus Altersgründen oder von den Stürmen gefällt. Man hört überall Vogelstimmen. Es sind vor allem **Singvogel- und Taubenarten**. Die genauere Bestimmug fällt wegen der Sichtbehinderung durch die dichte Vegetation schwer.

Nach einem Aufstieg von einer ¾ Stunde erreicht man das Grab von Robert Louis Stevenson, unmittelbar unter dem Gipfel des Mt. Vaea. Von hier oben genießen Sie bei gutem Wetter einen **herrlichen Blick auf Apia**. Stevenson hat sich diesen einsamen Platz als seine letzte Ruhestatt gewünscht. Als Vermächtnis schrieb er folgendes **Gedicht**:

> *"Under the wide and starry sky.*
> *Dig the grave and let me lie.*
> *Glad did I live and gladly die,*
> *And I laid me down with a will.*
>
> *This be the verse you grave for me:*
> *Here he lies where he longed to be;*
> *Home is the sailor, home from the sea,*
> *And the hunter home from the hill."*

Obgleich sehr viel von der Poesie verlorengeht, frei ins Deutsche übersetzt:

> *"Unter dem weiten und sternenklaren Himmel*
> *grabt das Grab und bettet mich hier.*
> *Glücklich lebte ich, und glücklich sterbe ich.*
> *Und legt mich nieder, das ist mein Wille.*
>
> *Dies sei der Vers für die Gravur.*
> *Hier liegt er nun, wohin er sich sehnte.*
> *Der Segler ist zuhause, heimgekehrt von der See*
> *und der Jäger heimgekehrt vom Hügel."*

─────────── **I N F O** ───────────

Wer war Robert Louis Stevenson?

*Am 13.11.1850 wurde der Schotte Robert Louis Stevenson **in Edinburgh** geboren.*
*1883 vollendete er den **Roman "Die Schatzinsel"**, der seinen Ruhm als Schriftsteller besiegelte. Dieses Buch wurde ein **Bestseller**. Der Reiz dieser Abenteuergeschichte liegt darin, daß eine romantische Handlung in einer wirklichkeitsnahen Umgebung spielt.*
*1886 erschien **"Der seltsame Fall von Dr. Jekyll und Mr. Hyde"**, eine Darstellung einer Persönlichkeitsspaltung. Ferner hat er noch weitere Südsee-Erzählungen und kritische Schriften verfaßt.*
*1888 kreuzte er mit seiner **Yacht Casco** durch die Südsee. Er hielt sich hierbei u.a. längere Zeit in Tahiti auf. Als er nach Samoa kam, fand er es am ursprünglichsten, und er blieb.*
*1889 kaufte der Autor zu Füßen des Mt. Vaea für damals 4.000 US$ 162 Hektar Buschland. In dieser romantischen Gegend, in der Nähe am Mulivai Stream, baute er sich anschließend ein **Haus**. Die Dankbarkeit einiger Häuptlinge, die Stevenson besucht hatte, als sie im Gefängnis saßen, führte dazu, daß diese nach ihrer Freilassung eine Zufahrtstraße nach Vailima bauten, dem Ort, wo "Tusitala" (= "Geschichtenerzähler"), so nannten ihn die Einheimischen, wohnte.*
Am 03.12.1894 starb der bekannte Schriftsteller mit nur 44 Jahren an einer Gehirnblutung.

● **Baha'i Tempel** (Cross Island Road, 5 km von Apia, rechts)

Noch beeindruckender als der moderne, 1984 erbaute Kuppelbau des Tempels mit seinen **neun Seitenteilen**, die in einem **neunzackigen Stern** in der Kuppel zusammenlaufen, die die **neun wichtigsten Religionen** unseres Erdenrunds symbolisieren, sind die **Toleranz** und die **ökumenische Grundhaltung** dieser Sekte. Sie predigt die **Einheit aller Religionen unter einem Schöpfer**. Sie lädt die Gläubigen aller Glaubensrichtungen zum Gebet und zur Meditation in ihren Tempel ein, nicht nur hier, sondern auf allen Erdteilen, in denen diese Tempel stehen.

─────────── **I N F O** ───────────

Information über den Baha'ismus

*Der Baha'ismus ist **aus der Gemeinschaft der Babisten hervorgegangen**. Die Babisten sind Anhänger einer religiösen Bewegung des 19. Jahrhunderts in Persien, die von dem in Schiras 1820 geborenen **Ali Mohammed**, genannt **"Bab"** ("Pforte" der Erkenntnis), ins Leben gerufen wurde. Die Quelle dieser Glaubensrichtung ist zwar der schiitische Islam; der Religionsstifter strebte jedoch **soziale Reformen** an und trat für eine **gehobene Stellung der Frau** ein. Gerade der zuletzt genannte Reformversuch brachte "Bab" und einem*

*Teil seiner Anhänger den Tod durch die Kugel in Täbris ein. Seine Anhänger, die flüchten konnten, trugen ihre Ideen in andere Länder und ließen sie **im Baha'ismus weiterleben**, genannt nach ihrem Verkünder **Mirza Hussan Ali Nura** (1817-1892), der sich **Baha'Ullah** nannte. "Baha'Ullah" wird mit "Glanz Gottes" übersetzt. Die Ankunft dieses Propheten war von "Bab" vorausgesagt worden. Außer den **Werken von Bab** und **Baha'Ullah** werden der **Koran**, aber auch die **Schriften der anderen Weltreligionen** als Glaubensquelle benutzt und anerkannt.*

*Der Baha'ismus lehrt, daß es einen **transzendenten Gott** gibt, und er erstrebt ein **neues Zeitalter des Friedens** mit einer eigenen Menschheit.*

Baha'i Tempel – Cross Island Road

● **Der angebliche Kratersee Lake Lanotoo**

7 km von Apia entfernt zweigt rechts ein Seitenweg ab. Zu beiden Seiten begleiten Stromleitungen den Weg. Man folgt ihm, bis dieser einen rechtwinkligen Knick nach Süden macht, schreitet 440 Männerschritte ab, bis links die Masten des Transformatorenhauses sichtbar werden und verharrt ca. 50 m vor einem markanten Baum, der aus mehreren Stämmen besteht. Kaum sichtbar, führt rechts ein mit hohem Gras überwucherter Pfad in die Wildnis. Dem folgt man, bis das vorher ebene Grasland in mit dichtem Busch überwachsenes Bergland übergeht. Bei Regenwetter oder nach ergiebigen Niederschägen kann der Weg sehr rutschig bis kaum begehbar sein.

Wenn man von einer erklommenen Anhöhe wieder die besagten Masten sieht, dann soll der kleine, sehr tiefe Kratersee **Lake Lanotoo** links unter Ihnen liegen,

wie gesagt: "er soll...".
Wir haben ihn nicht ge-
sehen. Wenn er tatsäch-
lich dort liegt, so ist er
vom Höhenweg aus we-
gen der sehr dichten Ve-
getation nicht zu sehen.
Sehr leicht geht man des-
halb zu weit. Der Wei-
termarsch lohnt sich
nicht. Es sei denn, man
erfreut sich an der Ur-
waldvegetation und der
Beobachtung von selte-
nen Vögeln, Eidechsen
und Insekten.

Man sollte nicht versu-
chen, den Kraterrand hin-
abzusteigen. Er ist sehr
steil, und die dichte Ve-
getation täuscht sichere
Abstiegsmöglichkeiten
vor. Zu leicht versinkt
man im grundlosen Pflan-
zengewirr.

● **Papapapai-tai-
 Wasserfall**

Auf der Suche nach dem Kratersee Lake Lanoto'o

12 km von Apia entfernt
auf der "Cross Island
Road" biegt rechts ein Seitenweg ab, der zum Papapapai-tai Wasserfall führt.
Große Banyan-Bäume im teilweise vom Urwald befreiten Gelände fallen auf dem
Weg dorthin auf. Von einem Aussichtspunkt aus blickt man in eine Schlucht, von
deren gegenüberliegendem Abhang das Wasser in die Tiefe stürzt.

● **O Le Pupu-Pue National Park**

Wenn Sie nach 19 km die **Südküste** bei **Siumu** erreicht haben, können Sie links auf
die "South Coast Road" abbiegen. Nach 5 km passieren Sie den O Le Pupu-Pue
National Park. Gleich zu Anfang beginnt der **ca. 4 km lange "Coastal Walking
Trail"**. Wenn Sie diesen sehr verkrauteten Pfad, der zur Südküste führt, begehen
wollen, dann sollten Sie unbedingt lange Hosen und festes Schuhzeug anziehen.

● **Stranddörfer der Südküste**

Am östlichen Abschnitt der Südküste reihen sich von Saleilua bis Matatufu **13
Dörfer wie eine Perlenschnur** dicht aneinander. Wenn man die "South Coast

Road" befährt, dann bekommt man von der Existenz dieser Ortschaften nichts mit, weil die Straße im Hinterland verläuft. Nur kleine, unscheinbare Seitenwege führen zu ihnen.

Tafatafa mit dem **Vaiula Beach** ist insofern interessant, weil dort vom Sandstrand aus gute Bademöglichkeiten bestehen. Man kann bei den Eigentümern der Strände um Unterkunft bitten. Sie fischen selbst und bereiten die Fische nach Vereinbarung für Gäste zu.

Unterkunft
Vaiula Beach House $, Tafatafa, Tel.: 22.808, Reservierungen auch über Tel. 22.808 (Apia), Fax: 20.886, 2 Familien vermieten zusammen 4 Gästezimmer

● **Sopoaga-Wasserfall**

Der Sopoaga-Wasserfall liegt etwas im Hinterland. Von einem **Aussichtspunkt**, der etwas kultiviert ist, blicken Sie auf den eindrucksvollsten, stets sehr wasserreichen Wasserfall West-Samoas.
Die gegenüberliegende Urwaldkulisse der Schlucht, in die das Wasser donnernd in die Tiefe stürzt, ist völlig frei von jedem menschlichen Eingriff, ein Primärurwald, mit wunderschönen Baumfarnen durchsetzt.

● **Vavau und Aufaga**

Über **Lotofaga** stößt man wieder auf die Südküste. Der idyllische Küstenabschnitt bei **Vavau** und **Aufaga** wurde schon des öfteren als Kulisse für Filmaufnahmen benutzt.

Hier kann man Fales am Strand mieten. In einem kleinen Laden gibt es das Nötigste zu kaufen.

Beliebte Filmkulisse – Bucht von Vavau

Unterkünfte
● **Vavau Beach Fales** $$$$$$, Vavau, Tel.: 20.954, direkt 26.267, Fax: 22.680, 6 neu hergerichtete Familien-Fales
● **Sinalele Beach Fales** $$, Aufaga, Lepa Aleipata, 8 Fales am wunderschönen Sandstrand an der blauen Lagune, ein versteckter Platz, ideal zum Schnorcheln und Ausüben anderer Wassersportarten, es gehört zur Sitte, daß man vor Betreten des Geländes das Dorfoberhaupt um Genehmigung bittet.

Warnung
Vor dem Schwimmen sollten Sie Einheimische fragen, welche Regionen Sie wegen gefährlicher Strömungen meiden sollten.

- **Die langen Sandstrände von Lepa und Saleapaga**

Ab Lepa und weiter in östlicher Richtung erstreckt sich ein mehrere Kilometer langer Sandstrand. Hier werden von einigen Familien Fales auf Stelzen am Strand ab 20 WS$ vermietet. Bei schlechtem Wetter werden die im allgemeinen offenen Seiten mit Matten abgeschirmt.

- **Bau eines samoanischen Hauses**

 Tip
Wenn man sich einem fremden Grundstück nähert, um beispielsweise zu fotografieren oder zu filmen, wie ein neues Fale ent-

Fales am Strand – Saleapapa

steht, sollte man die **alten samoanischen Sitten** nicht verletzen. Wie verhält man sich richtig? Man hält an der Straße und wartet, bis sich jemand von dem fremden Grundstück nähert. Man wird gefragt, was man möchte. Höflich sollte man seine Wünsche artikulieren, ohne direkt mit dem Fotoapparat oder der Filmkamera zu erscheinen. Das ist sehr wichtig. In den meisten Fällen wird der Bitte bereitwillig nachgegeben.

Völlig anders als in den meisten Ländern unserer Erde sehen die Wohnstätten oder sog. *Fales* in Samoa aus. Während in der übrigen Welt Häuser erstens dem

Bau eines samoanischen Hauses – 'Upolu

Zwecke dienen, Schutz vor den Unbilden der Witterung zu bieten und zweitens auch die Privatsphäre der Familie oder Sippe vor den Blicken der übrigen Menschen abzuschirmen, ist es in Samoa völlig anders. Hier besteht ein traditionelles Haus nur aus einem Fundament, einem Dach und Pfosten, die das Dach tragen. **Wände sind nicht vorgesehen.** Zum einen ist es in dem tropischen Klima sehr luftig, und zum anderen ist auch das **Leben der Bewohner den Blicken der Öffentlichkeit preisgegeben.** Es gibt somit für die Familien **keine abgeschlossene Privatsphäre.**

Es ist ein glücklicher Zufall, wenn man dem Bau eines solchen Hauses zusehen darf. Bei dieser Tätigkeit helfen die ganze Familie und auch Freunde und Nachbarn mit. Aus den Palmenwedeln und den Blättern der Pandanus wird das Material zum Decken des Daches gefertigt.

● **Aleipata Islands**

Dem Cape Tapaga genau gegenüber liegen die Inseln **Nuutele Island** und **Nuulua Island**, auf denen Seevögel brüten, ihre Jungen großziehen und rasten.

● **Der Nordosten von 'Upolu**

Der Nordosten der Insel ist von den beiden Wirbelstürmen, die 1990 und 1991 über die Insel rasten, besonders stark in Mitleidenschaft gezogen worden. Der Wald ist zum größten Teil zerstört. Lediglich in den Senken des welligen Geländes ist er stehen geblieben. Das Schönste in dieser offenen, einsamen Landschaft sind die hellgrün leuchtenden Baumfarne, die hier prächtig gedeihen.

Ab Falevao Richtung Apia, entlang der "Le Mafa Pass Road" und entlang der "Main East Coast Road", reiht sich wieder Dorf an Dorf. Die Strände der Nordküste bestehen aus schwarzem Vulkansand.

● **Der Westen von 'Upolu**

Wieder in Apia angekommen, können Sie die Inselrundfahrt in einer achtförmigen Route fortführen, d.h. Sie beginnen den zweiten Teil Ihrer Tour wieder mit der Fahrt über die landschaftlich reizvolle "Cross Island Road" von Norden nach Süden. Vielleicht erscheint sie nun in einem anderen Licht.

Wenn Sie sich diesmal mehr auf die Landschaft konzentrieren, nachdem Sie die Sehenswürdigkeiten bereits vorher besichtigt haben, fällt Ihnen sicherlich auf, daß die letzten Wirbelstürme dem Wald auf den Kammlagen der Berge die Spitzen genommen haben. Am Wegesrand stehen gelb blühende Orchideen.

Manchmal hüllen gespenstische Nebelschwaden die riesigen Banyanbäume in ihre grauen, feuchten Schleier. Schließlich wird der Blick der Höhe der Paßstraße auf das Meer frei.

In **Siumu** an der Südküste biegen Sie dieses Mal rechts ab. Nur 1 ½ km nach der T-förmigen Straßenführung liegt **Coconuts Beach Resort**.

Hotel
Coconuts Beach Resort $$$$$$, Siumu Village, P.O. Box: 3684, Tel.: 24.849, Fax: 20.071, 30 minütige Autofahrt von Apia, am Strand von Maninoa Village gelegen, einem Dorf, in dem sich das alte Leben nur wenig in den letzten 100 Jahren geändert hat, drei Arten von Bungalows: Standard-, de Luxe- und Beach-, insgesamt 20 Gästezimmer, interessant die kleinen Wasserfälle als Dusche in den gekachelten Badezimmern der Beach-Bungalows, künstlerisch ausgestattete Anlage, sehr kunstvolle Holzarbeiten an den Balkons und Geländern, in die Figuren eingearbeitete Tätowierungen, auch die Liegestühle sind Handarbeit, einheimische Künstler malen Strandbilder, weißer Sandstrand, alle Arten von Wassersport können hier ausgeführt werden, traditionelle Auslegerboote und Tretboote stehen zur Verfügung, das Restaurant serviert u.a, frische Meeresfrüchte, Sa "Fiafia Night" mit einheimischen Tanz- und Gesangseinlagen, Bar, z.Zt. US-amerikanisches Management

An der **Südwestküste** findet man **Mangroven-Dickichte**. Wenn sich die Straße wieder allmählich auf Nordkurs einpendelt, duchfahren Sie **weiträumige Plantagen**, einige von Deutschen in mehreren Generationen betrieben. Die Nutzung hat sich je nach Nachfrage auf dem Weltmarkt geändert. Heute werden hauptsächlich Bananen, Taro und Kakao angebaut.

Auffällig sind die großen Blätter der **Titi-Bäume**, deren Früchte gern von den Flughunden / Flying Foxes vertilgt werden.

● **Faleolo International Airport**

Unterkunft
Satapuala Beach Resort $$, günstig nur 2 km östlich des **Faleolo International Airport** gelegen, Fales am Strand, gute Bademöglichkeit, gemeinschaftliches Essen, liebevoll zubereitet

Busse
Airport Bus Service (Tel.: 23.014)
Für Flughafengäste ist ein Busservice zwischen dem internationalen Flughafen und den Hotels in Apia eingerichtet. Der Unternehmer ist P & F Schuster.

Faleolo International Airport liegt 35 km von der Hauptstadt Apia entfernt.

10.7.4 BEOBACHTUNGEN BEI DEN UNABHÄNGIGKEITS-FEIERLICHKEITEN

Die **Eröffnung** der Unabhängigkeits-Feierlichkeiten ist gekennzeichnet durch den **Aufmarsch zahlreicher Organisationen**, beispielsweise Jugendgruppen, Sport- und Frauenvereinen, auf der Festwiese vor dem neuen Parlament auf der Mulinu'u Halbinsel. Es werden **prominente Gäste empfangen**, und das Volk hört sich geduldig **viele Reden** von Politikern, Geistlichen und dem Präsidenten an. Die samoanische Flagge wird feierlich gehißt. Die Polzei exerziert, und es wird die Nationalhymne gespielt. Es gibt viele Honoratioren und Proklamationen.

Es folgen **traditionelle Gesänge, Tänze** und **Aufmärsche von Spielmannszügen** verschiedener Gruppen von den Hauptinseln West-Samoas, 'Upolu und Savai'i und von Amerikanisch-Samoa. Einer der Höhepunkte sind die **Kanu- und Ru-**

Warten auf den Auftritt – Apia

derregatten. In den "Long-Boats" sitzen 52 Ruderer! Die Boote West-Samoas, Amerikanisch-Samoas und Tongas kämpfen in einem Langstreckenrennen von ca. 10 km bei bewegter See verbissen um den Sieg. Menschenmassen säumen das Ufer und verfolgen begeistert den Ausgang des pakkenden Rennens.

Nach alter Tradition werden gebratene Schweine und feine Matten der Obrigkeit als Präsente überreicht. Die Samoaner lieben es, Feste zu feiern. Die Begeisterung der Akteure ist deutlich zu spüren.

Unabhängigkeitsfeier – Apia

365

10.8 SAVAI'I

Highlights

- **Letolo Plantation** – Wasserfall und archäologische Stätte
- **Vailoa** – Herstellung von Tapa
- **Mu Pagoa Wasserfall** – eine seltene Naturerscheinung
- **Alofaaga Blowholes bei Taga** – gewaltige Wasserfontänen
- **Das Saleaula-Lavafeld** – entstanden durch den Ausbruch des Mt. Matavanu 1905 und 1911

10.8.1 ÜBERBLICK

- Es wird teilweise angenommen, daß Savai'i das sagenhafte *Hawaiiki*, die Heimat der Polynesier vor dem Beginn ihrer großen Wanderbewegungen über See, war. Wahr oder nicht wahr, man weiß es nicht genau.

- Sicher ist, daß die Bevölkerung der größten Insel Samoas, die nicht so häufig besucht wird, an ihren **überlieferten Traditionen** festhält. Die hier lebenden Menschen sind von stolzem, aber

Einfaches Leben – Savai'i

warmherzigem Naturell. Sie lieben das einfache Leben. Die ca. 50.000 Insulaner leben in kleinen Ortschaften rund um die Insel an der Küste. Städte gibt es nicht.

- Savai'i besitzt ein **großartiges Landschaftsgepräge**. Die 1.700 km² große Insel erreicht mit dem **Mt. Silisili (1.858 m)**, der meistens in Wolken verhüllt ist, ihre höchste Erhebung. Alle Berge sind **vulkanischen Ursprungs**. Insgesamt weist Savai'i **470 größere und kleinere Vulkane** auf. Das ist eine enorme Konzentration. Es gibt täglich kleine Erdstöße, die man nicht spürt. Die ältesten **Lava-Ausflüsse** werden auf 1,4 Millionen Jahre zurückdatiert. Die jüngsten Eruptionen stammen von 1905 bis 1911 aus dem **Mt. Matavanu**. Die großen Lavafelder an der Küste sind um die 5.000 Jahre alt. An vielen Stellen hat die Lava die Lagune ausgefüllt. Das Riff umschließt die Insel nicht ganz.

- Savai'i ist eine **Insel für Abenteurer**:
  - Sie können **Vulkane ersteigen**. Es gibt **470 Vulkankegel**, wahrscheinlich die höchste Konzentration auf der Erde.
  - Sie können **wilde Küstenlinien** erforschen.
  - Sie können durch **tropische Regenwälder** wandern.
  - Sie können die *"Manumea"* suchen, den urtümlichsten und seltensten Vogel der Erde, eine zahnschnäbelige Taube.

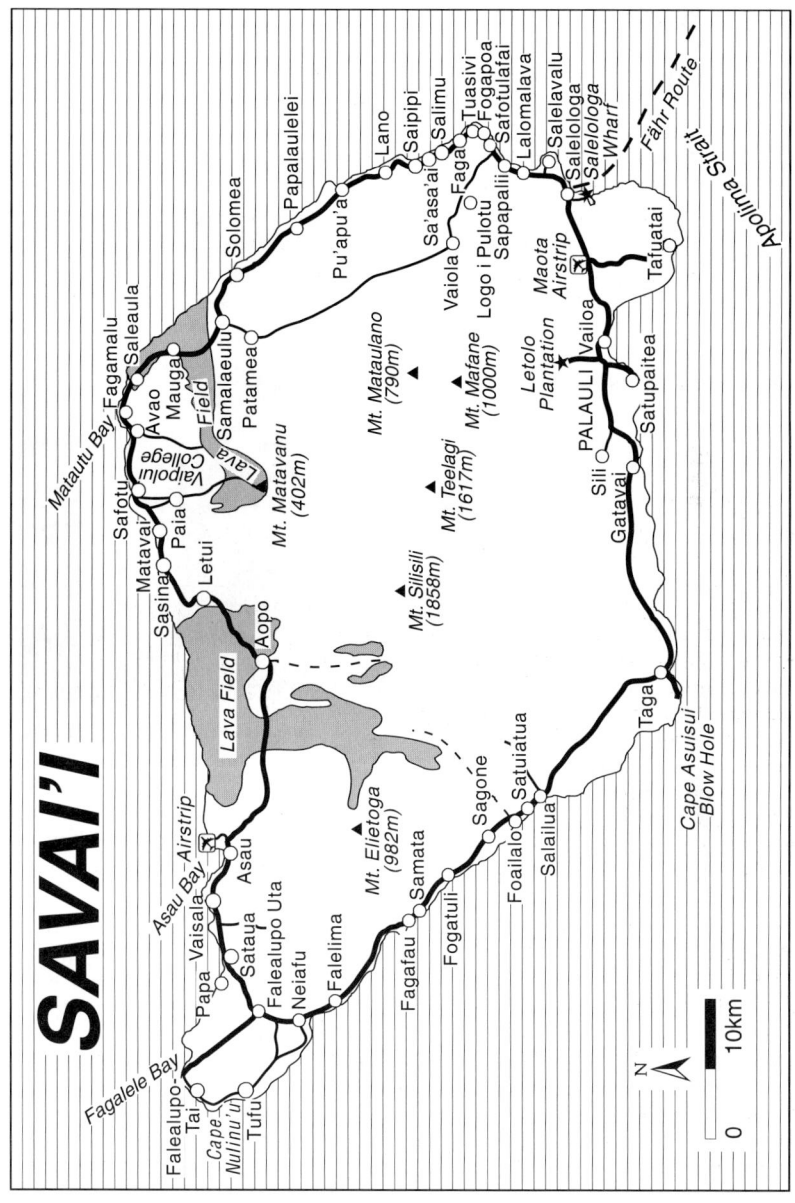

10.8.2 INSELRUNDFAHRT

● **Lalomalava**

Unterkünfte
Die in diesem Reisehandbuch im folgenden erwähnten Hotels und sonstigen Unterkünfte sind nur als persönliche Vorschläge anzusehen. Es wird kein Anspruch auf Vollständigkeit erhoben. Auch gibt es vergleichsweise sicherlich genauso gute oder noch bessere Unterkünfte, die nicht erwähnt sind. Wegen der ständig schwankenden Zimmerpreise werden in diesem Buch **Preis-Gruppierungen** nach folgendem Schlüssel pro Standard-Doppelzimmer vorgenommen:

$$$$$$ = über 125 WS$
$$$$$ = 100 – 125 WS$
$$$$ = 75 – 100 WS$
$$$ = 50 – 75 WS$
$$ = 25 – 50 WS$
$ = unter 25 WS$

● **Safua Hotel $$$$$**, Lalomalava, 12 km vom Fähr-Terminal entfernt, Privat Bag Saleologa, Tel.: 51.271, Fax: 51.272, 12 palmenwedelgedeckte Fales in einem üppig tropischen Garten, mit Duschbad, WC und Insektenschutz, Restaurant, Bar, Umu-Essen, Bibliothek für die Gäste, aufschlußreiche Gespräche mit der Besitzerin **Vaasili Moelagi Jackson**, anderen Mitgliedern der Familie oder dem Management während der Mahlzeiten, verschiedene Ausflüge mit dem kompetenten **Tourenmanager Warren Jop-**

Sonntäglicher Kirchgang – Savai'i

ling auf das Saleaula Lavafeld, den Paia Lavatunnel, zu den Taga "Blow Holes", auf die Letolo Plantage und zur Tapa-Herstellung

● **Savai'ian Hotel $$$$$**, Lalomalava, 12 km vom Fähr-Terminal entfernt, P.O. Box 5082 Saleologa, Tel.: 51.206, Fax: 51.291, 6 Gästezimmer mit Aircondition, Warm- und Kaltwasser, Kochgelegenheit und Kühlschrank, Vermietung von Autos und Mountainbikes, Angebot von Inseltouren, Tranfer zum Flughafen und zur Fähre

Touren
Safua Tours, Tel.: 51.271, Fax: 51.272, nehmen Sie Kontakt mit Herrn Warren Jopling auf

Mein Vorschlag ist es, die 200 km lange Inselrundfahrt in **Lalomalava** unter der ortskundigen Führung von **Tourenmanager Warren Jopling** zu beginnen. Die Routenbeschreibung erfolgt im Uhrzeigersinn. Lalomalava ist ein sauberer Ort an der Ostküste. Das **Dorfleben** hier und auch in den anderen Dörfern geht seinen gewohnten und gemächlichen Gang. Zu den typischen Geräuschen gehören das **Ausschaben von Kokosnüssen**, das **Klopfen von Tapa** und das Ballspielen der Kinder.

Mit einbrechender Dunkelheit werden die **Abendgebete** abgehalten, die sehr ernst genommen werden. In jedem Haus versammeln sich die Familienmitglieder um ihr Oberhaupt, das aus der Bibel vorliest. Auch wenn Sie als Fremder, der Sie einer solchen Andacht beiwohnen, kein einziges Wort der samoanischen Sprache verstehen, so können Sie sicher sein, daß Sie in die Fürbitte eingeschlossen werden. Ein langer, klagender Ton aus dem Tritonshorn, einer großen spiralförmigen Meeresschnecke, kündigt das Ende der Abendandacht an.

● Salelologa – wirtschaftliches Zentrum

Unterkünfte
● **Savai'i Ocean View $$$$$**, Salelologa, P.O. Box 195 Apia, Tel.: 51.258, Fax: 51.258, 5-minütiger Weg vom und zum Fähr-Terminal, 10-minütige Autofahrt vom und zum Maota Air-

port, Gästezimmer mit Warm- und Kaltwasser, Restaurant und Bar

● **Taffy's Paradise Inn $$$$**, Salelologa, ganz in der Nähe des Fähr-Terminals, 7 Gästezimmer in samoanischen Fales

Fähre
Die Fähren verkehren viermal täglich von 'Upolu. Die Anlege-stelle befindet sich 1 ½ km vom Dorf Salelologa entfernt. Die Überfahrt kostet pro Person

Wahrzeichen von Salelologa – Savai'i

6 WS$. **Wichtig:** Reservieren Sie sich mindestens einen Tag vor der geplanten Abfahrt einen Platz für Ihr Auto! (Ticket für einen Pkw + Fahrer = 30 WS$)

Busse
Die Busabfahrten und -ankünfte richten sich nach dem Fahrplan der Fähren in Salelologa.

Banken
● **Pacific Commercial Bank**, Salelologa
● **Bank of Western Samoa**, Salelologa, meistens großer Andrang
Öffnungszeiten: Mo-Fr 9.00-15.00 Uhr

Salelologa ist das **kommer-zielle Zentrum** der Insel Savai'i mit einer Handvoll Läden, einem Markt, zwei Banken, einer Bäckerei und mehreren Kirchen. Der Stra-ßenverkehr wird hier nur leb-haft, wenn eine **Fähre von 'Upolu** angekommen ist.

Fale des Premierministers – Savai'i

369

Dann starten Taxen und Busse mit lauter Radiomusik zu ihren Bestimmungsorten. Anschließend ist alles wieder ruhig.

● **Maota Airstrip**

Maota Airstrip ist die einzige Flugpiste auf Savai'i. Es bestehen Flugverbindungen von und zu den Flugplätzen Fagali'i Airport (Apia) und Faleolo International Airport. Im Umfeld von Maota gibt es viele Plantagen.

● **Abstecher auf die Tafua-Halbinsel**

Kurz vor Maota zweigt links eine schmale Straße auf die teilweise mit tropischem Regenwald bedeckte **Tafua Peninsula** ab. Das **Dorf Tafuatai** liegt am Fuß eines Doppelvulkans Mt. Tafua Savai'i. Der Strand besteht aus schwarzem Lavagestein. Die Halbinsel ist ein **Schutzgebiet**, das von schwedischen Umweltschützern gegründet wurde. Pfade führen in den **Tafua Savai'i-Krater**, der die Heimat der seltenen, urtümlichen **zahnschnäbeligen Tauben** ist. Die vertikalen Schlote dienen den **Flughunden**/Flying Foxes als Höhle.

Ein weiterer Weg, von der Inselringstraße links abbiegend, führt zum 2 km entfernten **Ananoa Beach**, einem öffentlichen Strand.

● **Vailoa – Herstellung von Tapa**

Vailoa an der Palauli Bay (Südküste) darf nicht mit einem weiteren Dorf ähnlichen Namens (Vaiola) im Osten der Insel Savai'i verwechselt werden, das an einer Inlandstraße, parallel zur Küstenstraße, liegt. Vailoa an der Palauli Bay ist das Dorf, das die **besten samoanischen Tapa-Künstler** beherbergt. Es gibt auf der Insel höchstens 20 Personen, die Tapa herstellen.

I N F O

Information über die Tapa-Herstellung

*Die Grundsubstanz zur Herstellung von Tapa ist der **Papier-Maulbeerbaum**, der von Südchina nach Polynesien eingeführt wurde. Die Kunst der Tapa-Herstellung wird von Generation zu Generation weitervererbt. Fertiges Tapa wurde früher zu Bekleidungsstücken verarbeitet. Heute dient es als Teppich, Tischläufer, Wandbehang oder Raumteiler. Einheimische verschaffen sich außerdem eine Einnahmequelle, um es an Touristen zu verkaufen.*

*Die **einzelnen Arbeitsvorgänge** der Tapa-Herstellung sind bei einer Familie in Vailoa zu beobachten:*
- *Die Rinde, einschließlich der Bastschicht, wird von noch jungen, schlanken Gerten des Papier-Maulbeerbaums ("Broussonetia papyrifery") abgezogen und kurz in Wasser aufgeweicht.*
- *Die **innere Rinde (Bast)** wird von der äußeren Rinde getrennt und mit einer herzförmigen Muschelschale gereinigt.*

- *Mehrere Lagen Bast* werden übereinandergelegt, immer wieder mit der Muschel bearbeitet, mehrmals gefaltet und so zu einer festen Lage Tapa vereinigt.
- *Das Tapa* wird auf ein Rundholz gelegt und mit einem Holzschläger (I'e) von der Mitte zum Rand *geklopft*, um es zu erweitern. Es wird immer wieder gefaltet und beklopft.
- Dann wird es aufgespannt, mit Steinen beschwert und *im Schatten getrocknet*.
- Anschließend wird ein *Brei von "Arrow Roots"* ("Pfeilwurzeln"), wie Kartoffelbrei *als Klebstoff* angerührt, mit dem die einzelnen Tapastücke zusammengeklebt werden sollen.
- *Holzschablonen* mit eingeritzten geometrischen Mustern, die bis zu 100 Jahre alte Familienstücke sind, werden mit dem zur Bemalung fertigen Tapa belegt, mit Naturfarbe bestäubt und feucht über der Schablone verrieben, so daß das Muster sich abhebt.
- *Naturfarben* werden auf das Tapa gestrichen. Der *braune Farbstoff* stammt beispielsweise vom Okerstein, das ist verhärtete, feinste vulkanische Asche, aber auch von den ölhaltigen Früchten der "Candle Nut". Der *rote Farbstoff* wird aus einer Mixtur von Rinden und Loa-Samem, einer Hülsenfrucht, hergestellt. Der *schwarze Farbstoff* wird von dem Ruß der Kerosinlampen bezogen.
- Die *Löcher und Dünnstellen* werden mit dem o.g. Brei und Tapa-Flicken verklebt.

Tip
Halten Sie bei der Qualitätsprüfung das Tapa gegen das Licht, ob keine Löcher in den filzartigen Lagen sind!

● **Letolo Plantation – Wasserfall und archäologische Stätte**

Nur 1-2 km westlich von Vailoa führt ein schmaler Fahrweg rechts in die Letolo-Plantage. Kopra und Kakao waren früher die Hauptausfuhrprodukte der Insel. Heute sind durch Überkapazität in Westafrika und Indonesien die Weltmarktpreise so stark gefallen, daß auch diese Plantage nicht mehr bewirtschaftet wird. An der rechten Seite des Stichwegs liegt das vom Wirbelsturm stark zerstörte Herrenhaus.

Dann überquert man einen Bach mit einer Steinaufschüttung, der nur mit einem robusten Auto befahren werden kann. Anschließend führt der Weg entlang einem aufgesetzten Steinwall, der rechts eine Lücke aufweist.

Hier parkt man das Auto. Man sollte es gut verschließen, weil herumstreichende Kinder sonst gerne den Inhalt nach brauchbaren Gegenständen durchwühlen. Einer Wagenspur folgend, gelangt man durch den Baumbestand der vernachlässigten Kokosplantage an eine kleine Lichtung.

Nach einem steilen Abstieg in ein enges Tal kommt man nach ca. 50 m an einen Teich, in den sich der **Afu Aau-Wasserfall**, einmalig in seiner Schönheit, ergießt.

Das glasklare, dunkelblau schimmernde Wasser lädt zum Schwimmen ein. An den steilen Felswänden gedeihen überhängende Baumfarne und Lianen, und große Libellen sind auf Insektenjagd.

In nordwestlicher Richtung liegt **Tia Seu Ancient Mound**. Diese archäologische Stätte ist mit 61 x 50 m an der Basis und 12 m in der Höhe die größte polynesische Konstruktion. Dieses zweistufige Monument ist wahrscheinlich während der tonganischen Besatzungszeit vor ungefähr 1.000 Jahren entstanden.

● **Mu Pagoa-Wasserfall – eine seltene Naturerscheinung**

Der breite **Vailo** ist sicher der **interessanteste Fluß der Insel**. Er hat noch nicht genügend Zeit gehabt, sich ein Bett in die Lava zu graben. Deshalb wirft er sein Wasser über die Klippen direkt ins Meer.

Diese sehr ungewöhnliche Erscheinungsform eines **Wasserfalls unmittelbar an der Küste** ist ein Zeichen dafür, daß die Lava erdgeschichtlich noch sehr jung ist. Man sieht es an den halbkreisförmigen Mustern, die noch nicht abgeschliffen sind.

Mu Pagoa-Wasserfall – Savai'i

Am besten kann man sich von diesem Phänomen ein Bild machen, wenn man von der Brücke einige 100 m am Westufer des Flusses bis zur Küste geht.

● **Lavakliffs an der Südküste**

Spektakuläre Ausblicke hat man von einigen Aussichtspunkten direkt am Meer auf die rauhen Lavaklippen, gegen die sich die Brecher des Ozeans mit ausdauerndem Rhythmus werfen. **Zwei Felsentore**, Überhänge und bizarre Gesteinsfor-

mationen zeugen von der Urgewalt der wilden See.

● **Alofaaga Blowholes
   bei Taga – gewaltige
   Wasserfontänen**

An der wilden Küste des
Cape Asuisui können Sie ein
Naturschauspiel erleben, das
im gesamten Südseebereich
einmalig schön ist. Bei starker Dünung steigen **bis zu
80 m hohe Wasserfontänen**
mit fauchenden und röhren-

Urgewalt der wilden See – Savai'i

den Geräuschen in den Tropenhimmel auf, weil das Wasser der heranrollenden
Wogen durch enge Röhren im Lavagestein emporgepreßt wird. Von den Dorfjun-
gen werden zur allgemeinen
Gaudi Kokosnüsse in die
Röhren geworfen, die dann
wie mit einem Katapult
durch den Wasserdruck em-
porgeschleudert werden.

● **Die Südwestküste**

Ab Taga verläuft die Straße
zunächst etwas im Hinter-
land. Von den Zyklonen
1990 und 1991 zerfetzte
Bäume geben ein erschrek-
kend gespenstisches Bild ab.

Alofaaga Blowholes bei Taga – Savai'i

In **Siuti** hat die Inselringstraße die Küste wieder erreicht. Im **Satuiatua Beach
Resort** sind kleine Hütten am Strand zu mieten.

In **Fagafau** blickt man von einem Kliff in eine kleine Bucht, in die das Wasser
schäumend hineinbrandet. Diese Stelle wird **Lovers Leap** genannt. Hier wird für
den Besuch eine geringe Gebühr erhoben.

Die Legende von "Lovers Leap"

*Nach einer Legende soll sich hier vor langer, langer Zeit eine alte blinde
Frau mit ihrem einzigen Kind wegen familiärer Probleme von der steilen
Klippe ins Meer gestürzt haben. Die Zuschauer waren sehr erstaunt, als sie
sahen, daß sich die Frau in eine Meeresschildkröte und das kleine Mädchen
in einen Hai verwandelten. Das Mädchen liebte seine Mutter sehr, und dieser
Platz wurde "Lovers Leap" ("Liebessprung") genannt.*

● Die Nordwestküste

Die Nordwestküste war früher eine der schönsten Ecken der Insel. **1990 und 1991** verwandelten die beiden **Zyklone Ofa und Val** das blühende Land in ein trostloses Trümmerfeld. Wenn man von Falealupo-uta linker Hand in die Falealupo Road abbiegt, dann durchfährt man einen von den beiden letzten Wirbelstürmen zerstörten Regenwald. Auf der rechten Seite, schon kurz vor der Fagalele Bay, weist ein Schild auf **"Mosos Footprints"** hin. Die angeblichen, ca. 2 m langen Fußabdrücke von Moses in Stein sind gegen ein geringes Entgelt in einem verschlossenen Schuppen zu besichtigen.

Wenn man noch weiter fährt, was sich nicht lohnt, dann sieht man in **Falelupo-tai** von den Zyklonen zerstörte Häuser, Kirchen und Bäume. Die hohen Wellen und der Sturm haben nicht nur die Gebäude zertrümmert und den Palmen die Wipfel abgedreht, das Salzwasser und der salzige Wasserstaub haben auch bis weit ins Hinterland den Boden unfruchtbar gemacht. Es wird Jahre dauern, bis die Versalzung durch Regenwasser wieder ausgewaschen ist. Die meisten Menschen haben ihr Wohngebiet verlassen.

Wieder auf die Hauptstraße zurückgekehrt, erreicht man bei **Sataua Village** wieder die Meeresküste. Dieser Ort hat vor der verheerenden Zerstörungskraft der o.g. Wirbelstürme den Preis für das schönste Dorf Samoas bekommen.

Westlich von **Vaisala** liegt auf einer Halbinsel ein Hotel, ein Zeichen dafür, daß allmählich wieder Leben auch in diesen Teil der Insel einkehrt.

 Hotel

Vaisala Beach Hotel $$$$$$, Vaisala, P.O Box: 570, Tel.: 58.016, Fax: 58017, 18 Gästezimmer, am Strand, ideal zum Schwimmen, Windsurfing und Schnorcheln, Restaurant, Bar, Einkaufsmöglichkeiten in der Nähe

In **Asau** endet die Asphaltstraße. Sie geht in eine rauhe Schotterstraße über, die man mit dem Pkw nur mit höchstens 30 km/h befahren kann. Viele Bäume sind durch den Sturm, anschließendes Feuer, Meerwasser der Wellen und salzigen Wasserstaub vernichtet worden, mit ihnen viele Vögel und andere Tiere. Häufig sind hier Wiederaufforstungen von **Eukalyptusbäumen aus Neuguinea** anzutreffen. Die Stämme der Bäume sind mehrfarbig gezeichnet. Diese schnellwachsenden "Ausländer" haben den Vorteil gegenüber einheimischen Baumarten, daß sie seitlich wieder ausschlagen, wenn ihr Stamm im Sturm bricht, während andere Bäume nach abgeknickter Krone sterben. Die **Natur regeneriert sich** allmählich wieder, und die Menschen bauen ihre Häuser wieder auf.

In dem folgenden, sehr einsamen Straßenabschnitt windet sich der Fahrweg durchs Hinterland, bis er in Sasina wieder die Küste erreicht. Auf diesem ca. 25 km langen Straßenabschnitt liegen nur zwei kleine Orte: **Aopo** und **Letui**. In Aopo fallen die Wellblechdächer auf, über die das Regenwasser aufgefangen und über Dachrinnen und Rohre in Zisternen geleitet wird. Im Schatten anderer Bäume gedeiht Kakao. In **Sasina** endet die Schotterstraße, und man befährt anschließend wieder eine Asphaltstraße.

● **Die Nordostküste**

Die Nordostküste, auch **Itu o Tane** genannt, ist bekannt für ihre glitzernden Lagunen und Korallensandstrände. In **Safotu** stehen drei große Kirchen dicht beieinander. Die zweitürmige "Sacred Heart Church" hat die Größe einer Kathedrale. Ihre Glasfenster stammen aus Frankreich.

Unterkunft

Lagoto Beach Fales $$$$$, Fagamalo, Tel.: 21.724, Fax: 20.886, 4 Gästezimmer mit warmem Wasser, Kühlschrank und Kochgelegenheit

● **Das Saleaula-Lavafeld**

Das Saleaula-Lavafeld sieht wie eine mit Asphalt überzogene Mondlandschaft aus, zur Linken rissig und noch völlig nackt und schwarz, fast ohne Vegetation. Im Lavafeld gibt es den sog. **Paia-Tunnel**. In einer Legende wird berichtet, daß er von Elfen bewohnt sein soll. Den Tunnel sollte man nur mit einer Lampe und einem ortskundigen Führer betreten. Die letzten Vulkanausbrüche Samoas stammen von dem **Mt. Matavanu**, der **1905 und 1911** eruptierte. Die ausfließende Lava begrub unter sich eine Fläche von 60 km² Küstenland. Der Vulkan hat zwar keinen majestätischen Kegel, aber trotzdem mißt der Krater 400 m im Durchmesser und 80 m stufenförmig in die Tiefe.

Auf einer geführten Wanderung von der Straße in Richtung Küste überquert man manchmal flache, sanfte Hügel und manchmal rauhe, rissige Partien des Lavafeldes. Man wird auf Höhlen aufmerksam gemacht, deren Dächer zusammengebrochen sind. Die glühende Magma hat tiefe, düstere Rinnen in die vorher erkaltete Lava eingegraben und dramatische Reliefs geschaffen.

Der kleine Ort **Mauga** ist am Rand eines alten Vulkans gebaut. Die Einwohner haben ihr Kricketfeld in der Mitte des Kraters angelegt.

● **Die Südostküste**

Der breite fruchtbare Küstenstreifen der Südostseite der Insel wird auch **Faasaleleaga** genannt. Dieser Landstrich ist am meisten bevölkert. Hier reiht sich an der Küste Ort an Ort. Eine 22 km lange Lagune schließt einige Sandstrände ein, z.B. den **Lano Beach**. Nirgends gibt es auf der Insel so viele Kirchen und Kricketplätze wie hier. Hier häufen sich auch die Hotels und Pensionen, die auf Gäste warten.

Unterkunft

Siufaga Beach Resort, Faga $$$$, P.O. Box: 8002 Tuasivi, Tel.: 53.518, Fax: 53535, 6 Gästezimmer, am Sandstrand, innerhalb einer blauen Lagune, sicher zum Schwimmen

John Williams Memorial, ein Gedenkstein für den bekannten protestantischen Missionar (vgl. Kapitel 10.3.2), steht in Sapapali'i. Übrigens war Williams nicht der erste Missionar auf der Insel. Die Methodisten kamen 2 Jahre früher. In **Lalomalava** schließt sich der Ring der Inselrundfahrt, die jedem Besucher empfohlen wird.

11 TONGA

11.1 ALLGEMEINER ÜBERBLICK

Tonga auf einen Blick

Fläche:	748 qkm Landfläche, verstreut über 259.000 qkm Meeresfläche
Bevölkerung:	ca. 110.000 Einwohner, 99% Polynesier, 1% Europäer und Mischlinge
Altersstruktur:	0-14 Jahre 40,6%, 15-59 Jahre 53,0%
Lebenserwartung:	68 Jahre
Säuglings-sterblichkeit:	2,1%
Kindersterblichkeit:	2,5%
Jährlicher Bevölke-rungszuwachs:	0,9%
Bruttosozialprodukt:	je Einwohner 1480 US$
Sprachen:	Tonganisch (polynesische Sprache) und Englisch
Religionen:	Religionsfreiheit, 65% Methodisten, 15% Katholiken, 12% Mormonen, 8% Adventisten, Zeugen Jehovas u.a.
Hauptstadt:	Nuku'alofa mit ca. 29.000 Einwohnern auf der Hauptinsel Tongatapu
Flagge:	roter Grund, rotes Kreuz auf weißem Grund links oben
Staatsgründung:	05. Juni 1970, Verfassung mit Änderungen seit 1875
Nationalfeiertag:	04.07. (Geburtstag des Königs)
Staats- und Regierungsform:	Konstitutionelle Monarchie, starke politische Stellung des Königs, Tonga ist Mitglied des britischen Commonwealth – Unabhängigkeit seit 05.06.1970
Staatsoberhaupt:	König Taufa'ahau Tupou IV. (geb. 1918), seit 1965, gekrönt 1968
Regierungschef:	Baron Vaea von Houma, seit 1991
Äußeres:	Kronprinz Tupouto'a
Parlament:	30 Mitglieder, davon 9 alle 3 Jahre gewählt, 9 von 33 Adels-familien bestimmte Häuptlinge, 10 vom König auf Lebenszeit nominierte Minister und 2 Gouverneure – Allgemeines Wahlrecht ab 21 Jahren
Parteien/Wahlen:	keine politischen Parteien, allgemeine Wahlen im 3-Jahres-Turnus, letzte Wahl im Februar 1993: Oppositions-Gruppe "Pro-Democracy Movement" 6 der 9 Sitze
Verwaltungs-gliederung:	3 Inseldistrikte, Stadt- und Dorfverwaltungen nachgeschaltet
Internationale Mitgliedschaften:	Mitglied in folgenden UN-Sonderorganisationen: WHO, UPU, ITU; Mitglied des Südsee-Forums/SPF; Sonderabkommen mit den Europäischen Gemeinschaften/EG (Lomé-Abkommen); Wirtschaftskommission für Asien/ESCAP

Wirtschaft:	Bruttosozialprodukt insgesamt: 136 Mio. US$ (1992), realer Zuwachs 1985-1992: -0,1%, Auslandshilfe 20%, Emigrantenüberweisungen 20%, Tourismus 34%; Bruttoinlandsprodukt, Anteil: Landwirtschaft 41%, Industrie ca. 8%; Erwerbstätigkeit: Landwirtschaft 49%, Industrie 12%, Dienstleistungen 39%; Auslandsschulden: (1991) 50,2 Mio. US$; Inflation: Durchschnitt 1985-1992: 10,4%
Import:	76,8 Mio. T$, Güter: 21% Nahrungsmittel, 19% Maschinen und Transportmittel, 16% Brennstoffe u.a., von Neuseeland 30%, von Australien 26%, von Japan 9%
Export:	20,6 Mio. T$, Güter: 60% Kürbisse, 14% Vanille, nach Japan 60%, in die USA 9%
Währung:	Pa'anga oder Tonga Dollar (T$) = 100 Seniti
Problemfelder:	schlechte Handelsbilanz, das Verhältnis der Exporterlöse zu den Importen ist 1:4,45 (South Pacific Yearbook), Abhängigkeit von Entwicklungshilfe, um eine Kleinindustrie aufzubauen, starke Opposition gegen das Königtum

11.2 GEOGRAPHISCHER ÜBERBLICK

11.2.1 LAGE UND GRÖSSE

Die Tonga-Inseln liegen im Südpazifik zwischen 15° und 23,5° südlicher Breite und 173° und 177° westlicher Länge. Sie erstrecken sich von Norden nach Süden über 750 km. Eingerahmt ist der Zwergstaat Tonga von Samoa im Nordosten, von Wallis, Futuna und Alofi, die zu Frankreich gehören, und Tuvalu im Nordwesten und Fidschi im Westen.

Von der südlichsten Insel Tongas bis zur Nordinsel Neuseelands sind es 1.900 km. Von den etwa 170 Inseln sind nur 36 bewohnt. Das Inselreich teilt sich in folgende Inselgruppen auf:
● Die **Tongatapu-Gruppe** beherbergt die Hauptstadt Nuku'alofa.
● Die **Ha'apai-Gruppe** setzt sich aus 36 Inseln und Inselchen zusammen.
● Die **Vava'u-Gruppe** besteht aus 34 kleinen, malerischen Eilanden.
● Weitere sehr einsame Inselgruppen sind die **Niua-Inseln**, die **Kotu-Inseln** und die **Nomuka-Inseln**.

Die Landfläche beträgt nur 748 km². Das entspricht fast genau dem Stadtgebiet der Hansestadt Hamburg (747,2 km²). Die kleinen Inseln verlieren sich fast in der Meeresfläche von 259.000 km², die zum Hoheitsgebiet des Königreichs Tonga gehören.

11.2.2 LANDESNATUR

Die Tonga-Inseln bestehen aus zwei annähernd parallelen Inselreihen, die zwei nord-südlich verlaufenden untermeerischen Rücken aufsitzen, deren östlicher Rücken steil zum Tonga-Graben abfällt. Diese östliche Inselreihe setzt sich aus Atollen und gehobenen Koralleninseln zusammen, während die westliche Reihe hoher Inseln vulkanischen Ursprungs ist.

Gehobene Koralleninseln

Die meisten Tonga-Inseln sind durch Bewegungen der tektonischen Platten bis höchstens 30 m über dem Meeresspiegel angehobene Koralleninseln, unter denen im Laufe von Millionen von Jahren im Meer Vulkane versanken. Korallen bildeten nach und nach die Inseln. So entstand auch **Tongatapu**.

Eine merkwürdige Angelegenheit, ebenfalls durch Hebungen und Senkungen des Korallensockels bedingt, ist das fünfmalige Auftauchen und wieder Absinken einer Insel, scherzhaft **"Jack-in-the-Box-Island"** genannt, die zuletzt mit der tonganischen Flagge im Pazifik unterging.

Inseln vulkanischen Ursprungs

Unterseeische Vulkanausbrüche und tektonische Bewegungen am Westrand des **Tongagrabens**, der an seiner tiefsten Stelle **10.882 m (!)** mißt, in den sich die elastische **Pazifische Platte** mit einer Nei-

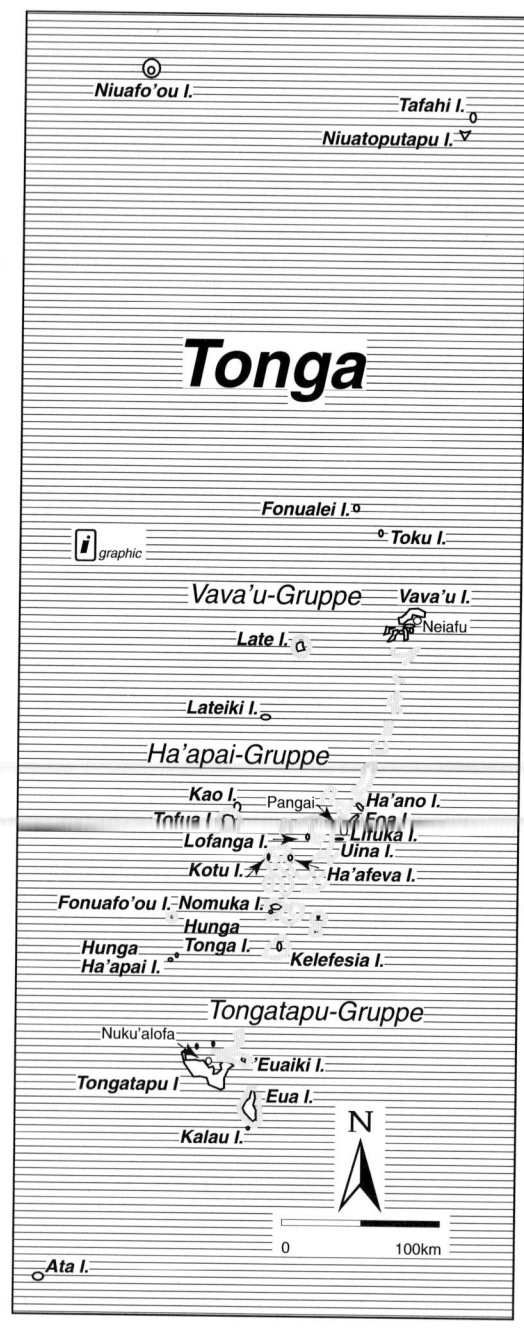

378

gung von 45° (!) absenkt und unter die indo-australische Platte schiebt, führen immer wieder zu leichten Erdbeben. Außerdem liegt Tonga an dem rund um den Pazifischen Ozean verlaufenden **"Feuerring"**, der durch eine Kette von Vulkanen markiert ist.

Niuatoputapu und **Niuafo'ou**, kurz Niua-Inseln genannt, sind typische Vulkaninseln. Sie liegen weit im Norden, 640 km von Tongatapu entfernt. Der letzte große Vulkanausbruch des Niuafo'ou war erst 1946. Viele Vulkaninseln sind unbewohnt, beispielsweise **Tafahi, Late, Kao** mit dem **erloschenen Vulkan** und **Tofua** mit dem **aktiven Vulkan**, dessen spitzer Kegel eine Höhe von **1.030 m** aufweist, die höchste Erhebung Tongas. Weitere Inseln und Inselteile der Ha'apai- und Vava'u-Gruppe sind vulkanischen Urprungs.

Klima

Tonga besitzt ein tropisches Regenklima mit Hauptniederschlagsmengen von Dezember bis April. Es ist dann oft schwül, und die Mitteltemperaturen liegen bei +32 °Celsius. Wenn überhaupt, treten meistens in dieser Zeit Hurrikans auf. Die Niederschlagsmengen betragen 1.700-3.000 mm pro Jahr. Von Mai bis November liegen die Mitteltemperaturen bei +20 °Celsius, und die relative Luftfeuchtigkeit liegt bei 80%.

Vegetation

Auf den **hohen Vulkaninseln** gedeiht zum Teil **tropischer Regenwald**, und auf den **flachen Koralleninseln** wachsen **Kokospalmen**.

11.3 GESCHICHTLICHER ÜBERBLICK

11.3.1 TONGANISCHE FRÜHGESCHICHTE BIS ZUM EINTREFFEN DER EUROPÄER

Ca. 1300 v. Chr. Die Tonga-Inseln waren menschenleere Eilande, bevor die Austronesier dorthin gelangten. Eine erste nachweisliche Kultur der Tonga-Inseln wurde nach neuesten archäologischen Erkenntnissen anhand der ans Licht geförderten Überreste der sog. **"Lapita-Töpferei"** (vgl. Kapitel 5.1) ab o.g. Zeitpunkt datiert. Die Keramikfunde von Tongatapu weisen durch die Muster ihrer Verzierungen auf Ähnlichkeiten mit Tonscherbenfunden von Fidschi und Neukaledonien hin. In der Folgezeit klafft eine riesige Lücke in der Rekonstruktion der Frühgeschichte Tongas.

Ca. 950 n. Chr. 'Ahoe'itu war nach der Überlieferung der **erste Priesterkönig Tu'i Tonga**, der der Sage nach aus der **Verbindung des Schöpfergottes Tangaloa und der Jungfrau Va'epopua** hervorgegangen sein soll. Auf diese sagenhafte halbgöttliche Königsgestalt führt die jetzige Königs-Dynastie ihre Abstammung zurück.

Ca. 1200 n. Chr. In diese Zeit fiel der Aufbau der alten **Hauptstadt Mu'a** auf Tongatapu. Es folgte eine sehr **kriegerische Zeit**, in der die tonganischen Polynesier ihren Machtbereich von Rotuma und der Lau-Gruppe (heute Fidschi) im Westen, über Wallis und Futuna (heute französisch) und Tokelau im Norden bis nach Samoa und

Niue im Osten ausbreiteten. Ihre mit bis zu 200 Bewaffneten besetzten **Kriegs-boote** waren eine gefürchtete Streitmacht.

Die Entstehung der ersten **Langi-Grabstätten in Lapaha** (an der Königsresidenz Mu'a) und der berühmten **Trilithon von Ha'amonga-a-Maui** fiel ebenfalls in diese Epoche.

Ca. 1470 n. Chr. Der **24.Tu'i Tonga Kau'ulufonua** entschloß sich nach einer Serie von Königsmorden, seine Macht zu teilen. Er beschränkte sich auf die spirituelle Ebene und übertrug seinem Bruder die weltliche Macht. Es kam zu der Gründung der **neuen Dynastie Tu'i Ha'atakalaua.**

Ca. 1610 n. Chr. Der **6.Tu'i Ha'atakalaua Mo'unga-'o-Tonga** gab zu seinen Lebzeiten ebenfalls von seinen Machtbefugnissen ab, und es wurde der Titel des **Tu'i Kanokupolu** etabliert, der an seinen Sohn fiel.

11.3.2 EUROPÄISCHE ENTDECKUNGSFAHRTEN

1616 Die beiden **Holländer Willem Cornelius Schouten** und **Jacques Le Maire** segelten an den **Niua-Inseln** vorbei und erwähnten sie in ihren Aufzeichnungen.

1643 Der **Holländer Abel Janzoon Tasman** betrat als erster Europäer tonganischen Boden in **Tongatapu** und '**Eua**. Mit abgefeuerten Kanonenschüssen verschaffte er sich Respekt bei den einheimischen Häuptlingen. Er durfte frisches Trinkwasser und Verpflegung an Bord nehmen, das er dringend für seine Weiterreise benötigte.

1773 und 1774 Der **Engländer James Cook** besuchte auf der Hinfahrt (fünf Tage auf Tongatapu) und Rückfahrt seiner **zweiten Reise** die Tonga-Inseln nur kurz.

1777 **James Cook** verbrachte **zweieinhalb Monate** auf seiner **dritten und letzten Reise** in Tonga. Diesmal wurde er besonders freundlich von den Insulanern empfangen und er taufte deshalb die Ha'apai-Inselgruppe: die **"Freundlichen Inseln"**. Diese Bezeichnung übertrug man später auf alle Tonga-Inseln. Der weitgereiste Kapitän war besonders von dem Zeremoniell bei den Festlichkeiten beeindruckt. Befremdend fand er den übersteigerten Personenkult gegenüber dem König und den Adligen.

Der **Häuptling Finau** ließ ihm zu Ehren ein **großes Fest** mit Schaukämpfen der Boxer und Ringer, Gruppentänzen und übermäßig vielen Speisen und Getränken aufziehen. Die Feierlichkeiten dauerten mehrere Tage und Nächte. Trotz dieser "Freundlichkeit" schwebte das Leben des arglosen Kapitäns in Lebensgefahr. Er und seine Mannschaft sollten übermannt und die Schiffsladung geplündert werden. Weil es noch Unstimmigkeiten in der Taktik gab, kam der Engländer mit seiner Crew noch einmal mit dem Leben davon, bis ihn in Hawaii zwei Jahre später sein Schicksal ereilte und er von den dortigen Polynesiern getötet wurde.

1781 Der **Spanier Francisco Mourelle** entdeckte die Vava'u-Gruppe, die Kapitän Cook übersehen hatte.

11.3.3 STAMMESKRIEGE, MISSIONARE UND SCHUTZVERTRÄGE

Bürgerkriege und Machtkonzentration

1799-1826 Zur Zeit der ersten Kontakte mit den Europäern war Tonga in drei Einflußbereiche aufgeteilt: Tongatapu, Ha'apai und Vava'u. Die drei Herrscher-Dynastien dieser Gebiete rivalisierten miteinander und außerdem mit weiteren adligen Häuptlingen niederen Ranges, die an die Macht strebten. Eine Serie von **Bürgerkriegen** lähmte die tonganische Inselwelt, bis schießlich der Adlige **Taufa'ahau**, der Sohn eines Tu'i Kanokupolu, als **Sieger** und Alleinherrscher aus dem Machtkampf hervorging.

1834 Taufa'ahau trat zum **christlichen Glauben** über und sah darin ein Mittel, seinem starken Machtbedürfnis das richtige "Mäntelchen" umzuhängen und seine Interessen durchzusetzen. Es kam zum Teil gezwungenermaßen zu **Massenbekehrungen auf Ha'apai**. Alle diejenigen, die nicht dem Beispiel des Herrschers folgten, wurden verfolgt und vertrieben.

1845 dehnte der Taufa'ahau seinen **Einfluß auf Vava'u** aus. Es galt noch, die Macht des **Tu'i Tonga**, des obersten Priesters, der sich ihm widersetzte, zu brechen.

1852 kam es zu einem **letzten Bürgerkrieg**. Die katholische Kirche hatte sich mit dem unbeugsamen Tu'i Tonga, der sich mit den letzten Nichtchristen nach Tongatapu zurückgezogen hatte, verbündet. Doch mit Unterstützung der methodistischen Kirche gelang es Taufa'ahau, alle drei Inselgruppen, Ha'apai und Vava'u und Tongatapu, unter seiner Herrschaft zu vereinigen.

1865 starb der Tu'i Tonga, und **Taufa'ahau übernahm das Amt des Hohen Priesters** selbst.

Methoden der christlichen Missionierung

1797 Christliche **Missionare der "London Missionary Society"** erreichten die Tonga-Inseln. Sie hatten in der Bekehrung der Tonganer zum christlichen Glauben jedoch keinen Erfolg.

1822 Die ersten **methodistischen Missionare** trafen in Tonga ein.

1834 **Taufa'ahau** trat auf Grund der Mission der Methodisten zum **Christentum** über. Die meisten Tonganer folgten dem Beispiel des Herrschers und ließen sich ebenfalls taufen.

Die **wesleyanischen Methodisten** waren in der Missionierung erfolgreicher. Ihre Taktik bestand darin, daß sie den Häuptlingen den größten Respekt entgegenbrachten, denn ohne die Autorität der Inselgewaltigen war die Missionierung zum Mißerfolg verdammt. Sie konzentrierten sich darauf, das **Mana** (Begriffserklärung siehe Kapitel 5.3.2) **der Priester** ins Wanken zu bringen. Berechnend machten sich die Missionare das Prinzip des Mana, die Meßlatte des Erfolges, zu eigen. Die Priester wurden immer wieder herausgefordert. Beispielsweise sollten sie ihre Macht bei der Bekämpfung der von den Europäern eingeschleppten Krankheiten unter Beweis stellen. Als die traditionellen Methoden der Priester versagten, überzeugten die Missionare mit europäischen Heilpraktiken.

Das Christentum wurde von vielen Tonganern als neue Quelle heiliger Macht angesehen, ähnlich dem Mana der Polynesier, und man hatte keine Mühe, den Schöpfergott Tagaloa in den Christengott umzufunktionieren.

Die alten Tempel und Idole wurden vernachlässigt. An ihre Stelle traten **Missionsschulen, Kirchen** und das **Wort der Bibel**. Streng christlich-puritanische Moral- und Wertvorstellungen wurden proklamiert und in den Dörfern eingeführt.

1860 Die Missionare verstanden es geschickt, ihren Einfluß auf alle Lebensbereiche der Tonganer auszuweiten. Das zeigte sich am deutlichsten darin, daß der **methodistische Missionar Shirley Baker** engster **Berater des Königs** wurde.

1879 Es kam sogar so weit, daß **Shirley Baker** seine Missionsfunktion aufgab und **Finanzberater, Premierminister, Außenminister** und **Minister für Landangelegenheit** in Personalunion wurde. Durch das geschickte Taktieren des Missionars gelang es, Tonga aus den Rivalitäten der europäischen Großmächte herauszuhalten. Außerdem wurde durch Gesetze und Verordnungen eine festgefügte schriftliche Basis für den jungen Staat geschaffen, deren Gesetzescode später in die heute noch gültige Verfassung von 1875 einging.

Trotz Anlehnung an Europa – Bewahrung der Freiheit

1845 Taufa'ahau wurde als **George Tupou I.** zum **ersten König von Tonga** gekrönt. Gleichzeitig wurde der Titel des Tu'i Kanokupolu auf ihn übertragen. Seine Herrschaft dauerte bis 1893.

1858 Tonga schloß einen **Freundschaftsvertrag mit Frankreich.** Es wurde ein **Staatsgebilde nach europäischem Vorbild** mit folgenden tiefgreifenden Veränderungen entwickelt:

● Man baute eine **Geldwirtschaft** auf.

● Eine **Steuergesetzgebung**, die dem Staat erstmalig Steuereinnahmen seitens seiner Bürger zusicherte, löste die vorherigen Naturalienabgaben der Bauern an die Adligen ab. Außerdem mußte jeder erwachsene Tonganer und Ausländer eine **Kopfsteuer** von 3 $ pro Jahr bezahlen.

● Die **Arbeit der Untergebenen** mußte fortan von den Adligen **mit Geld entlohnt** werden.

● Außerdem wurde folgendes **per Gesetz verfügt:**

- **Zwei Stück Land**, als Bauland und zur landwirtschaftlichen Nutzung vorgesehen, mußten die Adligen **jedem männlichen Tonganer** überlassen, wofür eine geringe Pacht fällig wurde. Das gepachtete Land durfte an die Witwe und und an die Nachkommen vererbt werden. Es bestand die Auflage, **200 Kokospalmen als Rückhalt** für die Pachtzahlung anzupflanzen.

- Der **Verkauf von Land** an Einheimische und Ausländer wurde **verboten.**

Diese beiden zuletzt genannten Gesetze, die heute noch gelten, ließen eine gefährliche **Opposition zweier Gruppen** entstehen, die sich zusammenschlossen. Es waren:

● die **Adligen**, die in ihren früheren Rechten als Großgrundbesitzer eingeschränkt wurden, und

● die **Europäer** und sonstigen Ausländer, die keinen Landbesitz erwerben durften und trotzdem Steuern bezahlen mußten.

Um die sich anbahnende Konflikt-Eskalation zwischen der immer stärker werdenden Opposition und der königlichen Regierung zu verhindern, entschloß sich der **König George Tupou I.**, von seinem Berater Shirley Baker gedrängt, eine Abmachung mit den Briten zu treffen, die die **Unabhängigkeit Tongas** formell festschrieb. Damit war Großbritannien der Vorwand genommen, Tonga zum Schutz seiner britischen Landsleute zu annektieren.

1865 Als der **39.Tu'i Tonga** starb, übernahm König George Tupou I. seine religiösen Aufgaben. Ein neuer Tu'i Tonga wurde nicht mehr ernannt.

1875 Es wurde eine **Verfassung nach britischem Vorbild** ausgearbeitet, die der Form nach eine **konstitutionelle Monarchie** war.

1876 Auch mit dem **Deutschen Reich** wurde ein "**immerwährender Freundschaftsvertrag**" unterzeichnet.

1879 **Großbritannien** und auch die **USA** (1888) folgten dem deutschen Beispiel und ratifizierten ebenfalls einen **Freundschaftsvertrag** mit dem Königreich Tonga.

1885 Der König George Tupou I. gründete die von der methodistischen Mutterkirche unabhängige "**Free Wesleyan Church of Tonga**".

1893 Nach dem Tod von König George Tupou I., der im biblischen Alter von 97 Jahren starb, übernahm sein Enkel **George Tupou II.** die Regentschaft.

1899 George Tupou II. sorgte für einen **weiteren Konflikt** mit den Adligen, indem er den **nichtadligen Sateki zum Ministerpräsidenten** ernannte. Die erneut aufbrechende Rivalität zwischen Adel und König, in den sich bereits die Weißen einmischten, führte wieder zu der alten Furcht, daß sich eine fremde Macht in den Konflikt einschalten könnte. Die Folge war ein **Protektionsvertrag mit Großbritannien**. Dieses Abkommen gestand den Briten zwar die Kontrolle über die Außenpolitik und die Gerichtsbarkeit über Ausländer zu, dennoch war es für das

Zwergkönigreich von entscheidender Bedeutung, daß Tonga das Los, eine britische Kolonie zu werden, erspart blieb.

1918 Die Tochter des Königs George Tupou II. ließ sich zur **Königin Salote Tupou III.** krönen. Zu den **Verdiensten** der sehr beliebten Herrscherin, die 47 Jahre regierte, gehören:

- die **Wiedervereinigung** der vorher gespaltenen **Wesleyanischen Kirche,**
- die **Erweiterung des Protektionsvertrages** mit Großbritannien (1958) zugunsten von mehr Selbstverwaltung von Tonga,
- die **Erweiterung der Rechte der Frauen,** z.B. Einführung des Wahlrechts für Frauen (1960),
- die **Gründung von Frauenkooperativen** für Kunst- und Gewerbehandwerk,
- die **Verbesserung der Bildungsmöglichkeiten** ihres Volkes, z.B. Stipendien für Schul- und Universitätsbesuch und Gründung einer höheren Mädchenschule,
- der Ausbau der **Infrastruktur** des Landes, z.B. Straßenbau und Hafenerweiterung.

Zusammenfassend muß man sagen, daß die Regentin, nicht nur wegen ihrer Körpergröße von 1,89 m, eine **große Königin** war, die segensreich für ihr Volk gewirkt hat.

04.07.1918 **Taufa'ahau**, der erstgeborene Sohn der Königin, erblickte das Licht der Welt. Nachdem er seine Schulzeit in Tonga absolviert hatte, besuchte der Kronprinz die **Universität in Australien.** Er wollte sein Studium in Europa fortführen, doch der Zweite Weltkrieg vereitelte seine Pläne. Deshalb beschloß er, sich seinem Lande zu widmen. Er bekleidete mehrere Kabinettsposten, als Vorbereitung auf das auf ihn wartende höchste Amt im Staat.

Seit 1949 Der **Kronprinz Taufa'ahau,** der heutige Monarch, stand seiner Mutter Salote als **Premierminister** zur Seite. Er war bemüht, modernes Gedankengut in die tonganische Gesellschaft einfließen zu lassen.

1965 Der Kronprinz Taufa'ahau bestieg als 47-jähriger nach dem Tod seiner Mutter den Thron seines Landes als **König Taufa'ahau Tupou IV.**

1967 Der **Protektionsvertrag** mit Großbritannien wurde erneut verändert.

04.06.1970 Tonga erhielt die **völlige Unabhängigkeit,** und es schloß sich dem "**Commonwealth of Nations**" an.

1971 Tonga wurde Gründungsmitglied des **"South Pacific Forum".**

1977 Ein **neuer Freundschaftsvertrag mit der Bundesrepublik Deutschland,** der den 1876 abgeschlossenen Vertrag ablöste, wurde in Bonn unterzeichnet.

1979 **König Taufa'ahau Tupou IV.** fand sich zu einem **Staatsbesuch in der Bundesrepublik Deutschland** ein.

1985 Das Königreich Tonga erhielt von der Bundesrepublik Deutschland rund **48 Millionen DM Entwicklungshilfe.**

11.3.4 DAS DERZEIT POLITISCHE SYSTEM

Das Königreich Tonga ist eine konstitutionelle Monarchie. Das Regierungssystem beruht weitgehend auf der Verfassung von 1875. Das **Staatsoberhaupt** ist der König, der auch weitgehend die **Exekutive** innehat. Beratend steht ihm der von ihm ernannte **Staatsrat** zur Seite. Das **Kabinett** besteht aus dem Premierminister und den Gouverneuren von Ha'apai und Vava'u. Es ist personell mit dem Staatsrat identisch, und es darf kleinere Entscheidungen treffen. Die **Legislative** liegt bei der **Gesetzgebenden Versammlung** unter dem Vorsitz des vom König ernannten **"Speakers".** Dieses Gremium besteht z.Zt. aus acht Mitgliedern des Staatsrates, sieben vom Erbadel bestimmten Vertretern und sieben von Teilen der

Bevölkerung für drei Jahre gewählten Abgeordneten. Der Staatsrat hat begrenzt Einspruchsrechte. **Politische Parteien sind nicht zugelassen.** Das **Gerichtswesen** umfaßt Magistratsgerichte, das Landgericht, den Obersten Gerichtshof und den Staatsrat als Appellationsgericht. Zur Verteidigung unterhält Tonga **eigene Streitkräfte.**

11.3.5 DER NIMBUS DES JETZIGEN KÖNIGS

Der Kronprinz Taufa'ahau, der 1965 als **König Taufa'ahau Tupou IV.** die Thronfolge seiner verstorbenen Mutter angetreten hat, erweist sich als ein ziviler und aufgeklärter Monarch. Seine Autorität ist leise, trotzdem wagt es niemand, sie in Frage zu stellen. Dank seiner Bildung, seines wachen Geistes und seiner Frömmigkeit genießt er hohe Achtung auch bei den Oppositionellen. Die **starke Persönlichkeit** und die mächtige Gestalt **des Königs** vermitteln den Eindruck der Unerschütterlichkeit und der Festigkeit. Trotzdem gerät das königliche Schiff zunehmend in Bedrängnis und rauhes Fahrwasser.

11.3.6 ZUNEHMENDE KRITIK AN TONGAS ERBMONARCHIE

1986 Die Herausgabe der **oppositionellen Monatszeitung "Kele'a"** ist Ausdruck zunehmender Gegnerschaft zur Regierung und das Sprachrohr der Demokratiebewegung.

1987 Die Vertreter der **Demokratie-Bewegung** unter Führung von **Akilisa Pohiva** errangen bei der Wahl der Parlaments-Abgeordneten erstmalig überraschenderweise drei der neun Volksvertreter-Sitze.

1990 Die **Erfolge der Oppositionellen** setzte sich bei der Wahl der Parlaments-Abgeordneten weiter fort. Kritisiert wurden u.a. die "Vetternwirtschaft" der Monarchie, Ämterhäufung einzelner Minister, Korruption, die immer noch übermächtigen Privilegien der Adligen und soziale Ungerechtigkeit.

Dem König, dem Vater der Nation, wird sehr viel Respekt auch von den oppositionellen Kräften entgegengebracht. Trotzdem nimmt die Lautstärke der kritischen Stimmen des Widerstands, die weitere Reformen, mehr Mitbestimmung des Volkes und mehr Transparenz bezüglich der Bilanz der Ein- und Ausgaben des letzten Königreichs im Südpazifik fordern, zu. Bislang sind keine politischen Parteien zugelassen worden.

Königliches Wappen –
Königspalast Nuku'alofa

11.4 ALLES DREHT SICH UM GRUND UND BODEN

Tonga verfügt über keinerlei Bodenschätze. Die Volkswirtschaft beruht auf der Landwirtschaft, deshalb ist **Land die wichtigste Ressource Tongas.**

1882, als Tonga nur **20.000 Einwohner** zählte, wurde das heute noch gültige **Gesetz** erlassen, daß jeder Tonganer, der älter als 16 Jahre ist, **das Recht auf "zwei Stück Land"** hat:
- **3,4 Hektar** als Ackerland und
- **0,2 Hektar** als **Bauland** für das Wohnhaus u.s.w.

Heute ist die Bevölkerung Tongas auf das Fünfeinhalbfache, auf **110.000 Einwohner** angestiegen. Deshalb ist es nicht weiter verwunderlich, daß **3/5 der Bevölkerung** nach dem Rechtsanspruch **keinen Landbesitz** hat.

Es besteht ferner das gesetzlich verfügte **Landverkaufsverbot**, weil sich das gesamte Land offiziell im Besitz des Königshauses befindet. Inoffiziell werden jedoch 75% des tonganischen Grund und Bodens von den "Nopele" (Adligen) verwaltet und verpachtet. Die Abhängigkeit des Pächters vom Verpächter ist trotz des gesetzlich festgelegten minimalen Pachtpreises sehr groß. Im amtlichen Pachtvertrag nicht erwähnte Zahlungen und Abgaben in Naturalien werden rein willkürlich ausgehandelt.

Bei einem offiziell abgeschlossenen Pachtvertrag und der damit verbundenen Landregistrierung in einer Art Grundbuch fließt der Erlös der Regierung zu, und nur 10% werden an den "Nopele" weitergeleitet.

Es sind jedoch **nur 45% des Landes** offiziell **registriert**. Für die Nutzung der übrigen Ländereien herrschen andere ungeschriebene Gesetze und Praktiken.

Die **Folge dieser Landknappheit** sind:
- **Landflucht** der Bevölkerung und unkontrollierter Zuzug in die Hauptstadt Nuku'alofa und
- **Auswanderung**, meistens nach Australien und Neuseeland.

11.5 TONGATAPU

Highlights

In Nuku'alofa:
- **Königspalast** – Residenz in der Vuna Road

Außerhalb der Stadt:
- **Tongan National Centre** – Folklore und Handwerkskunst an der Fanga'uta Lagune
- **Blow Holes** – bis zu 20 m hohe Wasserfontänen an der Südküste bei Houma
- **Ha'amonga Maui Thrilithon** – ein 800 Jahre altes Steintor bei Niutoua an der Ostküste
- **Langi** – Terrassengräber der frühen tonganischen Priesterkönige bei Lapaha
- **Mu'a** – ehemalige Hauptstadt der Tu'i Tonga und Ankerplatz von Kapitän Cook

11.5.1 ÜBERBLICK

- **Tongatapu** ist mit 1/3 der Landfläche Tongas die Hauptinsel und das **Zentrum des kleinen Königreiches**. Hier leben über 2/3 der Bevölkerung. Auf der Insel hat sich die **Hauptstadt Nuku'alofa** mit gut 30% der Bevölkerung von Tongatapu entwickelt.
- **Tongatapu** ist eine schräg liegende **koralline Platte**, pfannkuchenartig flach. Die Koralleninsel bildet an der Südküste eine bis zu 30 m hohe **Steilküste** und fällt nach Norden kaum merklich ab.
- **Tongatapu** ist landwirtschaftlich stark genutzt. Ausgedehnte Kokosplantagen, Felder mit Taro, Yams, Süßkartoffeln und Ananas, sowie Pflanzungen mit Bananen und anderen Feldfrüchten bestimmen das allgemeine Landschaftsbild. Von der ursprünglichen Primärvegetation ist nur wenig übriggeblieben.
- Die **Fanga-Uta-Lagune** reicht weit ins Inselinnere hinein. An ihren sumpfigen Ufern wachsen stellenweise Mangroven.

11.5.2 NUKU'ALOFA

Überblick

Nuku'alofa heißt zu deutsch **"Ort der Liebe"**. Es war schon seit Jahrhunderten Regierungssitz der königlichen Familie. Sein von Korallenriffen geschützter Hafen ermöglichte es der zunächst dörflichen Ansiedlung, sich zu einem Knotenpunkt der Wirtschaft und des Handels zu entwickeln. Nuku'alofa wuchs sich zu einer kleinstädtischen Metropole aus. Ministerien, Verwaltungen, Banken, Post, Geschäfte, Hotels und Gastronomie konzentrieren sich in der Hauptstadt.

Reisepraktische Hinweise

Auskunft
Tonga Visitors Bureau (Vuna Road) erteilt Auskünfte aller Art, einschließlich Informatonen über Unterkünfte, Restaurants, Ausflüge und Veranstaltungen. **Öffnungszeiten:** Mo-Fr 8.30-16.30 Uhr, Sa 9.00-13.00 Uhr, Tel.: 21.733, 23.507, Fax: 22.129

Unterkünfte
Die in diesem Reisehandbuch im folgenden erwähnten Hotels und sonstigen Unterkünfte sind nur als persönliche Vorschläge anzusehen. Es wird kein Anspruch auf Vollständigkeit erhoben. Auch gibt es vergleichsweise sicherlich genauso gute oder noch bessere Unterkünfte, die nicht erwähnt sind. Wegen der ständig schwankenden Zimmerpreise werden in diesem Buch **Preis-Gruppierungen** nach folgendem Schlüssel vorgenommen:
$ = unter 25 T$
$$ = 25-50 T$
$$$ = 50-75 T$
$$$$ = 75-100 T$
$$$$$ = 100-125 T$
$$$$$$ = 125-150 T$
● **Hotels/Resorts**
- **Fafa Island Resort $$$**, P.O. Box 1444 Nuku'alofa, Tel.: 22.800, Fax: 23.592, 6,4 km nördlich von Nuku'alofa, unter **deutschem Management**, 14 Fales (Bungalows) am Strand in traditionellem tonganischen Stil erbaut, ideal für Pärchen in Flitterwochen ("Honeymooners"), Restaurant mit lokaler und internationaler Küche, Cocktailbar, Wassersport aller Art
- **Friendly Islander Hotel $$**, P.O. Box 142 Nuku'alofa, Tel.: 23.810, Fax: 24.199, 2 ½ km von Nuku'alofa, am Ozean, 26 Gästezimmer, einfach eingerichtete Zimmer mit Kochgelegenheit und Bungalows ohne Kochgelegenheit, Restaurant, Bar, Swimmingpool
- **Hotel Nuku'alofa $$$**, P.O. Box 32, Tel.: 24.244, Fax: 23.154, im Herzen von Nuku'alofa, 14 Gästezimmer, nur für kurzen Zwischenstopp zu empfehlen
- **International Dateline Hotel $$$$**, Wasserseite, P.O. Box 39 Nuku'alofa, Tel.: 23.411, Fax: 23410, ½ km von Nuku'alofa City, 76 Gästezimmer, das größte Hotel Tongas, Klimaanlage, eigenes Bad, Restaurant, 2 Konferenzräume für 70 bzw. 100 Personen, Swimmingpool, Babysitting-Service, tonganische Tanzvorführungen, schöner Blick auf die Bucht, meistens von Geschäftsreisenden belegt
- **Kahana Lagoon Resort $$$$**, P.O. Box 3097, Tel.: 21.144, Fax: 21.144, 1 ½ km vom Zentrum von Nuku'alofa, an der Kahana Lagune, 11 Gästezimmer und Bungalows, italienisches Management, Blick über die Fanga'uta Lagune, warme und kalte Dusche, Bar und Restaurant, Flughafen-Transfer und Autoverleih können organisiert werden, Swimmingpool, Wassersport-Aktivitäten, leider keine guten Bademöglichkeiten in der Lagune wegen schlechter Wasserqualität
- **Pacific Royale Hotel $$$**, Taufa'ahau Road, P.O. Box 74, Tel.: 23.344, Fax: 23.833, in der City von Nuku'alofa, 60 Gästezimmer, das zweitgrößte Hotel Tongas, Restaurant, Café, Swimmingpool, meistens von Geschäftsreisenden frequentiert
- **Pangaimotu Island Resort $$**, Insel Pangaimotu, P.O. Box 740 Nuku'alofa, Tel.: 22.588, Fax: 23.759, 4 Gästezimmer, Schnorcheln, Tauchen am Wrack
- **Royal Sunset Island Resort $$$$$**, auf der Atata Insel, 10 km nordwestlich von Nuku'alofa entfernt, P.O. Box 960, Tel.: 21.254, Fax: 21.254, 26 moderne Bungalows am Strand mit Kochgelegenheit, Restaurant, Swimmingpool, Tennisplatz, Wassersport aller Art
- **Shels Hotel $$**, Ecke Mateialona/Fatafehi Roads, Kolofo'ou, Nuku'alofa, Tel.: 23.037 oder 22.114, Fax: 25.009, 10 min Weg vom Zentrum der Stadt und der Küste, 34 Gästezimmer, heiße und kalte Dusche, Restaurant, Cocktailbar

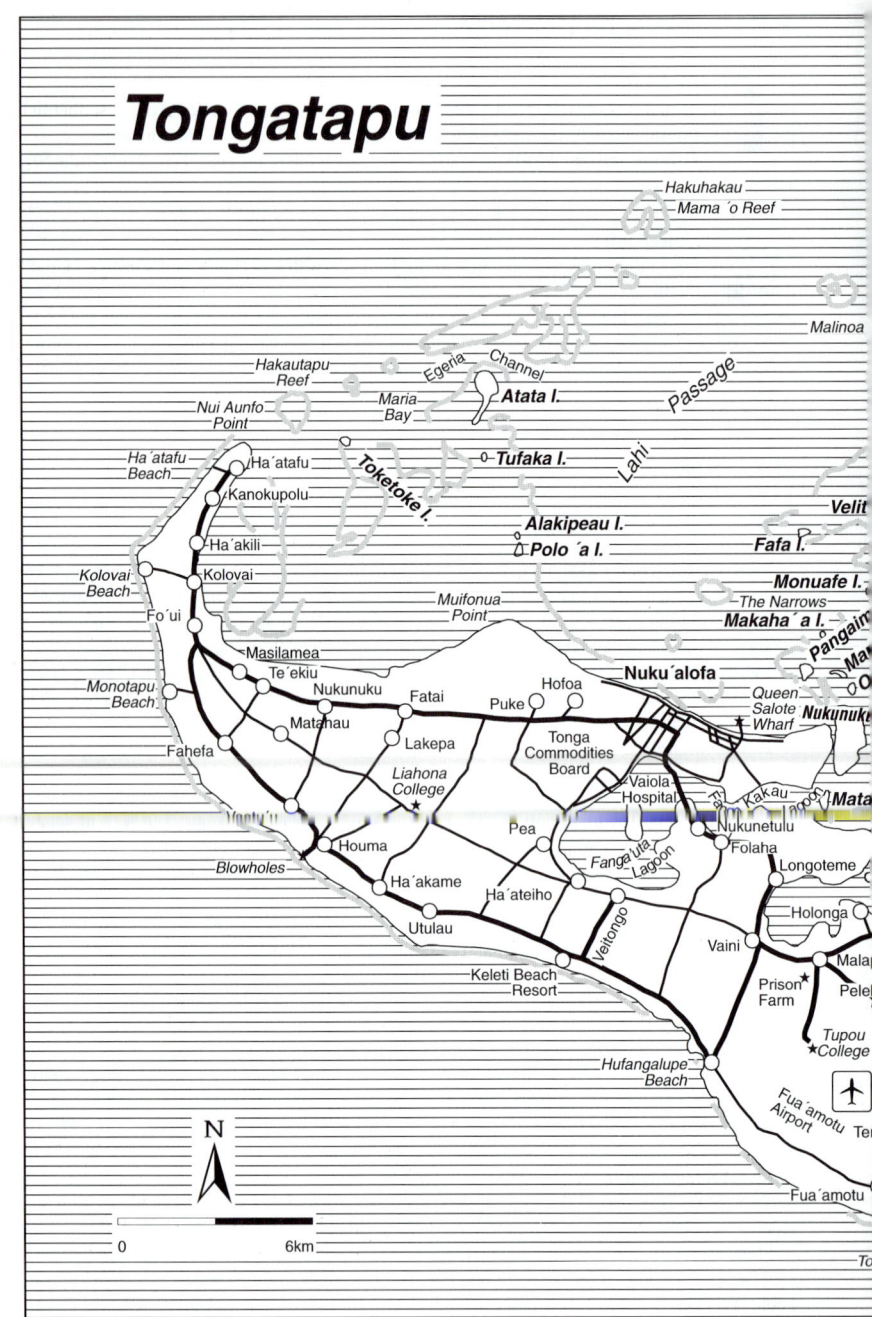

Tongatapu

Hakuhakau
Mama'o Reef

Malinoa

Hakautapu Reef
Nui Aunfo Point
Maria Bay
Egeria Channel
Atata I.
Passage

Ha'atafu Beach
Ha'atafu
Kanokupolu
Toketoke I.
Tufaka I.
Lahi

Velit

Alakipeau I.
Polo'a I.
Fafa I.

Ha'akili

Kolovai Beach
Kolovai
Monuafe I.
The Narrows
Makaha'a I.

Fo'ui
Muifonua Point

Pangain

Masilamea
Te'ekiu
Nukunuku
Fatai
Hofoa
Nuku'alofa

Monotapu Beach
Matahau
Puke
Queen Salote Wharf
Nukunuku

Fahefa
Lakepa
Tonga Commodities Board

Liahona College
Vaiola Hospital
Kakau
Mata

Houma
Pea
Nukunetulu
Folaha

Blowholes
Ha'akame
Fanga'uta Lagoon
Longoteme

Ha'ateiho
Holonga

Utulau
Veitongo
Vaini
Mala

Keleti Beach Resort
Prison Farm
Pele

Tupou College

Hufangalupe Beach
Fua'amotu Airport
Ter

N

0   6km

Fua'amotu

To

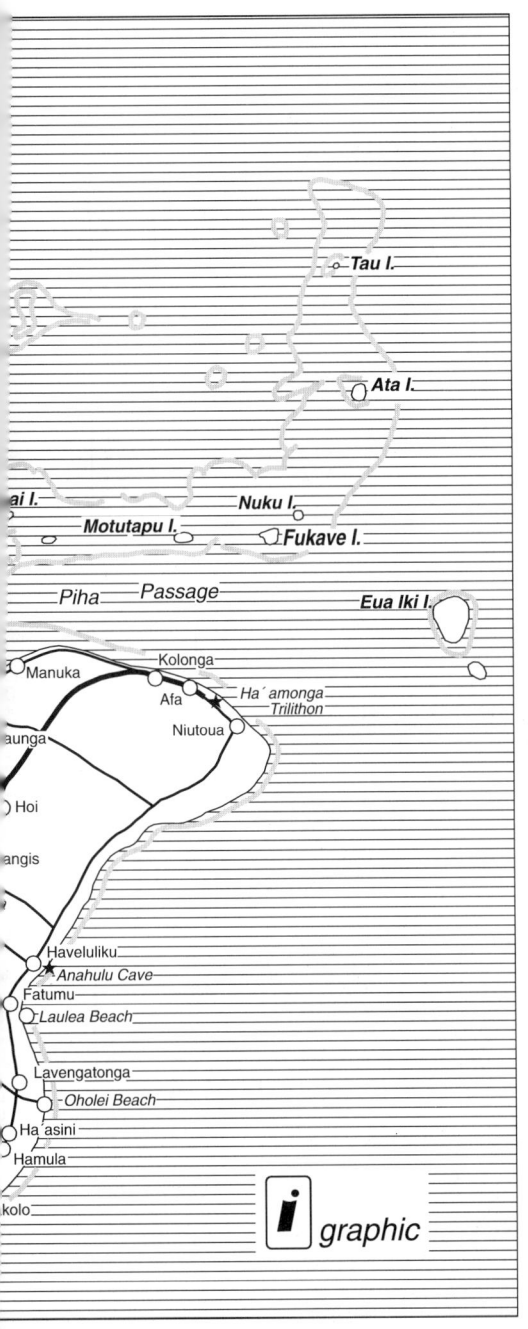

● **Unterkünfte mit Selbstversorgung**
- **Alekina Town House \$\$\$**, Sopu'a Taufa'ahau, Kolomotu'a, Nuku'alofa, P.O. Box 68, Tel.: 22.135 und 22.398, 5 min Fahrt bis Stadtmitte, 5 Gästezimmer
- **Beach House \$\$**, Vuna Road am Hafen, P.O. Box 249 Nuku'alofa, Tel.: 21.060, "Bed & Breakfast", 8 einfache Gästezimmer mit Gemeinschaftsdusche, geräumige Veranda als Aufenthaltsraum mit Blick auf die Hafenbucht, von außen nicht sehr ansprechend, von Rucksackreisenden bevorzugt
- **Capt. Cook Vacation Apartment \$\$\$**, P.O. Box 838, 1 ½ km von Nuku'alofa, 7 Gästezimmer
- **Heilala Guesthouse \$\$**, P.O. Tofoa, Box 1698 Nuku'alofa, 10 min bis zur Stadtmitte Nuku'alofa, Tel.: 00 676 23.586, Fax: 00 676 23.586, 4 Gästezimmer und ein Schlafsaal ("Dormitory)" mit 4 Betten, Heiß- und Kaltwasser, Schiffs- und Flughafen-Transfer, Bootsfahrten, mit Küchenbenutzung, Entspannung auf der Veranda, Inselrundfahrten in vier verschiedenen Variationen, Fahrradverleih, sehr hilfsbereites **deutsches Management durch Waltraud und Sven Quick**, Heilala ist die Nationalblume Tongas.

Wenn Sie sich entschließen sollten, im Heilala Guesthouse oder im Popao Village Resort, Insel Vakaeitu, Vava'u-Gruppe (siehe Kapitel 11.7.4) zu wohnen, so machen Sie bitte von dem Angebot Gebrauch, sich von Frau Quick am Flughafen kostenlos abholen (Tel.: s. o.) zu lassen. Dieses ist eine besondere Vereinbarung zwischen dem o.g. Guesthouse und dem o.g. Resort.

- **Holiday Apartments \$\$\$\$**, P.O. Box 134, 3,2 km von Nuku'alofa, 6 renovierte Gästezimmer, Fernsehen, Telefon
- **Leilani Apartments** 300-500 T\$ monatlich, P.O. Box 792, 4 ½ km von Nuku'alofa, 12 Gästezimmer

● **Sonstige Unterkünfte**
- **Angeles Motel \$\$**, in Nuku'alofa City, Wellington Road, P.O. Box 1617 Nuku'alofa, Tel.: 23.930, Fax: 22.149,

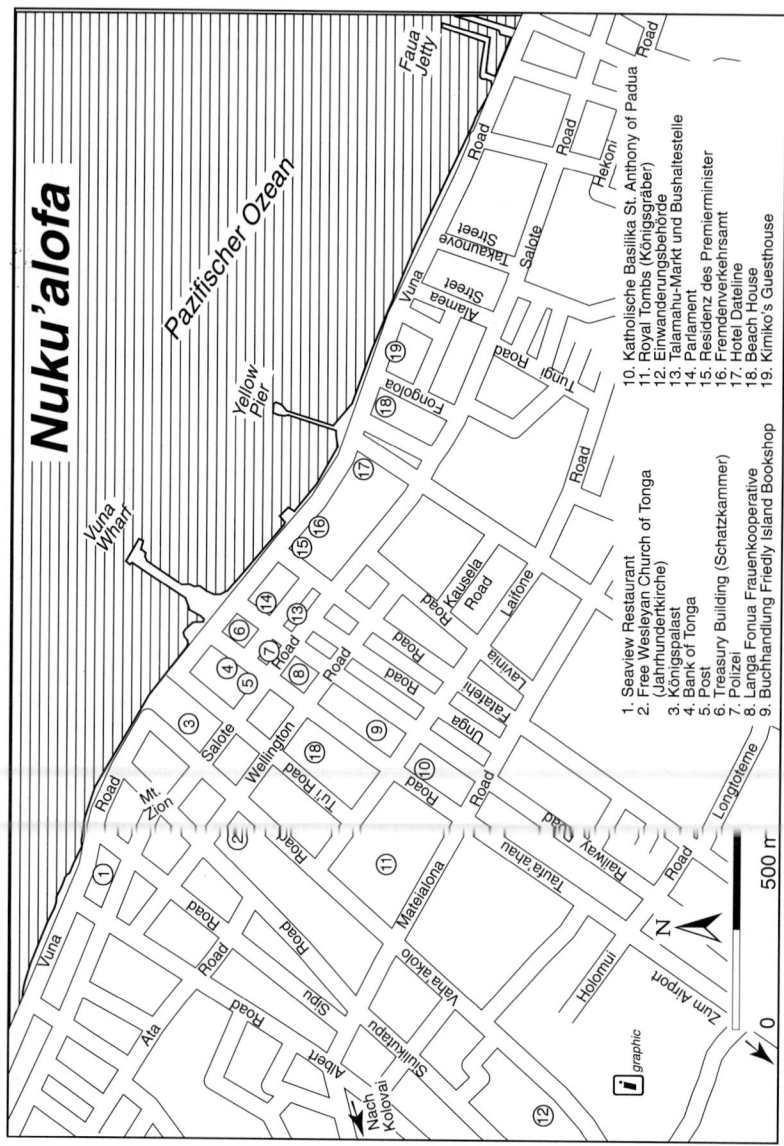

zwei Minuten vom Hafen und von Supermärkten entfernt, 12 Gästezimmer, neu renoviert, Bad mit heißem Wasser, sehr sauber und ansprechend, unter chinesischem Management
- **"Good Samaritan Inn" Beach Resort $$$**, Kolovai Beach, P.O. Box 306 Nuku'alofa, Tel.: 41.022 und 41.095, 18 km westlich von Nuku'alofa, 15 "Fale" (Bungalows) unterschiedlicher Kategorie und Größe, Bar, Ocean View Restaurant, französische und traditionelle tonganische Küche, Meeresfrüchte, der Strand ist teilweise mit Korallengestein durchsetzt, gutes Schnor-

chelgebiet, spektakuläre Sonnenuntergänge, Flughafen-Transfer, Fahrradverleih, Bootsfahrten möglich, Ausrüstung zum Schnorcheln und Tauchen erhältlich, oft ziehen Delphine vorbei
- **Ha'atafu Beach Motel $$$$**, Ha'atafu Beach, P.O. Box 490 Nuku'alofa, Tel.: 41.088, Fax: 22.970, 21,4 km von Nuku'alofa, abgelegen und einsam, 6 Bungalows, "Bed and Breakfast", Betten mit Moskitonetz, Fales mit Palmenwedel verkleidet, Gemeinschaftsdusche, breiter Sandstrand, bestes Surfgebiet der Insel, spezialisiert auf Wassersport, Surfen, Fischen, Schnorcheln, Yacht-Charter kann organisiert werden, große knorrige Fortucona-Bäume beschatten den Strand
- **Toni's Guest House $**, P.O. Box 3084 Nuku'alofa, Tel.: 21.049, 5-min.-Weg in die Stadtmitte, einfache, saubere Gästezimmer, Gemeinschaftsbad, -küche und -aufenthaltsraum

Restaurants
● **Akikos Restaurant**, in der Basilika, preiswertes, aber gutes Essen, Mo-Fr Lunch 11.30-14.00 Uhr, Mo-Fr Dinner 18.30-20.00 Uhr, Sa, So und an Feiertagen geschlossen
● **Chez Alisi & André**, French Restaurant, Wellington Road, Tel.: 21.087, Lunch 12.00-14.30 Uhr, Dinner 19.00-22.00 Uhr, französische Küche, Insel-Spezialitäten, Fleischgerichte, Meeresfrüchte, spezielle Preise für Parties und bei Vorausbestellung
● **Seaview Restaurant**, Vuna Road, Tel. 23.709, **deutsches Management**, geführt von Lothar Slabon und Martina Heining, Dinner Mo-Fr 18.00-22.00 Uhr, gepflegt, ausgezeichnete Gerichte und Getränke, sehr gemütliche Atmosphäre
● **Taloa Sunrise Restaurant**, Kolomotu'a, Vuna Road, Tel.: 22.141, am Meer, **deutsches Management**, geführt von Küchenmeister Friedel Pott, geschmackvoll eingerichtet, gepflegte Atmosphäre, in Weiß gehaltenes Interieur, Di-Fr Lunch 12.00-15.00 Uhr, 4 Gänge, Mo-Sa Dinner 18.00-23.00 Uhr

Busse
Ausgangspunkt aller Buslinien ist der **zentrale Busbahnhof** am Talamahu-Markt von Nuku'alofa. Außerhalb des Stadtgebietes kann man jeden beliebigen Bus durch Handzeichen anhalten. Der Fahrpreis wird beim Aussteigen entrichtet.

Autoverleih
Avis, P.O. Box 74 Nuku'alofa, Tel.: 23-344, 23-218 und Kontaktadresse: Pacific Royale Hotel, Taufa'ahau Road
Ein Pkw-Leihwagen kostet je nach Größe und Ausstattung 60-80 T$ pro Tag.

Buchhandlungen
● **Friendly Islands Bookshop** (P.O. Box 644 Nuku'alofa) (Taufa'ahau Road)
In dem kleinen Laden sind Bücher über Flora, Fauna, tonganische Geschichte und Kultur, Zeitungen, Illustrierte und Postkarten, auch mit dem Bildnis des Königs als Rad- und Bootsfahrer, erhältlich.
● **The Islands Bookshop**
In der Innenstadt befindet sich dieses Geschäft mit verhältnismäßig großer Auswahl an Büchern verschiedener Fachbereiche, auch Musikkassetten.

Souvenirs
● **Faua Gift Shop**, Vuna Road, Ma'ufanga, Tel.: 24.692, hier werden Bücher, Postkarten und Kunsthandwerk verkauft
● **Tapuaki Ha'unga**, in der Nähe des Postamts, größtes und preisgünstiges Kunstgewerbegeschäft mit großer Auswahl und guter Qualität an Holzschnitzereien, Korbwaren, Muschelschmuck usw.

Redaktionstips

☆ **Übernachtung** im **International Dateline Hotel** $$$$
☆ **Stadtrundfahrt** mit der Deutschen Waltraud Quick (Heilala Guesthouse $$, Tel.: 00 676 23.586, Fax: 00 676 23.586), Sehenswürdigkeiten: Königspalast, Mt. Zion, Royal Tombs (Königsgräber, nur von weitem sichtbar), Free Wesleyan Church of Tonga (Jahrhundertkirche), Katholische Basilika St. Anthony of Padua, Langa-Fonua-Frauenkooperative, Treasury Building, Talamahu Markt
☆ **Mittagessen** im Taloa Sunrise Restaurant, deutsches Management
☆ **Ausflug** zum Tongan National Centre
☆ **Abendessen** in Seaview Restaurant, deutsches Management
☆ **Inselrundfahrt** mit Waltraud Quick bei mehrtägigem Aufenthalt

Sehenswürdigkeiten

Wenn Sie die anschließend beschriebenen Sehenswürdigkeiten zu Fuß aufsuchen möchten, ist es empfehlenswert, die im folgenden aufgeführte Reihenfolge einzuhalten, um keine unnötigen Wege zu gehen.

● **Königspalast** (Vuna Road)

Entlang der Uferstraße Vuna Road gelangt man zur königlichen Residenz, dem "Royal Palace". Der Königspalast ist zum **Symbol des heutigen Tonga** schlecht-

Königspalast – Nuku'alofa

hin geworden. Er liegt direkt an der Küste, von großen Rasenflächen und stattlichen Norfolkfichten (*Araucaria cooki*) umgeben. Diese Nadelbäume werden zwischen 30 und 40 m hoch und ihre Äste bis zu 2 m lang. Der Königspalast ist für die Öffentlichkeit nicht zugänglich. Doch man kann von der Küstenstraße ganz im Westen einen guten Blick auf das königliche Anwesen werfen.

1867 wurde der Holzpalast in **Neuseeland** in Einzelteilen **vorgefertigt**, nach Tonga verschifft und dort an Ort und Stelle zusammengebaut. **1882** fügte man die **königliche Kapelle** und die im oberen Stockwerk befindliche Veranda dem Palast hinzu. Das in verspielt viktorianischem Stil konstruierte Gebäude mit den weiß gestrichenen Wänden und dem roten Dach ist zum beliebten Fotomodell von Tonga geworden. Ein Stück Holz des Koka-Baums, unter dem **König George Tupou I.** in Hihifo gekrönt wurde, ist in der Rückenlehne des Königsthrons in der Kapelle eingearbeitet.

1893, 1918 und 1967 fanden die jeweiligen **Krönungen** von **König George Tupou II.**, der **Königin Salote Tupou III.** und vom jetzigen **König Taufa'ahau Tupou IV.** (04. Juli) in der Kapelle statt.

● **Mt. Zion** (westlich des Königspalastes)

Der Zionhügel gehört ebenfalls zu den königlichen Ländereien. Hier befand sich einst die **Befestigungsanlage** des Tu'i Kanokupolu Aleamotu'a, der von 1827-1845 regierte. **1830** wurde hier auch die **erste Missionskapelle** errichtet.

● **Royal Tombs** (Königsgräber) (Mateialona Road)

Gegenüber der Basilika liegen in dem weiten parkähnlichen *Mala'ekula*-Gelände die Königsgräber. **1885** fand auf diesem Areal auf Veranlassung von **König George Tupou I.** das **"Katoanga Kula Festival"** statt. **Seit 1893** sind hier die Könige, ihre Ehepartner und nahen Verwandten begraben worden. **Heute** ist das Gelände der Öffentlichkeit nicht mehr zugänglich, und es grasen die königlichen Rinder auf den Rasenflächen. Die hohen Grabmonumente sind jedoch auch von weitem gut sichtbar.

● **Free Wesleyan Church of Tonga** (Jahrhundertkirche)
(Ecke Wellington Road/Vaha'akolo Road)

1888 wurde die **alte Free Wesleyan Church** von den Methodisten errichtet. **1949** versetzte man dieses Gebäude von seinem ursprünglichen zu seinem 275 m weiter entfernten jetzigen Standort, weil auf altem kirchengeschichtlich ehrwürdigen Boden eine neue, größere Methodistenkirche entstehen sollte. Das Kirchendach des alten Gebäudes wurde in einem Stück transportiert. **1952** war die **neue Free Wesleyan Church of Tonga**, die bis zu 2.000 Menschen faßt, an der Stelle der alten fertiggestellt. Sie wurde von der Königin Salote Tupou III. feierlich eingeweiht.

Empfehlenswert ist der **Besuch eines sonntäglichen Gottesdienstes** in der "Free Wesleyan Church of Tonga", an der in der Regel auch der König teilnimmt.

Allein die festlich gekleidete Gemeinde und
noch mehr die tiefe Frömmigkeit der Kirch-
gänger und Akteure des Gottesdienstes und
ihre Hingabe, mit der gesungen, musiziert und
der leidenschaftlichen Predigt des Geistlichen
gelauscht wird, ist beeindruckend.
Nicht selten passiert es, daß Sie als Fremder
nach dem Gottesdienst in ein Gespräch ver-
wickelt und in ein gastliches Haus eingeladen werden.

● **Katholische Basilika St. Anthony of
Padua** (Taufa'ahau Road)

Dieses unübersehbare, sehr auffällige Gotteshaus wurde nach einer Bauzeit von drei Jahren von freiwilligen Arbeitern fertiggestellt
und am 08.01.1980 eingeweiht. Hier in Tonga etwas zu bombastisch und fremdartig wir-
kend, ist das Bauwerk im Inneren ansprechend
ausgestattet.

*Zum Kirchgang festlich gekleidet –
Nuku'alofa*

Basilika St. Anthony of Padua – Nuku'alofa

● **Langa-Fonua-Frauenkooperative**
(Taufa'ahau Road, etwas von der Straße zurückgesetzt)

1953 wurde diese Institution von der während ihrer Regierungszeit sehr beliebten
Königin Salote Tupou III. ins Leben gerufen. In einem geräumigen Holzhaus

sind Handwerksarbeiten von Frauen ausgestellt und zum Verkauf angeboten, die in abgelegenen Orten des Königreichs leben und die ihre Waren deshalb schlecht vermarkten können.

● **Prime Minister's Office** (Residenz des Premierministers) (Taufa'ahau Road)

Vor dem Altbau und angebauten modernen Neubau, in dem der Premierminister und das Außen- und Verteidigungsministerium residieren, steht oft ein blitzblank geputzter Mercedes-Benz, die Staatskarosse von Tonga.

● **Treasury Building** (Vuna Road)

In der ehemaligen Schatzkammer ("Treasury") von 1928, die später als Postamt Verwendung fand, ist heutzutage eine **philatelistische Abteilung** untergebracht, in der man Briefmarken mit interessanten tonganischen Motiven erstehen kann.

● **Schiffsanlegestellen** (Vuna Road)

1906 wurde die alte Schiffsanlegestelle **Vuna Wharf** auf die Lagune hinausgebaut. Man erreicht sie, wenn man sich ihr von der Stadtmitte aus auf der Taufa'ahau Road oder der Railway Road in Richtung Meeresküste nähert. **1933** wurde diese Kaianlage erweitert. **1965** verlor sie durch den Bau der 1.500 m weiter östlich erbauten neuen **Queen Salote Wharf** ihre Bedeutung. **1977** zerstörte ein **schweres Erbeben** die **Vuna Wharf**. Provisorisch wieder hergerichtet, wird sie nur noch in Notfällen benutzt. **Heute** legen an der Queen Salote Wharf Fähren, Kreuzfahrt- und Frachtschiffe an. Diese moderne Anlage ist mit der künstlichen Hafenanlage **Faua Jerry** verbunden. Dazwischen liegt **Yellow Pier**.

● **Talamahu-Markt** (zwischen Railway Road und Fatafehi Road)

Lohnend ist ein Bummel über den Talamahu-Markt, auf dem es an Markttagen hoch hergeht. Alle Arten einheimischer Feldfrüchte werden hier zu verhältnismäßig niedrigen Preisen angeboten. Außerdem liegen auch Souvenirartikel jeglicher Art zum Kauf aus.

11.5.3 INSELRUNDFAHRT

Tip
Wenn Sie eine **deutschsprachig geführte Inseltour** erleben möchten, dann wenden Sie sich bitte an:
Waltraud und Sven Quick, Heilala Guesthouse, Tofoa, P.O. Box 1698 Nuku'alofa, Tel.: 00 676-23.586, Fax: 00 676 23.586

Die natürliche Vegetation der Insel mußte wegen des großen Bevölkerungsdrucks **zahlreichen Plantagen** weichen. Das allgemeine Landschaftsbild wird weitgehend durch Anpflanzungen von **Kokospalmen, Ananas** und **Taro** bestimmt. Taro, eine Pflanze, die uns Europäern nicht so bekannt ist, gibt es in verschiedenen Sorten. Ihre zarten Blätter werden als Salat oder Spinat verzehrt, und ihre stärkehaltigen Knollen sind ein Hauptnahrungsmittel der Tonganer. Auch andere Nutzpflanzen finden Sie auf den Feldern. Zur Vermehrung von **Maniok** braucht man lediglich einen Stock davon in die Erde zu stecken, und es entsteht eine neue Pflanze. Bei der Knollenfrucht **Yams** werden bis zu einem Meter tiefe Röhren in die Erde gegraben. In diese Vertiefungen werden Stücke der Yamsknolle eingelassen. Mit Erdreich wieder verfüllt und locker wie Maulwurfshügel aufgehäufelt, entsteht nach ca. neun Monaten eine bis zu einem Meter lange neue Yamsknolle. **Pele** ist eine schmackhafte Salat- und Spinatpflanze. **Bananen** tragen nur einmal in ihrem Leben, danach bilden sich an der Staude Nebensprossen.

Wenn Sie mit einem Leihwagen, Motorroller, Moped oder Fahrrad die **Inselrundfahrt in eigener Regie** durchführen möchten, so empfehle ich die in meinem Buch beschriebene Reihenfolge der Besichtigungshöhepunkte, um möglichst unnötige Wege und Zeit zu sparen:

- **Tongan National Centre** (Verlängerung der Taufa'ahau Road Richtung Flughafen, an der Fanga'uta Lagune, P.O. Box 37 Nuku'alofa, Tel.: 23.022)

Musik, Tanz und Festspiele spielen im Leben der Tonganer eine zentrale Rolle. Deshalb stehen **kulturelle Veranstaltungen**, traditionelle Tänze und Theaterstücke hier im Mittelpunkt des Geschehens. Außerdem werden auch **Kava-Zeremonien** abgehalten, an denen Sie als Reisender teilnehmen dürfen, sogar als "Honorary Noble". Hierüber bekommen Sie dann ein Zertifikat.

Das tonganische Kulturzentrum umfaßt mehrere Teilbereiche:
- **Das Amphitheater** bietet auf den stufenförmig ansteigenden Sitzreihen für 450 Menschen Platz. In der Woche finden hier regelmäßig Folklore-Aufführungen statt.
- **Das Schulungszentrum** dient der Unterrichtung der Tonganer aller Altersgruppen in traditioneller Handwerkskunst.
- **Das Ausstellungszentrum** umfaßt ein übersichtlich eingerichtetes **Museum**, in dem u.a. alte Fotos, Holzschnitzereien, Tapadekken, Flechtarbeiten in Form von Matten, Hüten und Kiepen, Fischreusen, aus Wurzelteilen der Kokospalme geflochten und Schiffsmodelle ausgestellt sind.

Fröhliche Tänzerinnen –
Tongan National Centre

- **Die Tapa- und Kanuherstellung** wird demonstriert. Die Tonganer fertigen die feinste Tapa-Kleidung von dem Bast des Papier-Maulbeerstrauchs (*Broussonetia papyrifera*) an. Die Herstellung von Kanus weckt Erinnerungen an das große maritime Reich, das die Tonganer einst beherrschten (vgl. Kapitel 11.3.1).
- **Die Holzschnitzkunst** wird hier ebenfalls gepflegt. Die Künstler arbeiten nach alten Vorbildern. Ihr Material sind oft edle, selten gewordene Hölzer, wie Sandelholz, Mahagoni (*Milo*) und das schwere *Puo-puo*-Holz.

- **Die Korbflechterei** bezieht ihre Fasern von der Pandanus und der Kokospalme. Daraus werden kunstvolle Körbe, Matten, Tischläufer und sogar Kleidungsstücke geflochten.

- **Die Mattenweberei** hat sich zu einer besonders hohen Kunst entwickelt, so daß sogar die "Hautevolee" die feinen Matten als Erbstücke schätzt.

● **Liahona Mormons College** (bei Kahoua an der Loto Road)

Bei der Inselrundfahrt von Tongatapu werden Sie immer wieder auf **Mormonensiedlungen** in den Dörfern stoßen. Sie sind fast alle nach dem gleichen Schema gebaut. Auf dem eingezäunten Gelände befinden sich stets ein Tennis-/Basketballspielfeld und solide gebaute

This is to certify

that

Karl-Wilhelm Berger of Gummersbach, Germany

was Honorary Noble of the

Traditional Kava Drinking Ceremony

held at the

Tongan National Centre

this day the

9ᵗʰ June 1994.

Noble-Zertifikat

Wohnhäuser, bei größeren Siedlungen auch Schulen und Hochschulen, wie das **"Liahona Mormons College"** und in der Nachbarschaft der größte **Mormonentempel**, auf dessen Dach eine goldene Figur mit zum Himmel zeigendem Arm angebracht ist. Die Mormonen werden sehr stark von ihren Glaubensbrüdern und -schwestern aus den USA unterstützt.

● **Die Flughunde von Kolovai**

Die Attraktion dieses Dorfes sind Hunderte von großen **Fledertieren** mit einer Flügelspannweite von über einem Meter, Flughunde (**Pteropus tonganus**) oder im Englischen "Flying Foxes" genannt, die über Tag überkopfhängend und meistens schlafend auf den Kasuarinenbäumen an der Straße ausruhen, um nächtlich auf Nahrungssuche zu gehen. Ihre Nahrung besteht jedoch nicht aus Insekten, wie bei den Fledermäusen in unseren Breiten, sondern aus Früchten, nicht immer zur Freude der Dorf- und Inselbewohner. Doch nach einem königlichen Dekret sind diese Flugsäuger unter Schutz gestellt. Auf Tongatapu gibt es noch weitere kleine Flughund-Kolonien.

● **Ha'atafu** (Nordwestzipfel von Tongatapu)

Nördlich des kleinen Dorfes Ha'atafu führt ein Weg an die Nordwestspitze der Insel, die in zweierlei Hinsicht geschichtsträchtig ist:
- **Am 21.01.1643** stattete der große holländische Seefahrer und Entdecker **Abel Janzsoon Tasman**, nach dem Tasmanien benannt ist, als erster Europäer Tongatapu einen kurzen Besuch ab.
- **Am 12.04.1797** landeten dort die **ersten zehn englischen Missionare der "London Missionary Society".** Ihr Wirken war von keinem Erfolg gekrönt, weil vorher auf der Insel gelandete Seeleute und aus Australien entflohene Sträflinge einen sehr schlechten Ruf der Weißen verbreitet hatten. Als seit der Ankunft der protestantischen Kirchenmänner in den folgenden drei Monaten vier tonganische Häuptlinge starben und man dieses Unglück den Missionaren zuschob, hatten die Missionare bei den Einheimischen verspielt.

1799 kam es auf der Insel zu **bürgerkriegsartigen Auseinandersetzungen.** In den Kriegswirren gerieten die englischen Missionare zwischen die Fronten der Kämpfenden, und sie mußten die Tonga-Inseln fluchtartig verlassen. **1822** setzten die methodistischen **Wesleyaner** zu einem eigenen Missionsversuch an, der jedoch auch keinen Durchbruch brachte.

Am 28.06.1826 landeten die **wesleyanischen Missionare John Thomas und Hatchenson** an der oben beschriebenen Landzunge. Sie waren in der Bekehrung der Insulaner zum Christentum erfolgreicher als ihre Vorgänger. Ihnen zu Ehren steht ein **Gedenkstein** an ihrem Landeplatz. **1834** ließ sich **Taufa'ahau** (1797-1893) auf den Namen George **taufen**. Er wurde später König George Tupou I. Seinem Beispiel folgten viele seiner Untertanen.

● **The Blow Holes** (die Blaslöcher) (bei Houma an der Südwestküste)

Sie werden auch *"Mapu'a a Vaca"* ("Pfeife des Häuptlings") genannt. Am meisten beeidruckend sind die gewaltigen Wasserfontänen an der Steilküste bei starker Dünung und Flut. Mit Ungestüm rennen dann die Brecher gegen die Felsen. Das Meer scheint vor Wut zu schäumen. An vielen Stellen schießt das Wasser, durch enge Spalten und Löcher im Korallengestein gepreßt, mit großer Gewalt in die Höhe, dabei dröhnende und zischende Geräusche ausstoßend.

● **Brehm Fund Bird Sanctuary (Vogelpark)**
   (bei Veitonga, Südküste, Adresse: Private Bag 52, Tel./Fax: 23.561)

Öffnungszeiten
Mo-Sa 9.00-17.00 Uhr, So und an Feiertagen 9.00-18.00 Uhr
Eintrittspreis 3,- T$ für Erwachsene, Kinder frei

Streckenhinweis
In **Veitonga Village** an der King Taufa'ahau Road befindet sich auf der rechten Straßenseite, wenn Sie von Nuku'alofa kommen, das Hinweisschild "Birdpark", nach Abzweigung rechts stoßen Sie nach 2 km auf die Liku Road, eine Parallelstraße zur oben genannten. An dieser Straßenkreuzung liegt links der Vogelpark.

Die **Brehm Fund South Seas Expedition** ist ein Projekt des Brehm-Fonds, der sich für internationalen Vogelschutz einsetzt. Einer der Hauptsponsoren war der Vogelpark Walsrode in Deutschland.

Der Brehm-Vogelpark wurde 1990 gegründet. Er ist der erste Fall von Naturerhaltung in diesem Rahmen des unabhängigen Staates Tonga. Das **Empfangsgebäude** ist **in tonganischem Stil** erbaut, nur mit Stricken zusammengehalten, ohne Verwendung von Nägeln, dadurch hurrikansicherer. Das mit Palmenblättern gedeckte Dach muß alle 3-4 Jahre erneuert werden.

Es finden Führungen statt. Auf **zwei Informationstafeln** sind die einheimischen See- und Landvögel dargestellt. In Gehegen können Sie **hiesige Vögel** beobachten, die Sie wahrscheinlich in freier Natur nur sehr selten oder überhaupt nicht zu Gesicht bekommen können, oder sich auf den o.g. Tafeln ein Bild von ihnen machen, beispielsweise:
- **Pacific Black Duck** (*Toloa*)*), eine Entenart
- **Barn Owl** (*Lulu*)*), die über den ganzen Globus verbreitete Schleiereule
- **Purple-crowned Fruitdove** (*Kulukulu*)*), die einzige Taubenart, bei der beide Geschlechter gleich aussehen
- **Many-coloured Fruitdove** (*Manuma'a*)*), eine kleine Taubenart
- **Pacific Pigeon** (*Lupe*)*), eine große grau-braune Taube
- **Blue crowned Lorriket** (*Hanga*)*), eine Schmucklori-Art
- **Red-shining Parrot** (*Kaka* oder *Koki*), eine Papageienart, wunderschön befiedert, grüne Flügel, blauer Stoß, dunkelrote Brust und ebenfalls roter Kopf, nur noch sehr wenige freilebende Exemplare in Tonga, Rückgang durch Urwaldzerstörung und zunehmende Plantagenwirtschaft
- **Megapode** (*Malau*)*), ein eigenartiger Vogel, der seine Eier von der heißen Vulkanasche ausbrüten läßt, seine Eier sind im Verhältnis zur Größe des Vogels sehr groß, die Jungvögel sind nach dem Eischlupf sofort völlig selbständig und ohne die Aufwartung der Altvögel lebensfähig
- **Banded Rail** (*Veka*)*), eine Rallenart, selten auffliegend, dann mit hängenden Beinen
- **Purple Swamphen** (*Kalae*)*), eine Rallenart, ein typischer Bewohner der Feuchtgebiete
- **Wattled Honeyeater** (*Fuleheu*)*), ein Singvogel, an seiner gelben Wange erkennbar
- **Fiji Shrikebill** (*Fuiva*)*), ein Singvogel, spreitzt während der Balz seinen Stoß

*Zeichenerklärung: *) = in Ermangelung deutscher Namen werden englische im Fettdruck und tonganische in der Klammer verwendet.*

Neben Vögeln befinden sich noch **Leguane** und **Geckos** im eingezäunten Gelände.

Außerdem werden **Pflanzen** gehalten, die besonders beschriftet sind, u.a.:
- **Heilala**, die Nationalblume Tongas
- **Pele**, eine Hibiskusart aus SO-Asien
- **Süßkartoffeln** (*Kumala*), wichtige Nutzpflanzen
- **Giant Taro** (*Kape*), eine großblättrige Nutzpflanze, deren Wurzelknollen ein Hauptnahrungsmittel in Tonga sind

- **Paper Muleberry**, findet Verwendung bei der Tapa-Herstellung
- **Hiapo**, eine Pflanze, die den Kleister für die Tapa-Herstellung liefert
- **Arrow Root** (*Maho'a*), hat gefiederte Blätter, liefert ebenfalls Kleister für Tapa, Ursprungsländer sind Indien und Sri Lanka
- **Brotfrucht**, Ursprungsland ist Neuguinea
- **Screw Pine** (*Fa*), hat Blattseiten wie Sägeblätter, für grobe Mattenherstellung

● **Hufangalupe Beach** (Südküste)

An diesem wilden Küstenabschnitt können Sie unmittelbar hinter der Küste in eine Bodensenke hinabsteigen. Hier ist von einer ehemaligen Höhle die Decke eingestürzt. Durch ein natürliches Felsentor aus Korallengestein, das das **"Tor der Tauben"** ("Hufangalupe") genannt wird, sieht man aufs Meer. Dem rauhen, salzhaltigen Seewind trotzen die halbhohen Pandanus-Bäume mit ihren bizarren Stelzenwurzeln.

Schroffe Klippen – Hufangalupe Beach

Ein schmaler, steiler Pfad führt zu einem sehr versteckten, **einsamen Sandstrand**, der von schroffen Klippen eingerahmt ist. Schneeweiße **Tropikvögel** mit ihren auffälligen langen Schwanzfedern heben sich silhouettenhaft gegen den tiefblauen Tropenhimmel ab, und seltene Gehäuse von Korallen, Schnecken und Muscheln hat der Pazifik an den Strand gespült.

● **Ha'amonga Maui Trilithon** (bei Niutoua an der Ostküste)

Um 1200 n. Chr., während der Regentschaft des **11. Tu'i Tongas Tu'itatui**, entstand dieses seltsame **steinerne Tor**. Seine beiden nicht ganz 5 m hohen seitlichen Träger wiegen einzeln zwischen 30 und 40 t. Darauf ruht ein waagerechter behauener Steinblock von ca. 30 t. Zusammen wiegt dieses Steinmonument somit an die 100 t! Über seine Bedeutung ist man sich in der Fachwelt nicht ganz einig. In solchen Fällen ranken sich naturgemäß **viele Legenden** um das Bauwerk, z.B. daß der Tu'i Tonga durch das Denkmal seine beiden Söhne, versinnbildlicht durch die vertikalen Steinblöcke, zur Einheit ermahnen wollte, was durch den horizontalen Steinklotz dargestellt ist.

Der jetzige **König Taufa'ahau IV. von Tonga** beteiligte sich an der Enträtselung dieses Felsentors. Er ist der Meinung, daß die alten Tonganer es für **kalendarische und astronomische Zwecke** nutzten. Es wurde beispielsweise herausgefun-

Ha'amonga Maui Thrilithon – bei Niutoua

den, daß genau am 21. Juni, dem kürzesten Tag auf der südlichen Erdhalbkugel (Sonnenwende), der Aufgangspunkt der Sonne am Horizont mit einer eingekerbten Linie am Steinmonument eine gerade Linie bildet. Eine zweite Markierung steht für die Tag- und Nachtgleiche und eine dritte für den längsten Tag im Jahr.

● **Mu'a** (bei Lapaha)

Im 12. oder 13. oder 14. Jahrh. n. Chr., man weiß es nicht genau, machten die Tu'i Tonga **Mu'a** zur **Hauptstadt** ihres tonganischen Reiches. Es blieb über mehrere Jahrhunderte lang ein Zentrum tonganisch-polynesischer Kultur und ein Konzentrationspunkt der politischen Macht, bis die königliche Familie nach Nuku'alofa umzog und das Dorf verfiel. Heute ist von dem alten Mu'a außer einigen Wällen und Gräben überirdisch nichts mehr übriggeblieben.

Die tonganische Regierung hat bisher Ausgrabungen größeren Stils verhindert. Deshalb sind genauere Forschungen nicht möglich.

● **Die Terrassengräber oder** *Langi* (bei Lapaha)

Im Gegensatz zum alten Mu'a haben die **steinernen, terrassenförmigen** *Langi* die Zeit besser überdauert. Mehrstufige Plattformen sind von riesigen Basaltblökken eingefaßt.

Von den insgesamt 37 *Langi* auf Tongatapu und 28 in der Umgebung von Mu'a ist das zweistufige **Paepae'o-Tele'a-Grab** durch seine Größe und solide Bauweise am eindrucksvollsten. Die stabilen l-förmigen Ecksteine halten den herrschaftlichen Grabhügel wie eine feste Klammer zusammen. Der **29. Tu'i Tonga Tele'a**, auch **Uluakimata** genannt, soll hier begraben sein. Merkwürdigerweise fehlt jedoch die Grabkammer. Deshalb scheint die Legende der Wahrheit zu entsprechen, daß der Priesterkönig ertrunken sei und das Grabmal schon zu seinen Lebzeiten erbaut wurde.

● **Ankerplatz von Kapitän James Cook** (bei Mu'a)

1777 landete hier Kapitän James Cook auf seiner **dritten und letzten Pazifikreise** in der Bucht, die heutzutage von Mangrovensümpfen umgeben ist. Dort stand ehemals ein **großer Banyanbaum** (*Ficus benghalensis*), dessen Stammumfang im Jahre 1827 30 m betragen haben soll. Unter dem dichten Blätterdach dieses legendären Baumriesen "*Malumalu'ofulilangi*" wurden dem englischen Seefahrer vom **36. Tu'i Tonga Paulaha** Geschenke in Form von Früchten überreicht.

Heute steht ein "Nachfolger" des hölzernen Riesen an der Stelle des früheren legendären Feigenbaumes, der **"Captain Cook's Tree"** genannt wird, und außerdem weist ein Gedenkstein auf das historische Ereignis der Landung Cooks in dieser Bucht hin.

11.6 DIE HA'APAI-GRUPPE

Highlights

- Die **unberührten, einsamen Strände** von Lifuka und Foa!
- Das **Grabmal des Missionars Shirley Baker**!
- **Sandy Beach Resort Ltd**, Laleloa (Ha'apai-Gruppe), Nordspitze der Insel Foa, bietet Feriengenuß "Südsee pur", himmlische Ruhe, ungestörte Natur, Delphinbeobachtung!

11.6.1 ÜBERBLICK

Die Inseln der Ha'apai-Gruppe liegen 144 km nördlich von Nuku'alofa. Sie bestehen aus 36 Inseln, von denen nur 16 dauerhaft besiedelt sind. Die ca. 12.000 Einwohner leben von der Landwirtschaft, dem Fischfang und in bescheidenem Maße vom Tourismus.

Es gibt **zwei Inseltypen**:
- Die meisten Eilande sind flache **Koralleninseln mit traumhaft schönen, einsamen Stränden**.
- Zu den **Inseln vulkanischen Ursprungs** gehören: **Tofua (558 m)** mit dem tätigen Vulkan Lofia, **Koa (1.030 m)**, ein erloschener Vulkan, **Hunga Tonga (161 m)** und **Hunga Ha'apai (131 m)**.

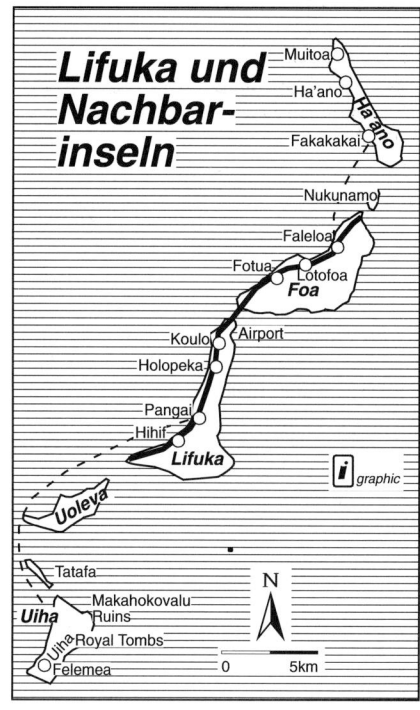

1777 weilte **James Cook** längere Zeit auf **Lifuka**, der Hauptinsel der Ha'apai-Gruppe. Trotz freundlicher Behandlung durch die Insulaner schwebte der Kapitän mit seiner Mannschaft in akuter Lebensgefahr, wie später bekannt wurde.

Am 01.12.1806 ankerte die britische *"Port-au-Prince"* an der Nordspitze der Hauptinsel **Lifuka**. Bei dem Überfall auf das Schiff wurde die gesamte Mannschaft bis auf einen jungen Briten getötet.

11.6.2 DIE HAUPTINSEL LIFUKA

Die Hauptinsel Lifuka, 11,4 km² groß, ist eine flache Koralleninsel, zum größten Teil mit Kokospalmen und Plantagen bedeckt. Es sind **vier Dörfer** entstanden, die alle an der einzigen Straße liegen.

Pangai ist der Hauptort. Südlich davon liegt **Hihifo**, und nördlich liegen **Holopeka** und **Koulo**. Im Norden der Insel befindet sich auch der Flugplatz.

Pangai

● **Reisepraktische Hinweise**

 Unterkünfte
Die im folgenden erwähnten Unterkünfte sind nur als persönliche Vorschläge anzusehen. Es wird kein Anspruch auf Vollständigkeit erhoben. Auch gibt es vergleichsweise sicherlich genauso gute oder noch bessere Unterkünfte, die nicht erwähnt sind. Wegen der ständig schwankenden Zimmerpreise werden in diesem Buch **Preis-Gruppierungen** nach folgendem Schlüssel vorgenommen:
$$$$$$ = über 125 T$
$$$$$ = 100-125 T$
$$$$ = 75-100 T$
$$$ = 50- 75 T$
$$ = 25- 50 T$
$ = unter 25 T$
● **'Evaloni Guest House $**, P.O. Box 56 Pangai, Tel.: 60.029, Fax: 60.200, 6 Gästezimmer, 2 Badezimmer mit Dusche, mit Küchenbenutzung, auf Wunsch werden alle Mahlzeiten zubereitet
● **Fonongava'inga Guest House $**, P.O. Box 14 Pangai, Tel.: 60.038, Fax: 60.200, geführt von Frau Langhangi und ihrer Tochter Fanongava inga, nach der die Pension genannt ist, ab 1995 9 Gästezimmer, in der oberen Etage auch warmes Wasser, sehr gutes traditionelles Essen, auf Wunsch auch Hummer, die "Tou" entfällt, wenn man im voraus bezahlt, Fahrrad- und **Bootsverleih**, Flughafentransfer, Picknick auf Uoleva Island oder Faleoa Beach nach Vereinbarung
● **Fifita Guesthouse $**, Pangai, Tel.: 60.175, Fax: 60.200, ab 1995 14 Betten zu vermieten, Doppelzimmer mit Badewanne, auf Wunsch Frühstück und Mittagessen, Kaffee steht kostenlos zur Verfügung, Veranda zur Seeseite, 150 m bis zum Hafen

 Autoverleih
Liviela-Taxi, Tel.: 70-240
Ein kleiner Pkw wird für 60 T$ pro Tag vermietet.

 Busse
Tagsüber verkehren unregelmäßig Busse **von Hihifo** im Süden der Insel Lifuka **bis Faleloa** im Norden der Nachbarinsel Foa, die mit Lifuka durch einen Damm verbunden ist.

 Bank
Bank of Tonga, Öffnungszeiten: Mo-Fr 9.00-12.30 Uhr und 13.30-15.30 Uhr

Eine der zahlreichen Kirchen – Pangai

Der Hauptort Pangai ist das Zentrum von Lifuka. Hier konzentrieren sich einige wenige Geschäfte, die Post, die Bank, ein kleiner Markt und einige Gasthäuser. Der Hafen ist nur für kleine Boote befahrbar. Schiffe mit größerem Tiefgang müssen draußen im Meer ankern, um Fracht und Passagiere auszubooten.

Die markantesten Bauwerke sind die **Sommerresidenz der königlichen Familie**, hinter Büschen und Bäumen versteckt, und die **zahlreichen Kirchen** verschiedener christlicher Glaubensrichtungen.

Fahrradtour auf Lifuka

● **Sonntäglicher Kirchgang in Pangai**

Wenn man seinen Ausflug per Fahrrad in Pangai startet, so fallen in dem Ort die zahlreichen Kirchen auf. Besonders eindrucksvoll ist es beim sonntäglichen Kirchgang, wenn die Dorfbewohner festlich gekleidet in ihre gutbesuchte Kirche jeweils ihrer Konfession gehen. Wir haben in dem **1.481-Seelen-Dorf** sieben (!) verschiedene Kirchen gezählt. Während der Gottesdienste hört man die kräftigen, vielstimmigen Chöre der Gemeinden zum Lobe Gottes.

● **Hihifo – Geburtsort König George Tupou I.**

Auf der Fahrt, zunächst **in südlicher Richtung**, kommt man in Kürze nach Hihifo, dem südlichsten Dorf der Insel Lifuka.
1797 kam hier **Taufa'ahau**, der erstgeborene Sohn des Tu'i Kanokupolu und spätere **König George Tupou I.**, zur Welt. Er war der erste tonganische Herrscher, der zum Christentum übertrat.

Sonntäglicher Kirchgang – Pangai

Wenn man Hihifo passiert hat, mündet die vorher asphaltierte Straße in einen sandigen Weg, der durch Plantagen bis an die Südspitze der Insel führt. Plötzlich weitet sich der Blick, und ein **Sandstrand** tut sich auf, ideal zum Wandern, Muschelsammeln, Sichsonnen und Ausspannen.

Gegenüber liegt die **flache Insel Uoleva**, die auf dem gleichen Korallensockel wie Lifuka liegt und die deshalb bei Ebbe zu Fuß oder mit dem Pferd erreicht werden kann.

● **Grab von Missionar Shirley Baker**

Nach der Rückfahrt nach Pangai sollte man unbedingt die Tour **nach Norden** fortsetzen. Zwei Kilometer nördlich des Hauptorts stößt man auf das Grabmal des Missionars Shirley Baker (vgl. Kapitel 11.3.3).

Zu den Verdiensten des **umstrittenen Kirchenmanns** zählen die **Ausarbeitung des Gesetzbuches von 1862 und die tonganische Verfassung von 1875.** Seine Gegner warfen ihm jedoch vor, daß er zusammen mit König George Tupou I., des

Grab von Missionar Shirley Baker – Lifuka

sen engster Berater er war, mit zuviel Gewalt und Unterdrückung das tonganische Volk in die von ihm gegründete "Free Church of Tonga" gezwungen hat.

1890 wurde Shirley Baker **aus Tonga ausgewiesen. 1898** kehrte er in das Königreich Tonga zurück und ließ sich in **Ha'apai** nieder. **1903** hauchte der Missionar in **Ha'apai** sein Leben aus.

● **Kapitän Cooks Ankerplatz**

Etwas weiter nördlich befindet sich die Stelle, an der Kapitän James Cook **1777** ankerte. Von der Gastfreundschaft ihrer Bewohner tief beeindruckt, taufte er die Inseln **"Friendly Islands"** (Freundschaftsinseln). In Wahrheit trachtete ihm der **Häuptling Finau** trotz scheinheiliger Freundschaftsgesten nach dem Leben.

Cook und seine Mannen entkamen nur ihrem Tod, weil man sich nicht rechtzeitig auf den Zeitpunkt des Überfalls (Tag oder Nacht) einigen konnte. Glücklicherweise segelte der englische Kapitän vor dem Zeitpunkt dieser Entscheidung davon.

● Dörfer und Plantagen

Die Fahrt geht weiter durch die Dörfer **Holopeka** und **Koulo**. Für uns etwas fremdartig muten die **Gräber** in den Dörfern an. Große farbige Tücher wehen über Kiesaufwürfen, unter denen die Toten ruhen. Es folgen wieder **Plantagen** mit Kokospalmem, Maniok und Taro. Östlich von Koulo liegt der **Flugplatz Salote Pilolevu Airport**.

Unterkunft
- **Niu'akalo Beach Motel $$**, P.O. Box 16, Tel.: 60.028, Fax: 60.200, 16 Gästezimmer, am Strand, einsame Lage, Schnorchelausrüstungen vorhanden
- **Mele Tonga Guest House $**, am Flughafen, Tel.: 60.733, Fax: 60.200, 4 Gästezimmer

— I N F O —

Überfall auf die Port-au-Prince

*Am 01.12.1806 ankerte die britische **Port-au-Prince** an der Nordspitze der Hauptinsel **Lifuka**. Unter dem Vorwand, Handel zu treiben, kamen mehrere Häuptlinge unter der Führung von **Finau Ulukalala II.** mit ihren Leuten an Bord des Schiffes. Sie töteten fast alle Seeleute, plünderten das Schiff und steckten es anschließend in Brand. Besonders erpicht waren die Lifukaner auf die Feuerwaffen der Briten, mit denen sie den blutigen Bürgerkrieg gegen Tongatapu schneller zu ihren Gunsten zu entscheiden hofften. Der einzige Überlebende des Massakers war der **16-jährige William Mariner**, den der Häuptling Finau Ulukalala II. verschonte. Ihn nahm er in sein Haus, brachte ihm die einheimische Sprache bei und behandelte ihn wie seinen Sohn. Der Häuptling ließ sich von dem jungen Briten, der ihn auch auf seinen Überfällen nach Tongatapu und Vava'u begleitete, in strategischen Dingen beraten. Die nicht unangenehme Gefangenschaft von William Mariner endete nach vier Jahren. Wieder in Freiheit, veröffentlichte er 1817 **seinen Bericht "An Account of the Natives of the Tonga Islands"**, ein wertvolles klassisches Werk über den damaligen polynesischen Lebensstil.*

11.6.3 INSEL FOA

Die Insel Lifuka ist durch einen Damm, über den die Straße weiter nach Norden führt, mit der Insel Foa verbunden. Foa, das eine Flächenausdehnung von 13,390 km² besitzt, ist durch die Dörfer **Fangale'ounga, Fotua, Lotofoa** und **Faleloa** besiedelt. In den Ortschaften laufen Schweine, Ziegen und Hühner frei herum.

Im äußersten Norden von Foa blickt man auf die **kleine Insel Nukunamo**, die sich im Besitz der königlichen Familie befindet. Bei Sonne ergibt sich ein **prächtiger Dreiklang der Farben** durch das türkisfarbene Wasser, den weißen Strand und die grüne Vegetation. Zwischen den beiden Inseln herrscht meistens eine sehr starke Strömung, die das Schwimmen gefährlich macht.

Hotel
Sandy Beach Resort Ltd $$$$$$, Faleloa (Ha'apai-Gruppe), an der Nordspitze der Insel Foa, P.O. Box 61, Tel.: (00 676) 60-200, Fax: (00 676-) 60-200 (Cable + Wireless), **deutsches Management** (Sigrid und Jürgen Stavenow), Inbetriebnahme ab Mai 1995, es liegt an einem makellos weißen Strand, in völliger Abgeschiedenheit, sehr gut in die Natur eingepaßt

Ausstattung: 12 einzelne, unmittelbar am Ufer liegende Fales (Bungalows) für 2 Personen, auch nach europäischem Standard "erste Klasse", ausgestattet mit wahlweise einem Doppelbett oder 2 Einzelbetten, Einbauschrank, gefliestem Fußboden, Tee- und Kaffeekocheinrichtung, Kühlschrank, elektr. Ventilator an der Decke, Sitzmöbeln, Radio, geräumigem Bad mit großer gekachelter Dusche (heiß und kalt), WC, eigener privater Terrasse mit Blick auf die See, 24-Stunden-Elektrizität, ab 8. Tag 10% Ermäßigung auf den Übernachtungspreis, alle größeren Kreditkarten willkommen

Aktivitäten: Schwimmen, Schnorcheln, Tauchen, Paddeln, geführte oder individuelle Reit- und Rad-Touren, kleine Bücherei, Spiele, traditioneller "Tonga-Abend" mit authentischen Gerichten, Tanzvorführungen und Kava-Zeremonie, klassische Musik bei Sonnenuntergang auf der großen Terrasse beim Hauptgebäude, Tel.- und Fax-Benutzung, "First-Class"-Restaurant, Hausbar, kleiner Souvenir-Shop mit tonganischen Handarbeiten u.s.w.

Ohne Berechnung frei für Hausgäste: Teilnahme am "Tonga-Abend", Benutzung von neuen Fahrrädern, Schnorchelausrüstung, original polynesischen Auslegerkanus und Strandbadetüchern

Gegen Berechnung außerhalb des Resorts wird organisiert: Tauchausrüstung und Tauchausflüge, Bootsfarten zu anderen Inseln, Tagestrip zur Insel Totoa mit einem Amphibien-Flugzeug mit Landung im Kratersee, Ausflüge mit See-Kajaks und Zelt, tonganisches Reiten (d.h. ohne Sattel)

Was es nicht gibt: Nachtclub, Discothek, öffentliche Bar, Fernsehen, Autolärm, kein Kirchenglockenläuten morgens um 5.00 Uhr, weil das nächste Dorf ca. 1 ½ km entfernt ist, kein Wassersport mit lärmenden Motorbooten

11.7 DIE VAVA'U-GRUPPE

Highlights

- **Buckelwal-Beobachtung** aus nächster Nähe in den Monaten Juni bis November, heißer Tip!
- **Bootsfahrten** in die reich gegliederte Inselwelt, ausgefüllt mit Schwimmen, Schnorcheln, Tauchen oder Hochseefischen!

11.7.1 ÜBERBLICK

● **Neiafu**, der **Hauptort** der Vava'u-Gruppe, liegt 270 km nördlich von Nuku'alofa entfernt. Charakteristisch für die Inselgruppe sind ihre **Kompaktheit** und ihr **Buchtenreichtum**, die in erster Linie ihre Schönheit ausmachen. Die zerklüftete Inselwelt besteht aus **34 Inseln**. Davon sind 13 dauernd bewohnt. Auf der Landfläche von 120 km^2 leben gut **15.000 Einwohner**.

● **Am 04.03.1781** entdeckte der **Spanier Francisco Antonio Mourelle** rein zufällig auf einer Fahrt von Manila nach Mexiko als erster Europäer diese traumhaft schöne Inselgruppe. Die **Ava-Pulepulekai Passage**, ein kilometerlanger fjordartiger Meeresarm, führt ins Innere der Inselgruppe zum **Puerto del Refugio** (Hafen der Zuflucht); so nannte der Spanier den in der geschützten Bucht liegenden **Naturhafen von Neiafu**.

● **Heutzutage** sind die dicht zusammengedrängten **Vava'u-Inseln** ein **Eldorado für Yachten** aus aller Welt. Durch die teilweise hohen Berge der sehr buchtenreichen Inselgruppe gibt es gute Schlupfwinkel für Boote aller Art. Das ist

Eldorado für Yachten – Vava'u-Inseln

409

Die Vava'u-Gruppe

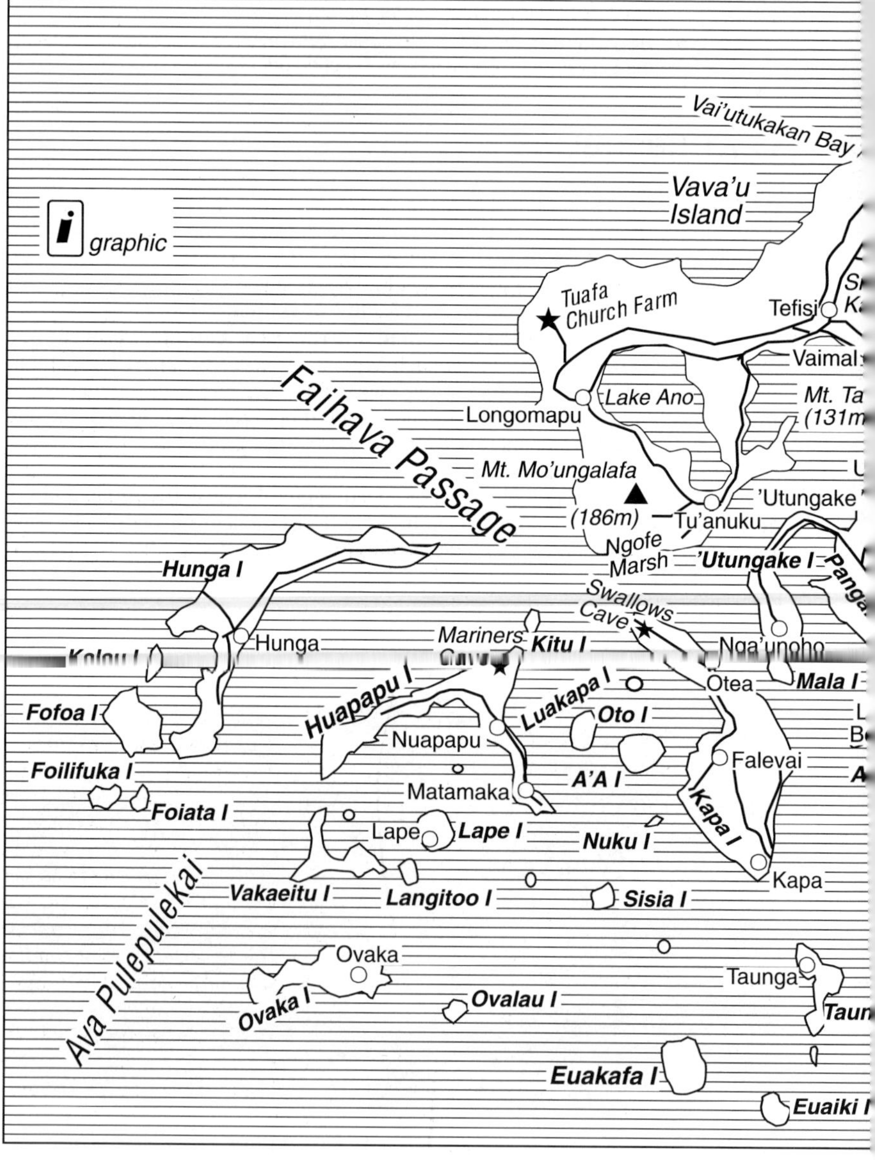

Vai'utukakan Bay

Vava'u
Island

i graphic

Tuafa
Church Farm

Tefisi

S
K

Vaimal

Lake Ano

Mt. Ta
(131m

Longomapu

Faihava Passage

Mt. Mo'ungalafa

'Utungake

U

(186m)

Tu'anuku

Ngofe
Marsh

'Utungake I

Hunga I

Swallows
Cave

Panga

Hunga

Mariners
Cave

Kitu I

Nga'unoho

Kalau I

Otea

Mala I

Fofoa I

Huapapu

Luakapa I

Oto I

L
B

Nuapapu

Foilifuka I

A'A I

Falevai

A

Matamaka

Kapa I

Foiata I

Lape

Lape I

Nuku I

Kapa

Vakaeitu I

Langitoo I

Sisia I

Ava Pulepulekai

Ovaka

Taunga

Ovaka I

Ovalau I

Taun

Euakafa I

Euaiki I

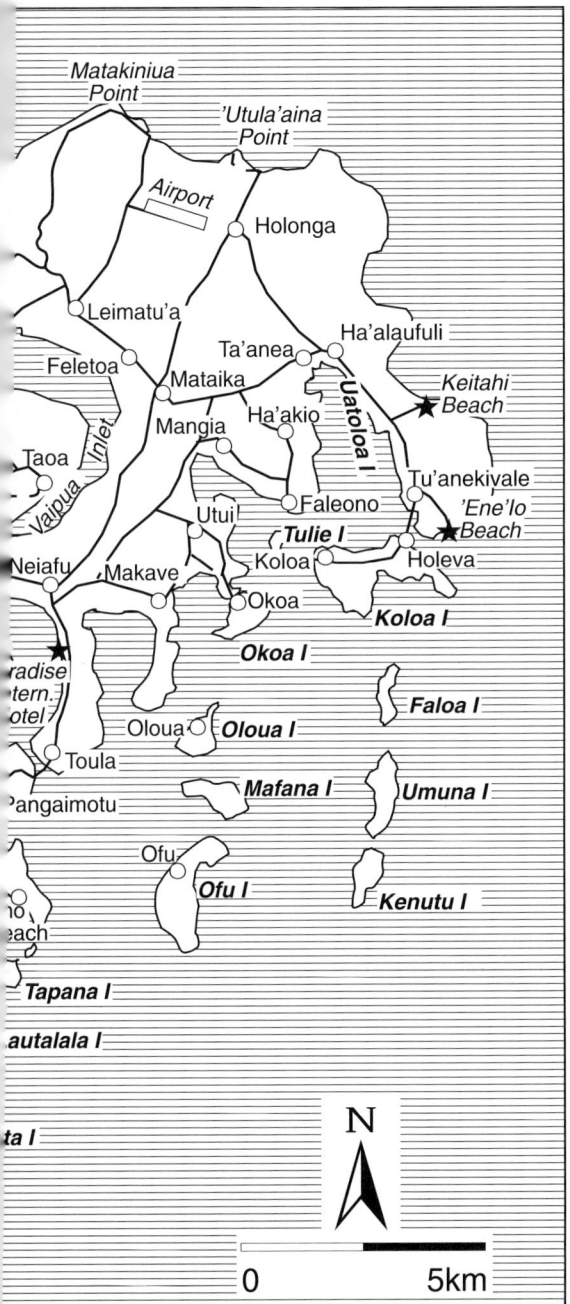

Matakiniua Point
'Utula'aina Point
Airport
Holonga
Leimatu'a
Ta'anea
Ha'alaufuli
Feletoa
Mataika
Keitahi Beach
Mangia
Ha'akio
Uatoloa I
Taoa
Vaipua Inlet
Tu'anekivale
Utui
Faleono
'Ene'lo Beach
Neiafu
Makave
Tulie I
Koloa
Holeva
Okoa
Koloa I
radise
tern.
otel
Okoa I
Oloua
Oloua I
Faloa I
Toula
angaimotu
Mafana I
Umuna I
Ofu
Ofu I
Kenutu I
each
Tapana I
autalala I
ta I

N

0   5km

besonders wichtig, wenn man als Segler **Schutz vor pazifischen Wirbelstürmen** suchen muß.

11.7.2 ANFLUG AUF VAVA'U

Schon der durchschnittlich eine Stunde und 30 Minuten dauernde **Flug** von Nuku'alofa nach Neiafu, dem Hauptort der Vava'u-Gruppe, ist bei gutem Wetter ein **überwältigendes Erlebnis!**

● **Zunächst** fliegt man über die locker gestreute **Ha'apai-Gruppe. Wie in Blei gegossen** sind die Wellenbrechungen, die Kreuzseen und **die verschiedenen Meeresströmungen**, die sich durch die Inseln hindurchzwängen, von ihnen abgelenkt werden und sich hinter ihnen wieder, vom Passatwind getrieben, auf ihr altes Muster einspielen.

● **Im folgenden** blickt man wie gebannt auf einzelne **kleine Inseln** zwischen der Ha'apai- und der Vava'u-Gruppe. Schäumend werden die Eilande von der urgewaltigen Brandung des nicht so "Stillen Ozeans" angegangen. Das sie umgebene Korallenriff schützt sie vor der Wut des Ozeans. **Wie Siegeskränze** leuchten die **schneeweißen Strände** um die **grünen Häupter** der kleinen **Landoasen** in der größten Wasserwüste unserer Erde.

● **Schließlich** verliert Ihr kleines Flugzeug an Höhe. Vielleicht stößt es gerade durch eine Wolke, an deren feuchten, watteartigen Flanken sich

411

das **Sonnenlicht in allen Spektralfarben** bricht, wie die Bruchstücke eines Regenbogens. Der Wolkenvorhang öffnet sich, und als ob Sie noch träumen, meinen Sie, grüne, dicht beieinanderliegende Moospolster zu erblicken, die im gletschergrünen Wasser von der Frühlingssonne erweckt werden. Sie reiben sich die Augen, und die Wirklichkeit hat sie wieder eingeholt. Es ist eine Vielzahl mit **tropischer Vegetation** überwachsener Inseln, durch **zahlreiche Buchten** aufgegliedert, bergig und flach und von **verschlungenen Meeresarmen** durchzogen. Die Farben des Wassers schimmern vom ernsten Dunkelblau bis zum lichten Grün und teils bis ins Gelbliche mit allen Zwischenstufen.

11.7.3 DIE HAUPTINSEL VAVA'U

Vava'u ist eine landschaftlich **sehr abwechslungsreiche Insel**:
- Das Hauptmerkmal der **Nord- und Ostküste** sind **Steilküsten** mit nur wenigen kleinen Sandbuchten.
- Die **Süd- und Westküste** ist durch ihre ungleichmäßig, labyrinthartig und weit ins Inselinnere hineinreichenden Meeresarme eine **tropische Fjordlandschaft**.
- Das **Inselinnere** ist von tropischem Regenwald und Plantagen bedeckt, in die kleine Dörfer, das Landschaftsbild eher belebend als störend, eingelassen sind.

Der Hauptort Neiafu

- **Reisepraktische Hinweise**

Auskunft
Tonga Visitors Bureau, im Zentrum von Neiafu, Tel.: 70.115, geöffnet Mo-Fr 8.30-16.30 Uhr

Unterkünfte
Die in diesem Reisehandbuch im folgenden erwähnten Hotels und sonstigen Unterkünfte sind nur als persönliche Vorschläge anzusehen. Es wird kein Anspruch auf Vollständigkeit erhoben. Auch gibt es vergleichsweise sicherlich genauso gute oder noch bessere Unterkünfte, die nicht erwähnt sind. Wegen der ständig schwankenden Zimmerpreise werden in diesem Buch **Preis-Gruppierungen** nach folgendem Schlüssel für Doppelzimmer vorgenommen:
$$$$$$ = über 125 T$
$$$$$ = 100-125 T$
$$$$ = 75-100 T$
$$$ = 50- 75 T$
$$ = 25- 50 T$
$ = unter 25 T$
- **Hill-Top Guesthouse $,** auf dem Holopeka Hügel, 5 min vom Ortskern entfernt, Tel.: (00676) 70.209, Fax: (00676) 70.522, mit 8 Gästezimmern und einem Schlafsaal ("Dormitory") mit 5 Betten, Gemeinschaftsbad und -küche, Safe für jedes Zimmer und jedes Bett des "Dormitory", "Laundry"-Service, Veranda, Blick auf Port Refuge und den Alten Hafen, Organisation von Boots-, Kajak-, Segel-, Schnorcheltouren, Autofahrten und Wasser-Taxi, Verleih von Mountainbikes, (6 T$ pro Tag), Doppelkajaks (12 T$ pro Tag), Schnorchelausrüstungen (4 T$ pro

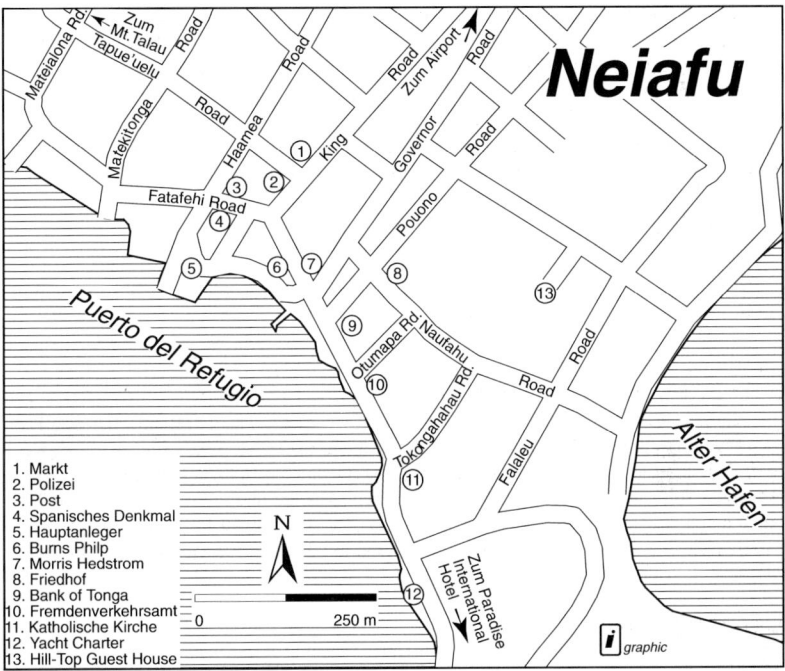

Neiafu

1. Markt
2. Polizei
3. Post
4. Spanisches Denkmal
5. Hauptanleger
6. Burns Philp
7. Morris Hedstrom
8. Friedhof
9. Bank of Tonga
10. Fremdenverkehrsamt
11. Katholische Kirche
12. Yacht Charter
13. Hill-Top Guest House

N

0   250 m

i graphic

Tag), Segelbooten für 25 T$ pro Person, auch das Umbuchen von Tickets ist möglich, hilfreiches **deutsches Management** durch Stephan Huse

● **Paradise International Hotel $$$$**, Fatafehi Road, 1 ½ km vom Ortskern, vorbei am Yacht Charter Office, P.O. Box 11 Neiafu, Vava'u, Tel.: (676) 70.211, Fax: (676) 70.184, 43 Gästezimmer, mit Swimmingpool, die Kreditkarten: Amex, Visa, MasterCard und Diners Club werden akzeptiert

● **Tongan Beach Resort $$$$**, auf der Insel Utungake, 9 km von Neiafu, P.O. Box 104 Neiafu, Tel.: 70.380, Fax: 70.380, mit 12 Gästezimmern, Restaurant mit lokaler und europäischer Küche, Strandbar, Andenkenladen, Safe, Babysitting und Baumhaus für Kinder, tonganisch-deutsches Management

● **Vava'u Guest House $**, gegenüber vom Paradise International Hotel, 1,7 km vom Ortskern, mit 14 Gästezimmern, Restaurant und Veranda-Bar, jedes Fale kann 4 Personen aufnehmen, mit großem Garten und Möglichkeiten zum Spielen von Badminton, Volleyball und anderen Ballspielen, keine Kreditkarten

Restaurants
● **Bounty Bar**, sehr urig, Blick auf den Hafen, es gibt leckere, preiswerte Snacks, manchmal mit Musik untermalt, stets gut besucht, <u>der</u> Treffpunkt

● **The Ocean Breeze Restaurant**, P.O. Box 94 Neiafu, Tel.: 70.582, in einem Seitenweg, 1,2 km vom Ortskern, auch vom Alten Hafen erreichbar, geführt von John und Amelia Dale

● **"Berlin Bar"** auf der Insel Kenutu, ½ Stunde Bootsfahrt von Neiafu, geführt von den beiden Deutschen Johanna und Elinore, sie nehmen Gäste nach telefonischer Rücksprache (Tel.: 70.218) und einem Fahrpreis von 10 T$ pro Person für einen Tag mit auf die Insel.

413

Autoverleih
Liviela Taxi, am Hafen, Tel.: 70.240, Öffnungszeit: Mo-Sa 7.00-12.00 Uhr, Mietpreis je nach Fahrzeug ab 60 T$ pro Tag

Fahrradverleih
● **Chanel Scouts**, Fatafehi Road, Öffnungszeit: Mo-Sa 9.00-10.00 Uhr
● **Hill Top Guest House**, Vermietung von Mountainbikes

Segeln, Tauchen und Schnorcheln
● **Yachtclub "The Moorings"**, Buchungen über 19345 U.S. Hwy. 19 North, 4th. Floor, Clearwater, Fl 34624-3193 USA, Tel.: 813-535-1446 (außerhalb USA und Kanada), Auskunft: Yacht Charter Office, Neiafu, Küstenstraße Fatafehi Road, Richtung Paradise International Hotel, dort ist die "Moorings Marina".
● **Dolphin Pacific Diving**, Vava'u, P.O. Box 104 Neiafu, Tel.: 676-70.507, Fax: 676-70.380

Sportfischen
● **Kiwi Magic**, Yacht Charter Office, Küstenstraße Fatafehi Road, Richtung Paradise International Hotel, *Kiwi Magic* heißt auch das Schiff des Skippers Keith McKee, P.O. Box: 153 Neiafu, Vava'u, Tel. und Fax: 00676-70.441
Außerdem wird die *Yacht Melinda* vermietet, Yacht-Ausflug übers Wochenende für 350 T$, geteilt durch die Zahl der Passagiere, sonst für einen Tagesausflug 50 T$ pro Person
● **Delray**, gleichnamiges Schiff, Kontaktaufnahme mit John & Val Going (Mai-November), P.O. Box 104 Neiafu, Vava'u, Tel. und Fax: 00676-70.380

Souvenirs
Sea Jewellery from Tonga, am Hafen, gegenüber der Bounty Bar, P.O. Box 44, Neiafu, schöner Muschelschmuck, auf Wunsch Anfertigung mit besonderem Design

Neiafu besticht durch seine herrliche Lage. In dem fast 5.000 Seelen großen Hauptort der Vava'u-Gruppe konzentrieren sich Handel und Verwaltung der "Provinzhauptstadt". Im Ortskern finden Sie mehrere Geschäfte und Supermärkte, einen lokalen Markt, die Post, die Bank of Tonga, das Büro der Royal Tongan Airlines, das Visitors Bureau, die Provinzverwaltung und in zunehmendem Maße Restaurants und Unterkünfte von einfachen Pensionen bis zu komfortablen Hotels.

● **Bester Überblick vom Mt. Talau**

Von fast allen Stellen aus blicken Sie auf den Naturhafen mit dort ankernden Yachten. Den besten Überblick haben Sie jedoch vom **Hausberg Talau (131 m)**, westlich von Neiafu. Ihm scheint die Spitze abgeschlagen worden zu sein. Um seine eigentümliche Gestalt ranken sich deshalb naturgemäß viele Sagen und Märchen. Den **Einstieg** finden Sie, wenn Sie zwischen dem Markt und der Polizeistation der **Tapueluelu Road** folgen. In der Senke der Straße zweigt rechts ein Weg ab, der zum Berggipfel führt.

● **Der Alte Hafen**

Früher war der Alte Hafen *Neiafu Tahi* im Osten der Stadt sehr belebt. Er war wegen des flachen Wassers eine ideale Anlegestelle für Kanus. Mit dem Aufkommen der Segel-, Dampf- und Motorschiffe verlor er immer mehr an Bedeutung gegenüber dem Puerto del Refugio. Am Alten Hafen liegt heute die **Eisfabrik** des Deutschen Heinz Köster.

● **Free Wesleyan Church of Tonga** (Tui Road, schräg gegenüber vom Markt)

Am 16. 03.1961 wurde die ehemalige Methodistenkirche von einem verheerenden Wirbelsturm zerstört. **Am 29.08.1970** weihte der heutige König, seine Majestät Taufa'ahau Tupou IV., das neu errichtete Gotteshaus wieder ein.

● **Katholische Kirche** (Ecke Tokongahahau Road)

1859 gründeten französische Priester auf dem **Palesi-Hügel** die **erste katholische Schule**. Hier steht heute die **katholische Missionskirche** aus dem 19. Jahrhundert, sicherlich das eindrucksvollste Bauwerk von Neiafu.

● **Ehemalige königliche Residenz** (Tapueluelu Road)

Das Grundstück macht einen ziemlich verwilderten Eindruck. Hier hatte sich der erste König von Tonga mit seinen "Nobles" versammelt, um über die Konstitution des Landes zu beraten.

Es wurde überlegt, welche Nation das kleine Königreich am besten beschützen könnte: Großbritannien, USA oder das Deutsche Reich?

Der König soll beschlossen haben, daß nur Gott sein Inselreich beschützen könne. Deshalb wurde der Sonntag als besonderer Ehrentag gewürdigt, an dem niemand arbeiten sollte.

Katholische Kirche – Neiafu

Trotzdem wurden später sicherheitshalber Schutz- und Freundschaftsverträge mit allen drei o.g. Staaten abgeschlossen.

Inselrundfahrt per Kleinbus

(mit Soane's Scenic Tours, P.O. Box 11 Neiafu, Tel.: 676-70.211, 70.502 und 70.510, Fax: 676-70.184, 25 T$ pro Person mit Essen am Strand)

● Nach dem Start in Neiafu geht es über eine Brücke, die den weit ins Inselinnere reichenden Meeresarm **Vaipua Inlet** überspannt. Hier werden aus dem Meer gesammelte **Seegurken** getrocknet und nach Taiwan exportiert.

● Auf der anderen Seite liegt **Taoa**. Von hier aus kann man das Plateau des **Sia Ko Kafoa (128 m)** besteigen. In einem lokalen Krieg wurden auf der Plattform dieses Berges die Speere an die Krieger verteilt. Ein alter Mangobaum spendet Schatten. Von hier oben genießt man einen großartigen Rundblick über die Vava'u-Gruppe.

● Anschließend umfährt man den **Lake Ano** im Uhrzeigersinn, an dessen sumpfigen Ufern die wunderbar blauschimmernden **Purpurrallen** (*Porphyrio porphyrio*)/Purple Swamphen ihr verstecktes Leben führen.

● Von dem Rundweg um den See, an einem wilden Orangenbaum links abzweigend, geht ein steiler, nach Regenfällen sehr schlüpfriger Weg zum **Mt. Mo'ungalafa (186 m)**, dem höchsten Berg der Insel, hinauf. Auf dem Urwaldboden findet man große Schoten mit Samen darin. Es sind **Panga**. Man benutzt sie als Rasseln beim Musikmachen. Panga ist ebenfalls die Bezeichnung für die tonganische Währung. Man durchstreift eine **Vanille-Plantage**. Im Dezember beginnt die Kletterpflanze Vanille zu blühen, und im Mai werden die Vanilleschoten geerntet. Große blauschwarze und kleine gelbe **Schmetterlinge** gaukeln über die sonnenbeschienene Pflanzung. Mehrere **Eisvögel** ("Kingfisher") haben ihre Ansitze auf den einzelnen, in der Plantage als Schattenspender stehengebliebenen Bäumen bezogen, um nach Insektenbeute Ausschau zu halten. Nach einem letzten sehr steilen Aufstieg hat man den Berggipfel erreicht, und man ist von dem **freien Ausblick** auf die Inselwelt der Vava'u-Gruppe überwältigt.

● Nach dem Passieren des Dorfes **Longomapu** mit seiner kleinen Kirche führt eine Stichstraße zur **Tuafa Church Farm**. Von hier aus hat man den besten Blick auf die **Insel Hunga** und einige andere vorgelagerte Inseln.

● Auf der Weiterfahrt nach Norden erreicht man auf verschlungenen Wegen schließlich die **Vai'utukakau Bay**, eine sehr weite, einsame Meeresbucht, deren Sandstrand mit großen Korallenbrocken übersät ist. Bei Flut kann man dort gut schwimmen.

11.7.4 BOOTSFAHRTEN ZU ANDEREN INSELN DER VAVA'U-GRUPPE

Yachtcharter mit "The Moorings"

In der Vava'u-Gruppe gibt es allein 50 verschiedene klassische Ankerplätze für Yachten. Wenn Sie bei Moorings buchen, dann erhalten Sie einen ausgezeichneten "Cruising Guide" (Yacht-Führer) über das Gebiet der Vava'u-Gruppe mit Beschreibungen der Inseln und Kartenmaterial, in dem u.a. Gefahrenstellen, Ankerplätze und Wassertiefen eingezeichnet sind.

Dieser weltweit bekannte Yachtclub empfiehlt einen **7-Tage-Trip** mit folgender Zeiteinteilung:
Charter Start: Nach Orientierung und Bootseinweisung fahren Sie von Neiafu am **Mooring's Marina** zum Ankerplatz **Port Mourell bei Kapa Island**.
1. Tag: Ankern Sie in der **Hunga Lagoon**, in der ideales Fischen außerhalb der Lagune möglich ist, oder segeln Sie zum Schnorcheln oder Picknicken nach **Foeata**, noch bevor Sie in der Hunga Lagoon zur Nacht ankern.
2. Tag: Segeln Sie südwärts zu den beiden einsamen kleinen Inseln **Luaa Fuleheu** und **Luahiapu**, und fahren Sie zum **Vaka'eitu Island** zurück, um dort am Riff zu schnorcheln.
3. Tag: Segeln Sie nach **Mouno Island**, um sich auf dem Strand zu entspannen, brechen Sie rechtzeitig auf, um **Aieea's Beach** zu erreichen, an dem ein polynesisches Festmahl und tonganische Tänze arrangiert werden.
4. Tag: Segeln Sie zu der entlegenen und wunderschönen Insel **Maninita** zum Picknicken und Schnorcheln und anschließend nach **Kenutu**. Dort können Sie über Nacht ankern.
5. Tag: Stehen Sie früh auf, um die sehr flache **Fanua Tapu Passage** zu meistern, und ankern Sie an der Nordostseite von **Taunga**, um am **Riff von Tauta** zu schnorcheln.
6. Tag: Segeln Sie rund um **Taunga**, und schnorcheln Sie zwischen **Ngau** und **Pau**. Segeln Sie nach **Nuapapu**, um dort **Mariners Cave** zu erkunden und dann nach **Kapa**, um **Swallows Cave** zu besuchen.
7. Tag: Kehren Sie vormittags zum **Mooring's Marina** in den Port Refuge zurück.

Soki's Boat Trip

(für 20 T$ pro Person, Reservierung in Ihrem Hotel)

● Die Bootstour beginnt im **Port Refuge**. Die Zielrichtung ist Südwesten. Der erste Stop ist am **Mala Reef**, nordöstlich der größeren Insel **Kapa**. Es ist ein gutes Schorchelgebiet. Besonders beeindruckend sind die **verschiedenfarbenen Korallen**, Gehirnkorallen und einige mit hellblauen Spitzen, die wie blühende Lavendelstauden aussehen, wieder andere orangefarbig, dazwischen unzählige bunte Fische.
● **Nuku** ist eine kleine Insel mit **Sandstrand**, ideal für "Strandläufer" und Muschelsammler. Hier kann man gut eine Picknickpause einlegen.
● Durch eine schmale Durchfahrt zwischen der größeren Insel Nuapapu und dem kleinen Eiland Kitu hindurch lenkt der Bootsmann sein Fahrzeug westlich entlang der steilen Felsenküste von **Nuapapu** bis zur **Unterwasserhöhle Mariner's Cave**. Man kann sie mit genügend Schwung, den richtigen Wellenschlag abwartend, 3-4 m tauchend (ohne Taucherausrüstung) erreichen. Durch das "Wasserloch" fällt genügend Licht in die Höhle, um ihre Umrisse zu erkennen. An Seevögeln sind **Noddi-Seeschwalben** (*Anous stolidus*)/Common Noddies, **Braune Tölpel** (*Sula leucogaster*)/Brown Boobies, **Große Fregattvögel** (*Fregata minor*)/Frigatbirds und **Tropikvögel** (*Phaethon lepturus*)/White-tailed Tropicbirds auszumachen.
● Auf der Rückfahrt steht als obligatorischer Abschluß der Besuch der **Swallows Cave** auf dem Programm. Man kann mit dem Boot in die Höhle hineinfah-

ren, und man entdeckt im Hintergrund ein Luftloch. Swallow Cave heißt die Höhle deshalb, weil hier die schwalbenähnlichen ("swallow" = Schwalbe) **Echosananganen** brüten. Diese Vögel sind mit den Stachelschwanzseglern Südostasiens verwandt. Zur **Orientierung** in der stockdunklen Höhle stoßen sie knackende Geräusche aus, die ähnlich wie bei den Fledermäusen wie Radar als **Echolot** wirken.

Unterkunft

Falahola Village Corporation Resort $$$$$$, Insel Ofu, Baubeginn wahrscheinlich im August 1995, als einleitende Aktivitäten sind zum gleichen Zeitpunkt vorgesehen: die Eröffnung einer Snack-Bar, Wassersportaktivitäten, wöchentliches Festmahl mit traditionellen Tänzen, Kava-Parties, Bootstouren zur Ana Sisipa-Höhle, zu Korallengärten und zum Fischen.

Bootsfahrt mit Mae'a Kafa Tapa'atoutai

● Diese Bootsfahrt startet im Alten Hafen von Neiafu. Die Zielrichtung ist Südosten. Nach kurzem Besuch der Inseln **Mafana** und **Leka Leka** wird zunächst die **Insel Umuna** angesteuert. Sie ist sehr dicht mit Kokospalmen bepflanzt worden. An ihrer Küste gibt es **Purpurschnecken**, die, wenn sie stranden, mit ihrer entweichenden Körperflüssigkeit das Wasser lila färben. Ein kurzer Pfad führt zu einer **Höhle** am Hang, in der sich Süßwasser gesammelt hat. Nachmittags scheint die Sonne in diese wassergefüllte Bodensenke. Durch das Blätterdach der von Bäumen und Büschen überwucherten Höhle gefiltert, zaubern die Sonnenstrahlen blendend helle, braune und goldene Lichtreflexe auf das sich kräuselnde Wasser. Die Reflexe spiegeln sich an der gegenüberliegenden Felsenwand flimmernd wider. Hierdurch wird eine eigentümlich friedliche Stimmung erzeugt, und man kann dabei ins Träumen geraten. Bis man, wie bei uns geschehen, den dumpf grollenden Ruf eines **Pazifischen Uhus** (*Bubo virginianus*) vernimmt, den man wahrscheinlich in seinem Nachmittagsschläfchen gestört hat.
Um diese Höhle rankt sich eine **Legende**, die besagt, daß **Ana Sisipa** hier Unterschlupf fand, weil sie den König, der sie begehrte, nicht akzeptierte.
● Wenn bei Ebbe manchmal **namenlose Sandbänke** trockenfallen, die bei Flut verschwunden sind, dann werden sie gerne von **seltenen Seeschwalben als Rastplatz** aufgesucht, beispielsweise von den möwengroßen, gelbschnäbeligen "Crested Terns" (*Sterna bergii*) mit ihren schwarzen Federhauben am Hinterkopf und den bis auf den Schnabel und einen Strich im Nacken schneeweißen "Black-naped Terns" (*Sterna sumatrana*).
● Dann geht es zur Insel **Kenutu** mit ihrem wunderschönen Strand. Die Ostseite der Insel am Außenriff ist rauh und schroff.

Restaurant

Zwei deutsche Frauen haben sich ihren Traum verwirklicht. Johanna und Elinore errichteten ihre stilvoll mit Palmenmatten verkleidete **"Berlin-Bar"** an der geschützten Westseite der Insel Kenutu.

● Auf der Rückfahrt wird die sehr kleine Insel **Leka Leka**, die dem o.g. Bootsunternehmer gehört, wieder angesteuert. Hier wird in der Mittagszeit ein köstliches **Umu-Essen** (Umu = Erdofen) auf grünen Palmenblättern serviert.

Öffnung des Umu – Leka Leka

● Anschließend steht der Besuch im **Dorf Ofu** auf dem Programm. Hier scheint die Zeit stillzustehen. Die Leute sind freundlich und gutmütig. Das von mehreren Blechdächern der Häuser aufgefangene **Regenwasser** läuft **in einer großen Zisterne** zusammen. Die **Versorgung mit Süßwasser** ist auf den Koralleninseln **ein Problem**. Grund- oder Quellwasser gibt es wegen des porösen Kalkbodens nur sehr selten. Die Frauen flechten Matten. Das Leben läuft sehr geruhsam ab. Hoffentlich bleibt es so.

● Nach dem Schnorcheln in den Gewässern um **Lolo** läuft man wieder in dem Alten Hafen von Lifuka ein.

Kajakfahren mit "Friendly Islands Kayak Company"

Eine weitere Möglichkeit, den Vava'u Archipel in einer Form des **"sanften Tourismus"** kennenzulernen, sind **See-Kajak-Touren** mit o.g. Unternehmen. Nur Fitness ist erforderlich, nicht unbedingt Erfahrung im Kajakfahren.

Jedes Jahr zwischen Mai und Dezember, in der zyklonsicheren Jahreszeit, werden Tagestrips und Mehrtagestouren von vier bis acht Tagen mit seetüchtigen Kajaks unter fachmännischer Leitung durchgeführt. Die auserlesenen Ziele und Aktivitäten, außer Paddeln, sind:

● **das Aufsuchen von Schnorchelgründen** in kristallklarem, warmem Wasser über Korallengärten, die von bunten Riffischen wimmeln,

● **die Erkundung maritimer Höhlen**, mit ihren phantasieanregenden Tropfsteinfiguren und seltsamen tierischen Höhlenbewohnern,

● **die Erholung an Korallensandstränden**, schneeweiß und von wispernden Kokospalmen beschattet,

- **das Zelten auf unbewohnten Inseln**, abseits jeder Zivilisation,
- **die Erforschung von Flora und Fauna** auf den Inseln, nicht weniger einmalig als unter Wasser.

In dem Angebotspaket sind Flughafentransfer, Beköstigung und ein traditionelles "Umu"-Essen auf einer Außeninsel eingeschlossen.

Adresse/Telefon
Friendly Islands Kayak Company
Mai-Dezember Private Bag Neiafu, Vava'u, TONGA, Tel.: (676) 70.173 oder 70.380, Januar-April, P.O. Box 142 Waitatai, Otago, NEUSEELAND, Tel/Fax: 64 (3) 482-1202
Anmeldung auch über Hill-Top Guesthouse (s. Unterkünfte)

Unterkunft
Popao Village Resort $$, Insel Vakaeitu, Vava'u-Gruppe, Fax: 00676-70522, (oder 00676 23586 Waltraud Quick), **österreichisches Management Hans Schmeisser** insgesamt **7 Wohnfales:** 4 Fales à 12 m² mit Doppelbett und Holzfußboden, 2 Fales mit jeweils 2 Einzelbetten und mit original tonganischen Muschelsandboden und ein Dormitory-Fale mit 4 Betten; **Haupthaus** mit Rezeption, kleiner Bar, Eßraum mit abschließbaren Geschirrfächern für jeden Gast, Gästesafe; **zentrales Haus** mit 5 kleinen Badezimmern; ein **Fale mit Spielen;** ein **Kochfale** mit Umo (Erdofen) und 2 Feuerstellen, **Restaurant** für kleine Snaks, frisches Gebäck (österreichischer Bäcker)

- **Aktivitäten:** Auslegerkanus (kostenlos), Boostouren zu den einsamen südlichen Inseln und nach Hunga zum Kavaabend, geführte Auslegerkanutrips, Fischfang auf traditionelle Art und Weise, Scubadiving, Segeltrips, Einblick in tonganische Handwerkskunst
- **Preisgestaltung:** sehr gestaffelt nach unterschiedlichem Komfort, Aufenthaltsdauer und Saison, auch Sonderpreise von Februar bis April und "Packagedeals"
- **Grundpreise:**
- Fales mit Ausblick auf die äußeren Inseln und Doppelbett: von 20 – 34 T$
- Fales mit Einzelbetten: von 15 – 28 T$
- Dormitory: 8 – 12 T$
- **Bootstransfer:** Mi-Sa gratis (Mindestaufenthalt eine Woche), ansonsten 12 T$
- **Vorausbuchung:** Buchungsgarantie durch Übersendung eines Bankschecks über 40 Aus Dollar bei Mindestaufenthalt von einer Woche, dadurch günstiges Angebot für Abholung am Nuku'alofa Airport, Übernachtung im Heilala Guesthouse (Waltraud Quick), Inseltour Tongatapu, Anschlußflug nach Vava'u für 77 T$ (Package)

12 FIDSCHI

12.1 ALLGEMEINER ÜBERBLICK

Fidschi auf einen Blick

Fläche:	18.376 qkm Landfläche, verteilt über eine Meeresfläche von ca. 1,3 Millionen qkm
Einwohner:	ca. 757.000, 41 je qkm, 49,8% Fidschianer (zu den Melanesiern zählend), 45,3 % Inder und 4,9% Sonstige (Rotumanier, Europäer, Chinesen); starke Abwanderung der Inder
Altersstruktur:	bis 14 Jahre 37,9%, 15-59 Jahre 56,8%
Lebenserwartung:	72 Jahre
Säuglings-sterblichkeit:	2,3%
Kindersterblichkeit:	2,8%
Analphabeten:	ca. 15%
Jährliches Bevölke-rungswachstum:	0,9%
Bruttosozialprodukt:	je Einwohner 2010 US$
Sprachen:	überwiegend Fidschianisch und Hindi, Englisch ist verbreitet
Religionen:	53% Christen (überwiegend Methodisten), 38% Hindus, 8% Moslems, 1% andere Religionen und ohne Religionszugehörigkeit
Hauptstadt:	Suva mit ca. 70.000 Einwohnern auf der Hauptinsel Viti Levu
Flagge:	auf hellblauem Grund links oben Union Jack und rechts das fidschianische Wappen
Nationalfeiertag:	10. Oktober (Fidschi ist seit 10.10.1970 unabhängig)
Staats- und Regierungsform:	Republik seit Oktober 1987, unabhängig seit Oktober 1970, Verfassung von 1990
Staatsoberhaupt:	Ratu Sir Kamisese Mara seit 18.01.1994
Regierungschef und Äußeres:	Brig. Gen. Sitiveni Rabuka (Vors. d. FPP/SVT), seit 02.09.1992, am 28.02.1994 im Amt bestätigt
Parlament:	Zweikammerparlament, bestehend aus: Repräsentantenhaus mit 70 direkt gewählten Mitgliedern (37 Fidschianer, 27 fidschianischen Inder, 1 Rotumanier, 5 Europäer, Chinesen usw.) und Senat mit 34 Mitgliedern (24 Fidschianer vom Großen Rat der Stammeshäuptlinge, 9 vom Präsidenten und ein vom Rotuma-Inselrat ernannt); Wahl alle 5 Jahre – Großer Rat der Stammeshäuptlinge (Bose Levu Vakaturaga) mit ca. 70 Mitgliedern ernennt Staatsoberhaupt alle 5 Jahre – Staatsoberhaupt und Regierungschef müssen Fidschianer sein – Allgemeines Wahlrecht ab 21 Jahre
Parteien:	Wahlen vom 18.-25.2.1994: Fidschianer: Soqosoqo ni Vakavulewa ni Taukei/SVT (Fijian Political Party/FPP) 31 Sitze (1992: 30), Fijian Association 5 (-), Unabhängige 1 (0), Sonstige 0 (5); Inder: National Federation Party/NFP 20 (14), Fijian Labour Party/FLP 7 (13); Rotumanier (SVT-Sympathisant 1 (1); General Voter's Party/GVP 4 (5); Unabhängige 1 (2)

Verwaltungs-gliederung:	4 Verwaltungsbezirke mit 14 Provinzen
Internationale Mitgliedschaft:	Vereinte Nationen und UN-Sonderorganisationen (außer IAEA, UNESCO, WMO, IMCO); Mitglied des Südsee-Forums/SPF, Sonderabkommen mit den Europäischen Gemeinschaften/EG (Lomé-Abkommen); Colombo Plan; mit den Allgemeinen Zoll- und Handelsabkommen GATT assoziiert
Wirtschaft:	Bruttosozialprodukt insgesamt: 1.510 Mio. US$ (1992); realer Zuwachs durchschnittlich 1980-1992: 0,3%, Bruttoinlandsprodukt: realer Zuwachs 1992: + 2,9%, Anteil 1992 Landwirtschaft 20%, Industrie 18%, Dienstleistungen 62%; Erwerbstätigkeit: (1992) Landwirtschaft 38%, Industrie 15%, Dienstleistungen 37%; Arbeitslosigkeit (1992): 5,9%, Inflation (1992): 4,9%, Auslands-verschuldung: (1992): 337 Mio. US$, Tourismus (1992) 278.534 Gäste, 329 Mio F$ Einnahmen
Import:	946,4 Mio. F$, Güter: 25% bearbeitete Waren, 25% Maschinen und Transportausrüstung, 15% Nahrungsmittel, Getränke und Tabak, 14% Brennstoffe, aus Australien 32%, aus Neuseeland 17%, aus Japan 10%
Export:	664,3 Mio F$, Güter: 33% Zucker, 9% Gold, 6% Fischkonserven sowie Kokosöl und Ingwer, zu 30% an Großbritannien, 18% an Australien, 14% an USA
Währung:	ein Fidschi-Dollar (F$) = 100 Cents
Problemfelder:	Rassenprobleme zwischen Fidschianern und Indern, Gefahr der Nichtverlängerung der Pacht von Land an die Inder, starker Bevölkerungszuwachs von 3% jährlich, hohe Arbeitslosenquote, krasse Unterschiede von Arm und Reich, soziales Gefälle von Stadt- zur Landbevölkerung

12.2 GEOGRAPHISCHER ÜBERBLICK

12.2.1 LAGE UND GRÖSSE

● Die Fidschi-Inseln liegen im Südwestpazifik zwischen 12° 30' (Insel Rotuma) und 20° 02' südlicher Breite und zwischen 176° 53' östlicher und 178° 12' westlicher Länge. Der 180. Längengrad geht durch die Fidschi-Inselgruppe hindurch. Die Datumsgrenze ist jedoch etwas nach Osten verschoben, so daß die ganze Inselgruppe zur gleichen Zeitzone zählt. Nachbarstaaten Fidschis sind Tuvalu im Norden, West-Samoa im Nordosten, Tonga im Osten und Vanuatu (früher Neue Hebriden) im Westen. Nadi mit dem internationalen Flughafen, auf der Hauptinsel Viti Levu befindlich, liegt 2.797 km nordöstlich von Sydney (Australien) und 1.848 km nördlich von Auckland (Neuseeland) entfernt.
Die Fidschi-Inselgruppe besteht aus 320 Eilanden, davon sind ca. 100 bewohnt. Die drei größten Inseln sind die Hauptinsel **Viti Levu** mit 10.388 km², auf der rund 70% der Bevölkerung wohnen, **Vanua Levu** mit 5.538 km² und **Taveuni** mit 435 km².

● Die Landfläche der Fidschi-Inseln, die sich auf eine Meeresfläche von 709.700 km² verteilt, beträgt 18.376 km². Das entspricht der doppelten Größe von Zypern (9.251 km²).

12.2.2 LANDES-NATUR

Inseltypen

Die Fidschi-Inseln bilden zusammen mit Vanuatu, den Salomonen und Neuguinea eine Kette sich in nordwestlicher Richtung fortsetzender, **hoher Vulkaninseln**. Der höchste Berg Fidschis ist der **Mt. Victoria (1.323 m)** auf Viti Levu.

Neben den Inseln vulkanischen Ursprungs gibt es auch Inselgruppen, die hauptsächlich aus **Atollen und Koralleninseln** bestehen, wie beispielsweise Inseln der Lau-Gruppe und der Yasawa-Gruppe.

Rotuma

Fidschi

Thikombia
Nggele Levu
Yasawa-Gruppe
Rambi
Yasawa
Vanua Levu
Taveuni
Viwa
Naviti
Vanua
Koro
Mbalavu
Ovalau
Mamanutha-Gruppe
Viti Levu
Thithia
Nayau
Suva
Ngau
Koro See
Lakemba
Vatulele
Mbengga
Moala
Lau-Gruppe
Ono
Totoya
Kandavu
Matuku
Fulanga
Ongea Levu

Votoa

Ono-i-Lau
Tuvana-i-Tholo
Tuvana-i-Ra

N

0   200km

i graphic

Klima

Die Fidschi-Inseln besitzen **tropisches Klima**, jedoch ohne extreme Hitze oder besonders hohe Luftfeuchtigkeit mit ständig wehenden, angenehm kühlen Winden.

● **Trockenzeit (Winter)**
Die **angenehmste Zeit** sind die Monate **Mai bis November**. Sie sind sonnig, und es regnet wenig. Die einzelnen Schauer sind von nur kurzer Dauer. Im Oktober und November können sie auch länger und ergiebiger sein. Die Durchschnittstemperatur beträgt 24-25 °C, in der Hauptstadt Suva liegt sie etwas höher. Nachts kühlt es auf 19-22 °C ab.

● **Regenzeit (Sommer)**
Die Monate **Dezember bis etwa Mitte März** sind heißer mit höherer Luftfeuchtigkeit und stärkeren tropischen Regenfällen. Es kann einen ganzen Tag oder gar tagelang regnen oder nur wenige Stunden, mit Sonnenschein dazwischen.

● **Übergangszeit**
Von **Mitte März bis Ende April** regnet es normalerweise weniger. Es ist jedoch immer noch heiß.
Die niederschlagsreichsten Zonen im Südosten erhalten durchschnittlich 5.000-6.000 mm und die Zonen im Nordwesten, im Windschatten der Berge, wie z.B. Nadi, nur 1.800 mm Niederschlag.

Pflanzen- und Tierwelt

● Je nach Klimazone und Höhenstufe variiert auch die **Vegetation**. Am üppigsten gedeihen die Pflanzen im **tropischen Regenwald** mit Palmen, Bambus, Orchideen, Farnen und Hibiscus. Im Windschatten des vorherrschenden Südostpassats hat sich eine den Lebensbedingungen der **Savanne** angepaßte Flora mit Akazien- und Kasuarinbeständen und hartem Gras ausgebreitet. Hier haben besonders die Inder riesige Zuckerrohrplantagen angelegt.
An den Flußmündungen und in den Küstenregionen gibt es ausgedehnte **Mangrovendickichte** und große Bestände an Kokospalmen.
● Die **Säugetierfauna** ist auf Fidschi sehr artenarm. Außer Fledermausarten gibt es nur von Menschen eingeführte Haustiere und Ratten und Mäuse. Die **Vogelwelt** ist mit etwas über 100 Arten vertreten. Von den **Reptilien** sind der bis zu 70 cm lange gestreifte Leguan und der Kammleguan, die Giftschlange Bolo Loa und die harmlose bis zu 2 m lange Pazifik-Boa erwähnenswert. **Insekten** gibt es auf Fidschi in zahlreichen Arten.

12.3 GESCHICHTLICHER ÜBERBLICK

12.3.1 FRÜHGESCHICHTE

Ab 1000 v. Chr. Man weiß über die Zeit vor dem Auftauchen der Europäer in Fidschi sehr wenig. Sicher ist jedoch, daß **Austronesier** die **Lapita-Kultur** nach Fidschi brachten. Das beweisen die archäologischen Funde. Man nimmt an, daß Lapita-Töpfer von der Yasawa-Gruppe allmählich auf die Westküste von Viti Levu übersiedelten. Man neigt immer mehr dazu, die ersten Besiedler Fidschis der **melanesischen Rasse** zuzuordnen. Weitere Einwanderungswellen folgten. Auch **polynesische Bevölkerungsgruppen** siedelten sich auf Fidschi an. So kam es zu einer rassischen und kulturellen Beeinflussung, die jedoch auf den Inseln des Archipels nicht in gleichem Umfang vonstatten ging.

12.3.2 EUROPÄISCHE ENTDECKER, HÄNDLER UND MISSIONARE

1643 n. Chr. Der **Holländer Abel Janszoon Tasman** sichtete als erster Europäer Inseln der Fidschi-Gruppe.

1774 und 1789 Der **Engländer James Cook** streifte die Inselgruppe nur an ihrer südöstlichsten Ecke.

1789 **Kapitän Bligh**, von den Meuterern der *Bounty* in einem offenen Beiboot mit 18 Getreuen ausgesetzt, sichtete die Hauptinsel Viti Levu. Er wagte jedoch nicht, an

	Land zu gehen, weil er in der Yasawa-Gruppe bereits von einem Kriegskanu fidschianischer Kannibalen verfolgt worden war.
1800-1814	Die Periode der **Sandelholz- und Seegurkenhändler** war nur von kurzer Dauer. Die kurze Zeitspanne genügte, um die Bestände an **Sandelholz vollständig abzuholzen.** Mit dieser begehrten Holzsorte ließen sich besonders in China große Gewinne erzielen. Dieses Holz wurde für kostbare Schnitzereien und zur Gewinnung von Sandelöl für Duftstoffe (Räucherstäbchen) und Liköre verwendet. Das **getrocknete Seegurkenfleisch** wurde ebenfalls nach China geliefert, um dort als Delikatesse und den Geschlechtstrieb steigerndes Mittel verkauft zu werden. Auch die Bestände der Seegurken ("bêche de mer") auf den Riffen waren bald ausgeplündert.
1830	Die **Londoner Missionary Society** beorderte die ersten christlichen Missionare, die **Tahitianer Hanea und Atai,** nach Fidschi.
1844	**Katholische Missionare** des in Frankreich gegründeten Ordens der *"Maristen"* folgten den protestantischen Vorläufern. Ihr besonderes Anliegen war, die **Fidschianer umzukleiden.** Die Schambinden der Männer und die kurzen Baströcke der Frauen wurden verboten. Von der eingeführten Textilbekleidung profitierten wiederum die europäischen Tuchhändler. Die Einheimischen hatten davon jedoch nur **Nachteile:**

● Die nicht dem Klima angepaßte europäische Kleidung förderte die **Ausbreitung von Lungenentzündung und Grippe.**

● Die Einheimischen wurden in eine **finanzielle Abhängigkeit** gebracht, weil die neue Kleidung bezahlt werden mußte, während die Bastkleidung von der Natur kostenlos geliefert wurde.

In den 1860er Jahren	**Europäische Händler** versuchten sich zunächst im **Anbau von Baumwolle** und später **von Zuckerrohr.**

Die durch die Weißen **eingeschleppten Krankheiten,** gegen die die Fidschianer keine Abwehrkräfte besaßen, bewirkten bei ihnen eine **Reduzierung ihrer Bevölkerungszahl** von stolzen schätzungsweise 200.000 auf 84.475 Seelen im Jahre 1921. Das war ein dramatischer Rückgang **auf 42%.**

Die **Missionare** nutzten dieses Elend der Eingeborenen berechnend aus. Es wurde offenkundig, daß die traditionellen Priester bei der Heilung dieser "neuen" Krankheiten versagten. Die Missionare kümmerten sich in erster Linie um die **Heilung der aristokratischen Fidschianer.** Gelang es ihnen mit der Anwendung damals **moderner Medizin,** beispielsweise einen Häuptling wieder gesund zu pflegen, dann wurde dies als die **überlegene Kraft des "weißen Gottes"** propagiert.

Außerdem starteten die Missionare einen geschickten **Angriff auf das Sozialgefüge** der Fidschianer. Ihr besonderes Augenmerk galt den Jugendlichen, denen in **Missionsschulen** das Lesen und Schreiben beigebracht wurde, und natürlich der christlichen Lehre. Die ältere Generation, die vorher tonangebend gewesen war, blieb dagegen isoliert und ungebildet draußen vor und wurde als heidnisch und teuflisch verketzert.

12.3.3 FIDSCHIS ENTWICKLUNG ZUR BRITISCHEN KOLONIE

Seit Anfang d. 18. Jahrh.	Ein **Volksstamm von der Insel Bau** weitete durch geschickte Heiratspolitik und Kriegszüge seinen Lebensraum auf der Insel Viti Levu ständig weiter nach Osten aus.
1808	Der **Schwede Charlie Savage** landete mit seinem **Schiff** *Eliza* auf Fidschi. Sein negativer Bekanntheitsgrad besteht darin, daß er sich den **zweifelhaften Ruf eines Waffenhändlers** zuzog, der seinen Profit in möglichst vielen kriegerischen

Auseinandersetzungen der Stämme sah. Die Bau, die auf Eroberungskriege aus waren, wurden von ihm mit **Feuerwaffen** ausgerüstet. Das hinderte den skrupellosen Waffenhändler und Kriegstreiber Savage jedoch nicht daran, auch Waffen an die Gegner des Bau-Häuptlings zu liefern, um die Kriege nach dem Prinzip des Gleichgewichts der Kräfte möglichst in die Länge zu ziehen.

Entscheidend für den endgültigen Sieg des **Bau-Häuptlings Cakobau** über seine Widersacher war jedoch eine gut bewaffnete **Hilfstruppe des christlichen tonganischen Königs George Tupou I.**, die unter der Bedingung nach Fidschi geschickt wurde, daß sich Cakobau taufen ließ.

1854 Angesichts der drohenden Niederlage durch seine hartnäckigen Gegner traten **Cakobau und die meisten seiner Anhänger zum Christentum über.**

1855 Der **US-amerikanische Kapitän Boutwell** wurde nach Fidschi geschickt, um die als überhöht erscheinenden Schadenersatzforderungen (u.a. Feuerschäden) amerikanischer Händler und Siedler zu überprüfen. Der größte Posten wurde von dem gerissenen Geschäftsmann **J.B. Williams** geltend gemacht. Ungerechterweise wurde schließlich **Cakobau**, der sich selbst zum Herrscher von Fidschi ernannt hatte, **zur Zahlung verpflichtet.** Auf einem US-amerikanischen Kriegsschiff wurde er zur **Unterzeichnung der Schuldscheine gezwungen.**

1857 Ein zweites Mal erschien ein US-amerikanisches Kriegsschiff in Fidschi, um die **Schulden** von Cakobau, die inzwischen einschließlich der Zinsen mit bereits **45.000 US$** beziffert wurden, einzutreiben. Der Häuptling, sogar mit dem Tode bedroht, wenn die Schuld nicht innerhalb eines Jahres beglichen wäre, meldete Konkurs an. Er bot der britischen **Königin Victoria** 200.000 Morgen seines Landes als Gegenleistung für die Übernahme der Schulden an, die er eigentlich gar nicht zu verantworten hatte.

1874 **Nach langem Zögern**, nachdem das Angebot zuvor abgelehnt worden war und auch der USA und dem deutschen Reichskanzler von Bismarck ähnliche Angebote gemacht worden waren, erklärte sich die **Königin Victoria** schließlich **bereit, den Vorschlag Cakobaus auf Verwirklichung zu prüfen.**

Ein einberufener **Untersuchungsausschuß** kam zu folgendem Ergebnis:

● Die **Schadenersatzforderungen der US-Amerikaner** waren **rechtsungültig,** weil der verschüchterte Cakobau unter Androhung von Gewalt zur Unterzeichnung der Schuldscheine gezwungen worden war.

● Die **Forderungen von J.B. Williams** waren in betrügerischer Art **überzogen.**

Anschließend wurde ein Vertragswerk ausgearbeitet, das Fidschi zu einer **britischen Kolonie** machte. Cakobau und 12 weitere Häuptlinge unterzeichneten die Abtretungsurkunde.

12.3.4 BRITISCHE KOLONIALZEIT

Ende der 1870er Es strömten immer mehr **weiße Siedler,** unter ihnen auch Deutsche, nach Fidschi. Die Plantagenwirtschaft wurde immer mehr ausgeweitet, und schätzungsweise **20.000 melanesische Plantagenarbeiter,**

Nachkommen indischer Einwanderer

auch von anderen Inseln zwangsweise umgesiedelt, schufteten auf den Pflanzungen der Weißen.

1879-1916 Die britischen Kolonialherren warben **Inder als Kontraktarbeiter** an, um den ständig steigenden Bedarf an Arbeitskräften zu decken. Dem ersten Trupp von 498 Vertragsarbeitern folgten immer weitere. 1916 war ihre Zahl auf ca. **62.800** angestiegen.

1880 in einem verabschiedeten Landrechtsgesetz wurde ein **Landverkaufsverbot** ausgesprochen.

1881 Die Zuckerrohrverarbeitung entwickelte sich zum wichtigsten Industriezweig der Wirtschaft des Landes. Der australischen Firma **Colonial Sugar Refining Company** wurde das Monopol zugesprochen.

1904 Erstmalig belegten **zwei Fidschianer** zwei Sitze im **"Legislative Council"**, der Gesetzgebenden Versammlung.

1916 Der britische Gouverneur ließ zum ersten Mal auch einen **Inder** im **"Legislative Council"** zu.

1946 Erstmals liegt nach einer Volkszählung die **Bevölkerungszahl der Inder über der der Fidschianer**.

1963 Auch **Frauen** aller ethnischen Gruppen dürfen erstmalig die Mitglieder des **"Legislative Council"** wählen.

12.3.5 POLITISCHE ENTWICKLUNG SEIT DER UNABHÄNGIGKEIT FIDSCHIS

10.10.1970 Fidschi wurde von den Briten nach 96 Jahren Kolonialzeit in die **Unabhängigkeit** entlassen. Die Bindung zum Mutterland blieb jedoch weiterhin stark, und Fidschi wurde in das "Commonwealth of Nations" eingegliedert. Die **britische Königin** blieb das **Staatsoberhaupt**. Der hohe Häuptling **Ratu Sir Penaia Ganilau** vertrat sie als Generalgouverneur.

1972 Aus der **ersten Parlamentswahl**, in der die **Alliance Party (AP)** der Fidschianer und die **Nationale Federation Party (NFP)** der Inder um die Macht kämpften, ging die **AP** als **Siegerin** hervor. Die AP errang 33 Sitze im Parlament, während die NFP nur 19 erhielt. Der **Premierminister** der AP wurde **Ratu Sir Kamisese Mara**. Er regierte unangefochten bis 1987.

1975 Es kam zu ersten **Rassenunruhen**, weil eine extrem **nationalistische Splitterpartei** unter der Führung des Abgeordneten **Sakeasi Butadroka** verlangte, daß alle Inder Fidschi verlassen sollten.

1977 Aufsehenerregend war die **zweite Parlamentswahl**, in der die **NFP überraschend zwei Sitze mehr als die AP** errang. Trotzdem blieb die AP an der Regierung, weil es Differenzen in der NFP gab. Sie hatte sich in einen Hindu- und einen Moslemflügel gespalten. Es fand eine Nachwahl statt, aus der wiederum die AP als Siegerin hervorging.

Obgleich die Inder **1977** erstmalig in der indischen NFP die parlamentarische Mehrheit erreichten, waren sie nicht in der Lage, eine Regierung zu bilden und sich auf einen Regierungschef zu einigen.

Welche **Gründe** hatte **diese Uneinigkeit?**

● Die Inder sind keine **ethnisch homogene Gruppe**. Ihr Zusammenleben ist nicht spannungsfrei (Kastensystem).

● Der uralte **Konflikt zwischen Hindus und Moslems** führte zur Uneinigkeit.

● Die **gutsituierten Inder** hielten aus wirtschaftlichen Gründen zur **dominierenden Partei AP**, die zum größten Teil von der fidschianischen Wählerschaft getragen wurde.

1986 Mit der Gründung der **Fiji Labour Party (FLP)**, die zum größten Teil aus Intellektuellen der "University of South Pacific" und Gewerkschaftsmitgliedern aller ethni-

	schen Gruppen bestand, etablierte sich eine **dritte Kraft** in der Parteienlandschaft Fidschis. Sie wurde von dem Arzt **Dr. Timoci Bavadra** angeführt.
12.04.1987	Nach dieser Parlamentswahl bildete sich eine **Koalition aus NFP und FLP**, die mit 28 Sitzen erstmalig die AP, die nur 24 Sitze erhalten hatte, als Regierungspartei ablöste. Der neue **Premierminister** wurde der Fidschianer **Dr. Timoci Bavadra**. Sein Kabinett bestand aus sieben Fidschianern und sieben Indern als Minister.
14.05.1987	Kurz danach kam es zu einem **ersten Militärputsch** unter der Führung von Oberstleutnant **Sitiveni Rabuka**. Die Regierungsmitglieder und Parlamentsabgeordneten wurden vorübergehend verhaftet. Nach chaotischen Zuständen wurde schließlich eine Übergangsregierung eingesetzt. Man beschloß, daß sich die neue Regierung aus Mitgliedern der Koalition und der AP zusammensetzen sollte.
25.09. 1987	**Sitiveni Rabuka** inszenierte einen **zweiten Militärputsch**.
07.10.1987	**Sitiveni Rabuka** proklamierte die **Republik Fidschi**. Aus Protest gegen die Ausrufung der Republik erklärte die Königin Elizabeth II. von Großbritannien die Beziehungen zur Krone als beendet und den **Ausschluß Fidschis aus dem "Commonwealth of Nations"**.
05.12.1987	**Sitiveni Rabuka** ernannte sich selbst zum **Innen- und Verteidigungsminister**, den ehemaligen Generalgouverneur **Ratu Sir Penaia Ganilau** zum **Staatspräsidenten** und **Ratu Sir Kamisese Mara** wieder zum **Regierungschef und Außenminister**.
1991	Nach der Verabschiedung einer **neuen Konstitution** wurde **den einheimischen Fidschianern eine politische Vormachtstellung** gegenüber den eingewanderten Indern zugebilligt. Es wurde festgelegt, daß nur einheimische Fidschianer Premierminister und Präsidenten Fidschis werden dürfen. Eine starre Sitzverteilung im Parlament regelte, daß von den 70 Sitzen im Parlament 38 von Fidschianern, 27 von Indern und 5 von anderen ethnischen Gruppen belegt werden dürfen.
Mai 1992	Nach der Grundlage o.g. neuen Konstitution wurde eine erste "demokratische" Wahl abgehalten. **10 verschiedene Parteien** beteiligten sich daran. **Wahlsiegerin** war zweifelsohne die **"Fijian Political Party (FPP)"**, die nur einheimische Führer zuließ. Sie errang 30 der 70 zu vergebenden Parlamentssitze. Überraschenderweise wurde **Sitiveni Rabuka**, der ehemalige Erzfeind der FLP, mit Unterstützung gerade der FLP zum **Premierminister** ernannt, nachdem er der FLP Zugeständnisse zur Durchsetzung notwendiger Reformen gemacht hatte. Dazu gehörten beispielsweise die Revision der Verfassung, die Abschaffung der Mehrwertsteuer und die Verlängerung der indischen Pachtverträge. Die **politische Landschaft Fidschis** ist nach den Militärputschen und der letzten Wahl **kompliziert und unkalkulierbar geworden**, besonders weil die vorherige relative **Einigkeit der Fidschianer** jetzt in viele Parteien **aufgesplittert** ist.
1994	Aufgrund von **Flügelkämpfen** in den Reihen der **fidschianischen Politiker** und völliger Uneinigkeit mußten **Neuwahlen** abgehalten werden, aus denen wieder **Sitiveni Rabuka** als Sieger hervorging. Diesmal wurde **Ratu Sir Kamisese Mara** Staatspräsident.

12.4 DAS LANDRECHT UND DIE SITUATION DER INDER

Das bestehende Landrecht ist ein **ständiger Konfliktherd zwischen Fidschianern und Indern,** der ihre Beziehungen belastet. Die **Landverteilung** stellt sich heute wie folgt dar:

● **10%** der Ländereien befinden sich im **Privatbesitz**.

● **7%** des Grund und Bodens beansprucht nach wie vor die **britische Krone**.

- **83%** des Landes gehören **den Fidschianern gemeinsam**. Dieses Land ist **unverkäuflich** und darf höchstens verpachtet werden. 30% der Flächen sind auf diese Art und Weise zum größten Teil an Inder zur Nutzung vergeben. Nach einem Gesetz von 1966, konnten die **Pachtverträge auf 30 Jahre** abgeschlossen werden. Für die Inder besteht die große Unsicherheit, ob die 1996 abgelaufenen Verträge verlängert werden oder nicht oder welche neuen Bedingungen daran geknüpft werden. Einige Fidschianer sollen sich für die Nichtverlängerung der Verträge ausgesprochen haben. Diese Äußerungen verursachen Nervosität und Unruhe unter den indischen Bauern, deren Existenz durch Nichtverlängerung der Verträge ernstlich bedroht ist. Betroffen von dieser Aussperrung wären 23.000 Inder, die Zuckerrohr anbauen. Die Vertreibung von der von ihnen seit Generationen beackerten Scholle würde außerdem eine empfindliche **Beeinträchtigung der Zuckerindustrie** nach sich ziehen und den ethnischen Konflikt erneut zum Sieden bringen.

Nur eine Änderung des Landrechtes könnte den Indern die Furcht nehmen. Dazu ist jedoch eine 3/4-Mehrheit im Parlament erforderlich.

12.5 WIRTSCHAFTLICHER ÜBERBLICK

12.5.1 LANDWIRTSCHAFT

Fidschi, das flächenmäßig eines der größten Inselgruppen der Südsee mit fruchtbarem Vulkanboden ist, eignet sich besonders gut zur landwirtschaftlichen Nutzung. Der bedeutendste Wirtschaftsfaktor ist nach wie vor der **Agrarsektor**. Es gibt zwei Arten der Bewirtschaftung:

- Bearbeitung von Garten- und Ackerflächen. Sie dienen in erster Linie der **Selbstversorgung**. Angebaut werden Wurzel- und Knollengewächse, wie Maniok, Taro, Süßkartoffeln und Yams, sowie Mais und Reis.
- Bearbeitung von Feldern. Sie sind hauptsächlich auf **Exportprodukte, wie Zuckerrohr, Kopra** und **Ingwer**, ausgerichtet. Der Anbau von Zuckerrohr und die Erzeugung von Kopra haben ihre Anfänge in der britischen Kolonialzeit. Etwa 40% aller Arbeitskräfte, die in der Landwirtschaft arbeiten, haben bezahlte Arbeitsplätze. Der Rest arbeitet zur Selbstversorgung.

Zuckerrohranbau und -verarbeitung

Trotz des teilweisen Verfalls der Weltmarktpreise sind besonders der Anbau von Zuckerrohr und die gleichzeitige Verarbeitung zu den verschiedenen Zwischen- und Endprodukten die **beste Einnahmequelle** des Landes geblieben.

Fast die gesamte Menge an Zuckerrohr wird von **Indern** auf kleinen Parzellen, die sie von Fidschianern gepachtet haben, produziert (vgl. Kapitel 12.4). Ca. **23.000 indische Farmer** wirtschaften auf **Betrieben von durchschnittlich 4-5 Hektar** Größe. Die staatliche "**Fiji Sugar Corporation**", die 1973 aus der australischen Firma "Colonial Sugar Refining Company" hervorgegangen ist, schließt

Verträge über die anzuliefenrde Menge an Zuckerrohr in einer festen Quotenrege-
lung mit den indischen Landwirten ab. **Eine schmalspurige Werkbahn** befördert
über ein mehr als 600 km langes, **weitverzweigtes Schienennetz** das geschnittene
Zuckerrohr in die vier Zuckerfabriken des Landes: nach Lautoka, Ba und Rakiraki
auf Viti Levu und nach Labasa auf Vanua Levu.

Insgesamt werden Rohzucker und Melasse im Wert von 107 Millionen US$
jährlich in Fidschi produziert. Ständige Abnehmer des fidschianischen Zuckers
sind die Länder: Malaysia, Singapur, Neuseeland, USA und die Europäischen
Wirtschaftsgemeinschaften (EG).

12.5.2 TOURISMUS

Der zunehmende Tourismus hat bisher den **zweiten Platz** in der Wichtigkeit
fidschianischer Wirtschaft erlangt. Der **Ausbau der Infrastruktur**, wie der Bau
größerer Hotels und die Erschließung schöner Strände, trägt Früchte. Die Zahl der
jährlichen ausländischen Besucher beläuft sich z.Zt. auf rund 300.000 mit steigen-
der Tendenz. Die meisten Ferienanlagen befinden sich an der Südküste von Viti
Levu.

12.5.3 BERGBAU

Wenig beachtet, aber trotzdem lukrativ entwickelt sich der Bergbau in Fidschi.
Seine Erlöse stehen an **dritter Stelle** der Einnahmen des Landes. Vor allem die
Förderung von **Gold in Vatukoula** im Norden von Viti Levu und der Export
dieses begehrten Edelmetalls erzielen gute Gewinne. Geologen suchen nach wei-
teren Vorkommen an Bodenschätzen, in der Hoffnung, auf Silber, Kupfer und
Erdöl zu stoßen.

12.6 SITTEN UND GEBRÄUCHE

12.6.1 GEBEN UND NEHMEN

Grundsatz

Für Fidschianer besteht die **unbedingte Verpflichtung**, in Not geratenen Mitgliedern der eigenen Großfamilie **zu helfen**, von Ersparnissen und Vermögen **abzugeben** und **zu teilen**.

Positive Aspekte

● Das Netzwerk der **sozialen Verpflichtungen** und die sich daraus ergebende
soziale Sicherheit für den einzelnen in einer Großfamilie ist eine Basis, auf der
die fidschianische Kultur aufbaut. Der einzelne ist, je nach Vermögen und Fähig-

keiten, in eine Hierarchie des Clans eingebunden, die ihm **Rechte einräumt**, die er beanspruchen darf, und **Pflichten auferlegt**, die jederzeit beansprucht werden können und denen er sich nicht entziehen kann.

● Fidschianer sind stets bestrebt, ihre **verwandtschaftlichen Bande zu bestätigen und zu stärken**. Dazu sind möglichst häufige Zusammenkünfte und Festlichkeiten vorgesehen. Bei Geburt, Heirat und Tod gibt es festgelegte Riten. Man übt Toleranz untereinander und versucht, soziale Spannungen auszugleichen.

● Der Staat profitiert von diesem **Gewohnheitsrecht** und dem **Selbstverständnis familiärer Hilfeleistung**. Ihm fällt es deshalb leicht, an der Not der Arbeitslosen, Landsuchenden, Kranken und Alten vorbeizusehen. Bisher gibt es noch keine staatliche Institution, die den Notleidenden Sicherheit gibt. Wenn die Familienangehörigen nicht helfen würden, wäre das soziale Elend in Fidschi weit größer, als es beispielsweise schon durch Überbevölkerung, Landknappkeit und die Nachwirkungen der zwei Militärputsche ist.

Negative Aspekte

● **Sehr fleißige, strebsame und auch erfolgreiche Fidschianer**, die beispielsweise im Begriff sind, einen Betrieb aufzubauen, werden sehr leicht **in ihrem Aufbauwillen gebremst und gehindert**, weil sofort die "lieben Verwandten" zur Stelle sind und von dem Profit abschöpfen wollen, ohne selbst mitzuarbeiten.

● **Die ausgiebigen Feierlichkeiten** erhöhen zwar das Ansehen einiger Familien, verschlingen jedoch oft Unsummen an Geld, die vielleicht an anderer Stelle besser angelegt wären.

12.7 VITI LEVU

Highlights

- **Thurston Gardens** in Suva – Botanischer Garten!
- **Das Fiji Museum** in Suva – Blick in die Vergangenheit Fidschis!
- **Colo-i-Suva Forest Park** bei Suva – tropischer Regenwald!
- **Sikh-Tempel und Sri Krishna Kaliya Tempel** in Lautoka – ein Abglanz indischer Glaubensrichtungen!
- **Die Sanddünen von Sigatoka** – eindrucksvolle Küstenlandschaft!
- **Pacific Harbour Cultural Center** – Museumsdorf mit Theater- und Tanzvorführungen!
- **Orchid Island Cultural Center** – Freilichtmuseum!

12.7.1 ÜBERBLICK

Viti Levu heißt ins Deutsche übersetzt "großes Fidschi". Mit **10.388 km²**, einer **Länge von 115 km** und einer **Breite von 85 km**, das sind 59,8% der Gesamtfläche von Fidschi, ist Viti Levu nicht nur die größte Insel des Archipels, sondern auch eine der größten Inseln der Südsee.

Viti Levu ist eine **Vulkaninsel**. Der höchste Berg ist der **Mount Victoria (1.323 m)**. Fünf große Flüsse haben sich in das Vulkangestein eingegraben. Der **Rewa River**, der **Navua River** und der **Sigatoka River** fließen nach Süden. Der **Nadi River** ergießt sich im Westen ins Meer, und der **Ba River** bahnt sich seinen Weg in nordwestlicher Richtung bis zur Mündung. Die Flußtäler sind sehr fruchtbar. Sie wurden von den Fidschianern als bevorzugte Anbaugebiete für Obst- und Gemüsekulturen umgestaltet.

Dichte tropische Regenwälder bedecken die regenreichen Kammlagen der Berge und den Osten der Insel. Im regenarmen Westen sind zahlreiche Flächen mit **Zuckerrohr** bepflanzt.

Rund **500.000 Einwohner** leben auf der Hauptinsel Viti Levu. Das sind zwei Drittel der Gesamtbevölkerung des Landes.

Die Insel ist durch die **Queens Road** an der Südküste und die **Kings Road** an der Nordküste erschlossen.

Die **Westküste** und die vorgelagerten Inselgruppen der **Yasawas** und der **Mamanuca-Gruppe** mit ihren "Bilderbuchstränden" haben sich zum **Schwerpunkt des Tourismus** entwickelt. Die Ostküste hat jedoch auch ihren Reiz. Ihre stilleren Plätze sind eher Geheimtips für Urlauber, die die Abgeschiedenheit lieben.

12.7.2 DIE HAUPTSTADT SUVA

Überblick

● **Suva, seit 1882 Hauptstadt Fidschis**, erstreckt sich über die 16 km² große hügelige Fläche einer Halbinsel im Südosten von Viti Levu. Suva hat z.Zt. **ca. 70.000 Einwohner**.
● Das **Herz der Stadt** pulsiert rund um den **Nubukalou Creek**.
● Suva vermittelt den Charakter einer zwar kleinen, doch **kosmopolitischen Hauptstadt** mit einem lebhaften Geschäftsleben. Theater, Kinos, Museen mit Artifakten aus der bewegten Vergangenheit des Landes und Bibliotheken machen die Stadt attraktiv. Suva ist das Gegenteil einer verschlafenen Provinzstadt. Sie ist lebhaft und quirlig.
● Ein **buntes Völkergemisch** durchflutet die Einkaufspassagen der Stadt, kräftige Fidschianer, Inderinnen mit Saris und Weiße, besonders aus Australien und Neuseeland.

Markantes Bauwerk –
Sacred Heart Cathedral

Reisepraktische Hinweise

Auskunft
Fiji Visitors Bureau, Fiji Head Office, Thomson Street (nahe der Hauptpost), G.P.O. Box 92 Suva/Fiji, Tel.: (679) 302.433, Fax: (679) 300.970, hier wird man freundlich bedient und erhält auf Anfrage Broschüren, Hotelverzeichnisse und Auskünfte aller Art.

Unterkünfte
Die in diesem Reisehandbuch erwähnten Hotels und sonstigen Unterkünfte sind nur als persönliche Vorschläge anzusehen. Es wird kein Anspruch auf Vollständigkeit erhoben. Auch gibt es vergleichsweise sicherlich genauso gute oder noch bessere Unterkünfte, die nicht erwähnt sind. Wegen der ständig schwankenden Zimmerpreise werden in diesem Buch **Preis-Gruppierungen** für ein Doppelzimmer nach folgendem Schlüssel vorgenommen:
$$$$$$ = über 125 F$
$$$$$ = 100 – 125 F$
$$$$ = 75 – 100 F$
$$$ = 50 – 75 F$
$$ = 25 – 50 F$
$ = unter 25 F$
Ein **Unterkunftsverzeichnis** ist auch bei der Fiji Hotel Association, P.O. Box 2001 Suva/Fiji erhältlich.
● **Berjaya Hotel** $$$$$$, Ecke Malcolm/Gordon Street, P.O. Box 112 Suva, Tel.: 312.300, Fax: 301.300

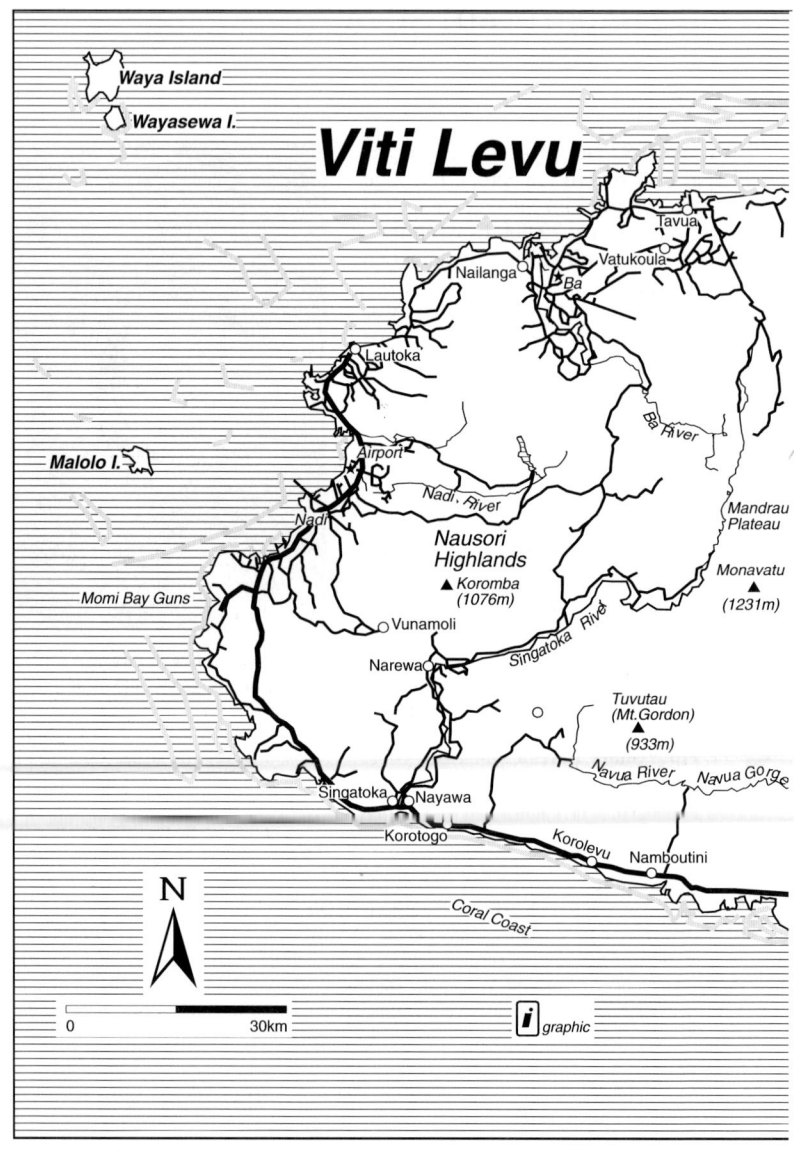

● **Bougainvillea Motel $$**, 55 Toorak Road, P.O. Box 15030 Suva, Tel.: 303.690, Fax: 305.442 oder 305.443, auch mit Dormitory (Schlafsaal), Tee- und Kaffeezubereitung in allen Gästezimmern
● **Capricorn Apartments $$$$**, 11 St. Fort Street, P.O. Box 1261, Tel.: 303.732, Fax: 303.069
● **Coconut Inn $**, 8 Kimberley Street, Tel.: 312.904, auch mit Dormitory (Schlafsaal)
● **Jekkis Private Hotel $**, 513-515 Ratu Mara Road, P.O. Box 10143, Nabua, Suva, Tel.: 384.313, Dormitory (Schlafsaal)

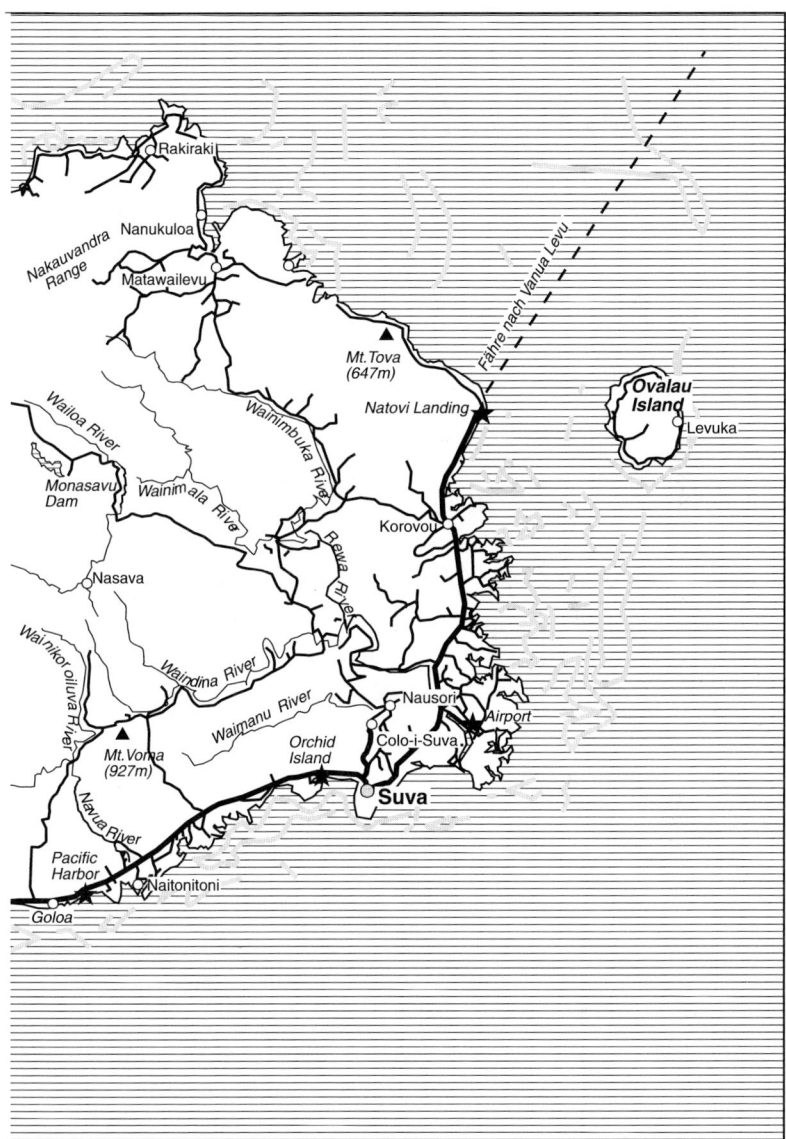

● **Metropole Hotel $**, Scott Street, P.O. Box 404 Suva, Tel.: 304.124
● **New Haven Motel $**, 287 Waimanu Road
● **Raffles Tradewinds Hotel & Convention Centre $$$$$$**, Queens Road, Lami, Suva, P.O. Box 3377, Tel.: 362.450, Fax: 361.464, 108 Gästezimmer mit Air Condition und Ozeanblick, Satellitenfernsehen, Restaurant, Swimmingpool
● **Outrigger Motel $$$**, 349-351 Waimanu Road, Tel.: 314.944, auch Dormitory (Schlafsaal)

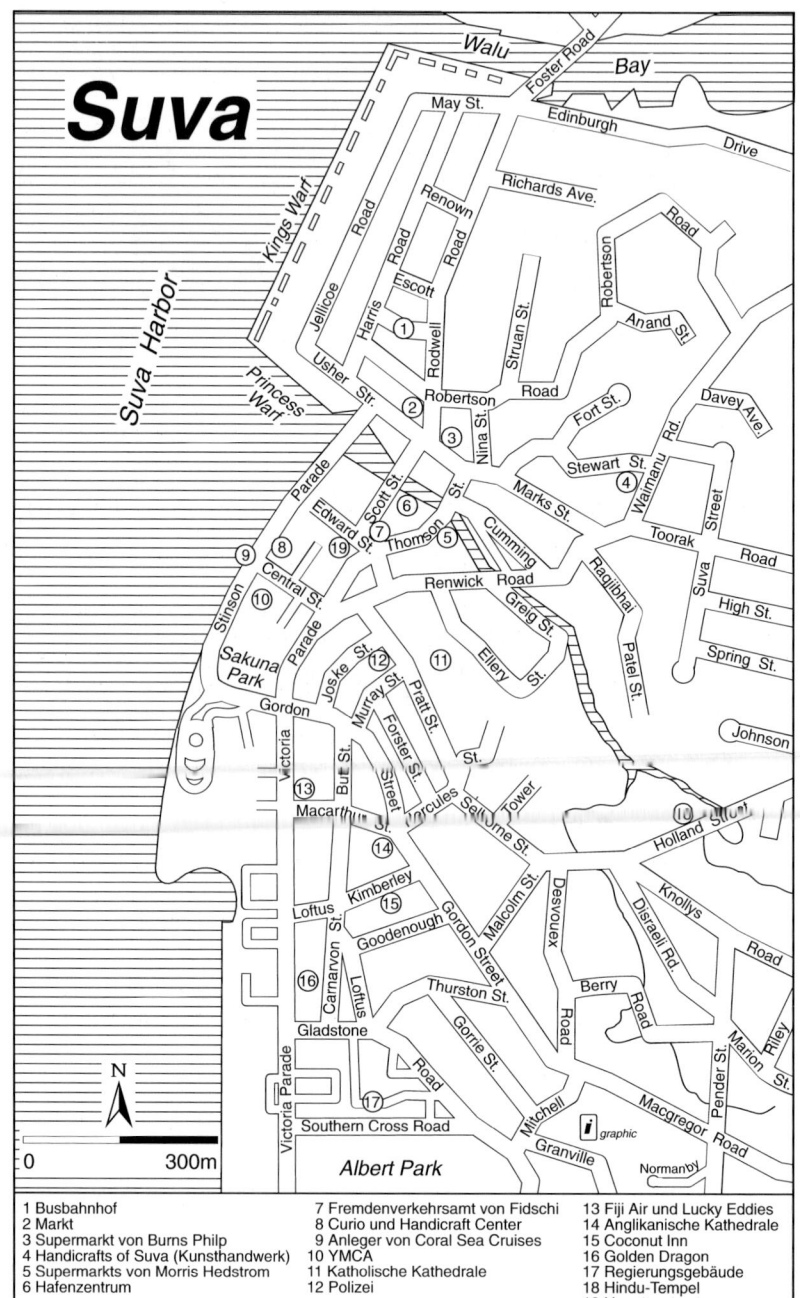

1 Busbahnhof
2 Markt
3 Supermarkt von Burns Philp
4 Handicrafts of Suva (Kunsthandwerk)
5 Supermarkts von Morris Hedstrom
6 Hafenzentrum

7 Fremdenverkehrsamt von Fidschi
8 Curio und Handicraft Center
9 Anleger von Coral Sea Cruises
10 YMCA
11 Katholische Kathedrale
12 Polizei

13 Fiji Air und Lucky Eddies
14 Anglikanische Kathedrale
15 Coconut Inn
16 Golden Dragon
17 Regierungsgebäude
18 Hindu-Tempel
19 Hauptpostamt

● **South Seas Private Hotel $**, 6 Williamson Road, P.O. Box 2086 Suva, Tel.: 312.296, Fax: 340.236, auch mit Dormitory (Schlafsaal)

● **Sunset Apartment Motel $$$**, Cnr Gordon & Murray Streets, P.O. Box 485 Suva, Tel.: 301.799, Fax: 303.446, 15 Gästezimmer

● **Suva Apartments $$**, 17 Bau Street, P.O. Box 12488 Suva, Tel.: 304.280, 12 Gästezimmer

● **Suva Oceanview Hotel $**, 270 Waimanu Road, Tel.: 312.129

● **Suva Peninsula Hotel $$$**, Macgregor Road und Peder Street, P.O. Box 888 Suva, Tel.: 313.711, Fax: 300.804

● **Tanoa House $$**, 5 Princess Road, Tamavua, GPO Box 704 Suva, Tel.: 381.575, 10 Gästezimmer

● **Travel Inn $**, 19 Gorrie Street, Government Buildings, P.O. Box 2086 Suva, Tel.: 304.254, Fax: 340.236, 4 Gästezimmer

● **Tropic Towers New Wing $$**, 94 Robertson Road, Tel.: 313.004, Fax: 304.169

Jugendherberge
YWCA Hostel $, im Herzen von Suva, P.O. Box 534 Suva, Tel.: 304.829, nur für Mädchen und Frauen, 4 Einzelzimmer, Tee- und Kaffeezubereitung ist möglich

Restaurants
● **Curry House**, Old Town Hall Building, Victoria Parade, Tel.: 313.000, indische Gerichte, Mo-Mi 9.00-21.00 Uhr, Do-Sa 9.00-22.00 Uhr geöffnet

● **Hare Krishna Vegetarian Restaurant**, 16 Pratt Street, Tel.: 314.154, nur vegetarische Gerichte

● **Lantern Palace**, Pratt Street, Tel.: 314.633, chinesische und europäische Gerichte, 11.30-14.30 Uhr für Mittagessen und 17.00-22.00 Uhr für Abendessen geöffnet

● **Ming Palace**, Old Town Hall Building, Victoria Parade, Tel.: 315.111 oder 315.546, Sitzplatzgelegenheit für 250 Personen, Mo-Fr 12.00-14.00 Uhr für Mittagessen und 18.00-22.00 Uhr für Abendessen geöffnet, So geschlossen

● **Penny's Restaurant**, bei Suva Travelodge, Tel.: 301.600, 06.00-23.00 Uhr geöffnet

● **Phoenix Restaurant**, 165 Victoria Parade, Tel.: 311.889, chinesische und europäische Spezialitäten, Mo-Sa 11.30-22.00 Uhr, So 18.00-22.00 Uhr geöffnet

● **Pizza Hut**, 207 Victoria Parade, Tel.: 311.825, 10.00-22.00 Uhr geöffnet

● **Pizza Place**, 64 Renwick Road, Tel.: 314.775, chinesische und europäische Spezialitäten

● **The Gordon Coffee Shop**, Am Berjaya Inn, Tel.: 312.300, Western- und italienische Speisen

● **Tiko's Seafood Steakhouse**, Stinson Parade, Tel. 313.626, auf dem Boot

Autoverleih
● **Avis Rent A Car**, Tel.: Suva 313833, Fax: 790482, Mo-Sa 8.00-17.00 Uhr

● **Central Rent a Car**, 293 Victoria Parade, P.O. Box 468 Suva, Tel.: 311.866 oder 311.908, Fax: 305.072

● **Dove Rent a Car**, 1. Floor, Harifam Centre, Greig Street, P.O. Box 668 Suva, Tel.: 311.755, Fax: 300.300

● **Sharmas Rental Cars**, Tel.: 314.365, 24-Stunden-Dienst

Redaktionstips

☆ **Übernachtung** im Berjaya Hotel $$$$$$

☆ **Stadtbesichtigung** mit folgenden Sehenswürdigkeiten: Markt, Albert Park, Thurston Gardens (Botanischer Garten), Wache vor der Residenz des Präsidenten

☆ **Mittagessen** in Tiko's Seafood Steakhouse, auf dem Boot

☆ **Besichtigung** des Fiji Museum

☆ **Abendessen** im Phoenix Restaurant

Sehenswürdigkeiten

● **Der Markt** (Ecke Usher Street/Rodwell Road)

Der städtische Markt von Suva ist sehr farbenfroh. Schier unerschöpflich ist das Angebot an exotischen Früchten und Gemüsearten. Fidschianische, indische und chinesische Händlerinnen und Händler bieten ihre Feldfrüchte feil. Am Wochenende geht es hier besonders lebhaft zu. Im oberen Stockwerk wird Yaqona (Kava) angeboten, im Rohzustand, pulverisiert und als Getränk.

Tip
Vorsicht vor Straßenhändlern
Einige Straßenhändler wenden folgenden **Trick** an: Ihnen wird als ahnungslosem Touristen eine Holzschnitzerei "geschenkt". Sie werden anschließend nach Ihrem Namen gefragt. Dieser wird dann blitzschnell in das "Geschenk" geschnitzt, und dann verlangen die Händler unverschämterweise Geld von Ihnen.

● **Albert Park** (Ecke Victoria Parade/Southern Cross Road)

Am 06. Juni 1928 landete hier der **Flugpionier Charles Kingsford Smith** mit einer dreimotorigen Fokker auf dem Rasen des Parkgeländes. Er war auf einem ersten Flug von Kalifornien nach Australien mit Zwischenlandungen in Hawaii und Suva. Heute werden auf dem Rasen Rugby und Kricket gespielt.

● **Thurston Gardens – der Botanische Garten**
(Ecke Queen Elizabeth Drive/Cakobau Road)

Öffnungzeiten
Mo-Fr 8.30-16.30 Uhr, Sa 9.00-16.30 Uhr

Der am **15.08.1913** eingeweihte Botanische Garten ist nach dem Gründer Sir John Bates Thurston benannt. Hier geben sich u.a. Bäume aus verschiedenen Kontinenten ein Stelldichein. Die **markantesten tropischen Bäume** sind meines Erachtens:

- Tahitian Chestnut (*Inocarpus fagifer*),
Heimat: Westpazifik
- Cuban Royal Palm (*Roystonea regia*),
Heimat: Kuba,
- Cycad (*Cycas rumphii forma seemannii*),
Heimat: Fidschi
- Silver Rain Tree (*Albizia procera*), Heimat: tropisches Asien und Australien

In Ermangelung deutscher Namen sind hier englische und lateinische Namen aufgeführt. Auffällig ist eine ins Riesenhafte vergrößert nachgebildete Nautilus im Parkgelände.

● **Das Fiji Museum**
(Ecke Queen Elizabeth/Cakobau Road)

- **Prähistorische Galerie**

Besiedlung und Bevölkerung

*Nachgebildete Nautilus –
Thurston Gardens*

Die **Besiedlung** des pazifischen Raums, von Südost-Asien ausgehend, wird hier wie folgt datiert:

Bismarck Archipel:	2000 v. Chr.	östliche Inseln:	400 n. Chr.
Fidschi:	1600 v. Chr.	Hawaii:	500 n. Chr.
Tonga:	1200 v. Chr.	Gesellschaftsinseln:	600 n. Chr.
Samoa:	1000 v. Chr.	Neuseeland:	800 n. Chr.
Tahiti:	300 n. Chr.		

Ein Indiz der frühen Besiedlung Fidschis sind die gefundenen Keramikscherben der **Lapita-Töpfer**. Die Archäologen sind der einhelligen Meinung, daß der Stil der Lapita-Töpferei im Bismarck Archipel seinen Ursprung hatte und daß diese Töpferwaren durch den Handel über große Entfernungen im Südpazifik verbreitet wurden, so auch nach Fidschi.

Außergewöhnlich sind die entwickelten **Techniken des Segelns und Navigierens** mit den verfügbaren Hilfsmitteln der damaligen Zeit. Erstaunlich ist die Tatsache, daß die kühnen Seefahrer so weit in die Südsee vordrangen.

Im **Dreieck Fidschi-Samoa-Tonga** etablierte sich eine Kultur, die als **polynesisch** bezeichnet werden kann. Genetische Untersuchungen haben ergeben, daß die ersten **hellhäutigen Polynesier** hauptsächlich aus der südostasiatischen Region (Südchina) stammten. Man ist ferner der Meinung, daß die polynesischen Wanderbewegungen durch den **mongolischen Druck aus Nordchina** ausgelöst wurden.

Die Wissenschaftler haben außerdem festgestellt, daß die Polynesier verhältnismäßig spät von Südostasien nach Fidschi gekommen sein müssen, während die **dunkelhäutigen Melanesier** schon vor ca. 11.000 Jahren hier lebten.

Die **weiter wandernden Polynesier**, die nur wenig Kontakt mit den Melanesiern hatten, besiedelten die übrigen Inselgruppen der Südsee. Ihre Rassenmerkmale, die helle Haut und das meistens glatte schwarze Haar, blieben deshalb erhalten. Die **in Fidschi seßhaft gewordenen Polynesier** vermischten sich mit den dunkelhäutigen und kraushaarigen Melanesiern und bildeten die **Mischrasse** der heutigen Fidschianer, wobei die negroiden Merkmale dominant sind. Anderen Untersuchungen zufolge sollen die **ältesten Polynesier angeblich aus Südamerika** gekommen sein (Heyerdahl-Theorie, vgl. Kapitel 5.5.10). Zwei Argumente sprechen dafür:

Die **ständig wehenden Ost-Passat-Winde** hätten eine Besiedlung aus dem Osten begünstigen können.

Die **Süßkartoffeln** stammen urprünglich aus dem tropischen Südamerika. (Oder bestanden schon vor dem Eintreffen der Europäer Kontakte zu Südamerika?)

Keramik, Boots- und Hausbau, Gegenstände des täglichen Gebrauchs

Keramikarbeiten zeigten leicht abweichende Muster auf den einzelnen Inseln und Inselgruppen Fidschis.

Doppelkanus sind 1913 nach den Kenntnissen der letzten traditionellen Bootsbauer in Vulaga nachgebaut worden. Das gewaltige Steuerruder mit einer Länge von 9,75 m mußte von mindestens vier kräftigen Männern bedient werden, um das Boot auf Kurs zu halten.

Bambusflöße, riesig in den Ausmaßen und mit Aufbauten, besaßen sogar eine Feuerstelle an Bord. Mit diesen schwerfälligen, aber äußerst tragfähigen Wasserfahrzeugen fuhren die Fidschianer früher vom Innern des Landes auf den Flüssen, den einzigen Verkehrswegen, zu den Märkten an den Flußmündungen. Dort verkauften sie ihr Obst und Gemüse. Diese Flöße wurden **"*Bilibili*"-Houses** ("*bilibili*" = nicht zurück) genannt, weil sie nicht wieder flußaufwärts transportiert wurden.

Hausmodelle zeigen unterschiedliche Formen, je nachdem ob sie in Urwaldregionen oder an der Küste standen. Die Pfeiler und Spanten waren mit Tauen verschnürt, um bei Sturm nachzugeben. Das Dach und die Seitenwände wurden mit Palmwedeln abgedichtet, und auf dem Boden lagen Matten. In den Häusern herrschte bei der Einnahme der Mahlzeiten eine **strenge Sitzordnung**. Zuerst aßen die Männer und dann die Frauen und Kinder.

Holzgeschnitzte Pfosten mit Gesichtsformen standen wie Wächter in der unmittelbaren Nähe des Hauses. Obgleich die einen vor dem Haus plaziert waren und auf die See schauten und die anderen seitlich der Wohnstatt standen, hatten sie trotzdem Blickkontakt miteinander. Diese hölzernen Schnitzwerke mit ihrer länglichen Gesichtsform, ihren breiten Nasenflügeln und ihrem kräftigen Kinn hatten große **Ähnlichkeit mit den Steinmonumenten der Osterinseln**.

Haushaltsgeräte, wie Korbflechtwaren, **Fischfanggeräte**, z.B. Reusen, Fischspeere mit mehreren Spitzen und Netze, **Tapa-Gewänder** aus der Zeit vor dem Auftauchen der Europäer sind hier ausgestellt.

Religion

Die **"Bure Kalou" von Levuka** wurde nachgebildet. Das extrem hohe Dach des Tempels ist typisch für diese Art von Konstruktionen. Jedem Hauptgott wurde so ein **Tempel** geweiht, der von einem besonderen Priester bewacht wurde. In der "Bure" des Kriegsgottes wurden u.a. die Speere, die die Gegner getötet hatten, aufbewahrt.

Haarfrisuren, Gesichtsbemalung und Schmuck

Weil der **Kopf des Menschen** bei den Fidschianern als der **sakralste Teil des Körpers** galt, wurde besonderer Wert darauf gelegt, ihn durch schöne Frisuren zu zieren. Große Sorgfalt verwandte man auf die Fertigstellung **aufwendiger Haarfrisuren**. Oft wurden Stunden für ihre Herrichtung verbracht. Man tönte die Haare verschiedenfarbig, manchmal sogar mit drei Farben. Es gab rote, gelbe, aschweiße und lackfarbige Nuancen. Die Häuptlinge ließen sich besondere Haartrachten herrichten.

Gesichtsbemalungen verschiedener Ausführungen waren zu besonders festlichen Anlässen oder als Kriegsbemalung an der Tagesordnung. **Halsschmuck** aus dem Elfenbein der Wale und kunstvolle Intarsienarbeiten aus Muscheln und Elfenbein waren im Gebrauch. **Brustplatten** aus Perlmuscheln fertigte man als Schmuck an.

Musikinstrumente

Als Musikinstrumente benutzte man **Schlitztrommeln** aus ausgehöhlten Baumstämmen in verschiedenen Größen, **Bambusflöten** und **Tritonshörner**.

- **Historische Galerie**

Ein fidschianisches Dorf

Das Modell eines fidschianischen Dorfes aus dem 19. Jahrhundert gibt ein Bild der damaligen Zeit. Die Hütten waren mit Palmenwedeln gedeckt. Sie gruppierten sich rund um eine Kirche mit einem Blechdach. In einer traditionellen Kochstelle waren die Haushaltsgeräte bereits durch Metallwaren, wie Äxte und Kochtöpfe, erweitert worden. Die Matten der Häuptlinge wurden mit Papageienfedern geschmückt.

Die Walfänger

Es wird das Abschlachten der Wale durch weiße Eindringlinge in großem Stil demonstriert. Hiermit begann die Ausbeutung der natürlichen Ressourcen, die sich in der Vernichtung der Sandelholzbestände fortsetzte.

Bekannte europäische Seefahrer

Leutnant William Bligh: 1789 wurde der Engländer mit 18 seiner Getreuen in Tofua (Tonga-Inseln) von den **Meuterern der *Bounty*** in einem offenen, nur 7 m großen Beiboot ausgesetzt. Da es unmöglich war, gegen den Passatwind nach Tahiti zurückzusegeln, fuhren die Ausgesetzten nach Westen bis zur 2.250 km (!) entfernten **Insel Timor**, die damals zu Holländisch-Ostindien gehörte. Bei dieser Fahrt entdeckten Bligh und seine Leute als erste Europäer die Fidschi-Inseln (vgl. Kapitel 7.3.4). Ein Teil des Ruders der *Bounty* wird hier aufbewahrt.

Kapitän James Cook: 1774 segelte der Engländer von Tonga zu den Neuen Hebriden (heute Vanuatu). Er passierte dabei die Turtle Islands (Vatoa) (vgl. Kapitel 5.5.9).

James Wilson: Der Engländer segelte auf dem Missionsschiff *Duff* der "London Missionary Society", von China kommend, durch die Gewässer von Fidschi. Dabei wäre er beinahe auf ein Riff gelaufen. Er besuchte mehrere Inseln des Archipels.

Abel Janzsoon Tasman: 1743 kreuzte der Holländer mit seiner Yacht *Heemskerc* in den Gewässern von Fidschi.

Eingeschleppte Seuchen

Der US-amerikanische **Schoner *Argo*** strandete auf der Fahrt von China nach Port Jackson auf dem Bukantatanoa Riff in Fidschi. Die Überlebenden der Mannschaft waren maßgebend an der Verbreitung von Seuchen auf Fidschi beteiligt. Insgesamt hat sich die einheimische Bevölkerung von 1880 bis 1921 **von 250.000 auf 85.000 Einwohner reduziert.**

Raubbau an Sandelholz

Oliver Slater ist einer der Überlebenden der Crew der *Argo*. Er verriet, daß es in der Bua Bay von Vanua Levu Sandelholz gab. Diese Kunde lockte Chinesen und Orientalen an. Die Europäer waren meistens die Frachtführer, die das kostbare Holz verschifften. Sie erzielten beim Verkauf auf den Märkten des ostasiatischen Festlands hohe Gewinne. In Kürze waren die Vorkommen des begehrten Holzes, das zum Schnitzen wertvoller Gegenstände und dessen Öl als Duftstoff (Räucherstäbchen) verwendet wurde, erschöpft.

Wache vor der Residenz des Präsidenten

Der Biologe William James Belcher (1883-1949)

Der Verdienst dieses engagierten Naturforschers besteht darin, daß er zahlreiche einheimische Vögel naturgetreu gezeichnet hat. Es sind wahre Kunstwerke. Sein Schaffen wird in diesem Museum gewürdigt. Er ist einer der wenigen Weißen, dem Ehre zusteht.

● **Residenz des Präsidenten** (Queen Elizabeth Drive)

Das weiße **Government House** ist in seiner jetzigen Form seit 1928 die Residenz des fidschianischen Staatsoberhauptes. Ein in roter Uniformjacke, schneeweißem Sulu und Sandalen gekleideter Soldat hält vor dem Palast Wache. Das Gebäude ist für die Öffentlichkeit nicht zugänglich. Unbeweglich, ohne eine Miene zu verziehen, egal ob es heiß ist oder regnet, tut die Wache ihren Dienst. Das Fotografieren läßt sie ungerührt über sich ergehen.

12.7.3 AUSFLUG VON SUVA ZUM COLO-I-SUVA FOREST PARK

(Department of Forestry P.O. Box 2218 Government Buildings Suva)

Streckenhinweis

Gesamtstrecke Suva – Colo-i-Suva Forest Park: 11 km

Von Suva aus fahren Sie auf die Ausfallstraße Edinburgh Drive zunächst in östlicher Richtung, Abzweigung links auf die Princess Road, unterwegs passieren Sie die Ortschaft Tamavua. Ca. 11 km von Suva entfernt, erreichen Sie links das Info-Center des Parks und rechts den Eingang in das Schutzgebiet.

Überblick

● Der Colo-i-Suva Forest Park (ausgesprochen "Tholo-ee-Suva") war einst ein **Tiefland-Regenurwald**, der später **mit Mahagoni-Bäumen durchsetzt** wurde. Der Wald liegt in einer Höhe **von 122 bis 183 m** über dem Meeresspiegel. Das **Klima** ist dort kühler als in Suva, und die **Niederschlagsmenge beträgt 4.240 mm jährlich**. Die regenreichste Zeit sind die Monate November bis März, während von Mai bis August nur verhältnismäßig wenige Niederschläge fallen. Die **Durchschnittstemperatur** zwischen dem wärmsten Monat Februar und dem kühlsten Monat Juli liegt bei **+24 °C**.
● Der Wald steht unter dem **Management der hiesigen Forstverwaltung** "Department of Forestry" in Suva.
● Das **Informationszentrum** der Forstverwaltung kann Ihnen wertvolle Auskünfte über die Flora und Fauna des Schutzgebietes geben.

Reisepraktische Hinweise

Öffnungszeiten

Täglich 8.00-18.00 Uhr; **Eintrittsgeld** 5 F$

Achtung

Der Park wird täglich von 9.00-16.00 Uhr von Sicherheitskräften bewacht. Jeder, der in der Zeit von 18.00 bis 8.00 Uhr im Parkgelände angetroffen wird, wird festgenommen.

Tip

Tragen Sie festes Schuhzeug!

Hinweise

● **Gebot**

Man darf in den Teichen ("pools") schwimmen.

● **Verbote**

- Das Mitführen von Alkohol, Waffen und Messern ist untersagt.
- Alle Haustiere müssen sich unter Kontrolle des Besitzers befinden.
- Feuer darf nur innerhalb der Feuerroste entzündet werden.
- Das Sammeln oder Verletzen von Pflanzen oder Tieren im Park ist verboten. Es wird bestraft.

Wandern auf dem "Nature Trail"

Dieser 5 km lange **Naturlehrpfad** führt vorbei an zahlreichen Bachläufen und Teichen, den **Upper Pools** und **Lower Pools**, die von dichter Vegetation umschlossen sind. Hier gedeihen **Orchideen**, z.B. die Varavara (*Spathoglottis pacifica*) mit ihren pinkfarbigen Blüten, **Farne** am Boden, **Nestfarne** (*Aspenium nidus*) in Astgabeln und **Kletterpflanzen**, wie die seltene Calamus (*Calamus vitiensis*) mit ihren harten Greifranken. Natürlich findet man auch **eingeschleppte Pflanzen**, beispielsweise die *Clidemia hirta* mit dem einheimischen Namen <Roinisiga> mit ihren haarigen Blättern und der nervigen Blattmaserung. Sie gelangte 1819 nach Fidschi und verbreitete sich schnell in den Wäldern von Viti Levu und später auch in Ovalau und Taveuni an schattigen Plätzen.

Markante Bäume und Sträucher sind:
Eisenholz / Ironwood (*Casuarina equisetfolia*),
Sandelholz / Sandalwood (*Santalum yasi*),
Pandanus / Pandanus (*Pandanus*),
Strandhibiskus / Beach Hibiscus (*Hibiscus tiliaceus*).

Im Dämmerlicht des Urwalds, in dem nur spärliches Sonnenlicht auf den Waldboden fällt, kann man bei möglichst lautlosem Wandern **seltene Vögel** hören und zufällig auch sehen, beispielweise:
Barking Pigeon, eine Taubenart,
Blue-crested Broadbill (*Myiagra a. azureocailla*),
Collared Lory (*Phigys solitarius*),
Fiji Goshawk (*Accipiter rufitorques*),
Fiji Shrikebill (*Clytorhynchus v. vitiensis*),
Fiji Warbler (*Vitia r. ruficapilla*),
Fiji White-eye, eine Singvogelart,
Golden Dove (*Ptilinopus luteovirens*),
Golden Whistler (*Pachycephala pectoralis torquata*),

Island Thrusk (*Turdus poliocephalus layardi*),
Orange-breasted Honeyeater (*Myzomela jugularis*),
Scarlet Robin (*Petroica multicolor pusilla*),
Slaty Flycatcher (*Mayrornis l. lessoni*),
Spotted Fantail (*Rhipidura spilodera layardi*),
Sulphur-breasted Musk Parrot, eine Papageienart,
Vanikoro Broadbill (*Myiagra vanikorensis rufiventris*),
Wattled Honeyeater (*Foulehaio c. carunculata*),

Wegen fehlender deutscher Namen für o.g. Vogelarten wurden englische und lateinische angegeben. Zum weiterführenden Studium wird folgendes Buch empfohlen:

Buchtip
"Birds of Fiji, Tonga and Samoa" von Dick Watling, Millwood Press Wellington, New Zealand, ISBN 0-908582-36-6

12.7.4 NADI

Überblick

● Normalerweise beginnt man die Inselerkundung in Nadi, weil man dort auf dem **internationalen Flughafen** ankommt. Eine vorher kleine Flugpiste wurde von den Neuseeländern nach dem Angriff auf Pearl Harbor durch die Japaner im Zweiten Weltkrieg für das Landen und Starten schwerer US-amerikanischer Bomber ausgebaut. Heute ist der Flughafen die "Drehscheibe" der Südsee. Rund um den Flughafen liegt ein reichhaltiges Angebot an Unterkünften aller Preisklassen.

● Die Stadt mit ihren ca. **16.000 Einwohnern** besteht eigentlich nur aus einer geschäftigen Hauptstraße mit zahlreichen **"Duty-Free"- und Andenkenläden**. Dahinter schließen sich Wohngebiete mit kleinen Läden und Zweckbauten an.

Länger als einen Tag in Nadi zu bleiben, lohnt nicht. Als **Ausgangspunkt einer Inselfahrt** ist es jedoch wegen seiner touristisch guten Infrastruktur bestens geeignet.

Reisepraktische Hinweise

Unterkünfte
Die in diesem Reisehandbuch erwähnten Hotels und sonstigen Unterkünfte sind nur als persönliche Vorschläge anzusehen. Es wird kein Anspruch auf Vollständigkeit erhoben. Auch gibt es vergleichsweise sicherlich genauso gute oder noch bessere Unterkünfte, die nicht erwähnt sind. Wegen der ständig schwankenden Zimmerpreise werden in diesem Buch **Preis-Gruppierungen** für ein Doppelzimmer nach folgendem Schlüssel vorgenommen:
$$$$$$ = über 125 F$
$$$$$ = 100 – 125 F$

$$$$ = 75 – 100 F$
$$$ = 50 – 75 F$
$$ = 25 – 50 F$
$ = unter 25 F$

● **Club Fiji Resort $$**, Wailoaloa, Nadi Airport, P.O. Box 9619, Tel.: 702.189, 24 Bures, auch Dormitory (Schlafsaal)

● **Coconut Inn II $$**, Vunivau Street, P.O. Box 143 Nadi, Tel.: 701.011, Fax: 701.169, 20 Gästezimmer, auch Dormitory (Schlafsaal)

● **Horizon Beach Resort $$**, Wailoaloa, P.O. Box 1401 Nadi, Tel.: 722.832, Fax: 720.662, auch Dormitory (Schlafsaal)

● **Hotel Kennedy $$**, Kennedy Avenue, Nadi Airport, P.O. Box 9045 Nadi, Tel.: 701.703/702.360, Fax: 702.218, 16 Gästezimmer, Restaurant, Bar, Swimmingpool

● **Kontiki Backpacker Youth Hostel $**, Nadi Aiport, Private Mail Bag, Tel.: 722.836

● **Magic Island (Namotu) $$$**, Nadi Airport, P.O. Box 9326, Tel./Fax: 720.439

● **Nadi Bay Motel $$**, Wailoaloa Road, P.O. Box 1102 Nadi, Tel.: 723.599, Fax: 720.092, auch Dormitory (Schlafsaal)

● **Nadi Hotel $$**, Koroivuto Avenue, P.O. Box 91 Nadi, Tel.: 700.000, 24 Gästezimmer, auch Dormitory (Schlafsaal)

● **Nadi Motel $**, Main Street, P.O. Box 1326 Nadi, Tel.: 700.600, 35 Gästezimmer, auch Dormitory (Schlafsaal)

● **New Westgate Hotel $$$**, Queens Road, zwischen Nadi Airport und Nadi Town, P.O. Box 10097, Tel.: 720.044, Fax: 720.071, 62 Gästezimmer, Restaurant, Andenkenladen, Swimmingpool, ruhige Lage

● **New Town Beach Motel $$**, Wailoaloa, P.O. Box Nadi, Tel.: 723.339, Fax: 720.087, Restaurant,

● **Seashell Cove Resort $$**, Nadi Airport, P.O. Box 9530 Nadi, Tel.:

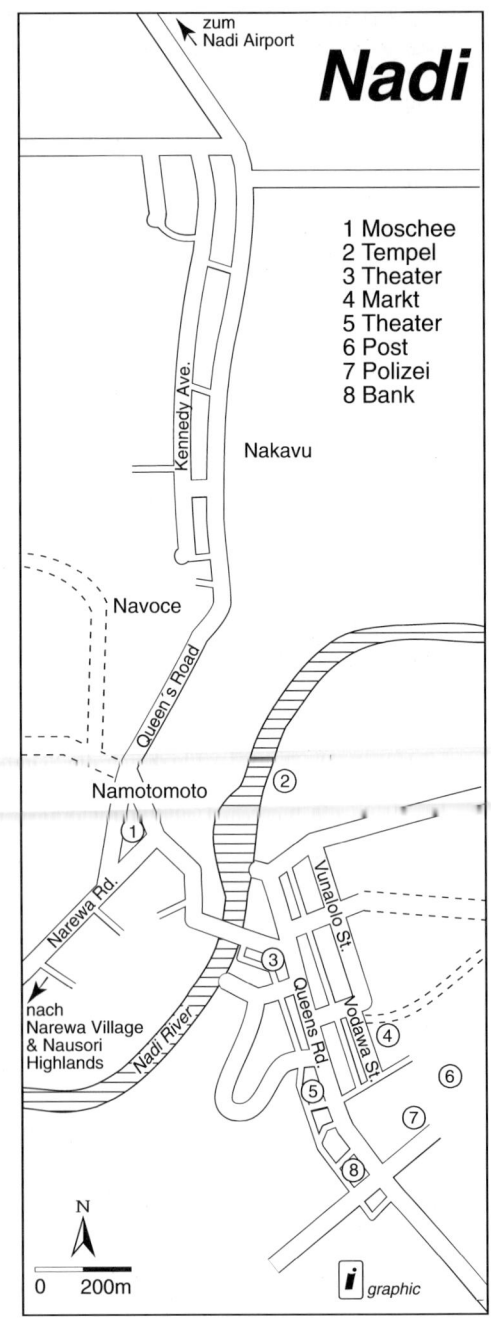

zum Nadi Airport

Nadi

1 Moschee
2 Tempel
3 Theater
4 Markt
5 Theater
6 Post
7 Polizei
8 Bank

Kennedy Ave.

Nakavu

Navoce

Queen's Road

Namotomoto

Narewa Rd.

nach
Narewa Village
& Nausori
Highlands

Nadi River

Vunaloio St.

Queens Rd.

Vodawa St.

N

0   200m

i graphic

720.100/720.393, Fax: 720.294, 28 Gästezimmer, auch Dormitory (Schlafsaal)
- **Sheraton Fiji Resort** $$$$$$, Nadi Airport, P.O. Box 9761, Tel.: 750.777, Fax: 750.171, 300 Gästezimmer mit Ozeanblick
- **Sunny Holiday Motel Stop Over Youth Hostel** $$, Northern Press Road, P.O. Box 1326, Tel.: 722.158, auch Dormitory (Schlafsaal)
- **Sunseekers Hotel** $$, Narewa Road, P.O. Box 100 Nadi, Tel.: 700.400, auch Dormitory (Schlafsaal)
- **The Melanesian Hotel** $$, Namaka, Nadi Aiport, P.O. Box 9242, Tel.: 722.438, Fax: 720.425, 18 Gästezimmer, auch Dormitory (Schlafsaal)
- **Travellers Beach Resort** $$, Lot 19 Wasawasa Road, P.O. Box 700 Nadi, Tel.: 723.322, Fax: 720.062, 20 Gästezimmer, auch Dormitory (Schlafsaal)
- **White House Inn** $$, 40 Kennedy Avenue, P.O. Box 1764 Nadi, Tel.: 700.022, Fax: 702.068, 10 Gästezimmer, auch Dormitory (Schlafsaal)

Restaurants
- **Dragon Place Restaurant**, Main Street, Tel.: 700.667, chinesische und europäische Gerichte
- **Hamacho Restaurants**, Ecke Northern Press Road/Queens Road, Tel.: 790.252, japanische Spezialitäten
- **Maharaja Restaurant**, Nataly's Arcade, Namaka, Tel.: 722.962, indische, chinesische und europäische Küche
- **Valentino**, 22 Kennedy Street, Martintar, italienische Küche

Autoverleih
- **Avis Rent A Car**, Nadi Airport, Tel.: 722.233, Fax: 790.482, Büro bei allen Flügen besetzt
- **Central Rent a Car**, Arrive Concourse, Nadi Airport, Tel.: 722.771 oder 722.450, 24-Stunden-Dienst
- **Sharmas Rental Cars**, Sharma Arcade, Main Street, Nadi Town, P.O. Box 1042, Tel.: 701.055 oder 700.160, 24 Stunden-Dienst: Tel. 701.969, Fax: 702.038
- **Thrifty Car Rental**, P.O. Box 9268 Nadi Airport, Tel.: 722.755, Fax: 722.607

12.7.5 AUSFLUG VON NADI NACH LAUTOKA

Streckenhinweis
Gesamtstrecke: Nadi – Lautoka: 30 km; Lautoka liegt nordwestlich von Nadi.

Lautoka

- **Überblick**

- **Lautoka** ist mit **ca. 50.000 Einwohnern** die **zweitgrößte Stadt** des Inselstaates Fidschi. **2/3** der Bewohner sind **indischer Abstammung**.
- Die **Zuckerindustrie** und die **Holzwirtschaft** sind die ökonomische Grundlage der bedeutenden **Hafenstadt**. Die Gleise der Zuckerrohrbahn führen quer durch die Stadt zur größten Zuckerfabrik der südlichen Erdhalbkugel.
- Die **Vitongo Parade**, die Hauptgeschäftsstraße der Stadt, ist an ihrer schönsten Stelle von Königspalmen gesäumt.

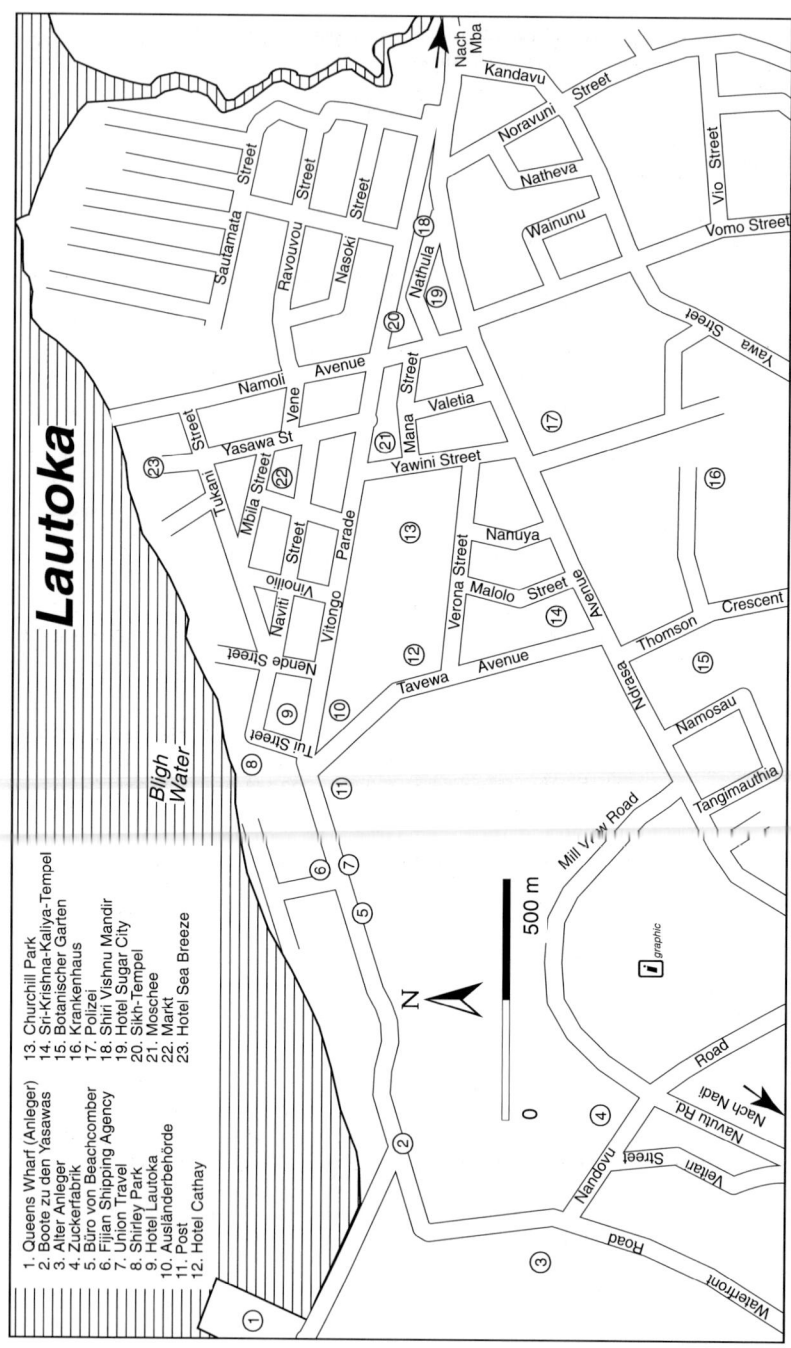

Lautoka

1. Queens Wharf (Anleger)
2. Boote zu den Yasawas
3. Alter Anleger
4. Zuckerfabrik
5. Büro von Beachcomber
6. Fijian Shipping Agency
7. Union Travel
8. Shirley Park
9. Hotel Lautoka
10. Ausländerbehörde
11. Post
12. Hotel Cathay
13. Churchill Park
14. Sri-Krishna-Kaliya-Tempel
15. Botanischer Garten
16. Krankenhaus
17. Polizei
18. Shiri Vishnu Mandir
19. Hotel Sugar City
20. Sikh-Tempel
21. Moschee
22. Markt
23. Hotel Sea Breeze

- Lautoka ist eine **religiöse Stadt**, in der sich die Vielfalt der indischen Glaubensrichtungen facettenhaft widerspiegelt.
- Lautoka ist der ideale Ausgangspunkt, um die **Mamanuca und Yasawa Inselgruppen** zu erreichen.

● **Reisepraktische Hinweise**

Unterkünfte
● **im Stadtgebiet**
- **Cathay Hotel $$**, Tavewa Avenue, P.O. Box 239 Lautoka, Tel.: 660.566, Fax: 340.236, 42 Gästezimmer, auch Dormitory (Schlafsaal)
- **Lautoka Hotel $$**, 2-12 Naviti Street, P.O. Box: 51 Lautoka, Tel.: 660.388. Fax: 660.201, 38 Gästezimmer, auch Dormitory, Restaurant, Swimmingpool
- **Sea Breeze Hotel $$**, 5 Bekana Lane, P.O. Box 152 Lautoka, Tel.: 660.717
- **Sugar City Hotel $**, P.O. Box 736 Lautoka, 16 Gästezimmer, auch mit Dormitory, Tel.: 6619.201
- **Waterfront Hotel $$$$**, P.O. Box 4653 Lautoka, Tel.: 664.777, Fax: 665.870, 41 Gästezimmer
● **außerhalb von Lautoka**
- **Beachcomber Island Resort $$$**, P.O. Box 364 Lautoka, Tel.: 661.500, Fax: 664.496
- **Paradise Island Resort $$**, Bekana Island, Private Mail Bag Lautoka, Tel.: 665.222, Fax: 665.409
- **Saweni Beach Apartment Hotel $$**, Saweni, nur 15 min von Lautoka, 2 km von der Hauptstraße, P.O. Box 239 Lautoka, Tel.: 661.777, Fax: 340.236, 14 Gästezimmer, Campingplatz, sehr ruhige Lage

Restaurants
● **Bula Restaurant** (Lautoka Hotel), 2-12 Naviti Street, Tel.: 660.388, A-la-Carte-Speisen, Frühstück, Mittag- und Abendessen, täglich 6.00-22.00 Uhr geöffnet
● **Empress of China Restaurant**, 143 Vitogo Parade, Tel.: 661.969, Weine und chinesische, kantonesische, indische und europäische Gerichte, Mo-Sa 8.00-21.00 Uhr und So 10.00-14.00 Uhr geöffnet
● **Great Wall of China Restaurant and Nightclubs**, 1. Stock, 21 Naviti Street, Tel.: 664.763 oder 664.775, Weine und chinesische Gerichte, Mo-Sa 23.30-5.30 Uhr geöffnet
● **Pizza Inn Restaurant** (Lautoka Hotel), 2-12 Naviti Street, Tel.: 660.388, täglich 11.30-22.30 Uhr geöffnet.
● **Yangs Restaurant**, 27 Naviti Street, Tel. 661.446, chinesische Gerichte, Mo-Sa 8.00-17.00 Uhr geöffnet
● **Wah Ming**, Yasawa Street, Tel.: 661.719, chinesische Spezialitäten

Minikreuzfahrt
Blue Lagoon Cruises Limited, P.O. Box 54 Lautoka, Tel.: 664.334, 663.938, 661.622, Fax: 664.098
Täglich verkehren sechs moderne Schiffe, um die Inselketten und Korallenriffe der **Yasawa Islands** zu erkunden. Es werden drei Standard-Touren angeboten (Näheres im A-Z Fidschi Kapitel 6.1.7).

● **Sehenswürdigkeiten**

- **Sikh-Tempel**
  (Vitongo Parade)

1933 wurde der Sikh-Tempel erbaut. **1989** brannten ihn fanatische Christen nieder.

Heute steht er jedem Besucher zur Andacht oder Besichtigung offen, wenn man sich an bestimmte Riten hält, z B. müssen Frauen und

Sikh-Tempel – Lautoka

Männer ihr Haupt bedecken, und sei es mit einem Taschentuch. Außerdem ist man gehalten, die Schuhe auszuziehen.

INFO

Information über den Sikhismus

*Er hat sich aus dem Hinduismus entwickelt. Die Sikhs versuchten, den Hinduismus zu reformieren. Außerdem trägt der Sikhismus starke islamische Züge. Sein **Gründer, der erste Guru Nanak**, strebte Ende des 15. Jahrh. n. Chr. an, die Hindus und Moslems auf der Grundvorstellung eines bilderlosen **Monotheismus** zu einigen, was mißlang. Der Götzendienst und das Kastenwesen des Hinduismus wurden und wird von den Sikhs abgelehnt.*

*Die neue Glaubensrichtung, von den nachfolgenden Gurus ("Meister") getragen, breitete sich im **Pandschah** (Nordwestindien und Nordostpakistan) aus. Allmählich entstand das **Adi Granth** ("ursprüngliches Buch"), die **heilige Schrift der Sikhs**, eine meistens in Gedichtform abgefaßte Sammlung von Gedanken und Glaubenssätzen der 10 bedeutendsten Gurus.*

*Die pantheistischen Bemühungen dieser Glaubensbewegung spiegeln sich in der **Grugranth Saibh**, der "Bibel der Sikhs", wider. Sie ist 1.430 Seiten stark und umfaßt Hymnen aller Weltreligionen. Davon entfallen 25% auf den Sikhismus und 75% auf andere Religionen.*

*1947, nach der Bildung der eigenständigen Staaten Indien und Pakistan, mußten die Sikhs den Westteil ihrer angestammten Heimat Pandschab verlassen, weil er an das islamische Pakistan fiel. Die **Vertreibung der Sikhs aus West-Pandschab** bewirkte eine weitere Ausbreitung ihrer Lehre nach Nordindien und in andere Länder der Erde.*

*Heute wird die Zahl der Sikhs auf ca. 10.000 geschätzt, davon leben ca. 3.000 in Fidschi, davon ca. 300 in Lautoka. Der zentrale Ort der Sikhs ist **Amritsar** (Ost-Pandschab).*

- **Sri Krishna Kaliya-Tempel** (Tavewa Avenue)

Öffnungszeit
täglich bis 20.30 Uhr

Dieser Tempel ist seit **1993** für Hare-Krishna-Anhänger und auch Andersgläubige zugänglich. Er wird von einem Sicherheitspolizisten bewacht. Zur Besichtigung muß man die Schuhe ausziehen. Im Tempel befindet sich an der der Straße zugewandten Innenwand eine **große sitzende Statue des Ordensgründers Hare Krishna**. An den seitlichen Wänden erblickt man Bilder von Krishna, seiner Mutter und seiner Frau. An der hinteren Wand sind Figuren der Schlange Kaliya, die von Krishna besiegt wurde, angebracht.

Sri Krishna Kaliya-Tempel – Lautoka

12.7.6 INSELFAHRT VON NADI NACH NATOVI LANDING

Streckenhinweis
Gesamtstrecke: Nadi Airport – Natovi Landing (Fähre nach Vanua Levu): 250 km,
Teilstrecke: Nadi Airport – Suva: 198 km

Nach dem Verlassen des Stadtkerns von Nadi hat man einen neuerbauten Hindu-Tempel vor sich. Man hält sich rechts und folgt der **Queens Road**, die dem Südküstenverlauf von Viti Levu folgt. Zunächst durchfährt man **hügeliges Grasland**. Dort wo kein Zuckerrohr angebaut wird, herrscht ein lockerer Baumbestand aus Pinien, Akazienarten und Mangobäumen vor.

● **Momi Bay Guns – Batterie aus dem Zweiten Weltkrieg**

39 km vom Nadi Airport entfernt stößt man auf ein auffälliges grünes Schild mit der Aufschrift "National Historic Site Momi Bay Guns", das auf die **historischen Geschütze** einer Batterie aus dem Zweiten Weltkrieg hinweist. Um den ehemaligen Gefechtsstand an der Momi Bay zu erreichen, folgt man einer kurvenreichen 2 ½ km langen Straße durch eine hügelige Dünenlandschaft, die teils mit kleinen Waldstücken, Gehöften und im letzten Teil mit Mangrovensumpf durchsetzt ist, bis zu einem Hügel an der Küste. **Zwei britische Kanonen,** "Queen Victoria" und "Edward VIII" von 1900 und 1901, die schon im Burenkrieg eingesetzt waren, wurden von den Neuseeländern 1941 im Zweiten Weltkrieg zur Verteidigung des südlichen Zugangs zur Bucht von Nadi hierher gebracht. Bunker und Munitionskammern gehören mit zur Anlage.

Hotel
Fijian Resort \$\$\$\$\$\$, nach 61 km von Nadi Airport, auf Yanuca Island, rechts durch einen Damm mit der Queens Road verbunden, Private Mail Bag, Tel.: 520.155, Fax: 500.402, größte Feriensiedlung Fidschis, über ein Gelände von 40 Hektar verteilt, 436 Gästezimmer, Studios und Suiten, bis zu zwei Kinder unter 16 Jahren dürfen frei bei den Eltern mitwohnen

● **Sigatoka Sand Dunes**

Sanddünen – Sigatoka

66 km von Nadi entfernt, kurz vor der Stadt Sigatoka, folgen Sie bitte rechts dem Hinweisschild mit der Aufschrift "Sandhills". Ein ca. 3 km langer Stichweg endet an einem Gehöft des Dorfes **Kulukulu**. Dort kann man seinen Wagen parken. Anschließend gelangen Sie über einen kurzen Fußweg an den Rand der **30-40 m hohen Dünen**, die sich westlich der Mündung des Sigatoka River gebildet haben. Von dem Dünenkamm, in den die Sandriffel wie Wellen eingestanzt sind, genießen Sie einen herrlichen Blick über die Flußmündung, den weiten Ozean und das Hinterland mit seinen wilden Pferden.

● **Sigatoka**

Diese Kleinstadt mit ca. 2.000 Einwohnern, 70 km von Nadi Airport entfernt, liegt sehr idyllisch am Sigatoka River. Auffällig ist die **Nadroga-Jam-E-Mosque**, eine prächtige Moschee am Ortseingang an der Queens Road. Auf einer Brücke überqueren die Zuckerrohrbahn und die Hauptstraße den Fluß gemeinsam. Wenn Sie am Samstag das malerische Städtchen passieren, dann sollten Sie sich unbedingt das farbenfrohe Marktleben ansehen.

Das **Sigatoka-Tal** flußaufwärts wird als die "**Sa-
latschüssel von Fidschi**" bezeichnet, weil hier sehr viel
Obst und Gemüse angebaut
wird.

Trekking
Empfehlenswert ist
der **Sigatoka-Fluß-
Treck**, der in Nada-
rivatu, einer Forststation in 900 m
Höhe beginnt und in Korolevu an
der Südküste endet.

Nadroga-Jam-E-Mosque – Sigatoka

● **Coral Coast**

Der Reiz der Coral Coast ("Korallenküste") liegt darin, daß hier Sandstrände,
Korallenriffe und im Hinterland Regenwälder einen tropischen Dreiklang bilden.
Die Küste ist an den schönsten Stellen touristisch erschlossen. Bei Ebbe besteht
die Möglichkeit, Riffwanderungen zu unternehmen.

● **Korotogo**

In diesem Ort, 77 km von Nadi Airport entfernt, können die Urlauber einen
landschaftlich reizvoll gelegenen Golfplatz benutzen.

Hotels
● **Crows Nest Resort** $, P.O. Box 270 Sigatoka, Tel.: 500.230 oder 500.513, Fax:
520.354, nur Dormitory (Schlafsaal)
● **Korotogo Lodge** $$, Korotogo, 5 km außerhalb von Sigatoka, P.O. Box 37
Sigatoka, Tel.: 500.755, Fax: 520.182, auch Dormitory (Schlafsaal)
● **Sandy Point Beach** $$$, Korotogo, P.O. Box 23, Sigatoka, Tel.: 500.125, 4 Gästezimmer
● **Tubakula Beach Bungalows & Beach Club** $$$, Korotogo, P.O. Box 2, Sigatoka, Tel.:
500.097, oder 500.201, Fax: 340.236, 27 Gästezimmer, auch Dormitory, liegt direkt am Meer,
nicht unbedingt empfehlenswert, Stacheldraht zwischen Strand und Bures
● **Vakaviti Units & Cabins** $$$, Korotogo, P.O. Box 5, Sigatoka, Tel.: 500.526, 6 Gästezim-
mer, auch Dormitory
● **Waratah Lodge** $$, Korotogo, P.O. Box 86, Sigatoka, Tel.: 500.278, Fax: 520.219, 5
Gästezimmer

● **Korolevu**

Hotels
● **Hideaway Resort** $$$$$$, P.O. Box 233, Tel.: 500.177, Fax: 520.025, 34 Bungalows, spezieller Preis für Dormitory
● **Naviti Resort** $$$$$$, Tel.: 530.444, Fax: 530.343, 140 Gästezimmer
● **The Warwick Fiji** $$$$$$, P.O. Box 100 Korolevu, Tel.: 530.555, Fax: 530.010, 250
Gästezimmer, das zweitgrößte Hotel an der Coral Coast, ausgezeichneter Strand, komplett
angeschlossenes Sportzentrum

Korolevu liegt 90 km von Nadi und 80 km von Suva entfernt. Außerdem führt ein etwas weiter in östlicher Richtung liegender und mit unten genannten Hotels ausgeschilderter 5 km langer Stichweg zu einer der schönsten Abschnitte der Coral Coast. Hier liegt das Dorf Namaqumaqua. Es ist mit seinen freundlichen Bewohnern ein typisch fidschianisches Dorf. Schon der Stichweg dorthin mit dem atemberaubenden Blick über den Urwald, in dem sich die rot **blühenden Tulpenbäume** (*Spathodaea campanulata*) prachtvoll abheben und auf die türkisfarbene Bucht, ist einen Abstecher wert.

Hotels
- **Coral Village $$$**, P.O. Box 109 Pacific Harbour, Tel./Fax: 500.807, 3 ½ km von der Queens Road entfernt, an der Ostseite des Dorfes Namaqumaqua, Bungalows, werden teilweise noch renoviert, friedliche Atmosphäre, sehr ruhig und abgelegen, weißer Strand, flache Lagune, gute Bademöglichkeit, ideal für Strandläufer und Muschelsammler, z.Zt. bewirtschaftet von den Nordamerikanern Norman und Anna Lisa.
- **Man Friday Resort $$$**, 29 Bungalows, P.O. Box 20 Korolevu, Tel.: 500.185, Fax: 520.666, 5 km abseits der Queens Road, auf der Westseite des Dorfes Namaqumaqua. Der Hotelname ist dem weltberühmten Buch **"Robinson Crusoe" von Daniel Defoe** nachempfunden. Die Einsamkeit des schiffbrüchigen Robinson Crusoe endete bekanntlich mit der Begegnung des Eingeborenen, den er **Friday** ("Freitag") nannte und vor einer Gruppe von Kannibalen rettete.

- **Goloa**

Die **tropischen Regenwälder**, besonders auf diesem Streckenabschnitt, sind wegen der Vielfalt der Baumarten beeindruckend. Ihre unterschiedlich hohe Abstufung, dazwischen die **dekorativen Baumfarne**, die verschiedenen Nuancen der Laubfärbung und der teilweise rötlich zutage tretende Vulkanboden zusammen ergeben ein überwältigendes Landschaftsbild tropischen Charakters. In die üppige Urwaldvegetation mischen sich die an den grauen Stämmen erkennbaren **Mahagonibäume**. Eine rotblühende Pflanze mit eichenlaubähnlichen Blättern ist die *Embothrium speciosissimum*.

- **Pacific Harbour**

Unterkünfte
- **Atholl Hotel $$$$**, P.O. Box 14 Pacific Harbour, im Pacific Harbour Complex, Tel.: 450.100, Fax: 450.153
- **Coral Coast Christian Centre $$**, P.O. Box 36 Pacific Harbour, Tel.: 450.178, 1 ½ km von Pacific Harbour und 50 km von Suva, 6 Gästezimmer im Motel, 4 Hütten und **Camping**, gegenüber der Straße Sandstrand
- **Fiji Palm Beach Resort $$$$$$**, P.O. Box 6 Deuba, Tel.: 450.050, 14 Appartements
- **Ocean Pacific Club of Fiji $$$$**, P.O. Box 3229 Lami, Tel.: 304.864, Fax: 361.577, 8 Bures im Fidschi-Stil, Blick auf den Pazifik
- **Pacific Harbour International Hotel $$$$$$**, Tel.: 450.022, Fax: 450.262, 84 Gästezimmer
- **The Deuba Inn $$**, Box 132 Deuba, für Reservierung: Tel.: 450.544, Fax: 361.337, 1 km von Pacific Harbour International Hotel, 45 km von Suva

Restaurants
- **Cultural Centre Tree Top Restaurant**, Cultural Centre & Marketplace, Tel.: 450.177, traditionelle fidschianische Küche, Mo-Sa zur Mittag- und Abendessenszeit geöffnet

● **The Deuba Inn**, für Reservation Tel.: 450.544, Fax: 361.337, leichte Snacks, Meeresfrüchte
● **The Pub**, Tel.: 450.509, Meeresfrüchte, Steaks und rein vegetarische Gerichte, täglich 12.00-14.00 Uhr und 18.00-23.00 Uhr geöffnet

● **Pacific Harbour Cultural Centre**

Hier haben Sie die Möglichkeit, einen Blick von dem Leben des **gestrigen Fidschi** zu erhaschen.

Pacific Harbour Cultural Centre

- **Museum**

Am besten beginnen Sie die Besichtigung mit dem Besuch des kleinen Museums. An kriegerischen Auseinandersetzungen hat es in früheren Zeiten auf Fidschi nicht gefehlt. Raffiniert und grausam waren schon damals die Methoden, Gegner zu töten. Zu dem **Kriegshandwerkszeug** aus Hartholz gehörten:
Totschläger (*"Totokia"*) mit einer Spitze sollten den Gegner zwar töten, seinen Schädel jedoch nicht zerschmettern. Ein Totenkopf mit einem kleinen Loch in der Schädeldecke galt als besondere Trophäe, dessen Besitz dem Krieger großes Prestige einbrachte.
Keulen: (*"Waka Vividrasa"*) waren Waffen, um die Gegner brutal niederzuschlagen.
Genickbrecher (*"Gata"* und *"Cali Sali"*) bestanden aus einem gegabelten Stück Hartholz.
Speere verwendete man in verschiedenen Ausführungen:*"Saisai"* (mit drei Spitzen), *"Sokilaki"* und *"Motobalaka"*.
Kriegsbeile aus Holz besaßen zwei Schneiden.
Wurfhölzer (*"Ulu Tavatava"*) wurden im Kampf aus dem Hüftband der Krieger gezogen.

Weitere Exponate sind die **Kleidung** und der **Schmuck** der alten Fidschianer. Die **Häuptlinge** waren besonders prächtig gekleidet. Sie trugen lange weiße Schleppen (*"Malo Yara"*) über ihrem *"Masi"* (Tapa). Ein Symbol hohen Ranges und hoher Autorität eines "Chiefs" war sein *"Kinikini"* (Zepter).

"Magimagi" war die Kunst des Bindens von Holzteilen mit Kokosseilen beim **Hausbau** in bestimmten Mustern.

- **Bootsfahrt um die "heilige Insel"**

In einem Boot wird man an verschiedenen Bures vorbei um eine Insel herumgerudert. Die Fahrt wird je nach Bedarf stündlich von 10.00-13.30 Uhr mit Erklärungen durchgeführt. Man darf fotografieren und filmen. Es ist jedoch nicht erlaubt, an Land zu gehen. In den Hütten am Ufer gehen Einheimische in traditioneller

Bekleidung **unterschiedlichen Handwerkskünsten**
nach, und es werden be-
stimmte Fertigkeiten vorgeführt, z.B.:
Es wird gezeigt, wie nach alter Methode **Feuer entzündet** wird.
Es wird der **Kanubau** demonstriert.
Bei der **Tapa-Herstellung**
werden für die Musterung
Schablonen aus Bambus verwendet. Weiß ist die Origi-
nalfarbe. Die Farben schwarz
und braun werden aufgetragen.

Feueranzünden – Pacific Harbour Cultural Centre

Die **Töpferei** erfolgt ohne Töpferscheibe.
Für die **Fischerei** sind die entsprechenden
Gerätschaften ausgestellt.
Die **Kopra-Herstellung** wird vorgeführt.
Die "Chiefs Bure" ist von außen zu sehen.
Palisaden schützen sie vor unbefugtem Zu-
tritt.

- **Theater- und Tanzvorführungen**

Nachmittags ab 15.00 Uhr werden Theaterstücke, traditionelle Tänze und die Zeremonie des Feuergehens vorgeführt.

● **Das Freilichtmuseum
"Orchid Island Cultural Centre"**

Im Gegensatz zum Pacific Harbour Cultural
Centre darf man beim Orchid Island Center
die nachgebauten Bures von innen besichtigen.

*Bootsfahrt – Pacific Harbour
Cultural Centre*

- **Die Bure Kalou**

Dieser hohe Tempelbau durfte in früheren Zeiten nur von den Hohenpriestern
betreten werden. Er ist 30 Fuß hoch und entstand in einer Bauzeit von acht
Monaten. Normalerweise waren die Türen kleiner. Wegen der Besucher wurden
die Eingänge größer angefertigt.

- **Das "Chiefhouse"**

An einer Wand ist die **Liegestatt** des Häuptlings aus Matten und Tapa angedeutet.
Im Raum sind allerlei **Waffen** zusammengetragen:

Speere mit vier Spitzen,
Totschläger aus Hartholz,
grob gegabelte Hölzer, um den Feinden am Boden das Genick zu brechen,
Keulen, mit denen die Gegner zu Boden geschlagen wurden.

Außerdem findet man hier u.a. noch folgende **Gebrauchsgegenstände**:
Schalen waren für die **Kava-Zeremonie** gedacht.
Das große **Tritonshorn** wurde aus dem Schneckengehäuse der Trompetenschnek-
ke (*Tritonium nodiferum*) gefertigt.
In hochgehängten **Körben** wurde die Nahrung aufbewahrt. Man hatte eine beson-
dere Konstruktion erfunden, damit Katzen und Ratten sie nicht erreichen konnten.
Oberhalb der Körbe war eine Holzscheibe angebracht, die sich zur Seite neigte,
wenn ein Tier von oben darauf sprang und dabei abrutschte.
In **Tonkrügen** bewahrte man Wasser auf.
Als **Fischfanggeräte** verwendete man Reusen und Netze.

- **Kleiner Zoo und Botanischer Garten**

In Käfigen werden **Affen, Papageien** (u.a. "Red-breasted Musk Parrot" [*Proso-
peia tabuensis*], **Entenvögel** und ein **Kurzkammleguan** [*Brachylophus fascia-
tes*] / "Banded Iguana") gehalten. Zwei Arten von Wasserschildkröten ziehen in
einem Bassin ihre Bahnen:
Suppenschildkröten (*Tor-
tue verte*) / "Green Turtles"
und **Echte Karettschildkrö-
ten** (*Eretmochelys im-
bricuta*) / "Harkbill Turtles".
Ein kleiner **Lehrpfad** unterrichtet über Zier- und Nutzpflanzen, z.B. die Scharlach-
lote Alpinia (*Alpinia purpurata*), Masi (für Tapa-Herstellung), Ananas, Tabak,
Yaqona (für Kava-Zeremo-
nie), Vanille und Zuckerrohr.

Kurzkammleguan – Orchid Island Cultural Centre

- **Kleines Museum**

In einem kleinen Museum wird ein Abriß der fidschianischen Geschichte gegeben. Demonstrationen von Kokosraspeln und Korbflechterei veranschaulichen die
traditionelle Lebensweise der Eingeborenen.

● **Das Navua-Flußdelta**

Beim Erreichen des Navua-Flußdeltas ist der Regenwald einer **weiten, ebenen
Graslandschaft** gewichen, und die Berge sind in blaudunstige Ferne zurückgetre-
ten. Riesige **Indische Banyanbäume** (*Ficus bengalensis*) mit enormem Umfang
lassen ihre Luftwurzeln aus ihrer dichten Laubkrone auf die Erde wachsen. **Seerosen** (*Nymphae capensis*) blühen rosa in den Bach- und Flußarmen des Deltas.

Der **Navua River** wird von einer langen Straßenbrücke überspannt, über die die Queens Road führt. Auf dem Fluß werden **Bambusfloßfahrten** (*"Bilibilis"*) für Touristen veranstaltet. Der Ort Navua ist unbedeutend.

Hotel
Heartbreak Hotel $$, P.O. Box 87 Navua, Tel.: 460.310

● **Nausori**

Die Hauptstadt Suva, auf einer Halbinsel gelegen, ist im Kapitel 12.7.2 beschrieben. In Suva endet die von Nadi durchgehend asphaltierte Queens Road (Südküste), und es beginnt die **Kings Road** Suva-Nadi (Nordküste).

Eine weitgespannte Brücke verbindet die beiden Ufer des **Rewa River** bei Nausori, bevor man die lebhafte und volkreiche Stadt erreicht. An der linken Flußseite, am Busbahnhof vorbei, führt die Hauptstraße weiter nach Norden. In **Kasavu** verläßt man das Rewa-Tal, und die Straße schlängelt sich durch sehr welliges Land mit Restbeständen von wildem Busch und Grasland, dazwischen immer wieder die ausladenden **Indischen Banyanbäume** (*Ficus bengalensis*), auch Würgfeigen genannt, mit ihren pilzförmigen, tiefen Schatten spendenden Kronen. Deshalb heißen sie auch im Volksmund Schattenbäume.

Hotel
Kings Hotel $$, Main Street, Tel.: 478.833

● **Korovou**

Bambusfloßfahrt
Abenteuerlich ist eine Bambusfloßfahrt durch die **Waika-Schlucht**, die westlich von Vunidawa am Cross-Island Highway (siehe Karte), zwischen den Dörfern Naitauvoli und Naivucini liegt. Zwei Männer steuern Sie geschickt mit Hilfe langer Stangen an vorspringenden Felsen vorbei und durch schäumende Stromschnellen.

In **Korovou** müssen Sie sich entscheiden. Es gibt **zwei Möglichkeiten der Weiterfahrt**, entweder der **Kings Road** weiter zu folgen, um die Insel ganz zu umrunden oder die Abzweigung nach **Natovi Landing** zu nehmen und mit der Fähre nach Vanua Levu überzusetzen.

❶ Wenn Sie die Insel vollständig umrunden wollen, dann müssen Sie der zunächst noch asphaltierten und links abgeknickten **Kings Road** weiter in nordwestlicher Richtung folgen. Vorweg sei gesagt, die Straße ist nicht durchgehend asphaltiert und hat teilweise eine schlecht befestigte Straßendecke. Sie würden **Rakiraki** an der Nordküste mit seiner Zuckermühle Penang Mill, die Sie besichtigen können, passieren. In **Ba**, der nächstgrößeren Stadt, lebt die meist indische Bevölkerung hauptsächlich vom Zuckerrohranbau. In **Lautoka** würde sich der Ring Ihrer Erkundungsfahrt (s. frühere Beschreibung im gleichen Kapitel) schließen.

Die weitere Fahrt auf der Nordroute bietet meines Erachtens keine weiteren Sehenswürdigkeiten und Höhepunkte.

❷ Wenn Sie meinem Routenvorschlag folgen, dann bleibt die im folgenden beschriebene **Alternative Natovi Landing**.

● **Natovi Landing**

In **Korovou** verläßt man die bisher sehr gute Asphaltstraße. Bitte nicht der nach links abgeknickten Kings Road folgen, sondern die Fahrt in nördlicher Richtung auf einer Schotterstraße geradeaus weiter nach Natovi Landing fortsetzen! Die gelben Winden am Straßenrand müssen den aufwirbelnden Staub schlucken, den die Autos in langen Fahnen hinter sich herziehen.

In Natovi Landing befindet sich der Anleger für die **Fähre nach Nabouwalu** auf Vanua Levu, der zweitgrößten Insel Fidschis und nach **Ovalau**. Außerdem legt dort ein Boot für Gäste nach **Naigani** an.

Fähre
Mo-Sa verkehrt gegen 7.00 Uhr eine große Autofähre Natovi-Nabouwalu. Die Überfahrt dauert ca. vier Stunden.

Tip
Mein Vorschlag wäre, den Leihwagen auf der Fähre nach Vanua Levu zu überführen und dort mit dem gleichen Fahrzeug diese Insel zu erkunden. Es muß jedoch wegen der sehr schlechten Straßenverhältnisse auf der Nachbarinsel ein Auto mit möglichst hoher Bodenfreiheit sein.

Hinweis
Der übliche Anreiseweg nach Vanua Levu führt mit der Fähre Suva-Savusavu oder dem Flugzeug zu dieser Insel. Man kann in Savusavu ein Auto mieten.

12.8 VANUA LEVU

Highlights

- **Überquerung der Urwaldberge** auf der Transinlandstraße!
- **Besuch des idyllischen Ortes Savusavu** an der Südküste!

12.8.1 ÜBERBLICK

- **Vanua Levu** ist **landschaftlich sehr abwechslungsreich.** Sandstrände und Korallenriffe an der Küste, Regenwälder in den Bergen, Reis- und Zuckerrohrfelder in der Trockenzone kennzeichnen die sehr unterschiedlichen Biotope.
- **Vanua Levu** ist eine **sehr ruhige Insel,** vom Tourismus und von der Industrie kaum berührt, in der sich **traditionelle fidschianische und indische Lebensweisen und Kulturen** ziemlich unverfälscht erhalten haben.
- Insgesamt ist die **Insel dünn besiedelt.** Es gibt viele kleine, weit verstreute Dörfer.
- Die **Bewohner** sind **sehr gastfreundlich** und hilfsbereit.

12.8.2 INSELFAHRT VON NABOUWALU NACH SAVUSAVU

Streckenhinweis
Gesamtstrecke: Nabouwalu – Savusavu: 138 km
Summierte Teilstrecken: ab Nabouwalu zunächst in nördlicher Richtung bis Abzweigung rechts (Km 95), in südöstlicher Richtung bis Savusavu (Km 138)
Fahrtdauer: 1-2 Tage wegen sehr schlechter Straßenverhältnisse

Traditionelle indische Lebensart – Vanua Levu

- **Nabouwalu**

Nabouwalu ist ein kleiner verschlafener Ort, in dem das Leben in ruhigen Bahnen verläuft und in dem es nur etwas lebhafter wird, wenn eine Fähre an- oder ablegt.

Unterkünfte
- **Gouvernment Guesthouse $,** am Berghang des Dorfes gelegen, man folgt, von der Fähre kommend, nach der ersten Straßenkreuzung der Straße geradeaus dem Hinweisschild "Provincial Hospital Gouvernment", bis eine schmale Straße mit dem Hinweisschild "Nabouwalu Police Station" links abzweigt. Nach einer weiteren Abzweigung

rechts erblickt man das gelbe Gouvernment Guesthouse. Dort stehen 2 Gästezimmer zur Verfügung, Anmeldung beim "District Officer" in Ba, Tel.: 84.010.

● **YWC As. S**, Schlafsaal mit Matten, von der Fähre Abzweigung rechts bis zu einer kleinen Brücke mit der Ausschilderung "Nabouwalu Village", Abzweigung links und kurz danach wieder links und bergab bis zu einem blauen Haus

Fähre
Mo-Sa verkehrt gegen 10.00 Uhr eine große Autofähre von Nabouwalu nach Natovi (Viti Levu).

● **Wairiki**

Von Nabouwalu bis Wairiki (Km 9) führt die schlecht gewartete, rauhe Schotterstraße zunächst hart an der Küste entlang. Zur Rechten breitet sich tropischer Regenwald aus. Nördlich von Wairiki wird das Gelände etwas offener. Je nach Jahreszeit sind die **indischen Bauern** mit dem **Reisanbau** oder der **Reisernte** beschäftigt. Archaisch mutet die **Methode des Reisdreschens** an. Vier Ochsen werden ständig im Kreis herumgeführt. Sie zertreten die gemähten Reisgarben, dabei fallen die Körner aus den Rispen heraus. Anschließend sind indische Frauen in farbigen Saris und Kinder damit beschäftigt, die Spreu von den Reiskörnern durch den Wind zu trennen.

Reisdreschen – Wairiki

Frauen melanesischer Rasse **sind mit dem Wäschewaschen im Bach** beschäftigt. Voll bekleidet im flachen Wasser des fließenden Gewässers hockend, verrichten sie fröhlich plaudernd und lachend ihre Arbeit. Gerne lassen sie sich bei ihrer Beschäftigung fotografie-

Trennung von Reiskörnern und Spreu – Wairiki

ren. Begeisterte Freudenschreie begleiteten unsere Foto- und Filmarbeit. Hier sind die Menschen noch unverdorben.

Das trockene **Grasland** ist teilweise mit Kiefern aufgeforstet worden. Sicherlich stand hier früher ein primärer Trockenwald.

Vanua Levu und Taveuni

Südpazifik

Kia

Great Sea Reef

Ma

Mathuata - I - Wai

Nukumbati I.

Nanduri

Wailev
Tambia
Wainggele

Navindamu

Ndelaikoro

Yangganga

Dreketi

Vanua

Ngaloa
Naivaka
Bay

Nasarowangga

Mbatiri

Nas
(1C

Naselesele
Waterfall

Rukuruku Bay

Lekutu

Wailevu

Seseleka
(421m)

Savusavu
Bay

Natuvu

Savusavu

Navunievu

Bua

Thongea

Ndawara

Bua
Bay

Navotuvotu

Ndaria

Lesiatheva
Point

(842m)

Sawani

Nasawana

Namalata

Wainunu
Bay

Nabouwalu

Solevu Pt.

Namenalala

Kor

i graphic

● Bua

Bei Km 25 liegt eine unauffällige Tankstelle, an der man sehr leicht vorbeifährt, weil nur draußen liegende Benzinfässer auf ihre Existenz hinweisen. Mit der Tankstelle ist ein kleiner Laden verbunden. 500 m nach diesem einzigen Anhaltspunkt in der Landschaft geht es links zu dem Dorf Bua, abseits der Hauptstraße. Unterwegs gibt es Fruchtstände, an denen Kinder indischer Abstammung den Reisenden Obst zum Kauf anbieten.

● Sarowaqa River

Über eine lange Brücke wird der wasserreiche, breite Fluß überquert. Auf dieser Brücke wurde uns von einem einfachen, dunkelhäutigen, krausköpfigen Mann aus reiner **Menschenfreundlichkeit** eine große Papaya geschenkt. Dies ist nur ein kleines Beispiel für die aufrichtige Freundlichkeit der Menschen dieser Insel.

● Dreketi

Dreketi (Km 61) ist eine größere Ortschaft, die etwas abseits der Hauptstraße liegt. Die Lebensgrundlage dieses Dorfes ist, wie auch bei allen übrigen Dörfern der Insel, die **Landwirtschaft**. Mit Hilfe von Ochsen wird die schwere Feldarbeit verrichtet. Die geduldigen Tiere ziehen sogar schwere **altertümliche Schlitten**, als ob das Rad in dieser Gegend der Erde noch nicht erfunden wäre.

Durch den Kontakt mit einer indisch-muslimischen Familie wurde in Erfahrung gebracht, daß **fidschianische** und **indische Kinder** in eine **Gemeinschaftsschule** gehen. Zusammen werden sie in **Englisch** und getrennt in **Fiji** und **Hindi** unter-

Altertümlicher Ochsenschlitten – Dreketi

richtet. Die ursprüngliche Sprache der muslimischen Inder ist jedoch **Urdu**, das man zuhause spricht.

Bei Km 95 nach dem Tachometerstand ab Nabouwalu gibt es **zwei Möglichkeiten**. Man kann entweder auf der gleichen Straße nach **Labasa** weiterfahren oder rechts nach **Savusavu** abbiegen:
- **Labasa** ist eine indische Stadt. Es ist der drittgrößte Ort Fidschis mit rund 17.000 Einwohnern. Labasa hat in seiner Lebendigkeit große Ähnlichkeit mit Lautoka. Seine Bewohner leben in erster Linie von der Zuckerindustrie.
- Die Alternative ist, **Savusavu** zu besuchen.

● **Überquerung der Urwaldberge auf der Transinlandstraße**

Die **Straße über die Berge** ist teilweise bereits asphaltiert. Ansonsten ist sie auch als Erdstraße gut befahrbar, im Gegensatz zu dem bisher geschilderten Straßenabschnitt ab Nabouwalu bis zur Abzweigung bei Km 95. Straßenbauarbeiten deuten darauf hin, daß auch der restliche Teil der Bergstraße nach Savusavu einen Bitumenbelag bekommen wird. Die Landschaft, manchmal silbrig im Sonnenschein glänzend, manchmal geheimnisvoll nebelverhangen oder von Regenschleiern ummantelt, macht diese Fahrt über die mit Urwald überzogenen Berge zu einem Erlebnis besonderer Art. **Unberührte, großflächige Regenwälder** überziehen die Vulkanberge wie ein dicker grüner Pelz. Zwischen der üppigen Vegetation in sattem Grün leuchten die dekorativen **Baumfarne** und **Bambusdickichte** in hellem Grün. Oft überziehen die **Schlingpflanzen** ganze Gebüsche und niedrige Baumgruppen netzförmig oder hängen wie Gardinenvorhänge seitlich an ihnen herunter. In den Hochlagen des wilden Gebirges erreichen die **Urwaldbäume des Nebelwaldes** nicht mehr die stattlichen Größen ihrer Vettern in den tiefer liegenden Gebirgsfalten.

Nach Km 135 erreicht man bei **Nabalenabale Village**, auffällig durch eine kleine Kirche mit einem roten Dach, die Südküste von Vanua Levu und umfährt halbkreisförmig die Savusavu Bay, bis man in Savusavu einläuft, das auf einer Halbinsel liegt.

● **Savusavu**

- **Überblick**

Savusavu ist ein **malerischer Ort**, idyllisch an der Savusavu Bay gelegen. Über den **wirbelsturmsicheren Hafen Savusavu** wurden **früher Sandelholz und Seegurken** exportiert. **Heute** als **Tiefseehafen** ausgebaut, bietet er den Fähren von Suva und den Frachtschiffen Schutz. Außerdem ist Savusavu ein **beliebter Ankerplatz für Segelyachten**. Die wirtschaftliche Basis der heutigen Bewohner beruht zum größten Teil auf der Herstellung von **Kopra**. Außerdem verbessert sich in zunehmendem Maße die **touristische Infrastruktur**. Der beste Beweis dafür ist die Neueröffnung des Luxushotels Cousteau Fiji Islands Resort im April 1995. Das **Geschäftsleben** in Savusavu beschränkt sich auf eine lokale Markthalle, zwei Banken und mehrere Läden, die zum größten Teil von Indern und Chinesen betrieben werden.

- Reisepraktische Hinweise

Hotels

● **Cousteau Fiji Island Resort $$$$$$**, (früher Na Koro Resort), Tel.: 850.188 oder 850.174, Fax: 850.340, Neueröffnung im April 1995, in exponierter Lage am Lesiaceva Point gelegen, 20 Bungalows (Bures) in einem Kokospalmenhain, 12 am Strand und 8 im Garten, Swimminpool, Tennis- und Volleyballplatz, Massage, Andenkenladen, Konferenzraum, Restaurant, Barbecue am Strand, neue Tauchschule wird ins Leben gerufen, das Equipment kommt aus den USA, **Jean-Michel Cousteau**, der Sohn von Jacques Cousteau, wird mehrmals im Jahr hier anwesend sein und seine Anweisungen treffen. In die Tauchschule sollen 56.000 US$ investiert werden.

● **Daku Estate Resort $$**, P.O. Box 18 Savusavu, Tel.: 850.046, Fax: 850.334, 6 Bungalows, Swimmingpool

● **David's Place, Savusavu Holiday House $**, Tel.: 216 A/H 149, 6 Gästezimmer, Gemeinschaftsbad, -WC, -Küche, Frühstücksraum, 7 Betten im Dormitory, einfach, aber sauber

● **Hot Springs Hotel $$$**, P.O. Box: 1310 Suva, Tel.: 850.430, Fax: 300.500, 43 Gästezimmer, niedrigere Preise für Rucksacktouristen, weiter Blick auf den Ozean

● **The Hidden Paradise Guest House $**, Nakama, P.O. Box 41 Savusavu, Tel.: 850.106, Fax: 850344, 6 Gästezimmer, einfach und sauber

Restaurant

Captain's Cafe, hier gibt es leckere Pizzas, beliebter Treffpunkt der Segler, Mo-Do 8.30-20.30 Uhr, Fr-Sa 8.30-21.00 Uhr, So 15.00-21.00 Uhr geöffnet.

Autoverleih

Avis, Tel.: 850.184

Schiffspassagen

Patterson Brothers Company, Tel.: 850.161, Buchung von Schiffspassagen, z.B. die 12-stündige Fahrt Savusavu-Suva, bitte wegen der sich ständig ändernden Fahrpläne und Preise im Büro nachfragen.

Busse

● Mo-Sa 10.30 Uhr fährt ein Bus **zur Buka Bay**. Von dort verkehrt ein **Boot nach Taveuni**, das den Anschluß abwartet

● Mo-Sa um 6.00, 7.00, 12.00, 14.15, 16.00 und 17.15 Uhr verkehren Busse **nach Nakoro**. Die Fahrzeit beträgt ca. 30 min.

● Reizvoll ist eine **Inselfahrt per Bus** von Savusavu in die Ostspitze der Insel Vanua Levu und nach **Labasa**. Sie dauert ca. 8 Stunden.

12.9 TAVEUNI

Highlights

- **Der Wasserfall von Bouma** – wie ein weißer Schleier!
- **Aufstieg zum Tangimaucia See** – ein "Märchenauge" im Hochgebirge!
- **Die Fahrt zum Voeux Peak (1.218 m)** – phantastischer Rundblick!

12.9.1 ÜBERBLICK

Taveuni ist mit einer Fläche von 470 km² die **drittgrößte Insel Fidschis. Ihr bizarres Relief** mit einem über 1.200 m hohen Gebirgskamm ist **vulkanischen Ursprungs**. Der höchste Berg ist der **Uluinggalau (1.241 m)**. An der Südostseite der Insel stürzen **tosende Wasserfälle** von den hohen Klippen. **Taveuni** wird auch wegen ihrer Fruchtbarkeit die **"Garteninsel"** genannt. Der rote Lateritboden eignet sich ausgezeichnet für Landwirtschaft und Viehzucht, zumal die Niederschläge, die sich an den hohen Bergen abregnen, reichlich fallen (10.000 mm!). Die **Datumsgrenze**, der 180. Meridian, verläuft mitten durch die Insel. Sie wurde jedoch, um Fidschi das Los eines unterschiedlichen Datums zu ersparen, weiter nach Osten verlegt.

In den letzten Jahren ist Taveuni zum **Taucherparadies** geworden. Besonders geeignet ist das weltberühmte **Rainbow Reef**.

Der **Vogelreichtum** ist hier noch vielfältig, weil die von den Indern wegen der Rattenplage im übrigen Fidschi eingeführten Mungos diese Insel glücklicherweise noch nicht erreicht haben.

Landschaftliche Schönheiten

- **Der Wasserfall von Bouma**

Wenn Sie mit dem Bus um die Nordspitze der Insel herumgefahren sind, dann erreichen Sie an der Nordostseite den kleinen Ort Bouma, dessen Einwohner ausnehmend freundlich sind. Dort stürzt ein Wasserfall 15 m in ein Becken. Hier können Sie ein erfrischendes Bad nehmen.

- **Aufstieg zum Tangimaucia-See**

Der Einstieg zu dieser Bergwanderung liegt hinter der Mormonenkirche in **Somosomo**. Der erste Teil der Wanderung ist steil, beschwerlich und schweißtreibend. Der sagenumwobene See liegt in 1.000 m Höhe. Am Wegesrand finden Sie seltene Blumen. Eine davon ist die Kletterpflanze *Tangimaucia* (= "im Schlafe weinen"), nach der der See benannt ist. Nach einer Legende sollen sich die Tränen einer unglücklich verliebten Inselprinzessin in die roten Blüten dieser Pflanze verwandelt haben.

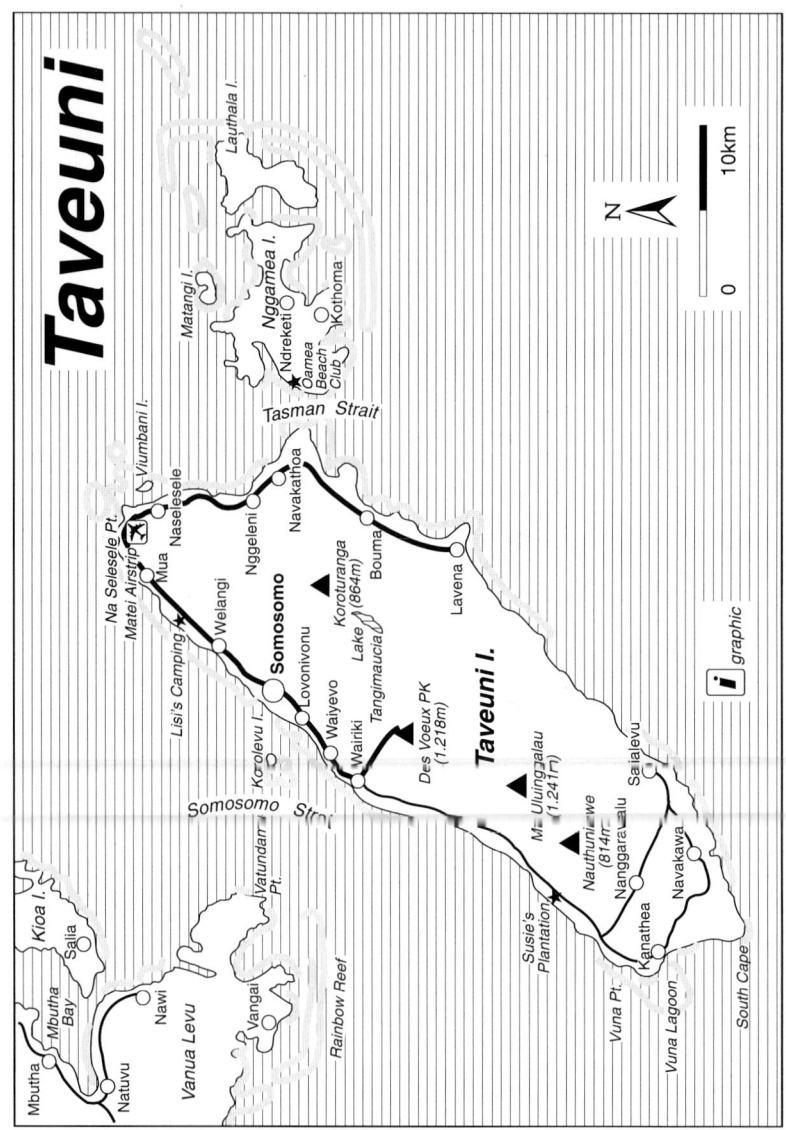

Bei zügiger Gangart brauchen Sie mindestens drei Stunden für den Aufstieg, bis Sie in den Bergsee blicken. Wie ein "Märchenauge" liegt er still und geheimnisvoll da. Bei Sonnenschein und ruhiger Wetterlage spiegeln sich die Berge in seiner glatten Wasseroberfläche.

- **Die Fahrt zum Voeux Peak (1.218 m)**

Nur bei beständigem Wetter lohnt die Geländewagenfahrt, die beispielsweise von der "Maravau Plantation" oder "Dive Taveuni" organisiert werden kann, auf den Voeux Peak. Bei **Wairika** nimmt die Serpentinenstraße auf den zweithöchsten Berg der Insel ihren Anfang.

Nach dem herrlichen Rundblick können Sie an einem bestimmten Punkt, den Sie vorher vereinbart haben, wieder von dem Geländewagen aufgenommen werden, nachdem Sie durch den Regenwald zu Fuß bis dort abgestiegen sind.

Reisepraktische Hinweise

Unterkünfte
- **Bibi's Accommodation** $, P.O. Box 80, Waiyevo, Tel.: 880.443, ideal für Familien
- **Coconut Grove Beachfront** $$$, Cottage, PA Matei, Tel.: 880.328, nahe dem Matei Airstrip
- **Kaba's Motel** $$, P.O. Box 4, Tel.: 880.233, Fax: 880.202, mit Kücheneinrichtung, Kühlschrank, heißes und kaltes Wasser
- **Kools Accommodation** $, Lot 16, Naqara, P.O. Box 96, Tel.: 880.395, 6 Gästezimmer
- **Niranjan's Budget Accommodation** $$, PA Matei, Tel.: 880.406
- **Sunset Accommodation** $, P.O. Box 15, Lovonivonu, P.O. Box 15, Tel.: 880.229
- **Susie's Plantation** $$, Tel.: 880.465, auf einer privaten Kokosplantage gelegen, auch Dormitory (Schlafsaal)
- **Tuvununu Paradise Garden Inn** $$$, C/- Matei Airport, Tel.: 880.465, Restaurant

Camping
- **Beverly's Campground** $, Kontaktadresse: P.O. Box 80 Waiyevo, Taveuni, Tel.: 880.408, ideal für Familien, Übernachtung im eigenen Zelt, im geliehenen Zelt oder in der Bure, frische tropische Früchte und Schnorchelausrüstung sind frei, Wandertouren, Vogelbeobachtung, Reiten und Seekajakfahren können organisiert werden
- **Lisi's Campsite** $, Vacale Estate, PA Matei, Tel.: 880.136, 5 min vom Matei Airport, Früchteverzehr frei, Mahlzeiten auf Bestellung

Restaurants
- **Audrey's "Sweet Somethings"**, Tel./Fax: 880.039, täglich 10.00-18,00 Uhr geöffnet
- **Coconut Grove Cafe**, Tel.: 880.328, Fax: 880-050, Ozeanfront-Restaurant, nahe dem Matei Airstrip, kontinentale Küchen, Meeresfrüchte, rein vegetarische und lokale Gerichte, Di-So 12.00-14.00 Uhr und 18.00-20.00 Uhr geöffnet
- **Maravu Plantation Restaurant Wananavu**, Tel.: 880.556, Fax: 880.660, internationale Küche, täglich 7.30-22.00 Uhr geöffnet

Tauchen
Die meisten Hotels organisieren Tauchausflüge oder haben selbst eigene Tauchbasen. Hier einige Adressen mit Telefon- und Fax-Nummern:
- **Seax of Legra**, P.O. Box 89 Waiyevo, Tel.: 880.141, Fax: 880.466
- **M.V. Matagi Princes II**, Tel.: 880.260, Fax: 880.274
- **Dive Taveuni Resort**, Matei P.O. Taveuni Island, Tel.: 880.441, Fax: 880.466

- **Rainbow Reef Divers / Garden Islands Resort**, P.O. Box 1 Waiyevo, Tel.: 880.286 oder 880.544, Fax: 880.288
- **Noks Diver**, P.O. Box 22 Waiyevo, Tel.: 880.246
- **Lady Christine**, Matagi Island Resort, P.O. Box 83 Waiyevo, Tel.: 880.260, Fax: 880.274
- **Susie's Plantation Diver Centre**, P.O. Box 69 Waiyevo, Tel.: 880.125

Sportfischen
Sportfishing Taveuni, Kontaktadresse: Captain Joseph Ierna Jr., P.A. Matei Taveuni Island, Tel.: 880.450, Fax: 880.033, Möglichkeit, Marline, Thunfische, Wahoo und Segelfische auf der 27 ft großen *Shadow* zu fangen, 440,- US$ für den ganzen und 285,- US$ für den halben Tag

12.10 DIE YASAWAS

Highlights

- **Unberührte Natur** der 16 vulkanischen Inseln!
- **Traumstrände** an kristallklaren Lagunen!

12.10.1 ÜBERBLICK

Der 80 km lange Inselbogen westlich von Viti Levu ist **sehr regenarm**, weil er im Regenschatten dieser Hauptinsel liegt. Der **Kapitän William Bligh**, der als erster Europäer die Yasawas erblickte, flüchtete am **07. Mai 1789** mit seinen 18 Mannen im offenen Ruderboot (von den Meuterern der *Bounty* ausgesetzt) vor zwei fidschianischen Kanus, mit denen er eine Begegnung vermeiden wollte.

Die berühmten **Blue Lagoon Cruises** unternehmen regelmäßig Fahrten von Lautoka aus zu den Yasawas (vgl. Kapitel 12.7.5). Die **meisten Inseln** der Yasawa-Gruppe sind **für Fremde tabu**. Eine **Ausnahme** bilden die Inseln Turtle Island (Nanuya Levu), Waya und Yasawa. Für ihr Betreten benötigt man eine **Sondergenehmigung** des District Officer von Lautoka. Das Büro befindet sich im Ministerium für Landwirtschaft und Fischerei. Die Genehmigung wird in der Regel erteilt, wenn man einen Gastgeber dieser Inseln angeben kann. Für Tavewa benötigt man keine Genehmigung.
Die Inseln werden von ca. **4.500 Einheimischen** bewohnt.

12.10.2 KURZBESCHREIBUNGEN EINZELNER INSELN

- **Taweva**
Diese Insel, nur zwei Kilometer lang und einen Kilometer breit, hat einen schönen Sandstrand zu bieten. Bei den Einheimischen kann man Bures mieten.

- **Turtle Island**
Hier wurde der sehr erfolgreiche Film "Die blaue Lagune" mit der Hauptdarstellerin Brooke Shields gedreht. Die Insel befindet sich im Privatbesitz des steinreichen US-Amerikaners Richard Evanson, der das Luxusresort "Turtle Island" errichtet hat.

- **Yasawa**
Diese längliche Insel ist das größte Eiland der Inselkette mit einer Länge von 22 km. Der höchste Berg ist der **Tauake (234 m)**. Die Yasawa Island Lodge $$$$$$ ist die einzige Unterkunft für Touristen.

- **Waya**
Diese Inselgruppe ist dicht bewaldet. Der höchste Berg ist der **Yalobi (571 m)**. Es gibt fünf Dörfer auf drei Inseln.

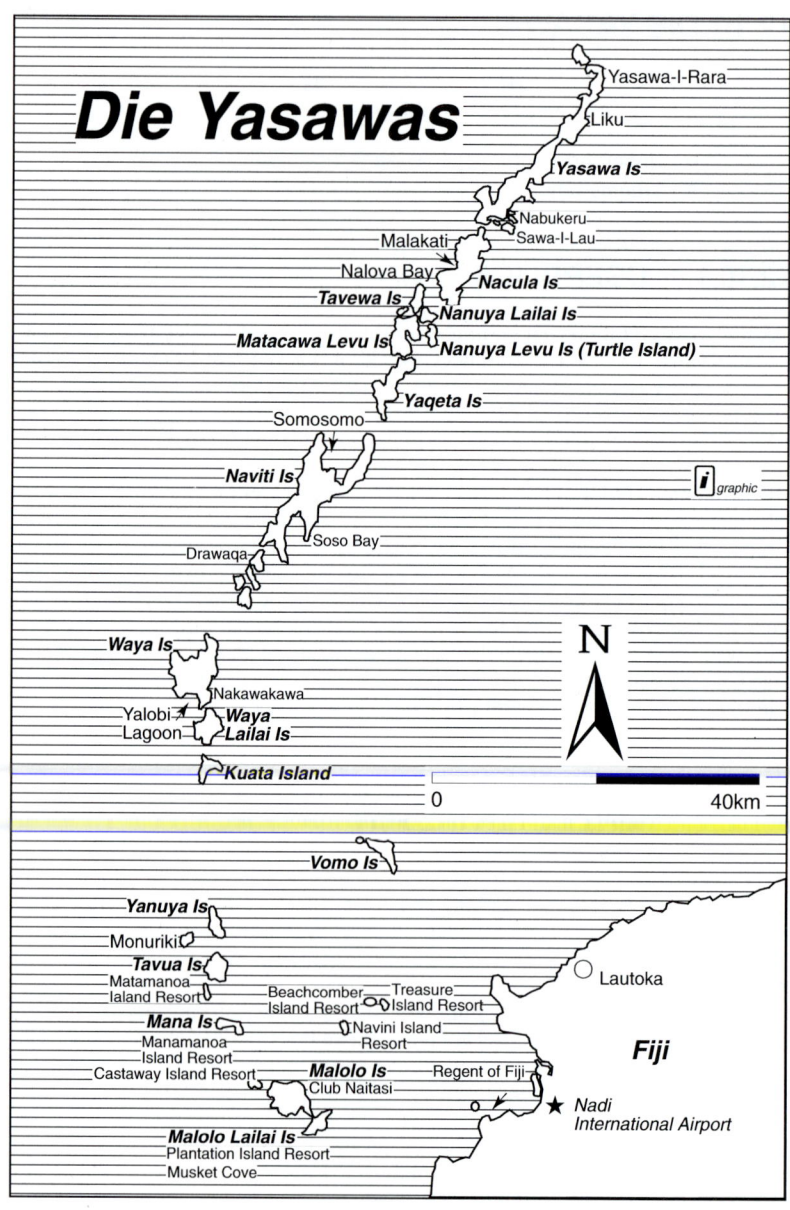

Die Yasawas

Yasawa-I-Rara

Liku

Yasawa Is

Nabukeru
Malakati
Sawa-I-Lau
Nalova Bay
Nacula Is
Tavewa Is
Nanuya Lailai Is
Matacawa Levu Is
Nanuya Levu Is (Turtle Island)

Yaqeta Is

Somosomo

Naviti Is

i graphic

Soso Bay
Drawaqa

Waya Is

N

Nakawakawa
Yalobi
Lagoon
Waya
Lailai Is

Kuata Island

0   40km

Vomo Is

Yanuya Is
Monuriki
Tavua Is
Matamanoa
Ialand Resort
Beachcomber   Treasure
Island Resort   Island Resort
Lautoka
Mana Is
Manamanoa
Island Resort
Navini Island
Resort
Fiji
Castaway Island Resort
Malolo Is   Regent of Fiji
Club Naitasi
Malolo Lailai Is
Plantation Island Resort
Musket Cove
Nadi
International Airport

- **Sawa-i-lau**

Sawa-i-lau ist eine kleine Insel, die südlich der Insel Yasawa liegt. Sie ist ein beliebtes Ziel für Kreuzfahrtschiffe, Yachten und der Blue Lagoon Cruises wegen ihrer Kalksteinhöhlen und Süßwasserpools.

Reisepraktische Hinweise

Unterkünfte
- **David Doughty's Place $$**, für Reservierung Tel.: 660.388, Fax: 660.201, einschließlich drei Mahlzeiten, auch Dormitory (Schlafsaal), Zelte vorhanden, dreimal die Woche werden Touren zum Schnorcheln und Fischen organisiert
- **Coralview Resort/Uncle Roberts (The Backpaker Paradise) $**, Buchung über: Cathay Hotel Lautoka, Tel.: 660.566, Bures und Dormitory, Möglichkeit zum Zelten, im Preis inbegriffen sind drei Mahlzeiten
- **Turtle Island $$$$$$** bietet 14 Bures mit 2 Betten für 690 US$ (!) pro Nacht, einschließlich Speisen, Getränken und Sportaktivitäten, P.O. Box 9317 Nadi Airport, Tel.: 663.889, Fax: 720.007
- **Yasawa Island Lodge $$$$$$**, Tel.: 663.364, Fax: 665.044, 16 Bures, elegant und sehr teuer, Preise einschließlich aller Mahlzeiten (ohne Getränke), Tauchen und Fischen, Transfer mit "Sunflower Airlines Charter" für 150 $ für eine Strecke

Tauchen
An Bord Ra Marama, rufen Sie Tel. 701.823

13 NEUKALEDONIEN

13.1 ALLGEMEINER ÜBERBLICK

Neukaledonien auf einen Blick

Fläche:	18.575 qkm, davon entfallen auf Grande Terre allein 16.372 qkm, zusätzlich der Schutzgebiete Wallis und Futuna mit 274 qkm
Bevölkerung:	164.173 Einwohner, davon 73.598 Melanesier, 55.085 Europäer (2/3 sind in Neukaledonien geboren), 18.936 Walliser und Tahitianer, 16.554 Indonesier, Vietnamesen und andere Volksgruppen
Sprachen:	Französisch, Englisch wird vielfach verstanden, 28 austronesische Sprachen
Hauptstadt:	Nouméa mit ca. 65.000 Einwohnern, 40% der Gesamtbevölkerung des Landes
Religionen:	in der Mehrheit römisch-katholische Konfession mit Schwerpunkten in Nouméa und auf Ile des Pins und und in der Minderheit die protestantische Konfession mit Schwerpunkten an der Ostküste von Grande Terre und auf den Iles Loyauté, außerdem kleine Guppen von Mormonen, Adventisten, Jehovas Zeugen und Baha'i-Anhängern
Flagge:	französische Trikolore, blau-weiß-rot in senkrechten Bahnen
Nationalfeiertag:	"Fête Nationale" am 14. Juli (Sturm auf die Bastille 1789)
Staats- und Regierungsform:	französisches Überseeterritorium mit beschränkter Selbstverwaltung. Zum Verwaltungsbereich gehören die Inseln: Grande Terre (Neukaledonien), Ouen und Ile des Pins, Iles Loyauté (Maré, Lifou, Ouvea, Tiga), Iles Chesterfield (Avon Renard), Iles Sandy, Iles Bélep (Art, Pott, Paabe), Huon, Surprise, Hunter, Matthew, Walpole sowie Wallis und Futuna (die beiden letzteren sind ca. 3.000 km vom Mutterland entfernt)
Wirtschaft:	Bergbau, Rinderzucht, Tourismus, Fischfang, Forstwirtschaft und Landwirtschaft
Handelspartner:	hauptsächlich Frankreich, EG und USA
Export:	Abbau von Nickel (drittgrößter Nickellieferant der Erde nach Kanada und Rußland), sehr wertvoll, weil es kein Arsen enthält, 99% des Exportaufkommens, außerdem Chrom, Eisen, Kobalt, Mangan, Kaffee und Kopra
Währung:	Cours de Franc Pacifique (CFP)
Problemfelder:	Abhängigkeit von finanzieller Unterstützung aus Frankreich, Handelsdezifit, mehr Ausgaben für den Import als Einnahmen durch den Export, Kampf der Kanaken um ihre Unabhängigkeit

13.2 GEOGRAPHISCHER ÜBERBLICK

13.2.1 LAGE UND GRÖSSE

Neukaledonien liegt im Südpazifik zwischen 19° 32' und 22° 47' südlicher Breite und zwischen 163° 33' und 167° 36' östlicher Länge. Seine Nachbarstaaten sind: Vanuatu im Nordosten, Neuseeland (1.700 km entfernt) im Süden und Australien (1.500 km entfernt) im Westen. Die größte Insel Grande Terre beherbergt die Hauptstadt Nouméa.

Die Landfläche aller Inseln beträgt 18.575 km². Das entspricht der doppelten Größe von Zypern (9.251 km²). Hinzu kommen die Schutzgebiete der Inseln von Wallis und Futuna mit 274 km², die rund 2.000 km nordöstlich von Neukaledonien liegen.

13.2.2 LANDESNATUR

Grande Terre

Die weitaus größte Insel Neukaledoniens ist Grande Terre. Sie mißt 400 km in der Länge und 50 bis 70 km in der Breite. Ihre Fläche beträgt fast 17.000 km². Sie ist nach Neuguinea und Neuseeland die **drittgrößte Insel im Südpazifik**. Weil Grande Terre auf der indoaustralischen Platte, die sich immer weiter unter die pazifische Platte schiebt, liegt, sinkt die gebirgige Insel immer weiter ab. Am Nordwest- und Südostende der Insel ziehen sich die Barriere-Riffe Hunderte von Kilometern ins Meer hinaus und schließen im Norden die Bélep-Inseln, Surprise und Huon und im Süden Isle des Pins mit ein. An den beiden Längsküsten sind die Riffe durchschnittlich 10 km von den jetzigen Küsten entfernt, ein Beweis dafür, daß Grande Terre früher größer war.

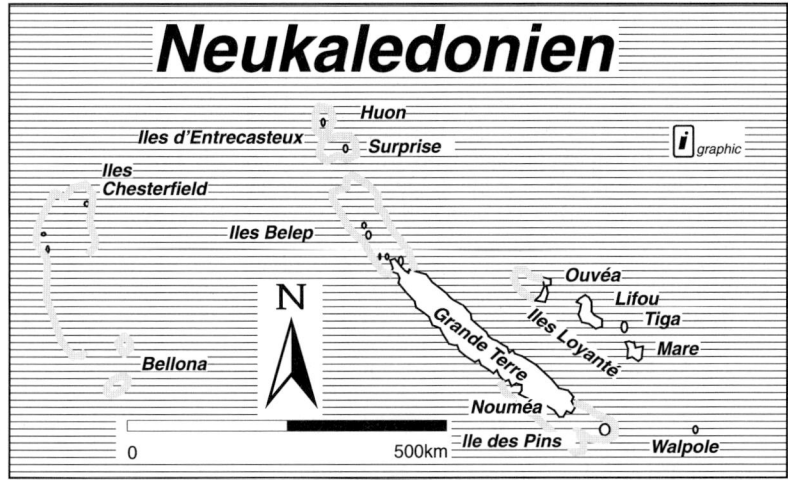

Grande Terre ist **Teil desselben Faltengebirges**, das Neuseeland im Süden und Neuguinea im Norden aufgeworfen hat. Im zentralen wilden Bergland von Grande Terre sind die beiden fast gleich hohen Berge, der **Mt. Humboldt (1.618 m)** im Süden und der **Mt. Panié (1.629 m)** im Norden, die höchsten Erhebungen. In den Bergen befinden sich **reiche Bodenschätze**, in erster Linie **Nickel**, aber auch Wolfram, Kobalt, Kupfer, Mangan, Eisen und Chrom.

Der Abbau im **Tagebau** hat tiefe Narben in die Insel gegraben. Der rote Boden färbt die Bäche, Flüsse und die Flußmündungen, als ob die Insel ausbluten würde. Wieder ist es die **Profitgier der Europäer**, die der Insel großen Schaden zufügt.

Die **Nordostküste** ist steinig und rauh. Sie fällt steil ins Meer ab. Die **Südostküste** ist flacher und sumpfiger mit einer breiten Küstenebene, die aus Schwemmland besteht.

Die übrigen Inseln

Die Iles Loyauté, die Iles Chesterfield und Walpole sind durch tektonische Kräfte **emporgehobene Atolle**. Ile des Pins, Iles Bélep, Huon, Surprise und die D'Entrecasteux-Riffe liegen **auf dem Gebirgssockel von Grande Terre**. Die von Menschen unbesiedelten entlegenen Inseln sind die Heimat vieler Seevögel geblieben.

Flora

Die Vegetation Neukaledoniens ist mit über **3.000 Pflanzenarten**, von denen 80% endemisch sind, für eine Südseeinsel sehr artenreich. Die Flora der **feuchten tropischen Ostküste** von Grande Terre hat mit ihren anschließenden Hängen bis zum Gebirgskamm im Gegensatz zur im Windschatten liegenden, **trockenen Westküste** klimabedingt einen sehr unterschiedlichen Charakter.
● **Tropischer Regenwald** bedeckt überall dort, wo der Mensch noch nicht den Primärwald zerstört hat, die Nordostflanke der Insel.
● **Die offene Savanne** mit dornigen Akazien, locker stehenden, den Eukalyptusbäumen verwandten Baumarten und harten Gräsern ist die vorherrschende Vegetation des Westens der Insel. Die Landschaft hat mehr **Ähnlichkeit mit dem australischen Busch** als mit einer typischen Südseelandschaft. Das ist kein Wunder, denn Neukaledonien liegt nur 1.200 km vor der australischen Ostküste und nur knapp im Bereich der Tropen, unmittelbar nördlich des Südlichen Wendekreises.

Der endemische *Niaouli*-Baum (*Melaleuca quinquenervia)* mit seiner charakteristisch hellen Rinde ist ein Verwandter der australischen Eukalyptusbaumarten. Er hat genau wie seine australischen "Vettern" eine feuerfeste Rinde, die in mehreren Schichten den Baum vor den übers Land ziehenden Feuersbrünsten schützt.

Schlanke bis zu 45 m hohe **Norfolk-Pinien** (*Araucaria cooki*), die die Kokospalmen erheblich überragen, wachsen besonders häufig auf der **Ile des Pins**. Diese auffälligen Bäume haben der Insel ihren Namen gegeben.

Fauna

An freilebenden **Säugetieren** hat die Inselwelt Neukaledoniens nur wenige Arten zu bieten:

- **Fliegende Hunde** / Flying Foxes, eine früchtefressende, große Fledertierart mit einer Flügelspannweite von über einem Meter,
- **Ratten**, die alle nur von zwei Paaren abstammen, die 1862 von Übersee mitgebracht wurden.

88 Vogelarten sind bislang auf Neukaledonien nachgewiesen worden, davon 18 endemische Arten. Der selten gewordene **Cagou** (*Rhynochetos jubatus*), ein grauer hühnergroßer Vogel, wurde zum **Nationalvogel** erklärt. Weil er flugunfähig ist, wurde und wird er sehr leicht eine Beute von Ratten und streunenden Hunden und Katzen. Um sein Aussterben zu verhindern, wird er im Provinzialpark "Rivière Bleue" besonders geschützt.

Die **Insektenwelt** ist u.a. mit besonders großen und farbenprächtigen Schmetterlingen vertreten.

Der **Artenreichtum der Unterwasserfauna**, besonders in den warmen Gewässern der Lagunen, ist durch die Fülle der verschiedensten Lebensformen ein Ausgleich zur Artenarmut der Landtiere.

13.3 GESCHICHTLICHER ÜBERBLICK

13.3.1 EINE VERGESSENE ZIVILISATION

Auf vielen neukaledonischen Felsen hat man **geheimnisvolle Felsgravuren** gefunden. Diese Petroglyphen haben die Form von Kreuzen, Kreisen, Spiralen und anderen geometrischen und kurvigen Kompositionen. Sie sind prähistorische Überlieferungen, die typisch für Neukaledonien sind, und sie befinden sich besonders häufig an den Landspitzen und in den Tälern der Gebirgskette von Grande Terre. Diese Zeichnungen sind zweifelsfrei uns unbekannte **Symbole**, die sich jedoch nicht zu einer Schrift entwickelt haben.

Man hat mehr als **350 Felsgravuren** katalogisiert. Es sind rund **6.000 verschiedene Motive**. Man findet diese rätselhaften Zeichen auf Grand Terre, Ile des Pins und den Iles Loyauté. Eine besonders **starke Konzentration dieser Petroglyphen** findet man in der Gegend von Thio und Poindimié. Die Gravuren scheinen eine Route zu markieren, die den langen Flußtälern nach Osten folgt, die Kammlage der Gebirgskette überspringt und wieder entlang der großen Flüsse nach Westen ansetzt. Es scheint für die Leute leichter gewesen zu sein, den Flüssen zu folgen, weil sie hier nicht Gefahr liefen, auf feindliche Menschen und gefährliche Tiere zu stoßen, und den Gebirgskamm zu überqueren, als sich entlang der Küste und der Lagunen zu bewegen. Mit dieser Theorie könnte man auch das überraschende Phänomen erklären, daß sich die **verwandten Sprachgruppen quer über die Insel** von Grande Terre entwickelt haben und nicht entlang der Küstenlinien.

Man vermutet, daß die Petroglyphen vor der Zeit der Lapita-Töpfer in die Felsen gemeißelt wurden. Unglücklicherweise ist die exakte Datierung durch die Radio-karbon-Methode wegen fehlender organischer Stoffe nicht anwendbar. Deshalb wird es sicherlich immer ein Geheimnis bleiben, wer diese Zeichen gesetzt hat und wann sie entstanden sind.

13.3.2 DIE LAPITA- UND PODTANEA-TÖPFEREI

Eine Einwanderungswelle der Austronesier brachte eine Töpferei aus Indonesien oder den Philippinen mit, die ganz bestimmte Muster aufwies.

Die Lapita-Töpferei wurde zuerst 1909 in der **Waom-Region** in Neu-Britannien (Bismarck-Archipel), heute zu Papua-Neuguinea gehörend, gefunden. Man nennt

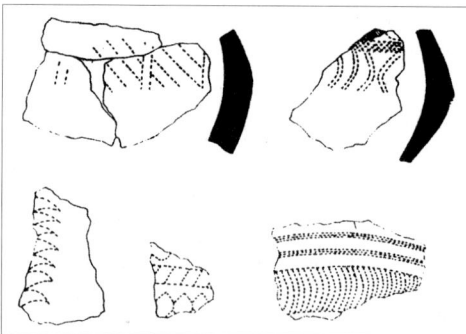

sie **Lapita**-Töpferei nach einem späteren **Fundort Lapita am Foué Beach bei Koné (Grand Terre)**. 1952 hat man hier intensiv gegraben. Auch auf der Ile des Pins fand man Lapita-Keramik. Nach Ansicht der Wissenschaftler sind die ältesten Funde ca. 5.000 Jahre alt. Töpferwaren eignen sich hervorragend, um vorgeschichtliche Kulturen zeitlich einzuordnen. Außerdem sind anhand der Scherbenfunde die Kontakte verschiedener Ge-

Muster der Lapita-Töpferei

biete feststellbar. Die Fragmente hat man im gesamten melanesischen Raum und in Polynesien bis zu den Marquesas gefunden.

Eine andere Stilrichtung waren die **Podtanea-Töpferwaren**, sehr differenziert von der Lapita-Keramik, jedoch in der gleichen Gegend Neukaledoniens gefunden. Die Podtanea-Keramik wurde mit einem hölzernen Schläger modelliert. Sie war haltbarer und besser für den täglichen Gebrauch geeignet als die sehr zerbrechliche Lapita-Keramik.

Während die Lapita-Töpferei zu Beginn der christlichen Ära plötzlich aus bisher unbekannten Gründen nicht mehr weitergeführt wurde, überlebte die Podtanea-Töpferei noch bis zum Anfang des 20. Jahrhunderts in Neukaledonien.

13.3.3 DIE GESELLSCHAFTSORDNUNG
DER KANAKEN

● Ein **Clan** ist die **kleinste Zelle** der Sozialstruktur der Kanaken. Sie setzt sich aus einem Netzwerk von engen und weitläufigen Verwandten zusammen. Der Zusammenhalt basiert auf der Idee eines gemeinsamen Vorfahren.

Über den **Ursprung eines Clans** ranken sich oft **mythische Erzählungen**. So kann der Urahn einer Großfamile durch die Begegnung mit verschiedenen Elementen der Natur, beispielsweise einem Felsen oder einem Hai, entstanden sein. Der Standort des Felsens wurde zum Territorium des Clans, während der Hai als Symbol des Clans übernommen wurde.

● Jeweils der älteste Sohn des Geschlechtes, der in direkter Ahnenreihe von dem Stammvater abstammt, wird normalerweise **Häuptling** ("Chief").

● Mehrere Clans können sich zu einem **"Chiefdom"** zusammenschließen.

● Die Allianz mehrerer "Chiefdoms" wiederum bildet einen **Distrikt**.

● Heute werden **37 einheimische Sprachen** in Neukaledonien gesprochen. Die Grenzen jeder Sprachzone sind nicht immer klar umrissen. In einigen Distrikten werden manchmal bis zu 10 Sprachen gesprochen.

● **Teilen, Geben und Nehmen** sind die **zentralen Werte kanakischen Sozialverhaltens**. Die großen traditionellen Zeremonien, "*pilou*" genannt, geben genügend Anlaß dazu, diese Sitten zu pflegen. Bei diesen Festen, bei denen die verschiedenen Clans und Distrikte zusammenkommen, werden Unmengen an Waren, z.b. Taro, Yams und gewebte Matten, ausgetauscht.

13.3.4 KAPITÄN COOK IN NEUKALEDONIEN

05.-13.09.1774   Der **Engländer James Cook** ging bei **Balade** an der rauhen Nordostküste von Grande Terre an Land und blieb neun Tage. Er nannte die Insel Neukaledonien, weil sie ihn an Schottland erinnerte. Kaledonien ist der römische Name für Schottland. Der Kapitän und seine Mannschaft wurden freundlich von den Kanaken empfangen. Sie konnten sich in dem kultivierten Land, das von einem Kanalsystem durchzogen war, furchtlos bewegen. Der **Künstler William Hodges** malte Porträts der Kanaken und Landschaftsbilder.

13.3.5 ENTRECASTEAUX AUF DER SUCHE NACH DER VERSCHOLLENEN LA-PÉROUSE-EXPEDITION

01.08.1785   Kurz vor der französischen Revolution startete **Jean-François de Galaup de La Pérouse** in Brest (Nordfrankreich) mit den beiden Dreimastern *"Boussole"* und *"Astrolab"* zu einer Expedition, um die Geheimnisse des Pazifiks aufzuklären. Der König Ludwig XIV. hatte sehr großes Interesse an dem Gelingen dieser Weltreise, die von zahlreichen Spezialisten verschiedener Fachbereiche begleitet wurde.

Die **Route** führte um Kap Horn herum zur Osterinsel, nach Hawaii und Maui, in die gefrorene Bering-See, nach Süden entlang der Westküste Nordamerikas bis Kalifornien, nach Macau (China), Manila, Formosa, durch die Korea-Straße, zu den Kurilen, nach Kamtschatka und wieder nach Süden nach Tonga. Dort zwang schwere See die beiden Schiffe, in der Botany Bay Schutz zu suchen.

Nach weiteren Instruktionen sollte La Pérouse Kurs auf die Ile des Pins nehmen und anschließend entlang der Westküste Neukaledoniens nach Nordwesten segeln.

07.02.1788   Ein **letzter Brief von Sydney** mit nebenstehendem Datum versicherte die Absicht des Kapitäns, auf gleichem Kurs nach Osten zurückzukehren.

15.03.1788	Es wurde bekannt, daß die Expeditionsschiffe in Anamuka, 60 Meilen nördlich der Tonga-Inseln, geankert hatten, ein **letztes Lebenszeichen**.
Februar 1791	Nach einer längeren Periode des Aufruhrs in Frankreich schlug die "Konstituierende Versammlung" dem König vor, **nach dem Verbleib von La Pérouse zu forschen** und die Arbeit zu vollenden, die er begonnen hatte.
29.09.1791	**Bruny Entrecasteaux** verließ Frankreich mit den beiden Schiffen *Espérance* und *Recherche*. Er wurde von einem Team von Wissenschaftlern und Offizieren sowie dem **Künstler Piron** begleitet. Diese Reise sollte sich nur auf den West-Pazifik beschränken.
Juni 1792	Nach der Umschiffung vom Kap der Guten Hoffnung und von Südaustralien erreichte man die Ile des Pins.
	Anschließend segelte Entrecasteaux entlang der **Westküste von Neukaledonien** und nahm Kurs auf **die Admiralty Islands** (Bismarck Archipel), weil er in Kapstadt gehört hatte, daß auf diesen Inseln Männer in europäischer Kleidung gesichtet worden waren. Dieser Trip war vergeblich. Der Kapitän entschied anschließend, an der Westküste Australiens entlang nach Süden, zwischen Australien und Tasmanien hindurch, an Neuseeland vorbei nach Tonga zu segeln. Anschließend kreuzte er in den Gewässern der Neuen Hebriden (heute Vanuatu) und segelte an die **Ostküste Neukaledoniens**.
21.04.1773	Im **Hafen von Balade** eingelaufen, blieb man drei Wochen. Hier **starb Huon de Kermadec**, der Kapitän der *Espérance*.
21.07.1773	Der völlig erschöpfte **Entrecasteaux** starb drei Monate später. Er wurde auf hoher See beigesetzt. Als die Mannschaften beider Schiffe in **Java** von der politischen Situation in Frankreich erfuhren, kam es zu erheblichen Spannungen zwischen Republikanern und Royalisten. Die beiden Fregatten wurden an die Holländer übergeben, und die Männer gingen verschiedene Wege. **Rossel**, der Kommandant des letzten Teils der Expedition, kehrte mit den wichtigsten Dokumenten der langen Weltreise nach England zurück. Er und der **Botaniker La Billardière** traten mit ihren Berichten an die Öffentlichkeit. So endete die Entrecasteux-Expedition. Die Suche nach dem Verbleib oder den Überresten der La Pérouse-Expedition hatte keine Aufklärung gegeben.
Anfang d. 19. Jahrh.	Der britische **Händler Peter Dillon** entdeckte Spuren des **Schiffswracks** der La Pérouse-Expedition **bei Vanikolo** / Santa Cruz Islands (Salomonen).

13.3.6 CHRISTLICHE MISSIONARE – WEGBEREITER DER KOLONIALHERREN

	Die europäischen Kontakte intensivierten sich. Den ersten Seefahrern folgten die skrupellosen Sandelholzhändler, denen es ums Geschäft ging. Es folgten die Missionare; denen ging es um die Seelen der Eingeborenen.
1839	**Missionar John Williams**, der große Organisator der **London Missionary Society** (LMS), dem die Eingeborenen auf Sava'i (Samoa) einen so glorreichen Empfang bereitet hatten, wurde in Erromango (Vanuatu) kurzerhand erschlagen. Seine Helfer flüchteten auf andere Inseln.
1841/1842	Die protestantischen Missionare der London Missionary Society ließen sich nicht entmutigen. Sie ließen sich in **Maré** (1841) und **Lifou** (1842) nieder.
1843	Die **Franzosen** beobachteten eifersüchtig das Treiben der britischen evangelischen Missionare. Sie schickten die *Bucéphal*, das erste Kriegsschiff, das Neukaledonien sah, nach Balade. An Bord befanden sich der 33-jährige **Bischof Monseigneur Douarre und vier katholische Missionare**.

13.3.7 STRAFKOLONIE NEUKALEDONIEN

1853	**Kaiser Napoleon III.** von Frankreich annektierte Neukaledonien, um dort eine Strafkolonie nach dem britischen Vorbild von New South Wales in Australien zu errichten.
1864-1897	In dieser Zeit wurden **Tausende von Strafgefangenen** auf die **Ile Nou**, eine Insel in der Bucht von Nouméa, geschafft. Man zog sie zur Schwerstarbeit im Straßenbau und zur Erschließung des Landes heran. 1864 überbrachte die *Iphigénie* die erste Schiffsladung mit 248 Gefangenen.
(1872-1879)	Auf der **Ile des Pins** wurden 4.000 **politische Gefangene** inhaftiert und isoliert.

13.3.8 ENTEIGNUNG UND VERTREIBUNG DER KANAKEN WEGEN AUSBEUTUNG DER BODENSCHÄTZE

1864	Der französische Bergbauingenieur **Jules Garnier entdeckte** am Diahot-Fluß **Nickel**. Das war der Anfang der Enteignung und Vertreibung der Kanaken von ihrem angestammten Grund und Boden, den sie zum größten Teil landwirtschaftlich genutzt hatten. Viele von ihnen mußten ihre Scholle verlassen, und ihre Terrassenfelder verfielen. Man wies ihnen wirtschaftlich unbrauchbare Flächen als **Reservate** zu.
	Die Reaktion der Kanaken blieb nicht aus. Ihr Zorn und ihre Verbitterung entluden sich in immer wiederkehrenden **Revolten:**
1878	Der **Häuptling Atai von La Foa** entfesselte einen **Guerillakrieg**. Der Blutzoll war hoch. Rund 1.000 Kanaken und 200 Franzosen ließen ihr Leben. Atai wurde von einem feindlichen Stamm ermordet. Die Folge des Aufstandes war, daß der Landraub der Franzosen sich verstärkte. Den Kanaken blieb teilweise nichts anderes übrig, als sich in den Ländereien fremder Clans niederzulassen, was wiederum zu Streit und Rivalenkämpfen führte.
	Die französische Regierung beanspruchte 2/3 der Insel Grande Terre für ihre Zwecke, und sie vergab von dem Rest 1/4 an weiße Siedler. Nur 11% blieben den Einheimischen. Der Rest war Ödland.
	In den Reservaten durften die Einheimischen kein Land erwerben. Außerdem durften sie das ihnen zugewiesene **Reservat nicht ohne polizeiliche Erlaubnis verlassen**.
1917	Der **Häuptling Noel** rief sein Volk zum erneuten **Aufstand** auf. Die Revolte wurde niedergeschlagen, und 200 Kanaken und 11 Europäer wurden dabei getötet.
1946	Die Fesseln wurden etwas gelockert; die **Kanaken** erhielten die **französische Staatsbürgerschaft**.

13.3.9 DER FREIHEITSKAMPF DER KANAKEN

April 1988	Es kam erneut zu blutigen Unruhen in Neukaledonien.
11.06.1989	Bei Parlamentswahlen in den drei Provinzen Neukaledoniens (Province Nord, Province Sud, Province des Iles Loyauté) gewannen die kanakische FLNKS im Norden und die neogaullistische RPCR im Süden.
	Die Verhandlungen über die Unabhängigkeit Neukaledoniens laufen weiter.
	Eine Symbolfigur des Freiheitskampfes der Kanaken ist ihr **Märtyrer Jeane-Marie Tjibaou**.

INFO

Wer war Jeane-Marie Tjibaou?

*Jeane-Marie Tjibaou, in Hienghène im Norden der Grande Terre geboren,
studierte in Paris. Als **Priester** kehrte er zu den trotzigen Kanaken zurück, die
in mehreren Unruhen am Ende der 60er Jahre aufbegehrt hatten. Er ließ sich
zum Laienprediger zurückstufen, um sich mehr um die Angelegenheiten seines nach Freiheit dürstenden Volkes zu kümmern.*

*Er wurde zum engagierten Führer der **Partei "Union Calédonie"**, die für die
Unabhängigkeit der Kanaken eintrat. Es kam zum Treffen mit Präsident Mit-
terand in Paris. Er bat zuletzt um die Unabhängigkeit seines Landes zum 24.
September 1984.*

*Es kam zu einem erneuten **Kanakenaufstand**. Drei Brüder und 14 Verwandte
von Jeane-Marie Tjibaou gerieten in die Falle der weißen Kolonisatoren,
Nachkommen der Gefangenen "caldoches", und wurden deren Opfer. Die
Mörder seiner Familie sprach man frei. In einem Brief an Präsident Mitterand schrieb der Freiheitskämpfer u.a: "Sind wir Kanaken endgültig dazu
verdammt, die letzten Mohikaner des pazifischen Raumes abzugeben?"*

*Auf der kleinen neukaledonischen Insel Ouvea wurden bei einem Aufstand
vier französische Gendarmen und 19 Kanaken getötet.*

*Jeane-Marie Tjibaou kämpfte mit friedlichen Mitteln weiter und handelte
einen Kompromiß mit den Franzosen in den **Verträgen von Matignon** aus,
die für 1998 eine Volksbefragung der Einwohner Neukaledoniens und eine
schrittweise oder völlige Unabhängigkeit Neukaledoniens vorsehen.*

*Am Jahrestag des Massakers von Ouvea wurde **Jeane-Marie Tjibaou** auf
dieser Insel **hinterrücks erschossen**...*

13.4 GRANDE TERRE

Highlights

- **Le Musée Territorial de Nouvelle Calédonie** in Nouméa – bestes Museum Neukaledoniens!
- **Aquarium** in Nouméa – besonders eindrucksvoll sind die Bassins der Haie und Tiefseefauna!
- **Parc Forestier Michel Corbasson**, 4 km außerhalb von Nouméa – Rarität ist der Nationalvogel Cagou!
- **Bizarre Felsenküste** in Hienghène – Attraktion: **"La Poule Couveuse"** ("Die brütende Henne")!

13.4.1 ÜBERBLICK

Grande Terre ist 400 km lang und zwischen 50 und 70 km breit. Die Fläche der Insel wird mit 16.372 km² angegeben. Die längliche, gebirgige Insel ist von einem schützenden Barriere-Riff aus Korallen umgeben.

13.4.2 DIE HAUPTSTADT NOUMÉA

Überblick

1851 James Paddon, ein ehemaliger britischer Marineoffizier und späterer Sandelholzhändler meinte, daß an der geschützten Bucht, die heute Nouméa umschließt, der ideale Platz für einen Hafen wäre, und ließ sich dort nieder. Er errichtete an besagter Stelle einen "Trading Post" (Handelsposten). **1854** wurde **Port de France** von dem französischen Marineoffizier **Tardy de Montravel** gegründet. Es sollte eine **wichtige Hafenstadt** auf der Schiffsroute Amerika-Australien werden. Um den Besitzanspruch Frankreichs zu bekräftigen, wurde ein **Fort** gegenüber der Insel Nou gebaut. **1855** entwarf der Bataillons-Kommandant **Coffyn** einen **Stadtbebauungsplan**, der u.a. vorsah, das Sumpfland zu drainieren und die Lagune aufzufüllen. **1864** wählte man **Ile Nou** in der Bucht von Nouméa aus, um dort eine Strafanstalt für Gefangene zu errichten. Im gleichen Jahr hatte der französische Bergbauingenieur **Jules Garnier** am Diahot **Nickel** entdeckt.

1866 änderte man den Namen Port de France in **Nouméa**, weil es ständig Verwechselungen mit dem karibischen Fort-de-France (Martinique) gab. **1875** erwachte das vorher eher verschlafen wirkende Nouméa, als man mit dem **Abbau** der wertvollen Bodenschätze **Nickel und Gold** auf der Insel Grande Terre begann. Die gesamte Wirtschaftsstruktur und der Lebensstil der Einwanderer aus Frankreich änderten sich dramatisch. **Anfang der 1880er Jahre** zerstörten **drei Wirbelstürme** die zum größten Teil in Leichtbauweise gebauten Gebäude der "Wildweststadt". Es gab nur wenige Bauwerke aus Stein, beispielsweise die Kathedrale und das Fort. **1890** besuchte der **Autor Robert Louis Stevenson** Nouméa.

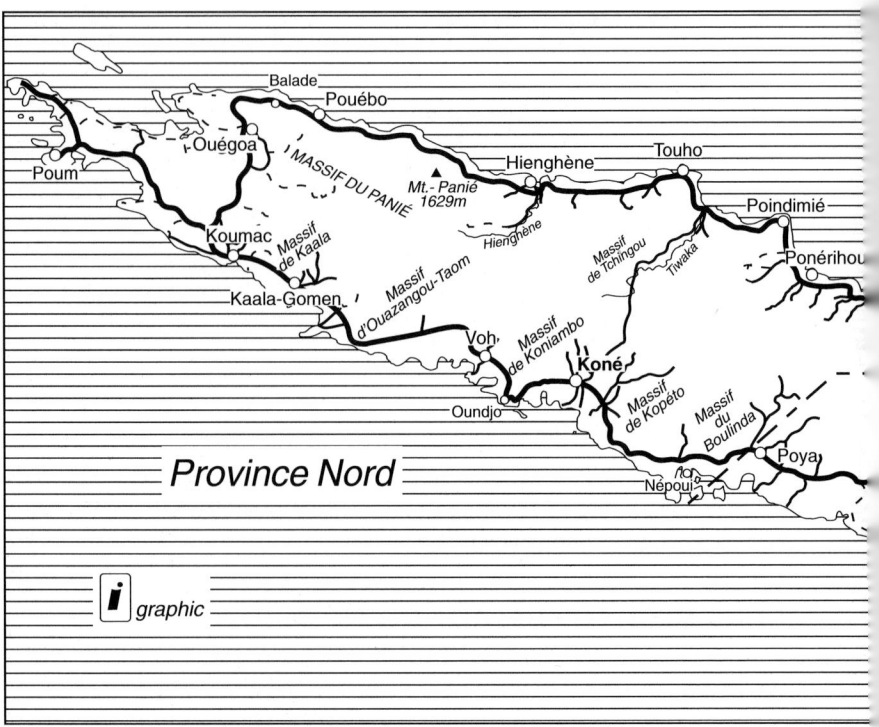

Er beschrieb den Ort als unattraktive Stadt, die man aus Vermouth Kisten zusammengezimmert habe. **1909** hatte Nouméa **7.000 Einwohner**. Mit dem Einsetzen der Industrialisierung erschienen die ersten hart arbeitenden asiatischen Einwanderer.

1932 flog der **Pilot Charles de Verneihl** von Le Bourget nach Tontouta. Es war der **erste Inlandflug** auf der Insel. Am **12. 05. 1942**, im Zweiten Weltkrieg, erreichten fast 20.000 US-amerikanische Soldaten Nouméa. Sie machten es zum **Hauptquartier der US-amerikanischen Wehrmacht** während der Operationen im Südpazifik. **Ende der 1960er Jahre** setzte erneut der **Nickel-Boom** ein, und die Bevölkerung von Nouméa wuchs gewaltig. Die Stadt wurde schöner. Gärten, Parks und Seebäder wurden angelegt.

Heute leben ca. **65.000 Einwohner** in Nouméa. Das sind 40% der Gesamtbevölkerung Neukaledoniens. Die Bevölkerung der Hauptstadt setzt sich folgendermaßen zusammen: 45,7% Europäer, 21,6 % Melanesier, 13,5 % Walliser und andere ethnische Minderheiten. Die Metropole macht einen sehr europäischen Eindruck. Das Stadtbild, die Architektur und die Geschäftigkeit der überwiegend weißen Bevölkerung geben Nouméa eher einen **mediterranen** als einen südpazifischen **Charakter**. Für Touristen ist Nouméa der **ideale Ausgangspunkt**, um Neukaledonien zu bereisen.

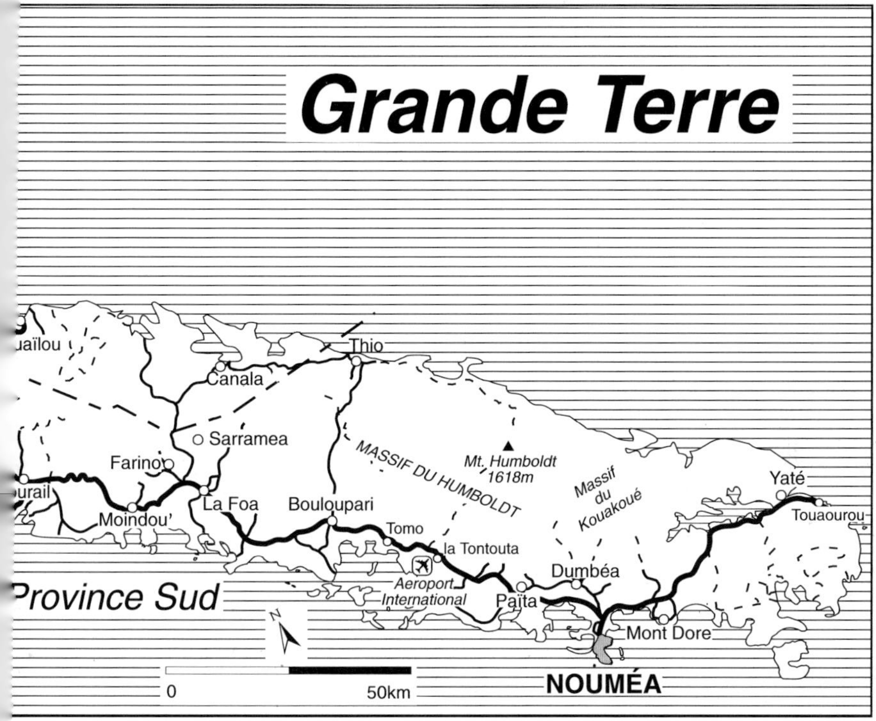

Grande Terre

uaïlou

Canala   Thio

o Sarramea

Farino   MASSIF DU HUMBOLDT   Mt. Humboldt 1618m

urail

Moindou'   La Foa   Bouloupari

Massif du Kouakoué   Yaté

Touaourou

Tomo

la Tontouta

Province Sud

Aeroport International   Païta   Dumbéa

Mont Dore

NOUMÉA

0   50km

Reisepraktische Hinweise

Tourist Information
Office du Tourisme de Nouméa, 24, Rue Anatole France, BP 2828 Nouméa, Tel.: 28.75.80, Fax: 28.75.85

Unterkünfte
Die in diesem Reisehandbuch erwähnten Hotels und sonstigen Unterkünfte sind nur als persönliche Vorschläge anzusehen. Es wird kein Anspruch auf Vollständigkeit erhoben. Auch gibt es vergleichsweise sicherlich genauso gute oder noch bessere Unterkünfte, die nicht erwähnt sind. Wegen der ständig schwankenden Zimmerpreise werden in diesem Buch folgende **Preis-Gruppierungen** nach folgendem Schlüssel vorgenommen:
$$$$$$ = über 25.000 CFP pro Doppelzimmer (DZ) $$$ = 10.000 – 15.000 CFP pro DZ
$$$$$ = 20.000 – 25.000 CFP pro DZ $$ = 5.000 – 10.000 CFP pro DZ
$$$$ = 15.000 – 20.000 CFP pro DZ $ = unter 5.000 CFP pro DZ
In Nouméa stehen 19 Hotels und Motels mit mehr als 1.200 Zimmern den Gästen zur Verfügung.
● **Innenstadt**
- **Le Paris $$$$**, 47, Rue de Sébastopol, BP 2226 Nouméa, Tel.: 28.17.00, Fax: 27.60.80, 48 Gästezimmer, Code *): 1-3-4-7-8
- **Nouméa Village $$$$**, Tel.: 28.30.06 und 27.32.99, 48 Gästezimmer, Code *): 1-2-3-4-5-8
- **Calédonie $$$**, Quartier Latin, 10, Rue A. Brun, PB 2168 Nouméa, Tel.: 27.38.21, Fax: 27.81.45, 20 Gästezimmer, 6 Studios, Code *): 1-3-4-8

485

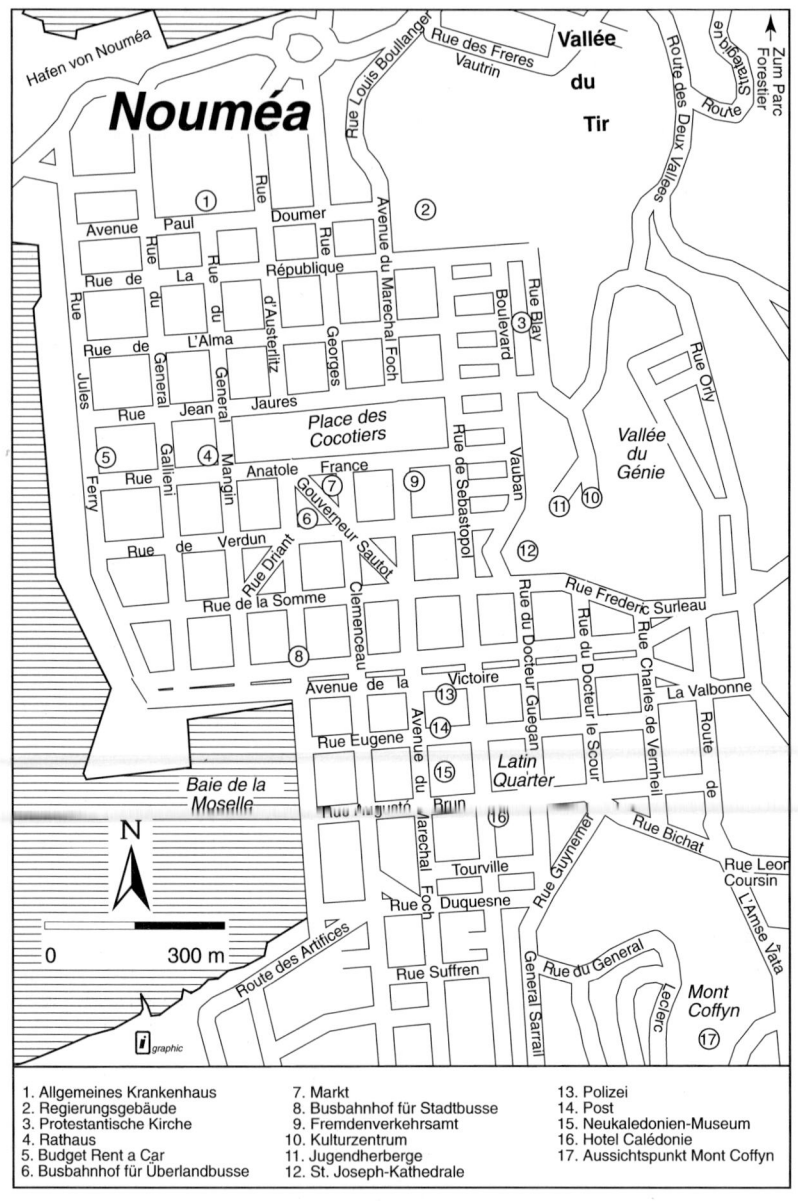

1. Allgemeines Krankenhaus
2. Regierungsgebäude
3. Protestantische Kirche
4. Rathaus
5. Budget Rent a Car
6. Busbahnhof für Überlandbusse
7. Markt
8. Busbahnhof für Stadtbusse
9. Fremdenverkehrsamt
10. Kulturzentrum
11. Jugendherberge
12. St. Joseph-Kathedrale
13. Polizei
14. Post
15. Neukaledonien-Museum
16. Hotel Calédonie
17. Aussichtspunkt Mont Coffyn

- **La Pérouse $$$**, 33, Rue de Sébastopol, BP 189 Nouméa, Tel.: 27.22.51, Fax: 27.11.87, 29 Gästezimmer, Code *): 1-3-4-8

● **Anse-Vata**
- **Club Mediterranée** $$$$$, Château Royal, Ouen Toro, Anse Vata Beach, BP 515 Nouméa, Tel.: 26.12.00, Fax: 26.20.71, 280 Gästezimmer, Code *): 3-5-8-9
- **Ile de France** $$$$$, Rue Boulari, Anse Vata, BP 1604 Nouméa, Tel.: 26.24.22, Fax: 26.17.20, 103 Appartements, Code *): 2-3-4-5-6-8
- **Surf Novotel** $$$$$, Rocher à la Voile, Anse Vata, BP 4230 Nouméa, Tel.: 28.66.88, Fax: 28.52.23, 253 Gästezimmer, 4 Suiten, 8 Duplex, Code *): 1-2-3-4-5-8
- **Le Lagon** $$$$, 143, Route de l'Anse Vata, BP 440 Nouméa, Tel.: 26.12.55, Fax: 26.12.44, 59 Appartements, Code *): 1-3-4-6-8
- **Lantana Beach Hôtel** $$$$, Anse Vata, Tel.: 26.22.12, Fax: 26.16.12, 37 Gästezimmer mit Seeblick, Code *): 1-3-4-8
- **Motel Anse-Vata** $$$$, Val Plaisance, 19, Rue Laroque, Anse Vata, BP 4453 Nouméa, Tel.: 26.26.12, Fax: 25.90.60, 22 Studios, Code *): 1-3-4-6
- **Nouvata Travelodge** $$$$, 123, Promenade, Roger Laroque, Anse Vata, BP 137 Nouméa, Tel.: 26.22.00, Fax: 26.16.77, 105 Gästezimmer, Code *): 1-3-4-5-6-8
- **Motel le Bambou** $$$, Tel.: 26.12.90, 16 Gästezimmer, Code *): 4-6
● **Baie des Citrons**
- **Hôtel Ibis Nouméa** $$$$, Baie des Citrons, BP 819, Tel.: 26.20.55, Fax: 26.20.44, 60 Gästezimmer, Code *): 1-2-3-4-5-6-8
- **Mocambo** $$$$, 49, Rue J. Garnier, Baie des Citrons, BP 678 Nouméa, Tel.: 26.27.01, Fax: 26.38.77, 36 Gästezimmer, 2 Suiten, Code *): 1-3-4-6-7-8
● **Magenta-Ouemo**
Le Stanley $$$$$, Rue de la Riviéra, Ouémo, BP 1617 Nouméa, Tel.: 26.32.77/26.12.51, Fax: 25.26.56, 56 Gästezimmer, 2 Suiten, Code *): 1-2-3-4-4-6-8
● **Vallée des Colons**
Paradise Park Motel $$$$, 34, Rue du R.P. Roman, Valée des Colons, BP 9 Nouméa, Tel.: 27.25.41/27.53.23, Fax: 27.61.31, 62 Studios, Code *): 1-3-4-5-6-8
● **Nouville**
Kuendu Beach Motel $$$$, Anse Du Kuendu, BP 404 Nouméa, Tel.: 27.89.89, Fax: 27.60.33, 20 Gästezimmer, Code *): 1-3-4-5-6-8
● **Ilôt Maître**
Escapade Resort $$$$$, Ilôt Mâitre, BP 4918 Noumá, Tel.: 28.53.20, Fax: 28.53.20, 44 Gästezimmer, 2 Suiten, Code *): 3-5-9
*Zeichenerklärung: Code *): 1 = Tel. im Raum, 2 = internationales Tel., 3 = Fax, Telex, 4 = Fernseher, 5 = Swimmingpool, 6 = kl. Küche, 7 = Minibar, 8 = Air Condition, 9 = Sport*

 **Jugendherberge**
Auberge de Jeunesse / Youth Hostel $, Route du Château d'Eau, 51 bis Rue Olry, BP 767 Nouméa, Tel.: 27.58.79, Fax: 25.48.17, Ridet 138800.001; diese Jugendherberge ist die preisgünstigste Möglichkeit, in Nouméa zu übernachten, sehr sauber, und es herrscht Ordnung. Die freundliche und bestimmte französisch-deutsche Herbergsleitung leistet sehr gute Arbeit. Sie wird z.Zt. von dem Franzosen Jacky Sorin und der Deutschen Andrea Schäfer versehen. Die Herberge hat 10 Doppelzimmer, 14 Dormitories mit 4 Betten, insgesamt 88 Betten, eine Gemeinschaftsküche mit vielen Gasbrennern in einer langen Herdreihe, abschließbare Kühlschränke, Schließfächer, einen Bügelraum, eine Waschmaschine, einen überdachten Trockenplatz, 2 Gemeinschaftsduschen für Männer und 2 Gemeinschaftsduschen für Frauen auf einer Etage, einen Tischtennisraum. Man genießt einen phantastischen Blick von den Balkons aller Zimmer auf die Stadt, den Hafen und das Meer.
Tip:
Der **kürzeste Weg von der Innenstadt zur Jugendherberge** führt über eine Treppe, deren Aufstieg Sie am Zusammentreffen der Rue Jean-Jaurès und dem Boulevard Vauban finden. Richtpunkt ist ein hoher Sendemast.

Camping
Camping ist in Nouméa und Umgebung nicht erlaubt.

Restaurants
(siehe A-Z "Neukaledonien", Kapitel 6.1.8)

Busse
Der **zentrale Busbahnhof** "Bus Commune" liegt an der Ecke Avenue de la Victoire/ Rue du Général Mangin.
Buslinien ab Busbahnhof mit folgenden Zielen:
No. 02: Magenta (Magenta Clinic) über die Straßen Albert-1er und Taragnat
No. 03: Trianon-Anse Vata über Motor-Pool
No. 04: Faubourg-Blanchot über Route du Port-Despointes
No. 05: PK 5 über RT 13 bis, 13, 1 und 14
No. 06: Baie des Citrons – Anse Vata über Rue J. Garnier und Aquarium
No. 07: Magenta (Inlandflughafen) und Ouémo
No. 08: Cité Saint Quentin – Pont des Français
No. 09: Rivière Salée
No. 10: Ducos – Rue Papeete
No. 11: Tindu – Numbo
No. 12: Montravel (Botanischer Garten) – **Cité Pierre Lenquette**
No. 13: Nouville (Ile Nou)
Abfahrtzeiten: Die Stadtbusse oder blauen Busse verkehren täglich von 5.30 bis 18.45 Uhr alle 15 bzw. 30 min auf o.g. Routen. **Einheitsfahrpreis:** 100 CFP; Näheres im A-Z "Neukaledonien", Kapitel 6.1.8; am zentralen Busbahnhof können Sie die Broschüre "Inter-Lignes No. 2" über Infos von Transportmöglichkeiten gratis erhalten.

Autoverleih
• **AB Location**, 36 Avenue du Maréchal Foch: Tel.: 28.12.12
• **Avis**, Rond Point du Pacifique, Tel.: 27.51.01
• **Budget**, Complexe Le Palm Beach Anse Vata, Tel.: 26.38.38
• **Hertz**, 113 Route de l'Anse Vata, Tel.: 26.18.22
• **Mencar**, 8 Rue Jean-Jaurès, Tel.: 27.61.25
• **Nouméa Car**, 9 Rue Bichat Quartier Latin, Tel.: 27.25.91
• **Pacific Car**, 9 Rue Soissons Fbg. Blanchot, Tel.: 27.60.60
• **Visa Location**, Rue Auguste Brun Quartier Latin, Tel.: 26.44.44

Taxis
Der Taxi-Stand befindet sich am Place des Cocotiers, Radio-Taxis, Tel.: 28.35.12 und 28.53.70

Le Petit Train
Fahrpreis: 800 CFP für Erwachsene, 500 CFP für Kinder

Ab Palm Beach Station	Ab Office du Tourisme	An Palm Beach Station
9.30	10.00	10.30
10.45	11.15	11.45

Ab Palm Beach St.	Ab Office du Tour.	Bot. Garten	An Palm Beach St.
13.30	14.00	14.25	15.00
15.15	15.45	16.10	16.45

Flüge
● **Internationale Fluglinien**: Den **Flughafen Tontouta**, 50 km außerhalb der Hauptstadt gelegen, bedienen fünf internationale Fluggesellschaften: Air France, Qantas, Air New Zealand, Air Calédonie International und Air Nauru. Ab Paris gibt es vier Flüge nach Nouméa.
● **Inlandsflüge**: Air Calédonie bedient die Hauptinsel und die Nebeninseln regelmäßig.
(Näheres im A-Z "Neukaledonien", Kapitel 6.1.8)
● **Billigflüge**: Die **Compagnie des Voyages**, 8, Rue Oberkampf, Paris sucht Ihnen die billigsten Flugmöglichkeiten von Frankreich nach Neukaledonien heraus. Bei **Corsair** kostet beispielsweise z.Zt. ein Flug Paris-Nouméa über Tahiti: nur 1.800,- DM.

Hubschrauberflüge
● Helicoocean, Tel.: 25.39.49, 4/6 sitziger Helicopter
● Aviazur, Tel.: 25.37.09, 5/9 sitziger Helicopter

Segeltörns
● Alizes Voiles: Tel.: 27.50.43
● Capitaine Ad Hoc (Buchung: Pacific Charter): Tel.: 26.10.55
● Nouméa Yacht Charters: Tel.: 28.66.66
● Santa Maria: Tel.: 28.46.56
● Vagabund Charters: Tel.: 26.14.93

Hochseefischen
● Fetia Reva (Herr Delorme): Tel.: 25.44.00
● James Cook (Palm Beach Gallery): Tel.: 26.31.31

Motorboot-Verleih
● **Mit Besatzung**
Pacific Charters, 138, Route de l'Anse-Vata, Tel.: 26.10.55
● **Ohne Besatzung**
Nouméa Rent-a-Boat, 2, Rue Paddon, Vallon du Gaz, Tel.: 26.25.28

Tauchen
● Amedee Diving Club, Fun Beach, Anse-Vata, Tel.: 26.40.29
● Colleen (Herr Cruellas) – Buchung im Club Med, Tel.: 26.12.00
● Nauticus, 79, Rue de Sébastopol, Nouméa, Tel.: 27.51.22

Hauptpost
Öffnungszeiten: 7.45-11.15 Uhr und 12.15-15.30 Uhr
Sie liegt an der Ecke Avenue du Maréchal Foch/Eugen Porcheron.

Galerien
● **La Galerie Galeria**, 3, Rue Gal.-Gallieni
● **La Galerie Kirkea**, 26, Rue de l'Alma
● **La Galerie Ondine**, Rue R. Coty
● **La Palette**, 51, Rue Jean-Jaurès

Buchhandlung
English Bookshop, Route du Post Despointes, Faubourg-Blanchot, gut geordneter Laden mit Fachliteratur aller Art

Geldwechsel
Bei American Express, 27 bis, Avenue du Maréchal Foch, BP 50 – 98845 Nouméa Cedex, Tel.: 28.40.40, Fax: 27.26.36 (im 3. Haus, Richtung Westen (Hafen) von der Querstraße Rue de Verdun, Haus mit den Aufschriften "Center Voyages" und "Shopping Centre") können Sie **günstig Traveller Reiseschecks ohne "Tax" tauschen!**

Rollstuhlgerechte Bürgersteige
Rollstuhlfahrer können sich problemlos und ohne fremde Hilfe in der Innenstadt bewegen, weil die Auf- bzw. Abfahrten der Bürgersteige für Rollstühle hergerichtet wurden.

Redaktionstips

☆ **Übernachtung** im Hôtel Ibis Nouméa $$$$
☆ **Stadtbesichtigung** mit folgenden Sehenswürdigkeiten: Kathedrale St. Joseph, Le Musée Territorial de Nouvelle Calédonie (Museum von Neukaledonien)
☆ **Mittagessen** im La Coupole, Anse-Vata
☆ **Besuch** des sehr lohnenswerten Aquarium de Nouméa
☆ **Abendessen** im Calypso, Anse-Vata

Sehenswürdigkeiten

● **Kathedrale St. Joseph**

Die Kathedrale wurde im neugotischen Stil erbaut, und das Kirchenschiff ist in Kreuzform angelegt. Die sehr schönen farbigen Fenster des Gotteshauses leuchten im Nachmittagslicht besonders prächtig. Es werden täglich Messen zelebriert.

● **Le Musée Territorial de Nouvelle Calédonie**
(Museum von Neukaledonien) (Ecke Avenue du Maréchal Foch/ Rue de Auguste Brun, gegenüber Baie de Moselle)

Öffnungszeiten
Mo, Mi-Sa 9.00-11.30 Uhr und 12.15-16.30 Uhr

Dieses Museum wurde 1863 gegründet. In seiner jetzigen Form existiert es seit 1972. Es enthält viele Exponate der Archäologie und der Ethnologie der ozeanischen Kultur und alte melanesische Skulpturen.

- **Eingangshalle**

In der Eingangshalle wird der Besucher mit den **spiraligen Zeichnungen von Petroglyphen**, die bisher nicht enträtselt wurden, auf die Geheimnisse der neukaledonischen Antike eingestimmt.

Kathedrale St. Joseph – Nouméa

- **Untere Etage**
 Galerie der kanakischen Traditionen und Kunst

Hier werden Sie mit den **"Flêches"** (Dachspitzen) aus Holz unterschiedlicher Stilrichtungen aus verschiedenen Regionen von Grande Terre bekannt gemacht. Diese und andere **Holzschnitzereien** an Türpfosten und Balken sind alle **Bestandteile der Hütten** der Kanaken. In einer mit Gras gedeckten nachgebauten Hütte kann man auch einen Blick ins Innere werfen. In der Mitte befindet sich eine Feuerstelle.

Bei den **traditionellen Tänzen** fanden folgende Utensilien Verwendung: **Rasseln** aus getrockneten Fruchtkapseln mit nußartigen Früchten darin, **Blasinstrumente** aus großen Schnecken, außerdem Nasenflöten, **Schlaginstrumente** aus Bambus

Im **Bootsbau** sind zwei Typen vorherrschend: **Doppelkanus** mit Segeln aus geflochtenem Bast, **Pirogen**, aus einem ausgehöhlten Baumstamm mit Auslegern

Als **Werkzeuge** wurden benutzt: **Äxte** mit Steinklingen, **Bohrmaschinen** mit Handbügeln zum Hin- und Herziehen

Die **Fischfanggeräte** reichten von Angelhaken bis zu Reusen, Fischkörben und Netzen. Um übers scharfkantige Riff zu gehen, trug man besonders stabile Sandalen.

Zu den **Waffen** zählten Pfeil und Bogen, Steinschleudern mit länglichen Steinen als "Munition", Totschläger und Keulen mit einer Spitze, um die Schädeldecke der Feinde einzuschlagen.

- **Obere Etage**
  *Archäologie und Kunst aus Vanuatu (a), den Salomonen (b)
  und Papua-Neuguinea (c)*

Zu a) Aus <u>Vanuatu</u> sind u.a. folgende **Exponate** zu besichtigen:
große Holzteller, Korbflechtwaren, Fischfanggeräte, Beile, Messer aus Hartholz,
Speere und Lanzen mit sehr verfeinerten und teils mehreren Spitzen, **Masken** aus
dem Südwesten, **Skulpturen** aus der Wurzel und dem Stamm der Kokospalme
und Schlitztrommeln, **Penisschutz** aus den
Fasern der Pandanus, Armbänder aus Perlen,
Muschelschalen und Pflanzenfasern, **Geld** aus
auf Schnüre gezogenen Muschelschalen und
Schmuck, ebenfalls aus verschiedenen Mu-
schel- und Schneckengehäusen.

Zu b) Von den <u>Salomonen</u> findet man u.a.
in den Auslagen: Holzschalen, Paddel, sehr
feine Webwaren, **Tapa** und Halsschmuck, aus
kleinen Perlen zusammengefügt.

Zu c) Aus <u>Papua-Neuguinea</u> begeistert den
Ethnologen die Vielzahl der ausgestellten
Masken und **Skulpturen**.

- **Innenhof**

Geschützt im Innenhof, der von einer Kokospalme beschattet wird, ist eine große typische **Eingeborenenhütte** aufgebaut worden.
Sie ist umrundet von Norfolk-Pinien (*Arau-
carias cookis*).

*Eingeborenenhütte –
Museum in Nouméa*

● **Aquarium de Nouméa** (an der Baie des Citrons, Fahrt vom
Busbahnhof Nouméa zum Aquarium mit Linie 3 in Richtung "Anse Vata")

Öffnungszeiten
Di-Fr 9.30-11.30 Uhr und 13.30-16.45 Uhr, Sa-So 13.30-16.45 Uhr
Eintrittspreise:
Erwachsene: 600 CFP, Studenten: 200 CFP, Kinder: 100 CFP

Seitdem **1956** das Aquarium neu eingerichtet wurde, findet man hier alle Formen
der Fauna und Flora der Lagunen. Seewasser wird beständig von der offenen See
in die Tanks gepumpt. Die Meerestiere und -pflanzen werden in bestimmten
Intervallen dem Meer "entliehen". Dieses Aquarium akklimatisierte zum ersten-
mal die besonderen Kostbarkeiten der Tiefseeflora und -fauna.

Die **Erklärungen** an den einzelnen Bassins sind **in französischer und englischer
Sprache** abgefaßt.

Über **besonders interessante Meerestiere** der flachen, warmen, lichtdurchfluteten Lagunen und der dunklen, geheimnisvollen Tiefsee werden kurze Beschreibungen abgegeben:

- **Steinfische** können dem Menschen gefährlich werden. Sie liegen fast immer sehr versteckt und gut getarnt am Meeresboden, dadurch ereignen sich leicht Unfälle. Auf ihren Rücken sind 16 Giftstachel angebracht. Das beim Drauftreten in den Fuß eindringende Gift kann Herzprobleme und im ungünstigsten Fall den Tod eines Menschen verursachen. Es gibt jedoch inzwischen ein Serum, das in Apotheken zu haben ist. Es ist wichtig zu wissen, daß das **Toxin**, das der Steinfisch produziert, **thermolabil** ist, d.h., es ist wärmeunverträglich. Wenn man vom Steinfisch gestochen worden ist, dann soll man heißes Wasser in die Wunden geben oder eine glimmende Zigarette in die Stichstellen halten. Außerdem ist es ratsam, sich ruhig zu verhalten.

- **Feuerfische**, jedoch leicht erkennbar, haben ebenfalls **giftige Stacheln**.

- **Korallen** sind Tiere und keine Pflanzen. **Einmalig** ist eine in einem besonderen Bassin untergebrachte **Koralle**, die **hier 1966 geboren** wurde. Es ist nachweislich das erste Mal, daß in einem Aquarium ein solches Ereignis stattgefunden hat.

- **Seeschlangen** sind in den Lagunen Neukaledoniens häufig anzutreffen. Sie können mehrere Stunden unter Wasser bleiben. Periodisch müssen sie zum Luftholen an die Wasseroberfläche kommen. Sie sind **sehr giftig**. Sie beißen jedoch nur, wenn man sie berührt.
Der **Gewöhnliche Plattschwanz** (*Laticauda laticaudata*) / Black-banded Sea Snake ist die einzige Seeschlange dieser Art, die auch an Land kriecht, um sich auszuruhen. Sie ernährt sich hauptsächlich von aalartigen Fischen (kleine Muränen). Ihr **Nervengift** ist **12-mal stärker als das der Kobra**. Diese Seeschlange ist besonders scheu und nicht aggressiv. Wenn man sie an der Küste entdeckt hat, sollte man sie am besten in Ruhe lassen.
Die **Blaugebänderte Ruderschlange** (*Emydocephalus annulatus*) / Blue-banded Sea Snake hat eine Länge von einem Meter. Sie vertilgt die Eier von Riffbarschen ("Damselfishes")
Die **Plättchen-Seeschlange** (*Pelamis platurus*) / Yellow bottemed Frog Snake kann das Maul sehr weit öffnen.
Die **"Dragon Snake"** *) (*Acalyptophis peroni*) hat kleine Schuppen um ihre Augen, daher der Name "Dragon Snake" (Dragon = Drachen).
Die **Schildkrötenköpfige Seeschlange** ((*Aypisurus laevis*) / Beige Snake wird über einen Meter lang.
*Zeichenerklärung: *) = Es wurden englische und wissenschaftliche Namen verwendet, weil deutsche nicht bekannt sind.*

- Die **Meeresschildkröten** legen ihre Eier immer wieder an bestimmten Stellen im Sand ab. Man unterscheidet folgende Arten:
Suppenschildkröte (*Chelonia mydas*) / Green Turtle
Unechte Karettschildkröte (*Caretta caretta*) / Big-headed Turtle
Echte Karettschildkröte (*Ereth-mochelys imbricata*) / Good Scale Turtle

- Die **Schwarzspitzen-Riffhaie** (*Carcharinus melanopterus*) / Reaf Blacktipped Sharks werden von den Besuchern des Aquariums besonders interessiert umlagert. Die Haie schwimmen unruhig hin und her. Sie werden bis zu 1,80 m lang. Von

200 bekannten Haiarten gibt es allein 30 in den Gewässern um Neukaledonien. Die Haie haben am Kopf und am Körper spezielle Zellen, mit denen sie Schwingungsfrequenzen von verwundeten Fischen aufnehmen können. Die Vibrationen ziehen sie in Radien von 300 m magisch an. Die Hälfte der Funktionen ihres Gehirns ist mit verschiedenen Geruchsaufnahmen befaßt.

- Der **Napoleonfisch** ist der größte seiner Art aus der Familie der *Labridae*.

- **Korallenriffe**, die Sauerstoff produzieren, sind genau wie die Wälder die **Lungen unseres Planeten**. Korallen leben mit Algen in Symbiose. Diese Algen transformieren Sonnenenergie durch die sog. Photosynthese in chemische Energie, die dazu beiträgt, die Skelette der Korallen in Calciumkarbonat zu zersetzen. Deshalb sind Korallen (*Madrepores*) in allen ihren Variationen, Formen und Farben die Erbauer von Korallenriffen, so auch des großen Barriere Riffs, das Neukaledonien umschließt. Es umfaßt mit 24.000 km^2 die größte Lagune unserer Erde.

  Korallen wachsen sehr langsam. Die **Gehirnkoralle** nimmt beispielsweise nur einen cm pro Jahr an Durchmesser zu. Das bedeutet, ein 100 cm großer "Gehirnkorallen-Ball" hat infolgedessen ein Alter von 100 Jahren.

  Fluoreszierende Korallen wurden erstmals 1958 in der Tiefsee entdeckt. Das Neukaledonien-Aquarium ist das einzige auf unserer Erde, in dem diese "leuchtenden Edelsteine" gezeigt werden.

- Die **Nautilus** (*Nautilus mascromphalus*) ist ein lebendes Fossil, das sich seit 100 Millionen Jahren nicht verändert hat, im Gegensatz zu anderen Meereslebewesen. Sie wird im Ozean in einer Tiefe von 20 bis 500 m, meistens in 300 m Tiefe gefunden. Man hat bisher noch keine Eier oder Jungtiere entdeckt. Die Vermehrung dieser uralten Tierart ist noch unerforscht. Die Nautilus ruht bei Tageslicht. Erst nachts wird sie aktiv. Sie meldet warmes, lichtdurchflutetes Meereswasser. Äußerlich hat sie die Form einer symmetrisch aufgerollten Schnecke. Ihr Gehäuse ist in Kammern eingeteilt. Das Tier lebt jedoch nur in dem letzten Abteil seines Gehäuses. Die übrigen **Kammern** sind mit **Gas** gefüllt. Neben einer bestimmten Gasmenge in den Schalenkammern befindet sich dort eine wechselnde Menge an Flüssigkeit, die das Tier mit einem Rohrfortsatz vermehren oder verringern kann. Dadurch kann es wie in einem Gasballon den Auftrieb oder das Absinken steuern. (Näheres unter Kapitel 4.4 "Neukaledonisches Perlboot").

● **Place des Cocotiers (Platz der Kokospalmen)**

Dieser heute 400 x 100 m große Platz war der Gemüsegarten der Armee während des 19. Jahrhunderts. Heute sind seine ausladenden Bäume, die Blumen und Rasenflächen die "grüne Lunge" der betriebsamen Stadt. Der Platz lockert das Netzwerk der urbanen Metropole auf. Er hat Symbolcharakter für die Einwohner und die Medien. Alle wichtigen Begebenheiten haben hier stattgefunden. Er zeigt den Rhythmus der Jahreszeiten an. Wenn die **Flammenbäume** mit der Glut ihrer Blüten prahlen, dann wird der Beginn des Sommers der südlichen Hemisphäre angekündet. Er ist der Lieblingsplatz der Träumer, die auf dem Rasen liegen, und der Treffpunkt von politischen Versammlungen und allgemeiner Festlichkeiten.

13.4.3 TAGESAUSFLÜGE VON NOUMÉA

Ausflug zur Baie des Citrons

Geschützt vor starken Winden, ist diese Bucht mit ihrem rund 1.000 m langen Sandstrand ein idealer Tummelplatz für Familien zum Baden, Sonnen und Sich-Entspannen. Trotz ihrer Anziehungskraft für Erholungssuchende ist sie in keiner Jahreszeit übervölkert.

Ausflug zum Parc Forestier Michel Corbasson

(Zoo und Botanischer Garten)
(Buslinie No. 12 von Nouméa bis Montravel, Tel.: 27.89.51 oder mit "Le Petit Train")

Öffnungszeiten
Mo-Sa 13.30-18.00 Uhr, So und an allgem. Feiertagen 11.00-18.00 Uhr, vom 01.Mai bis 31. August nur bis 17.00 Uhr geöffnet
Eintrittspreise
Erwachsene: 300 CFP, Kinder (3-12 Jahre): 100 CFP

In einer hügeligen Landschaft, von der aus man einige Buchten der Küste übersehen kann und in einem schattigen Primärwald gelegen, befindet sich ein **botanisches und zoologisches Schutzgebiet**, das seltene Exemplare ozeanischer Flora und Fauna, speziell von Neukalekonien, beherbergt.

● **Fauna**
Einige, sonst im Freiland nur in Ausnahmefällen zu beobachtende, Vogelarten werden hier kurz vorgestellt. Sie werden mit Ausnahme des Cagou in Gehegen gehalten.
- Hier können Sie mit Sicherheit den seltensten aller Kreaturen Neukaledoniens finden. Es ist der **Cagou**, das Emblem des Landes, ein flugunfähiger, endemischer Vogel, dessen Ruf sich bei Beunruhigung wie das Bellen eines Hundes anhört. Er wurde zum Nationalvogel Neukaledoniens erklärt. Er ist einzig in seiner Art und lebt meistens in feuchten Urwäldern der zentralen Gebirgskette und in den Regenwäldern an der Küste von Grande Terre.
- Die **Notou-Pigeon *)**, eine Taubenart, ebenfalls ein endemischer Vogel, ist in den Wäldern der Hauptinsel beheimatet. Ihr prächtiges Federkleid glänzt in dunklem Blaugrau, und ihre Augen sind rot gefärbt. Sie ist die schönste und größte (50 cm) Taube Neukaledoniens, lebt von Samen und Früchte und fliegt oft paarweise.
- Die **White-throated Pigeon *)** (*Columba vitiensis*) ist eine große, graue Taubenart mit weißem Kehlfleck, die sich von Beeren und Samen ernährt und die in den Wäldern und Savannen Ozeaniens vorkommt.
- Die **Green Pigeon *)** ist eine grüne, ebenfalls endemische Taubenart, die Samen und wilde Feigen als Nahrung bevorzugt. Sie ist in den Regen- und Galeriewäldern Neukaledoniens beheimatet.
- Der **Blue Goshawk *)**, eine Habichtsart, dessen Beute Nagetiere, Vögel und Insekten sind, kommt in den Savannen und Wäldern Neukaledoniens endemisch vor.

- Die **Caledonien Crow** *), eine Krähenart, die Würmer, Eier und Insekten vertilgt, ist in den Wäldern, Savannen, Plantagen und Gärten Neukaledoniens anzutreffen.
- Die **Swamp Hen** *) ist eine blau schimmernde Rallenart mit rotem Schnabel und roter Stirn. Sie ernährt sich von Wasserpflanzen, Würmern, Insekten, Krebsen und Früchten, und ihre Heimat sind die Sumpfgebiete Neukaledoniens.

● **Flora**
Auf Lehrpfaden lernen Sie durch entsprechenden Beschriftungen an **einheimischen Baumarten** deren Namen kennen:
- Der **Eisenbaum** (*Casuarina collina*) zeichnet sich durch sein sehr hartes Holz aus.
- **Pin colonnaire** *) (*Araucaria columnaris*) ist eine der 13 Pinienarten, die in Neukaledonien vorkommen und deren Merkmale lichte Kronen mit schütteren Nadelbüscheln sind.
- In einem **Palmengarten** sind verschiedene Palmenarten angepflanzt worden.

Zeichenerklärung: *) = *englische und/oder wissenschaftliche Namen, weil deutsche nicht bekannt sind*

Ausflug zum Parc de la Rivière Bleue, nach Yaté und Touaourou

Streckenhinweis
Gesamtstrecke: Nouméa – Yaté – Touaourou: 85 km
Teilstrecke: Nouméa – **Parc de la Rivière Bleue:** 44 km
Man verläßt Nouméa in östlicher Richtung über die Ausfallstraße **"Route Territoriale (RT) No. 13"**, stößt auf die **"Route Principale (RP) No. 14"**, die mit "Magenta" ausgeschildert ist. Man passiert den lokalen Flughafen "Aerodrome de Magenta" und kommt auf die **RP 1**, bei Km 7 Abzweigung rechts nach "Monte Dore" und "Yaté", bei Km 23 auf der RP 3 nur der Ausschilderung "Yaté" folgen, bei Km 44 **Abzweigung links** und Stichfahrt von 3 km zum **Parc de la Rivière Bleu**, nach Rückkehr auf die Hauptstraße nach Km 62 Brücke über schmale Bucht des Stausees, nach Besuch von **Yaté**, Abzweigung links nach **Touaorurou** (Km 79) und Gite Rural (Km 85)

Unterwegs "schrauben" Sie sich mit ihrem Fahrzeug auf guter Asphaltstraße in die Berge, die mit einer lockeren Strauchschicht bedeckt sind. Nur in den Tälern sieht man größere Bäume. Ansonsten ist das **Macchie-artige Gebüsch** mit Farnkräutern durchsetzt. Teilweise sind die Berghänge monoton mit Kiefern aufgeforstet. Der Straßenbau hat tiefe Narben in dem paprikaroten Boden hinterlassen. Die **Erosionsschäden** sind erheblich. Nach einer Fahrt von 44 km von Nouméa hat man die Abzweigung links zum Provinzialpark Rivière Bleue erreicht.

● **Parc Provincial de la Rivière Bleue**

Öffnungszeiten
täglich außer Mo 7.00-17.30 Uhr
Eintrittsgeld: 500 CFP pro Auto, die Personenzahl ist unbeschränkt, Eintrittskartenverkauf 7.00-16.00 Uhr

Hinweise
- Hunde und Katzen, Waffen und Fischerboote dürfen nicht mitgeführt werden!
- Das Jagen, das Sammeln von Pflanzen und das Feuermachen an nicht dafür vorgesehenen Plätzen sind verboten!
- Zelten ist an den dafür ausgewiesenen Plätzen erlaubt!

Man kann bis zu einer Hütte (Punkt 3 der Karte eines am Parkeingang erhältlichen Prospekts) mit dem Wagen fahren. Von dort führt ein Wanderweg zu zwei Wasserfällen, die in ca. drei Stunden zu Fuß erreicht werden können.

Was findet das **besondere Interesse** der Parkbesucher?

- Die **gigantischen Kaori-Bäume** (Punkt 8), sicherlich Hunderte von Jahren alt, sind wundervolle Exemplare des Regenwaldes Neukaledoniens, der früher weite Teile der Insel bedeckte. Folgende Zahlen verdeutlichen die gewaltigen Ausmaße dieser Baumriesen:
Stammdurchmesser von 2,70 zu 1,30 m am Grund, Stammhöhe: 20 m,
Gesamthöhe: 40 m, Kronendurchmesser: 35 m,
geschätztes Alter: 800 Jahre.
- Ein **Lehrpfad** (auch Punkt 8) führt durch den dichten Urwald, der nur wenige Meter einsehbar ist. Auf dem Rundweg sind die unterschiedlichsten Bäume und Sträucher durch Hinweisschilder bezeichnet. Besonders beeindruckend sind die **gigantischen Baumriesen**, z.B.: *Hernandia coroagera, Bureavella wakere* und *Elaecarpus comptonii*, mit den den Stamm stabilisierenden Brettwurzeln. **Lianen** umschlingen diese Urwaldbäume. Die stärksten Stränge der Schlingpflanzen sind so dick wie die Beine eines erwachsenen Menschen. In ca. einer 3/4 Stunde hat man den Rundweg bei ausgiebiger Betrachtungsweise absolviert.

Cagou – Parc Provincial de la Rivière Bleue

- Der **Cagou** (*Rynochetos jubatus*), ein endemischer, flugunfähiger, hühnergroßer, grauer Vogel, der wegen seiner Einmaligkeit und Seltenheit zum Nationalvogel Neukaledoniens erklärt wurde, kann mit etwas Glück hier in seiner natürlichen Umgebung beobachtet werden. Interessant ist es, wenn man ihm bei seiner Nahrungssuche im dichten Urwald zusieht. Er spürt Würmer und anderes Getier im feuchten Waldboden auf. Wenn man ihm zu nahe kommt, dann spreizt er seine Flügel und gibt fauchende, knurrende und bellende Geräusche von sich.
- Die **Notou** (*Ducula goliath*) ist eine 50 cm große blaugraue Taube, die in diesem Schutzgebiet ihr heimliches Leben führt.
- Der **Blue Butterfly** (*Papilion montrouzieri*) ist nur einer der vielen farbenprächtigen großen Schmetterlinge, die besonders an den sonnenbeschienenen Ufern der Bäche zu sehen sind.

- **Weiterfahrt nach Yaté und Touaourou**

Zauberhaft ist der Blick von der Höhe der Bergstraße auf die **Mündung des Yaté-Flusses** mit den kleinen Inseln in der Lagune. Nachdem man Yaté einen kurzen Besuch abgestattet hat und zurück auf der Hauptstraße ist, kann man sich am südlichen Ufer der Flußmündung nach dem Passieren der Brücke über dem Yaté-Fluß dem Dorf **Touaourou** zuwenden. Dichter Regenwald mit hohen Bäumen, die teilweise zitronengelb blühen, bestimmen das Landschaftsbild in der Umgebung des Küstenortes. Schwärme von kreischenden grünen Papageien mit rotem Brustgefieder lärmen im Tropenwald.

6 km südlich der Siedlung gibt es Unterkünfte am Strand, in denen man ungestört und zurückgezogen einige Tage verbringen könnte.

Unterkunft
Gite Rural $, es können Bungalows gemietet werden, auch Zelten ist erlaubt, ein Sandstrand lädt zum Ausruhen und die Lagune mit dem vorgelagerten, vor Haien und hohen Wellen schützenden Korallenriff zum Schwimmen ein.

Gite Rural – Touaourou

498

13.4.4 INSELRUNDFAHRT

Streckenhinweis
● **Gesamtstrecke:** Nouméa – Koumac – Poum – Koumac – Ouégoa – Houailu – Bourail – Nouméa: 1.143 km
● **Vorschlag zur Zeiteinteilung:** 3-4 Tage

● **Savannenlandschaft**

Nach dem Verlassen von Nouméa führt die Straße in nordwestliche Richtung, dem Küstenverlauf folgend, durch offenes Hügelland. Manchmal flankiert Bougainvillea die Straßenränder. In der **savannenartigen Landschaft** weiden Rinderherden, und an den Hängen des **Massif du Humboldt** zur Rechten ist ein lockerer *Niaouli*-Baumbestand auszumachen. Dort, wo der rote Boden nackt zutage tritt, sind Ackerflächen angelegt, die jedoch zum Anbau von Gemüse künstlich bewässert werden müssen.

An den wenigen Wasserläufen gedeihen **Galeriewälder** und in den Ortschaften Mangobäume, Bananen und Weihnachtssterne.

● **La Tontouta** (Km 45)

Unterkunft
Hotel Tontoutel $$, BP 8 Tontoutel, Tel.: 35.11.11, Fax: 35.13.48 500 m vom internationalen Flughafen Tontouta entfernt, 43 Gästezimmer und ein Studio, Air Condition, Restaurant, Bar, Swimmingpool, Minigolf, Reiten

Tip
Wenn Sie im **Restaurant Relais de Ailes** ein Abendessen ordern, dann erlaubt Ihnen der Wirt, in dem weiträumigen Obstgarten für eine Nacht zu kampieren.

Das flache Gelände um **La Tontouta** war ideal für den Bau des **internationalen Flughafens** der Insel. Rinder und Pferde weiden in dem ebenen Grasland, und Greifvögel schweben über dem Tiefland wie Papierdrachen. Bei der Überquerung des **Flusses La Tontouta** kann man einen weiten Blick in die "offene Flanke" des Massif du Humboldt werfen.

Anschließend wird es wieder bergiger. Im Morgen- oder Abendlicht bei tiefstehender Sonne sehen die **Berge mit ihren tiefen Schlagschatten** wie ein faltiger Mantel aus. Man passiert **Tomo**, einen langgezogenen Ort. In dem trockenen Land sind alle Farben gedämpft und in **Pastelltönen** unaufdringlich abgeschwächt: die grauweißen Stämme der *Niaouli*-Bäume und das beige, fahle Gras.

● **Bouloupari** (Km 73)

Unterkunft
Paillottes de la Ouenghi $$, BP 56 Bouloupari, Tel.: 35.17.35, 15 Gästezimmer, Restaurant, Bar, Swimmingpool, Tennis, Golf, Reiten

Entfernungstabelle

Entfernung in km	Boul	Bour	Cana	La F	Hien	Houa	Kaa	Koné	Koua	Kou	Népo	Nou	Ouég	Poin	Poné	Poué	Pou	Poya	Thio	La T	Touh	Voh	Yaté
Bouloupari	-	89	93	37	302	157	278	194	100	295	161	73	330	232	203	365	351	136	47	28	260	224	139
Bourrail	89	-	98	52	213	68	189	105	105	206	72	162	241	143	114	276	262	47	136	117	171	135	228
Canala	93	98	-	56	247	102	287	203	43	304	170	166	339	177	148	310	360	145	34	121	205	233	232
La Foa	37	52	56	-	265	120	241	157	63	258	124	110	293	195	166	328	314	99	84	65	223	187	176
Hienghène	302	213	247	265	-	145	153	237	204	136	273	375	101	70	99	63	181	248	349	330	42	207	441
Houailou	157	68	102	120	145	-	245	161	59	262	128	230	246	75	46	208	318	103	204	185	103	191	296
Kaala-Gomen	278	189	287	241	153	245	-	84	294	17	129	351	52	223	252	90	73	142	325	306	195	54	417
Koné	194	105	203	157	237	161	84	-	210	101	45	267	136	236	207	174	157	58	241	222	162	30	333
Kouaoua	100	105	43	63	204	59	294	210	-	311	177	173	305	134	105	267	367	152	77	128	162	240	239
Koumac	295	206	304	258	136	262	17	101	311	-	146	368	35	206	174	73	56	159	342	323	178	71	434
Népoui	161	72	170	124	273	128	129	45	177	146	-	234	181	203	174	219	202	25	208	189	231	75	300
Nouméa	73	162	166	110	375	230	351	267	173	368	234	-	403	305	276	438	424	209	120	45	333	297	80
Ouégoa	330	241	339	293	101	246	52	136	305	35	181	403	-	171	200	38	80	194	377	358	143	106	469
Poindimié	232	143	177	195	70	75	223	236	134	206	203	305	171	-	29	133	251	178	279	260	57	266	371
Ponérihouen	203	114	148	166	99	46	252	207	105	174	174	276	200	29	-	162	280	149	250	231	105	237	342
Pouébo	365	276	310	328	63	208	90	174	267	73	219	438	38	133	162	-	118	232	412	393	223	144	504
Poum	351	262	360	314	181	318	73	157	367	56	202	424	80	251	280	118	-	215	398	379	206	127	490
Poya	136	47	145	99	248	103	142	58	152	159	25	209	194	178	149	232	215	-	183	164	206	88	275
Thio	47	136	34	84	349	204	325	241	77	342	208	120	377	279	250	412	398	183	-	75	307	271	186
La Tontouta	28	117	121	65	330	185	306	222	128	323	189	45	358	260	231	393	379	164	75	-	288	252	111
Touho	260	171	205	223	42	103	195	162	162	178	231	333	143	57	105	223	206	206	307	288	-	249	399
Voh	224	135	233	187	207	191	54	30	240	71	75	297	106	266	237	144	127	88	271	252	249	-	363
Yaté	139	228	232	176	441	296	417	333	239	434	300	80	469	371	342	504	490	275	186	111	399	363	-

Ein sehr markanter Berg im Hintergrund des Ortes **Bouloupari** ist der **Mt. Ouit-chambo (585 m)**, der durch seine ebenmäßige, kegelförmige Form auffällt. In die Galeriewälder entlang der Flüsse und Bäche mischen sich in die *Niaouli*-Baumbestände auch andere Baumarten, beispielsweise Akazien und Eisenholzbäume.

● **La Foa** (Km 110)

Unterkunft
Hotel Banu $, BP 57 La Foa, Tel.: 44.31.19, Fax: 44.35.50, 7 Gästezimmer, Restaurant, Bar

La Foa ist ein mehrere Kilometer langes Straßendorf mit einer Gendarmerie und mehreren Tankstellen.

● **Fort Téremba** (Abzweigung links bei Km 125)

Eine Erdstraße, die bei trockenem Wetter gut befahrbar ist, führt zu dem Fort an der Küste, dessen Soldaten einst den Einstieg zum Ouarai Pass bewachten. Mimosen blühem am Wegesrand, und Greifvögel lauern auf trockenen Bäumen auf Beute.

Hinter den teils verfallenen Schutzmauern des **Fort Téremba** mit seinen noch erkennbaren Schießscharten befindet sich ein **Turm**, der über 54 Stufen zu einem Ausguck führt. Von hier aus hat man einen weiten Rundblick in die Umgebung, auch auf einen **Sumpf**. Seine verschiedenen Grüntöne sind für die Augen eine willkommene Abwechslung, um dem fahlen Beige, Grau und Gelb der übrigen

Weiter Blick – Fort Téremba

Landschaft zu entfliehen. Dahinter liegt eine Meeresbucht, an deren steinigen Ufern Mangroven wachsen und wo die zerborstenen Gehäuse der Nautilus zu finden sind.

In dem alten Fort hat man einen Neubau errichtet, der ein **kleines Museum** enthält. Außerdem kann man einen Blick in die **12 Gefängniszellen** werfen. Davor steht sehr anschaulich die **Guillotine**, mit deren sausendem Fallbeil die "Verbrecher" vom Diesseits ins Jenseits befördert worden sind.

● **La Roche Percée** (Abzweigung links, kurz vor dem Ort Bourail)

Gleich hinter der Brücke über den **Fluß Néra** zweigt links von der Hauptstraße eine Stichstraße ab, die ans Meer führt. An der Flußmündung steht ein großer **einzeln stehender Felsen** vor der Steilküste. Die schrägen Gesteinsschichten, die sich im Nachmittags- oder Abendlicht rötlich verfärben und die sich dann besonders markant abheben, geben dem zum bekannten Fotomodell gewordenen Monolithen Profil. Besonders wildromantisch sieht es aus, wenn außerdem die Brandungswellen bei Flut oder stürmischem Wetter schäumend am ihm hochschlagen. Es führt ein **natürlicher Tunnel** durch das Gestein an den weiter nordwestlich anschließenden rauhen Küstenabschnitt.

Lieblicher ist der im Süden angrenzende Sandstrand, auf dem die Wellen auslaufen. Dort liegt auch, etwas im Gehölz versteckt, ein Hotel.

Monolith – La Roche Percée

Unterkunft
Hotel El Kantara $, La Roche Percée, BP 244 Bourail, Tel.: 44.13.22, Fax: 44.20.33, einen km vom Roche Percée entfernt, 20 Gästezimmer, das angeschlossene Restaurant "Ballantines", Bar, Swimmingpool, Tennis, Kanuverleih

Auf die Steilküste führt ein Weg. Von dem **Aussichtspunkt Belvédère** kann man die ganze Szenerie übersehen. La Roche Percée, der als Einzelkämpfer der Urgewalt des Ozeans trotzt, liegt zu Ihren Füßen im Westen. Im Norden rollen die Meereswogen unermüdlich gegen die rauhe Küste. Im Süden breitet sich der Sandstrand in geschwungenem Bogen aus, und im Osten schimmert und glitzert der Fluß Néra.

● **Plage de Poé**

Die Verlängerung der Straße zum Roche Percée führt in einem Bogen in westlicher Richtung zum Plage de Poé.

Hotel
Poé Beach Resort \$\$, BP 481 Bourail, Tel.: 44.18.50, Fax: 44.10.70, 6 Bungalows, 24 Gästezimmer, Restaurant, Bar, Swimmingpool, Reiten, Tennis, Golf, Volleyball, Kanuverleih

Camping
In einem Küstenwald existiert ein Campingplatz, die Tickets erhält man in Bourail in folgenden Geschäften: Orphée, Fin Gourmet und im Mini-Shop. Pro Zelt muß man 400 CFP pro Tag, 1.800 CFP pro Woche und 1.000 CFP pro Picknickgruppe bezahlen.

● **Bourail** (Km 162)

Hotel
Hotel La Néra \$\$, RT 1 Bourail, Tel.: 44.16.44, Fax: 44.18.31, 8 Gästezimmer, eine Suite, Restaurant, Bar

Bourail hat ca. 5.000 Einwohner. Es gibt dort eine Kirche, eine Bank, einen Supermarkt und Tankstellen. Es wird sehr viel Gemüse und Mais angebaut.

In einem **kleinen Museum** an der rechten Straßenseite am Ortseingang gibt es eine **melanesische Abteilung**, in der rätselhafte Petroglyphen der Eingeborenen, Steinwerkzeuge, Töpferwaren und Fotos verschiedener Hüttenformen, Skulpturen und Schnitzereien ausgestellt sind. Draußen ist eine **Rundhütte der Kanaken** zu besichtigen.

Schnitzwerk – Museum von Bourail

Die **Präsenz der Europäer** wird durch zusammengetragene Ackergeräte, Utensilien einer Schmiede, einer Sägerei und einer Molkerei der **ersten weißen Siedler** dokumentiert. Nach dem Seßhaftwerden der Einwanderer bildete sich eine bescheidene Wohnkultur aus. Es wird ein Einblick in ehemalige Küchen, Schlaf- und Wohnzimmer vermittelt.

● **Poya** (Km 209)

Poya liegt in einer fruchtbaren Ebene. Zu dem hübschen Ort gehören eine Post, ein Hospital, eine Tankstelle und Kaufläden. Die **Eglise de la St. Jeane d'Arc** ist das imposanteste Bauwerk der kleinen Siedlung.

● **Népoui** (Km 234)

Von der Hauptstraße RT 1 links abzweigend führt eine Stichstraße von 4 km nach **Népoui**. Es ist eine nüchterne Bergwerkssiedlung mit rotem Boden und dürrem Land rundherum. Am Ende der Straße befindet sich eine **Erz-Verladerampe**, an der zum größten Teil Nickel umgeschlagen wird. An den Wochenenden finden in der welligen Landschaft oftmals **Motocross-Rennen** mit viel Lärm und aufwirbelndem Staub statt.

Jenseits des Flusses Népoui führt eine weitere 10 km lange Stichstraße zum **Plage de Pindai**. Dieser Strand ist sehr einsam. Der **Plage de Franco** zweigt ebenfalls links 14 km weiter nördlich von der RT 1 ab. Dort gibt es eine Picknickstelle. Grober Schotter bedeckt den Strand.

● **Koné** (Km 267)

Unterkünfte
● **Hotel Koniambo** $$, RT 1, BP 35 Koné, Tel.: 35.51.86, Fax: 35.53.03, gegenüber vom Flugplatz gelegen, 13 Gästezimmer, 12 Bungalows, Restaurant, Bar, Swimmingpool, Tennis, Reiten
● **Monitel** $$, RT 1, BP 45 Koné, Tel.: 35.52.61, Fax: 35.55.35, 18 Gästezimmer, Restaurant, Bar, Swimmingpool, Tennis, Reiten
● **L'Escale de Koné** $, BP 25 Koné, Tel.: 35.51.09, 15 Gästezimmer, Restaurant
● **Relais Madiana** $, BP 339 Koné, Tel.: 35.50.09, Fax: 35.50.03, 4 Gästezimmer, Restaurant, Dar

Nachdem man die Ortschaft Pouembout passiert hat, erreicht man **Koné**. Der Ort hat einen kleinen Flugplatz, eine Drogerie und mehrere Geschäfte. Auffällig sind die riesigen, schirmartigen Akazien in dem fruchtbaren Tal des Koné. Kurz vor dem Fluß Koné geht es links zum **Plage de Foué**. An einer Picknickstelle kann man gemütlich auf Steinsitzen an Steintischen unter schattenspendenden Bäumen sitzen. Die Lagune ist bei Ebbe mit Schlick, der sich auf dem Korallensockel abgelagert hat, überzogen. Die Bademöglichkeiten sind nicht ideal.

● **Oundjo** (Km 285)

Die Straße führt mehrere Kilometer über einen Damm durch weites **Sumpfland**. Undurchdringliche Mangrovendickichte bedecken die Brackwasserflächen. Die Grenzen zwischen Land und Meer sind fließend, verschwommen und undeutlich. Graureiher fischen im trüben Wasser.

Schließlich kommt man zu dem **Fischerdorf Oundjo**, eine ganze Flottille von Booten liegt an der Küste. Es ist eine **Eingeborenensiedlung** mit grasbedeckten

504

Rundhütten. Hier hat sich die **Töpferei**, deren Anfänge bis 1000 v. Chr. zurückreichen, bis zum Anfang des 20. Jahrhunderts erhalten. Die ältesten Fragmente dieser Kunst werden hier gefunden.

Im weiteren Verlauf der Rundtour geht es am Fuß des **Massif de Koniambo** entlang, einer einsamen Berglandschaft mit lockerem Baumbestand. Die Rinden der bleichen Stämme der *Niaouli*-**Bäume** sehen aus, als ob abgestreifte Schlangenhäute von ihnen herabhängen. **Riesige Spinnen** hängen in ihren Netzen und warten geduldig auf ihren Fang. Die Fäden ihrer Gespinste sind so zäh und reißfest wie Angelschnüre.

● **Voh** (Km 297)

Camping
Plage de Gatope, Tel.: 35.57.14

Voh und seine Umgebung sind das **Zentrum der Rinderzucht** auf Grande Terre. Der Ort ist eine Streusiedlung. Er besitzt keinen Ortskern. Zu dieser Siedlung gehört u.a. eine Autoreparaturwerkstatt. Die Kanaken machen einen scheuen, verschlossenen Eindruck. Mit ihren Bärten sehen die Männer finster aus.
Nördlich von Voh wird intensiv **Nickelerz im Tagebau** abgebaut. Schwerbeladene Lkw kreuzen ächzend die Hauptstraße, um ihre Fracht ans Meer zur Verschiffung zu transportieren.

● **Koumac** (Km 368)

Unterkünfte
● **Monitel** $$, RT 1, BP 75, Koumac, Tel.: 35.66.66, Fax: 35.62.85, 29 Gästezimmer, Restaurant, Bar, Swimmingpool, Reiten
● **Le Grand Cerf** $$, RT 1, BP 58 Koumac, Tel.: 35.61.31, Fax: 35.60.16, 9 Bungalows, Restaurant, Bar, Swimmingpool
● **Passiflore** $, RT 1 Koumac, Tel.: 35.62.10, 11 Gästezimmer, Restaurant, Bar

Camping
Plage de Pandop, Herrn Frouin ansprechen

Koumac ist ein völlig auseinandergezogener Ort mit Supermarkt, Tankstelle und französischer Militärpräsenz. Die **Dorfkirche** zeigt Holzskulpturen mit einheimischen Motiven, z.B. ist im Altarraum eine Hütte in kanakischem Stil aufgebaut. Der Predigtständer wird vom Nationalvogel als Stütze getragen.

● **Poum** (Km 424)

Unterkunft
Malabou Beach $$$, BP 4 Poum, Baie de Néhoué, Tel.: 35.60.60, Fax: 35.60.70, 37 Bungalows, 3 Suiten, Restaurant, Bar, Swimmingpool, schöner Strand, gute Bademöglichkeit, kleine vorgelagerte Insel mit Pavillon, durch eine Brücke erreichbar, Windsurfing, Golf, Tauchen, Flugpiste in der Nähe

- **Plage de Poum**

In **Poum** wechseln **moderne Häuser**, wie die Bürgermeisterei ("la mairie") und das Gebäude der Gendarmerie, mit **grasgedeckten Rundhütten** der Eingeborenen ab. Große Mangobäume spenden Schatten. Die Glocke einer kleinen Kapelle hängt im Baum neben dem Gotteshaus. Die **Lagune** schimmert bei Sonnenschein türkis. Der Wellenschlag am Gestade wirbelt den rötlichen Sand auf. Dadurch leuchtet das Wasser am Spülsaum rot. Im Ort selbst sind die Bademöglichkeiten nicht gut. Auf einer gegenüberliegenden, mit Palmen bestandenen Insel gibt es blendend weißen Sandstrand.

● **Pointe Nahârian** (Km 455)

Wenn man die in Poum endende Straße wieder 5 km zurückfährt und links in eine Stichstraße mit der Ausschilderung "Arama, Tiabet Boat Pass, Forêt d'Ougne" abbiegt, dann wird man nach 26 km Pointe Nahârian, die äußerste Nordspitze von Grande Terre, erreichen. Vorher hat man auf einer Anhöhe einen **wunderschönen Ausblick** auf die Bucht von Poum mit ihrem türkisfarbenen Wasser, die rötlich gefärbten Berge und einen Kokospalmenhain.

Wunderschöner Ausblick – Pointe Nahârian

Unterkunft

Gite Poingam $$, an der äußersten Nordspitze von Grande Terre gelegen, Tel.: 35.63.40, 7 Bungalows für 4 Personen und einen Bungalow für 7 Personen mit Moskitonetzen, Restaurant, Kanuverleih, **Camping**, Barbecue auf dem Zeltplatz

Pointe Nahârian wird von einem mehrere Kilometer langen feinkörnigen Sandstrand eingefaßt. Bei Ebbe kann man auf eine kleine gegenüberliegende Insel wandern. Auf Wunsch zeigen Ihnen die Wirtsleute der Gite Poingam und gleichzeitigen Besitzer eines großen Areals rund um die Pension auf einer **Geländewa-**

genfahrt die landschaftlichen Schönheiten. Von den Kuppen des hügeligen Geländes haben Sie an dieser exponierten Stelle der Insel spektakuläre Ausblicke auf die Lagunen. Auf diesen Exkursionen werden Sie mit großer Wahrscheinlichkeit Reiher und Greifvögel sichten. Dieses herrliche Stückchen Erde hat jedoch eine Geisel, das sind die stechwütigen Moskitos.

In einem ca. **einstündigen Fußmarsch** (man kann auch mit dem Auto fahren) erreicht man die äußerste Nordspitze von Grand Terre am **Boat Pass**. An einer kleinen Rampe kann man Boote zu Wasser lassen. Im Hinterland liegt ein Mangrovensumpf, Brutstätte vieler Moskitos und "Fischwaidrevier" der Graureiher. Gegenüber dieser Passage liegt **Ile Baaba**, die gute Fischgründe zu bieten hat. Das Innenriff mit einer Wassertiefe von 8-15 m ist ein ideales Schnorchelrevier.

- **Ouégoa** (Km 567)

Man fährt die vorher beschriebene Straße vom Boat Pass bis Koumac zurück (88 km) und biegt bei dem Hinweisschild "Ouégoa" nach links ab. Anschließend fährt man eine kurvenreiche **Bergstraße**, die teilweise eine Steigung von 15% hat, bergan. Das Gebirge ist zum Teil mit Urwald überzogen. Bestimmte Bäume strömen einen eigenartigen, ätherischen Geruch aus. Kurz nach der **Paßhöhe des Cols de Crève-Coeur (205 m)** genießt man einen überwältigenden Blick über das faltige Bergland. Großartig ist die Komposition der **verschiedenen Farbtöne**: Braun, Rötlich, Giftgrün, Olivgrün, Dunkelgrün je nach Beleuchtung und Vegetation bis zum Blaugrün in der Ferne und dahinter die weißen Wolkentürme, die an der Küste aufsteigen und über die Bergkämme quellen.

Ouégoa liegt in dem fruchtbaren Tal des Diahot, in dem Palmen und Bananen vorzüglich gedeihen.

Unterkunft
Le Normandon $, Route principale Ouégoa, Tel.: 35.68.28, 5 Gästezimmer, Restaurant

Camping
Camping Col d'Amos, Ouegoa (Versant Balabio), 1.000 CFP pro Zelt

Um an die Ostküste zu gelangen, muß man die Ausläufer des **Massif du Panié**, den Hauptgebirgskamm, überwinden. Die sehr herbe und rauhe Landschaft ist fast nur mit hartem Gras bewachsen, das vom ständigen Seewind gekraul wird. Bäume und Sträucher sind hier eine Seltenheit. Nur wenige Veteranen trotzen der salzigen Brise.

- **Balade** (Km 588)

Die Küste ist rauh, teilweise durch Mangrovendickichte versperrt. An den Berghängen wachsen viele Agaven, in **Balade** Kokospalmen, Mango-, Brotfruchtbäume und Papaya. Ein auffälliges Gebäude der kleinen Siedlung ist die **katholische Missionskirche**. Unweit des Dorfes landete Kapitän James Cook im Jahre 1774.

● **Pouébo** (Km 605)

Unterkunft
Gite Galarino $, Pouébo, Tel.: 35.64.38 (Mairié de Pouebo, M Foord), 2 Gästezimmer

Camping
Galarino Foord

Die kleine weiße **Missionskirche** von Pouébo ist ein unübersehbares Bauwerk.

Allmählich wird die Landschaft tropischer. Die **Hütten der Kanaken** bestehen entweder aus Betonwänden, die gerne farbig, meistens hellblau, angestrichen sind oder nach alter Bauart aus einem Astgeflecht mit flachen mit Lehm verschmierten Steinen. Abgedeckt sind die Hütten meistens mit Gras und neuerdings auch mit Wellblech. In der Umgebung von Pouébo entdeckt man größere Bananenplantagen.

Kanakenhütte – Nordostküste

● **Hienghène** (Km 668)

Zwischen Pouébo und Hienghène wechseln mit viel Gras, Farnkräutern und lokkerem Baumbestand bewachsene Trockengebiete mit Zonen üppiger tropischer Vegetation ab. Die Landschaft ist abwechslungsreich. Man kommt an kleinen Dörfern, an Tarofeldern, an einzeln stehenden Baumfarnen, die die Waldbrände überstanden haben, an **rauschenden Wasserfällen**, an Flußmündungen und an Sandbänken, die in der Sonne bleichen, vorbei. Unterwegs in den **Kanakendör-**

Bau einer Kanakenhütte – bei Hienghène

fern sieht man kaum Menschen. Die Waren auf den **Verkaufsständen** an der Straße, Früchte, Muschel-, Schnecken- und Nautilusgehäuse, Holzschnitzereien und Steinmetzarbeiten, sind mit Preisangaben versehen. Auch wenn man dort anhält, zeigt sich kein Mensch. Trotzdem wird man beobachtet. Das Geld für die erwählten Andenken deponiert man in einem dafür vorgesehenen Behälter.

Nur einmal waren wir Zeuge, wie **kanakische Frauen** direkt an der Durchgangsstraße eine **Hütte in Gemeinschaftsarbeit bauten**. Sie flochten Palmenwedel zu Mattenwänden.

Eine **kostenlose Fähre** setzt Sie über den wasserreichen **La Ouaième**. **Hienghène** ist ein größerer Ort, der in einer geschützten Bucht liegt.

Unterkunft
Gite Wéouth $, Tribu de Ouampoues, Hienghène, Tel.: 42.81.42 (Marie Denise), 4 Gästezimmer, Camping ist zugelassen, Restaurant, Volleyball, Bootstouren

Camping
● **Plage de Ouenguip T. Diakout**
● **Gite de Wéouth** (M. Pouahili Bob)
● **Plage Ouaième**, M. F. Pagoubealo
● **Bootshaus der Base Nautique**, als Notlösung bei Quartiermangel wird das Campen am Bootshaus geduldet.

Tankstelle
Die einzige Tankstelle im Ort ist schwer zu finden (kein Hinweis), hier die Ortsbeschreibung: Nach einer scharfen Rechtskurve der Hauptdurchgangsstraße liegt links die Gendarmerie, nach ca. 100 m führt links ein kleiner Weg steil bergab zum Wasser.

In **Hienghène** gibt es ein **Kulturzentrum**, in dem Holzschnitzereien, maskenartige Hauspfosten, Bastarbeiten, Speere, Keulen, Totschläger, Pfeile mit Hartholzspitzen und Widerhaken, Steinschleudern, Reusen, Netze, Paddel, Äxte und Beile mit Steinklingen und Töpferarbeiten des hiesigen Stammes der Tewe ausgestellt sind.

Die **Landschaft** rund um Hienghène ist **wildromantisch** und **die eindrucksvollste von ganz Neukaledonien!**

Die Attraktion, sehr häufig fotografiert und in Büchern, Prospekten und Broschüren vielfach abgelichtet, ist **"La Poule Couveuse"** ("die brütende Henne"), die ihren Namen von der verblüffenden Ähnlichkeit mit diesem Federvieh hat. Sie

wird auch **"Les Tours de Notre Dame"** (die Türme von Notre Dame") genannt. Es ist ein hoher Felsen im Meer, unmittelbar vor der Küste.

Südlich von Hienghène befindet sich ein **Aussichtspunkt** ("Point de vue"), von dem man einen umfassenden Panoramablick hat. Man blickt auf die fjordartige Bucht, mehrere Halbinseln,

"La Poule Couveuse" – Hienghène

die wie lange Nasen in den Meereseinschnitt hineinreichen, und zwei schroffe Felsen im Meer, "La Poule Couveuse" (60 m) und "Le Sphinx" (150 m).

3 km außerhalb von Hienghène in südlicher Richtung befindet sich die **Lindéralique-Höhle** am Anfang einer scharfkantigen Klippe.

Kurz nach dem Grottenbesuch blickt man von der Straße aus staunend auf **bizarre Felsen** aus stark verwittertem, dunklem Kalkgestein. Die rauhen Strukturen mit den eckigen Graten sind einem unregelmäßig gezähnten Sägeblatt vergleichbar.

Bizarre Felsen – Hienghène

Wenn sich diese Klippe in dem stillen Salzwassersee davor spiegelt, kann man sich ein schöneres Landschaftsbild kaum vorstellen. Während unserer stillen Betrachtung legte zufällig ein kleines Auslegerboot vom Ufer ab, und ein Kanake ruderte seine Frau ohne Hast durch die glitzernde Lagune, idyllisch!

Hinter dieser eindrucksvollen Bergkulisse und neben dem Kanakendorf Koulnoué hat der **Club Mediterranée**, der dafür bekannt ist, sich stets die schönsten Plätze auszusuchen, eine ausgedehnte Ferienanlage mit Blick auf den Ozean gebaut.

Hotel
Club Mediterranée $$$, Koulnoué Village, BP 63 Hienghène, Tel.: 42.81.66, Fax: 42.81.75, 50 Gästezimmer, Restaurant, Bar, Swimmingpool, Golf, Tennis, Bogenschießen, Reiten, Volleyball

● **Touho** (Km 710)

Unterkünfte
● **Relais Alison $**, PB 52 Touho, Tel.: 42.88.12, 5 Gästezimmer, Restaurant, Bar, Tennis
● **Gite Mangalia Beach $$**, Lieu dit Patouane, Touho, Tel.: 42.87.60, 8 Bungalows, Restaurant, Swimmingpool
● **Auberge de la Baie de Touho $**, Dorfzentrum, Fahrrad- und Mopedverleih, 36 Betten

Camping
● **Chez M. Levêque**, Tel.: 42.88.19
● **Chez M. Gastaldi**, Tel.: 42.88.14

Restaurant
Restaurant Adeline, Tel.: 42.88.11

In der kleinen Siedlung **Touho** ist die kleine, weißgetünchte **Missionskirche von 1889** mit dem roten Dach sehenswert. Außerdem gibt es in dem Dorf eine Post, eine Schule, eine Tankstelle und Kaufmannsläden. Nach der Überquerung des Flusses La Ponandou wird die Vegetation sehr tropisch. Es werden Kaffee und verschiedene Obstsorten angebaut.

Zwischen Touho und Poindimié liegt der kleine Ort **St. Denis**. Die Hauptstraße ist mit blutroten, rosafarbenen und gelben Weihnachts-

Missionskirche von 1889 – Touho

sternen dicht gesäumt, die ihre volle Pracht im Winter der südlichen Hemisphäre entfalten.

● **Poindimié** (Km 738)

Unterkünfte
● **Monitel $$**, RT 3, BP 154 Poindimié, Tel.: 42.72.73, Fax: 42.72.24, 5 Gästezimmer, 4 Bungalows, Restaurant, Bar, Swimmingpool, Reiten
● **Hotel de la Plage $**, BP 97, Poindimié, Tel.: 42.71.28, Fax: 42.70.44, 15 Gästezimmer, Restaurant, Bar, Reiten
● **Gite Napoémien / Sciaden $**, Tribu de Napoémien, Poindimié, Tel.: 42.74.77, 2 Bungalows, Restaurant, Camping

Camping
Plage de Tiéti

Der kleine, geschäftige Ort **Poindimié**, in einer Bucht gelegen, ist das Verwaltungszentrum der Nordostküste. Der schmale, fruchtbare Küstenstreifen mutet an, als ob man durch einen tropischen Garten fährt. Über den breiten Fluß La Tchamba spannt sich eine ca. 250 m lange Brücke.

● **Ponérihouen** (Km 767)

Camping
Tribu de Tiakan, am Magasin Blancher Michel

Dieser Ort, 1881 von dem Gouverneur Courbert gegründet, liegt sehr idyllisch an dem sehr stark mäandrierenden **Fluß Nimbaye**. Hier lebt der **Kanakenstamm der Pô**. In dem Flußtal wird Viehzucht betrieben.

● **Houailou** (Km 813)

In dem malerischen Ort Houailou angekommen, sollte man wegen schlechter Straßenverhältnisse an der Küste nicht weiterfahren. Die RPN 6 führt in vielen Kurven über den Paß **Cols de Roussette (386 m)**, der nach den hier lebenden roten Fledertieren benannt ist, und stößt bei Nandai auf die RT 1 an der Westküste. In den Achseln der Bergflanken, in denen Bäche und Flüsse zu Tal rauschen, breitet sich **Urwald** aus, erkennbar an der dunkelgrünen Laubfärbung. Die dazwischen liegenden trockenen Bergrippen sind mit einem lichtem *Niaouli*-Baumbestand bedeckt, der hellere, olivgrüne Farben aufweist.

● **Nouméa** (Km 1143)

Die Strecke Bourail (Km 981) – Nouméa wurde bereits in den vorigen Abschnitten in der Gegenrichtung beschrieben. Somit findet die Rundfahrt über Grande Terre, die in Nouméa begann, auch dort ihren Abschluß.

13.5 ILE DES PINS

Highlights

- **Die Strände von Kanuméra und Kuto** mit dem weißen, puderigen Sand am Rande der blauen Lagunen – ein Traum!
- **Baie d'Oro** – ein Südseeparadies!

13.5.1 ÜBERBLICK

Die Ile des Pins (Pinieninsel) soll nach Mitteilung der französischen Zeitung "Le Express" zu den **10 schönsten Plätzen der Erde** zählen. **Die schönste "Perle"** in der Kette der Riffe, die Grande Terre umgibt, ist die Ile des Pins. Es ist ein Tropenparadies, das seinen Charakter bewahrt hat. Die Ile des Pins liegt **70 km südlich der Hauptinsel Grande Terre** und nur knapp nördlich des Südlichen Wendekreises. Die Insel mißt 18 km in der Länge und 14 km in der Breite. **"Kunié"** nennen sie die melanesischen Bewohner, und Kapitän James Cook gab ihr 1774 den Namen **"Isle of Pines"**, nach den auffälligen, besonders hohen *Araucaria columnaris*. Als **berüchtigtes Straflager für 3.000 politische Gefangene**, die **1872** von Frankreich nach dem Aufstand der "Pariser Commune" (meistens Künstler und Intellektuelle) hierher deportiert wurden, erlangte die Tropeninsel einen zweifelhaften Ruhm. Es wurden Camps im Westteil der Insel errichtet. Die Sträflinge wurden zwar nach acht Jahren amnestiert. Trotzdem blieb die Strafkolonie noch bis 1912 bestehen.

Ca. 1.500 Einwohner leben ständig auf der Ile des Pins. Der **"High Chief"** Hilarion Vendegou ist die derzeitige Führungsperson bezüglich alter Traditionen. Er wird von sieben "Little Chiefs" unterstützt, die acht Stämme repräsentieren.

Reisepraktische Hinweise

Flüge
Air Calédonie, Imm. Manhattan, 39 Rue de Verdun, BP 212 Nouméa, Tel.: 25.21.77, 28.78.88, Fax: 25.48.69
      Es bestehen täglich Flugverbindungen zwischen **Nouméa Aérodrome de Magenta** und **Ile des Pins** mit De Havilland Twin Otter und verschiedenen Propellermaschinen.
Die Fluggesellschaft verkauft auch **Flüge mit Arrangement** (Flug + Unterkunft), z.B.:

10.060,- CFP	Flug hin und zurück
+ 2.832,- CFP	Übernachtung in Gite Nataiwatch $$
+ 1.200,- CFP	Vermittlungsgebühr + Tax

14.092,- CFP	pro Person

Diese Kombination (Paket) ist empfehlenswert. Was nützt Ihnen ein gebuchter Flug, wenn Sie in der gewünschten Zeit keine Unterkunft haben?
Agentur in Kuto, Tel.: 46.11.08, geöffnet: 7.30-8.00 Uhr, 9.30-11.15 Uhr, 14.00-16.00 Uhr
(Näheres im A-Z "Neukaledonien" unter "Flüge")

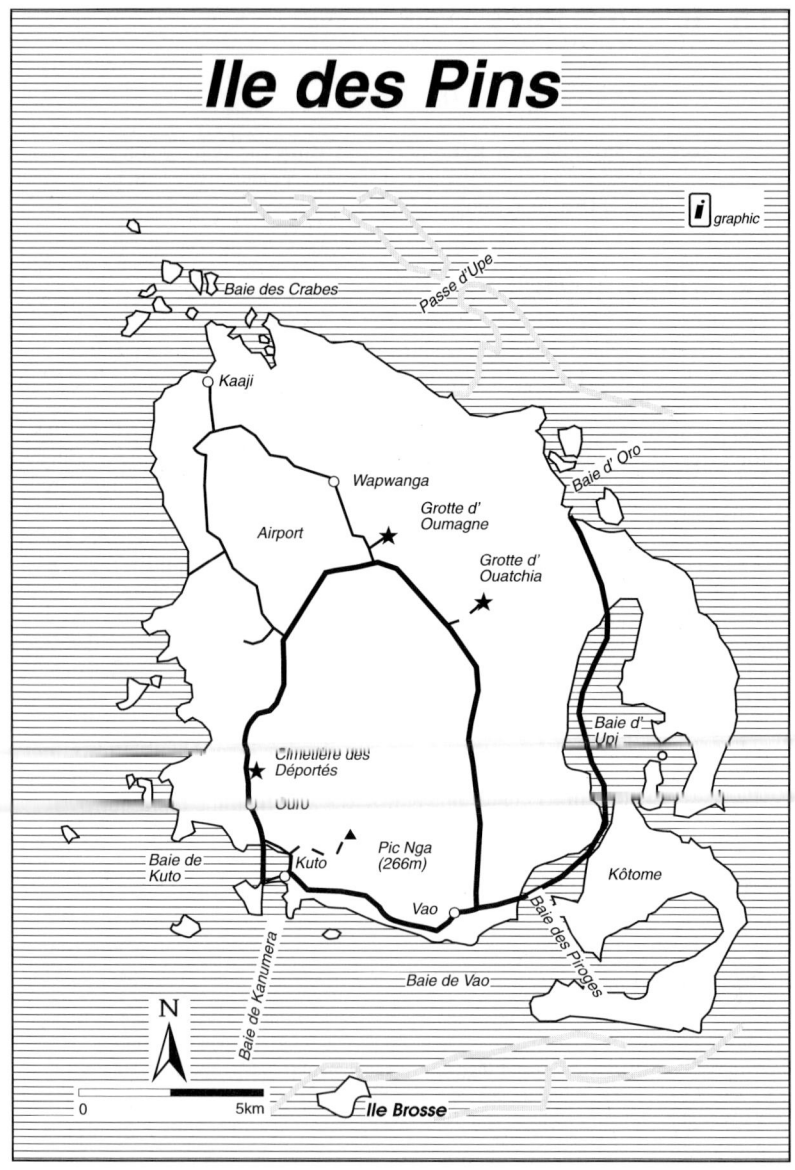

Ile des Pins

Baie des Crabes
Passe d'Upe

Kaaji

Wapwanga

Grotte d'
Oumagne

Airport

Baie d' Oro

Grotte d'
Ouatchia

Baie d'
Upi

Cimetière des
Déportés

Oulo

Pic Nga
(266m)

Baie de
Kuto

Kuto

Kôtome

Vao

Baie de Vao

Baie des Piroges

N

0   5km   Ile Brosse

Baie de Kanumera

Unterkünfte

Die in diesem Reisehandbuch erwähnten Hotels und sonstigen Unterkünfte sind nur
als persönliche Vorschläge anzusehen. Es wird kein Anspruch auf Vollständigkeit
erhoben. Auch gibt es vergleichsweise sicherlich genauso gute oder noch bessere
Unterkünfte, die nicht erwähnt sind. Wegen der ständig schwankenden Zimmerpreise werden in

diesem Buch folgende **Preis-Gruppierungen** nach folgendem Schlüssel vorgenommen:
$$$$$$ = über 25.000 CFP pro Doppelzimmer (DZ)
$$$$$ = 20.000 – 25.000 CFP pro DZ
$$$$ = 15.000 – 20.000 CFP pro DZ
$$$ = 10.000 – 15.000 CFP pro DZ
$$ = 5.000 – 10.000 CFP pro DZ
$ = unter 5.000 CFP pro DZ
- **Gite Kuberka $$**, C. Vandegou, Baie de Kuto, Ile des Pins, Tel.: 46.11.18, 2 Bungalows, 8 Gästezimmer, Restaurant, Transfer vom und zum Flugplatz, Swimmingpool, Auto- und Fahrradverleih
- **Gite Kodjeue $$**, G. Lepers, Baie de Ouaméo, Ile des Pins, Tel.: 46.11.42, 15 Gästezimmer, Restaurant, Swimmingpool, Tennis, Auto-, Moped- und Fahrradverleih, 6 Bungalows im Bau
- **Gite Manamaky $**, A. Vakoume, Baie de St. Joseph, Ile des Pins, Tel.: 46.11.31, 4 Bungalows, Restaurant, Transfer vom und zum Flugplatz
- **Gite Nataiwatch $$**, G. Kouathe, Baie de Kanuméra, Ile des Pins, Tel.: 46.11.13, Fax: 46.12.29, 12 Bungalows, Restaurant, Transfer vom und zum Flugplatz, Camping (1.000 CFP/ pro Zelt, zuzüglich 300 CFP für die 2. Pers.), Autoverleih
- **Gite Oure $**, A. Kouathe, Baie de Kanuméra, Ile des Pins, Tel.: 46.11.20, 4 Bungalows, 4 Gästezimmer, Camping, Restaurant, Transfer, Ausflüge per Piroge, Inseltour, Glasbodenboot

Minibusse
Transfers und Inseltouren bieten folgende Unternehmer an:
- **Kodjeue:** Tel.: 46.22.42
- **Kuberka:** Tel.: 46.11.18
- **Manamaky:** Tel.: 46.11.31
- **Petersen (Kou-Bugny):** Tel.: 46.12.23
- **Vakie:** Tel.: 46.12.16

Segel-Pirogen
Segeltouren in der Lagune bieten an:
- **Joseph Douépéré:** Tel.: 46.11.36
- **Jacques Gouraya:** Tel.: 46.12.30

Post in Vao
Tel.: 46.11.00, geöffnet: Mo-Fr 7.45-11.30 Uhr und 13.30-17.30 Uhr, Sa 7.30-11.00 Uhr

Polizeistation in Kuto
Tel.: 46.11.17, geöffnet: 7.00-11.30 Uhr und 14.00-17.00 Uhr, Unfalldienst: 24 Stunden

Kaufläden
- **Chez Firmin**, Vao, Tel.: 46.11.30, geöffnet 6.30-12.00/15.00-20.00 Uhr
- **Chez Rock**, Vao, Tel.: 46.11.26, geöffnet 6.30-12.00/15.00-20.00 Uhr
- **Chez Martin**, Vao, Tel.: 46.11.57, geöffnet: 7.00-12.00, 16.00-19.30 Uhr
- **W.K.M.R.**, Vao, Tel.: 46.11.29, geöffnet: 7.00-12.00, 16.00-19.00 Uhr

Banken
Es gibt auf der Ile des Pins **keine Banken**, deshalb ist es ratsam, genügend Bargeld mitzunehmen. Kreditkarten werden nur selten akzeptiert.

13.5.2 PIROGE-FAHRT UND URWALDWANDERUNG ZUR BAIE D'ORO

Eine organisierte Fahrt zur Baie d'Oro beginnt normalerweise mit einer Kleinbusfahrt von einem der o.g. Unterkünfte zur Baie de St. Joseph. Dort warten mehrere nur mit Segel ausgerüstete Pirogen (Auslegerboote) auf die Kunden. 4-5 Personen außer dem Bootsführer haben auf den traditionellen Pirogen Platz.

Die ruhige Fahrt geht zunächst durch eine schmale Durchfahrt und dann in die weite **Baie d'Upi**. Mehrere **Fischadlerpaare** horsten auf den Felsen in der Bucht. Seeschwalben rasten auf den Sandbänken, und pfeilschnelle Schwalben jagen Insekten. Einzelne, zum Teil unterhöhlte Korallenfelsen ragen aus der Lagune. Am Nordufer werden die Passagiere ausgebootet.

Jetzt geht es zu Fuß über einen schmalen Pfad ca. 1 Stunde durch einen **urigen Regenwald**. Beeindruckend sind die Lianen, die die Baumriesen umklammern. Nestfarne (*Asplenium nidus*) haben sich in den Astgabeln und auf waagerechten

Öffnung des Erdofens – Baie d'Oro

Ästen der Bäume angesiedelt. Ständig zirpen Zikaden, die das Summen der Schwebefliegen übertönen. Manchmal hört man das Schreien der Papageien, und man sieht zwischen den wenigen Baumlücken die Flugsilhouette eines Fischadlers.

An der **Baie d'Oro** wartet ein **köstliches Erdofenessen**, das vorher bestellt werden muß (Tel.: 46.11.31), auf die Tagesausflügler. Geflügel, Kürbisse, Bananen und Yams beispielsweise werden in Blätter gewickelt und von glühend heißen Steinen, die vorher zugedeckt worden sind, langsam gegart. Man kann dem Öffnen des Erdofens ("Bougnas") zusehen und freut sich auf das Mahl, das mit einem leckeren Bananen-Passionsfrucht-Kompott abgeschlossen wird.

Anschließend bleibt noch genügend Zeit, die hohen **Norfolk-Pinien** zu bestaunen und Wanderungen in die paradiesische Umgebung zu unternehmen, z.B. zu dem obligatorisch zu besuchen-

Trockener Meeresarm bei Ebbe – Baie d'Oro

den natürlichen "Swimmingpool". Es ist ein Meeresarm, der in einer kleinen glasklaren Lagune hinter einem emporgehobenen Korallensockel endet. Nach einem ca. 15-minütigen Weg, teilweise durchs Wasser watend, erreicht man diesen kleinen aquamarinfarbenen See, der ideal zum Schwimmen und von feinem, schneeweißem Sand umgeben ist.

Dem Meeresarm zum offenen Meer folgend, kann man, bei Ebbe mühelos trockenen Fußes und bei Flut watend, in seinem Bett entlang wandern. **Man kann Fischadler**, die hier sehr häufig vorkommen, beobachten, wie sie fischen, sich im warmen Wasser baden, ihr Gefieder pflegen oder verdauend oder nach Beute ausspähend auf hohen Bäumen sitzen. Aber auch Grüntauben, Schmuckloris, Papageienfinken und andere Singvögel sind auszumachen.

13.5.3 FAHRRADTOUR RUND UM DIE INSEL

In drei Stunden kann man die Insel gemütlich mit einem geliehenen Fahrrad umrunden. Das küstennahe Gelände ist meistens mit Urwald oder Kokospalmenhainen überzogen, während die höheren Inselplateaus mit Farnkraut und hartem Gras und nur wenigen Baumgruppen bewachsen sind. Insgesamt sieht die Insel wie eine Mönchstonsur aus. Auf einem dieser Hochflächen liegt der **Flugplatz** der Ile des Pins.

Östlich des Flugplatzes gibt es die **Grotte d'Oumagne**. Am Eingang dieser Höhle wachsen Baumfarne und Pandanusbäume. Nach einer Sage soll es ein Versteck der Königin Hortense während der Stammeskriege, die zu Beginn des 20. Jahrhunderts stattgefunden haben, gewesen sein.

Vom **Pic N'Ga** hat man einen traumhaften Blick auf die **Strände von Kanuméra und Kuto**.

14 VANUATU

14.1 ALLGEMEINER ÜBERBLICK

Vanuatu (früher Neue Hebriden) auf einen Blick

Fläche:	12.190 qkm Landfläche
Einwohner:	156.000, 13 je qkm, über 91% sind Melanesier und Ni-Vanuatu; ca. 9% sind Polynesier, Mikronesier, Europäer, Chinesen, Vietnamesen und Mischlinge, die sich in den größeren Orten konzentrieren.
Altersstruktur:	bis 14 Jahre 45,5%, 15-59 Jahre 49,8%
Lebenserwartung:	63 Jahre
Säuglings-sterblichkeit:	6,5%
Kindersterblichkeit:	8,8%
Analphabeten:	47%
Jährliches Bevölke-rungswachstum:	2,4%
Bruttosozialprodukt:	je Einwohner 1.210 US$
Sprachen:	Bislama (aus dem englischen Pidgin entwickelt), Englisch und Französisch sind Amtssprachen, außerdem ca. 115 verschiedene melanesische Sprachen
Religionen:	84% Christen (40% Presbyterianer, 14% Anglikaner, 16% Katholiken und 14% Seventh Day Adventisten, Apostolische (Weslayan Church) und Anhänger der Church of Christ), die restlichen 16% sind zur Hälfte Anhänger von Naturreligionen, und die andere Hälfte sind Mitglieder des Jon Frum-Kults
Hauptstadt:	Port Vila (auf Efate), 19.311 Einwohner
Flagge:	die drei Farben: rot im oberen ungleichmäßigen Viereck, grün im unteren ungleichmäßigen Viereck und schwarz im linken Dreieck werden durch ein gelbes, schwarz umrandetes liegendes "Y" getrennt. In dem schwarzen dreieckigen Feld ist ein gelber Eberzahn abgebildet. Die Farb- und Symbolbedeutungen: schwarz = die Hautfarbe der Bevölkerung, rot = das durch Blutsbande verbundene Volk, grün = die Landwirtschaft als Lebensgrundlage, gelb = die Erleuchtung durch die Christianisierung, die Y-Form = Lage der Inseln im Archipel, der Eberzahn = Reichtum
Nationalfeiertag:	30.07. (Vanuatu ist seit 30.07.1980 unabhängig)
Staats- und Regierungsform:	parlamentarische Republik, im Commonwealth seit 1980, Verfassung von 1980
Staatsoberhaupt:	Jean-Marie Leyé (UMP), seit 02.03.1994
Regierungschef und Äußeres:	Maxime Carlot Korman (UMP), seit 1991

Parlament:	46 Mitglieder, Wahl alle 4 Jahre, außerdem Häuptlingsrat (National Council of Chiefs), dessen Mitglieder durch die Häuptlingsräte der Distrikte bestimmt werden, Wahl des Staatsoberhauptes alle 5 Jahre durch das Parlament und die Vorsitzenden der Regionalparlamente, allgemeines Wahlrecht
Parteien:	Wahlen vom 02.11.1991: Union of Moderate Parties/UMP 19 Sitze (1987: 19), Vanuaaku Pati/VAP 10 (26), National United Party/NUP 10 (-), Fren Melanesian Pati (Melanesische Fortschrittspartei) 4 (1), Sonstige 3 (0)
Verwaltungs-gliederung:	2 Regionen mit 13 Distrikten, darunter 2 Stadtbezirke
Wirtschaft:	Bruttosozialprodukt insgesamt: 189 Mio. US$ (1992); realer Zuwachs durchschnittlich 1985-1992: 0,5%, Bruttoinlandsprodukt: Anteil Landwirtschaft 19%, Industrie 13%, Dienstleistungen 68% – Erwerbstätigkeit (1989): Landwirtschaft 61%, Industrie 4%, Dienstleistungen 35% – Auslandsverschuldung 1991: 39,3 Mio. US$ – Inflation durchschnittlich 1980-1992: 5,3%
Import:	10.768 Mio. VT; Güter: 35% Maschinen und Transportausrüstung, 18% Halbfertigprodukte, 12% Nahrungsmittel; Länder: 37% aus Australien, 12% aus Japan, 10% aus Neuseeland, 9% aus Fidschi, 8% aus Frankreich
Export:	1.606 Mio VT; Güter: 37% Kopra, 23% Rindfleisch, 15% Kakao, 6% Holz; Länder: 26% aus den Niederlanden, 18% Japan, 12% Australien, 8% Neukaledonien, 7% Frankreich
Währung:	Vatu (VT)
Problemfelder:	Malariarisiko, hohes Handelsdefizit

14.2 GEOGRAPHISCHER ÜBERBLICK

14.2.1 LAGE UND GRÖSSE

● Die Republik Vanuatu liegt im Südwestpazifik zwischen 12° bis 21° südlicher Breite und 166° und 171° östlicher Länge. Die rund **83 Inseln**, von denen 12 größere (93% der Fläche) und der Rest kleinere Eilande sind, erstrecken sich rund 900 km von Norden nach Süden in der Form eines "Y". Die Nachbarstaaten Vanuatus sind: Neukaledonien im Südwesten (ca. 230 km entfernt), Salomonen im Nordwesten (ca. 170 km entfernt) und Fidschi im Osten (ca. 800 km entfernt).

● Insgesamt beträgt die Landfläche **12.190 km²**, die in einer Meeresfläche von 680.000 km² fast verschwindet. Die Landmasse der Inseln entspricht etwa der Größe Schleswig-Holsteins (15.658 km²). Zum Staatsgebiet Vanuatus gehören im Norden die Torres- und Banks-Inseln, im Mittelteil die Inseln Espiritu Santo, Ambae (Aoba), Maewo, Pentecost, Malakula, Ambrym, Epi, Tongoa, die Shepherd-Gruppe, Efate (Vate) und im Süden die Erromango-, Tanna- und Anatom-Inseln.

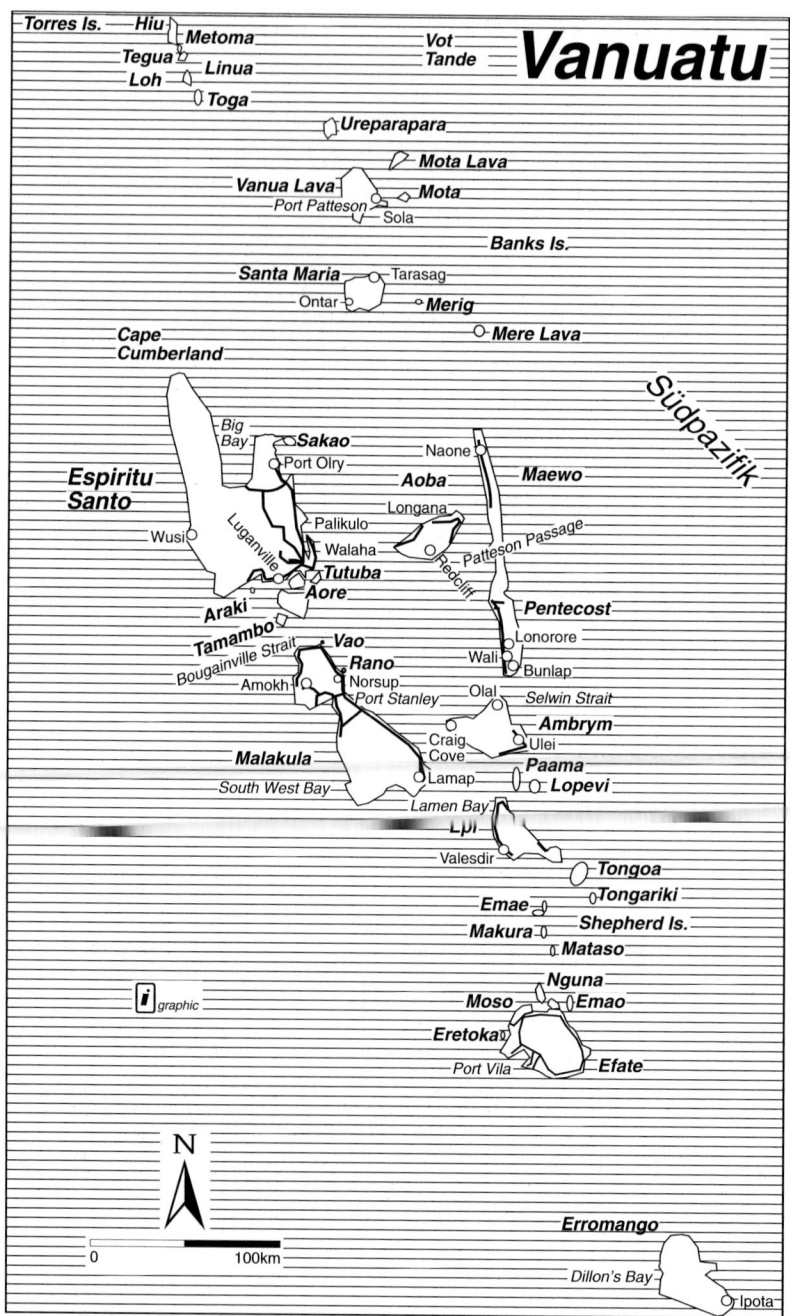

Torres Is. — Hiu
Metoma — Vot — Tande
Tegua — Linua
Loh — Toga
Vanuatu

Ureparapara

Mota Lava
Vanua Lava — Mota
Port Patteson — Sola

Banks Is.

Santa Maria — Tarasag
Ontar — Merig
Cape — Mere Lava
Cumberland

Südpazifik

Big Bay — Sakao
Port Olry — Naone
Espiritu Santo — Aoba — Maewo
Longana
Palikulo — Luganville
Wusi — Walaha — Redcliff — Patteson Passage
Tutuba
Araki — Aore
Tamambo — Pentecost
Vao — Lonorore
Bougainville Strait — Rano — Wali
Amokh — Norsup — Bunlap
Port Stanley — Olal — Selwin Strait
Craig — Ambrym
Cove — Ulei
Malakula — Paama
South West Bay — Lamap — Lopevi
Lamen Bay
Lpi
Valesdir — Tongoa
Emae — Tongariki
Makura — Shepherd Is.
Mataso
Nguna
graphic — Moso — Emao
Eretoka
Port Vila — Efate

N

0   100km

Erromango
Dillon's Bay
Ipota

14.2.2 LANDESNATUR

Vulkane und Erdbeben

Die **vulkanischen Aktivitäten** sind auf der Inselkette Vanuatus sehr ausgeprägt. Die Vulkankegel ragen meistens steil über 1.000 m auf. Gelegentlich kommt es zu leichten Eruptionen, denn der Inselstaat liegt auf dem rund um den Pazifik laufenden **Feuerring**.

Neben dem **sehr aggressiven Vulkan Yasur** auf Tanna gibt es auf den Inseln **Ambrym** und **Lopevi** die imposantesten Vulkane, die beide äußerst gefährlich sind. Der Vulkan auf Lopevi besitzt die klassische Kegelform und ist 1.413 m hoch. Der ständig rauchende Vulkan **Mt. Lombenba** auf Ambae (Aoba) erreicht eine Höhe von 1.400 m. Außerdem existieren noch zwei submaritime Vulkane im Archipel von Vanuatu.

Leichte Erdbeben gehören zum Alltag Vanuatus. Die Ursachen der Erdstöße liegen in **plattentektonischen Verschiebungen** begründet. Vanuatu liegt am Westrand der großen pazifischen Platte und östlich des **Neuen Hebriden-Grabens**, der bis zu 7.660 m (!) tief ist. Hier stoßen die indo-australische Platte und die pazifische Platte mit gewaltiger Kraft aufeinander. Das bedeutet, daß Vanuatu dramatisch 1 mm pro Jahr angehoben wird, begleitet von Erdbeben und Vulkanausbrüchen.

Pflanzen- und Tierwelt

Vanuatu liegt fast das ganze Jahr unter dem Einfluß der aus dem Osten wehenden **Passatwinde**. Die **Gebirge** der Vulkaninseln sind die **Wetterscheiden** zwischen den regenreichen, dem Wind zugewandten östlichen Küsten, die mit dichtem tropischen Regenwald bewachsen sind, und den im Windschatten liegenden westlichen Küstenstrichen, die nur mit lichten tropischen Waldungen oder Savannen bedeckt sind.

Die **Pflanzenwelt** weist einen besonders in den Regenwäldern bemerkenswert **hohen Artenreichtum** auf.

Die **Tierwelt** auf dem Land ist, wie auch auf den bisher beschriebenen Südseeinseln, bezüglich der ursprünglichen **Säugetierfauna** nur mit Fledertierarten vertreten. Die übrigen Säugetiere, wie Ratten und Haustiere, sind durch Menschen eingeschleppt oder eingeführt worden. **Die Vogelwelt**, besonders die maritime Fauna, und die **Insektenarten** sind wegen der reichhaltigen Vegetation, dem Fischreichtum und der fliegend überbrückbaren Nähe zu den Salomonen, Neuguinea und Australien wesentlich **artenreicher** als die Säugetierfauna. Die **Unterwasserflora und -fauna** quillt förmlich von Lebewesen über.

14.3 GESCHICHTLICHER ÜBERBLICK

14.3.1 FRÜHGESCHICHTE

Ca. 6000 v. Chr. Die Frühgeschichte Vanuatus liegt noch ziemlich im Dunkeln. Fest steht jedoch, daß die ersten Entdecker Vanuatus keine europäischen Segler, sondern kühne Seefahrer einer anderen Menschenrasse waren. Kamen sie aus Neuguinea, Indonesien, den Philippinen oder Südostasien? Man weiß es nicht genau. Der Ursprung der ozeanischen Völker wirft immer noch Fragen auf.

Obgleich diese Leute noch auf der Stufe der Steinzeit standen, hatten sie gelernt, auf hoher See zu segeln, und sie waren in der Lage, riesige Entfernungen über See zu vorher menschenleeren, einsamen Inseln und Archipelen zurückzulegen. Noch Torres, Cook und Bougainville berichteten mit Erstaunen über die **mit gewobenen Pandanussegeln bestückten Pirogen**, die sie auf ihren Reisen in den polynesischen Archipelen und in Santa Cruz gesehen hatten.

Vanuatu liegt am Außenrand der **melanesischen Expansionszone** und in der Nähe der von Polynesiern bewohnten Inseln. Die **Sprachenzugehörigkeit** ist oft ein wichtiges Indiz, um das Dunkel der Herkunft von Völkern aufzuhellen.

Die **linguistische Unterschiedlichkeit** ist ein **besonderes Merkmal Melanesiens**. Es werden 700 bis 800 verschiedene Sprachen der Papua-Gruppe von 2,7 Millionen Melanesiern und 400 bis 500 austronesische Sprachen (auch malayo-polynesische Sprachen genannt) von etwa einer Million Melanesiern, einschließlich der Ni-Vanuatu, gesprochen. Das bedeutet für die zuletzt genannte Sprachfamilie, daß Gruppen von durchschnittlich nur ca. 2.000 Melanesiern je eine unterschiedliche austronesische Sprache sprechen (1.000.000:500 = 2.000).

Heute sind noch **115 (!) austronesische Sprachen in Vanuatu** lebendig.

Mit Pandanusmatten betakeltes Auslegerboot

522

Die hohe Anzahl der Eingeborenensprachen und die vielen lokalen Kulturen in Vanuatu deuten darauf hin, daß die **Besiedlung** langsam, über mehrere Jahrhunderte oder gar Jahrtausende verteilt **in mehreren Wellen** erfolgte.

Ca. 1000 n. Chr.   Kompliziert wird die Frage nach der Herkunft der Insulaner von Vanuatu und ihrer ethnischen und kulturellen Zusammensetzung der heutigen Bewohner dadurch, daß vor ca. 1.000 Jahren Rückwanderungen von Polynesiern aus dem Osten, wahrscheinlich wegen Überbevölkerung, nach Vanuatu stattfanden. Auf Emae, Aniwa und Futuna werden heutzutage noch polynesische Sprachen gesprochen.

14.3.2 ERSTE EUROPÄISCHE KONTAKTE

Pedro Fernández de Quirós und sein Irrtum

26.04.1606   Der gebürtige **Portugiese Pedro Fernández de Quirós (1565-1615)**, der am 21.12.1605 im Hafen von Callao in Peru mit den drei Schiffen *San y Pedro, San Perdrico* und *Los tres Reyes de Mayos* unter spanischer Flagge mit 200 Seeleuten und Soldaten, 6 Franziskanern und 4 Krankenpflegern eines Ordens die Anker gelichtet hatte, erreichte nach Überquerung des Pazifiks den Archipel von Vanuatu. Die Expedition stand unter dem Schutz der heiligen Lorette, und an Bord befand sich ein angebliches Stück des Christuskreuzes, das Quirós von seiner Pilgerreise aus Rom mitgebracht hatte. Kurz, es war eine *"conqista espiritual"*, im Sinne der katholischen Gegenreformation. Der Kapitän war auf der Suche nach dem utopischen Land *"Terra Australis Incognita"*. Als er in Vanuatu gelandet war, bildete er sich ein, sein Ziel erreicht zu haben. Er nannte die Insel jedoch *"Terra Austrialis del Espiritu Santo"* ("Austrialisches Land des Heiligen Geistes") nach dem Hause "Austria" (Habsburg), das damals mit Spanien durch Personalunion verbunden war. Hieraus wurde später vereinfacht "Espiritu Santo" oder noch kürzer "Santo". Größenwahnsinnig nahm er das Land und alles, was südlich davon bis zum Südpol lag, im Namen des spanischen Königs und der katholischen Kirche "in Besitz".

Der von seiner Entdeckung verblendete Iberier berichtete seinem König Philipp III. brieflich in **maßloser Übertreibung** von dem von ihm entdeckten fünften Erdteil. Durch die übliche **Überheblichkeit** und das alles seligmachende **christliche Sendungsbewußtsein** gegenüber den in ihren Augen ungläubigen Wilden machten sich Quirós und seine Leute die Einheimischen zu ihren erbitterten Feinden. Nach drei Wochen äußerst arroganten Benehmens verließ die spanische Expedition überstürzt die Insel. Das war die erste sehr beschämende Kontaktaufnahme zwischen der damaligen Großmacht Spanien und dem kleinen Vanuatu.

Louis Antoine de Bougainville auf den Spuren von Quirós

22.05.1768   Der **französische Entdecker Louis Antoine de Bougainville (1729-1811)** warf nur einen kurzen Blick auf drei Inseln im Archipel von Vanuatu: auf **Mere Lava**, das er "Le Pic de l'Étoile" ("gestirnte Bergspitze") nannte, auf die **Maewo-Gruppe**, der er den Namen "Aurora" ("Morgenröte") gab und auf **Pentecôte**. Auf **Ambea (Aoba)**, die er "Ile des Lépreux" ("Insel der Leprakranken") taufte, ging er an Land, blieb jedoch nicht lange. Die Franzosen wollten nur Trinkwasser, Holz und frische Nahrung aufnehmen.

Unter dem Kommando von Chevalier de Kerhue landeten einige Ruderboote an der Nordwestküste. Bald zeigten sich bewaffnete braune Männer, die den Fremden jedoch freundlich entgegentraten. Chevalier de Kerhue bot ihnen bunte Kleidungsstücke an. Vertraut halfen daraufhin einige Eingeborene den Weißen spontan beim Holzschneiden.

James Cook und die "Neuen Hebriden"

1774

Der **englische Weltumsegler James Cook (1728-1779)** war der erste Europäer, der die Inselgruppe von Vanuatu näher erforschte. An Bord seiner beiden Schiffe *Resolution* und *Adventure* befanden sich 15 Akademiker, unter ihnen der **deutsche Botaniker Johann Forster**, sein Sohn und der **Schwede Anders Sparrmann**. Das internationale Expertenteam baute das erste Mal einen **intensiven Kontakt zwischen Europäern und Melanesiern der Insel Tanna** auf, der den menschlichen Qualitäten Cooks und denen der Einheimischen von Tanna zu verdanken war. Das flackernde Licht eines vulkanischen Feuers hatte ihn nach Tanna gelockt. Auf dieser, in mancherlei Hinsicht interessanten Insel verbrachte Cook fast zwei Wochen.

Die allgemein angenommene Erklärung für das Verhalten der Melanesier, als sie erstmalig weiße Seefahrer sahen, ist die, daß sie glaubten, ihre verstorbenen Ahnen seien zurückgekehrt.

14.3.3 DER SANDELHOLZ- UND SEEGURKENRAUSCH

1825-1868

In dieser Zeit erregten **zwei Produkte** auf den südwestlichen Pazifikinseln **sehr großes wirtschaftliches Interesse**, weil sie zu sehr hohen Preisen in China verkauft werden konnten: **Sandelholz und Seegurken** ("bêches de mer"). Die Seegurke wurde von den Portugiesen "*bicho da mar*" genannt, davon leitet sich die französische Bezeichnung "Bêche de mer" ab.

● **Sandelholz** kauften die Chinesen in unermeßlichen Mengen, weil sie es in ihren Tempeln als Duftstoff (Räucherstäbchen) für die Andachtszeremonien ihrer Toten benötigten. Für das aromatische Holz wurden enorme Summen gezahlt.

● **Seegurken** sind Tiere, die auf dem sandigen Boden der Lagunen leben. Getrocknet wurden sie nach China verschifft. Ihr Genuß sollte angeblich die männliche Potenz steigern, deshalb wurden auch für dieses begehrte Handelsobjekt hohe Preise gezahlt.

Ab 1842

Als die Sandelholzbestände auf den Iles Loyauté und der Ile des Pins in Neukaledonien erschöpft waren, verlagerte sich die Ausbeutung direkt auf die Neuen Hebriden, teilweise nach **Erromango**, wo das Sandelholz eine Top-Qualität besaß, und nach **Anatom, Efate** und **Aniwa**. Die **Transporte** liefen teilweise **nach Australien**, weil sich dort geschäftstüchtige Zwischenhändler eingeschaltet hatten.

Die **Sandelholz- und Seegurkenhändler** waren **rauhe Gesellen**, auf deren Konto sehr viele **Brutalitäten** gegenüber der einheimischen Bevölkerung gingen, die bis zur Ausrottung ganzer Stämme durch mutwillig eingeschleppte Krankheiten führte (siehe Kapitel 5.6.3). Die **Rücksichtslosigkeit** der Rauhbeine, mit der sie vorgingen, um sich die lukrativen Handelsgüter in fremden Ländereien und Gewässern unrechtmäßigerweise anzueignen, bewirkte den Haß der Einheimischen grundsätzlich gegen alle Weißen.

14.3.4 ALTER UND NEUER GLAUBE

Alte melanesische Weltanschauung

Nach ihrer früheren Weltanschauung sahen die melanesischen Insulaner das Universum als ein weites Meer an, das mit kleinen Inseln, die der Himmel wie mit einem Mantel bedeckte, angefüllt war. Das Weltall war auf die Ländereien und Dinge beschränkt, die ein Mensch sehen und mit denen er in Verbindung treten konnte. Der Himmel tauchte am Horizont in die See ein, und er riegelte dort die lebende Welt ab. Jenseits des Horizonts, **im Jenseits, gab es nur noch Geister**.

Ahnenkulte

Auf allen Inseln des Vanuatu-Archipels besteht der **Glaube an die Unterwelt der Toten**. Wenn ein Mensch sein Leben verloren hat, dann bleibt er nach der Ansicht der Insulaner einige Zeit dort, wo er bestattet worden ist, bis sein Geist weite Entfernungen zurücklegt. Alle Inseln haben ihre **"Wege der Toten"**, die auf Berggipfel und in Küstenhöhlen führen, wo die Verstorbenen **ins verborgene Universum** untertauchen. Dort warten die Vorfahren schon auf sie.

Es gibt bestimmte **Rituale**, die dazu angetan sind, ein gutes Verhältnis zwischen den Lebenden und den Geistern der Verstorbenen herzustellen, denn die zuletzt Genannten stellen die Vermehrung der Familie, den Erfolg menschlicher Initiativen und die Immunität gegen Krankheiten der Familie sicher.

Bekehrung zum Christentum

1839	Die **ersten christlichen Missionare der "London Missionary Society"**, die auf **Erromango** landeten, wurden mit Keulen **erschlagen** und anschließend verspeist, unter ihnen auch der große Organisator **John Williams**. Wegen der Tötung der Missionare nennt man diese Insel auch die "Märtyrer-Insel". Auch die nachfolgenden samoanischen Missionare erlitten zum Teil das gleiche Schicksal wie ihre Vorgänger.
	Der Haß der Eingeborenen gegen jeden Weißen resultierte aus den **bösen Erfahrungen**, die die Insulaner **mit den brutalen Sandelholzhändlern** gemacht hatten (vgl. Kapitel 5.6.3 und 14.3.3).
1848	Die ersten christlichen Missionare, die sich auf den Neuen Hebriden festsetzen konnten, waren die **Presbyterianer**. Sie siedelten sich **in Anatom** an.
1857	Die Presbyterianer konnten nach einer weiteren Landung auch auf **Erromango** Fuß fassen.
	● Die Missionare waren einerseits so **einfühlsam** in ihrer Bekehrung, daß sie die Chance ausnutzten, die **Mythen der Melanesier**, die den biblischen Geschichten ähnlich waren, geschickt in einer anderen christlich gefärbten Fassung wiederzugeben.
	● Andererseits verlangten sie **streng und kompromißlos** die **Aufgabe des Kannibalismus, des Ahnenkults und der Polygamie**. Sehr fanatische Geistliche gingen sogar so weit, daß sie den Verzicht auf Alkohol, Kava, Rauchen und Tanzen forderten.
1860	Auch die weniger dogmatische **"Anglican Diocese of Melanesia"** begann mit ihrer Missionsarbeit. Die Anglikaner und Presbyterianer einigten sich über die

	Aufteilung der Inselgruppen in Einflußgebiete. Die Anglikaner operierten fortan im Nordosten und die Presbyterianer im Zentrum und im Süden.
1887	Zuletzt siedelten die **Katholiken** auf den Neuen Hebriden. Ihre Missionare versuchten sich in einer möglichst toleranten Missionierung.

14.3.5 "BLACKBIRDING"

Ab 1863	Als die Sandelholzwälder ausgebeutet und die Seegurkenbestände in den flachen Lagunen erschöpft waren, entwickelten die profitgierigen Weißen andere kommerzielle Aktivitäten, die noch radikaler waren als die vorherigen. Man nannte diesen **neuen Handelszweig** "Blackbirding", den Handel mit "schwarzen Vögeln". Es konnte sogar die existierende Infrastruktur, die für den Sandelholzhandel aufgebaut worden war, weiter benutzt werden. Es waren die gleichen Leute und die gleichen Routen.
1883-1904	Das **"Blackbirding"** war weitaus verheerender für die Inseln als die Vernichtung der Sandelholzbestände. Statt Sandelholz nach Australien zu transportieren, wurden jetzt die **dunkelhäutigen Eingeborenen der Neuen Hebriden auf den Fünften Kontinent** verfrachtet. Hierdurch wurde die einheimische Bevölkerung der Neuen Hebriden um ca. 50% reduziert.
	40.000 Ni-Vanuatu wurden für die schwere Zwangsarbeit auf den Zuckerrohrplantagen und Baumwollfeldern in Queensland (NO-Australien) rekrutiert. Weitere **10.000 Ni-Vanuatu** ereilte das gleiche Schicksal der Versklavung, mit dem Unterschied, daß man sie nach Fidschi und Neukaledonien deportierte.
1906	Als die Beschäftigung von Sklaven in Australien wegen der proklamierten Abschaffung des Menschenhandels nicht mehr tragbar war, wurde der **Rest der Überlebenden**, der die mörderische Schufterei auf den Zuckerrohrfeldern überstanden hatte, kurzerhand wieder **ausgewiesen**.

14.3.6 DAS KONDOMINIUM – DIE GEMEINSAME HERRSCHAFT UNTER GROSSBRITANNIEN UND FRANKREICH

1902	Das zunehmende **Interesse des Deutschen Reiches an den** noch nicht unter der Herrschaft einer Kolonialmacht stehenden **Neuen Hebriden** beunruhigte Großbritannien und Frankreich und veranlaßte die beiden Nationen zu sehr ungewöhnlichen Überlegungen und späterem Handeln.
20.10.1906	Den Neuen Hebriden wurde eine **gemeinschaftliche administrative Organisation** gegeben, und Großbritannien und Frankreich erklärten sich als gemeinsame Herrscher über das Inselreich.
1914	Die beiden Nationen bestätigten in einem Protokoll den **Zusammenschluß der anglo-französischen Neuen Hebriden**.
1923	In diesem Jahr erfolgte die **Proklamation** dieser Einrichtung. Trotz **erheblichem Verwaltungsaufwand** durch doppelte Dienststellen, Polizei, Schulen, Krankenhäuser usw. erwies sich das Kondominium **politisch** als relativ stabil.
Anfang der 1970er Jahre	Als **melanesische Parteien** die politische Bühne betraten, änderte sich die Lage. Die stärkste Partei wurde die nationalistische "National New Hebrides Party", die zur **"Vanuaaku Pati" (V.A.P.)**. wurde. Sie forderte schon bald die melanesische Unabhängigkeit von den Kolonialmächten. Sie hatte die Unterstützung der beiden angelsächsischen Kirchen, der Presbyterianer und der Anglikaner, die in der Mehrheit waren. Ihre geistigen Führer waren junge Pastoren und Studenten der englischsprachigen Universitäten von Fidschi und Papua-Neuguinea. Ihre Anhän-

gerschaft wuchs auf 65% der Bevölkerung. In der Opposition war die Allianz der **"Moderate Parties"**, die hauptsächlich von traditionellen Gruppen aus Tanna und Santo und französisch-sprachigen Katholiken unterstützt wurde, repräsentiert von 35% der Bevölkerung.

30.07.1980 Die Neuen Hebriden wurden in die **Unabhängigkeit** entlassen. Sie gaben sich den neuen Namen **Vanuatu**, der so viel wie "Unser Land" bedeutet.

14.3.7 DIE VEREITELTE ABSPALTUNG DES NORDENS

Sommer 1980 Um ausreichende Hintergrundinformation zu geben, muß in der Chronologie etwas zurückgeblendet werden. **Jimmy Stevens**, halb Schotte und halb Samoaner, ein Gegner der V.A.P., hatte seine **große Anhängerschaft auf Espiritu Santo** bei den **Plantagenbesitzern**, die zum größten Teil **französischer Abstammung** waren. Er war der Kopf der **NaGriamel-Bewegung**. Welche Ziele wurden verfolgt? Zunächst hatte Stevens die UN ersucht, den Landverkauf an US-amerikanische Investoren zu stoppen. Als er von den Amerikanern jedoch 1/4 Million US$ Bestechungsgelder, die als Hilfsgelder deklariert waren, erhielt, änderte er seine Meinung und ließ große Länderein an sie verteilen. Da er auch Waffen geliefert bekam, fühlte er sich stark und erklärte **Espiritu Santo** zur **unabhängigen Republik Vemarana**.
Die **französische Polizei** verhielt sich **passiv** gegenüber dem Aufbegehren. Es hat **Gespräche** zwischen dem französischen Präsidenten **Giscard d'Estaing und Stevens** gegeben; deshalb wird vermutet, daß Frankreich die separatistischen Bestrebungen des Nordens duldete oder sogar unterstützte. Weil sich die Lage aber dramatisch zuspitzte und der Ausbruch eines Bürgerkriegs drohte, entsandten Großbritannien und Frankreich eine Woche vor der geplanten Unabhängigkeit Militärs auf die Neuen Hebriden.

August 1980 Nur wenige Tage nach der Unabhängigkeit mußte Premierminister Lini Truppen von Papua-Neuguinea einsetzen, um die separatistischen Bestrebungen der französischen Siedler unter der Anführung von Jimmy Stevens, der im Begriff war, eine militärische Revolte einzuleiten, zu zerschlagen. Jimmy Stevens wurde verhaftet, als gefährlicher Volksverführer in Port Vila vor Gericht gestellt und zu **14 Jahren Gefängnis verurteilt**.

14.4 EFATE

Highlights

- **Cascades Waterfall** bei Mele Village – ein landschaftlicher Leckerbissen!
- **Inselrundfahrt** – zur Gewinnung eines Gesamteindrucks der Hauptinsel Efate!

14.4.1 ÜBERBLICK

- Die Insel **Efate** ist **vulkanischen Ursprungs**. Die höchsten Berge sind der **Mt. MacDonald (647 m)**, der Paonapokas (485 m), der Bernier (479 m), der Fatmalapa (444 m) und der Paopakoa (392 m).
- Die Insel umschließen **Riffe und kleine Inseln**.
- Die Insel Efate ist die **Hauptinsel** des jungen Staates Vanuatu. Im Südosten der Insel, in der Mele-Bucht, liegt **Port Vila**, die Hauptstadt des Landes.

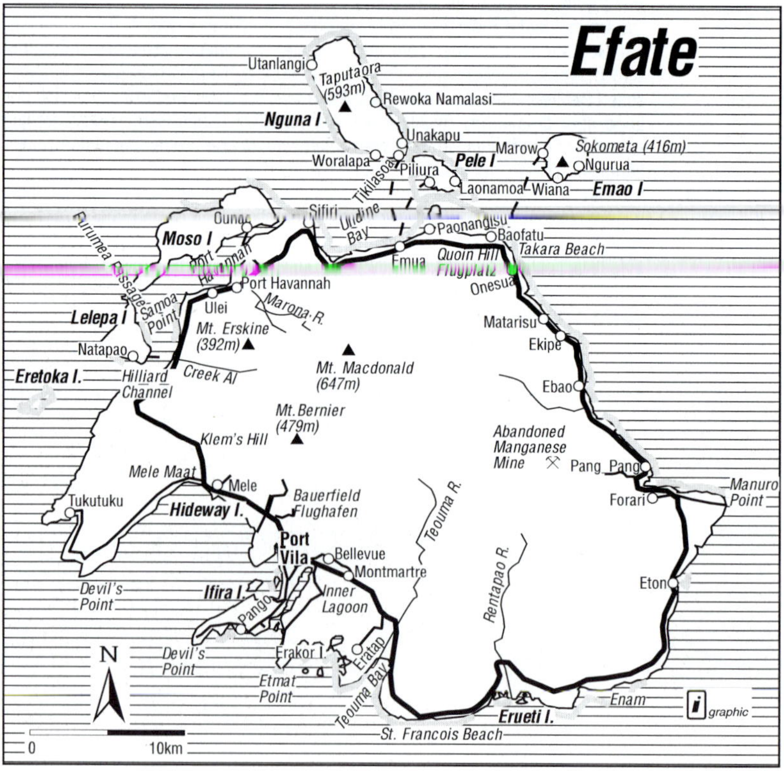

● Eine 132 km lange **Küstenringstraße** umschließt das Eiland. Durch das wilde, mit Urwald und Buschland überzogene Inselinnere führen keine weiteren Fahrwege.

14.4.2 DIE HAUPTSTADT PORT VILA

Überblick

● **Port Vila** hat nach der letzten Volkszählung **19.311 Einwohner**. Der Zuzug in die Hauptstadt ist sehr groß. Die Stadt ist das **Verwaltungs-, Handels- und Touristenzentrum** Vanuatus und der beste Ausgangspunkt für eine Efate-Inselrundfahrt sowie für den Besuch weiterer Inseln des Landes.
● **Port Vila** ist besonders aufgrund seiner idyllischen Lage in der buchtenreichen Südwestküste von Efate und dem Ausblick auf die kleinen vorgelagerten Inseln **die schönste Stadt der westlichen Südsee**.
● Das **französische Flair in der Gastronomie** ist für den Besucher besonders angenehm. Es gibt viele Bars und Cafés.

Reisepraktische Hinweise

Information
National Tourism Office, Kumul Highway, P.O. Box 209 Port Vila, Tel.: 22.685/ 22515/22813, Fax: 23.889, mit hilfreichem, freundlichem Personal besetzt; erfragen Sie auch hier die aktuellen Kulturveranstaltungen, die an unterschiedlichen Abenden in den Hotels stattfinden

Schönste Stadt der westlichen Südsee – Port Vila

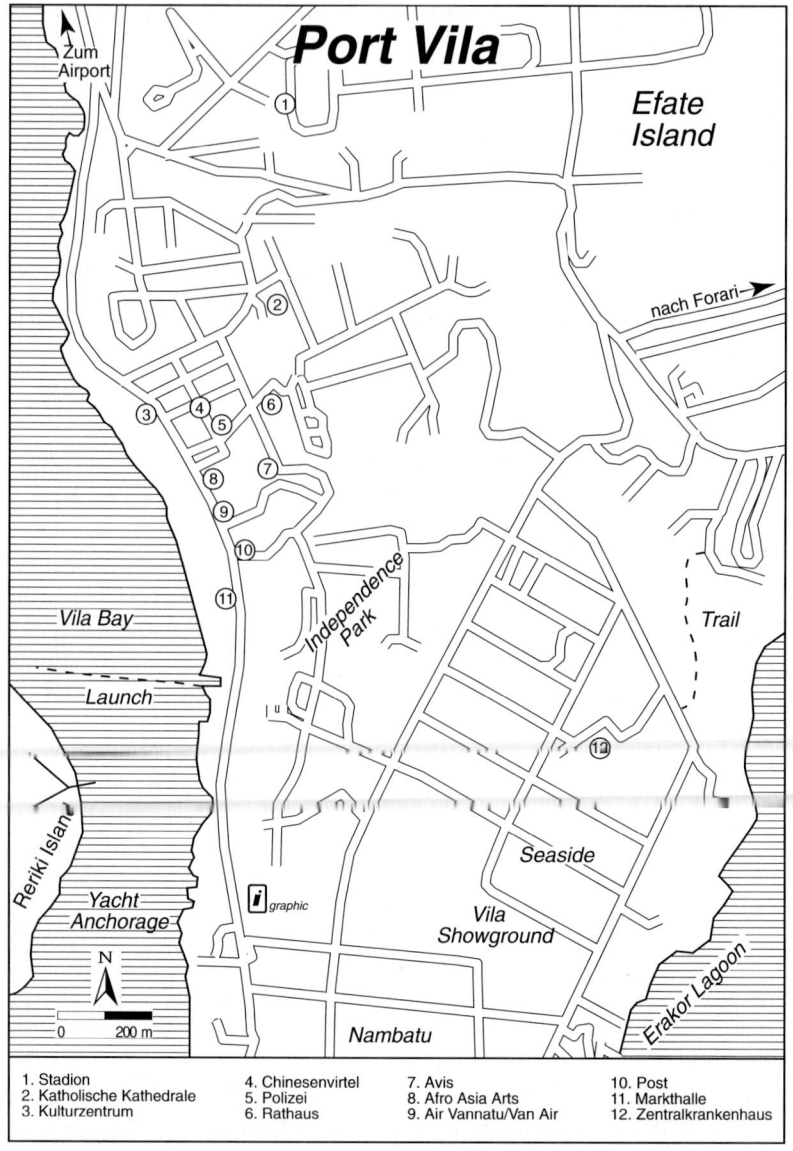

1. Stadion	4. Chinesenvirtel	7. Avis	10. Post
2. Katholische Kathedrale	5. Polizei	8. Afro Asia Arts	11. Markthalle
3. Kulturzentrum	6. Rathaus	9. Air Vannatu/Van Air	12. Zentralkrankenhaus

Unterkünfte

Die in diesem Reisehandbuch im folgenden erwähnten Hotels und sonstigen Unterkünfte sind nur als persönliche Vorschläge anzusehen. Es wird kein Anspruch auf Vollständigkeit erhoben. Auch gibt es vergleichsweise sicherlich genauso gute oder noch bessere Unterkünfte, die nicht erwähnt sind. Wegen der ständig schwankenden Zimmer-

preise werden in diesem Buch **Preis-Gruppierungen** nach folgendem Schlüssel pro Doppelzimmer vorgenommen:

$$$$$ = über 12.000 VT
$$$$ = 9.000 – 12.000 VT
$$$ = 6.000 – 9.000 VT
$$ = 3.000 – 6.000 VT
$ = unter 3.000 VT

● **Coral Apartment $$**, Airport Road, nahe dem Flughafen, nur 5 min. von Port Vila City,
P.O. Box 1054 Port Vila, Tel./Fax: 23.569, Tel. nach Geschäftszeit: Tel.: 23.469, 10 Gästezim-
mer, Satelliten-Fernsehen, Überblick über den Hafen, Organisation von Touren zu Land und zu
Wasser, freundliches US-amerikanisches Management unter Bill Chapman, sehr empfehlens-
wertes Motel
● **Erakor Island Resort $$$**, 24-Stunden-Fährdienst, 5 min. Fahrt von Port Vila, P.O. Box 24
Port Vila, Tel.: 22.983, Fax: 22.983, 13 Bungalows, Restaurant, Bar, Strand, Wassersport
● **Iririki Centre Ville $$$$**, im Herzen von Port Vila, auf einer privaten Insel, ½ km von Port
Vila City, P.O. Box: 230 Port Vila, Tel.: 22.464, Fax: 22.953, 20 Gästezimmer, Restaurant,
Babysitting
● **Iririki Island Resort $$$$$**, P.O.Box 230 Port Vila, Tel.: 23.388, Fax: 23.880, 70 Bunga-
lows, Air Condition, Restaurant, Bar, Swimmingpool, Strand, Wassersport, Sporteinrichtungen
● **Kaiviti Village Motel $$$**, P.O. Box 152 Port Vila, Tel.: 24.684, Fax: 24.685, 37 Studios
mit Küchenecke, Swimmingpool, Bücherei, Babysitting
● **Kalfabun Guesthouse $**, P.O. Box 494 Port Vila, Tel.: 24.484, 3 Bungalows
● **Le Lagoon Resort $$$$$**, an der Spitze der Erakor Lagoon, 3 km von der City Port Vila,
P.O. Box 86, Tel.: 22.313, Fax: 23.817, 109 Bungalows und Gästezimmer, Air Condition,
Restaurant, Bar, Swimmingpool, Strand, Wassersport
● **Marina Hotel $$$**, P.O. Box: 1111 Port Vila, Tel.: 22.566, Fax: 22.566, 10 Gästezimmer,
Air Condition
● **Pacific Lagoon Apartments $$**, P.O. Box 827 Port Vila, Tel.: 23860, Fax: 23.477, 10
Bungalows und Gästezimmer, Strand
● **Royal Palms Resort & Casino $$$$$**, am Tassiriki Park, P.O. Box: 215 Port Vila, Tel.:
22.040, Fax: 23.340, 150 Gästezimmer, Air Condition, Restaurant, Bar, Swimmingpool, Strand,
Wassersport, Sporteinrichtungen
● **Sutherland House $**, P.O. Box: 150 Port Vila, Tel.: 22.722, 3 Gästezimmer
● **Talimoru Hotel $$**, Box 110 Port Vila, Tel.: 23.740, Fax: 22.700, 42 Gästezimmer, Restau-
rant, Bar
● **U.S.P. Guesthouse $**, P.O. Box 12 Port Vila, Tel.: 22.748, Fax: 23.633, 8 Bungalows
● **Vila Chaumieres $$$**, P.O. Box 400 Port Vila, Tel.: 22.866, Fax: 24.238, 4 Gästezimmer,
Air Condition, im Restaurant Dinieren in romantischer Atmosphäre bei Kerzenlicht und Blick
auf die Lagune, Bar, Strand
● **Windsor Hotel $$$$**, P.O. Box 810 Port Vila, Tel.: 22.150, Fax: 22.678, 85 Studios und
Appartements, Air Condition, Restaurant, Bar, Swimmingpool, Wassersport, Sporteinrichtun-
gen

Restaurants
● **Bamboo Royal Restaurant**, gegenüber Parliament Building, nahe Chief's Naka-
mal, P.O. Box 142 Port Vila, Tel.: 22.806, Fax: 22.080, chinesische Küche
● **Binh Dan Restaurant**, Straße zum Radisson Resort, P.O. Box 702 Port Vila,
Tel.: 22.287/22.275, vietnamesische Küche
● **Chez Gilles et Brigitte**, Straße zur Pango Village, 5 min. Fahrt außerhalb der Stadt, P.O.
Box 1400 Port Vila, Tel.: 26.000, Fax: 24.522, französisches Gourmet-Restaurant im tropischen
Garten und Blick aufs Meer, Voranmeldung mindestens eine Stunde vorher.

● **Crows Nest Bistro**, auf einem Hügel oberhalb von Coral Apartment, P.O. Box 773 Port Vila, Tel.: 25.257, Fax: 24.762, thailändische, indonesische und internationale Küche, phantastischer Blick auf Port Vila und die Mele Bay, sehr freundliches holländisches Management unter Geraldine und Francis Smelik, sehr empfehlenswertes Restaurant

● **Ebisu Restaurant**, Rue d'Angou, gegenüber Au Bon Marche, P.O. Box 157 Port Vila, Tel.: 23.612, japanische Küche

● **El Gecko's Restaurant**, Kumul Highway, in der Olympic Arcade nahe dem Adventure Centre, P.O. Box 1175 Port Vila, Tel.: 25.597, 24.794, deutsche und internationale Küche

● **Golden Dragon Restaurant**, Straße zum Le Lagoon Hotel, P.O. Box 299 Port Vila, Tel.: 23.933, chinesische Küche

● **Han Korean Restaurant**, im oberen Stockwerk der Afro Asia Art, gegenüber Westpac Banking Co., P.O. Box 1203, Tel.: 25.844, koreanische und asiatische Küche

● **Le Cabane Restaurant (Chez Felix)**, Straße zur Main Wharf, P.O Box 292 Port Vila, Tel.: 22.763, tahitianische Küche

● **La Tentation**, Kumul Highway, gegenüber der Post, P.O. Box 773 Port Vila, Tel.: 22.261, Fax: 24.762, Snacks, Schnellgerichte, Fischsalate, leckere Kuchen, Treffpunkt vieler Weißer

● **La Terrasse**, Kumul Highway, gegenüber der französischen Botschaft, P.O. Box 104 Port Vila, Tel.: 22.428, Snacks, Schnellgerichte

● **Le Rendez-Vous Restaurant**, Kumul Highway, gegenüber Windsor Hotel, P.O. Box 656 Port Vila, Tel.: 23.045, internationale Küche

● **L'Houstalet & La Pizza Restaurant**, gegenüber Au Bon Marche Petrol Station, P.O. Box 376 Port Vila, Tel.: 22.303, Fax: 24.608, französische und italienische Küche

● **Ma Barkers Restaurant & Bar**, Kumul Highway, gegenüber Taxi Rank, P.O. Box 329 Port Vila, Tel.: 22.399, Fax: 22.979, internationale Küche

● **Man Wah Restaurant**, Cnr. Artois & Bretagne Street, P.O. Box 331 Port Vila, Tel.: 23.091, chinesische Küche

● **Mondia Restaurant**, Rue Carnot, China Town, P.O. Box 759, Tel.: 22.450, vietnamesische und thailändische Küche

● **Jill's Cafe**, Kumul Highway, gegenüber Tour Vanuatu, P.O. Box 825 Port Vila, Tel.: 25.125, Schnellgerichte

● **Rossi Terrasse Restaurant & Bar**, Kumul Highway, neben ANZ Bank, P.O. Box 11 Port Vila, Tel.: 22.528, Fax: 22.938, internationale Küche, leckere Seefrüchte-Platte, ältestes Restaurant Vanuatus, empfehlenswert

● **The Office Pub**, im Parterre von Windsor Building, P.O. Box 773 Port Vila, Tel.: 24.808, Frühstück, Bäckerei

● **Tivoli's Coffee & Bar**, Kumul Highway, nahe Funk Kuei Shop, P.O. Box 878 Port Vila, Tel.: 24.510, internationale und italienische Küche

● **Trader Vics Pisces Restaurant & Bar**, Kumul Highway, am Andrea Building, P.O. Box 725 Port Vila, Tel.: 24940, internationale und italienische Küche

● **Water Front Bar & Grill**, Kumul Highway, nahe Anchor House, P.O. Box 525, Port Vila, Tel.: 23.490, Fax: 25.239, internationale Küche

● **Harbour Side Cafe**, Ballade Centre, gegenüber Iririki Jetty, P.O. Box 1538 Port Vila, Tel.: 26.155, Fax: 25.684, Snacks und Schnellgerichte

● **Le Bistro**, nahe Asco Motors, P.O. Box 1538 Port Vila, Tel.: 26.484, Fax: 26.485, französische Küche

● **Café de Paris**, nahe Laho Ltd., P.O. Box 8 Port Vila, Tel.: 26.664, Snacks und Schnellgerichte

Autoverleih

● **Avis**, Le Meridien, P.O. Box 1297 Port Vila, Tel.: 22.570/24.816

● **Budget**, Olympic Hotel Courtyard, P.O. Box 349 Port Vila, Tel.: 23.170, Fax: 24.693

- **Discount Rentals**, Le Lagon Road, Tel.: 23.242
- **Hertz**, Radisson Road, Tel.: 25.600
- **Thrifty**, Tagabé Road (Airport Road), P.O. Box 128 Port Vila, Tel.: 22.244, 22.533, Fax: 23.685

Einkaufen

Es gibt zahlreiche Duty Free Shops, Boutiquen und Schmuckgeschäfte in der Hauptstraße (Kumul Highway).
- **Centre Point Hebrid Ltd.**, Kumul Highway, Supermarkt, preisgünstige Frühlingsrollen und Hähnchenschenkel an einem Imbißladen
- **Treasure Chest (Goodies)**, Kumul Highway, Olympic Acarde, Tel.: 23.445, dieses kleine Geschäft ist m. E. mit Abstand der beste Kunstgewerbe- und Andenkenladen, der originelle Stücke aus dem melanesischen Raum, speziell aus Papua-Neuguinea, verkauft.

Tip

Wechseln Sie Ihr Geld bei **Goodies**! Dort erhalten Sie die günstigsten Wechselkurse der ganzen Stadt.

Landkarten

Survey Apartment, im Government Building; dort erhält man gute topographische Landkarten des Landes

Busse

(siehe A-Z Vanuatu unter "Busse")

Flüge

(siehe A-Z Vanuatu unter "Flüge")
Der **Bauer-Field International Airport** liegt 5,2 km außerhalb der Hauptstadt Port Vila.

Redaktionstips

☆ **Übernachtung** im Iririki Island Resort $$$$$

☆ **Stadtbesichtigung** mit folgenden Sehenswürdigkeiten: Markt, Cultural Centre, Chinatown, Französisches Viertel, Kunstgalerie Michoutouchikine & Pilioko

☆ **Mittagessen** im El Gecko's Restaurant

☆ **Bummel** durch die Altstadt

☆ **Abendessen** in **Crows Nest Bistro**, auf einem Hügel oberhalb von Coral Apartment, mit phantastischem Blick auf Port Vila, den Hafen und die Lagune

Sehenswürdigkeiten

- **Cultural Centre** (Kumul Highway)

Öffnungszeiten
an Werktagen 9.00-11.30 Uhr und 14.00-18.00 Uhr

Das Cultural Centre besteht aus einem Museum (Tel.: 22.129) und einer Bücherei (Tel.: 22.721). Das Museum enthält eine wertvolle Sammlung melanesischer und südpazifischer Artefakte, beispielsweise hölzerne Schlitztrommeln, Figuren aus geschnitztem Baumfarn und verschiedene Masken.

- **Chinatown**

Die Rue Carnot wird wegen der zahlreichen chinesischen Läden auch "Hong Kong Street" genannt.

- **Buntes Marktleben** (Kumul Highway)

Mittwochs, freitags und besonders samstags zwischen 6.00 Uhr und nachmittags ist die hohe Zeit des fotogenen, farbenfrohen Marktes von Port Vila. Die bunt gekleideten Marktfrauen kommen aus allen Teilen der Insel, um ihre Feldfrüchte, Muscheln und kunsthandwerklichen Produkte zu verkaufen.

Die Preise liegen fest. Handeln ist nicht üblich.

- **Independence Park** (oberhalb der Post)

Die große Rasenfläche, von der Post den Hügel hinauf, ist der "Independence Park" ("Park der Unabhängigkeit"), früher als "British Paddock" bekannt. Am Samstagnachmittag wird er oft zum Kricketspielen benutzt, und bei den jährlich sich wiederholenden Unabhängigkeitsfeiern finden hier die Aufmärsche statt, prominente Persönlichkeiten halten lange Volksreden, und die Bevölkerung hört geduldig zu.

- **Das Französische Viertel**

Das "Quartier Francais", wie es gelegentlich genannt wird und in dem viele französisch-sprachige Leute leben, beginnt an dem alten französischen Hospital, dem heutigen Georges Pompidou Building. In der Nähe befindet sich die römisch-katholische Kirche **Port du Ciel Vietnamese**, die hellblau getüncht ist und das Aussehen einer Nissenhütte hat.

Ebenfalls in der Nähe steht die moderne römisch-katholische **Kathedrale Sacre-Coeur**. Rundherum befinden sich einige in typisch französischer Art, mit Holzjalousinen an den Fenstern im Kolonialstil erbaute Häuser, speziell die Missionsgebäude neben der Kathedrale.

- **Iririki Island** (nur 300 m von der Burns Philip Wharf entfernt)

Auf der kleinen Insel Iririki befindet sich die ehemalige Residenz der britischen Kommissare aus den Tagen des Kondominiums (vgl. Kapitel 14.3.6). Neben dem Gebäude in dem Gelände des jetzigen Iririki Island Resort steht ein **großer Eisentopf**, der **aus der Walfangzeit** von der Insel Anatom stammt.

- **Kunstgalerie Michoutouchikine & Pilioko**
  (an der Spitze der Erakor-Lagune)

Öffnungszeiten
täglich 10.00-17.00 Uhr, **Eintritt** frei

Die Galerie liegt in einem parkartigen Gelände. Zeitgenössische Künstler stellen in dem Atelier ihre **Gemälde und Skulpturen** aus und bieten sie zum Kauf an.

14.4.3 INSELRUNDFAHRT

Streckenhinweis
Gesamtstrecke rund um die Insel im Uhrzeigersinn, in Port Vila beginnend und dort wieder endend: 132 Km
Vorschlag zur Zeiteinteilung: sechs bis acht Stunden

- **Hideaway Island Marine Sanctury** (Km 6)

Nachdem Sie an einem Golfplatz vorbeigekommen sind, zweigt links von der Hauptstraße ein Seitenweg ab, der an die **Mele-Bucht** führt.

Die kleine Insel Hideaway Island ist der Küste vorgelagert. Sie ist Stützpunkt eines **maritimen Schutzgebietes**, das von einem schönen Strand und einer blauen Lagune umgeben ist. Auf der Insel befindet sich eine Bistro-Bar.

Tauchen/Schnorcheln
Club Nautica, P.O. Box 1388 Port Vila, Tel.: 25.830, und **Pacific Tours**, Tel.: 25.800, bieten Touren (Schnorcheln und Tauchen) zur Hideaway Island an.

- **Cascades Waterfall** (Km 9)

Eintrittsgeld
500 VT für Erwachsene, 250 VT für Kinder

In einer fruchtbaren Küstenebene mit dem Dorf **Mele Village** gedeihen u.a. Bananen, Papayas, Maniok, Brotfrucht, Mango und Kokospalmen. Plötzlich stoßen Sie auf Urwald, der sich an einem Berghang hinaufzieht, und Sie werden durch ein Hinweisschild auf den Cascades-Wasserfall aufmerksam gemacht.

Die Wanderung führt durch **dichten tropischen Regenwald**, an mehreren Kaskaden vorbei, zum Hauptwasserfall, der in ca. ½ Stunde Fußmarsch zu erreichen ist. Man muß auf dem Pfad dorthin mehrmals auf flachen Stufen das Urwaldflüßchen durchwaten (günstig mit Wasserschuhen). **Rotbraune Kleinlibellen** (Wasserjungfern) und **gaukelnde Schmetterlinge** verschiedener Färbung halten sich an dem Fließgewässer auf. **Große Spinnen** weben ihre reißfesten Netze und trachten den Fluginsekten nach dem Leben. **Großblättriger Philodendron** rankt die Urwaldbäume empor, und die **dekorativen Baumfarne** fächern ihre Blattwedel auf den Waldlichtungen aus.

Auf dem Urwaldpfad – Cascades Waterfall

Freundliche Einheimische kommen Ihnen mit geschnittenen wilden, zu Bunden gefalteten Bananenblättern, die sie auf dem Kopf tragen, entgegen. Sie benötigen die großen Blätter, um Fleisch, Fisch und Gemüse darin einzuwickeln und es im Lablab (Erdofen) zu garen. Ein **kleiner Lehrpfad** unterrichtet Sie am Weg über bestimmte Fruchtbäume, z.B.: Orangen, Mango und Avocado.

● **Klem's Hill Lookout** (Km 10)

Die Straße windet sich in Spitzkehren und mit bis zu 25% Steigung den Hügel hinauf. Von dessen Kuppe genießt man einen **phantastischen Blick** auf das Dorf Mele und die Mele-Bucht.

Bananenblätter geschultert – Cascades Waterfall

- **Ausblicke auf Lelepa und Moso Island** (Km 18)

Unterwegs, über ein Hochplateau fahrend, kommt man an kleinen Verkaufsständen, sog. **"Roadmarkets"**, vorbei, an denen Früchte, Korallen, Muscheln- und Schneckengehäuse angeboten werden. **Hellblaue Windenblüten** leuchten wie Augen im Grün des Buschwaldes. **Weiße Schmetterlinge** suchen die sonnendurchglühten Straßenränder nach Blüten ab. Anschließend führt die Straße steil zur Küste hinab, und der Blick wird auf die beiden Inseln **Lelepa** und **Moso** frei.

- **Tanolu** (Km 26)

Das kleine Dorf wirkt wie ausgestorben. Ein "Roadmarket" ohne Personal bietet Korallen, Muschel- und Schneckengehäuse an. Anschließend ist die ausgewaschene, schlecht befestigte Straße an einem Hang schwer mit einem Pkw zu befahren.

- **Die Nordküste**

Charakteristisch für die Nordküste ist trockenes Gras und Buschland mit **gelbblühenden Mimosenbüschen** und **dornigen Akazien**.

Nguna Island mit dem kegelförmigen **Taputaora (593 m)**, einem erloschenen ehemaligen Vulkan, wird sichtbar. Zwischen rostrot gefärbten Stämmen einer **Kokosplantage** (Km 35) blickt man auf die türkisfarbige Lagune der wunderschönen **Undine Bay**. Im Gebüsch wachsen oft die rankenden, wilden **Passionsblumen** mit ihren eßbaren gelben, kirschengroßen Früchten. Man passiert **Emua Village** (Km 42). Dort gibt es einen kleinen Laden und eine Tankstelle.

Hotel
Nagar Beach Bungalows $$, (Km 44), 45 km von Port Vila, P.O. Box 939 Éfate, Tel.: 23.221, Fax: 23.442, 8 Bungalows, Restaurant, Bar, Strand, Wassersport, Camping ist möglich, ruhige, friedliche Umgebung, gutes Schnorchelgebiet, reiche Fischgründe, ideal als Ausgangsort für Buschwanderungen

Restaurant
Beach Comber, P.O. Box: 947 Port Vila, Tel.: 23.576, Fax: 26.458, an den Takara Springs, Ausflugsrestaurant, besonders an Wochenden gern aufgesucht

- **Die Ostküste**

Diese Küstenlandschaft ist zum größten Teil rauh und mit scharfkantigem Korallengestein durchsetzt. Alte **knorrige Eisenholzbäume** mit weit ausladenden, sich ins Erdreich klammernden Brettwurzeln und **windzerzausten Pandanusbäumen** auf Stelzenwurzeln geben dem wilden, sturmgepeitschten Gestade ein düsteres Aussehen. Gewaltige Brecher rollen auf die vorgelagerten Riffe, die den wütenden Ansturm aufhalten.

Das Hinterland ist tropisch grün. Der von Osten wehende Passatwind lädt genügend Niederschläge an den Berghängen ab. **Riesige Banyanbäume** überragen die üppige Vegetation. **Ebau Village** (Km 63) hat eine Tankstelle.

● **Eton Beach** (Km 82)

Eton ist ein Eingeborenendorf, dessen Hütten mit Palmwedel gedeckt sind. Ein Flüßchen ergießt sich in einer **sandigen Bucht** ins Meer. Sein Süßwasser hat bewirkt, daß sich dort keine Korallen entwickeln konnten. Deshalb weist das Riff an dieser Stelle eine Öffnung auf. Es hat sich ein geschütztes Becken gebildet, das zum Schwimmen ideal ist.

Eine Schlitztrommel am Wegesrand erinnert an alte Rituale.

● **White Sands** (Km 87)

 Hotel Whitesands Country Club $$$$, P.O. Box: 906 Port Vila, Tel./Fax: 22.090, 8 Bungalows, Restaurant, Bar, Swimmingpool, weißer Strand, Sporteinrichtungen, 18-Loch-Golfplatz

Eine Schlitztrommel – nahe dem Eton Beach

● **Port Vila** (Km 132)

Kurz vor der Hauptstadt hat sich der Reiterverein "Club Hippique" in einem Gebiet, in dem der Wirbelsturm "Uma" im Jahr 1987 besonders gewütet hat, angesiedelt.

In Port Vila endet die Inselrundfahrt, die jedem Reisenden empfohlen wird.

538

14.5 TANNA

Highlights

- **Aufstieg zum Kraterrand des Vulkans Yasur** – Blicke in den lodernden Schlund der Erde!
- **Besuch des Urwalddorfes Yakel** – Tänze u.a. zu Ehren der "Mutter Erde"!
- **Fahrt zum Port Resolution** und die **Bekanntschaft mit einem Dugong** – einer Seekuh!

14.5.1 ÜBERBLICK

- **Tanna** ist mit einer Fläche von **561 km²** eine der ungewöhnlichsten Inseln der Südsee. Es hat seine ursprünglich große Bevölkerungszahl, die sich heute auf mehr als **20.000 Einwohner** beläuft, erhalten können. Tanna hat keine Haupt-

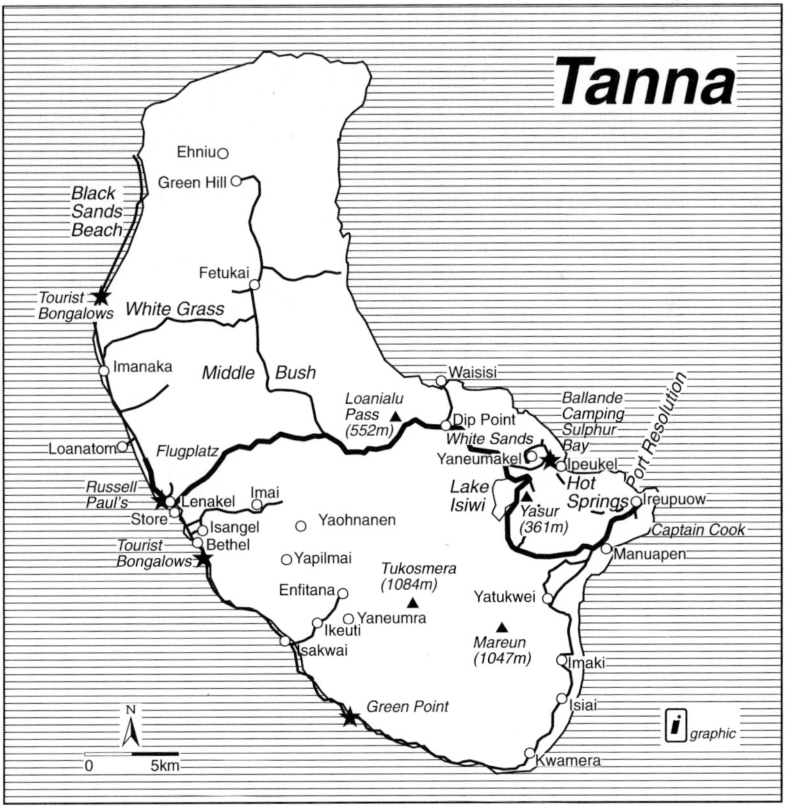

[Karte: Tanna]

Ehniu
Green Hill
Black Sands Beach
Fetukai
Tourist Bongalows   White Grass
Imanaka   Middle   Bush   Waisisi
Loanialu Pass (552m)   Dip Point   Ballande
Camping Sulphur Bay
White Sands
Loanatom   Flugplatz   Yaneumakel   Ipeukel
Russell Paul's   Imai   Lake Isiwi   Hot Springs   Ireupuow
Store   Lenakel   Yasur (361m)   Captain Cook
Isangel   Yaohnanen
Tourist Bongalows   Bethel   Manuapen
Yapilmai
Enfitana   Tukosmera (1084m)   Yatukwei
Yaneumra
Ikeuti   Mareun (1047m)
Isakwai   Imaki
N   Green Point   Isiai
0   5km   graphic
Kwamera

539

stadt. Die Insulaner leben in kleinen Dörfern nach alten Traditionen. Beispielsweise treffen sich die Männer regelmäßig an einem bestimmten Platz im Dorf (*"Nakamal"*) zum **Kava-Trinken**, dem traditionellen Trank der südpazifischen Inseln.

● **Tanna ist äußerst fruchtbar**. Kokospalmen, Yams, Taro und Bananen gedeihen hier ausgezeichnet.

● Die Insel ist wegen ihres **aktiven Vulkans Yasur (300 m)** berühmt. Es wird behauptet, daß er der am leichtesten zugängliche feuerspeiende Berg der Erde ist. Man benötigt für den Aufstieg vom Geländewagen nur höchstens 20 Minuten zu Fuß bis zum Kraterrand.

● 1774 landete der **Engländer James Cook** in einer Bucht von Tanna, die er nach seinem Schiff *Resolution* **"Port Resolution"** nannte. Er war dem "großen Lichthaus der Südsee", dem **Vulkan Yasur**, gefolgt.

● **Trotz der Christianisierung** der Bewohner durch die Presbyterianer **um die Jahrhundertwende** kehrten viele Einheimische zur alten traditionellen Kultur zurück. Es entwickelte sich auf Tanna der sog. **Jon Frum-Kult** in der Mitte des 20. Jahrhunderts.

● Heuzutage werden **16 verschiedene Sprachen**, die jedoch miteinander verwandt sind, auf der Insel gesprochen.

Traditionelles Leben – Urwalddorf Yakel

Reisepraktische Hinweise

Unterkünfte

Die in diesem Reisehandbuch im folgenden erwähnten Hotels und sonstigen Unterkünfte sind nur als persönliche Vorschläge anzusehen. Es wird kein Anspruch auf Vollständigkeit erhoben. Auch gibt es vergleichsweise sicherlich genauso gute oder noch bessere Unterkünfte, die nicht erwähnt sind. Wegen der ständig schwankenden Zimmerpreise werden in diesem Buch **Preis-Gruppierungen** nach folgendem Schlüssel pro Doppel-

zimmer vorgenommen:
$$$$$ = über 12.000 VT
$$$$ = 9.000 – 12.000 VT
$$$ = 6.000 – 9.000 VT
$$ = 3.000 – 6.000 VT
$ = unter 3.000 VT

- **Nikity Guesthouse $$**, P.O. Box 913 Tanna, Tel.: 68.616, 4 Gästezimmer, Restaurant
- **Paradise Bay Guesthouse $**, P.O. Box 9 Tanna, Tel.: 68695, Fax: 68625, 6 Gästezimmer, Swimmingpool, Strand
- **Port Resolution $$**, Tel.: 68.606, 6 Bungalows, Strand
- **Stephens Place $**, Tel.: 68.606, Fax: 68.624, 2 Gästezimmer
- **Tafea LGC Guesthouse $$**, P.O. Box 28 Tanna, Tel.: 68.638, Fax: 68.689, 5 Gästezimmer
- **Tanna Beach Resort $$$**, P.O. Box 27 Tanna, Tel.: 68.626, Fax: 68.610, 3 km vom Flugplatz entfernt, 11 Bungalows, Restaurant, Bar, Swimmingpool, Strand, Sportmöglichkeiten, tags und nachts ist Rollen und Poltern der starken Brandung hörbar; die irischen Brüder Jim, Breffni und Rory McGeough und ihre Familien waren die Pioniere von Tanna Beach Resort, die hier in der Embubul Bay Land erwarben und es bewirtschafteten
Tanna Beach Resort organisiert Touren zum Vulkan Yasur, zum Yakel Custom Village, zur White Grass Plain/Coffee Factory und zum Port Resolution
- **Whitegrass Resort $$$**, P.O. Box 5 Tanna, Tel.: 68.660, Fax: 68.688, 5 Bungalows, Restaurant, Bar, Swimmingpool, Strand

Flüge
In **Lenakel** befindet sich eine Landebahn (Graspiste) in einer Geländemulde (Näheres über die Inlandflüge Efate-Tanna im A-Z Vanuatu unter "Flüge")

14.5.2 DER LODERNDE SCHLUND DES VULKANS YASUR

Der Vulkan Yasur ist ein tätiger, man sagt, einer der aggressivsten Vulkane unseres Globus.

Über den **"Ash Plains of Siwi"** ("Aschenfelder von Siwi") hängen schwarze Rauchfahnen. Ein unangenehmer Geruch liegt in der Luft. Innerhalb kürzester Zeit wird immer wieder dunkler Qualm in die Luft geblasen, und Aschenregen geht nieder.

Mit einem **geländegängigen Fahrzeug** (4WD) kann man bis kurz unter den Kraterrand an der dem Wind abgewandten Seite des Vulkans fahren. Ein ständig lautes Grollen des Yasur schallt herüber. Nach einem höchstens **20-minütigen Aufstieg** bis an den Kraterrand blickt man in die Tiefe der Kaldera. Aus sechs Öffnungen werden in kurzer Folge von oft weniger als einer Minute Lava und rotglühende Gesteinsbrocken emporgeschleudert, ein Inferno von Glut, ein Hagel von glühenden Steinen, ein Ausstoß von dickem, übelriechendem Qualm! In einem glühenden Schlot, der ständig wie das Feuerloch einer Dampflok faucht, lodert eine Gasflamme.

Allmählich senkt sich die Dunkelheit über die Vulkanöffnung, und die feurigen Schlunde heben sich deutlicher ab. Plötzlich bildet sich ein "Lavapilz", wächst

Lodernder Schlund – Vulkan Yasur

wie der rote Feuerball der aufgehenden Sonne, bis er in einer wahnsinnigen Explosion ohrenbetäubend zerplatzt. Die Lava spritzt wie zäher Kleister auseinander, und glühende Steine werden hoch in die Luft geschleudert. Das Echo des furchtbaren Knalls hallt an den Kraterwänden wider, und die glühenden Steinbrocken, von unten angestrahlt, fallen in den Krater zurück.

Es folgt die Schilderung eines für meine Frau und mich persönlich sehr **gefährlichen Erlebnisses**:

Wir konnten uns der Faszination der in der Dunkelheit stattfindenden Eruptionen kaum entziehen. Das sollte fast tödliche Folgen für uns haben, denn die in den Krater zurückrollenden glühenden Steine hatten einen Schlot wahrscheinlich einseitig versperrt. Es gab wieder eine gewaltige Explosion, und eine Salve der glühenden Steine wurde schräg auf uns abgefeuert. Zu unserem Entsetzen fiel plötzlich ein **Feuerkugelhagel** auf uns herab. Wir rissen uns, an den Händen gefaßt, hin und her, um den nur wenige Meter um uns herum wie Geschosse einschlagenden, glühenden Gesteinsbrocken zu entgehen. Das Unheimliche war, daß die kleineren, d.h. die "nur" ca. menschenkopfgroßen Steine beim Herabfallen erkalteten und in der Dunkelheit nicht mehr zu sehen waren. Man hörte nur die dumpfen Einschläge in unserem unmittelbaren Umkreis. Wir waren nur knapp dem Tode entronnen. Zutiefst erschrocken hasteten wir davon, um der Gefahrenzone so schnell wie möglich zu entkommen. Eine zweite Ladung wurde über uns hinweg katapultiert, und die "Geschosse" landeten weit außerhalb des Kraterrandes. Zentnerschwere glühende Brocken rollten, gespenstisch an das schnelle Ende eines Menschenlebens mahnend, die Abhänge hinunter.

Warnung

Das Erleben des beeindruckenden Naturschauspiels, in Prospekten oftmals als ungefährlich geschildert, kann zu bestimmten Zeiten, je nach Aggressivität des Vulkans, doch gefährlich sein, wie obiges Beispiel zeigt.

14.5.3 BESUCH DES URWALDDORFES YAKEL

Durch tiefen Urwald, der mit weit ausladenden Banyanbäumen durchsetzt ist, führt eine Fahrt mit einem 4WD-Auto zu dem sehr versteckt im Urwald liegenden

Eingeborenendorf Yakel, in dem die Männer nach alter Tradition nur mit Penishalter (*"Nampas"*) und die Frauen nur mit Baströcken bekleidet sind. Die wirtschaftliche Grundlage der Dorfgemeinschaft beruht auf der Selbstversorgung. Frei im Dorf herumlaufende Schweine und Hühner, Maniok, Bananen, Nüsse, Früchte und Knollen des Urwaldes, gelegentlicher Fischfang und die Erbeutung an-

Natürliches Leben – Urwalddorf Yakel

derer Meerestiere, z.B. Krebse, sichern die Existenz der Dorfbewohner.

Beeindruckend sind die auf einem Tanzplatz vorgeführten **Tänze und Gesänge**, die von Vulkanen, gegenwärtigen Ereignissen oder dem Blick in die unbekannte Zukunft des Stammes handeln. Auch der **Dank an die "Mutter Erde"**, die den Dorfbewohnern alles zum einfachen Leben Notwendige gibt, wird in den Tänzen ausgedrückt. Der Text, der beim Tanz gesungen wird, hat frei übersetzt etwa folgenden Wortlaut:

"Die Erde ist unsere
Mutter.
Wir müssen sie hüten.
Ihr Boden,
auf dem wir gehen
mit jedem Schritt,
ist heilig."

Eingeborenentänze – Urwalddorf Yakel

Kehlig singend, führt die Gruppe der Männer stampfende und springende Bewegungen aus, die von Händeklatschen begleitet werden, während die Frauen im äußeren Halbkreis auf der Stelle hüpfen. Die Kinder tanzen und singen in ihrer entsprechenden Geschlechtsgruppe mit.

Ein Häuptling steht dem Dorf vor. Er ist stolz darauf, daß sein Stamm der immer weiter fortschreitenden Zivilisation und der Angleichung an moderne, uniforme Lebensformen bisher widerstanden hat.

14.5.4 PORT RESOLUTION UND DIE BEKANNTSCHAFT MIT EINEM DUGONG

Im **Port Resolution**, einer Bucht, in der der englische **Kapitän James Cook 1774** mit seinem Schiff *Resolution* ankerte, locken junge Mädchen durch permanentes Schlagen ins Wasser einen **Dugong** an. Das ist eine **gabelschwänzige Seekuh**, ein ca. 2 m langes, beige gefärbtes Meeressäugetier mit einem dicklippigen Maul und einem Hinterleib, der fischschwanzähnlich ausläuft. Es muß zum Luftholen an die Wasseroberfläche kommen.

Diese harmlosen, zutraulichen und oft neugierigen Tiere sind in die Sagen der Menschen als **Wassernixen** und als **Sirenen** eingegangen. Sie als Besucher haben die Möglichkeit, mit Schnorchelmaske den Dugong schwimmend zu begleiten.

Ein **Grabstein** an der Klippe der Bucht erinnert an die **Ermordung des englischen Missionars Watt**.

14.5.5 ABENDLICHES MUSIZIEREN UND TANZEN EINER GRUPPE VON FUTUNA IM TANNA BEACH RESORT

Interessant sind die aus einfachen Mitteln hergestellten Musikinstrumente der Band unter Leitung von Siosi Vakesa:

- *"Foivai Piano"* ist eine Art "Flaschenklavier", dessen Flaschen unterschiedlich mit Wasser gefüllt sind und die beim Anschlag verschiedene Töne abgeben.
- *"Soroa"* ist ein ausgehöhltes Stück Holz mit zahnartigen Einkerbungen, das beim Übur streichen mit einem Stab ein schnarrendes Geräusch von sich gibt.
- *"Ruija"* ist ein Tamburin.
- *"Double Bass"* hat eine Teekiste als Resonanzkörper und eine Bastsaite vom Banyanbaum, die durch einen gegabelten Stab gespannt wird. Das Zupfen der Saite ergibt einen tiefen Baßton.
- *"Belluso"* ist ein Rhythmusinstrument. Es besteht aus einem Bambusrohr mit Rasseln. Mit einem Stab wird über das obere Ende des Bambus gestrichen und rhythmisch auf den Boden gestampft.

Leiter der Band –
Tanna Beach Resort

Mit diesen o.g. lokalen Instrumenten musiziert die junge Band von Futuna mit Eifer, und sie führt in traditioneller Kleidung ihre Tänze auf. Die nackten Oberkörper der Tänzer sind mit Kokosöl eingerieben, als Schutz vor der Abendkühle. An den Oberarmen tragen sie **Baststreifen**, die gleichen, die an der Küste an Büschen befestigt sind, ein **Zeichen des Friedens**, und ihr Kopfschmuck besteht aus Federn.

14.5.6 DER JON-FRUM-KULT

Engagierte Tänzer – Tanna Beach Resort

Die John-Frum-Bewegung, manchmal unkorrekterweise als Cargo-Kult bezeichnet, war eine der frühen Manifeste des religiösen Widerstands der Einheimischen gegen europäische Wertvorstellungen und Religionen. Diese Bewegung nahm ihren Anfang in den ersten beiden Jahrzehnten des 20. Jahrhunderts, als Repressalien seitens der christlichen Kirchen den Eingeborenen stark zusetzte. Dann rumorte diese Bewegung im Untergrund, bis sie sich in den späten dreißiger Jahren in einer messiasähnlichen Person oder einem Geist, der Jon Frum genannt wurde, offenbarte.

Jon Frum soll vom Meer am Green Point emporgestiegen sein und die Einheimischen insofern beeinflußt haben, daß sie die europäische Überfremdung abschütteln und zu den alten Gebräuchen zurückkehren sollten.

Heute, im Zeichen der Religionsfreiheit in Vanuatu, dürfen die Anhänger der Jon-Frum-Bewegung ungestört ihren Andachten, Gesängen und Tänzen nachgehen.

15 SALOMONEN

15.1 ALLGEMEINER ÜBERBLICK

Salomonen auf einen Blick

Fläche:	27.556 qkm Landfläche in einer Meeresfläche von 1.340.000 qkm
Einwohner:	335.000, 12 je qkm, 94% Melanesier, 4% Polynesier, 2% Mikronesier, Europäer und Chinesen
Altersstruktur:	bis 14 Jahre 46,4%, 15-59 Jahre 49,5%
Lebenserwartung:	62 Jahre
Säuglings-sterblichkeit:	4,4%
Kindersterblichkeit:	6,6%
Jährliches Bevölke-rungswachstum:	2,9%
Bruttosozialprodukt:	je Einwohner 710 US$
Sprachen:	Amtssprache Englisch, Umgangssprache Pidgin-Englisch, ca. 80 melanesische und polynesische Dialekte
Religionen:	über 95% Christen (34% Anglikaner, 19% Katholiken, 17% South Sea Evangelical Church, 21% andere Protestanten), außerdem autochthone Kulte (u.a. Cargo-Kult)
Hauptstadt:	Honiara mit 35.288 Ew. auf der größten Insel Guadalcanal
Flagge:	eine diagonale gelbe Linie trennt ein blaues Feld mit 5 Sternen links oben von einem grünen Feld rechts unten
Nationalfeiertag:	07.07 und 01.10. (Solomon Islands Day)
Staats- und Regierungsform:	Parlamentarische Monarchie im Commonwealth seit 1978 – Verfassung von 1978, unabhängig am 07.07.1978 (ehemals britisches Protektorat)
Staatsoberhaupt:	Königin Elizabeth II., vertreten durch den einheimischen Generalgouverneur Sir George Gerea Dennis Lepping, seit 1988
Regierungschef:	Francis Billy Hilly, seit 18.06.1993
Äußeres:	Job Tausinga
Parlament:	National Parliament mit 47 Mitgliedern, Wahl alle 4 Jahre
Parteien:	Wahl vom 26.05.1993: Group for National Unity and Reconciliation 21 Sitze (1989: 0 von 38), People's Alliance Party/PAP 7 (13), National Action Party 5 (0), Unity Party / SIUPA 4 (6), Labour Party 4 (2), Unabhängige 6 (9), Sonstige 0 (8)
Verwaltungs-gliederung:	4 Distrikte
Wirtschaft:	Bruttosozialprodukt insgesamt: 237 Mio. US$ (1992), realer Zuwachs durchschnittlich 1980-1992 3,3%, Bruttoinlandsprodukt: realer Zuwachs 1990 5,2%; Anteil Landwirtschaft 70%, Industrie 5%, Dienstleistungen 25% – Erwerbstätigkeit (1990) Landwirtschaft 90%, Industrie und Dienstleistungen 10% – Auslandsverschuldung (1991) 99,3 Mio. US$ – Inflation 1980-1992 durchschnittlich 12,1%

Import:	240,8 Mio. SI$; Güter (1989): 37% Maschinen und Transport-mittel, 18% verarbeitete Waren, 14% Nahrungsmittel, 10% Brennstoffe; Länder: 26% Australien, 16% Japan, 7% Singapur
Export:	178,1 Mio. SI$; Güter (1989): 38% Fisch, 24% Holz, 12% Kopra, 12% Palmöl; Länder: 42% Japan, 12% Großbritannien, 7% Thailand
Währung:	1 Salomonen-Dollar (SI$) = 100 Cents
Problemfelder:	für die Ressourcen des Landes ein zu schnelles Bevölkerungs-wachstum, Auslandsverschuldung, sehr hohe Inflationsrate

15.2 GEOGRAPHISCHER ÜBERBLICK

15.2.1 LAGE UND GRÖSSE

Die Salomonen liegen in Westen des Pazifiks zwischen 5° und 12° südlicher Breite und 154° und 162° östlicher Länge. Im Westen liegt der Nachbarstaat Papua-Neuguinea. Im Südwesten liegt Vanuatu. Die doppelte Inselkette der Salomonen erstreckt sich in Äquatornähe von Nordwesten nach Südosten über eine Länge von 1.500 km. Die Salomonen bestehen aus ca. 200 Inseln und Inselchen. Die sechs größten sind: Guadalcanal, Santa Isabel, San Cristobal, Malaita, New Georgia und Choiseul. Alle addierten Landflächen der Inseln betragen zusammen 27.556 km². Das entspricht etwa der Größe Belgiens (30.507 km²).

15.2.2 LANDESNATUR

Urwaldüberzogene Vulkanberge

Die Doppelinselkette der Salomonen besteht aus Hunderten von vulkanischen Inseln und Korallenatollen auf dem pazifischen **"Ring aus Feuer"**. Die erlosche-ne **Vulkane Kolombangara** (Western Province) und **Tinakula** (Santa Cruz-In-seln/Temotu Province) sind nur einige Zeugen von lebhaftem Vulkanismus. Der **Mt. Popomanaseu (2.330 m)** auf der Hauptinsel Guadalcanal ist der **höchste Berg** des Landes. Die Salomonen sind zu **über 90%** mit dichtem **tropischen Regenwald** überzogen. Zahlreiche schnellfließende Flüsse und Bäche zerschnei-den die Waldgebirge.

Tropenklima

Die Salomonen, fast unter dem Äquator gelegen, haben ein tropisches Klima. Die Tagestemperaturen liegen zwischen +25 und +32 °C. Nachts kühlt es um 3-5 °C ab. Von **April bis Oktober** bläst der **Südostpassat**, in Böen auffrischend bis zu 30 Knoten und mehr. Dies ist normalerweise die Zeit des trockenen Wetters. Von **November bis März** bestimmt der **Nordwestmonsun** das Klima. Es ist unange-nehm schwül, und die Niederschläge fallen reichlich.

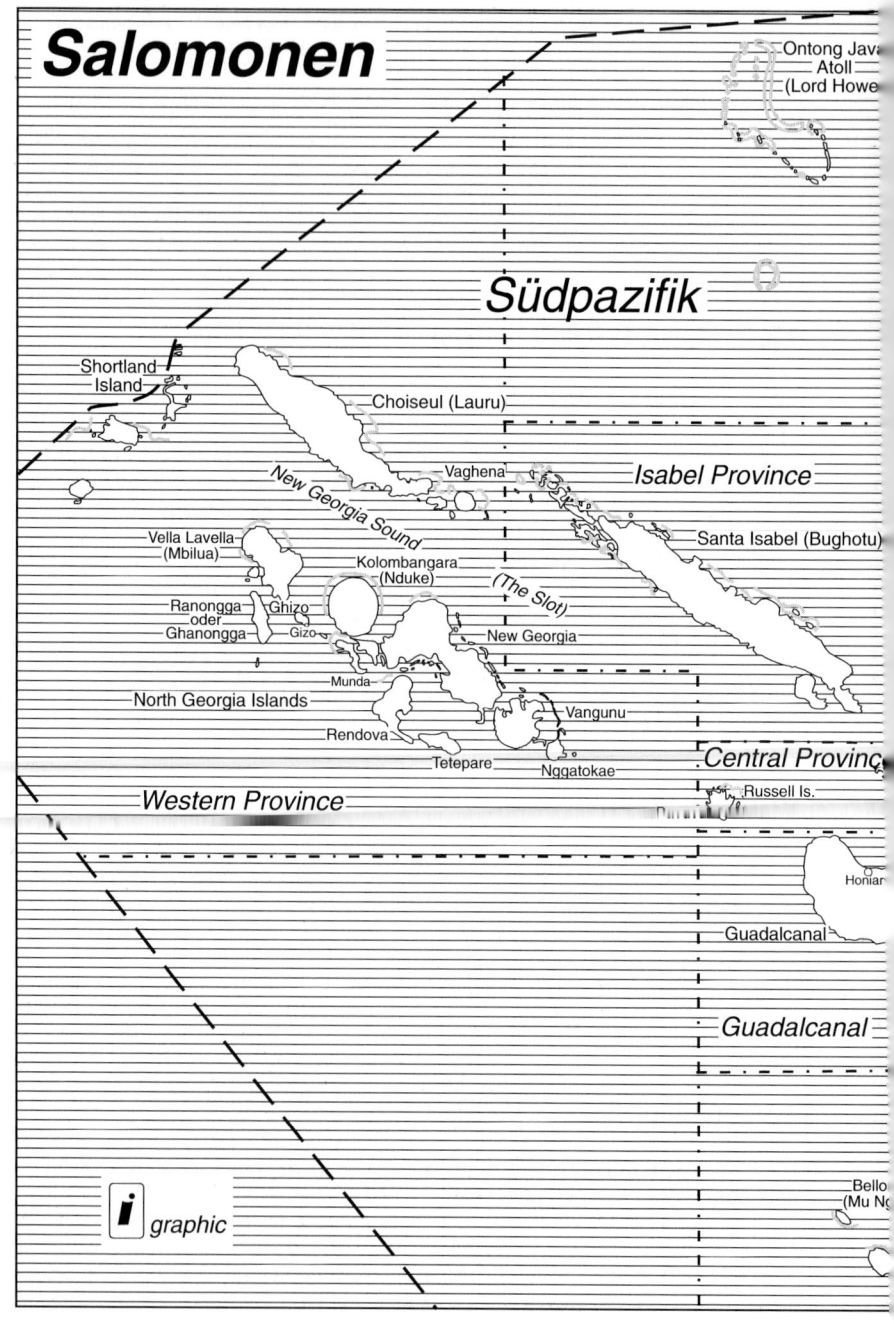

Salomonen

Ontong Java
Atoll
(Lord Howe

Südpazifik

Shortland
Island

Choiseul (Lauru)

Vaghena

Isabel Province

New Georgia Sound

Vella Lavella
(Mbilua)

Kolombangara
(Nduke)

Santa Isabel (Bughotu)

(The Slot)

Ranongga
oder
Ghanongga

Ghizo

Gizo

New Georgia

Munda

North Georgia Islands

Vangunu

Rendova

Tetepare

Nggatokae

Central Province

Russell Is.

Western Province

Honiar

Guadalcanal

Guadalcanal

i graphic

Bello
(Mu N

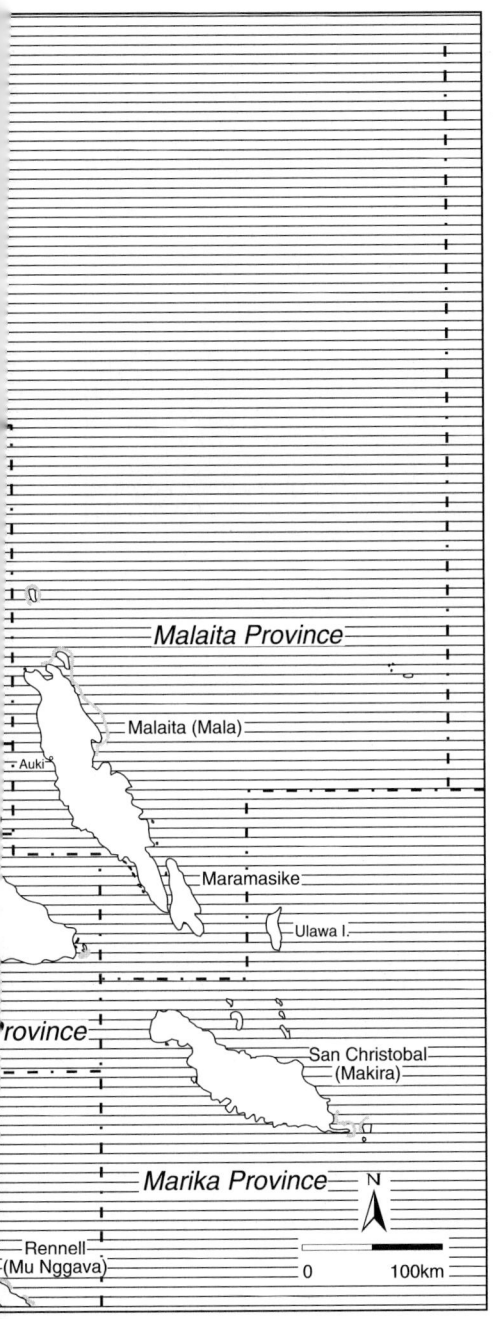

Malaita Province

Malaita (Mala)

Auki

Maramasike

Ulawa I.

rovince

San Christobal
(Makira)

Marika Province

N

Rennell
(Mu Nggava)

0   100km

15.3 PFLANZEN-WELT

Die Inseln der Salomonen sind zu rund **90%** mit dichtem **tropischen Regenwald** bedeckt. Besonders die kleinen Inseln werden von Menschen nur selten besucht. Zu Recht spricht man von den Salomonen vom **unberührten Paradies** ("The Untouched Paradise"). Es sind über **4.500 verschiedene Pflanzenarten** auf den Inseln festgestellt worden. Eine sehr hohe Zahl ist endemisch, d.h., diese Pflanzen kommen lokal nur auf den Salomonen oder speziell auf einer Insel oder Inselgruppe vor. In den Urwäldern wachsen rund **230 verschiedene Orchideenarten**.

15.4 TIERWELT

15.4.1 WILDLEBENDE LANDSÄUGETIERE

● Es gibt zwei Arten von **Ratten**, eine einheimische Riesenratte (*Solomys ponceleti*) / "Poncelet's Giant Rat", die schon immer dort lebte und eine kleinere braune Ratte, die erst im Sog der Zivilisation auf die Inseln kam. Beide Arten haben keine natürlichen Feinde.

● Bei den **Fledertieren** gibt es verschiedene Arten. Die großen fruchtfressenden **Flughunde** / "Flying Foxes" besitzen eine Flügelspannweite von über einem Meter. Tagsüber versammeln sie sich in großen Gruppen in hohen Bäumen, hängen dort kopfüber dicht an dicht, ruhen oder streiten sich um die Schlafplätze. Die **kleineren Fledermausarten** jagen in der Dämmerung Moskitos und nachtaktive Insekten mit Hilfe ihres "Radarsystems". Sie stoßen nach dem Prinzip

549

Das unberührte Paradies

der Echolotung Schreie aus, die zum größten Teil im Ultraschallbereich liegen. Tagsüber verstecken sie sich in hohlen Bäumen oder Felshöhlen.

● Der **Wollkuskus** (*Phalanger orientalis*) / "Grey Cuscus" ist ein rattengroßes, nachtaktives Beuteltier. Größe und Färbung können auf den einzelnen Inseln stark variieren. Es gibt weiße, beige, graue und schwarze Tiere.

15.4.2 MEERESSÄUGER

● **Finnwale** (*Balaenoptera physalus*) und andere große Wale werden regelmäßig jedes Jahr in den Gewässern der Salomonen gesichtet.

● **Schweinswale** (*Phocaenidae*) / "Porpoises" sind zahlreich vertreten. Sie werden häufig an der Nordküste von Guadalcanal in ganzen Gruppen gesehen. In Malaita und San Cristobal organisieren die Küstenbewohner gelegentlich Treibjagden auf diese kleinen Wale. Sie treiben sie in flache Gewässer, umzingeln die Gruppe, auch "Schule" genannt, mit ihren beweglichen Kanus und töten sie.

● **Gabelschwänzige Dugongs** (*Dugongidae*) / "Sea Cows", die bis zu 2 m lang werden können, gehören zur Familie der Seekühe. Sie sind harmlose Vegetarier, die maritimes Gras im Flachwasser abweiden. Weibliche Tiere, die vor kurzem gekalbt haben, besitzen ein Paar Brustdrüsen, die, aus der Distanz gesehen, einen entblößten weiblichen Oberkörper vortäuschen. Hauptsächlich Seeleute und Abenteurer, die in anderen Teilen der Erde aus der Ferne beobachteten, wie Seekühe über Wasser ihre Jungen säugten, berichteten von erstaunlichen Kreaturen, von **Meerfrauen** mit einem weiblichen Oberkörper und einem Fischschwanz. Die Erzählungen über diese Fabelwesen haben sich lange in der Mythologie der seefahrenden Völker gehalten.

15.4.3 VÖGEL

Die Vogelwelt ist vielfältig. Es sind bisher über **300 Vogelarten** beobachtet worden, einschließlich der Durchzügler und Gäste. **170 Arten sind Jahresvögel**, die auf den Salomonen brüten und das ganze Jahr über anzutreffen sind. Davon gibt es beispielsweise 9 Arten Greifvögel, 20 Arten Papageien, 11 Arten Tauben, 8 Arten Eisvögel und 7 Arten Stare. 40 Arten sind endemisch. Fast jede Insel hat ihre eigene Quote an Unterarten.

Es gibt kaum eine Gegend der Erde, an der so viele Unterarten eines Vogels auf so kurzen Entfernungen anzutreffen sind. Beispielsweise hat man 19 verschiedene Unterarten des Eisvogels "White-collared Kingfisher" (*Halcyon recurvirostris*) ermittelt.

Man trifft verstärkt auf Arten, die auch in Nachbarkontinenten vorkommen:
- Der **Brahminenweih** (*Haliastur indus*) / "Brahming Kite" ist ein wunderschön kupferrot und weiß gefärbter Greifvogel aus Südasien.
- **Schneeweiße Kakadus** kommen in sehr ähnlichen Formen in Australien vor.

Eisvogel

- Der **Megapode** ist wegen seines einmaligen Brutverhaltens ein sehr eigenartiger Vogel. Er gräbt eine ein bis zwei Meter tiefe Bruthöhle in den losen, warmen Vulkanboden, um seine großen Eier darin ausbrüten zu lassen. Die Höhle wird locker mit Erde zugeschüttet, und es dauert nicht lange, bis die Jungen ausgewachsen, voll befiedert, flugfähig und völlig selbständig ans Tageslicht kommen.

15.4.4 SCHLANGEN

Das Reptilienleben auf den Salomonen ist sehr reichhaltig. Es gibt insgesamt **17 Schlangenarten**. Die meisten einheimischen Schlangen sind ungiftig und nachtaktiv. Die giftigen Schlangen, mit wenigen Ausnahmen, verhalten sich ruhig, wenn man sie nicht stört und sie nicht provoziert. Die Boa-Arten sind schwergewichtig und langsam in ihren Bewegungen.

● Die **Pazifik-Boa** (*Enygrus (candoia) carinatus*) / "Pacific Ground Boa" ist die größte Schlange. Sie kann eine Länge von 1,80 m erreichen und sie ist ungiftig.

● Der **Gewöhnliche Plattschwanz** (*Laticauda laticaudata*) / "Black-banded Sea Snake" oder "Coral Snake" ist häufig in der Gegend von Honiara anzutreffen. Er ernährt sich hauptsächlich von aalartigen Fischen. Sein **Nervengift** ist **12-mal stärker als das der Kobra**. Allerdings ist er nicht aggressiv und unfähig, sein tödliches Gift anzubringen, wenn er keine gute Bißstelle findet. Sein Kopf und seine Kinnladen sind sehr klein im Vergleich zu denen der Erdschlangen.

● **"Gupy's Snake"** *) und **"Woodford's Snake"** *), Verwandte des sehr gefährlichen Kupferkopfes aus Australien, sind **giftig**. Sie wurden gelegentlich im Urwald des Hinterlandes von Honiara gesehen.

15.4.5 EIDECHSEN, GECKOS, SKINKS UND WARANE

● Sie sind zahlreich vertreten. Ihre Artenvielfalt reicht von den dünnen und schnellen insektenfangenden **Eidechsen** der Küstenregionen über die friedlichen hausbewohnenden **Geckos** bis zu den großen Waranen.

● Der **Salomonen-Riesen-Skink** (*Corucia zebrata*) / "Giant prehensile-tailed Skink" oder "Zebra Skink" ist vermutlich ein Überbleibsel einer verschwundenen Tierart aus dem Tertiär. Er lebt nur noch in den Tropenwäldern von San Cristobal und ist mit einer Länge von 65 cm der größte aller lebenden Skinks. Er bewohnt Bäume, eine seltene Ausnahme bei Glattechsen. Als besondere Anpassung besitzt er einen langen Greifschwanz, mit dessen Hilfe er sich an Ästen festklammern kann, und kräftige, mit starken Krallen bewehrte Glieder. Seine Lebensweise ist nur wenig erforscht.

● Der **Pazifikwaran** (*Varanus indicus*) / "Monitor Lizard" oder "Goanna" erreicht eine Länge von 1 ½ m und mehr. Sein dunkler Körper ist mit zahlreichen gelben Punkten übersät. Dieses große Reptil ist in einigen Gegenden eine Plage, weil es Hühnereier und Küken raubt. Andererseits vertilgt es auch Ratten, andere Schädlinge und große Insekten. Der Pazifikwaran ist ein ausgezeichneter Kletterer und Schwimmer. Nichts ist vor ihm sicher, weder ein Vogelnest noch ein Frosch oder Fisch.

15.4.6 MEERESSCHILDKRÖTEN UND -KROKODILE

● Die **Echte Karettschildkröte** (*Eretmochelys imbricata*) / "Green Turtle" und die **Suppenschildkröte** (*Chelonia myda*) / "Hawksbill Turtle" kommen auf den Salomonen vor.

● Das **Leistenkrokodil** (*Crocodylus porosus*) / "Saltwater Crocodile" flößt durch seine Größe, Kraft und Wildheit Respekt ein. Sein Verbreitungsgebiet reicht von

Indonesien über Neu-Guinea und Nordaustralien bis zu den Salomonen, seiner östlichen Grenze. Die Santa Cruz-Gruppe hat es jedoch nicht erreicht. Es lebt in Mangrovensümpfen der Küste und Flußmündungen.

15.4.7 FRÖSCHE UND KRÖTEN

Der Artenreichtum der Frösche und Kröten ist erheblich. Diese Tiere variieren in der Größe, der Farbe und der Lebensart. Man findet sie am Wasser, auf dem Waldboden und auf den Bäumen.

● Der **Guppy's Frog** (*Rana guppyi*) *) ist der größte Frosch der Inseln und der viertgrößte Frosch der Erde. Er hat ein Gewicht von 1 ½ kg und lebt an Tiefland-flußläufen.

● Der **Solomon Island Nose-horned Frog** *) (*Ceratrobatrachus guentheri*) lebt auf dem Urwaldboden. Es ist fast unmöglich, ihn, wenn er still sitzt, vom herabge-fallenen Laub zu unterscheiden.

● Die **giftige Kröte** *Bufo marnus* *) hat am Hinterleib Drüsen, deren Inhalt eine so verheerende Wirkung haben, daß jede noch so große Schlange und jeder Waran nach einem Biß innerhalb weniger Minuten qualvoll verenden.

15.4.8 INSEKTEN

● Die **Schmetterlinge** sind im Heer der Insekten unzweifelhaft die prächtigsten und auch auffälligsten. Es gibt mehr als **130 Arten**, 35 davon sind endemisch. Die beiden größten sind der **"Queen Victoria Birdwing"** *) (*Ornithoptera victoriae*) und der **"Blue Mountain Birdwing"** *), die beachtliche **Flügelspannweiten von 25 cm (!)** erreichen.

● Die **übrigen Insekten**, wie Libellen, Käfer, Netzflügler, Wespen, Bienen usw., sind in ihrer Vielfalt auf den tropischen Inseln der Salomonen unüberschaubar.

Zeichenerklärung:
*) = *Wegen unbekannter deutscher Namen wurden englische und wissenschaftli-che verwendet.*

15.5 GESCHICHTLICHER ÜBERBLICK

15.5.1 FRÜHGESCHICHTE

Ca. 8000 v. Chr. Man vermutet, daß zu dieser Zeit die ersten Menschen auf die Salomonen ka-men. Es gibt in Rückzugsgebieten noch kleine Gruppen von Eingeborenen, die **Papua-Dialekte** sprechen. Hieraus leitet man ab, daß diese "Sprachinseln" auf die Urbevölkerung hinweisen. Beweise gibt es dafür nicht. Die Archäologie steckt hier jedoch in den "Kinderschuhen". Im übrigen sind menschliche Aktivitäten in einem tropischen Land mit einem regenreichen Klima wegen der schnellen Fäul-nis schwer nachweisbar.

1800-1600 v. Chr. Die **ältesten Funde** menschlicher Besiedlung stammen aus der Zeit der **Lapita-Töpferei**, die **austronesischen Wanderbewegungen** zuzuschreiben sind.

15.5.2 DIE SPANIER AUF DER SUCHE NACH "ELDORADO"

07.02.1568   Der erste dokumentierte Kontakt mit Europäern fand durch den **Spanier Alvaro de Mendana y Neyra** statt. Weil eine alte Inka-Legende von einem Goldland weit im Westen berichtete, hatte er im November 1567 Peru verlassen, um das legendenumwobene "Eldorado" auszumachen. Er landete in der Estrella Bay auf der **Insel Isabel** und gründete dort eine Niederlassung. Die Spanier entdeckten auch tatsächlich auf ihren Exkursionen im Archipel alluviales **Gold auf Guadalcanal**. Daraufhin glaubte Alvaro de Mendana y Neyra, er habe die Quelle von König Salomons großem Reichtum gefunden. Hierdurch fühlte er sich ermutigt, schon im Vorgriff auf eine spanische Kolonisation die Inseln "Islas de Salomon" ("Inseln Salomons)" zu nennen. Durch Gewalttaten der Spanier ausgelöst, kam es zu Überfällen der Eingeborenen mit Todesfolgen für neun Spanier.

11.08.1568   Der Spanier verließ mit seinem Schiff die Salomonen, nachdem er aus Rache vorher alle Dörfer, die von See her erreichbar waren, beschossen hatte.

1595   **Alvaro de Mendana y Neyra** kehrte mit vier Booten und 450 Siedlern an Bord auf die Salomonen zurück, um die Inseln zu kolonisieren. Er landete auf Nendo, zu den **Santa Cruz-Inseln** gehörend. Auch diesmal hatte er kein Glück; Krankheiten und Stürme dezimierten die Zahl der Spanier. Kurz darauf starb **Alvaro de Mendana y Neyra** an Malaria. Der Rest seiner Leute rettete sich auf die Philippinen.

15.5.3 KOLONISATION

1884   **Großbritannien**, das befürchten mußte, daß Deutschland sich ein Kolonialreich im Südwestpazifik, einschließlich Papua-Neuguinea, einrichten würde, **annektierte Papua-Neuguinea**, zu dem man damals auch die Salomonen rechnete.

1890   Das **Deutsche Reich** zeigte **Interesse an Bougainville und Buka**.

1893   Die Engländer erklärten daraufhin **New Georgia, Guadalcanal, Makira und Malaita** zum **britischen Protektorat**, um das Vordringen der Deutschen in diesem Raum zu blockieren.

1898   **Charles M. Woodford**, ein Naturforscher, der ursprünglich 1885 vom Britischen Museum auf die Salomonen geschickt worden war, um Ausstellungsstücke zu sammeln, wurde der **erste Regierungskommissar**. Von seinem Hauptquartier Tulagi aus stellte er praktisch im Alleingang, ohne Unterstützung des Mutterlandes, eine Kolonialverwaltung auf die Beine. Er hatte lediglich die Anweisung, Abgaben aus dem Land "herauszupressen", um seine Ausgaben davon zu bestreiten. Im gleichen Jahr wurden die **Santa Cruz-Gruppe, Bellona und Rennell** dem **britischen Protektorat** zugeschlagen.

1900   Das **Deutsche Reich** stimmte einem Abkommen zu, die freie Handhabung in Samoa durch die **Abgabe der Shortland-Inseln, Choiseul, Isabel und Ontong Java Atoll** auszugleichen.

15.5.4 "BLACKBIRDING"

Ende des 19. Jhds.   Nachfolgende Kontakte zwischen den Salomonen und den Europäern waren oft turbulent. **"Blackbirding"** ("schwarze Vögel") nannte man die **Menschenjagd** auf die dunkelhäutigen Melanesier. Viele Insulaner der Salomonen wurden, oft gegen ihren Willen, zur Schwerstarbeit auf den Zuckerrohr- und Baumwollfeldern in Queensland (Australien) und Fidschi verpflichtet. Zwangsläufig kam es auch zu gewaltsamen Gegenreaktionen der Eingeborenen auf den Salomonen.

15.5.5 DIE GUADALCANAL-SCHLACHT

1942-1943 Die Insel Guadalcanal, vorher ziemlich unbekannt in der Weltöffentlichkeit, wurde das Zentrum des erbitterten militärischen Konfliktes zwischen US-Amerikanern und Japanern. Tausende von Soldaten auf beiden Seiten verloren in der sechs Monate andauernden **Guadalcanal-Schlacht** in See-, Land- und Luftgefechten ihr Leben, bis sich die Japaner im Frühjahr 1943 zurückzogen. Hiermit war den Japanern die Möglichkeit genommen, weiter nach Australien und Neuseeland vorzustoßen.

15.6 GUADALCANAL

Highlights

- **Der Besuch des National Museums** in Honiara – sehr informativ!
- **Die Kunsthandwerksschule Betikama** – Training für die Jugend!
- **Inselfahrt entlang der Nordküste in westlicher Richtung** – um einen Eindruck von der Landschaft und dem dörflichen Leben zu bekommen!

15.6.1 ÜBERBLICK

Guadalcanal ist die **Hauptinsel** der Salomonen mit dem höchsten Berg, dem **Mt. Popamanaseu (2.330 m)**. Die Insel ist vulkanischen Ursprungs. Im Norden erstreckt sich ein **fruchtbares ebenes bis hügeliges Küstenvorland**, ausreichend von wasserreichen Flüssen durchzogen. Der übrige Teil ist sehr gebirgig, urwaldüberwachsen und schwer zugänglich.

Vatuluma Posori Cave, eine Höhle am Poha River, ist die früheste bekannte menschliche Siedlungsstätte der Salomonen (vor ca. 3.000 Jahren). Berühmt wurde sie wegen ihrer Felskunstwerke.

1568 sichtete der gebürtige Portugiese **Alvaro de Mendana y Neyra**, unter spanischer Flagge segelnd, als erster Europäer Guadalcanal. **1788** besuchte es der britische **Leutnant Shortland. Heute** sind die **nördliche Küstenebene** und ein schmaler **Küstensaum rund um die Insel dauerhaft besiedelt**.

Guadalcanal ist die **bevölkerungsreichste Insel** des Landes mit der **Hauptstadt Honiara**.

15.6.2 DIE HAUPTSTADT HONIARA

Überblick

Honiara ist **seit Ende des Zweiten Weltkriegs** die **Hauptstadt** der Salomonen. Vorher war es Tulaghi, auf Nggela Sule gelegen. Die Hauptstadt wurde nach Honiara verlegt, um den während des letzten Krieges von den US-Amerikanern erbauten Flugplatz, den Hafen, die Straßen, Gebäude und Serviceeinrichtungen zu nutzen.

Mit **über 35.000 Einwohnern** ist Honiara zum Verwaltungs- und Wirtschaftszentrum des jungen Staates geworden.

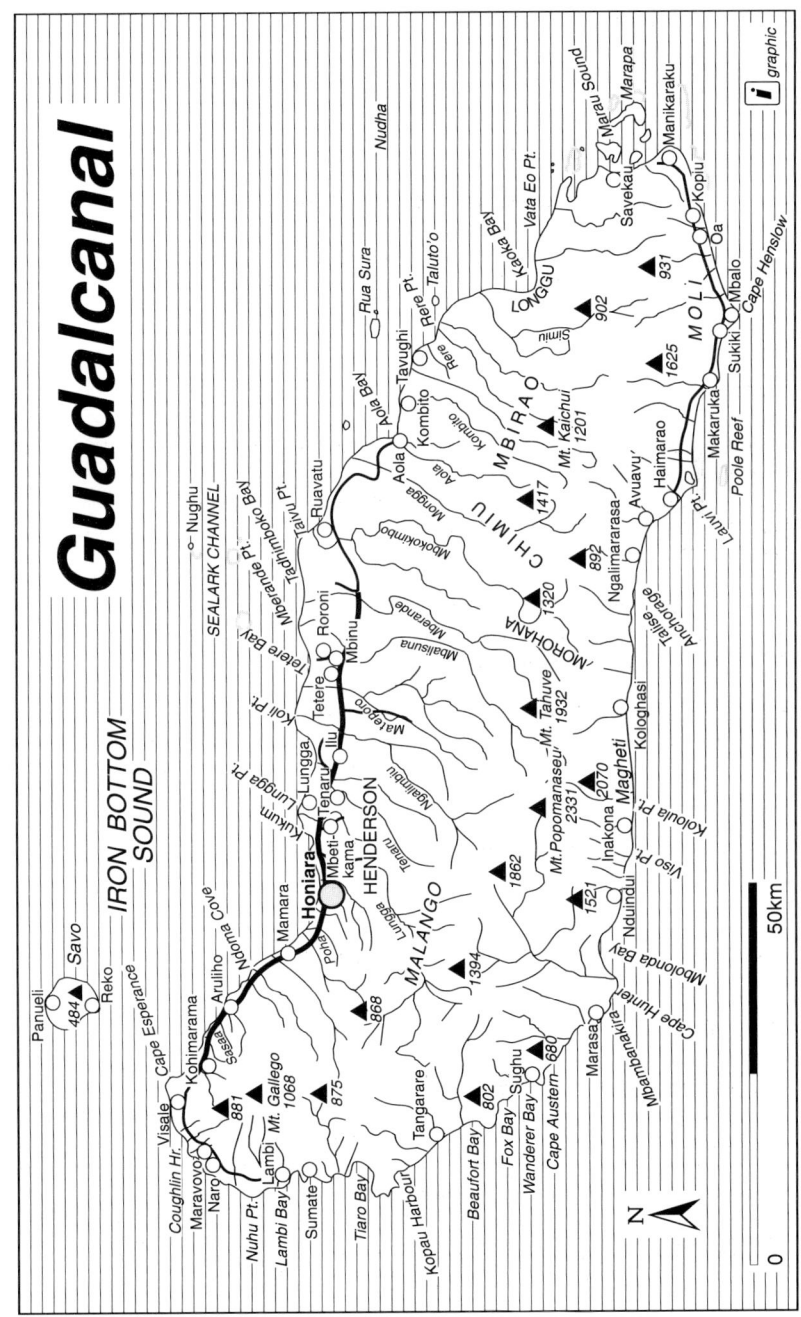

Guadalcanal

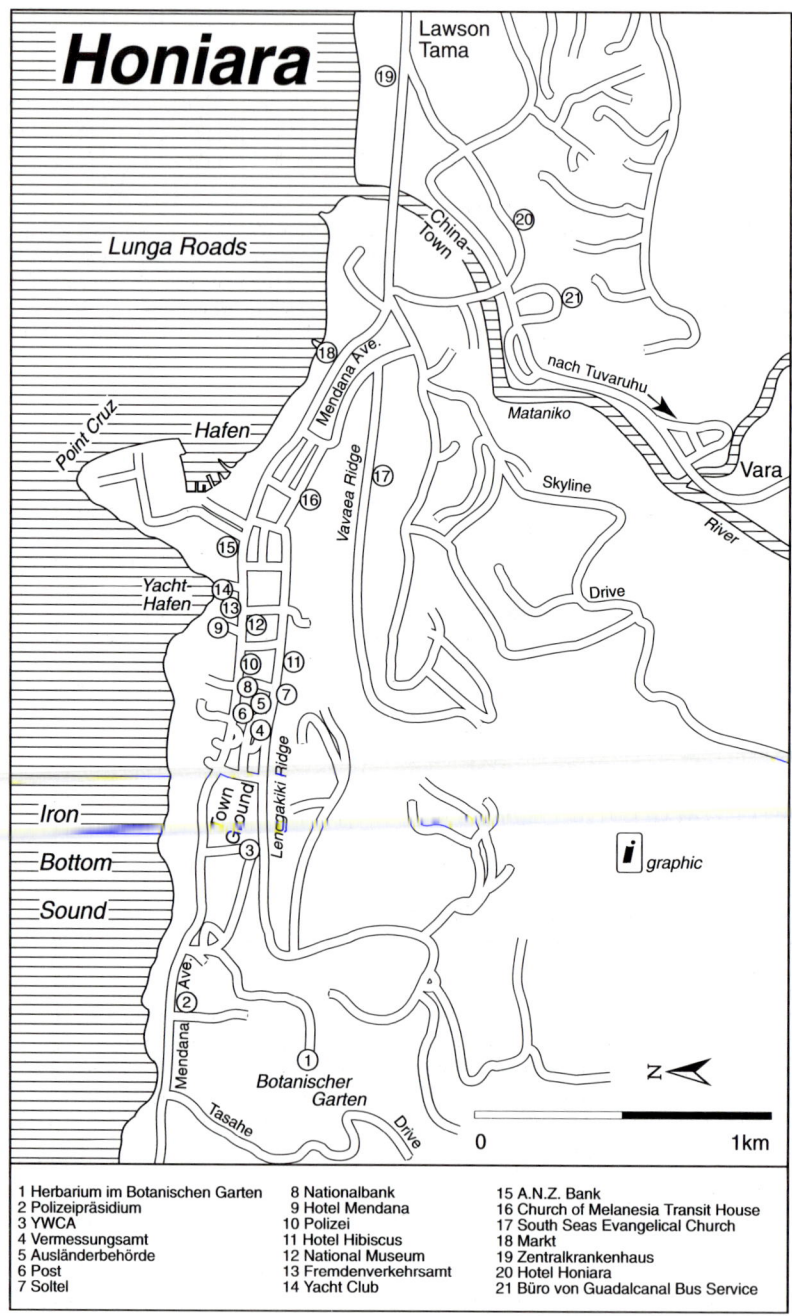

Honiara

Lawson Tama

Lunga Roads

China Town

nach Tuvaruhu

Mataniko

Point Cruz

Hafen

Mendana Ave.

Vavaea Ridge

Skyline

Vara

River

Drive

Yacht-Hafen

Iron

Bottom

Sound

Lengakiki Ridge

Town Ground

Mendana Ave.

Tasahe

Drive

Botanischer Garten

graphic

N

0   1km

1 Herbarium im Botanischen Garten
2 Polizeipräsidium
3 YWCA
4 Vermessungsamt
5 Ausländerbehörde
6 Post
7 Soltel

8 Nationalbank
9 Hotel Mendana
10 Polizei
11 Hotel Hibiscus
12 National Museum
13 Fremdenverkehrsamt
14 Yacht Club

15 A.N.Z. Bank
16 Church of Melanesia Transit House
17 South Seas Evangelical Church
18 Markt
19 Zentralkrankenhaus
20 Hotel Honiara
21 Büro von Guadalcanal Bus Service

Reisepraktische Hinweise

Information
Solomon Islands Tourist Authority, Mendana Avenue, zwischen Kitano Mendana Hotel und Solomon Motors Service Station, P.O. Box 321 Honiara, Tel.: (677) 22.442, Fax: (677)23.986, Marketing Manager Daniel Ahukela

Unterkünfte in Honiara und auf Guadalcanal
Die in diesem Reisehandbuch im folgenden erwähnten Hotels und sonstigen Unterkünfte sind nur als persönliche Vorschläge anzusehen. Es wird kein Anspruch auf Vollständigkeit erhoben. Auch gibt es vergleichsweise sicherlich genauso gute oder noch bessere Unterkünfte, die nicht erwähnt sind. Wegen der ständig schwankenden Zimmerpreise werden in diesem Buch **Preis-Gruppierungen** nach folgendem Schlüssel für ein Doppelzimmer vorgenommen:

$$$$$ = über 200 SI$
$$$$ = 150-200 SI$
$$$ = 100-150 SI$
$$ = 50-100 SI$
$ = unter 50 SI$

● **Airport Motel $$**, 2 Minuten vom Henderson Airport, P.O. Box 251, Tel.: 36.446, Fax: 36.411, 14 Gästezimmer, 17 Betten
● **Bilikiki Cruises $$$$$**, P.O. Box 414 Honiara, Tel.: 22.103, Fax: 23.897, 10 Gästezimmer, 20 Betten
● **Church of Melanesia Transit $**, P.O. Box 19, Tel.: 21.892, 7 Gästezimmer, 14 Betten
● **Fountain Family Inn $**, P.O. Box 1196 Honiara, Tel.: 21.552/21.741, 5 Gästezimmer, 10 Betten
● **Hibiscus Hotel $$**, P.O. Box 268 Honiara, Tel.: 21.205, Fax: 21.771, 10 Gästezimmer, 18 Betten
● **Honiara Hotel $$**, China Town, P.O. Box 4, Tel.: 21.737, Fax: 20.376, 66 Gästezimmer, 130 Betten
● **Honiara Tropikana Motel $$**, P.O. Box 241, Tel.: 24.104, 10 Gästezimmer, 48 Betten
● **Kukum Transit House $**, P.O. Box 878, Tel.: 20.473, Fax: 23.110, 6 Gästezimmer, 14 Betten
● **Lengakiki Apartments $$$**, P.O. Box 491 Honiara, Tel.: 22.097/24.046, Fax: 23.649, 5 Gästezimmer, 6 Betten
● **Motel Tropics $$**, P.O. Box 1296 Honiara, Tel.: 25.048, 10 Gästezimmer, 14 Betten
● **Pakoe Accommodation $**, Kola'a Ridge, P.O. Box 679 Honiara, Tel.: 21.336, Fax: 20.308, 13 Gästezimmer, 29 Betten
● **Patty's Family Inn $**, Tel.: 25.078/25.070, Fax: 30.806, 5 Gästezimmer, 20 Betten
● **Quality Motel $$**, P.O. Box 521 Honiara, Tel.: 25.150, 17 Gästezimmer, 25 Betten
● **S S E C Transit $**, P.O. Box 16, Honiara, Tel.: 22.800, 4 Gästezimmer, 9 Betten
● **Solomon Kitano Mendana Hotel $$$$**, Mendana Avenue, P.O. Box 384 Honiara, Tel.: 20.071, Fax: 23.942, 96 Gästezimmer, 194 Betten, Swimmingpool, Strandterrasse
● **Super Accommodation $$**, China Town, P.O. Box 176 Honiara, Tel.: 22. 509, Fax: 22.870, 12 Gästezimmer, 22 Betten
● **Tavanipupu Island Resort $$$**, Marau Sound, 70 km östlich von Honiara, P.O. Box 236 Honiara, Tel.: 22.672/22.991, 6 Gästezimmer, 14 Betten
● **Testimony Motel $**, Langakiki Ridge, P.O. Box 122 Honiara, Tel.: 21.530, 9 Gästezimmer, 20 Betten
● **United Church Rest House $**, P.O. Box 18 Tel.: 20.028, 10 Gästezimmer, 50 Betten
● **Vulelua Island Resort $$$**, P.O. Box 96 Honiara, Tel.: 23.684, 9 Gästezimmer, 26 Betten

Restaurants
- **Airport Motel Restaurant**, Tel.: 30.446, à-la-carte und chinesische Küche
- **Capitana Restaurant**, Kitano Mendana Hotel, Tel.: 20.071, japanische Küche und à-la-carte
- **Guadalcanal Club Restaurant**, Tel.: 22.212, Snacks und Hauptgerichte
- **Hong Kong Palace Restaurant**,Tel.: 23.338, chinesische Küche
- **The Kai Bar**, Tel.: 21.295, thailändische und asiatische Küche und Schnellgerichte zum Mitnehmen
- **La Perouse Restaurant**, Tel.: 23.720, französische und einheimische Küche
- **Mandarin Restaurant**, Tel.: 23.412, Früchte des Meeres und chinesische Küche
- **Sea King Restaurant**, Tel.: 30.789, chinesische Küche
- **Seoul Cafetertia**, Tel.: 22.954, koreanische und lokale Küche, Snacks
- **South Sea Restaurant**, Tel.: 22.363, chinesische Küche
- **Tambea Holiday Beach Resort**, Tel.: 23.639, lokale Küche
- **The Terrace and Courtyard Cafe**, Kitano Mendana Hotel, Tel.: 20.071

Autoverleih
- **Avis**, in der Empfangshalle vom Kitano Mendana Hotel, Tel.: 30.671, außerdem am Henderson Airport
- **Budget**, Mendana Avenue, nahe der Solomon Motors Service Station, Tel.: 23.205
- **Hertz**, bei Harvest Motors, Kukum Highway, Ranadi, Tel.: 30.407
- **Kosol Car Rentals**, Tel.: 30.703
- **Tropic Car Rentals**, am White River, nahe der Klinik, Tel.: 20.817

Busse
- **Minibusse** befahren die Strecke vom White River bis zur King George 6V1 School für nur 1 SI$. Die Busse halten auf Handzeichen. Aber es gibt auch genügend Haltestellen.
- **Busse** befahren die Guadalcanal-Ebene, so weit wie sie reicht, vom äußeren Osten bis nach Tambea im Westen, für einem Fahrpreis bis zu 4,50 SI$.

Taxis
Taxis gibt es ausreichend. Man kann sie auf der Hauptstraße herbeiwinken. Sie sind nicht grundsätzlich mit einem Taxameter ausgerüstet. Man sollte den Fahrpreis vor der Fahrt festlegen. Beispielsweise sollte eine Fahrt Henderson Airport – Point Cruz (Honiara) nicht mehr als 20 SI$ kosten.
Es gibt zwei **Funktaxi-Unternehmer**:
- **Sombagi**, Tel.: 23.877
- **Dial a Transport**, Tel.: 20.771

Inlandsflüge
Der **Henderson Airport** liegt 12 km westlich von Honiara.
- **Solomon Airlines**, Tel.: 20.031 fliegt folgende inländischen Ziele an:
  - **Western Province**: Mono, Ballalae, Barakoma, Gizo, Ringi Cove, Munda, Seghe
- **Choiseul Province**: Choiseul Bay
- **Central Province**: Yandina, Bellona, Rennell
- **Guadalcanal Province**: Honiara, Mbabanakira, Avuavu, Marau
- **Isabel**: Fera (Buala)
- **Malaita Province**: Auki, Parasi
- **Makira Province**: Kirakira, Santa Ana
- **Temotu Province**: Lata Santa Cruz

● **Western Pacific Air Service**, Tel.: 21.570, bedient:
- **Western Province**: Geva, Gizo, Kukudu, Ringi Cove, Munda, Viru, Batuna, Gatokai
- **Choiseul Province**: Tagibangara
- **Guadalcanal Province**: Honiara
- **Isabel Province**: Suavana
- **Malaita Province**: Auki, Kwalibesi, Atoifi, Afutara
● **Air Transport Ltd**, Tel.: 30.033
Es können Hubschrauber für Touristenflüge gechartert werden.

Boote
● **Coral Seas Ltd**, Tel.: 21.259
● **Isabel Development Co**, Tel.: 23.337
● **Markwarth Shipping**, Tel.: 22.444
● **Malaita Shipping Co**, Tel.: 23.501
● **Ocean Navigation Ltd**, Tel.: 24.281
● **Saikile Shipping**, Tel.: 30.678
● **Tafuilo Shipping**, Tel.: 22.831
● **Voseleai Shipping**, Tel.: 20.719

Banken
● **National Bank of Solomon Islands**, Tel.: 21.874, Zweigstellen: Mendana Avenue, Point Cruz, Chinatown, Henderson Airport und in verschiedenen provinzialen Zentren, dort kann man auch die "Airport Tax" entrichten
● **ANZ**, Point Cruz, Tel.: 21.835
● **Westpac**, Point Cruz, Tel.: 21.222

Post
Post Office, Hauptpost nahe dem Court Building, Mendana Avenue, Tel.: 21.821
Öffnungszeiten: Mo-Fr 8.00-12.00, 13.00-16.00 Uhr

Telefon
Solomon Telekom's Head Office, Mendana Avenue, zwischen NBSI und British High Commission Office, P.O. Box 148 Honiara, Tel.: 21.164, hier kann man ins Ausland telefonieren. **Telefonkarten** kann man auch in Läden und Hotels kaufen.
Öffnungszeiten: Mo-Fr 8.00-18.00 Uhr, Sa, So: 8.00-12.00 Uhr

Polizei
Honiara Central Police Station, Mendana Hotel, zwischen Cenotaph Memorial und Central Bank
Notruf: Tel.: 22.266

Kliniken/Apotheken
● **Central Hospital**, Notruf, Tel.: 23.600
● **Private Kliniken** finden Sie auf den **gelben Seiten des Telefonbuches** unter "Doctors".
● **Diagnostic Laboratory**, Tel.: 22.376, zuständig für privaten **Malariatest** und andere diagnostische Arbeiten
● **Honiara Dental Centre** (Zahnklinik), Tel.: 22.746
● **Apotheken**: Zwei Apotheken in der Mendana Avenue, die eine am NPF Building Plaza, schräg gegenüber von der Tourist Office und die andere am City Centre Building, Point Cruz, Ecke Ashley Street, sind mit Medikamenten aller Art gut bestückt.

■   ■

Redaktionstips

☆ **Übernachtung** im Solomon Kitano Mendana Hotel $$$$

☆ **Stadtbesichtigung** mit den Sehenswürdigkeiten: National Museum, Cultural Centre, Markt, Chinatown, US-amerikanische und japanische Kriegerdenkmäler

☆ **Mittagessen** in "The Terrace and Courtyard Cafe", Kitano Mendana Hotel, Blick auf die Lagune

☆ **Besuch** der Kunsthandwerkerschule Betikama

☆ **Abendessen** im "La Perouse Restaurant"

■   ■

Sehenswürdigkeiten

● **National Museum** (Mendana Avenue, gegenüber dem Tourist Office)

- **Traditionelle Geldmittel**

Es gibt drei Arten von Geld auf den Salomonen:
Das **Federgeld** ("feather money") ist das am meisten bekannte Zahlungsmittel. Es sind aus Rindenbaststreifen, die dicht mit roten Brustfedern von **Papageien** und des **Nektarvogel** (*Myzomela cardinalis*) / Scarlet Honey Eater besetzt sind, gefertigte Rollen ("coils"). Diese Vogelfedern stammen nur von den Santa Cruz-Inseln. Nachdem die Vögel gefangen wurden, werden ihnen bestimmte, kleinste Federn ausgerupft, und man läßt sie wieder fliegen. Ein vollständiger "coil" hat einen Wert von 100,- bis 200,- SI$. In der Vergangenheit fuhr man mit diesem Federgeld zu den Nachbarinseln, um Frauen und Kanus einzuhandeln. 10 "redfeather coils" waren der normale **Brautpreis** in Santa Cruz, der von den Eltern des Bräutigams und dessen Verwandten für eine Frau bezahlt werden mußte.

Das **Muschelgeld** ("shell money") wird heute noch auf den Inseln Malaita, Guadalcanal und den östlichen Inselgruppen benutzt. Auf den schwarzen Stengeln einer Buschpflanze werden schmale Scheibchen von roten Muscheln der "Spiny Rock Oyster", einer stacheligen Austernart, oder schwarze und weiße Muscheln wie Perlen auf einer Schnur aufgezogen. Ein kompletter Strang heißt in Malaita *"Tafuliae"*. Er besteht aus 10 Schnüren. Ein roter Strang hat einen Wert von 10 SI$ und ein weißer von 5 SI$. Um dieses Geld herzustellen, gibt es **Manufakturen**, die von besonders dazu privilegierten Familien betrieben werden. In den Dörfern rund um Auki und auf den Inseln von Laulasi und der Langa Langa Lagoon wird noch auf die Art und Weise gearbeitet. Das Geld existiert in verschiedenen Formen, Längen und Kombinationen. Es wird auch als Schmuck getragen. Am wichtigsten ist es jedoch für die **Bezahlung des Brautpreises**.

Ringe (*Tridaca*), **aus den gewaltigen Schalen der Mördermuschel** / "Giant Clam Shell" herausgeschnitten, sind die dritte Art von Geld. Sie sind in der Westprovinz der Salomonen als Zahlungsmittel gebräuchlich. Der Wert ist unterschiedlich. Er richtet sich nach der Größe und danach, aus welchem Teil der Riesenmuschel der Ring gefertigt wurde. Dieses Geld wird als **Brautpreis**, zum

Schweinekauf und als **Grabbeigabe** verwendet. Das Geld für die Toten wird in Schreinen und Häusern aufbewahrt.

Dünne Zylinder, auch aus der Mördermuschel herausgearbeitet, waren eine alte Art von Geld auf Choiseul. Neun Zylinder bildeten eine *"Kesa"*, die, in Gruppen von drei *"Kesa"* eingewickelt, den üblichen **Brautpreis** ergaben. Das Ansehen eines Mannes wurde an der Zahl und der Qualität seiner *"Kesa"* gemessen.
- **Handbohrmaschinen** wurden benutzt, um Löcher in die aus den Muschelschalen geschnittenen Scheiben zu bohren, damit Schnüre hindurchgezogen werden konnten.
- **Fischfanggeräte** bestanden aus Speeren, Körben, Reusen und Schnüren mit Angelhaken.
- **Äxte mit Steinklingen** und verschiedene **Ackergeräte** waren alltägliche Gebrauchsgegenstände.
- **Waffen** existierten in Form von Speeren, Lanzen und Totschlägern.
- **Töpferwaren** wurden von den einzelnen Stämmen mit unterschiedlichen Mustern versehen.
- **Flechtarbeiten** von Körben, Taschen, Fächern und sogar Netzen waren sehr feine und kunstvolle Handarbeiten.
- **Tänze** spielen seit eh und je eine große Rolle bei den Südseevölkern. Zu den Utensilien gehörten der Schmuck der Tänzer und die Musikinstrumente (Schlitztrommeln, Panflöten und Klangkörper aus Bambus).

● **Cultural Centre** (hinter dem Nationalmuseum)

In dem parkähnlichen Gelände hinter dem Museum wurden aus den 8 Provinzen der Salomonen Hütten ("leaves houses") in ihren traditionellen Formen errichtet.

Blätterhütte – Culture Centre in Honiara

- **Der Markt** (nahe am Hafen)

Das geschäftige Treiben auf dem Markt von Honiara ist einen Besuch wert. Hier werden u.a. Gemüse, Früchte, Betelnüsse, Fische, traditionelles Muschelgeld ("shell money") und Schmuck zum Kauf angeboten.

- **Chinatown** (über die Mataniko Bridge erreichbar)

Dieser Stadtteil war das erste Handelszentrum des Ortes. Auch heute noch herrscht hier aktive Geschäftigkeit.

- **Die Kunsthandwerksschule Betikama** (9 km westlich von Honiara, Abzweigung recht von der Straße zum Henderson Airport)

Die Betikama-Schule steht **unter der Leitung der Seventh Day Adventist Church**. Die Schüler werden in Töpferei, Holzschnitzkunst und Kupferbearbeitung unterrichtet. Die schönsten Stücke sind zu einer Sammlung zusammengestellt. Die Schule ist gleichzeitig eine Verkaufsstätte.

Besonders die **Holzschnitzkunst**, unter Verwertung von tropischen Harthölzern, besitzt einen über die Landesgrenzen hinaus erstklassigen Ruf. Phantastisch ist die **Präzision der Intarsienarbeiten**. Meistens werden zurechtgeschnittene Teilchen der glänzenden Innenseite des Nautilus-Gehäuses in das Kunstwerk eingelegt.

Eines der berühmtesten Symbole wurde der *"nguzu-nguzu"*, eine Galionsfigur, die die Bewohner der Marovo Lagoon am Bugsteven ihrer Kanus angebracht hatten.

Der Vogel in den Händen der Figur bedeutete Frieden und der Menschkopf in seinen Händen Krieg.

Galionsfigur "Nguzu Nguzu" – Honiara

- **US-amerikanische und japanische Krieger-denkmäler**
  (Skylight Ridgeroad)

Etwa 19.000 japanische und 5.000 amerikanische Solda-ten sind allein auf Guadal-canal getötet worden. Der Toten der verschiedenen Schlachten wird hier ge-dacht.

US-amerikanisches Kriegerdenkmal – Honiara

15.6.3 INSELFAHRT ENTLANG DER NORDKÜSTE IN WESTLICHER RICHTUNG

Streckenhinweis
Gesamtstrecke: Honiara – Selwyn College: 48 km
Man verläßt Honiara in westlicher Richtung. Die Straße verläuft nahe der Nord-küste.

- **In den Vororten von Honiara**

Man verläßt die Hauptstadt durch eine Allee von Frangipani-Bäumen, die weiß, gelb oder rosa blühen. Auch Flamboyant und Hibiskus erfreuen mit ihrer Blüten-pracht. Die Straße verläuft nahe der Küste, entlang des **Iron Bottom Sound** (Eisengrund-Sund), so genannt nach den vielen versenkten Kriegsschiffen der Guadalcanal-Schlacht (1942). Im **White River-Ge-biet** (Km 5) gibt es an der Küste nur kleine Abschnitte mit Sandstrand zwischen den schroffen Korallenfelsen.

Man passiert laufend kleine Ortschaften. Die Eingebore-nenhütten stehen oft auf Stel-zen. Die Wände bestehen aus Bambus, und die Hütten sind mit Palmenwedeln gedeckt. Teilweise laufen die Frauen in den Dörfern "oben ohne"

Dörfliches Leben – Nordküste von Guadalcanal

herum. Auf **"road markets"** (Verkaufsständen) sind Kürbisse, Papayas und Ko-kosnüsse aufgebaut. Die Vegetation ist tropisch mit Brotfruchtbäumen, Sago- und Kokospalmen, Bananen, Taro und Stachelannone oder Sauersack (*Annona muri-cata*) zwischen der wilden Botanik.

Man überquert den **Poah River** (Km 9). Es folgen ausgedehnte **Kokosplantagen** mit rötlichen Stämmen im Küstenbereich. Im Schatten der Palmen leuchten die gelben Fruchtkapseln der **Kakaosträucher**.

Das Wrack eines japanischen Schiffes (Km 11) ragt halb aus dem Wasser.

Ab **Ndoma** (Km 24) geht die Asphaltstraße in eine Erdstraße über.

Stachelannone – Nordküste von Guadalcanal

- **Vilu-War-Memorial and Monuments** (Km 25)

Links von der Küstenstraße abzweigend, führt ein ca. 500 m langer Stichweg zu einer **Gedenkstätte**, die an die vielen Toten der **Guadalcanal-Schlacht von 1942** erinnern soll. Monatelange See-, Land- und Luftkämpfe tobten hier zwischen den US-Amerikanern mit ihren Verbündeten und den Japanern im 2. Weltkrieg.

Die Gedenkstätte wurde von **Fred Kona** eingerichtet. Es ist eine Sammlung abgestürzter und ausgebrannter Kampfflugzeuge, Kanonen und anderer Wrackteile. Auf den Gedenksteinen der Alliierten und Japaner wird an die Völker appelliert, Kriege wegen der schrecklichen Folgen nicht zu wiederholen.

- **ICLARM (International Center for Living Aquatic Resources Management)** (Km 26)
  (P.O. Box 438 Honiara, Tel.: 20.255, Fax: 22.130)

Hier läuft ein **Zuchtprojekt für Mördermuscheln ("Giant Clams")**. Teilweise werden sie zunächst nach einem Jahr in Käfigen im Meer ausgesetzt, um ihren

stark reduzierten Bestand wieder zu vermehren, und zum Teil exportiert man sie lebend ins Ausland, weil ihr Muskelfleisch, speziell für Sashimi-Zubereitung, begehrt ist. Erst nach fünf Jahren sind die Muscheln groß genug für den Export.

Fast jede Riesenmuschel zeigt an der Öffnung eine andere Farbe, entweder Blau, Grün, Beige oder stark marmoriert.

Geöffnete Mördermuschel – ICLARM

566

● **Tambea** (Km 45)

Hier unternahmen 1942 viele Japaner den Versuch zu fliehen, um dem Massensterben von Guadalcanal zu entkommen.

 Hotel
Tambea Holiday Beach Resort $$$, 45 km westlich von Honiara, P.O. Box 506
Honiara, Tel.: 23.639, 22 Gästezimmer, 72 Betten, große Kapok-Bäume bewachen
den Eingang zu der idyllisch gelegenen Hotelanlage in einer sanft geschwungenen
Bucht mit Sandstrand, im Preis für Hausgäste inbegriffen sind: Schnorcheln, Reiten, Kanu- und
Kajakfahren, Windsurfen und Volleyball, außerdem werden Touren organisiert, und gängige
Kreditkarten sind akzeptiert

● **Dörfliche Idyllen**

Fröhliche **Schulkinder** in Tracht sind auf dem Nachhauseweg von einer katholischen Missionsschule. Gewaltige Kapok-Bäume überragen die anderen Urwaldbäume um Haupteslänge. Ihre breiten Brettwurzeln verleihen ihnen Standfestigkeit.

Blaue Eisvögel fischen an den zahlreichen Bächen, und ein großer **weißer Kakadu** fliegt laut schreiend auf. Viele größere, vollständig rot und kleinere, rot-grün befiederte **Papageien** machen sich meistens in den Kronen der Kokospalmen zu schaffen. Riesige Kröten leben an den Flußläufen und im Urwald.

Ein **Mann fischt schwimmend** in einem Fluß mit einem **Blasrohr**, aus dem unter Wasser kleine Pfeile abgeschossen werden. Seine kleinen Kinder warten in einem Boot auf die eventuelle Beute.

Auf dem Urwaldfluß – Nordküste von Guadalcanal

In den Dörfern herrscht reges Leben. Halbnackte Kinder, Hühner und Schweine laufen munter durcheinander. Die Dörfler sind sehr freundlich. Sie winken zutraulich, wenn man vorbeikommt.

Unsere Fahrt endete bei der **Selwyn School** (Km 48). Diese Bildungsanstalt besteht aus solide gebauten Einzelhäusern.

15.6.4 INSELFAHRT ENTLANG DER NORDKÜSTE IN ÖSTLICHER RICHTUNG

Streckenhinweis
Gesamtstrecke: Honiara – Mberande River.: 44 km
Man verläßt Honiara in östlicher Richtung.

Nach einer Fahrt von 6 km fällt die **Bierbrauerei "Sol Brew"** auf der linken Seite auf. Die **Kunsthandwerkerschule Betikama**, bereits vorher beschrieben, liegt nach 9 km rechts abseits der Hauptstraße. Anschließend überquert man den **Lungga River** (Km 9). Es folgen das "blutgetränkte" Schlachtfeld **"Bloody Ridge"** aus dem Zweiten Weltkrieg (Km 12) und der internationale Flugplatz **Henderson Airport**.

Nachdem man einen flachen, mit Gras bewachsenen Küstenstreifen hinter sich gelassen hat, überquert man den **Ngalimbiu River**. Danach passiert man dreimal weite **Ölpalmenplantagen**. Die roten und gelben, ölhaltigen Früchte der Ölpalmen erreichen eine Größe von 40 cm. Ein einzelnes Fruchtsegment mißt nur ca. 4 cm. Auf das Konto des Autoverkehrs kommen unzählige überfahrene Frösche, Kröten und Schlangen.

Nach der Überquerung des **Mberande River** (Km 44) wird die Vegetation wieder tropischer mit Sago- und Kokospalmen, Pandanus, Brotfrucht, Bananen und dichtem Buschwerk.

Eine Weiterfahrt lohnt wegen der schlechten Straße nicht mehr.

15.7 GIZO

Highlight

- **Barava-Tour mit Ron Parkinson** – einem Insider, der wichtige Infos über Gizo vermittelt!

15.7.1 ÜBERBLICK

- **Gizo** ist eine kleine Insel von nur **50 km²** in der **Western Province**. Sie hat trotz ihrer geringen Größe ca. **4.000 Einwohner**.
- Auf der Insel liegt das gleichnamige **Städtchen Gizo**. Es ist der zweitgrößte Ort der Salomonen.

Reisepraktische Hinweise

Unterkünfte
Die in diesem Reisehandbuch im folgenden erwähnten Hotels und sonstigen Unterkünfte sind nur als persönliche Vorschläge anzusehen. Es wird kein Anspruch auf Vollständigkeit erhoben. Auch gibt es vergleichsweise sicherlich genauso gute oder noch bessere Unterkünfte, die nicht erwähnt sind. Wegen der ständig schwankenden Zimmerpreise werden in diesem Buch **Preis-Gruppierungen** nach folgendem Schlüssel für ein Doppelzimmer vorgenommen:
$$$$$ = über 200 SI$
$$$$ = 150-200 SI$
$$$ = 100-150 SI$
$$ = 50-100 SI$
$ = unter 50 SI$
● **Gizo Hotel $$**, P.O. Box 30 Gizo, Western Province, Tel.: 60.188, Fax: 60.137, 15 Gästezimmer, 45 Betten, Restaurant, ein netter Aufenthaltsraum, MasterCard wird akzeptiert, Vermietung von Kanus, Surfbrettern und Fahrrädern
Es werden folgende **Touren** angeboten:
- Kennedy Island/Olasana Island: historische Tour, Schwimmen, Schnorcheln, Picknick
- Saeaghi Beach/Fischerdorf: traditionelle Dorftour, Kauf von Seemuscheln, Schwimmen, Schnorcheln, Picknick
- 4 Wheel Drive Tour: Bildungs- und Informationstour auf Gizo Island
- Fischen: u.a. nächtliches Crayfisch-Tauchen
● **Diver's Lodge $**, P.O. Box 50 Gizo, Western Province, Tel.: 60.257, Fax: 60.297, 12 Gästezimmer, 14 Betten
● **Pheobe's Rest House $**, Post Office Gizo, Western Province, Tel.: 60.161/60.244, Fax: 61.150, 4 Gästezimmer, 8 Betten
● **Nello's Villa $**, P.O. Box 116 Gizo, Western Province, Tel.: 60.046, Fax: 60.128, 3 Gästezimmer, 7 Betten

Flugplatz
Der Flugplatz liegt auf der kleinen Koralleninsel Nusatupe 2 ½ km vor der Küste von Gizo.

**Touren
BARAVA-Tour**,
Ron und Dorothy
Parkinson, P.O.
Box 137 Gizo , Western Province, Tel.: 60.221, Fax: 60.036

15.7.2 INSELFAHRT ENTLANG DER SÜDKÜSTE MIT RON PARKINSON

Ron Parkinson hat sehr gute Insider-Kenntnisse. Im Plauderton erfährt man viele wichtige Informationen:

● **Die Rettung von John F. Kennedy**

Von einem Hügel, an dessen Fuß das Gefängnis von Gizo liegt, hat man einen wunderschönen Blick auf die Blackett Street. Jenseits der Meeresstraße liegt die vulkanische Insel Kolombangara.

Das Kriegsschiff von **John F. Kennedy**, dem späteren US-Präsidenten, wurde von den Japanern 1942 versenkt. Kennedy wurde gerettet und fand auf dem winzigen Eiland **Kasolo oder Plum Pudding Island**, das in der Meeresstraße liegt, Zuflucht.

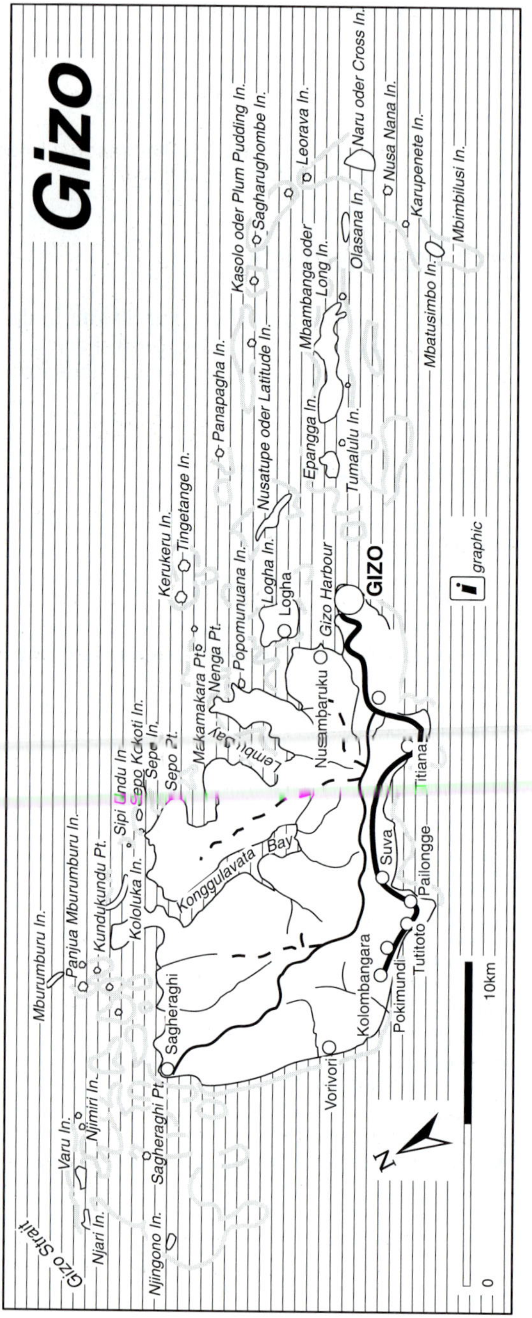

Gizo

Kasolo oder Plum Pudding In.
Sagharughombe In.
Leorava In.
Naru oder Cross In.
Nusa Nana In.
Karupenete In.
Mbimbilusi In.
Olasana In.
Mbambanga oder Long In.
Mbatusimbo In.
Panapagha In.
Nusatupe oder Latitude In.
Epangga In.
Tumalulu In.
Tingetange In.
Popomunuana In.
Logha In.
Logha
graphic
Kerukeru In.
Nenga Pt.
GIZO
Makamakara Pt.
Gizo Harbour
Sepo Kokoti In.
Sepo Pt.
Sepo In.
Nusembaruku
Sip Undu In.
Titiana
Lembu Bay
Suva
Kololuka In.
Kundukundu Pt.
Pailongge
Konggulavata Bay
Panjua Mburumburu In.
Tutitoto
Vorivori
Pokimundi
Kolombangara
Mburumburu In.
Sagheraghi
10km
N
Varu In.
Njimiri In.
Njiari In.
Sagheraghi Pt.
Njingono In.
Gizo Strait
0

570

● **Im Haus von Ron Parkinson**

Ron Parkinson lädt uns in sein Haus ein. Es gleicht einem Museum, in dem gesammelte wertvolle Kunstschätze der hiesigen Kultur sorgsam aufbewahrt werden, z.B.: Die aus der **Mördermuschel** ("Giant Clam Shell") herausgeschnittenen **Ringe** sehen wie geschliffener Marmor aus, so fein sind sie gearbeitet. Einige besonders wertvolle Stücke haben eine goldgelbe Färbung, weil nur höchstens zwei Ringe dieser Farbnuance aus der Riesenmuschel gefertigt werden können.

Muschelgeld – Gizo

Es ist **Muschelgeld**. Wenn zwei Stämme miteinander Krieg führten, konnte dieser dadurch beendet werden, daß eine Partei einen Ring oder mehrere überbrachte.

Auch **Schmuck** wurde früher aus den gewaltigen Muschelschalen hergestellt.

● **Titiana, ein Dorf früherer Bewohner der Gilbert-Inseln**

Vor ca. 30 Jahren besaß Gizo noch keine dauerhaften Siedlungen. Nur Fischer besuchten die einsame Insel gelegentlich. Man hat **Bewohner der Gilbert-Inseln** (Mikronesien) hier angesiedelt, die wegen Überbevölkerung ihrer Eilande eine neue Heimat suchten. Zu ihren auffälligsten Rassenmerkmalen zählen ihre helle Hautfarbe und ihr glattes, schwarzes Haar. Sie sind ausgezeichnete Fischer, die wenig von der Landwirtschaft verstehen. Wir werden Zeuge, wie gerade ein Haus mit Blättern der Pandanus verkleidet wird.

● **Botanische Lektion**

- Die **Sagopalme** wurde aus Südostasien eingeführt. Aus ihrem Mark wird das Nahrungsmittel Sago gewonnen. Diese Palmenart wächst am besten in sumpfigem Gelände. Ihre Nüsse sind im ausgewachsenen Zustand so schwer, daß sich die Fruchtzweige biegen.
- Die **Pomelo** ist eine Kreuzung zwischen Orange und Pampelmuse. Sie gedeiht hier sehr gut.
- Der **"Ngali Nut Tree"** ist ein einheimischer Baum des Regenwaldes. Seine Nüsse werden geröstet gegessen und mit Toddy-Sirup als Süßigkeit verzehrt.
- Der **"Cutnut Tree"** mit seinem länglichen gelben Blütenstand liefert sehr proteinhaltige Nüsse.
- Der **"Betel Nut Tree"** lebt nur 12-15 Jahre. Die Nüsse des Baums werden mit anderen Zutaten zusammen gekaut. Sie haben eine leicht betäubende Wirkung.

● **Urwaldmedizin**

- Der **Blättersaft des** *Micania micrantha*, einer wilden Weinart, besitzt eine **antiseptische Wirkung**. Beim Zerreiben der Weinblätter tritt ein grüner Saft aus, der auf stark blutende Wunden gepreßt wird und dadurch die Blutung innerhalb von zwei Minuten zum Stehen bringt. Die Wunde zieht sich zusammen. Der anschließende Heilungsprozeß verläuft sehr schnell, und es gibt keine Entzündungen.
- Die **Blätter einer Pflanze mit gelben Blüten** (Name unbekannt) werden aufgebrüht und als Sud gegen Durchfallerkrankungen getrunken.

● **Toddy-Herstellung**

Der Nektar der angezapften Kokospalmenblüten tropft am Baum in Flaschen. Er wird zu Toddy (*Teka Reve*) vergoren. Hieraus kann man Bier (*Teka Mangini*) herstellen. Wenn Toddy 3 ½ Stunden gekocht wird, entsteht ein zäher Sirup (*Teka Maemae*).

● **Melanesische Dörfer**

Ab 1930 zogen auch **Melanesier**, hauptsächlich **von der Insel Simbo** kommend, auf die Insel Gizo. Es waren in erster Linie Männer, die sich auch mikronesische Mädchen zur Frau nahmen.

Die Dörfer, die wir passieren, haben folgende Namen: Suva, Pailongge und Lioko. Die Bewohner sind gute Landwirte, die in erster

"Chief" eines melanesischen Dorfes – Gizo

Linie von Kokosnüssen leben. Unter den Palmen wird alle zwei Jahre das Unterholz abgeschnitten. Das verfaulende Buschwerk kommt dem Boden als Dünger zugute. Die Dörfer verfügen über **gutes Quellwasser**, das in Bambusröhren von den Bergen zu den Häusern geführt wird. Man

Kopraherstellung – Gizo

kann bei der Gewinnung von **Kopra** zusehen.

● **Ornithologische Beobachtungen**

- In den Lagunen und an den Korallenriffen fischen gerne große braune **Seeadler**.
- Der **Brahminenweih** patrouilliert an der Küste, um nach angespülten Tierkadavern Ausschau zu halten.

15.8 MUNDA AUF NEW GEORGIA

Highlights

- **Bootsausflug in die Vona Vona Lagoon** und Besuch des Dorfes Mandou und der Toteninsel Kundu Kundu!
- **Urwaldfahrt nach Noro / Baru** mit dem "Truck"!

15.8.1 MUNDA

Überblick

- **Munda** ist ein Dorf mit einem kleinen **Flugplatz**, einer **Polizeistation** und einer kleinen **Klinik**. Es liegt in der Mitte von insgesamt drei Dörfern mit einer sehr freundlichen und friedlichen Bevölkerung.
- Der **Flugplatz** wurde 1943 von den Japanern nach deren Invasion auf New Georgia während des Zweiten Weltkriegs gebaut.
- Auf den Inseln rund um Munda werden **verschiedene Sprachen** gesprochen. Die **Gemeinschaftssprache** ist **Rovina**.

Reisepraktische Hinweise

Unterkünfte
- **Agnes Lodge $$**, P.O. Box 9 Munda, Western Province, Tel.: 61.133, 11 Gästezimmer, 29 Betten, Restaurant, Bar, Mastercard und VISA werden akzeptiert, nur wenige Meter bis zum Flugplatz, ideale Lage am Wasser, gute Ausflugsmöglichkeiten zu Wasser und zu Land
- **Hopei Island Guest House $$**, Tel.: 61.164, Munda, Western Province, ein Gästezimmer, 6 Betten
- **Maqarea Island Resort $$**, P.O. Box 66 Munda,

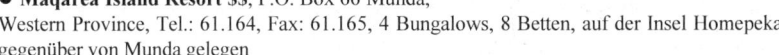

Orchideenpracht – Munda

Western Province, Tel.: 61.164, Fax: 61.165, 4 Bungalows, 8 Betten, auf der Insel Homepeka gegenüber von Munda gelegen
- **Somba Rest House $**, P.O. Box 83 Munda, Western Province, Tel.: 61.083, 3 Gästezimmer, 6 Betten
- **Lubaria Island Guest House $**, P.O. Box 27 Munda, Western Province, 6 Gästezimmer, 14 Betten
- **Zipolo Habu Resort Lola Island $**, P.O. Box 66 Munda, Western Province, Tel.: 61.164, 3 Gästezimmer, 12 Betten, ideal für Hobbyangler und Sportfischer, ein kleiner Laden verkauft Angelzubehör

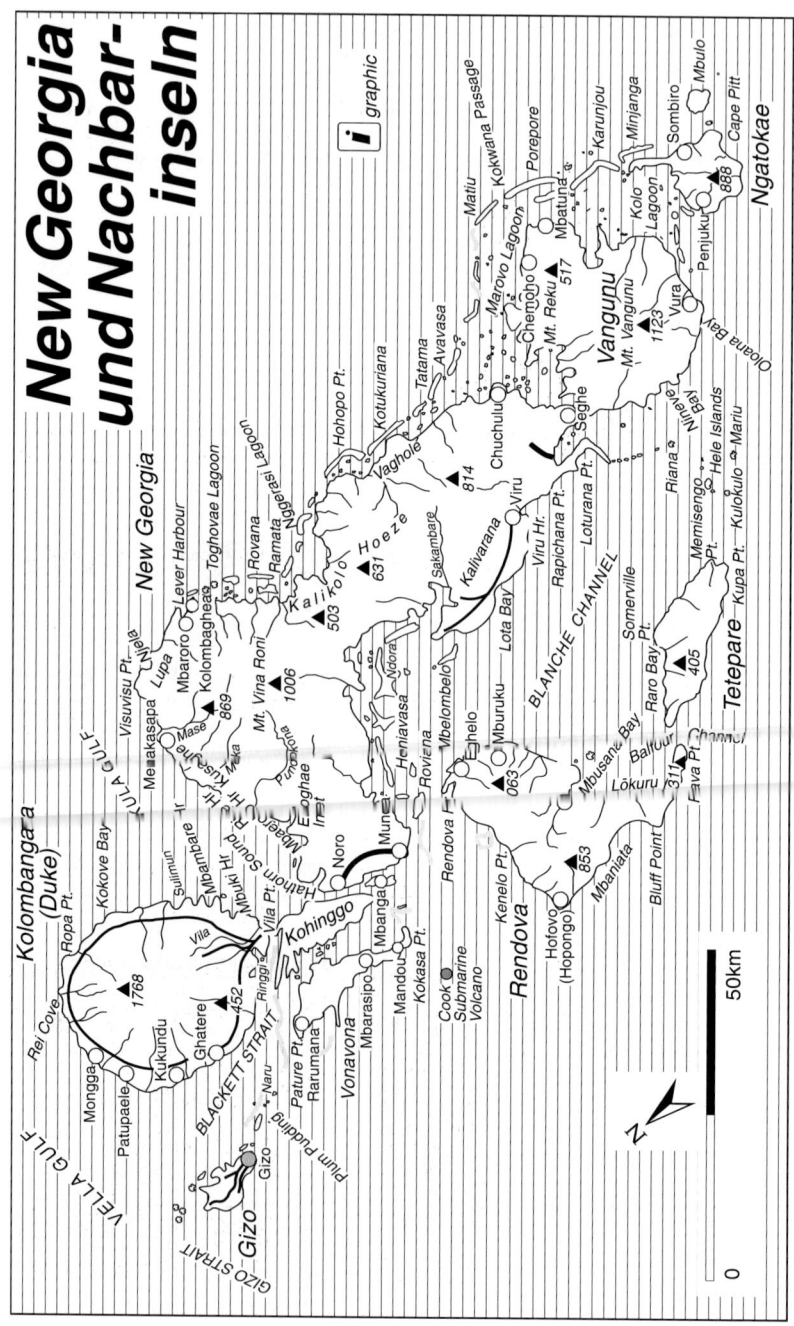

New Georgia und Nachbar-inseln

Der gesellschaftliche Umbruch in der Neuzeit

In früheren Jahren fällten die Ältesten des Dorfes allein die Entscheidungen, die sich aus kulturellen, religiösen und sozialen Problemen ergaben. Heute erschüttern der Einbruch der Zivilisation, die Konfrontation mit westlicher Lebensart und moderner Technik die alten Traditionen der Insulaner. Es ist mühsam, die Dorfältesten von demokratischen Gepflogenheiten zu überzeugen.

Deshalb ist es schwierig, die richtige Balance zwischen der althergebrachten Sitte des Gebens und Nehmens und der Verpflichtung des Teilens unter Verwandten einerseits und dem Vorwärtsstreben beispielsweise eines Geschäftsmannes andererseits zu finden.

Entscheidungen sollten künftig nur unter Einbeziehung aller Interessengruppen gefällt werden. Ein Ältestenrat könnte sich z.B. aus einer Dreiergruppe von Vertretern der alten Kultur, der Kirche und der modernen Geschäftswelt zusammensetzen, um eine gesunde Weiterentwicklung eines Ortes oder einer Region zu gewährleisten.

15.8.2 BOOTSAUSFLUG IN DIE VONA VONA LAGOON

● **Das Dorf Mandou**

Die Bootsfahrt geht durch eine zauberhafte Inselwelt der Vona Vona Lagoon mit ihren kleinen Eilanden. Die Lagune schimmert in verschiedenen Farben, von dunkelblau, über türkis, hellbau bis gelb an den sehr flachen Stellen. Schließlich landet man in dem **Dorf Mandou**. Kinder spielen am Strand unter Tataliza-Bäumen, die in der Trockenzeit rötliche Blätter tragen.

In dem abgeschiedenen Ort führt ein Fußweg parallel zur Küste. Rechts und links stehen die Blätterhäuser ("leaves houses") der Einheimischen. Oft sieht man zwischen zwei Pfählen aufgespannte Leinen, die anzeigen, daß das Betreten des jenseitigen Geländes, vom Weg aus gesehen, eine **Tabu-Zone** ist. Die Überschreitung dieser Tabus hätte zur Zeit des Kannibalismus den Tod bedeutet. Auch heute ist es wichtig, diese "Stop-Signale" richtig zu deuten.

● **Kundu Kundu Island**

Diese Insel in der Nähe von Mandou ist sehr klein. **Fischadler** und **Fregattvögel** kreisen über ihr, in unmittelbarer Nähe des Außenriffs.

Gräber der Häuptlinge – Kundu Kundu

575

Obgleich die Insel sehr klein und unscheinbar ist, ist sie bedeutend. Auf ihr befinden sich alte **Gräber der Häuptlinge** ("Chiefs") **und der getöteten Feinde** aus alten Zeiten. Die **Totenschädel** der "Chiefs" ruhen in Schreinen, aus haltbarem Holz gezimmert. Beim Öffnen der Tür eines Schreins erblickt man die Totenköpfe. Ihnen ist **Muschelgeld** beigegeben. Es besteht aus ausgeschnittenen, massiven Ringen aus den mächtigen Schalen der Mördermuscheln ("Giant Clam Shells"). Durch diese und andere Grabbeigaben soll der Geist der Toten besänftigt werden. Wer das Geld stiehlt, der muß mit großem Unglück oder dem Tod rechnen.

Außerdem liegt dort ein **Signalhorn** aus dem großen Gehäuse der Tritonsschnekke. Jedes dieser Hörner hatte einen anderen Klang, mit denen sich nähernde Besucher als Freund oder Feind angekündigt wurden.

Neben den alten Gräbern befindet sich auch ein **christliches Grab** eines Kirchenmannes, der hier seine letzte Ruhe gefunden hat, nachdem sich der Glaube der Einheimischen geändert hatte.

Nur bestimmte Führer haben das Recht, diese Grabstätten zu besuchen und sie Fremden zu zeigen.

15.8.3 AUSFLUG NACH NORO / BARU

Die Fahrt mit einem robusten Auto führt durch tropischen Regenwald. **Orchideen** blühen weiß, rosa und pink. Rote oder mehrfarbige **Papageien** sind sehr scheu und nur aus großen Distanzen zu beobachten. Ihre Vorsicht beruht sicherlich auf

Urwaldfahrt nach Noro / Baru

den schlechten Erfahrungen jahrhundertelanger Nachstellung der Einheimischen wegen ihrer schönen Federn. In der stufenförmigen Regenwaldvegetation erreichen einige **Baumriesen** Höhen bis zu 50 m. Die strahlend hellblau blühenden **Wasserhyazinthen** wachsen in großen Kolonien an den Bächen. Handgroße **Schmetterlinge** und purpurrote und blaugrüne **Kleinlibellen** sind auf den ersten Blick die auffälligsten Insekten. Ein großer Leguan huscht über den Fahrweg. An den Flußmündungen soll es **Leistenkrokodile** geben.

Nach rund einer Stunde hat man **Noro / Baru** erreicht. Es ist ein moderner kleiner Ort mit einer Telecomstation, zwei Lebensmittelläden und einem Hafen, in dem Container gelöscht werden.

Unterkunft
Noro Lodge vermietet 10 Gästezimmer, meistens an Geschäftsleute und Arbeiter, gelegentlich auch an Touristen, die zum Tauchen oder Schnorcheln in diese Gegend kommen. Wenn die Kapazität von Agnes Lodge in Munda erschöpft ist, dann wird ebenfalls ausgeholfen.

15.8.4 AUSFLUG ZU EINEM DER VIELEN NAMENLOSEN WASSERFÄLLE

Zunächst geht es mit dem "Truck" durch Kulturland mit Anpflanzungen von Tapioka, Papayas, Bananen, Taro und Süßkartoffeln.

Dann beginnt die **Urwaldvegetation**, in die sich die gewaltigen **Banyanbäume** mischen. Aus ihren herabhängenden Luftwurzeln wurden früher die Sehnen für

Urwaldwanderung – New Georgia

577

die Bögen zur Jagd hergestellt. Die Luftwurzeln wurden zuerst geklopft und dann gedreht.

Nach Abstellung des "Truck" geht es zu Fuß weiter. Durch das Blätterdach des tiefen Regenwaldes dringt nur spärliches Licht auf den Waldboden. Er ist mit niedrigen Pflanzen, deren Blätter wie die der Lebensbäume aussehen, überwuchert. Diese Blätter wurden in früheren Zeiten als Schmuck an den Oberarmen der Tänzer getragen.

Wir durchwaten einen kleinen Bach und kommen auf eine Lichtung, auf der schwarz-gelbe, braun-blaue, gelbe und blaue **Schmetterlinge** in sehr großer Zahl herumflattern.

Anschließend gilt es, ein **Flüßchen auf einem Baumstamm zu überqueren**, barfuß, um besseren Halt auf dem glatten Stamm zu haben. **Libellen** spielen am Wasser.

Dann erreicht man den **Wasserfall**. Er stürzt 10 m in die Tiefe. Er weist keine allzu große Höhe auf. Trotzdem ist die Wanderung dorthin durch den tropischen Regenwald, um auch **Details der Natur zu beobachten**, ein eindrucksvolles Erlebnis. **Papageien** fliegen kreischend auf, und große graue **Waldtauben** klatschen beim Abstreichen mit den Flügeln. Die beste Zeit, um Vögel zu beobachten, sind die ersten Stunden des anbrechenden Tages.

Literaturverzeichnis

Kein Reisehandbuch kann alle Wissensgebiete vollständig abdecken. Deshalb wird auf folgende Literatur hingewiesen, die zu einem erweiterten Studium der Südsee führen kann. Diese Aufstellung erhebt keinen Anspruch auf Vollständigkeit.

● **Deutschsprachige Literatur**
(einschließlich deutscher Übersetzungen)

- **Völkerkunde**

Gundert, Sibylle, "Der historische Rahmen der wirtschaftlichen und politischen Entwicklung von Vanuatu", ethnologische Abhandlungen, München 1984
Gundert-Hock, Sibylle, "Mission und Wanderarbeit in Vanuatu", ethnologische Abhandlungen, München 1986
Schlesier, Erhard, "Die melanesischen Geheimbünde", Untersuchungen über ethnologische Religions- und Gesellschaftsforschung zur Siedlungsgeschichte Melanesiens, Göttingen 1958
Wilpert, Clara B., "Südsee, Inseln, Völker und Kulturen", Hamburg 1987

- **Entdeckungsfahrten, Reisebeschreibungen bis Ende des 19. Jahrhunderts**

Bligh, Captain William, "Meuterei auf der Bounty" und "Die Piratenjagd der Pandora", 1983
Cook, James, "Entdeckungsfahrten im Pazifik, die Logbücher der Reisen von 1768-1779", Stuttgart – Wien 1983
Forster, Georg, "Entdeckungsreisen nach Tahiti und in die Südsee" 1772-1775", Tübingen – Basel 1979
Forster, Johann Reinhold, "Beobachtungen während der Cookschen Weltumseglung 1772-1775", Gedanken eines deutschen Teilnehmers, Stuttgart 1981
Scheurmann, Erich, "Samoa gestern", Zürich 1979

- **Insel-Abenteuer und Segelreisen im 20. Jahrhundert**

Erdmann, Wilfried, "Der blaue Traum", Leben und Segeln in der Südsee
Heyerdahl, Thor, "Kon-Tiki", die abenteuerliche Fahrt mit dem Floß von Südamerika nach Französisch-Polynesien, Berlin 1992
Heyerdahl, Thor, "Fatu Hiva", der Autor lebte und forschte gemeinsam mit seiner Frau ein Jahr in der Wildnis einer Marquesa-Insel, München
Neale, Tom, "Südsee-Trauminsel", fünfeinhalb Jahre auf einem unbewohnten Atoll fernab der Zivilisation, Kiel 1991
Schimanek, "Paradies-Inseln im Südpazifik", Stuttgart 1988
Zilcher, Angelika und **Gebhard**, Rollo, "Mit Rollo um die Welt", Tagebuch einer Weltumsegelung zu den schönsten Inseln des Pazifiks, Berlin 1986

Literaturverzeichnis

- **Kritisches und Politisches über den südpazifischen Raum**

Heermann, Ingrid, "Mythos Tahiti, Südseetraum und Realität", Berlin 1987
Mc Taggart, David, "Unternehmen Greenpeace", Fahrt in den Atompilz, Frankfurt 1981
Prel, Alex W. du, "Verrücktes Paradies, Geschichten der Südsee", Konflikt zwischen alten Traditionen und Neuzeit, Adliswil (Schweiz) 1994
Evangelisches Missionswerk, "Träume von der Südsee"; anders leben, von den Menschen der Südsee lernen, Hamburg 1980

- **Fauna und Flora**

Bärtels, Andreas, "Farbatlas Tropenpflanzen", Stuttgart 1990
Lötschert, Dr. Wilhelm und **Beese**, Dr. Gerhard, "Pflanzen der Tropen", München 1989

- **Romane, Lyrik und Kunst**

Fröhlich, Anne M., "Inseln in der Weltliteratur"; in diesem Buch laden 35 klassische Autoren ein, um ein literarisches Inselreich zu erkunden, u.a. Melville, Stevenson, von Chamisso, Rousseau, München 1994
Gauguin, Paul, "Noa Noa", München 1993
Keyserlingk, Linde von, "Sehnsucht nach den grünen Inseln"; die Legende der Südseeinsulanerin Tupou Poseso Fanua, Hamburg 1983
Prel, Alex W. du, "Blaue Träume", moderne Geschichten aus Französisch-Polynesien, mit Witz und Scharfsinn erzählt, Adliswil (Schweiz) 1992/93
Hau'ofa, Epeli, "Rückkehr durch die Hintertür", Satiren aus Tonga, Nürnberg 1988
London, Jack, "Südseegeschichten", Berlin 1987
Maugham, Somerset W., "Südsee-Romanze", Zürich 1982
Ritz, Hans, "Die Sehnsucht nach der Südsee", Bericht über einen europäischen Mythos, Göttingen 1983
Thaman, Konai Helu, "Inselfeuer", Gedichte aus Tonga von der bekanntesten Lyrikerin des Südpazifik, Nürnberg 1987
Stevenson, Robert Louis, "In der Südsee", München 1994
Stevenson, Robert Louis, "Schatzinsel", Zürich 1979
Wendt, Albert, "Der Clan von Samoa", Wuppertal 1982
Wilpert, Clara B.. "Südseesouvenirs", Hamburg 1985

- **Bildbände**

Schimanek, "Südsee – die farbenfrohe Tropenwelt", Karlsruhe 1988
Christian, Erwin, "Tahiti und seine Inseln", Bora Bora (Französisch-Polynesien) 1988
Friedel, "Reportagen aus dem Garten Eden", Ravensburg 1990

● **Englische Literatur**

Bagnis, Raymond und **Christian**, Erwin, "Underwater Guide to Tahiti", Singapur 1993

Christian, Erwin, "Tahiti from the air", Singapur 1990

Crocombe, "They came for sandlewood", Wellington (Neuseeland) 1964

Danielsson, Bengt, "Tahiti, Circle Island Tour Guide", Singapur 1987

Derrick, R.A., "A History of Fiji", Suva (Fidschi) 1974

Greenberg, Idaz und Jerry, "Guide to Corals & Fishes", Miami (USA) 1986

Gravelle, Kim, "Fiji's Times", Suva (Fidschi) 1992

King, Dr Michael, "Corals, Reefs in the South Pacific", Apia (West-Samoa) 1988

Muse, Corey und Shirley, "The Birds and Birdlore of Samoa", Washington (USA) 1982

Ryan, Paddy, "Fiji's Heritage", Auckland (Neuseeland) 1988

Salvat, B. und **Rives**, C., "Shells of Tahiti", Papeete (Französisch-Polynesien) 1984

Thibault, Jean-Claude und **Rives** Claude, "Birds of Tahiti", Singapur 1988

Tupuniua, P., "A Polynesian Village", Studie über den gesellschaftlichen Wandel in einem tonganischen Dorf (1967-69)

Watling, Dick "Birds of Fiji, Tonga and Samoa", Wellington (Neuseeland) 1982

Stichwortverzeichnis

Die ergänzenden Abkürzungen bedeuten: FP = Französisch-Polynesien, CI = Cook-Inseln, AS = Amerikanisch-Samoa, WS = West-Samoa, T = Tonga, F = Fidschi, N = Neukaledonien, V = Vanuatu, S = Salomonen